"十二五"国家重点图书出版规划项目·新编法学核心课程系列教材

民事诉讼法学

——理论·实务·案例

◆ 主编　潘牧天

◆ 副主编　孙青平　潘光达

◆ 撰稿人（以姓氏笔画排序）

孙青平　司媛　刘英明

张进德　张娜　胡绩成

潘牧天　潘光达

中国政法大学出版社

2011·北京

出版说明

　　"十二五"国家重点图书出版规划项目是由国家新闻出版总署组织出版的国家级重点图书。列入该规划项目的各类选题，是经严格审查选定的，代表了当今中国图书出版的最高水平。

　　中国政法大学出版社作为国家一级出版社，有幸承担规划项目中系列法学教材的出版，这是一项光荣而艰巨的时代任务。

　　本系列教材的出版，凝结了众多知名法学家多年来的理论研究成果，全面而系统地反映了现今法学教学研究的最高水准。它以法学"基本概念、基本原理、基本知识"为主要内容，既注重本学科领域的基础理论和发展动态，又注重理论联系实际以满足读者对象的多层次需要；既追求教材的理论深度与学术价值，又追求教材在体系、风格、逻辑上的一致性。它以灵活多样的体例形式阐释教材内容，既推动了法学教材的多样化发展，又加强了教材对读者学习方法与兴趣的正确引导。它的出版也是中国政法大学出版社多年来对法学教材深入研究与探索的职业体现。

　　中国政法大学出版社长期以来始终以法学教材的品质建设为首任，我们坚信"十二五"国家重点图书出版规划项目的出版，定能以其独具特色的高文化含量与创新性意识成为集权威性与品牌价值于一身的优秀法学教材。

中国政法大学出版社

总 序

　　长期以来，由于大陆法系和英美法系法律渊源不同，法学教育模式迥异。大陆法系的典型特征是法律规范的成文化和法典化；而英美法系则以不成文法即判例法为其显著特征。从法律渊源来看，大陆法系以制定法为其主要法律渊源，判例一般不被作为正式法律渊源，对法院审判亦无约束力，而英美法系则以判例法作为其正式法律渊源，即上级法院的判例对下级法院在审理类似案件时有约束力。两大法系法律渊源的不同，导致归属于两大法系国家的法学教学存在较大差异。大陆法系国家的法学教育采用的是演绎法，教师多以法学基本概念和原理的讲解为主，即使部分采用了案例教学，也重在通过案例分析法律规定，而英美法系采用的是归纳法，判例就是法源，通过学习判例学习法学原理。

　　在我国，制定法为法律规范的主要渊源，长期以来，沿用大陆法系的演绎法教学模式。众所周知，法学是一门实践性、应用性很强的学科，法学教育的目标之一就是培养学生运用法学知识分析和解决实际问题的能力。为此，改变传统教学模式，引入理论和实践相结合的案例教学法成为必需。多年来，我校在这方面进行了有益的尝试和探索，总结了一套行之有效的理论和实务案例相结合的教学模式，深受学生欢迎。这套教学模式，根据大陆法系成文法的教学要求，借鉴英美法系的案例教学模式，将两大法系的教学方法有机地融为一体，既能使学生系统地掌握法学原理，又培养了学生分析和解决实际问题的能力。

　　为了及时反映我校法学教育改革的新成果，更好地满足法学教育的需要，我校组织编写了这套《新编法学核心课程系列教材》。这套教材具有如下特点：第一，覆盖面广。涵盖了现今主要的法学核心课程。第二，体例格式新颖。本套系列教材各章均按本章概要、学习目标、学术视野、理论思考与实务应用、参考文献的体例格式安排，这种体例兼顾了系统掌握法学理论和应用法学理论分析、解决实际问题能力的双重教学目标。第三，案例选择科学合理。主要表现为：一是案例大多选自司法实践，具有新颖性和真实性；二是根据法学知识点的系统要求选择案例，具有全面性和典型性；三是反映理论和实务的密切联系，以案说法，以法解释法学知识和原理，理论与实务高度融合，相得益彰。第四，内容简洁。本丛书力争以简洁的语言阐述法学理论和相关问题，解析实例，说明法理，做到深入浅出，通俗易懂。第五，具有启发性。本套丛书所列学术视野，多为本学科的焦点和热点问题，可帮助学生了解学术动态，激发其学术兴趣；理论思考题可引导学生思考温习所学知识，启迪其心志。

《新编法学核心课程系列教材》吸收了国内外优秀学术成果，在理论与实践相结合的基础上，达到了理论性、实践性和应用性相统一。在理论上具有较强的系统性和概括性，在应用上具有针对性和实用性，在内容上则反映了法学各学科的新发展和时代特征。总之，我真诚地希望这套丛书能成为广大学生和读者学习法学知识的新窗口，并愿这套系列丛书在广大读者和同行的关心与帮助下越编越好。

金国华

2010 年 10 月 28 日

编写说明

　　本书是普通高等法学教育系列丛书之一。在编写过程中，作者坚持从我国高等法学教育的实际出发，吸收了近年来国内外民事诉讼法领域的最新研究成果，并且将第十届全国人民代表大会常务委员会第三十次会议通过的《关于修改〈中华人民共和国民事诉讼法〉的决定》（2008 年 4 月 1 日施行）等最新的立法动态反映到本书中。在全书体例上，新颖、简洁、合理。在内容上，推陈出新，注重理论与司法实践的有机结合。本书既有对民事诉讼法学基本知识全面、准确的阐述，也有相关的法律前沿问题的研究，体现了较强的实践性和广泛的应用性。

　　本书是当前高等法学教育和从事相关法学研究的理想用书。

　　本书的篇章结构由主编设定，撰稿人及写作分工如下：

潘牧天　　第一、十四、十五、十七章；

胡绩成　　第二、十一章；

张进德　　第三至七章；

刘英明　　第八、九章；

司　媛　　第十章；

孙青平　　第十二、十三、十六、十九至二十一章；

潘光达　　第十八、二十二章；

张　娜　　第二十三章；

　　由于时间仓促，又限于作者的学识与水平，疏漏之处在所难免，请指正。

编　者

2011 年 8 月 1 日

第一编 基本理论

第二编 总 论

第三编　审判程序论

第四编　非讼程序论

第五编 执行程序论

第六编　涉外程序论

第一编　基本理论

第一章

民事诉讼法概述

【本章概要】民事诉讼活动和民事诉讼关系构成民事诉讼的基本内容。民事诉讼法与民事诉讼是法律本身与调整对象的关系。民事诉讼法的内涵、性质与效力具有自身鲜明的特点。对民事诉讼立法和民事诉讼实践进行理论概括和总结形成了民事诉讼法学这门学科。

【学习目标】正确理解民事诉讼、民事诉讼法与民事诉讼法学三者之间的关系以及民事诉讼法的地位和作用；明确我国民事诉讼法的性质、任务、立法根据和具体适用；掌握民事诉讼法学的研究对象、学科体系及学习研究民事诉讼法学的基本要求和方法；了解民事诉讼法律关系的特点和要素；明确民事诉讼法律关系发生、变更和消灭的原因以及不同的诉讼法律关系主体在诉讼中地位和作用的差异；充分认识研究民事诉讼法律关系的理论和实践意义，正确进行民事诉讼。

第一节　民事诉讼

一、民事纠纷

"纠纷"一词，有一般意义和法律意义两种解释。一般意义上的纠纷指的是人与人之间因对某事看法、观点、立场、处理方法等意见不一致或因利益归属争执不下而引起的矛盾冲突。法律意义上的纠纷指的是人与人之间一方或多方违反法律的规定，导致正常的法律关系被破坏而引起的社会矛盾冲突。从这个意义上，纠纷又被区分为民事纠纷、刑事纠纷和行政纠纷。

民事纠纷，也称民事冲突、民事争议，是指发生于法律地位平等的民事主体之间的，以民事权利义务为内容的社会纠纷。一般来说，民事纠纷的发生，是因为民事主体违反了民事法律规范（如侵害了他人的民事权益），导致正常的法律关系发生变化，而引起他方相应地作出恢复正常法律关系（如维权）的行为。双方行为的对立冲突，就是民事纠纷。

民事纠纷具有如下主要特点：

1. 民事纠纷主体之间法律地位平等。民事纠纷主体（即民事主体），不论自然人与法人，也不论国家与种族，相互之间在民事活动中享有的民事权利和承担的民事义务是平等的，不存在服从与隶属、包容与依附的关系，处于平等的法律地位。

2. 纠纷的内容是有关民事权利义务的争议。民事纠纷的内容，仅限于民事主体之间的民事权利义务关系，如果超出这个范围，则不属于民事纠纷。

3. 民事纠纷具有可处分性。民事纠纷是民事权利义务纠纷，民事主体可在纠纷处理中，自主处分自己的民事权利。

从民事纠纷的内容和特点来看，可将民事纠纷划分为两大类：一类是涉及财产关系的纠纷，包括财产所有关系的纠纷和财产流转关系的纠纷；另一类是涉及人身关系的纠纷，包括人格权关系的纠纷和身份关系的纠纷。

根据民法理论和民事法律，民法属于私法，民事行为属于私法领域的行为，民事主体对自己的权利享有一定的自由处分权，即私法自治权。因此，对于涉及财产关系的民事纠纷，纠纷主体依法拥有对发生纠纷的民事权益的处分权。但是，涉及人身关系的民事纠纷，由于法律的强制性规定或涉及第三方利益，多不具有可处分性。

二、民事纠纷的解决机制

民事纠纷的发生，对社会生活甚至社会稳定造成一定的负面影响，不利于社会和谐发展，因此必须予以缓解、消除。现代社会创设了各种制度和方法，以解决民事纠纷、维护民事法律关系的正常稳定，称为民事纠纷的解决机制。

根据解决方式的不同，分为私力救济、社会救济和公力救济。

（一）私力救济

私力救济又称为自力救济，是指纠纷主体依靠自身或其他私人力量解决纠纷，实现权利。私力救济的基本特征是无中立的第三者介入，纠纷解决过程不受任何规范约束，解决途径是依靠武力、操纵、说服和权威等私人力量。

私力救济依据解决纠纷的方式可分为自决与和解。自决是指纠纷主体一方凭借自己的力量强行使对方服从。和解是指双方相互妥协和让步，协商解决纠纷。私力救济根据法律性质又可分为法定和法外的私力救济，法定的私力救济指法律明文规定，允许民事主体采取的救济方式（如紧急避险等）。法外的私力救济指的是法律规定之外的私力救济方式（如债权人拘押债务人、债权人雇佣人员进行收债等等）。

和解作为私力救济的一种形式，具有很高的自治性和非规范性。有学者认为，和解在形式和程序上具有通俗性和民间性，它通常是以民间习惯的方式或者纠纷主体自行约定的方式进行，以和解来解决纠纷，往往不伤害纠纷主体之间的感情，能够维持纠纷主体之间原有的关系。但是，在现代法治社会，和解的程序和内容必须以不违背禁止性法律规定和公共利益为前提，并且必须建立在平等和真实意志的基础上，不得存在强迫、欺诈、显失公平和重大误解等情形。

私力救济产生于生产力低下、文明程度不高的人类早期社会，具有野蛮特性，因而现代法治社会一般禁止凭借自己的力量解决纠纷，但例外情形下承认某些私力救济的合法性。

（二）社会救济

社会救济，包括调解和仲裁，是指依靠社会力量解决民事纠纷的一种机制。

调解，是指第三者依据一定的道德、社会规范和法律规范居间调处，促使纠纷主体相互谅解、妥协，最终达成纠纷解决的活动。由于是双方在自愿基础上调和的结果，没有强制性，既解决了纠纷，又不伤和气，争议双方都能够接受并自觉履行。调解的温和性和解决纠纷的和谐性符合社会和谐发展的要求，因此其作为解决社会矛盾的方式，作用很大，应用极广。我国现有的调解有多种形式，如人民调解委员会的调解，行政调解，劳动争议调解委员会的调解，法院附设的诉讼前调解等等。

调解具有以下四个特性：

（1）第三者的中立性。主持调解的第三者可以是国家机关、社会组织和个人，但是在调解中他们都是中立的第三方。这点与和解不同，和解没有第三方。

（2）纠纷主体的合意性。调解人对于纠纷的解决和纠纷的主体没有强制力，只是以沟通、说服、协调等方式促成纠纷主体达成纠纷解决的合意。

（3）非严格的规范性。与仲裁和诉讼相比，调解并非严格依据程序规范和实体规范来进行的，而具有很大程度上的灵活性和随意性。

（4）调解协议非强制执行性。调解所达成的调解协议并不具有法律上的强制执行力，只有经过法定程序依法赋予调解协议强制执行效力的，方可申请强制执行（如法院诉讼前调解达成调解协议，法院再根据该调解协议制作调解书）。

仲裁，也称公断，是指纠纷双方根据有关规定或双方协议，将争议交由一定的社会机构，由该机构居中裁决的制度。

仲裁具有以下三个特性：

（1）仲裁的民间性。仲裁机构不是国家机关，而是民间组织或社团法人。仲裁员亦非国家工作人员，而是由争议双方在具有法定资质的人中选定。因此，以仲裁的方式解决民事纠纷依然是社会救济的一种。

（2）仲裁的自治性。当事人意思自治原则充分地体现在仲裁程序之中。选定仲裁员、选择仲裁所依照的实体、程序性规范，均由争议双方决定，无不体现着仲裁的自治性。

（3）仲裁的法律性。①仲裁活动应当遵守当事人选定或者法律规定必须适用的仲裁程序法和实体法。②仲裁裁决具有一定的稳定性，一旦作出，非经法定程序不得更改。③仲裁过程中的证据保全、财产保全以及仲裁裁决的执行，具有"准司法性"。虽然仲裁机构无权实施强制性措施，但法律赋予仲裁机构可借助法院予以强制执行。

调解和仲裁的共同点是，第三者对争议处理起着重要作用；不同的是，调解结果更多地体现了主体的意愿，而仲裁的结果则更多地体现了仲裁者的意愿。

运用调解与仲裁处理纠纷，其自愿性、温和性、民间性和便利性，使得争议双方更易于接受，因此在社会上应用极广，标志着社会在解决民事纠纷方面的进步。

（三）公力救济

公力救济包括行政救济和司法救济。行政救济是建立在行政程序法和行政实体法基础上的救济，目前我国主要有行政申诉、行政复议和行政诉讼等途径。但这不属于民事救济的范畴。司法救济在民事领域的表现形式就是民事诉讼制度。司法救济是指当宪法和法律赋予人们的基本权利遭受侵害时，人民法院应当对这种侵害行为作出有效的补救，对受害人给予必要和适当的补偿，以最大限度地救济他们的生活和保护他们的正当权益，从而在最大程度上维护基于利益平衡的司法和谐。

目前，我国有关司法救助制度的法律规定主要是最高人民法院《关于对经济确有困难的当事人予以司法救助的规定》，此规定中的司法救助，内容仅限于民事、行政案件中经济确有困难的当事人诉讼费用的缓交、减交和免交。

公力救济的实质是由特定的国家机关，在纠纷主体的参与下解决纠纷的一种最具权威和最有效的机制。公力救济有两个特点：①国家强制性，即国家凭借强制力确定纠纷主体双方之间的民事权利义务，并以国家强制执行权迫使义务主体履行生效的裁判；②严格的规范性，即诉讼必须严格按照法定程序规则进行。现代社会采取公力救济的方式，能够使纠纷得到最公平、最合理的解决。

三、民事诉讼

（一）诉讼

诉讼，俗称打官司，指公民或检察官向法院提出控告、申诉，要求评判曲直是非的行为。诉讼在西方人的观念中，是指法庭处理案件与纠纷的活动过程或程序；在中国人的观念中，"诉讼"一词是由"诉"和"讼"两字组成的。"诉"为叙说、告诉、告发、控告之意，"讼"为争辩是非、曲直之意。两个字连用即为向法庭告诉，在法庭上辩冤、争辩是非曲直。从法律角度可以简要地概括为：诉讼就是国家专门机关在诉讼参与人的参加下，依据法定的权限和程序，解决社会纠纷的活动。诉讼本质上是国家对社会成员之间争议的一种强制干预，其目的在于制止对他人权益的侵害，维护正常的社会秩序。因此，诉讼对于国家而言是一种职能，对于纠纷当事人而言是维护其权益的一种手段。

根据国家解决当事人之间争议的内容和方式的区别，诉讼通常分为刑事诉讼、民事诉讼和行政诉讼三种类型。

（二）民事诉讼

民事诉讼的定义，由于传统和观念的不同，中外学者的认识和理解并不完全相同。西方学者一般从民法是"私法"的观念出发，将民事诉讼看成是私人要求国家司法机关保护其私法之权利或利益的程序或手续。如有人认为"民事诉讼是以国家权力解决以私法关系为内容的纠纷的程序"；有人认为"民事诉讼乃本诸国家公力保护私权之手续也"；有人认为"民事诉讼，就是人民法院根据当事人的请求，确定其权利的存否，以保护当事人的权利或利益的法定程序"；也有人认为"民事诉讼是个人、国家机关、社会团体、企业、事业及集体单位，要求人民法院保护正当权利和合法利益的审判程序制度"；还有人认为民事诉讼"是指人民法院在双方当事人和其他诉讼参与人参加下，审理和解决民事案件的活动，以及由这些活动所发生的诉讼关系"。[1]

虽然理解和表述不尽相同，但都指出民事诉讼是解决民事权益纠纷的程序性活动，包含了当事人的诉讼行为、法院的审判行为和其他诉讼参与人的行为。围绕着解决民事纠纷进行诉讼活动的各个主体之间，必然要发生各种相互关系，这些关系就是诉讼关系。从这个意义上理解，民事诉讼就是诉讼活动和诉讼关系的综合，是指人民法院、当事人和其他诉讼参与人，在审理民事案件的过程中，所进行的各种诉讼活动，以及由这些活动所发生的诉讼关系的总和。[2]

就本质而言，民事诉讼是国家强制解决民事纠纷的一种方式，是民事权利主体凭借国家力量维护其民事权益的司法程序。

民事纠纷本身的特性，决定民事诉讼具有以下特点：

1. 诉讼对象的特定性。民事诉讼解决的争议是有关民事权利义务的争议，是民事主体之间涉及财产关系和人身关系的争议，除此之外的争议都不能成为民

---

〔1〕　转引自谭兵主编：《民事诉讼法学》，法律出版社 2004 年版，第 5 页。
〔2〕　江伟主编：《民事诉讼法》，中国人民大学出版社 2000 年版，第 5 页。

事诉讼的对象。对于无讼争性的非讼事件，虽然各国的普遍做法是由法院主管，但都规定了与民事诉讼程序不同的非讼程序来处理。

2. 诉讼主体行使处分权的自主性。民事诉讼反映民事主体权益之争，民事主体不论在实体上还是在程序上，都可以依法自主的处分其权利。也就是说，对于自己的合法权利，有行使的自由，也有不行使或放弃的自由。他人不得非法干涉。诉讼中的调解就是这种自由的一种体现。但在刑事诉讼和行政诉讼中情况则不同，诉讼主体不具有这种自由性。如行政诉讼中就行政法律关系的争议，不适用于调解方式解决，作为当事人一方的行政机关胜诉后也无权放弃自己的权利。

3. 诉讼对抗的平等性。诉讼意味着双方之间的对抗。民事纠纷是平等主体之间的纠纷，体现在民事诉讼中，对抗的双方诉讼地位也是平等的，这种平等既体现在实体法上也体现在程序法上。任何一方不拥有凌驾于他方的诉讼权利，也不承担多于他方的诉讼义务，诉讼当事人的诉讼对抗是完全平等的对抗。

4. 诉讼程序的严格规范性与正当性。慎重正确的裁判与程序规则的严格性、正当性密不可分。民事诉讼法及其相关法律制度如《法院组织法》和《法官法》等保障民事诉讼的正义性，确保当事人的实体权利和程序利益不受侵害。程序规则的严格性并不等同于程序的复杂性，其含义是指确保当事人权益的强行性规定不得违反，否则即产生一定的程序制裁。民事诉讼的严格规范性限制了法官的恣意，消除了对社会统一规范的背离，满足了国家和社会维护统一的法律秩序的要求。

5. 诉讼活动具有明显的阶段性和顺序性。民事诉讼具有严格的程序规定性，因此诉讼活动分为若干阶段并按预设的程序顺序有条不紊的进行，已经发生的诉讼行为一般不得更改或撤销，灵活性较其他方式要差一些。

6. 纠纷解决的强制性、最终性与权威性。民事诉讼是以国家公权力解决纠纷，其解决纠纷的过程与结果具有强制性，其结果具有终局性地确定当事人之间权利义务关系的效力。与其他纠纷解决方式不同的是，不管被告是否自愿，是否放弃参与诉讼，其必须接受法院的裁判结果。任何社会都需要权威来维持，也需要维持权威。权威的来源有二：一是国家强制力，二是理性。合理公正的民事诉讼程序作为民事领域权威性的制度，其程序结果——法院的裁判——具有理性权威，正是这种理性权威从理念上和终极意义上保障着司法裁判的正统性与权威性，而非仅国家强制力。[1]

但与其他民事纠纷解决机制相比，民事诉讼也存在一定的局限性：

1. 专业性强。诉讼是一种极具职业专门性的技术性活动，在认知方面不易

---

〔1〕　参见江伟主编：《民事诉讼法》，高等教育出版社 2003 年版，第 5 页。

为一般民众所理解和接受，当事人参加诉讼的程度受到一定的限制，从而在心理上与诉讼保持着一定的距离，妨碍了对诉讼的利用。

2. 成本高昂。与其他民事纠纷解决机制相比，民事诉讼的程序复杂繁琐，时间持久，成本高昂，常常让人望而却步。

3. 灵活性差。民事诉讼具有严格规范性并由国家强制力作保证，虽然保证了裁判结果的权威性，但也在很大程度上限制了当事人的意思自治，从而难以适应特殊个案所需的灵活性解决要求，也难以满足当事人之间不伤和气与维持原有关系的要求。

第二节　民事诉讼法

一、民事诉讼法的概念

民事诉讼法是调整民事诉讼的法律规范，是指国家制定或认可的，规范法院和当事人、其他诉讼参与人进行诉讼活动的法律规范的总和。民事诉讼既包括诉讼活动，也包括各诉讼主体在诉讼过程中产生的诉讼关系。因此，民事诉讼法的调整对象包括诉讼活动和诉讼关系。

民事诉讼法有广义和狭义之分。狭义的民事诉讼法，或者称为形式意义上的民事诉讼法，通常是指最高权力机关制定、颁布的关于民事诉讼的专门性的法律。在我国主要是指 1991 年制定的《中华人民共和国民事诉讼法》和 1999 年通过的《中华人民共和国海事诉讼特别程序法》。广义的民事诉讼法，或者称为实质意义上的民事诉讼法，包括狭义的民事诉讼法以及宪法和其他实体法、程序法中有关民事诉讼的规定。另外，最高人民法院发布的指导民事诉讼的司法解释，也属于广义民事诉讼法的范畴。这些法律、法规和有关规定，虽然不是以民事诉讼法典的形式出现的，但对民事诉讼起着拘束力的作用。[1]

由于民事诉讼法的内容突出地表现为一系列的程序，具有很强的操作性，因此，民事诉讼法被称为程序法。与刑事诉讼法和行政诉讼法相比，民事诉讼法具有更广泛的适用性，不但法院在审理民事案件时适用民事诉讼法，在审理行政案件时，也要参照适用民事诉讼法的一些规定。

二、民事诉讼法的性质

1. 民事诉讼法是公法。法律依照其规范的对象或者主体之间的关系，可以

---

〔1〕　参见江伟主编：《民事诉讼法》，高等教育出版社 2003 年版，第 19 页。

分为公法和私法。民事诉讼法是规范国家行使审判权的程序法规，它不同于规范平等主体之间权利义务关系的私法，其性质属于公法。法院运用国家审判权，对当事人的私权纠纷作出法律上的强行解决，法院行使的审判权和强制执行权，以及当事人所享有的诉权和诉讼权利，均为公权。法院判决所具有的确定力、执行力和形成力等效力，是公法上的效力，并非私法上的效力，当事人不得变更或撤销。[1]

2. 民事诉讼法是部门法。法律依其调整不同的社会关系而分门别类，每一类法律都有其特定的调整对象，构成一个独特的法律部门。民事诉讼法的调整对象是民事诉讼活动和民事诉讼关系，与其他法律部门具有根本的区别。

3. 民事诉讼法是基本法。基本法是相对宪法和其他民事程序法而言的，其效力低于宪法但高于一般法。在立法程序上，基本法由国家最高权力机关制定和修改，而一般法则是由国家最高权力机关的常设机构制定和修改。如我国的基本法由全国人民代表大会制定和修改，一般法由全国人大常委会制定和修改。民事诉讼法和民法、刑法等均属于国家基本法，是一切民事程序法的基本法，它与其他民事程序法共同构成我国预防和解决民事纠纷的民事程序法律体系。

4. 民事诉讼法是程序法。程序法是相对实体法而言的，实体法是规定主体的权利义务关系的法律，程序法是规定主体实现权利义务关系以及解决争议的程序和方式的法律。民事诉讼法规范实体权利义务关系的实现程序，主要解决如何公平、经济地处理民事案件，讲究如何以理性的技术方法解决民事纠纷。它规定当事人如何起诉、应诉、进行诉讼，法院如何循序渐进地，公正、公平地解决纠纷、平息矛盾，其他诉讼参与人如何进行诉讼行为等等。民事诉讼法对于保证民事实体法的贯彻实施，保障民事实体权利的实现具有十分重要的不可替代的作用。

三、民事诉讼法的任务

民事诉讼法的任务，是指民事诉讼法作为程序法所具有的功能，也就是制定和实施民事诉讼法所要达到的目的。我国《民事诉讼法》第 2 条规定："中华人民共和国民事诉讼法的任务，是保护当事人行使诉讼权利，保证人民法院查明事实，分清是非，正确适用法律，及时审理民事案件，确认民事权利义务关系，制裁民事违法行为，保护当事人的合法权益，教育公民自觉遵守法律，维护社会秩序、经济秩序，保障社会主义建设事业顺利进行。"该规定明确指明了我国民事诉讼法的任务，可以解读为以下三个方面：

---

[1]　江伟主编：《民事诉讼法学》，复旦大学出版社 2005 年版，第 24 页。

1. 保护当事人行使诉讼权利。国家创设民事诉讼法律制度，直接目的就是通过诉讼来解决民事纠纷，化解社会矛盾，而诉讼程序的启动是由当事人向法院提起诉讼引起的，没有当事人提起诉讼，民事诉讼程序就无从谈起。在诉讼过程中，当事人通过各种诉讼行为，行使相应的诉讼权利，以维护或实现自己的实体权利，只有保障诉讼权利的行使，才能保障实体权利的实现，因此，民事诉讼法的首要任务就是保护当事人行使诉讼权利。我国《民事诉讼法》赋予了当事人广泛的诉讼权利，并规定了一些制度和程序方面的保障措施，如第 50、114、123、127 条等，充分体现了民事诉讼法对当事人行使诉讼权利的有效保障。

2. 保证人民法院正确行使审判权。法院在诉讼中行使审判权，是国家主权的体现。在民事诉讼中保证法院正确行使审判权，就是要保证法院查明事实、分清是非，正确适用法律，及时审理民事案件，确认当事人争议的权利义务关系，制裁民事违法行为，保护当事人的合法权益。简而言之，就是要保证法院正确认定案件事实和正确适用法律。

3. 教育公民自觉遵守法律。民事诉讼法的教育职能，是通过法院对具体的民事案件的审判来实现的。通过民事审判活动，使当事人、诉讼参与人和旁听者受到法制教育，增强法制观念，树立法律意识，知法、懂法，会用法律来判断自己或他人的行为的合法性与否，自觉遵守法律，预防纠纷，减少诉讼。

民事诉讼法的上述三项任务内容，是相互联系不可分割的统一整体。民事诉讼法通过实现上述三项任务，可以达到解决社会矛盾纠纷，维护社会秩序，保障有中国特色的和谐社会建设的顺利进行的根本目的。

四、民事诉讼法的效力

民事诉讼法的效力，是指民事诉讼法对什么人，对什么事，在什么空间范围和时间范围内有效。民事诉讼法的效力，也称民事诉讼法的适用范围。我国民事诉讼法的效力包括以下四个方面：

（一）对人的效力

民事诉讼法对人的效力，是指民事诉讼法对哪些人适用，也即哪些人进行民事诉讼应当遵守我国的民事诉讼法。根据《民事诉讼法》第 4 条关于"凡在中华人民共和国领域内进行民事诉讼，必须遵守本法"的规定，我国民事诉讼法适用于下列人员和组织：中国公民、法人和其他组织；居住在我国领域内的外国人、无国籍人以及在我国登记的外国企业和组织；申请在我国人民法院进行民事诉讼的外国人、无国籍人以及外国的企业和组织。

我国《民事诉讼法》第 237 条规定，对享有外交特权与豁免权的外国人、外国组织或国际组织提起的民事诉讼，应当依照我国有关法律和我国缔结或参加的国际条约的规定办理。也就是说，对上述人员和组织在一般情况下在我国享有司法豁免权，其民事纠纷只能通过外交途径解决。但是，在下列情形中，上述人员和组织则丧失民事司法豁免权，适用我国民事诉讼法：享有司法豁免权者的所属国明确宣布放弃司法豁免的；享有司法豁免权者因私人事务与对方当事人发生民事纠纷的；享有司法豁免权者提起民事诉讼而被反诉的。

我国《民事诉讼法》第5条规定，外国人、无国籍人、外国企业和组织在我国法院起诉、应诉实行对等原则。即外国法院对中华人民共和国的公民、法人和其他组织的民事诉讼权利加以限制的，我国法院对该国公民、法人和其他组织的民事诉讼权利也加以限制。

（二）对事的效力

民事诉讼法对事的效力，是指人民法院审理哪些案件应当适用民事诉讼法的规定。根据民事诉讼法的规定和其他有关法律的规定，人民法院适用民事诉讼法审理的案件包括以下几类：①由民法调整的平等权利主体之间因财产关系和人身关系发生纠纷而引起的案件；②由婚姻法调整的平等权利主体之间因婚姻家庭关系发生纠纷而引起的案件；③由经济法调整的平等权利主体之间因经济关系发生纠纷而引起的案件；④由劳动法调整的用人单位与劳动者之间因劳动关系发生纠纷而引起的案件；⑤由其他法律调整的社会关系发生争议，法律明确规定依照民事诉讼程序审理的案件；⑥由海商法调整的海上运输关系和船舶关系发生纠纷而引起的海事案件；⑦适用民事诉讼法中特别程序、督促程序、公示催告程序和企业法人破产还债程序审理的几类非民事权益争议案件。

（三）空间效力

民事诉讼法的空间效力（也叫地域效力），是指适用民事诉讼法的地域范围。我国《民事诉讼法》第4条规定："凡在中华人民共和国领域内进行民事诉讼，必须遵守本法。"但是第236条也规定，我国缔结或参加的国际条约与我国民事诉讼法有不同规定的，适用该条约规定，我国声明保留的条款除外。因此，我国民事诉讼法的空间效力包括我国整个领域，即我国的领土、领空、领海以及领土的延伸部分，如我国的驻外使领馆范围内，航行于我国领空、领海之外的在我国注册的航空器航海器内等。

我国《民事诉讼法》第17条规定："民族自治地方的人民代表大会根据宪法和本法的原则，结合当地民族的具体情况，可以制定变通或者补充的规定。自治区的规定，报全国人民代表大会常务委员会批准。自治州、自治县的规定，报省或自治区的人民代表大会常务委员会批准，并报全国人民代表大会常务委员会备案。"这充分反映了国家对民族地区的重视。鉴于少数民族地区经济条件、自然环境、文化传统不同，为了照顾少数民族地区的特殊性而采取的灵活性措施，但变通或者补充规定不是对民事诉讼法的全面修改，也不意味着民事诉讼法在该地区不生效。

（四）时间效力

民事诉讼法的时间效力，是指民事诉讼法的有效期间，也即民事诉讼法发生效力和终止效力的时间，以及对民事诉讼法生效前的民事案件有无溯及力等事项。

民事诉讼法具有溯及既往的效力，也即民事诉讼法生效后，不论是审理民事诉讼法生效前受理的案件，还是审理民事诉讼法生效后受理的案件，都应该按照新生效的民事诉讼法规定的程序审理。

具体而言，我国民事诉讼法的时间效力包括：

1. 《民事诉讼法》自 1991 年 4 月 9 日起生效，于同日起施行。

2. 《关于适用〈中华人民共和国民事诉讼法〉若干问题的意见》（以下简称《民诉意见》）自 1992 年 7 月 14 日起开始施行。最高人民法院之前所作的其他有关民事诉讼方面的批复、解答，凡与民事诉讼法相抵触或者与该意见不一致的，停止执行。

3. 《关于人民法院执行工作若干问题的规定（试行）》自 1998 年 7 月 18 日公布之日试行。最高人民法院之前作出的司法解释与该规定有抵触的，以后者为准，其未尽事宜，按照以前的规定办理。

4. 《关于民事诉讼证据的若干规定》（以下简称《民事诉讼证据规定》）自 2002 年 4 月 1 日起施行。最高人民法院之前的司法解释，与该《民事诉讼证据规定》不一致的，以后者为准。2002 年 4 月 1 日尚未审结的一审、二审和再审民事案件不适用该《民事诉讼证据规定》，该《民事诉讼证据规定》施行前已经审理终结的民事案件，当事人以违反该规定为由申请再审的，人民法院不予支持。该《民事诉讼证据规定》施行后受理的再审民事案件，人民法院依据《民事诉讼法》第 184 条的规定进行审理的，适用该《民事诉讼证据规定》。

五、民事诉讼法与相邻部门法的关系

（一）民事诉讼法与民事实体法的关系

民事诉讼法与民事实体法之间的关系与程序价值的认识密切相关，关于诉讼法与实体法的关系在价值论上表现为程序工具主义和程序本位主义。程序工具主义认为诉讼法的唯一正当目的是最大限度实现实体法，而程序本位主义则认为程序法具有独立于实体法的内在作用，有的学者甚至提出程序法是实体法之母的论点。我国传统上"重实体轻程序"，不过，越来越多的人抛弃了这种认识，重新审视民事诉讼法与民事实体法之间的关系。

1. 民事实体法中常常包含程序性规范，民事诉讼法中也有一些体现民事主体实体权利义务的条款。而诸如法人、代理、诉讼时效等制度则很难由单个的法律部门规定完全，需要由民事诉讼法与实体法相互协调予以规定。此外，某些法律文件如破产法，因其间大量实体规范与程序规范交叉共存，很难将之单纯归入诉讼法或实体法范畴，而需借助于民事法律这一上位阶概念予以涵摄。

2. 民事诉讼法保障民事实体法的贯彻实施。民事实体法的实现离不开民事诉讼法的保障，一方面是因为民事主体的合法权益受到侵犯或发生争议时需仰赖民诉法所规定的强制性程序予以保护，民事实体规范应当能够通过民事诉讼加以贯彻，如果实体法规定的实体权利不能通过民事诉讼途径获得救济，那么实体法上的权利也就成了空洞的权利；另一方面，民事诉讼程序还具有预防和警示功能，它使投机者望而却步，而使权益人壮胆生威，民事生活因此而得保持自由与安全。

3. 民事诉讼法具有创制和促进民事实体法发展的功能。诉讼法的工具价值是以实体法的完善为前提的。但实体法的完美无缺只是一种法制理想而已，立法者不可能对生活中可能出现的现象作出周密的规定，更无法遇见未来的情况。随着新型纠纷的出现，往往无从将这些纠纷或侵害的事实纳入现行法律所承认的权利体制或框架之中，然而，法官不得因此拒绝裁判。对于正当性利益，在实体法尚无明确规定的情况下，可以获得法院的保护。从这个意义上说，民事诉讼法具有创制和促进民事实体法的功能，纠正实体法的滞后性和不周严性。

总而言之，民事诉讼法与实体法在民事诉讼中各有功用，缺一不可。在民事诉讼过程中，既要面临对案件实体内容如何裁判的问题，又要面临以何种形式和方法进行裁判的问题。前者需要借助民事实体法来实现，后者需要借助民事诉讼法来解决，二者对民事诉讼的运作具有同等重要的作用。可以说，民事诉讼的过程就是民事诉讼法与实体法相互统一的过程。

（二）民事诉讼法与人民法院组织法的关系

人民法院组织法主要规定人民法院的组织原则和活动原则，民事诉讼法主要规定人民法院审理民事案件应遵守的原则、制度和程序，两者调整的对象不同，属于不同的部门法。但人民法院组织法与民事诉讼法又都共同服务于民事案件的审判，被称为审判法或者司法法，因此，两者在某些原则和制度的规定上又是相通的或者是一致的。人民法院审判民事案件，既要遵守民事诉讼法的规定，又要遵守人民法院组织法的规定。

（三）民事诉讼法与刑事诉讼法的关系

民事诉讼法与刑事诉讼法同属于程序法，都是法院行使审判权应当遵守的原则、制度和程序的规定。诉讼活动的共同规律和特点，决定了二者有不少相同或者相近的规定。但由于二者调整对象的不同，二者存在重大区别：

1. 目的任务不同。民事诉讼法是为了解决民事纠纷，保护民事合法权益。

而刑事诉讼法则是为了查明犯罪事实，惩罚犯罪。

2. 提起诉讼的主体不同。民事诉讼是由与本案有直接利害关系的当事人向法院提起，而刑事诉讼则由检察机关代表国家提起公诉，除了法律规定的自诉案件外，被害人不能直接向法院提起刑事诉讼。

3. 某些基本原则不同。民事诉讼涉及私权，采取处分原则、辩论原则、法院调解原则等，而刑事诉讼的特有原则是分工负责、互相配合、互相制约原则及犯罪嫌疑人和被告人有权获得辩护原则。

4. 具体制度不同。如民事诉讼法规定有特别程序、破产程序等，而刑事诉讼法规定有公诉程序、自诉程序以及死刑复核程序。

（四）民事诉讼法与行政诉讼法的关系

民事诉讼法与行政诉讼法的关系比较密切。可以说，我国现行行政诉讼法脱胎于民事诉讼法，主要是根据行政实体法的一般原理和行政纠纷的特点，就行政诉讼的特殊问题作出的规定。人民法院审判行政案件，除依照行政诉讼法以外，对于行政诉讼法没有规定的，在与行政诉讼原则没有冲突的前提下，可以参照适用民事诉讼法的有关规定。两者的差异主要体现在：

1. 诉讼性质不同。行政诉讼争议的是行政权利义务的问题，是关于行政机关作出的具体行政行为是否合法的诉讼。而民事诉讼争议的是关于民事权利义务关系。

2. 基本原则不同。民事诉讼法的处分原则、调解原则等不适用于行政诉讼，但是行政诉讼法有其特殊原则：对具体行政行为合法性审查原则、当事人诉讼权利平衡原则、被告不得处分法定职权原则等。

3. 当事人不同。行政诉讼的当事人是恒定的，即原告是认为具体行政行为侵犯其合法权益的行政相对人，而被告则是实施该具体行政行为的行政机关或法律授权行使行政职权的组织。民事诉讼当事人是平等的诉讼主体，相互之间没有地位的差异，不存在隶属关系。

4. 证明责任不同。民事诉讼中规定"谁主张谁举证"的原则，而行政诉讼法规定，行政诉讼的证明责任由被告承担。也有人认为是举证责任不同。

5. 适用调解的范围不同。民事诉讼中，在自愿、合法的调解原则下，法院可以对当事人之间的争议进行调解，并最终以调解方式处理双方的争议。而行政诉讼中，除行政侵权损害赔偿之外，法院不能以调解方式处理行政争议，因为被告作为行政机关，执行的是国家的法律法规，不允许更改或让步，根据法律法规作出的具体行政行为是否合法，不允许当事人之间以调解的形式模糊，必须通过审判予以判定。

6. 执行机关不同。民事诉讼执行机关仅限于人民法院，而行政诉讼中，除人民法院外，行政机关也可成为执行机构，而且强制执行的对象，除财产和行为，还包括人身自由（如拘留等）。

（五）民事诉讼法与仲裁法的关系

民事诉讼法与仲裁法均是以解决民事争议为目的的民事程序法，因而，两者存在许多相同之处，但毕竟人民法院与仲裁机构在性质上存在着实质性的差别，因此，两者必然在其具体程序制度上存在着一定的区别。民事诉讼法与仲裁法的区别主要包括：

1. 受理案件的范围不同。仲裁的受理范围限于合同纠纷和其他财产权益纠纷，婚姻、收养、监护、抚养、继承等涉及人身关系的纠纷不属于仲裁的受理范围；而民事诉讼的受理范围既包括合同纠纷和其他财产权益纠纷，也包括婚姻、收养、监护、抚养、继承等涉及人身关系的纠纷。

2. 启动程序的方式不同。仲裁应当双方自愿，达成仲裁协议，没有仲裁协议，一方申请仲裁的，不予受理；而民事诉讼则不需双方自愿，不需要任何形式的协议，一方起诉只要符合起诉条件的，就应当予以受理。

3. 管辖不同。仲裁不实行级别管辖和地域管辖，双方当事人可以协议选定仲裁委员会；而民事诉讼则实行严格的级别管辖和地域管辖，只有合同纠纷双方当事人才可以在一定范围内协议选择法院管辖，但也不得违反级别管辖和专属管辖的规定。

4. 审理组织和审理人员的确定不同。仲裁庭的组成尊重当事人的意愿，当事人可以约定由 1 名仲裁员仲裁或 3 名仲裁员仲裁，当事人还可以选定仲裁员或委托仲裁委员会主任指定仲裁员；而民事诉讼审判组织是实行独任制还是合议制，由人民法院自行决定，当事人无权决定，审判人员也由人民法院自行指定，当事人无权指定或委托人民法院选定。

5. 是否公开审理不同。仲裁不公开进行，只有当事人协议公开的，才可以公开进行；而民事诉讼实行公开审判原则，只有在涉及国家秘密等特殊情况下，才不公开进行。

6. 审级制度不同。仲裁实行一裁终局制度，裁决作出后，当事人就同一纠纷再申请仲裁或向人民法院起诉的，不予受理；而民事诉讼实行两审终审制度，除特别程序等一审终审以外，当事人不服一审判决、裁定的，有权在上诉期内提起上诉。

仲裁法和民事诉讼法又存在密切的联系，体现了仲裁法的法律性，主要包括：

1. 案件主管方面。当事人达成仲裁协议的，只能由仲裁机构受理，法院不得受理，但仲裁协议无效的除外；当事人达成仲裁协议，一方向法院起诉未声明有仲裁协议，法院受理的，而另一方在首次开庭前未对法院受理该案件提出异议的，视为放弃仲裁协议，法院应当继续审理。

2. 当事人对仲裁协议效力提出异议的处理。当事人对仲裁协议效力有异议的，可以请求仲裁委员会作出决定或者请求法院作出裁定；一方请求仲裁委员会作出决定，另一方请求人民法院作出裁定的，由人民法院裁定。

3. 财产保全和证据保全。仲裁过程中，当事人申请财产保全的，仲裁委员会应当将该申请依照《民事诉讼法》的有关规定提交法院执行；当事人申请证据保全的，仲裁委员会应当将该申请提交证据所在地的法院执行。

4. 对申请撤销仲裁裁决的处理。当事人提出证据证明国内仲裁裁决有《仲裁法》第 58 条第 1 款规定的情形之一的，可以向有关法院申请撤销仲裁裁决，法院审查核实的，裁定撤销；法院认为该裁决违背社会公共利益的，应当裁定撤销。

六、民事诉讼法的发展

（一）民事诉讼法的宪法化

民事诉讼法的宪法化是指民事诉讼法的基本原则和当事人的程序基本权由宪法规定并获得宪法保障。在人类漫长的民事诉讼制度发展历史中，形成了一些当事人诉讼权利的基本原则，随着自然法的陨落，当事人程序基本权的保障与民事诉讼的基本原则首先被法典所实定化，而后随着法治的发展而被宪法化，成为高级法，并在一定程度上制约立法机构。[1] 这些规则的保障与修改因被宪法化而应适用严格的宪法程序，其违反也适用特别的制裁与救济，如宣布法律违宪或者提起宪法诉讼。民事诉讼法的目的、基本原则、民事诉权、程序基本权、程序可预测性等问题的制度性规定，有的直接来源于宪法的明确规定，有的则是宪法精神的延伸。

（二）民事诉讼法的国际化

民事诉讼法的国际化，即当事人程序基本权保障的国际化，是指民事诉讼法一些共同的理念和制度呈现趋同化，并被国际条约所确认，有些国际条约甚至赋予当事人超国家的救济。如《世界人权宣言》第 8 条规定："当宪法或法律赋予的基本权利遭受侵犯时，人们有权向有管辖权的法院请求有效的救济。"第 10 条进而规定："在确定当事人的民事权利和义务或审理对被告人的刑事指控时，人们有权充分平等地获得独立、公正的法院的公正、公开的审理"等等。

---

〔1〕　［意］莫诺·卡佩莱蒂：《当事人基本程序保障权与未来的民事诉讼》，徐昕译，法律出版社 2000 年
　　　版，第 12 页。

（三）民事诉讼法的多元化

随着当事人程序主体地位的提升，民事诉讼法为当事人提供的可选择的程序已经呈现出多元化趋势。民事诉讼法关于普通程序与简易程序、小额诉讼程序以及非讼程序的设置，使当事人可以选择的救济途径日趋丰富。审前准备程序已日益成为一个相对独立的程序，除了具有准备功能外，还具有在审前解决纠纷的功能。关于临时性救济制度，除保全制度外，现代各国都设立了权利暂时实现性制度，在我国有先予执行制度，使当事人在紧迫情况下提前获得保护，以暂时满足其权利请求。

（四）民事诉讼法的社会化

随着社会法治文明的发达，民事诉讼法的社会化潮流也非常明显。民事诉讼法的社会化首先表现为民事诉讼法对大众平等接近法院的机会的保障。各国都在加强法院援助的国家责任，设立国家公共基金以补偿为贫穷当事人提供法律援助的律师，使贫穷当事人可以接近司法，以保障当事人在法律面前的实质平等。民事诉讼法的社会化还体现在民事诉讼法的便民性和近民性，通过民事诉讼程序规则的修订，使当事人更加便利地接近法院从而便利地实现其权利，通过法庭向社会开放，法律条文、裁判文书的通俗化等，使民事诉讼法更容易为人民所了解、接受，从而避免人民因与司法隔离、疏远导致的对司法不信任，也使民事诉讼法真正成为人民接近法院、解决争议的法律制度。

第三节　民事诉讼法学

一、民事诉讼法学概说

民事诉讼法学，是指以民事诉讼立法和民事诉讼实践为对象，研究民事诉讼制度的诉讼法律规范和民事诉讼运行规律的科学。

民事诉讼法学是一门实践性和操作性很强的应用法学，而不是纯理论性的法学。就民事诉讼法和民事诉讼法学的关系而言，一方面，民事诉讼法学依托于民事诉讼法而存在，以民事诉讼法为主要研究对象；民事诉讼法学的研究成果，反过来又指导民事诉讼立法活动，为民事诉讼法的修改完善提供理论依据，同时对民事诉讼实践活动提供理论指导和支持。另一方面，民事诉讼法是当事人和其他诉讼参与人进行民事诉讼活动的一种行为规范，是法院审理民事案件的操作规程；而民事诉讼法学则是研究民事诉讼法和民事诉讼实践的一门科学，是民事诉讼法的观念形态，是对民事诉讼立法和民事诉讼实践的理论概括和升华，它的内容远比民事诉讼法丰富。

二、民事诉讼法学的研究目的和研究对象

民事诉讼法学研究的目的，是要为民事诉讼法律制度的构建提供具有内在统一、协调、全面的理论支撑，并最终完成理论研究与司法实务的动态对接，揭示民事诉讼的本质和规律，完善民事诉讼立法，指导民事诉讼实践。民事诉讼法学具有自己的研究对象，它是法学体系中一门独立的学科。民事诉讼法学是专门研究民事冲突、民事诉讼法律规范和对民事审判活动与诉讼活动进行理论探讨的科学。具体地说，民事诉讼法学研究的对象是：

1. 民事冲突。对民事冲突的研究可以从社会学、人类学和法学的角度展开。民事诉讼法学研究民事冲突是从法的角度，从解决冲突的机制配置的角度展开。民事冲突何以产生，它有什么规律性，如何正确、合理地解决民事冲突，各种解决民事冲突的方式何以科学地衔接，民事诉讼在各种救济方式中的地位与作用，等等。

2. 民事审判实践和民事诉讼实践。民事诉讼法学是一门应用性很强的学科。此特点在客观上决定了研究民事诉讼法学绝不能离开审判实践和诉讼实践。一方面要从理论层次上全面准确地阐释立法的宗旨、原则和精神实质，使审判实践和诉讼实践准确遵循；另一方面要认真全面地总结审判实践和诉讼实践的正反两个方面的经验。剖析实践中出现的热点和难点，将各级法院应对这些热点和解决这些难点的经验、做法条理化、系统化和科学化，尔后提出科学的阐释和立法建议，使国家立法机关及时修正法律规范。比如，在构筑市场经济的过程中，多种经济成分同时并存，新的主体不断涌现，诉讼形式不停地翻新，如何确立新的经济实体和组织形式在民事诉讼中的法律地位，如何确立高新科技在诉讼证据中的运用，如何根据新的诉讼形式设计与之匹配的程序制度等等，不但直接关系到社会生产力的发展问题，而且关系到民事救济方式能否与形势合拍的问题。

3. 民事诉讼法。一般地说，享有民事权利的人和负有民事义务的人都会自觉地完成自己应当完成的行为。但在有的时候权利人和义务人对权利义务的理解会出现分歧；有的时候义务人会有意无意地规避义务；有的时候权利人或义务人都急于改变权利义务的现状。凡此种种，极可能造成权利人的权利难以实现的态势。当双方当事人磋商不成又不愿求助其他救济方式时，权利人就会借助国家的力量来实现权利。向法院提起诉讼是当事人最后的选择。从公平正义的理念出发，法院必须搞清民事冲突的焦点，理清纠纷的来龙去脉。为此，需要遵循严密的程序和完善的制度；需要充分调动当事人的主动性和其他诉讼参与人的积极性，还需要正确架构审判权和诉权。这一切，均有待于理论的探讨和科学的研究。

4. 国外民事诉讼理论和实践。他山之石，可以攻玉，世界上不少国家尤其是发达国家在建设市场经济的道路上是有不少法律和法学理论值得学习和借鉴的。就民事诉讼法学而言，法院在民事诉讼中的地位的理论、消费者保护诉讼的

理论与实践、诉讼证据理论、诉权理论、诉讼标的理论、既判力理论、目的理论、程序公正理论等等以及不少国家正在进行的民事诉讼改革实践，就有许多经验值得借鉴和吸取。要借鉴和吸取就必须准确地、全面地学习、研究国外民事诉讼理论和实践。[1]

三、民事诉讼法学的研究方法

应当以马克思主义唯物辩证法为指导，采用理论与实践相结合的方法、个性与共性相结合的方法、程序法与实体法相联系的方法、比较分析的方法来研究民事诉讼法学。

四、我国民事诉讼法学研究的方向和当前研究的主要内容

（一）我国民事诉讼法学的研究方向

在当前的民事诉讼法学研究工作中，需要注意以下几点：首先，要把握民事诉讼法学研究的发展趋势，瞄准学科前沿，不断拓展研究的视野，开辟新的研究领域。其次，要继续突破原有的一些研究难点，并加强对新情况、新问题的研究。这两个方面应很好兼顾，绝不可顾此失彼。再次，对外国民事诉讼制度的比较研究，要注意其科学性、准确性和针对性。最后，要从只重视单一研究民事诉讼程序制度走向重视全面研究保护民事权益的综合体系。

（二）当前民事诉讼法学研究的主要内容

当前民事诉讼法学研究的主要内容，可以概括为以下几个方面：基础理论研究，实务性内容和具体制度研究，非讼制度和非民事权益争议案件审判程序研究，海事诉讼特别程序研究，民事公益诉讼制度研究，刑民交叉案件的处理程序研究，宪法的司法化（即宪法的司法适用）研究，外国民事诉讼制度研究，港、澳、台民事诉讼制度研究，民事诉讼制度发展趋势研究，完善民事诉讼法学学科体系研究，修改和完善我国民事诉讼法研究等。以上研究内容，应随着情况的变化及时加以调整。

 学术视野

中国民事诉讼法学研究存在的问题及展望

一、现阶段民事诉讼法学研究存在的问题

经过新中国成立后至今六十几年的兴衰起伏，我国民事诉讼法学的研究又进入了百家争鸣百花齐放的高潮阶段。尤其是 1991 年《民事诉讼法》颁布以后，

---

〔1〕　田平安主编：《民事诉讼法》，中国人民大学出版社 2003 年版，第 11 页。

其态势发展更是如火如荼，大有和相邻部门法学科分庭抗礼和展开对话的势头。但是，综观现状，现阶段研究中仍存在以下问题亟待解决：①全方位展开，理论深度强、覆盖面广的理论研究欠缺，学术论争气氛不够浓厚。从民事诉讼基本理论体系来看，现阶段的研究虽然几乎涉及方方面面，但仍有譬如既判力、诚实信用原则、当事人适格等问题尚未涉及或"蜻蜓点水"，即使已经或早已展开研究的诉讼标的理论、民事诉讼法律关系、基本原则体系、举证责任理论、诉讼救济制度等民事诉讼基本理论，大部分仍留在原苏联民事诉讼理论的阴影中，或初涉其基本轮廓、理论研究欠深度。②民事诉讼法学研究与司法实践和我国国情在一定程度上相脱节。民事诉讼研究的许多课题是顺应审判实践中出现的新情况、新问题之后才展开的，在顺序上有一定的滞后性，根本上不符合"以理论指导实践"的要求。在引进、借鉴国外民诉理论时，不顾中国国情，结果造成学术界像生活在另外一个世界，实务界也不清楚学术界引入的理论、观点对司法实践有何指导意义。③对国外民诉法学尤其是德国等现代民诉法学理论体系展开的比较研究欠力度，在某些方面甚至仍是一片空白。④民事诉讼法学大体上仍然是"教科方法学"，尚未走出注释法学的泥淖。

二、民事诉讼法学研究展望

摆在我国民事诉讼法学者面前的迫切任务就是进一步向深度上和广度上开拓我国民事诉讼法学的研究，建立起我国民事诉讼法学理论体系。①进一步展开对诉讼法的宪法理念和基本价值分析的研究，加强民事诉讼法学基础理论研究的力度。②借鉴其他学科的研究成果，并以之为民事诉讼法学研究的方法论，从研究手段上提高研究深度。如借助于法哲学、法社会学、现象学、法史学、结构学等多元化的研究手段促进民事诉讼法学研究的繁荣。③进一步建立并完善基本理论体系，加强基本理论研究的热度，为我国民诉法学从注释法学走向理论法学奠定较深厚与丰富的基础，开创我国民事诉讼法学研究的新纪元。④注意审判实践的动向和新问题，展开与实践相关的重大理论和制度的研究，以此指导实践。在已经展开的民事审判方式改革的讨论中，发挥学术界的优势，积极主动投入到实践的共同发展。

理论思考与实务应用

一、理论思考

（一）名词解释

民事纠纷　民事诉讼　司法救济　民事诉讼法

（二）简答题

1. 民事纠纷的解决机制有哪些？各有什么优劣？

2. 民事诉讼作为一种纠纷解决机制有什么优势？

3. 民事诉讼的特点有哪些？

4. 民事诉讼法的效力如何？

（三）论述题

民事诉讼法与仲裁法的联系和区别。

二、实务应用

（一）案例分析示范

案件一

英国汤姆建设公司因承包一项中国场馆建设，与法国米歇尔机械设备公司在中国签署了一项机械设备购销合同。购进设备后，汤姆建设公司发现该批设备存在严重的质量问题，与米歇尔机械设备公司发生争议，汤姆建设公司随即向中国某法院起诉，要求米歇尔机械设备公司退回货款，并赔偿汤姆建设公司的损失。

问：本案程序法应该适用哪国法律？

【评析】《民事诉讼法》第 4 条规定："凡在中华人民共和国领域内进行民事诉讼，必须遵守本法。"法院行使审判权是国家主权的体现，而诉讼法是保证法院审判权得以正确行使的法律，因此，在中华人民共和国领域内进行民事诉讼，诉讼程序只能适用中国法律，即《中华人民共和国民事诉讼法》。

案例二

约翰是英国驻华大使馆的外交人员。某日外出旅游，购物时不慎将瓷器摔碎，与店主发生纠纷，店主要将约翰告上法庭，约翰说："我是驻华使馆的外交人员，享有外交特权和司法豁免权，你不能告我。"

问：本案中约翰是否享有外交特权和豁免权？店主是否可以起诉约翰？为什么？

【评析】本案中约翰不享有外交特权和豁免权，店主可以起诉约翰。因为根据我国民事诉讼法的规定，凡在中华人民共和国领域内进行民事诉讼的人都要遵守我国民事诉讼法的规定。约翰虽然是外交人员，但从事的是与外交职务无关的民事行为。因此根据国际惯例和有关国际条约的规定，约翰不享有外交特权和豁免权，店主可以起诉约翰。

案例三

远航贸易公司经张某介绍，与蓝月机械公司签订一份机床购销合同。合同签定后，远航贸易公司按时向蓝月机械公司交付了符合合同约定的机床，但蓝月机械公司拒绝付款。为此，双方发生争议，远航贸易公司向法院起诉。在该案诉讼进行过程中，远航贸易公司委托了代理律师，向法院递交授权委托书。法院通知知情人张某到庭作证，庭审结束后审判长向审判委员会汇报了案件。

问：本案中哪些行为不是诉讼行为？

【评析】 本案中不是诉讼行为的包括：①远航贸易公司委托了代理律师，因为该行为没有进入诉讼程序；②庭审结束后审判长向审判委员会汇报案件的行为，因为不是诉讼法所规定的法院的审判行为，因此也不是诉讼行为。

（二）案例分析实训

案例一

甲公司与乙公司签订买卖合同，约定发生争议时，向甲公司所在地的仲裁委员会申请仲裁。后乙公司以货物质量不符合约定条件为由，既不退货也不支付货款。甲公司将双方的争议提交本地的仲裁委员会申请仲裁，请求责令乙公司支付拖欠的货款。在仲裁程序中，甲公司与乙公司自愿达成和解协议后，甲公司撤回仲裁申请，但乙公司仍然没有按照和解协议支付货款。

问：①甲公司可否再次向仲裁委员会申请仲裁？②如果甲公司不申请仲裁，可否向本地人民法院提起诉讼？

案例二

一位美国游客和一位法国游客在中国杭州旅游时因购买旅游纪念品发生争议。现该美国游客向中国杭州某法院起诉。

问：应当适用哪国民事诉讼法，为什么？

案例三

王大与王二系亲兄弟，王大独身无子，王二提出将他的三儿子王钢过继给王大，王大未作任何表示。事后王大仍然独立生活，王钢也从未对大伯尽义务，也没有在一起生活过。当王钢准备结婚时，向王大要钱盖房子结婚，为此发生争议，王大诉请法院判决他与王钢不存在继父子关系。

问：本案王大能否诉讼？请说明理由。

主要参考文献

1. 柴发邦主编:《中国民事诉讼法学》,中国人民公安大学出版社 1992 年版。

2. 常怡主编:《比较民事诉讼法》,中国政法大学出版社 2002 年版。

3. 谭兵主编:《外国民事诉讼制度研究》,法律出版社 2003 年版。

4. [日] 谷口安平:《程序的正义与诉讼》,王亚新、刘荣军译,中国政法大学出版社 1996 年版。

5. 江伟主编:《民事诉讼法学》,复旦大学出版社 2002 年版。

6. 胡锡庆主编:《诉讼原理》(第 2 版),中国政法大学出版社 2007 年版。

7. 刘荣军:《程序保障的理论视角》,法律出版社 1999 年版。

第二章

民事诉讼基本理论

【本章概要】民事诉讼中的诉在诉讼中具有重要作用。诉、诉权与诉讼程序制度之间关系紧密。诉的理论对民事诉讼立法以及正确掌握和处理民事案件意义重大。由民事诉讼法所调整的诉讼上的权利义务关系是民事诉讼法律关系。必须充分认识民事诉讼法律关系的相关理论。正确理解民事诉讼的目的、民事诉讼的价值以及民事诉讼的模式，必须从总体上把握，不能割裂三者之间相互影响、相互促进的关系。

【学习目标】了解诉权的含义、诉权学说的历史发展和诉权与诉讼权利的区别；了解取得诉权的条件、丧失诉权的原因及行使诉权的要求；掌握诉的种类和构成要素；掌握反诉的特征和要件。

第一节　诉与诉权

一、诉

（一）诉的概念

"诉"作为诉讼法上的概念，既可以作为名词使用，也可以作为动词使用。诉作为动词出现时，意思是当事人向司法机关"提起诉讼"，着重在行为上；而诉作为名词出现时，意思是当事人向司法机关"提起的诉讼"，着重在请求上。诉的本质是当事人行使自己的"诉"的权利，请求司法机关维护自己的合法权益。名词意义上的"诉"与"诉讼"涵义基本相同。

诉具有以下特征：

1. 诉既是行为也是请求。诉在向法院提出时，是一种请求行为，同时也是作为行为的请求。诉作为一种请求与诉讼请求不同，诉的请求是一种行为过程，而诉讼请求是目的，诉讼请求不是诉，提出、支持和反对诉讼请求的行为才是诉。

2. 诉的主体是当事人。没有当事人，诉无从提起，因此诉的主体只能是双方当事人。

3. 诉的内容是当事人请求法院解决的民事权益争议。当事人提起诉的目的是要求法院对自己受到侵犯的民事权益进行保护，因而，民事权益争议就成为诉的内容。

4. 诉是当事人对法院的请求。诉是当事人向法院提出的对民事争议进行审理和裁判的请求，而不是针对另一方当事人的行为。指向对方当事人的是诉讼标的而不是诉。当事人只有向法院提出保护其民事权益的请求，才能引起民事诉讼程序的发生。

（二）诉的双重含义

从法律性质上看，诉包含着两层含义，即程序意义上的诉和实体意义上的诉。

程序意义上的诉，是指诉讼当事人依法向人民法院提出的，为保护其合法权益而行使审判权的请求。这种请求使民事诉讼程序得以启动，是人民法院开始民事审判活动的前提和基础。

实体意义上的诉，是指当事人向人民法院提出的，要求人民法院维护其民事权益，制裁他人违法行为的请求。

程序意义上的诉与实体意义上的诉虽然具有不同的内容和功能，但两者互相联系，互为一体，统一为诉的全部内容，不能割裂开来。没有程序意义上的诉，即当事人不向法院提出审判的请求，诉讼程序就不能发生，法院也无法对实体权利通过审判给予保护，而实体意义上的诉，即当事人只是向法院提出审判请求，而不向法院提出保护自己实体权利的请求，程序意义上的诉也就没有实际意义。简而言之，程序意义上的诉，以实体意义上的诉为基础。实体意义上的诉是程序意义上的诉的目的和内容；程序意义上的诉是实体意义上的诉实现的保障。

（三）诉的界定

正确地理解诉的概念，有必要区分民事诉讼中诉与起诉、诉讼、诉讼请求的界限：

1. 诉与起诉。诉作为当事人向法院提出予以司法保护的一种请求，其表现形式有起诉、反诉、上诉、再审之诉和执行异议之诉等。起诉是诉的表现形式之一，这是两者的联系。诉与起诉的区别主要有：

（1）诉的主体包括原告、被告和第三人，甚至案外人；而起诉的主体仅限于原告。

（2）诉可以出现在一审程序、二审程序、再审程序和执行程序之中；而起诉则只限于一审程序。

2. 诉与诉讼。诉与诉讼是有区别的，民事诉讼是指人民法院和一切诉讼参与人，在审理民事案件的过程中，所进行的各种诉讼活动和由此产生的各种诉讼关系的总和。诉与诉讼的联系表现在：诉的提起及其所引起的法律后果是诉讼的重要组成部分，但却不是诉讼的全部内容，诉讼与诉在概念上仍然是种属关系，诉包含在诉讼的内容之中。两者的区别在于：

（1）从主体上看，诉讼所包含的是所有民事诉讼法律关系主体的全部诉讼行为，既包括双方当事人所进行的各种对抗性诉讼行为，又包括法院的审判行为，还包括证人、鉴定人和翻译人员的协助性诉讼行为。而就诉的表现形式而言，它只是诉方当事人的诉讼行为，只能看做是诉讼的组成部分。

（2）从诉讼法律关系来看，诉讼既包含审判法律关系，又包含争讼法律关系，而诉仅仅表现为诉方当事人与法院之间的关系。

3. 诉与诉讼请求。诉作为当事人向法院提出的予以司法保护的一种请求，包括程序意义上的诉和实体意义上的诉两个方面的内容；而诉讼请求则仅限于实体意义方面的内容，它是诉方当事人所提出的解决民事纠纷的具体方案，也即诉方当事人向对方当事人提出的权利主张，相当于实体意义上的诉。可见诉的外延比诉讼请求的外延宽，两者不是同一概念。但诉与诉讼请求也有一定联系，即诉讼请求是诉的要素之一，它存在于诉之中，并与程序意义上的诉一并提出。

（四）诉的种类

根据原告诉讼请求的性质和内容，可以将诉分为给付之诉、确认之诉和形成之诉，分别与实体法上的请求权、支配权和形成权相对应。

1. 给付之诉。给付之诉是一方当事人请求人民法院判令另一方当事人履行一定义务的诉。给付之诉发生的原因是请求者认为在实体法律关系上，其享有请求给付的权利，被请求者相反负有给付的义务，因此，给付之诉与确认之诉有必然联系，解决给付之诉的前提是先解决确认之诉，即人民法院在裁判被告是否应当给付之前，必须首先确认原被告之间是否存在以给付为内容的民事权利义务关系。

给付之诉具有以下特征：

（1）双方当事人之间存在权利义务关系，即一方当事人享有权利，另一方可能负有某种义务。

（2）双方当事人之间有权利和义务之争，即对于如何行使权利和履行义务存在分歧和争议，因而才请求法院予以裁判。

（3）法院在对案件进行审理后，要在确认当事人之间存在的民事法律关系的基础上判令义务人履行义务。

给付之诉从不同的角度可以有不同的分类：

以请求给付的时间为标准，可以将给付之诉分为现在的给付之诉和将来的给付之诉。所谓现在的给付之诉，是指一方当事人请求人民法院判令另一方当事人在判决生效后立即履行给付义务的诉讼。所谓将来的给付之诉，是指一方当事人请求人民法院判令另一方当事人在判决生效后，规定的期限内履行给付义务的诉讼。

以请求给付的内容为标准，可以将给付之诉分为物的给付之诉和行为的给付之诉。物的给付之诉又因物的种类不同而分为特定物的给付之诉或种类物的给付之诉。所谓特定物的给付之诉，是指一方当事人请求人民法院判令另一方当事人履行给付不可替代的特定物的义务的诉讼。所谓种类物的给付之诉，是指一方当事人请求人民法院判令另一方当事人履行给付种类物的义务的诉讼。所谓行为的给付之诉，是指一方当事人请求人民法院判令另一方当事人履行一定的行为义务的诉讼。

给付的方式分为两种，即一次给付和分期给付。履行给付之诉判决或调解协议可以根据不同情况而采用这两种方式之一种。

2. 确认之诉。确认之诉是指一方当事人要求人民法院确认他与另一方当事人之间是否存在某一民事法律关系的诉讼。确认之诉的特点在于：

（1）当事人仅要求确认当事人之间是否存在一定的民事法律关系，而不要求判令另一方当事人履行一定的民事义务，也不要求判令变更当事人之间的民事法律关系。

（2）确认之诉必须具有需要诉讼救济或保护的法律利益，即法律关系是否存在不明确的状态，并且这种状态能够通过确认除去，也就是所谓的确认利益。法律之所以规定提起确认之诉必须具有确认利益，是因为如果对于可以请求确认的对象不以法律明文加以限制，那么当事人对于任何事情均可以请求予以确认，法院将不能发挥其应有的司法功能。一般情况下，当事人若能够通过其他诉讼得到救济，则不能提起确认之诉，但对于将来给付请求权以及对于作为请求权基础的借贷关系、所有权关系是否存在以及在确认判决足以满足债权的行使情况下则可以提起确认之诉。对于确认的对象，大陆法系认为原告要求确认的必须是法律关系，纯粹事实不得提起确认之诉，占有为事实关系，不得提起确认占有之诉。各国为发挥确认之诉预防及解决纠纷的功能，趋向于扩大确认之诉的适用范围，例如对于作为法律关系的基础事实，在原告不能提起其他诉讼时，可以提起确认之诉。确认之诉，限于现存的利益，对于将来或过去的法律关系不得提起确认之诉。但如果过去的法律关系现在仍然存在利益，则容许提起确认之诉。此外，确认之诉不限于双方当事人之间的法律关系，对于第三人间的法律关系也可以提起。确认之诉往往与给付之诉相伴随，单纯的确认之诉为数不多。

（3）一般认为，确认之诉所要确认的民事法律关系必须是现存的，即只能对"现在的法律关系"才可以提起确认之诉。理由是，过去的法律关系可能已经发生了变动，现在没有必要对过去法律关系作出确认；对将来法律关系作出确认判决，可能阻碍将来法律关系的合法变动。

确认之诉从不同的角度可以有不同的分类：

以要求确认的不同目的为标准，可分为肯定的确认之诉或否定的确认之诉，或者称为积极的确认之诉和消极的确认之诉。所谓肯定的确认之诉，或称积极的确认之诉，是指当事人一方要求人民法院确认他与另一方当事人之间存在某一法律关系的诉讼，例如原告要求确认与被告之间存在租赁关系。所谓否定的确认之诉，或称消极的确认之诉，是指当事人一方要求人民法院确认他与另一方当事人之间不存在某一法律关系。这两种确认之诉，其中肯定的或积极的发生较多，否定的或消极的则为数不多。

以提起的方式为标准，可以分为单纯的确认之诉和附带的确认之诉，又称独立确认之诉与中间确认之诉。所谓单纯的确认之诉或独立的确认之诉，是指当事人向人民法院提出的，仅仅要求确认某一民事法律关系是否存在的诉讼。所谓附带的确认之诉或中间的确认之诉，是指当事人向人民法院提出要求确认某一民事法律关系是否存在，以及以此为根据进而要求给付的诉讼，即既有确认请求，又有给付请求，给付请求以确认请求为前提的诉讼。

此外，还有学者以要求确认的标的为标准，将确认之诉分为法律关系确认之诉、民事权利确认之诉和法律事实确认之诉。以确认之诉为根据，经审理而作出的判决称为确认判决。

3. 形成之诉。形成之诉，又称变更之诉，是指当事人一方请求人民法院根据新的法律事实，变更或解除他与另一方当事人之间的民事法律关系。法律设立形成之诉的目的主要是使法律状态的变动效果不仅对当事人发生效力，而且对第三人也发生法律效力，所以形成之诉必须在法律有特别规定的情况下才可以提起。[1] 形成之诉大多集中在人事诉讼和公司诉讼领域，人事诉讼关涉人类社会生活基本身份关系，有关公司的形成之诉则涉及人数众多的利害关系，因此法律规定由法院以形成判决予以统一变更。变更之诉的特点在于：

（1）欲变更或解除当事人之间的民事法律关系，必须以存在这一民事法律关系为前提。如果是单纯的变更之诉，当事人之间的民事法律关系的存在是肯定的，双方无争议的。

（2）单纯的变更之诉，不具有给付内容。如果一个案件既有变更之诉，又具有给付内容，那么其给付的内容是因给付之诉而发生的。变更之诉旨在变更或解除原有的民事法律关系，而不是设立新的民事法律关系。民事或经济纠纷案件，有的仅有一个诉，即变更之诉，例如仅要求解除收养关系的案件。有些案件

---

[1]　陈荣宗、林庆苗：《民事诉讼法》，三民书局2002年版，第348页。

中，变更之诉与确认之诉或给付之诉相伴随，例如，原告提出要求解除婚姻关系的诉讼，被告反诉婚姻关系原本不存在，仅仅是非法同居关系，在这个案件中就存在两个诉，一个是确认婚姻关系的确认之诉，另一个是解除婚姻关系的变更之诉。就确认之诉审理裁判后所作的判决是确认判决，就变更之诉审理裁判后所作的判决是变更判决。

（3）在人民法院的变更判决生效以前，当事人之间的法律关系仍然保持不变。

（五）诉的要素

诉的要素即构成一个诉必须具备的因素。确定诉的要素具有三方面的意义：①诉的要素是诉的形成的必备条件，判断诉是否成立主要是看诉的要素是否齐备，从而为法院受理案件提供基本依据，不具备诉的必备条件的，人民法院不予受理，可以令当事人补正。②判断一诉区别于他诉的标准是诉的要素，诉的要素可以使诉特定化，将此诉与彼诉区分开来，以便于人民法院在收案过程中，避免一案重复受理的现象发生。如果诉的要素同一，则两诉相同，诉的要素不同一，则诉不相同。③根据诉的要素的合并与变更，来确定诉的合并或者变更。

诉的要素由哪几部分构成，有两种不同观点，即"二要素说"和"三要素说"。"二要素说"认为诉的要素有两个，即诉讼标的和诉讼理由。"三要素说"认为诉的要素有三个，即当事人、诉讼标的和诉讼理由。

1. 当事人。诉是原告基于实体法目的针对被告而提起的。任何一个诉都必须要有当事人，因为只有权利义务主体之间发生了民事权益之争，才涉及诉的问题。诉首先遇到的问题是当事人是否客观存在以及当事人是否适格。没有当事人，诉就无从提起，当事人不合格，则会直接影响到诉讼程序的有效进行。作为诉的主体，当事人不同，诉自然也就不同。因此，当事人是诉的必备要素。

2. 诉讼标的。诉讼标的是指当事人提出的要求法院予以裁判确定其某种民事实体法律地位或某种民事实体法律效果的请求或声明。诉讼标的在民事诉讼中具有重要的地位，是诉的要素之一，其重要地位体现在：

（1）诉讼标的是诉讼发生的基础，没有诉讼标的就不会产生诉，一切诉讼活动都无从谈起。

（2）诉讼标的使诉特定化，是诉的主要构成因素，可以用来区别此诉与彼诉，决定诉的变更、合并、重复起诉和既判力的客观范围。

（3）诉讼标的是识别正当当事人的重要因素，也是确定人民法院的管辖、审判组织形式、适用的诉讼程序、证明对象等重要因素。

（4）诉讼标的是法院审理和判决的对象，它决定了既判力的客观范围。法院的审理是围绕本案的诉讼标的进行的，法院的终局判决是对本案的诉讼标的之评判。根据处分原则，当事人没有主张诉讼标的，人民法院不得加以审理和裁判。

诉讼标的理论是民事诉讼理论的核心之一。围绕诉讼标的的概念界定和识别标准，民事诉讼法学界存在着传统诉讼标的理论、新诉讼标的理论和新实体法学说等几种主要学说的争论。

传统诉讼标的理论，即旧实体法说，又称为旧诉讼标的理论，认为诉讼标的是原告在诉状中所提出的一定的实体法上的权利主张，判定诉讼标的的多少，须以原告所享有的实体法上所规定的实体权利为标准。因此，旧诉讼标的理论虽然在概念方面已经认清应与实体法上的权利有所区别，但在识别诉讼标的的方法上仍然以实体法的规定为标准。旧诉讼标的理论因无法合理解释和处理请求权竞合问题而受到批判。

新诉讼标的理论，也即诉讼法说，是相对于旧实体法而言的。这一学说主要将诉讼标的的概念从民事实体法上的权利加以分离，纯粹从诉讼法的立场出发，利用原告在诉状中提出的诉的声明以及事实理由，来构筑诉讼标的的概念与内容。这个学说最早由德国著名诉讼法学者罗森贝克（Rosenberg）创立，1931 年，罗森贝克在《民事诉讼法教科书》、《民事诉讼法观念的变更》和《诉讼标的论》等著作中全面阐释了他的诉讼标的的新理论。诉讼法说先后经历了"二分支说"和"一分支说"两个阶段。首先出现的是罗森贝克提出的二分支说，即诉之声明与事实理由合并说，认为诉讼标的的内容，不能以实体法请求权为依据，而只能以原告陈述的事实理由和诉之声明为依据加以确认。后来又出现了一分支说，即以诉之声明来作为识别诉讼标的的标准。目前日本与我国台湾地区仍然采取该学说，而德国采取新诉讼标的理论。

新实体法学说认为，诉讼标的的概念不应当过分强调诉讼法上的独立性，而应当考虑其与实体法的关系，区别诉讼标的的异同应当仍然以实体法上的权利主张为标准；在请求权竞合的情况下，无论诉讼法学者从纯粹诉讼法的角度作如何深入的研究都治标不治本，解决这一问题必须重新考量民事实体法的请求权理论，并建立新的实体法上的请求权概念或者民法上请求权新的复数形式，只有这样才能真正、彻底解决请求权竞合导致诉讼标的为复数的问题，才能适应民事诉讼司法实践的需要。

不同的诉有不同的诉讼标的。给付之诉，诉讼标的就是当事人要求给付所依据的，原告声称在此享有被给付权利的民事法律关系。确认之诉，诉讼标的就是当事人之间发生争议的，要求人民法院通过裁判予以确认的法律关系。变更之诉，诉讼标的就是当事人请求予以变更的民事法律关系。

一般来说，三种类型的诉，因诉讼标的的性质不同，在司法实践中产生的结果也不相同。给付之诉以物质财产、非物质财产和行为等作为诉讼标的，具有物质属性，有具体的给付内容，法院作出的裁判可以被强制执行；而确认之诉和形成之诉，以法律关系作为诉讼标的，不具有物质性而是一种抽象的概念或法律状态，法院以法律关系为对象作出的裁判，只能靠当事人和社会自觉的认知，而无法被单独强制执行。

3. 诉讼理由。诉讼理由是指当事人提出的诉讼请求得以成立的根据。包括事实根据和法律依据两方面内容。

事实根据，是指诉方当事人提出诉讼请求所根据的客观事实。包括当事人之间发生争议或受到侵害的民事法律关系发生、变更或消灭的事实，以及该民事法律关系发生争议的事实或受到侵害的事实。

法律依据，是指诉方当事人提出诉讼请求所根据的法律规定，包括程序法依据，也包括实体法依据。程序法的依据是用来证明起诉的理由，实体法的依据是用来证明胜诉的理由。诉讼理由是人民法院审理案件，依法裁判的重要根据，是人民法院审查证据或收集证据的主要依据。

在民事诉讼过程中，诉讼理由可以变更，这点与诉讼标的不同。诉讼标的不能变更，一旦诉讼标的变更，那么案件就不再是原先的那个案件，而是一个新的案件。

（六）诉的合并、分离、变更和追加

1. 诉的合并与分离。诉的合并，是指法院将两个或两个以上彼此之间有一定关联的诉合并到一个诉讼程序中进行审理和裁判。在一般情形下，诉讼是由同一原告对同一被告提起的单一诉讼标的，但在特殊情况下，同一原告对同一被告同时有多项请求权存在，如果原告针对同一被告提起多个诉讼，对当事人和法院来讲都意味着时间、费用和精力的浪费，并且可能造成裁判之间的矛盾。从程序节省、减轻当事人和法院诉讼负担的角度，应当确立诉的合并制度。

根据诉的合并的起因不同，可以分为诉的主体合并和诉的客观合并。诉的主体合并是指当事人为多数的合并之诉，又称为共同诉讼；诉的客观合并是指诉讼标的为多数的合并之诉。

诉的合并具有诉讼经济、减轻当事人的诉讼负担以及对于相关联的纠纷一次解决的优点，但若不加任何限制则可能导致法院审理的混乱与诉讼迟延。为避免原告滥用诉讼合并，一般对诉的合并予以一定的限制。如诉的客观合并一般应具备下列条件：①必须是同一原告对同一被告提起数个诉讼；②受诉法院至少对其中一个诉讼有管辖权，但若其他法院有专属管辖权的则不能合并；③合并的数个诉讼必须适用同种类的诉讼程序；④合并之诉须属于法律未禁止合并的诉讼。

我国民事诉讼法规定了诉的主体合并，如共同诉讼、代表人诉讼等，但对诉的客观合并规定不是很明确，《民事诉讼法》第126条只是规定原告增加诉讼请求，人民法院可以合并审理，对于该种合并的要件以及其他情况的合并并无规定。因此，今后立法应当完善诉的客观合并及其要件的规定。

诉的分离，是指法院受理案件后，将几个诉从一个案件中分离出来，作为若干个独立的案件分别进行审理解决。诉的分离是针对诉的合并而言的，其目的在于避免诉讼程序的复杂化，加速对案件的审理。

一般认为，进行诉的分离应当具备两个条件：①法院已经将几个诉合并受理；②已经受理的几个诉合并审理将导致诉讼程序复杂化和不经济。审判实践中，发生诉的分离主要有以下几种情况：①将已经受理的普通共同诉讼作为若干起案件分别审理；②将第三人之诉从本诉中分离出来作为独立的案件审理；③将同一原告对同一被告提出的几个诉分开审理；④将反诉与本诉分开审理；⑤将不宜合并或者不应合并而又已经合并受理的几个诉分开审理。

2. 诉的变更和追加。诉的变更和追加是指诉的任一要素发生变更或追加，广义上诉的变更包括诉的追加，狭义的诉的变更并不包括诉的追加。我国民事诉讼法将追加与变更区分开来适用，如《民事诉讼法》第52条规定了诉讼请求的变更，第126条规定了诉讼请求的增加。此外，我国大陆和台湾地区还区分了诉的主观变更和诉的客观变更，大陆法系一般认为诉的变更仅指诉的客观变更。依据不同的诉讼标的理论，对于确定诉是否变更会得出不同的结论。例如原告请求被告返还房屋的给付之诉中，将基于所有权请求的理由变更为基于租赁合同结束的请求理由，如果依据旧的诉讼标的理论，那么发生诉的变更，但如果依据新诉讼标的理论，则只是攻击防御方法的变更，不会发生诉的变更。

诉的变更和追加制度应当根据对原告利益、法院利益以及被告利益的综合衡量进行设置，而不应仅从原告的利益考虑。从法院方面而言，法院希望彻底迅速地解决当事人之间的所有纷争，而从被告的角度而言，被告希望对原告已经在诉中确定的诉讼请求以及证据进行攻击防御，不希望原告任意变更。

因此，为保护被告的利益以及维护诉讼程序的稳定，诉的变更与追加宜经被告同意并以不影响被告防御以及不会导致诉讼的过度迟延与程序混乱为要件。

二、诉权

（一）诉权的概念

民事诉权是公民所享有的请求国家给予民事诉讼保护的权利，亦即当事人基于民事纠纷的发生，请求法院行使审判权解决民事纠纷或保护其民事权益的权利。因此也有人把诉权称为判决请求权。

诉权作为一种特殊的权利，与其他权利相比较，具有以下基本特征：

1. 诉权为纠纷当事人平等享有。诉权的行使，在于通过法院的审判对双方的权利义务关系予以确认，使争议得到解决，使自己的民事权益得到保护。因此，凡是与争议的权利义务关系有直接利害关系的当事人均享有诉权，而并非只有原告享有诉权，被告和第三人不享有诉权。如原告可以起诉，被告可反诉等，区别只在于诉权的表现形式和行使诉权要求的条件不同而已。

2. 诉权贯穿于诉讼的全过程。诉权是当事人请求司法保护的权利。依照诉讼程序进行诉讼活动，实施各种诉讼行为，是当事人行使诉权的具体表现。因此诉权的行使必然贯穿于诉讼的全过程，当事人在各个诉讼阶段实施的诉讼行为，如起诉、上诉、反诉等，都是当事人行使诉权的具体体现。

3. 诉权的行使必须以民事诉讼法和民事实体法为依据。诉权是法律赋予社会成员请求司法保护的权利。为了保障这种权利的正确行使，国家通过民事实体法规定在什么情况下，可以请求法院解决民事权利义务争议，以实现权利；通过民事程序法规定根据什么条件向法院提起诉讼和依照什么程序进行诉讼活动。因此，诉权的行使要以民事诉讼法和民事实体法为依据。

4. 诉权的内容包括进行诉讼的权利和满足诉讼请求的权利。进行诉讼的权利，实际是指引起诉讼程序启动的权利；满足诉讼请求的权利，实际是指获得胜诉判决的权利，这也是当事人行使诉权的最终目的。前者受民事诉讼法调整，后者受民事实体法调整。[1]

（二）诉权的双重含义

诉权的内涵，与诉是相一致的，包含了程序意义和实体意义两个方面：

程序意义上的诉权是指在程序上请求法院给予司法救济的权利，其外延表现为原告的起诉权和被告的反诉权等。程序意义上的诉权的行使旨在启动诉讼程序，当事人凭借诉权将民事纠纷引导到诉讼程序中，请求人民法院行使审判权。程序意义上的诉权是以提起诉讼的形式而行使的，但是在制度上，是就行使起诉权或反诉权等具体的诉权形态规定行使要件，而并不直接就诉权规定行使要件。只要具备法律规定的条件，公民、法人和其他组织都可以行使。

实体意义上的诉权是指保护民事权益或解决民事纠纷的权利，亦即请求方获得实体上的具体法律地位或具体法律效果的主张。诉权的具体实体法内容是由诉权主体具体确定的，在特定诉讼中则转化为原告具体诉讼请求的实体内容。

民事诉讼是实体法和诉讼法综合作用的领域，程序意义上的诉权与实体意义上的诉权共同体现了诉权的两重性。他们是一个事物的两个方面，是形式与内容的关系，两者不能割裂开来。

---

〔1〕 参见谭兵主编：《民事诉讼法学》，法律出版社 2004 年版，第 58 页。

对于诉权的双重涵义可以从以下几个方面来理解:

1. 诉权是基本权利。诉权是当事人请求以国家公权力的方式来解决其私权纠纷和保护其私法权益的一种权利,因而诉权是连接民事实体法和民事诉讼法的一种基本性权利,这就决定了诉权的内涵应当具有实体内容和程序内容两个方面。

2. 诉权是宪法性权利。从宪政的角度来考察,诉权的双重涵义则源于宪法所保障的"接受司法裁判权"。在现代法治社会中,宪法赋予和保障国民享有广泛的人身权利、财产权利和自由权利,当人们的人身权利、财产权利和自由权利受到他人侵害或与他人发生争执时,就可以依据宪法请求国家履行保障义务,其中民事诉讼制度即是国家设置的保障国民来源于宪法上的民事权益的法律化救济制度。国民利用民事诉讼制度来解决民事纠纷和保护其来源于宪法的民事权益的权利就是诉权,或称"接受司法裁判权"。由于国民通过民事诉讼所要实现和保护的这种来源于宪法的权利不仅包括实体权利,而且还包括程序权利,因而诉权的内涵就应当既包括国民请求实体正当或合宪法权益的实体涵义,也包括在程序方面请求法院依法给予诉讼保护的程序涵义。尽管我国宪法没有规定诉权,但这并不意味着我们不可以在理论上从宪法的角度探讨诉权问题。事实上,从我国宪法有关法院以及诉讼制度的规定,可以看出我国宪法事实上承认国民的诉权。

3. 诉权的双重涵义与民事诉讼价值论以及目的论是相一致的。在民事诉讼程序的内在价值和外在价值相统一的诉讼价值观指导下,民事诉讼目的也是包括程序性目的和实体性目的在内的多重目的的统一,这种以实体和程序相结合的价值观和目的论必然要求赋予诉权双重涵义。

4. 诉权的双重涵义理论有利于当事人较容易地接近法院,清除其行使诉权的障碍,保护其合法权益。这也正是新诉权理论的立论宗旨。

(三) 诉权的界定

1. 诉权与诉。诉权与诉既互相联系,又有区别,两者的关系主要体现在:①诉权是当事人依法享有的请求司法保护的权利,诉是当事人依法提出的要求审判保护的请求;②诉权是诉的前提条件,诉是行使诉权的结果;③诉权是可能的诉,而诉是现实的诉权;④诉权是诉的法律基础,诉是对诉权的保障。

2. 诉权与诉讼权利。诉权与诉讼权利的联系主要有:

(1) 诉权的行使是当事人行使诉讼权利的前提条件,因为诉权的合法行使方可启动诉讼程序或者发生诉讼系属,诉讼系属后,当事人方可行使各项诉讼权利。

(2) 诉权的行使要能现实地启动诉讼程序,必须通过行使起诉权或反诉权这些具体的诉讼权利,与之相应的,诉权的行使条件在制度上转化为法定的起诉条件和反诉条件。

（3）举证权、辩论权等诉讼权利的行使有助于诉权的实体内容或行使诉权目的的实现。

诉权与诉讼权利的区别主要有：

（1）两者的内涵和意义不同。诉权包含程序意义上的诉权和实体意义上的诉权两个方面的内容，分别指向诉讼程序的开始和对当事人民事权益的保护与强制实现，有无诉权直接关系到当事人能否获得司法保护。而诉讼权利是指民事诉讼法律关系主体为一定诉讼行为的可能性，它指向诉讼行为。

（2）两者存在的时间不同。诉权是自诉讼外加以利用的权能，即诉权是存在于诉讼外的权利，而诉讼权利是在诉讼过程中加以运用的权能，即诉讼权利存在于诉讼过程中。

（3）两者的权利主体不同。诉权主体是当事人，而诉讼权利不仅为当事人所拥有，当事人以外的其他诉讼参与人（如证人、鉴定人）均可拥有。

（4）根据一事不二讼原则，就同一纠纷或案件，其诉权仅可作一次行使，而许多诉讼权利可以由双方当事人及其他诉讼参与人多次行使。

（5）与诉权主体相对的是法院，而与诉讼权利主体相对的可能是法院、对方当事人或其他诉讼参与人。

（6）诉权是诉讼权利发生的根源，诉讼权利是诉权的实现形式。

（四）关于诉权学说的历史发展

诉权的概念来源于罗马法。但是在罗马时代，它只不过是根据不同性质的案件采取不同的诉讼形式，具有开始诉讼的技能的含义，并没有作为实质上的诉权赋予权利以何种地位。近代资产阶级对诉权理论做深入研究并有较大贡献的是德国。德国在19世纪曾先后形成了三种不同的诉权学说：一是私法诉权说（也称实体诉权说），二是公法诉权说（也称"抽象"诉权说），三是二元诉权说。

1. 私法诉权说。私法诉权说认为，诉权是基于私法而产生的一项私权，由权利主体指向义务主体。按照该学派对于诉权同实体权利之间具体关系的不同理解，又可划分为三种学说，分别为"发展阶段说"、"组成部分说"和"属性说"。

（1）发展阶段说。德国学者弗里德里希·卡尔·冯·萨维尼（Friedrich Karlvon Savigny）是私法诉权说的创始人，萨维尼认为，权利因受到侵犯而发生变化，由此产生了旨在消除这种侵害的权能即诉权。诉权具有与债相近似的实体法本性，它作为潜在的能力内含于实体权利之中。在当事人提出诉讼后，诉权就由

"债的法律关系的胚胎"变成"真正的债"。[1] 总之，萨维尼把诉权看做是民事权利的一个阶段，即只有在通过诉讼实现被侵害的权利时才会出现的一个阶段。

（2）组成部分说。温德塞德（Windscheid）继承了萨维尼的发展阶段说的诉权理论并且有所发展。他主张民事诉讼的目的在于保护权利，实际上就是保护已经存在的私权，而这种私权由于被侵害能够转化为要求排除侵害的请求权，当这种请求权得不到满足时，会由于权利人向法院的诉求而转化为诉权。这种观点为后来的学者所发展，形成了民事权利的"三要素"说，即民事权利由基础权、请求权和诉权三要素共同组成，各要素在不同阶段展示各自的内容。

（3）属性说。属性说认为诉权是民事权利的强制属性。

私法诉权说在以下两点难以自圆其说：①这一学说与诉讼的逻辑过程相悖，进而否定了起诉权的独立性。按照私法诉权说，诉权的有无取决于实体权利的有无，进一步说，实体权利的有无是诉讼程序应否开始的依据。这实际上是把诉讼的结果作为诉讼的前提看待，因而有悖于诉讼的逻辑过程。②私法诉权说限制了诉权主体的范围。按照此说，民事义务主体是无诉权可言的，从而无法对义务主体可借助诉权对抗权利主体滥用权利的诉讼现象作出合理解释。

2. 公法诉权说。公法诉权说经历了"抽象诉权说"、"具体诉权说"、"本案判决请求权说"等几个阶段。

（1）抽象诉权说。抽象诉权说是公法诉权说的最初形态，以德国学者德根科宝（Degenkolb）为代表。这一学说认为，诉权是提起诉讼并请求法院作出某种裁判的权利。由于原告在这里并不要求为具体内容的裁判，故称为抽象诉权说。按照该说，即使法院以起诉不合法为由予以驳回，诉权也已得到了满足。所以该学说过于抽象空洞，使得诉权显得苍白无力。随着具体诉权说的出现便丧失了支配地位。

（2）具体诉权说。具体诉权说又称具体的公权说或权利保护请求说，是对抽象诉权说的修正。该说的代表人物是德国学者拉邦德（P. Laband）。该说认为，民事诉讼的目的在于保护私权，诉权就是要求法院依照实体法作出有利判决的权利，它以实体权利为基础。要求特定具体内容的判决即有利判决，这是具体诉权说概念的由来。该说通过诉讼上的权利保护要件将诉权和实体私权加以区分，弥补了诉权私权说的不足。然而该学说本身依然存在着诸多疑问，例如，原告提起诉讼，被告既未到场也未请求驳回原告之诉时，原告的请求因无理由被驳回，被告是否存在诉权等。

---

[1] [苏] 顾尔维奇：《诉权》，康宝田、沈其昌译，中国人民大学出版社1958年版，第6页。

（3）本案判决请求权说。本案判决请求权说在德国的代表人物为艾尼克·布莱（Enich Bley），在日本的代表人物是兼子一，并在日本获得了通说的地位。该说认为，民事诉讼的目的是解决纠纷，诉权即取得法院对请求是否正当作出判决的权利，实际上就是要求法院在弄清是非曲直的基础上解决纠纷的权利。

3. 二元诉权说。二元诉权说，是指诉权具有程序意义和实体意义两重诉权。程序意义上的诉权，是指原告向法院提起诉讼的权利和被告进行答辩的权利，实体意义上的诉权，是指原告通过法院向被告提出实体上要求的权利和被告可以通过法院反驳原告请求和反诉的权利。

（五）诉权的要件

一般认为，诉权要件包括两个方面：①主体方面要件（主观的要件），即有权请求诉讼救济的主体，涉及诉权主体适格问题。大陆法系诉权理论一般认为是指当事人适格。②客体方面要件（客观的要件），即就特定的民事纠纷有运用诉讼救济的必要，亦即具有诉的利益。当事人适格和诉的利益在大陆法系是作为诉讼要件看待的。

传统理论中，广义"诉的利益"的概念，其涵义包括：①本案判决的一般资格（权利保护资格）；②当事人适格；③诉的利益。"本案判决的一般资格"，即关于审判权的界限或法院的主管问题，而"当事人适格"问题是确定何人为特定诉讼的正当当事人，如今已发展为另一套理论。因此，理论上经常将"诉的利益"作狭义理解。在此，我们也是从狭义的角度来阐释诉的利益。

1. 诉的利益的内涵。诉的利益，又称为权利保护必要、权利保护利益，是指当民事权益受到侵害或者与他人发生民事纠纷时，需要运用民事诉讼予以救济的必要性。诉的利益与成为诉讼对象的实体权利不同，它是原告所主张的实体利益现实地陷入或面临危险和不安时产生的（这种"危险和不安"导源于侵权行为或争议状态），需要通过诉讼去除这些危险和不安。

在"无利益即无诉权"的原则之下，一般认为，作为诉讼要件或诉权要件的"诉的利益"是法院作出本案判决的前提。大陆法系认为，并非任何诉讼案件都可利用诉讼制度，诉讼案件只有满足"对司法或诉讼救济有着需要"这样的要求或要件，即具备诉的利益，法院才给予诉讼救济。英美法学理论没有大陆法系"诉的利益"的提法，但是也不是说英美法系民事诉讼制度和理论中没有有关诉的利益的内容。事实上，美国社会的理想主义倾向是，只要存在受到侵害等不正义的事态，就应当以诉讼等予以纠正。当然，在滥用诉讼的场合，当事人所提之诉应不可接受。

2. 诉的利益的功能。民事诉讼是国家运用公权力（审判权）解决私权纠纷的制度，作为诉讼要件的诉的利益理当包含着当事人利益和国家利益。

既然民事诉讼是当事人用以解决其私权纠纷的，就应当从当事人利益的角度来考察诉的利益问题。一方面某诉具有诉的利益，原告就可请求诉讼救济；另一方面被告可以原告提起之诉不具有诉的利益为由，请求法院驳回该诉，从而维护自己的合法权益。

同时，民事诉讼既然是国家设立的，是国家运用公权力的领域，就不得不考虑其中的国家利益。国家通过设立诉的利益制度，将无需诉讼救济的诉排除于诉讼保护之外，而专力解决真正需要诉讼救济的诉。这样不仅有利于节约国家有限的审判资源，而且有利于国家设置诉讼制度目的的实现。由此可见，诉的利益具有公益性。诉的利益的功能在于，将需要诉讼救济之诉纳入诉讼救济范围，而将无需诉讼救济之诉排除于诉讼救济范围之外。

3. 认定诉的利益的标准。认定诉的利益的有无，首先是在“可诉的事项”（法院审判权范围）的前提下进行的。与之相关的一个概念是民事纠纷的可诉性，从当事人的角度来说，是当事人能够请求法院提供民事诉讼救济的范围，即当事人享有和行使诉权的范围；从法院的角度来说，则是法院民事审判权的范围，即法院的民事诉讼主观范围。但是，民事纠纷的可诉性并不意味着排斥以非诉讼方式解决民事纠纷。

如果以“需要诉讼救济的必要性”为依据来确定有无诉的利益，则过于抽象，无多大的实用性，所以确定诉的利益的标准，应当具体化才具有实用性。下面具体分析认定诉的利益的具体标准。

（1）给付之诉的诉的利益。现在给付之诉即给付义务已届清偿期之诉，所以，在大陆法系民事诉讼中，原则上，清偿期一到就具备诉的利益。至于起诉前，原告是否催告被告履行、原被告之间有无就请求权或履行发生争执等，均不影响诉的利益。但是，原告在未向被告请求履行或者被告未拒绝履行的情况下起诉的，虽有诉的利益，但若被告在起诉之时即承认原告请求，并提出上述事实说明则毋庸起诉，德国、日本和我国台湾、澳门地区等民事诉讼法规定诉讼费用由原告承担。

将来给付之诉是指还未届履行状态的情形下，要获得给付判决之诉。德国、日本和我国台湾地区等民事诉讼法典都明确了将来给付之诉的诉的利益，但法律上往往作出限制性规定。如日本新民事诉讼法规定：请求将来给付之诉，以有预先提出请求必要的为限，可以提起。也即原告主张，履行期即使届满也没有立即履行的指望，或者从义务的性质来看不马上履行则原告会蒙受显著损失的情况。我国台湾地区民事诉讼法的规定与日本类似，在履行期未到前请求将来给付之诉，非被告有到期不履行之虞者，不得提起。

（2）确认之诉的诉的利益。提起确认之诉必须具有值得诉讼救济或保护的法律利益（确认利益）。法律之所以规定提起确认之诉必须具有确认利益，是因为如果对于可以请求确认的对象不以法律明文加以限制，那么当事人对于任何事情均可请求法院予以审判确认。

确认之诉的诉的利益的产生，往往是由于被告的行为而使原告的实体权利或原被告之间的法律关系发生不安全，例如，被告主张其对于原告没有债务。因此，原告有必要利用确认判决，除去这种危险的状态。例外情况下，对于特定法律事实，法律规定其具有确认利益，可提起确认之诉。

（3）形成之诉的诉的利益。形成之诉只有在实体法特别明文规定的情形，才可提起，并且只能对现存的法律关系提起形成之诉。虽然具备这两个条件，但是如果当事人不适格，所提之诉亦无诉的利益。例如，岳母不得因其女儿被虐待而以女婿为被告，提起离婚之诉。在这种情形中，缺乏诉的利益和当事人不适格是同一问题的两面。立法上有关形成之诉的规定，并不普遍，仅对于特定情形明文规定可以提起形成之诉，理论上称为形成之诉明定原则。

（六）诉权的取得和丧失

1. 诉权的取得。诉权的取得必须具备一定的条件，即与当事人有直接利害关系的民事法律关系处于非正常状态并可以通过审判方式恢复常态。该条件包括以下三层含义：①必须是民事法律关系处于非正常状态；②必须是处于非正常状态的民事法律关系与当事人有直接利害关系；③必须是处于非正常状态的民事法律关系可以通过审判方式恢复常态。

2. 诉权的丧失。公民、法人和其他组织取得诉权以后，如果不能继续享有或者没有必要继续享有，其已经取得的诉权便会丧失（或叫消灭）。根据我国法律规定，导致诉权丧失的直接原因主要有以下三种：①对权利的保护超过了诉讼时效；②法院对争议的民事法律关系已经作出裁判，并且该裁判发生了法律效力；③诉权的享有者死亡或者民事权利能力终止，而没有权利义务的继受者。

（七）诉权的保护

要构建现代法治秩序，就必须确立法律至上和司法最终保护等法治基本原则。诉权是当事人请求国家进行司法保护的一项基本权利，如果不对诉权予以充分、有效的保护，那么这一最终救济手段和途径就失去了意义。目前我国诉权保护的现状仍有不足之处，具体体现在：

1. 宪法司法化问题没有得到很好的解决，公民所享有的宪法性权利如果没有在民事实体法中作出规定，公民就无法通过行使诉权的方式请求司法救济，诉权的宪法保障力微弱。

2. 现行的民事诉讼法中许多规定不利于为当事人充分行使诉权提供有效的保障，表现于诉权行使的条件、平等原则、处分原则以及保全制度、证据制度等规定存在缺陷，且诉讼成本过高，使当事人对诉权的行使望而却步。

3. 司法实践中，法院侵犯诉权的行为也时有发生，例如对本来具有诉的利益的案件却认为不具有诉的利益而不予受理、以诉讼文书不能送达而不予受理等等。

由此看来，不仅应当深化诉权的理论研究，更应当大力加强诉权的制度保障和司法保障的力度。这就要求一方面要完善民事诉讼基本原则和相关具体制度，另一方面也要提高司法人员的专业素质和道德修养，并完善对司法活动的监督制约机制，促使法官更加重视当事人的诉权，杜绝随意阻碍和剥夺当事人诉权的情况发生。[1]

三、反诉

反诉制度是民事诉讼特有的一项重要制度。对提高办案效率，节省诉讼成本，具有重要意义。反诉作为诉的一种形式，是当事人保护自己民事权益、行使司法请求权的一种表现，是当事人行使诉权的一种体现，也是当事人诉讼地位平等的一种体现。

反诉制度作为一项现代的法律制度，在中国诉讼法律制度中，其历史是非常短的。我国有关反诉的成文法规最早只存在于新中国成立以后的规范性法律文件和司法解释中。1982 年《民事诉讼法（试行）》第 46 条规定："被告可以承认或者反驳诉讼请求，有权提起反诉。"第 109 条规定："原告增加诉讼请求，被告提出反诉，第三人提出与本案有关的诉讼请求，可以合并审理。"这是我国法律明确提到反诉，但也仅此而已，没有其他规定。1991 年《民事诉讼法》有关反诉的内容与 1982 年《民事诉讼法（试行）》的规定相同。《民诉意见》对反诉制度的具体做法作了一些补充规定，其第 156 条规定，"在案件受理后，法庭辩论结束前，原告增加诉讼请求，被告提出反诉，第三人提出与本案有关的诉讼请求，可以合并审理的，人民法院应当合并审理。"第 184 条规定："在第二审程序中，原审原告增加独立的诉讼请求或原审被告提出反诉的，第二审人民法院可以根据当事人自愿的原则就新增加的诉讼请求或反诉进行调解。调解不成的，告知当事人另行起诉。"2007 年修订的《民事诉讼法》有关反诉的规定，第 52 条规定："原告可以放弃或者变更诉讼请求。被告可以承认或者反驳诉讼请求，有权提起反诉。"第 126 条规定："原告增加诉讼请求，被告提出反诉，第三人提出与本案有关的诉讼请求，可以合并审理。"第 129 条规定："原告经传票传唤，无正当理由拒不到庭的，或者未经法庭许可中途退庭的，可以按撤诉处理；被告反诉的，

---

〔1〕 江伟、刘学在："中国民事诉讼理论体系的阐释与重塑"，载樊崇义主编：《诉讼法学研究》（第 5 卷），中国检察出版社 2003 年版，第 100 页。

可以缺席判决。"仍然只是一些原则性规定。最高人民法院 2001 年 12 月 6 日公布的《关于民事诉讼证据的若干规定》第 34 条第 3 款规定："当事人增加、变更诉讼请求或者提出反诉的，应当在举证期限届满前提出。"这条关于反诉的时间性规定应该是最具体的。我国法律对反诉制度的规定总体上是比较原则性的，操作性不强。理论界对反诉制度的认识、理解分歧意见也较大，司法实践中也没有形成统一操作程序，没有统一标准。

随着我国新的经济形势和社会变革的深化，各民事主体之间的民事诉讼法律关系交叉重叠现象日趋普遍，彼此有关联的诉讼也随之增多。这样司法实践就对反诉制度的完善提出了迫切的要求。因此，反诉制度，有必要在理论上和立法上进一步完善，并在民事诉讼法上作出明确的规定。

（一）反诉的概念

反诉，是相对于本诉来说的一种诉。原告提起的诉，称为本诉。所谓反诉，是指在一个已经开始的民事诉讼（即本诉）程序中，本诉的被告以原告作为被告，向受理本诉的人民法院提出与本诉有牵连关系的，目的在于抵销或吞并本诉原告诉讼请求的独立的反请求。

在民事诉讼中，当事人因合法权益受到侵害或与他人发生争执，有权依法向人民法院提出要求，通过审判方式予以保护，这相应的体现为原告的起诉权和被告的反诉权。反诉者只能是本诉的被告，反诉是民事诉讼法赋予被告的一项诉讼权利，本诉的原告不得就反诉再提出反诉。所以，反诉可以界定为在已经开始的诉讼程序中，本诉的被告向本诉的原告提出的一种独立的特殊之诉。

反诉作为当事人行使诉权的一种形式，是当事人法律地位平等原则的重要体现，是本诉被告所享有的重要权利，是保障本诉被告民事权益的一项重要制度。

（二）反诉的特征

反诉的特征如下：

1. 反诉只能由本诉的被告通过法院向本诉的原告提起。反诉实际上是变更原诉当事人的相互地位，原告变为被告，被告变为原告。反诉与本诉并存于同一诉讼程序之中，使双方当事人都同时居于原告与被告的双重诉讼地位。

有的学者主张在本诉的诉讼法律关系中，有独立请求权的第三人也可以以原告身份向本诉的原告提起反诉来保护自己的合法权益。此种说法并不准确，不应称为反诉。因为有独立请求权的第三人并非原告或被告，所提出的诉讼请求也是同时针对本诉的原告和被告，相当于以本诉的原、被告作为共同被告，而不只是针对本诉原告提出反诉，不符合原、被告诉讼地位双重性的特征。

2. 反诉是一种独立的但又与本诉有牵连关系的诉讼。相对于本诉而言，反诉既有独立性，又有牵连性。所谓独立性，是指反诉符合诉讼的构成要件，反诉离开本诉也能独立存在，即使本诉撤诉，反诉作为一个独立存在之诉仍不受影响。所谓牵连性，是指反诉虽然从诉的角度和请求的内容上看具有独立性，但它又是与本诉有法律上或事实上以及其他某种关系的诉。

3. 反诉提出目的的对抗性。反诉是本诉被告为反对本诉原告的诉讼请求，以便抵销、吞并、排斥原告的诉讼请求，使原告的诉讼请求部分或全部失去作用，为自己争取到新的权利。

4. 反诉时间的限制性。反诉只能在本诉进行中发生，以本诉的存在为前提。如果本诉尚未开始或已经结束，就不存在反诉的问题。

简而言之，反诉的特征是诉讼主体的特定性和原被告诉讼地位的双重性；诉讼内容的独立性与牵连性；诉讼目的的对抗性；提起时间的限定性。

（三）反驳和反诉的区别

反驳与反诉的不同之处在于：

1. 反驳是被告针对原告的诉讼请求提出的，反驳不会引起新的诉讼；反诉是被告提出的诉讼请求，反诉产生新的诉讼。

2. 反驳在本案的诉讼过程中发生；反诉虽然也在本诉的诉讼过程中提出，但是是否和本诉合并审理，由人民法院根据案件的具体情况决定。

3. 被告在反驳原告的诉讼请求时，仍然是本案的被告；被告在反诉中，与本诉的原告互换了诉讼地位，成为了原告。

4. 被告反驳的目的，旨在通过反驳，对原告的诉讼请求不予承认，证明原告的诉讼请求部分或者全部不成立；被告反诉的目的，旨在通过反诉，抵销或者吞并本诉的诉讼请求，或者使本诉的诉讼请求失去存在的意义。

（四）反诉的要件

反诉的要件指的是提起反诉和受理必须具备的条件。反诉，作为诉的一种，除了要具备起诉的一般条件外，还必须具备一些特殊条件。反诉的要件，是反诉制度中最基本和最核心的问题。换言之，反诉是否成立，决定于是否具备起诉的一般条件和反诉独有的条件。归结起来，反诉的要件主要是：

1. 时间条件。反诉必须在本诉进行中提起的，如果本诉尚未提起，或者本诉已经审理终结，就不能提出反诉。在司法实践中，一般要求在答辩期间至法庭辩论结束前提起反诉，超出这个时间范围，将不再是反诉，而是一个独立的诉。

2. 对象条件。反诉的被告必须是本诉的原告。即反诉与本诉的当事人必须相同，只是他们之间的诉讼地位互换而已。

3. 牵连条件。反诉与本诉的诉讼标的或者诉讼理由必须有牵连关系。

4. 对抗性条件。提起反诉的目的是为了抵销或者吞并本诉的诉讼请求，或者使本诉的诉讼请求失去存在的意义。

5. 管辖条件。反诉只能向受理本诉的法院提起且不属于其他法院专属管辖。

6. 程序条件。反诉与本诉能够适用同一种诉讼程序合并审理。

7. 法律条件。被告提起之反诉未被法律所禁止。

一般来说，反诉只能在一审程序中提起，才能被法院受理并与本诉合并审理。如果在二审程序中提起反诉，法院对原审被告的反诉请求，首先应当基于当事人自愿的原则进行调解，调解不成的，告知原审被告人另行起诉，而不能由二审法院径行审判。这是由我国民事诉讼两审终审制度决定的，因为如果二审法院直接审判，则作出的判决就是终审判决，这就剥夺了对方当事人上诉的权利。因此，二审程序提起反诉不会被二审法院受理。

（五）反诉在司法实践中的积极意义

1. 通过反诉将两个有联系的诉讼请求合并审理，可以避免法院作出相互矛盾的判决。

2. 通过反诉与本诉的合并审理，节省人力、物力和时间，可以减少分别诉讼的成本。同时解决了两方面的争议，简化了诉讼程序，提高办案效率，达到诉讼经济的效果。

3. 通过反诉可以促使债务抵销。反诉与本诉往往是彼此对立的请求，这就为彼此之间债务的抵销提供了条件。

从反诉的立法本意来看，反诉制度目的在于全面保护当事人的合法权益，使原、被告当事人能够平等地行使诉讼权利，平等地享有受国家保护的权利。因此，必须在民事诉讼法中明确规定反诉提出的条件，以使司法实践有章可循，这样才能实现反诉制度的立法目的和任务，达到立法的预期效果。

综上所述，我国在民事诉讼法律制度中规定反诉制度的目的，是为了能在一个诉讼程序中将当事人之间的民事争议全面地、终局性地予以解决，避免多次诉讼造成诉讼资源和经济成本的浪费，减少当事人诉累，节约司法资源，同时反诉制度的设立也可以减少或避免因多次诉讼可能产生的裁判之间的相互矛盾，维护司法程序的权威性。

第二节　民事诉讼法律关系

一、民事诉讼法律关系概说

（一）民事诉讼法律关系的含义和特点

民事诉讼法律关系，是指人民法院和一切诉讼参与人之间在民事诉讼过程中发生的，由民事诉讼法所调整的诉讼上的权利义务关系。

民事诉讼法律规范的存在，是特定的社会关系转变为民事诉讼法律关系的前提；民事诉讼法律关系，是民事诉讼法律规范在现实生活中的体现。它包括以下几层含义：①民事诉讼法律关系发生在民事诉讼过程中；②民事诉讼法律关系存在于人民法院和一切诉讼参与人之间；③民事诉讼法律关系以诉讼权利义务为内容；④民事诉讼法律关系受民事诉讼法调整。

民事诉讼法律关系有以下三个特点：

1. 诉讼法律关系是由审判法律关系和争讼法律关系构成的特殊的社会关系。

（1）审判法律关系。所谓审判法律关系，是指在法院和当事人以及其他一切诉讼参与人之间形成的，由民事诉讼法律规范所调整的具体的社会关系，包括人民法院和当事人之间的关系也包括人民法院同其他诉讼参与人之间发生的关系。

（2）争讼法律关系。所谓争讼法律关系，是指在当事人之间以及当事人与其他诉讼参与人之间形成的由民事诉讼法律规范所调整的社会关系，即包括当事人之间在诉讼过程中形成的诉讼关系，也包括当事人与其他诉讼参与人之间的诉讼关系以及当事人委托代理人代为实施诉讼行为而引发的法律关系。

2. 民事诉讼法律关系体现了法院审判权同当事人诉讼权利的有机结合。法院审判权和当事人的诉讼权利有机地结合在民事诉讼法律关系中，恰当地区分了法院和当事人在民事诉讼中的地位和作用。现代诉讼程序都重视当事人的诉讼权利与法院审判权的相互配合和制衡，加强法院的释明、指示等义务，以确保民事诉讼法律关系的均衡。

3. 民事诉讼法律关系既是独立的又是统一的。说它是独立的，言其各个"面"的相对独立性，例如原告的起诉状为人民法院受理后双方即形成民事诉讼法律关系，以此类推。但若干相对独立的"面"又不是杂乱无章的，恰恰相反，它们呈有序性，这种"有序性"正是民事诉讼程序制约的结果。例如，根据民事诉讼法规定，只有先发生原告与人民法院的关系，后才能出现法院与被告的关系；在法庭辩论中，只有先呈现法院与当事人的关系，后才发生法院与证人的关系，如此等等，法律规定的"有序性"使若干"面"的诉讼法律关系形成一个统一的民事诉讼法律关系"束"。[1]

（二）关于民事诉讼法律关系学说的不同流派

民事诉讼法律关系的概念产生于19世纪中叶的德国，德国民事诉讼学者标罗（Osker Bulow）在1868年的《诉讼抗辩和诉讼要件论》一书中最早提出了民

---

[1] 江伟：《民事诉讼法学》，中国人民大学出版社2000年版，第31页。

事诉讼法律关系的学说。标罗认为，法院与当事人的行为，各个诉讼阶段和民事审理工作本身只是诉讼的外在方面，而诉讼是一个产生着、发展着和消灭着的整体，要透过现象审视民事诉讼的本质。他认为，当事人和法院在诉讼法律关系之中应该是平等的地位。诉讼权利属于当事人，诉讼责任属于法庭。标罗的见解抓住了问题的症结，即诉讼权利和诉讼义务。就像民事法律关系一样（例如债权、所有权关系），其中与一方的权利相对应的是另一方的义务。[1] 自标罗首创民事诉讼法律关系后，首先在德国然后波及法国、日本及其他地区，掀起了一个研究民事诉讼法律关系的热潮，并相继形成几种学说：

1. 一面关系说。该说认为，民事诉讼存在法律关系是无可争议的。但它只是当事人双方间的一种关系即原告与被告的关系。理由是：民事诉讼是当事人之间为权利归属而展开的斗争，法院只是处于第三者的地位，法院并未加入当事人之间的斗争，它的作用是对原、被告实行监视并指导其斗争，最后就双方争斗结果作出判决，故它无所谓权利义务。

2. 两面关系说。该说认为，民事诉讼法律关系是法院与原告、法院与被告两个方面的关系。理由是：①原被告都离不开法院。原告请求法院提供司法保护，故原告与法院发生法律关系。原告为自己利益所为种种诉讼行为是其权利，法院运用国家权力保护原告是其义务。②法院接受原告起诉后，须将诉状送达被告，被告应诉，故被告与法院发生法律关系。该说认为，将民事诉讼法律关系说成是原、被告间的一面关系是不对的，因为诉讼中，原被告之间不会发生权利义务关系。虽然原、被告双方都有陈述、辩论的权利，但这不是在原被告双方间发生的，而是对于法院所为的。

3. 三面关系说。该说认为民事诉讼法律关系不仅是法院与原告、法院与被告的关系，还应当包括原、被告之间的关系。理由是：法院受理原告起诉后，有保护私权、调查私权存否的义务，原被告有服从裁判的义务，有不滥用诉讼制度的义务，与此同时，原被告之间也有权利义务发生，例如原告陈述时，被告不得阻止，反之，被告陈述时，原告也不得僭越，此谓之彼此忍耐之义务；而且，判决下达后，胜诉者可以收回诉讼费用，败诉者有赔偿诉讼费用的义务，义务的反面即为权利。三面关系说在我国台湾地区颇有市场，著名学者李学灯就写道："诉讼程序一经开始之后，法院与两造当事人，及两造当事人之间，即生诉讼法之法律关系"。

4. 法律状态说。此说认为，上述一面、二面、三面关系说均是将私法上的

---

[1] 张卫平：《程序公正实现中的冲突与衡平——外国民事诉讼研究引论》，成都出版社 1993 年版。

法律关系置于诉讼领域的简单类推，是用处不大的机械操作。诉讼的目的是要确立法院的判决，是依据既判力把权力确定作为目的的程序，这种目的使当事人形成一种状态，即当事人对判决进行预测的状态。例如有的当事人可能出现对胜诉的"希望"，有的则可能出现对败诉的"恐惧"，这种"希望"与"恐惧"的利益状态从诉讼开始便在当事人间展开、发展和变化。法律状态说从出现至今，虽未占上风但也未偃旗息鼓，在当今日本，争论尚在进行，所不同者，将"恐惧"译为"负担"而已。

5. 多面系列关系说。此说最早见于原苏联法学家克列曼的著述。该说认为，法院同诉讼参加人之间发生的关系，既然都是由民事诉讼法的规范来调整的，所以，它们也就是民事诉讼法律关系。并且认为，民事诉讼法律关系具有四个特点：①法院是每个民事诉讼法律关系的当然主体；②法院的利益同其他诉讼法律关系主体的利益是不矛盾的；③诉讼中的社会关系只能作为法律关系而存在，不能作为事实上的关系而存在；④所有诉讼参加人都是同法院之间的诉讼关系，是一系列关系。

二、民事诉讼法律关系的要素

民事诉讼法律关系的要素，是指构成民事诉讼法律关系的基本因素。民事诉讼法律关系与其他法律关系一样，也由主体、客体和内容三个要素构成。

（一）民事诉讼法律关系的主体

民事诉讼法律关系的主体，是指民事诉讼权利的享有者和民事诉讼义务的承担者。民事诉讼法律关系的主体包括人民法院、人民检察院和一切诉讼参与人。根据民事诉讼法律关系主体参加诉讼的目的、作用、诉讼地位、诉讼权利和义务的不同，可以把民事诉讼法律关系主体分为以下五类：人民法院、人民检察院、当事人、诉讼代理人、其他诉讼参与人。

在我国民事诉讼理论中，还有一个与民事诉讼法律关系主体既相联系，又有区别的概念，即民事诉讼主体（以下简称"诉讼主体"）。诉讼主体不是诉讼法律关系主体的简称，而是指诉讼法律关系主体中能够直接对诉讼程序的发生、发展和终结产生影响者。从外延上看，诉讼法律关系主体的外延要比诉讼主体的外延大。诉讼主体不仅在诉讼程序中享有诉讼权利和承担诉讼义务，而且还必须有权进行使诉讼程序、变更或消灭的诉讼行为。如当事人既是诉讼主体，又是诉讼法律关系主体；而是诉讼法律关系主体者，不一定是诉讼主体，诉讼主体只包括人民法院、人民检察院和当事人。

1. 人民法院。人民法院是行使国家审判权的机关，在诉讼中依法享有诉讼权利和承担诉讼义务，依照法定程序和方式进行诉讼活动。人民法院在诉讼中通过行使审判权，与当事人和其他诉讼参与人形成审判法律关系。在审判法律关系中，人民法院有职责组织和指挥诉讼程序。

2. 人民检察院。人民检察院作为国家的监督机关，有权对人民法院的民事审判活动进行监督。根据人民检察院作为民事诉讼法律监督机关的性质，它既不直接参加诉讼也不间接参与诉讼，故在一般情况下它不是民事诉讼法律关系主体，只有在检察机关对人民法院已经发生法律效力的裁判提起民事抗诉时，它才与人民法院形成审判法律关系，是特殊的民事诉讼法律关系主体和诉讼主体。人民检察院的这两种主体身份是我国国情在特殊历史时期的反映，在实践中起到了一定的积极作用。但是即使如此，对检察机关在抗诉诉讼中的地位和作用问题尚需进行深入探究，如人民检察院能否在未经利害关系人申请的情况下主动启动再审程序等。

3. 当事人。根据民事诉讼法的规定，民事诉讼的当事人包括原告、被告、共同诉讼人、第三人和诉讼代表人。当事人在诉讼过程中享有广泛的诉讼权利，对诉讼程序和民事诉讼法律关系的发生、发展和终结具有决定性的影响，因此，他们既是民事诉讼法律关系主体，又是诉讼主体。

4. 诉讼代理人。诉讼代理人包括法定代理人和委托代理人，两者在民事诉讼中所享有的权利和承担的义务有所不同。法定代理人尽管不能以自己的名义实施诉讼行为，但是在诉讼过程中他们享有同被代理人的当事人基本相同的诉讼权利，其实施的诉讼行为能够左右民事诉讼程序的发生、变更和消灭，因此法定代理人既是民事诉讼法律关系主体，又具有诉讼主体的法律地位。委托代理人若未经被代理的当事人特别授权，只能享有一般性的诉讼权利，并不能左右民事诉讼程序的发生、变更和消灭。因而委托代理人一般情况下只是民事诉讼法律关系主体，而不具有诉讼主体资格，只有在被代理的当事人特别授权的情况下，才具有诉讼主体的法律地位。

5. 其他诉讼参与人。根据民事诉讼法的规定，其他诉讼参与人是指参与民事诉讼的证人、鉴定人、勘验人员和翻译人员。其他诉讼参与人与诉讼的结果不具有法律上的利害关系，他们基于不同的原因参与诉讼，分别与人民法院产生审判法律关系，与当事人产生争讼法律关系，以协助人民法院和当事人查明案件事实。他们是民事诉讼法律关系主体，但不是诉讼主体。

（二）民事诉讼法律关系的内容

民事诉讼法律关系的内容，是指民事诉讼法律关系主体依法享有的诉讼权利和承担的诉讼义务。

民事诉讼权利，是指民事诉讼法律规范所规定的民事诉讼法律关系主体所享有的实施一定诉讼行为的可能性，它表现为民事诉讼法律关系主体可以直接实施一定的诉讼行为，可以要求他人做出一定的诉讼行为，当该权利受到侵犯时，可以寻求相应的法律救济。在我国民事诉讼中，法律关系主体享有较为广泛的诉讼权利，如当事人的起诉权、上诉权、辩论权、处分权、申请回避权、证人的陈述权、追偿报酬权、法院的询问权、裁判权等等；值得说明的是，人民法院是国家的审判机关，在民事审判中它代表国家行使审判权力，就此意义讲它行使的是职权，但它确确实实是卷入到民事诉讼法律关系中并作为主体在活动，因此，行使职权与行使诉讼权利往往呈复合状态。

民事诉讼义务，是指民事诉讼法律规范所规定的民事诉讼法律关系主体实施一定诉讼行为或者不实施一定行为的义务。它不同于道德义务和宗教义务之处在于其具有强制性。法律关系主体不履行或不及时履行一定的诉讼义务，就会招致一定的法律后果。

（三）民事诉讼法律关系的客体

在我国，一般认为，民事诉讼法律关系的客体，是指民事诉讼法律关系主体之间诉讼权利和诉讼义务所指向的对象，它通常包括案件事实和当事人之间争议的民事实体法律关系。大陆法系民事诉讼理论没有使用诉讼法律关系客体的概念，而有诉讼客体的概念，诉讼客体、审判对象、诉讼请求和诉讼标的在大陆法系民事诉讼理论中基本含义是相同的。可见，大陆法系诉讼客体与我国诉讼法律关系客体是不同的概念。

应当将民事诉讼法律关系的客体与诉讼标的区分开。诉讼标的，是指当事人之间发生争议，请求法院裁判的民事权利义务关系，它是诉的一个要素。而民事诉讼法律关系的客体，则是指诉讼法律关系主体之间诉讼权利义务指向的对象，它既包括需要查明的案件事实，又包括当事人之间争议的民事权利义务关系。可见，诉讼标的只是诉讼法律关系客体内容的一部分，绝不能将它们划等号，两者的属性和所包含的具体内容均有差异。民事诉讼法律关系主体之间存在着多种民事诉讼法律关系，各个主体所享有的诉讼权利和承担的诉讼义务也不尽相同，因而客体也有所区别。

人民法院和当事人之间的诉讼权利和义务所指向的对象，是案件的客观事实和实体权利请求。当事人要求人民法院查明案件事实，通过裁判以保护其合法权益，同时，当事人也有义务提供证据，证明案件事实，进而支持其实体权利请求；而人民法院的主要职责就在于查明案件事实，对当事人的诉讼请求作出裁判。

人民法院和人民检察院之间的诉讼权利和义务指向的对象是人民法院生效裁判认定的事实和适用的法律。

人民法院和其他诉讼参与人之间的诉讼权利和诉讼义务所指向的对象是案件的客观事实。证人、鉴定人和勘验人员行使诉讼权利和承担诉讼义务，是为了协助查明案件的客观事实，翻译人员提供译文，也是为了反映案件的真相。

当事人之间的诉讼权利和义务所指向的对象是诉讼理由和诉讼请求。为了获得对自己有利的裁判，当事人双方将围绕着案件的客观事实、法律依据和诉讼请求展开对抗，行使诉讼权利和承担诉讼义务。

当事人与其他诉讼参加人之间的诉讼权利义务所指向的对象是案件的客观事实。

也有学者认为，在民事诉讼中，就起诉、反诉、上诉等是否合法，回避，诉讼期间顺延，管辖权异议等所发生的民事诉讼法律关系，其客体显然不是案件（实体）事实或诉讼请求，而是程序上的事项。我国传统理论认为，民事诉讼法律关系指向的对象，是当事人之间的实体争议，并不包括程序上的事项。这种认识可谓是"重实体，轻程序"在民事诉讼领域或民事诉讼法律关系中的一种表现，也是受到私法一元观的影响。[1]

三、民事诉讼法律关系发生、变更和消灭的原因

民事诉讼法律关系的发生、变更和消灭，是由诉讼上的法律事实引起的。凡是能够引起民事诉讼法律关系发生、变更和消灭的事实，都称为诉讼上的法律事实。诉讼上的法律事实包括诉讼事件和诉讼行为两类。

（一）诉讼事件

诉讼事件，是指不以人的意志为转移，能够引起诉讼上一定法律后果的客观情况。它是引起民事诉讼法律关系发生、变更和消灭的重要原因。不同的诉讼事件将引起不同的法律后果。例如，当事人死亡或消灭可能引起诉讼法律关系的终结或变更等。

（二）诉讼行为

诉讼行为，是指民事诉讼法律关系主体所实施的，能够引起诉讼上一定法律后果的各种活动。它是引起民事诉讼法律关系发生、变更和消灭的主要原因。

在现代民事诉讼理论中，一般认为，民事诉讼行为是指民事诉讼主体所实施的能够引起一定的诉讼法上效果的行为。这一界定，强调诉讼行为的诉讼法上效果，称为"效果说"。还有学者主张"要件与效果说"，即不仅其效果，其要件也由民事诉讼法规定的行为才是诉讼行为。诉讼行为受民事诉讼法调整，具有诉讼性质。然而，有一些诉讼行为不仅能够产生诉讼法效果，也能产生实体法效果，比如，合法的起诉行为就能够产生中断时效的实体法效果。

诉讼行为是民事诉讼上的主要法律事实。诉讼行为既包括作为（积极行为）

---

[1]　江伟主编：《民事诉讼法学》，复旦大学出版社 2005 年版，第 67 页。

和不作为（消极行为），又包括合法行为和非法行为，都能产生一定的诉讼法效果。合法行为，是指实施了民事诉讼法所允许或者所要求实施的行为，能够产生行为人预期的效果；违法行为，则是指实施了民事诉讼法所禁止的行为或者不实施民事诉讼法所要求的行为，不能产生行为人预期的效果。

民事诉讼法律关系主体在诉讼中的地位不同，其诉讼行为的性质、作用和特点也有所不同：

1. 法院的诉讼行为。法院的诉讼行为包括裁判行为、执行行为和其他行为。裁判行为是指法院依据审判权对本案当事人间争议的实体上和程序上的权利义务纠纷做出归属性判断的行为，它是法院的主要诉讼行为。执行行为又称民事执行或强制执行，是指人民法院依照法定程序，运用国家司法执行权，迫使被执行人履行生效法律文书内容的诉讼行为。法院的其他诉讼行为包括诉讼指挥、在法定条件下调查收集证据行为等。

2. 当事人的诉讼行为。当事人的诉讼行为是指当事人作为诉讼主体为了构成诉讼程序而依照诉讼法实施的行为。当事人诉讼行为区别于实体法上的法律行为，在法律规范方面，前者受民事诉讼法规范，后者受民事实体法规范；前者具有程序性和公法性，后者具有实体性和私法性；前者主要产生诉讼法上效果（有些诉讼行为则同是产生实体法上的效果，如当事人起诉行为等），后者则产生实体法上的效果；前者须由具有诉讼能力人实施，后者则可由完全民事行为能力和限制民事行为能力人实施；此外，当事人诉讼行为以采取"表示主义"为原则，即诉讼行为的有效成立以当事人的表示行为为准，而无论当事人意思表示是否真实。这主要是基于诉讼程序的顺畅进行和安定性的考虑。诉讼是由前后不断的多数诉讼行为有序构成的。后行的诉讼行为必须以先行的诉讼行为有效为前提始得进行。如果允许当事人以意思瑕疵为由任意撤回或撤销诉讼行为，势必发生将已进行的全部程序推翻而变为无效，从而有害于诉讼程序的安定确实。因此，对于诉讼行为，原则上拒绝类推适用民法上的意思瑕疵可撤销的规定。[1]

3. 诉讼契约。诉讼契约是指以产生诉讼法上效果（程序形成效果）为直接目的的当事人之间的合意，亦称诉讼上的合意。[2] 国外诉讼契约理论发展至今，已经比较完善，包括诉讼契约的性质、特征、成立与生效等基本问题。如日本规定了越级上诉的合意，并且规定只要证据契约有效，就应据此裁判。美国民事诉讼法甚至规定案件可以用"合意判决"的方式加以解决。而我国由于缺乏私法

---

〔1〕　张家慧：《当事人诉讼行为法律研究》，中国民主法制出版社 2005 年版，第 123 页。

〔2〕　参见 [日] 三月章：《日本民事诉讼法》，汪一凡译，台湾五南图书出版有限公司 1997 年版，第 329 页。

传统，在诉讼法这样的公法面前，私法理念更是没有发挥功能的空间，所以对诉讼上当事人合意事项的立法和研究都相当缺乏。然而随着市场经济体制的确立、民事司法改革的不断推进，相关诉讼法理论的完善，当事人合法意志越来越被尊重，诉讼契约开始受到重视和认可。我国民事诉讼法根据处分原则，规定当事人可以协议方式处分自己的某些诉讼权利，例如管辖协议、调解协议等。一些法律没有明文规定的诉讼契约，如证据契约，由于其以产生一定诉讼上效果为目的，也逐渐为理论和实务界所接受。

第三节   民事诉讼目的

一、民事诉讼目的概述

"目的"作为哲学的一个基本范畴，是在人们根据需要进行有意识的活动时，基于对客观事物本质和规律的认识而对其活动结果的预先设计，实际上以观念形式存在于人的头脑中的理想目标，是人的自身需要与客观对象之间的内在联系的一种反映。民事诉讼作为特殊主体在特殊领域中所实施的活动，与一般社会活动相比有其特殊性。民事诉讼目的，是指国家基于其客观需要和对民事诉讼本质属性及规律的认识，而预先设立的通过民事诉讼活动所期望达到的理想结果。国家设置民事诉讼制度，总是在一定的目的论的指导下进行的，目的不同，则其所设计的诉讼结构、诉讼制度、权利义务的配置、程序保障的注重程度等方面就会存在差异，因而民事诉讼目的是民事诉讼的一个基础理论。

民事诉讼目的的特征：

1. 民事诉讼目的是国家意志的体现。民事诉讼的本质在于运用国家权力解决民事主体之间的冲突和纠纷，从严格意义上来说，民事诉讼目的是指国家设置民事诉讼制度的目的。

2. 民事诉讼目的是基于国家的特定需要和对民事诉讼本质属性及规律的认识而预先设定的民事诉讼结果的理想模式。没有国家和社会的需要，民事诉讼也就没有产生和存在的必要，当然也就没有民事诉讼目的可言。在对民事诉讼本质属性及规律缺乏认识的基础上设定民事诉讼目的，就会不切实际而无法实现。因此，科学的民事诉讼目的必定是主客观辩证统一的结果。

3. 民事诉讼目的是一个动态的范畴。从整体上讲，维护统治阶级所确立的社会秩序是任何历史阶段、任何国家民事诉讼的根本目的。但民事诉讼的具体目的与内涵却因时而异，即使是同一历史阶段的相同性质的国家之间，由于其任务、价值观念、文化传统等因素的不同，民事诉讼目的也会有所不同。因此，任何试图用抽象、静止的观点来考察民事诉讼目的的做法都是有违客观规律的，因而是不科学的。

二、民事诉讼目的的学说与评价

1. 私权保护说。私权保护说认为，由于国家禁止以自力救济保护自己的权利，那么权利一旦被侵害，国家就有义务保护社会成员的权利，因而设立民事诉讼制度，并由法院依照客观实体法对当事人权利予以保护。而民事权利被认为是私人的权利，因此，国家设立民事诉讼法的目的就是保护社会成员的私权。该学说最早由德国历史法学派代表萨维尼提出，被视为德国目前之通说。权利保护说以实体法规范的实现为其着眼点，强调国家应着力保护实体权利，以致忽略了诉讼制度的设计、使用、裁判的作出和实现常常受到诉讼成本制约的现实。这种认识的结果是依该学说设计的诉讼制度给人以无视诉讼经济，违背诉讼自身规律之虞。私权保护说从保护私权出发，在事实审理上，片面追求发现客观真实，容易造成程序上利益之损耗（人力、时间、费用的过分支出）。

2. 私法秩序维持说。该说认为，国家设立民事诉讼制度的根本目的，纯粹是为了消除实体权利争议对社会秩序所产生的消极影响，维持法律所保护的社会秩序。保护私权是实现这一目的的必然要求和体现，而不是目的本身。该学说把维持私法秩序列为民事诉讼的首要目的，与宪法在承认国民主权的同时，也保障国民享有自由权、诉讼权、财产权及生存权的基本原则是相悖的，它既忽略了诉讼制度应平衡兼顾实体利益与程序利益的基本宗旨，也违背程序主体性原则。[1]依该学说设计和运用民事诉讼程序制度，将无法保障甚至会严重阻碍当事人实体处分权和程序处分权的行使。

3. 纠纷解决说。纠纷解决说被认为是目前日本的通说，为日本学者兼子一所首倡。纠纷解决说认为，即使在私法不发达的时代，以裁判解决纠纷的诉讼和审判制度即已存在，所以私法实际上是在以裁判方式为合理解决纠纷的过程中逐渐发展形成的，将民事诉讼的目的视为维护私权或私法秩序实在是本末倒置。民事诉讼也如仲裁、调解一样是解决民事纠纷的一种方式，而不是从既存的实体权利出发来确认当事人之间原有的权利义务关系。因此民事诉讼的目的应为纠纷的强制性解决。兼子一教授还认为，民事诉讼无须达到案件真实，因为在民事案件中，随着时间的推移，当事人之间的利益关系也随时在变化，因而只有变化的真

---

〔1〕　程序主体性原则，是指根据宪法关于承认国民主权及保障国民享有自由权、诉讼权、财产权及生存权的规定，在一定范围内，应肯定国民的主体性，并赋予当事人及程序利害关系人程序主体权，即程序主体地位，使其有参与程序以影响裁判形成的权利和地位。

实，而无绝对的客观真实。[1] 该学说由于拒绝引据实体法规范作为定立诉讼制度目的的基础，与近代国家法治原理大相径庭，已经受到不少日本学者的批评。此外，该说未将实体权利的保护列入民事诉讼目的的范围内也不符合宪法保护实体权利（财产权）的宗旨。

4. 权利保障说。权利保障说是日本学者竹下守夫在 1994 年提出的，按照过去传统的观念，程序保障只是一种手段，而不是目的。该学说一反传统观念，从宪法上权利保障的角度阐述民事诉讼的目的，认为诉讼制度基于宪法所保障的权利实为实体法上的实质权，私权保护说的最大缺陷就在于无视实质权与请求权在机能上的根本区别，以致将二者合成为实体上的权利，并列为民事诉讼制度应予保护的对象；事实上，其中"请求权"属实现"实质权"的救济手段，只有对实质权的保障才是民事诉讼的目的。竹下教授认为，讨论民事诉讼的目的，首先应从宪法上赋予法院司法权的作用出发；而司法权的作用，归根结底是通过诉讼程序，对宪法统帅下的各实体法认可的权利或利益给予必要的救济和司法保障，或者说，司法的核心作用是保障以基本权为主的个人权利，这是与宪法的整体构造相符合的。在司法权的实质作用方面，竹下十分强调对"权利的救济——保障"的发现，并将其直接引入民事诉讼目的论的研究范畴。权利保障说的最大特征是将权利和救济进行明确区分，所谓权利就是指实质权，它具有确定性和既存性的特点；而"救济"则是指请求权，它具有创造性特点且处于不确定状态。权利保障说的实质仍在于执意坚持对实体法上实质权（如债权、物权等）的保障，即实体法规范的贯彻应为民事诉讼的首要目的，而没有将视野扩展到诉讼法领域，其结果必然是无法认同实体利益与程序利益的平衡追求，难免造成诉讼各项权利保障不利或受无端损耗。因此权利保障说与权利保护说一样尚缺乏周延性，有待商榷。

5. 程序保障说。程序保障说主张民事诉讼是以程序保障的赋予为目的，换言之，国家设立诉讼制度，就是为了确保当事人双方在程序过程中法律地位的平等，并在诉讼构造中平等使用攻防武器，各自拥有主张、举证的机会。该学说以程序保障论为起点，进一步认为，法院"不应该把诉讼的审理过程作为只是为了达到判决或者和解而必经的准备阶段，而应把这一过程本身作为诉讼自己应有的目的来把握"[2]。因此，法院应从"以判决为中心"转向"以诉讼的过程本身为中心"。程序保障说漠视民事诉讼制度目的与宪法所保障的基本权利间的直接

---

〔1〕 ［日］兼子一、竹下守夫：《民事诉讼法》（新版），白绿玄译，法律出版社 1995 年版，译者前言。

〔2〕 ［日］谷口安平：《程序的正义与诉讼》，王亚新、刘荣军译，中国政法大学出版社 1996 年版，第 52 页。

关联性，因而否定了依照宪法理念平衡追求实体利益与程序利益的可能性，难免受到与上述诸学说相同的批判。

6. 依法解决纠纷说。该学说主张民事诉讼的目的不仅是要解决纠纷，而且是要依实体法规作出裁判而解决纠纷。诉讼虽然不以一定时空下的制定法为存在前提，但是法理念的存在，则是支配诉讼制度的决定性因素。该学说将以制定法为依据作出的裁判称为"后法性裁判"。

7. 多元说。任何理论争执过程中总会出现折衷的多元说。该学说的主张大致是，对于诉讼目的的认识，应站在作为、制度设置运作者的国家和作为制度利用者的国民的双重立场上进行。依此，纠纷的解决、法律秩序的维护及权利的保护都应当视为民事诉讼制度的目的，上述几种相互对立、相互排斥的价值可依照具体情况的不同而随时在立法、解释及司法运作上进行调整并有所侧重。此种观点似乎尽善尽美，事实上，它在吸纳各种目的论优点的同时即包含了各种目的论的缺陷。对上述各学说的批评应可全部加诸于该学说之上。何况社会生活千变万化，日新月异，立法及司法过程中如何依个别具体问题之不同，分别择定各价值所应占之比重？其结果只会是时此时彼，无所依从。

三、我国民事诉讼的目的

我国民事诉讼法学界关于民事诉讼目的理论的研究和争论，虽然没有像大陆法系一些国家那样"轰轰烈烈"，但事实上也经历了类似的发展变化过程。但总的来说，我国民事诉讼目的论的研究还处于起步阶段，各种学说各有其支持者，目前尚未形成通说。民事诉讼目的的设定，不是统治阶级凭空想象出来的，而是根据各种客观情况所选择的。现代民事诉讼价值的多元论和相对性决定了民事诉讼目的的多重性，将民事诉讼的目的单一化显然是不科学的，应当从实体和程序相结合的角度来探究多元化的民事诉讼目的，在确立民事诉讼制度的目的应当考虑以下因素：

（一）确立民事诉讼目的的理论依据：民事诉讼的本质及规律

首先，运用国家权力解决平等主体之间的财产关系和人身关系的争议，是民事诉讼的本质特征，它包括两层含义：①由法院代表国家行使审判权来解决民事争议，这是民事诉讼与其他相关的民事程序制度，如仲裁、诉讼外调解等的本质区别之所在。②民事纠纷是平等主体之间的财产关系和人身关系的争议，实行当事人意思自治原则，国家不能主动进行干预。这就决定了民事诉讼制度的目的必须符合当事人的目的。

其次，从国家角度来看，恢复原有的法秩序固然是其对民事诉讼寄予的理想，但这一目标的实现有赖于通过民事诉讼的具体目标的实现来达成，而民事诉讼的具体目的应当符合当事人目的。因此，民事诉讼必须符合当事人的目的，这是确立民事诉讼目的的首要依据。

（二）确立民事诉讼目的的价值取向：公正和效率

民事诉讼作为人类社会高度发达后所进行的一种特殊的理性行为，应当要服从一定的价值目标，即服从于实现民事诉讼目的要求的行为价值取向。行为价值取向的选择应当是具体历史条件下的选择，不能抽象地讨论价值问题。自2001年起，最高人民法院就明确地提出："公正与效率是21世纪人民法院的工作主题"。民事诉讼目的的设定，自然应当符合这一价值目标的追求。

（三）确立民事诉讼目的的法律依据：宪法及其理念

宪法作为国家的根本大法，具有最高的法律效力，它既是其他各项立法的依据，也是确立民事诉讼的目的、制定和实施民事诉讼法的根据。在现代法治社会，宪法作为公民权利的保障书，在承认国民主权的同时，亦保障公民享有自由权、财产权及生存权等基本权。为保障实现此等基本权，宪法又承认公民有诉讼权，设立司法机关使其依法裁判当事人间的法律争议。

由此，民事诉讼制度的设立、运作和使用，应当以追求保护当事人的合法权益为目的，同时，为防止程序上的不利益减损、消耗或限制宪法所保障的公民权益，应当将实体利益与程序利益同等看待，要给予同等的保护。因此，将民事诉讼目的界定为"合理地保护和实现当事人的实体权益和程序权益"是符合宪法的精神的。在宪法对某个问题没有作出明确规定的场合，我们可以根据宪法的基本理念（如在本次宪法修正案"国家保护人权"颁布之前，我国司法实务部门曾经根据宪法的精神处理过一些民事案件）来处理民事诉讼问题。当然，这样做时必须慎重。

第四节　民事诉讼价值

民事诉讼程序价值的研究旨在揭示民事诉讼程序存在的必要性及其意义，为立法者进行程序设计、司法者从事审判行为以及当事人进行诉讼活动提供价值指引，而民事诉讼程序的独立价值更是民事诉讼程序设计与司法运作的基础性价值目标。

西方法律价值论就诉讼程序的价值形成了三大理论学说，即程序工具主义价值论、程序本位主义价值论和程序效益主义价值论。

我国对法律价值问题的研究起步较晚，大多是在批判、扬弃西方法律学说的基础上发展起来的。传统法律中程序意识比较淡薄。清朝末年从西方引进诉讼制度，然而在理论和观念上，程序的意义和价值仍未得到足够的重视，特定历史期间遗留下来的"重实体，轻程序"的观念仍然根深蒂固。

在界定民事诉讼法律价值的时候，主要有两种观点：程序工具论和程序本位论。传统上，我们完全把民事诉讼当做实现实体权利的工具。随着法制建设的全面推进，人们开始认识到程序应当具有独立的价值，提出程序本位论、相对工具主义程序论等观点。程序本位论虽然强调了程序自身的价值，但此学说将程序独立价值强调到了极致，从一个极端走到了另一个极端；相对工具主义程序论因为没有从本质上否认程序工具性，因而也有其理论的不明朗性。

对于民事诉讼程序价值正确的认识是将其分为目的性价值（内在价值）和工具性价值（外在价值）。前者是指民事诉讼程序自身所具有的满足程序主体需要的独立价值，如程序公正、程序效益、程序自由等；后者是指民事诉讼程序作为一种手段或工具以实现实体性目的的价值，如实体公正等。

一、民事诉讼程序的目的性价值（内在价值）

（一）程序自由价值

程序自由价值主要是指程序价值主体能够合乎目的地支配民事诉讼程序，自由地选择、判断和接受民事诉讼程序。程序自由价值主要体现在两个方面：①保障当事人的诉权和诉讼权利不受审判权的贬损和压制以及保障法院的审判权不受外在力量的干预。对法院和法官来说，程序自由的保障是通过司法独立机制来实现的，对于当事人来说，则是通过诉权对审判权的制衡机制而得以保障的。②保障程序主体进行理性选择的自由，如撤回诉讼，进行和解甚至合意选择法院等。

（二）程序公正价值

程序公正的基本要求包括：

1. 法官中立。法官中立是指法官同争议的事实和利益没有任何关联，在审判中不能有任何偏私，而且须在外观上使任何正直的人不对其中立性有任何合理的怀疑。即审判机关在处理民事诉讼关系、对待各方诉讼主体，都要求审判人员公正地保持中立独立地位。"任何人不能作为有关自己案件的法官；诉讼的结果中不含有解决者个人的利益；诉讼的解决者不应有对当事人一方的好恶偏见"。如民事诉讼设立了回避制度，保证了法官离开与自己有利益关联的案件；设立了检察监督制度用以防止法官因受贿而作出不公平的判决。法官中立是民事诉讼公平性最基本也是最重要的因素。民事诉讼的基本结构可以用一个等腰三角形表示，争议的当事人双方各置一端，法官居中裁决，与当事人之间形成等腰关系（等距离关系），从而形成当事人之间的均衡对抗。审判人员在民事诉讼中，要平等地对待各方诉讼主体，一视同仁地对待当事人，不偏不倚地听取双方意见，保证诉讼当事人有足够和充分的表达自己意见、主张和请求的手段，有提供诉讼信息的机会和行为空间。客观地作出事实认定，准确地适用法律。

2. 当事人平等。当事人平等是指当事人具有平等的诉讼地位,享有平等的诉讼权利和承担平等的诉讼义务。当事人之间的平等性,是民事诉讼得以进行的法律基础和社会基础。当事人诉讼地位的平等意味着在民事诉讼中对原、被告给予无差别对待。具体来说当事人享有平等的诉讼权利,承担相应的诉讼义务。民事诉讼是诉讼当事人之间的争讼,这种争讼关系的基础是民事实体法规定的双方当事人之间平等权利与义务关系,反映在民事诉讼法上双方的民事诉讼法律关系也应该是平等的,在具体诉讼中,败诉一方对诉讼结果不满,但却因能够参加到整个诉讼过程中,且其基本权利获得了充分保障,并为自己目的的实现作了充分的主张和辩解,即使对不利于自己的结果,在心理上也是能予以接受的,并认可其公平性。当事人平等应强调实质的平等,对于处于弱势地位的当事人予以特别的保障,如举证责任倒置规则和法官释明权就体现了实质平等原则。

3. 程序参与。当事人必须拥有影响诉讼过程和裁判结果的充分的参与机会,未被赋予此机会而收集的事实、证据材料等,不得作为裁判的依据。

4. 程序公开。程序公开有助于确保司法透明度。程序公正因其公开而成为真正的公正,也使司法裁判获得最广泛的为人民信赖的权威。

5. 程序安定。即诉讼程序应当具有可预测性,包括程序运行的稳定性和程序结果的安定性。前者是指当事人在对程序结果有一定预知的前提下有条不紊地进行诉讼,后者是指诉讼行为一旦生效,要尽量维持其效力,不能轻易否定既定内容,禁止当事人就一案重复诉讼,也禁止法院重复审判。[1]

（三）程序效益价值

民事诉讼中,在保证公正裁判的前提下,诉讼主体应努力以最小的诉讼投入来获取最大的诉讼效益产出,从而实现司法资源的优化配置和利用。程序效益表现为效率和效益。程序效益价值的实现,从降低诉讼成本角度看,要求降低诉讼费用和律师费用,缩短诉讼周期,简化诉讼程序。从提高诉讼效益的角度看,要求尽可能利用有限空间来解决多个纠纷,例如反诉、代表人诉讼制度等。总之,达到上述标准的诉讼程序可以排斥法官的恣意,保障人的价值、尊严,使当事人成为说服者和被说服者,吸收当事人的不满,确立理性并为人民所信赖的司法权威。

二、民事诉讼程序的工具性价值（外在价值）

民事诉讼程序的工具性价值,是指实现民事诉讼程序外在目的的手段或工具。它是人们据以评价和判断民事诉讼程序在保护民事权利、维护法律秩序以及

---

〔1〕　刘荣军:《程序保障的理论视角》,法律出版社 1999 年版,第 80～83 页。

解决纠纷方面是否有用和有效的标准。民事诉讼程序的外在价值主要指实现实体公正。

实体公正可以从两种意义上理解：①指立法者对人民实体权利和义务的公正分配，这是实体一般公正；②指司法者根据实体一般公正的要求，通过在诉讼中行使自由裁量权而达到公正的裁判结果，这是实体个别公正。前一种意义的实体公正属于实体法研究的范围，诉讼上的实体公正通常指称实体个别公正，即裁判结果对于实体一般公正的追求和趋近。实体个别公正必须是法官经由诉讼作出裁判而达成，因而表现为裁判结果的公正或"结果公正"。

实体公正价值通常是指裁判结果公正，主要体现为事实认定真实和法律适用正确。事实认定真实是实体公正的首要标准。诉讼制度除了具有保护当事人诉讼权利的意义外，还要承担起查明案件事实，正确适用实体法的任务，后者是整个诉讼活动的核心内容和目的指向，并且事实认定是法律适用的基础。适用法律正确，通常意义上是指根据某一争执案件的事实情境而宣告法律上对这一事实情境的处理结果。换言之，法律适用就是将待决案件事实与法律规范规定的构成要件相联系，进行推理并获得特定结论的一种司法过程。法律适用是否正确取决于两方面的因素：一是现行的法律依据，二是法官的态度、价值观等，前者为客观因素，后者为主观因素。庞德（Pound）所说的"可以有法司法，也可以无法司法"指的就是这个道理。"有法司法"是"根据权威性律令、规范（模式）或指示而进行的司法"，"无法司法"则是根据法官个人的意志和直觉，通过行使司法裁量权而进行的法律适用活动。[1]

三、民事诉讼程序内在价值与外在价值的冲突

一般情况下，民事诉讼的内在价值和外在价值是一致的，表现在公正的程序一般可以保障实体公正，保障裁判的权威性，有助于维护社会秩序。但民事诉讼的内在价值也可能与外在价值发生冲突，如公正的程序并不必然产生公正的结果，对人权价值等其他价值的考量，以及案情的复杂、人类认识能力的有限等因素都可能阻碍实体公正的实现。再者，程序公正基本要素的满足也并不一定达到解决纠纷、维持社会秩序的目的。解决民事诉讼程序内在价值和外在价值的冲突，应当克服"重实体轻程序"的观念和做法，坚持程序价值的统一，即内在价值和外在价值的统一，并树立程序与实体并重的理念。这种统一并非将程序的内在价值和外在价值置于绝对的水平面上，而是注重于具体条件和个案情况的不同，从符合现实的最迫切需要出发。

---

[1]　［美］博登海默：《法理学——法哲学及其方法》，邓正来、姬敬武译，华夏出版社 1987 年版，第142 页。

四、民事诉讼价值在中国的实现

中国自 20 世纪 80 年代末以来的司法改革，通过落实当事人的举证责任，强化庭审职能等实践，深化了对民事诉讼价值的认识。然而随着改革的深入，程序价值的悖论也日益显现，即程序公正与实体公正的悖论、程序公正与诉讼效益的悖论、诉讼权与审判权的悖论。司法改革要在实现司法公正上有所作为，就必须在诉讼中确立程序公正对实体公正的优越地位、程序公正对诉讼效益的优越地位、诉讼权对审判权的优越地位。

（一）确立程序公正对实体公正的优越地位

司法作为连接法律与社会生活的中介，连接一般与个别的纽带，其正当性只能来源于诉讼程序，这就是所谓的正当程序原理。诉讼程序的公正性能够保障裁判结果的权威性、正当性，是裁判结果公正的前提。虽然公正的程序并不必然能够产生公正的结果，但"在一般情况下，公正的程序比不公正的程序能够产生更加公正的结果"，公正的程序具有吸收不满的功效。因为公正的程序能够确保裁判各方参与裁判制作过程以及对裁判结果施加影响，并保障当事人的人格尊严和意志自由得到尊重，使当事人从心理上接受和承认判决结果的正当性。相对于实体规范，程序的确有其工具性的一面，但不能忘记，适当的实体规范是经由程序铺设的轨道通过公正、有效的程序形成的，在整个诉讼程序中，实体法是根据诉讼程序的要求而起作用的。

（二）确立程序公正对诉讼效益的优越地位

程序公正与诉讼效益都属于诉讼程序的内在价值，二者相互包含、相互制约。诉讼效益作为满足程序主体性需求的一种价值，其中内含着公正的精神。从某种意义上说，诉讼效益所追求的是以最经济的方式来实现公正的目标。诉讼程序永恒的生命基础则在于它的公正性。程序公正是整个程序法领域最基本也是最具普遍性的一种价值目标。在此基础上，考虑提高诉讼效益，尽可能以较少的司法资源审理较多的案件。

（三）确立诉讼权对审判权的优越地位

在诉讼程序中，人民法院是公共服务的提供者，司法行为派生于当事人的权利行为。在司法改革中，应当大力弘扬当事人的程序主体性，由当事人决定法院的审理对象，按照自己的意愿实施诉讼行为，而法院的行为受程序规范和当事人行为的制约。程序制度的设计、改革措施的出台都应当以当事人需要的满足为依归，把当事人由消极的受动者提升为积极的主动者、诉讼的中心，摒弃审判中心论。

第五节　民事诉讼模式

民事诉讼模式，也称为民事诉讼结构，是指以一定的国情为背景，在一定的民事诉讼价值观的支配下，为实现一定的民事诉讼目的，通过在法院和当事人之间分配诉讼权利与义务而形成的法院与当事人之间不同的诉讼地位和相互关系。

其实，民事诉讼模式是我国民事诉讼法学者提出的概括民事诉讼法制度特征的概念与范畴，在国外，无论英美法系的学者，还是大陆法系的学者，都没有使用诉讼模式这一概念。英美法系的学者称自己的诉讼制度为对抗制的诉讼（adversary system），称大陆法系国家的民事诉讼制度为纠问制的诉讼（questionnaire system）；大陆法系国家的学者称强调当事人对事实处分的权利的原则为辩论主义，强调法院可以依职权调查事实的原则为职权主义。

民事诉讼模式这一概念可以通过如下几个方面进行理解：

1. 民事诉讼模式是对民事诉讼程序及制度结构的抽象和概括。这是对民事诉讼模式涉及范围的限定。模式首先要解决的问题是民事诉讼的结构成因、结构样式以及结构功能等问题。

2. 民事诉讼模式还对民事诉讼结构的构成要素之间的基本关系进行了抽象的概括。制度框架需要制度的内容作为血肉，结构本身从形式上提供了可视窗口，而作为内容的要素及关系则是驱动程序的原动力。在这里，模式并没有远离它应该反映的民事诉讼现实，而是通过对各种要素及关系特征的信息反馈，拉近了彼此之间的距离。

3. 民事诉讼模式作为一种理论构架，它应该最大限度地集中地反映民事诉讼制度及程序的主要特征，但它依然表现为一种形式，这是因为模式是载体，围绕模式的民事诉讼制度的要素及关系才是其内容。

4. 民事诉讼模式反映了民事诉讼程序的价值取向和目标定位，不同的诉讼模式的建立和发展的背后，都存在着制约它的文化背景。同时也应看到，不同的诉讼模式所追求的目标获取具有同质性，因而，不应以一种模式来否定另一种模式的价值取向，而应尽量在各种价值目标的共存中，切实推进诉讼模式的实践，实现它们应有的价值。

5. 民事诉讼模式的核心问题是当事人与法院在民事诉讼中的关系问题。研究民事诉讼的模式，对于揭示民事诉讼的运行规律，正确处理当事人与法院在民事诉讼中的关系，实现民事诉讼的价值目标以及推进我国民事司法的改革，进而建立先进的有中国特色的民事诉讼制度等方面，均具有重要意义。

一般认为，当事人主义模式和职权主义模式是当今世界有代表性的两大民事诉讼模式。

一、当事人主义诉讼模式

当事人主义，在英美法系中称为"adversary system"（对抗制诉讼），其含义主要包括两方面：①民事诉讼程序的启动、继续依赖于当事人，法院或法官不能主动依职权启动和推进民事诉讼程序；②法院或法官裁判所依赖的证据资料只能依赖于当事人，作为法院判断的对象的主张只能来源于当事人，法院或法官不能在当事人指明的证据范围以外，主动收集证据。

（一）当事人主义诉讼模式的成因

当事人主义诉讼模式发端于罗马古代法，在那时，民事诉讼在很大程度和范围残存着古代社会"私力救济"的遗风。诉讼纯粹是私人的事，当事人在诉讼过程中必须遵循严格的程序，程序的完结如同一幕戏剧终场，历史进入 12 世纪后，当事人主义在英国得到了较为系统的发展，并作为普通法的一大特征。1806年的法国民事诉讼法典首先确定当事人主义。1877 年制定的德国民事诉讼法典和 1891 年制定的日本民事诉讼法典也相继确定了当事人主义。并认为，民事诉讼涉及私人利益的纠纷，运作诉讼和诉讼程序进行的主导权应由当事人持有，法院及法官在诉讼中的角色，是扮演严格中立者，只就事实作出法律上的判断，而不是越过当事人意思自治的界限，无端进行干预。

当事人主义的形成还有更深层次的原因。这就是私法自治原则和市场经济的影响。从私法自治原则的角度说，私法自治与法国民事诉讼法典中表现的自由主义诉讼观是相互关联的。由于民事纠纷起因于民事上权利义务的争执，原来调整民事权利义务关系的私法及其原则便应得到贯彻和实施。而国家的干预，必然会破坏当事人之间原来建立在私法关系之上的平等关系，这也不符合民事诉讼的运行规律。再从市场经济的角度来说，由于国家在市场经济中的地位只是为经济实施调控，并不直接干预社会经济生活，因此，反映在民事诉讼中，代表国家的法院只能是居中裁判。[1]

（二）当事人主义诉讼模式的特征

1. 当事人在民事诉讼中处于主导地位，当事人主导着诉讼的启动、推进。例如当当事人的民事权利受到侵害时，当事人可以依职权向法院提起诉讼请求，当事人可以就诉讼的继续、诉讼的推进、诉讼的终结提出异议，并决定是否

---

[1]　江伟主编：《民事诉讼法》，中国人民大学出版社 2001 年版，第 13 页。

展开。

2. 法院或法官在诉讼中处于中立地位，正如孟德斯鸠（Montesquieu）提出的所谓"自动售货机"式的法官形象。法官只要像一架生产判决的机器就行，从一个口里塞进纠纷事实和法律条文，从另一个口里吐出处理结果。在当事人主义里，法官无权主动收集证据，无权变更对当事人提出的诉讼主张，而只是认真听取当事人之间的辩驳，从而判定哪些证据可以作为判决的依据，并以此作出公正的裁决。

3. 当事人所主张的法律事实依赖的证据由当事人负责举证，法官通过法庭证据展示制度和交叉询问制度查明案件事实，并以此作出裁决。当事人的举证责任在当事人主义里是非常重要的，在"谁主张，谁举证"的思想指导下，当事人必须就其主张自己主动收集证据来证明。

（三）当事人主义诉讼模式的优缺点

英美法系当事人主义肯定了当事人在诉讼中的主导地位，赋予当事人充分的处分权。不仅最大限度地吸收和鼓励了当事人参与诉讼过程，并且在诉讼中始终保持双方当事人诉讼权利的对等，诉讼地位的平等和辩论机会的均等，双方都有均等的机会提出证据和说服裁判者，可以充分调动当事人的积极性，实现当事人的程序主体地位和诉讼参与权，并有利于在平等竞争的诉讼环境中发挥攻击和防御的能力和作用。当事人真正成为诉讼的主体，它通过一系列制度，例如美国的民事诉讼中"证据开示制度"、"交叉询问制度"、"对抗辩论制度"、"陪审制度"等都比较充分地反映了当事人主义色彩。法官在诉讼过程中始终处于中立地位，"只是耐心地、冷静地听取双方当事人的意见"。当事人主义侧重的是程序的公正，只要程序是公正的，即使实体上有错误，还是能被人们所认可。当事人主义以追求程序的公正为目的，有利于保障当事人平等的攻击和防御的权利。但是，由于给予当事人较多的处分权力，因此要在保证当事人能够充分、完全地表达其意见的同时又要把案件的事实认清；对证人的作证采取交叉询问方式的同时又要给律师不断提出异议的时间，而法官又只能耐心的听取双方当事人的意见，这就使庭审花费时间太多，有时还要重复开庭，程序进行缓慢。而且当事人主义"过分依赖于当事者各自所拥有的资源"。往往只有那些请得起律师或者名律师的当事人才敢投身于诉讼中。

二、职权主义诉讼模式

与英美法系相对应的是大陆法系的职权主义。在大陆法系的民事诉讼理论中，认为职权主义是承认法官在民事诉讼中拥有主导权，依职权指挥诉讼运作，对程序的开始、进行以及终了和诉讼对象的决定，诉讼资料的收集等方面有主导权。"为了区分法官在职权主义中的不同作用，把法官依职权指挥运作诉讼程序的职权主义称为职权进行主义，把法官依职权收集证据和调查事实称为职权探知主义。"

（一）职权主义诉讼模式的成因

职权主义发端于罗马末世，在公元 12 世纪后，由于英国法与法国法的分道扬镳，大陆法系的民事诉讼便深深地打上职权主义的印记。职权主义的典型代表是 1895 年制定的奥地利民事诉讼法。作为当事人主义鼻祖的法国从 1935 年开始，在遭受人民抵触的情况下，也逐渐导入职权主义的一些规定。德国 1976 年民事诉讼简易化法也有此倾向。1991 年美国司法制度改革法和 1995 年至 1996 年英国沃尔夫勋爵组成的司法改革小组拟定的方案，也对英美法官在民事诉讼程序中的超然地位进行规定，强调了法官对程序的干预。对此，日本学者江藤价泰曾形象地说，19 世纪的民事诉讼法为当事人主义型，而 20 世纪则为职权主义型。

19 世纪末到 20 世纪初的中国，职权主义在民事诉讼中得以盛行，究其根源有二：①当事人主义支配下的诉讼程序造成了审判迟延、程序复杂以及费用增加等后果，因此，增强法院的职权，是为了防止不利于纠纷解决的情形出现；②作为当事人主义基础的自由主义思想，随着 19 世纪末产业革命的兴起，城市化和大规模化的纠纷产生，已经不能再主宰民事诉讼程序，为了迅速且经济地解决纠纷，各国开始强化民事诉讼中的法院职权。20 世纪 90 年代英美法系主要国家英国和美国均表现出吸纳职权主义的倾向，因为在当事人主义诉讼模式下，诉讼迟延与诉讼费用高昂的弊端日益凸显。[1]

（二）职权主义诉讼模式的特点

1. 法官在民事诉讼中处于主导地位，例如法官可以主动收集证据，对于当事人的诉讼主张，法官认为可以变更的，可以依职权变更，同时，法官也有权决定诉讼的继续、推进和终结，法官在每一个诉讼环节中都拥有主导权，"尤其在证据制度和判决的既判力方面"。

2. 当事人处于被动地位，当事人的意志自主低于法官。当事人主张的诉讼对象必须经过法官的认可，当事人未主张的诉讼请求，法官认为必要的，可以在最后裁决中作出。当事人就其主张的事实所收集的证据必须经法官的认定后才能作为裁决的证据。而且法官有权"对当事人的一切处分行为进行审查和干预"。

（三）职权主义诉讼模式的优缺点

职权主义强调的是法官在诉讼中的主导地位，有利于较快发现客观真实，职

---

〔1〕　江伟主编：《民事诉讼法》，中国人民大学出版社 2001 年版，第 14 页。

权主义侧重的是保证实体的公正，法官操纵着诉讼的进行以保证实体公正的实现；职权主义相对于当事人主义来说，诉讼效率较高，而且当事人的成本投入相对较少，可以减轻当事人的诉讼负担。然而，职权主义的一个缺陷是给予法官过大的权利：法官可以依职权主动收集证据而不受当事人主张范围的限制，这样极易导致法官滥用职权，"当事人对案件的陈述都可能因裁判者的主动调查和收集证据的行为而变得徒劳无益"；[1] 同时法官在庭审操纵着每一个过程，当事人的辩论流于形式，庭审中最重要、最精彩的环节变得空乏无味，"最终导致整个民事诉讼程序的空洞化"，助长了民事诉讼实务中的不正之风。职权主义的另一个缺陷是忽视程序的公正价值。由于重实体、轻程序的思想的指导，职权主义往往把重点放在追求案件的真实实体上，为了实现实体上的公正而经常以牺牲程序的公正为代价。在很多情况下，法官不按程序进行诉讼，把一些必要的程序忽视了。

三、我国传统的民事诉讼模式

我国过去长期实行职权主义民事诉讼模式，在法院与当事人的基本关系上坚持了法院的主导地位，反映出很强的职权干预色彩。主要体现在以下几个方面：

1. 各具体的诉讼程序的开始、进行和终结，法院具有主动性和决定性。如执行、保全程序的启动等，法院都可以依职权主动开始，并且明确规定执行开始的方式之一是以职权移送为主，当事人申请为辅；法院可以不受上诉人上诉请求范围的限制，对一审诉讼标的进行全面复审等。当事人虽然是平等的诉讼主体，但实际上他们在诉讼中的能动作用受到很大遏制，很多重要程序如保全程序、执行程序的启动与否仍可由法院决定，法院可以在当事人没有申请的情况下启动这些程序。

2. 在对待裁判争议的事实根据上，法院对民事争议的裁判可以依照当事人的陈述和提出的证据，也可以完全以自己独立收集的证据为依据对案件进行裁判。法院可以在当事人负举证责任的同时，依职权积极主动地收集证据，并将此作为认定案件事实的根据。尽管新民事诉讼法已将试行民事诉讼法中规定的"全面、客观地收集和调查证据"，改为"全面客观地审查核实证据"，但同时又规定"法院认为审理案件需要的证据，法院应当调查收集"，为法院独立收集证据留下了自由裁量权。法院在作裁判时，往往对当事人依举证责任提供的证据不予考虑，而完全将自己独立收集来的证据作为裁判的根据，表现出明显的职权干预性。

---

[1]　王利明：《司法改革研究》，法律出版社 2001 年版。

3. 法官主宰整个庭审进程，当事人处在消极、被动的地位。在法庭审判中，法官控制、指挥诉讼，当事人彼此间的对抗作用受到很大的遏制。法官甚至可以打断当事人辩论。

我国民事诉讼体制的基本特性是职权干预，即便经过十多年的审判方式改革，但"传统审判方式在职权干预的理念支配下作为一种实际运作规范仍然在继续发挥作用"。其成因是多方面的，包括传统的马锡五审判方式、苏联民事诉讼理论和体制的影响、我国传统的经济体制和思想观念等。这种诉讼模式在我国向市场经济转型的过程中已充分显露其弊端和与改革后形成的新的社会条件的不适应性。改革旧有的诉讼模式早已成为我国理论和实务部门的共识。自20世纪80年代后期开始，我国就开始了以弱化法院职权为基本特征的民事审判方式改革，当改革进一步深入时，选择什么样的诉讼模式这一基本问题便无可回避地凸现出来。

四、协同主义诉讼模式

协同主义诉讼模式是指民事诉讼中法院（法官）运用职权发挥能动作用，与当事人实现充分地相互沟通与协作，从而使法官和当事人在事实发现、程序促进等方面共同推进民事诉讼程序的一种模式。简单地说，协同主义诉讼模式是针对传统当事人主义诉讼模式的不足，通过确保法官职权的运用与责任的强化，促进法官与当事人在诉讼中的互动的一种诉讼模式。协同主义诉讼模式的主要因素包括：①法官有阐明权（义务）；②法官为形成心证、发现真实所必要的一些权力，如德、日民事诉讼法中规定法官可以询问当事人、可以依职权勘验等权力；③法官有指出要适用的法律的义务；④当事人有真实陈述的义务；⑤当事人有诉讼促进义务等。可见，协同主义内容涉及诉讼的各个方面，最终会影响到民事诉讼模式的再构成。[1]

协同主义强化了法院发现案件事实的职权作用，在民事诉讼中关于对案件事实的探知，法官也负有从自己的侧面出发来发现真实的责任。诉讼中既不是绝对由法官一方来发现案件事实，也不是由当事人一方来支配诉讼，协同主义所强调的是两者相互协同的作用关系。因此，有学者认为作为裁判基础的事实，不再纯粹是由当事人决定的，已发生从单纯依赖当事人的古典辩论主义向事实发现上的法官与当事人协同型辩论主义的转变。

事实上，奉行某种诉讼模式的国家，其理论与立法并不完全否定另一种诉讼模式具有一定的长处。相反，近年来，英美法系国家诉讼中当事人滥用诉讼权

---

〔1〕　肖建华："构建协同主义的民事诉讼模式"，载《政法论坛》2006年第5期。

利，缠讼或规避诉讼义务的现象已经引发了社会的许多抱怨，而大陆法系的执法者过于专断的现象也引起了广泛的批评。当事人主义诉讼模式与职权主义诉讼模式也在不断的相互影响，取长补短之中。德国在 1909 年的民事诉讼法修订中强化了职权进行主义，并使法院获得了作出一切在其看来有助于案件事实阐明的命令的权限，使得法官从消极、只关注是否遵守了诉讼规则的"观众"变成了辩论的积极参与者。在其后的民事诉讼修订过程中规定了当事人的真实义务，并采用了讯问当事人制度，这样就大大增加了在诉讼中获得与真实的事实经过尽可能一致的案件事实的可能性。经过不断的完善，终于形成了今天《德国民事诉讼法》中完备的阐明权、真实义务、讨论义务、法官的调查取证等规定。同样，近几十年来，美国法上传统的当事人对抗制也发生重大变化。审判者消极性的概念被逐渐抛弃，学者主张法官应当扮演更积极的角色，以发现案件真实和促进诉讼效率。其结果是，1983 年美国联邦民事诉讼规则正式确认法官在审前准备程序中"管理诉讼"的角色，要求法官在诉讼早期阶段积极地介入诉讼以掌握对案件的控制。包括于准备程序中对当事人应完成的工作订立期限，促进调解或和解等。1993 年美国联邦民事诉讼规则进一步确立了法官在证据开示和争点整理方面的权力。法官已经被定位为积极的诉讼管理者。

可见，两大法系不约而同地走向了协同主义，加强当事人和法院之间的协作，促进法官在事实发现方面的能动性。而协同主义主要是从当事人、法官相互之间的作用而言的，并不是要完全抛弃传统辩论主义，它主要是改变传统辩论主义之下法官的消极地位、克服其弊端而出现的，是在法官和当事人之间产生的一种崭新的诉讼结构。

学术视野

如何建构完善我国的民事诉讼基本理论体系并以此为基础来协调和整合民事诉讼法学的学科体系，是一项我们必须面对和解决的重大课题。我国民事诉讼基本理论体系包括诉与诉权、诉讼法律关系、诉讼目的、诉讼价值、诉讼模式等五方面内容。其中，民事诉讼目的理论是全部理论的出发点，是民事诉讼法学的一个基本问题，它关系到民事诉讼的任务、功能、体制、模式等一系列问题。各国学界对民事诉讼的目的存在多种学说，但又各有缺陷。诉权一直是民事诉讼法学上一个颇有争议的问题，我国民事诉讼法学界对诉权问题尚未形成完整和清晰的认识，需要对国外诉权理论进行研究和借鉴；与诉权相比，诉是一个具体的问题，诉的理论的完善有利于解决"请求权竞合"、"一事不再理"等基本实践问题。反诉，是诉权理论中一个至今尚未被深入研究的法律制度，各国的规定不尽相同，我国理论界的分歧极大。现行法律也只有很少的概念式的规定，很不完善。反诉理论的核心就是反诉的要件，因此应该将之作出具体的规范，以利当事人诉权的行使。民事诉讼法律关系的概念并没有在我国民事诉讼法中出现，但认识和理解民事诉讼法律关系有助于人民法院准确行使审判权，引导当事人正确行使诉讼权利和履行诉讼义务。我国传统的诉讼理念往往只认识到民事诉讼程序的工具价值，认为民事诉讼程序是实现实体权益的工具而已，而忽视了程序的内在价值，随着法治进程不断演进，我们要充分认识到民事诉讼程序其独特的内在独立价值。民事诉讼模式反映了诉讼程序的价值取向和目标定位，其背后都存在着制约它的文化背景，当事人主义诉讼模式和职权主义诉讼模式各有其优缺点，现代法治社会发展的趋势是对两者取长补短，构建更为公正和效率的诉讼模式。

理论思考与实务应用

一、理论思考

（一）名词解释

诉　诉权　反诉　民事诉讼法律关系　法律事件　民事诉讼目的　民事诉讼模式

（二）简答题

1. 我国诉权保护的现状如何？应当如何加强对诉权的保护？
2. 简述诉的利益的功能和认定标准。
3. 民事诉讼法律关系发生、变更和消灭的原因有哪些？
4. 民事诉讼的目的性价值和工具性价值有哪些冲突？如何协调？

（三）论述题

1. 民事诉讼的价值如何在我国实现？
2. 简述职权主义诉讼模式的优缺点。
3. 协同主义诉讼模式的产生背景及其价值。

二、实务应用

（一）案例分析示范

案例一

《文艺论坛》记者玉石在该杂志发表一篇评论性文章，针对甲市新近举办的一台大型文艺晚会谈到："有的歌手的基本功夫不到家，有的矫揉造作，华而不实，令观众大失所望。"该杂志在甲市所辖的A、B、C、D四个区发行。出席晚会的歌手王明、李娜读了文章，认为有损所有参加晚会的演员的名誉，两人共同向甲市A区人民法院提起诉讼，要求《文艺论坛》杂志社和记者玉石赔礼道歉，赔偿损失。A区人民法院受理案件后列王明、李娜为原告，列杂志社和玉石为被告，对本案进行审理。诉讼过程中杂志社和玉石提出，王明、李娜起诉前曾在各区张贴所谓的"辟谣声明"，指责、谩骂《文艺论坛》和玉石所发文章不实，已构成名誉侵权，故反诉王明、李娜两人赔礼道歉，赔偿损失。A区人民法院受理该反诉，并与本诉合并审理，认定本诉请求不成立，反诉请求成立，判决王明、李娜向杂志社和玉石赔礼道歉，赔偿损失若干。王明对反诉部分的判决没有异议，但认为自己的本诉请求同样成立，遂就该本诉部分提起上诉。李娜没有提起上诉。

问：（1）假设本案诉讼双方在产生纠纷后达成了仲裁协议，约定将此案提交甲市仲裁委员会进行裁决，事后王明、李娜向人民法院起诉，人民法院是否应当受理？为什么？

（2）假设一审程序中李娜撤诉，是否影响王明进行诉讼？为什么？

（3）假设本案被告人在一审程序中未提出反诉，而在二审程序中提出反诉，二审人民法院在诉讼程序上应如何处理？为什么？

（4）假设二审人民法院改判本诉请求与反诉请求都成立，判决本诉被告向对方当事人赔礼道歉，赔偿损失，对本诉与反诉两部分的判决在执行中能否进行抵销或吞并？

【评析】

（1）根据《仲裁法》第2、5条的规定，平等主体的公民、法人和其他组织之间发生的合同纠纷和其他财产权益纠纷，可以仲裁。当事人达成仲裁协议，一方向人民法院起诉的，人民法院不予受理，但仲裁协议无效的除外。

本案中，如果双方当事人在纠纷产生之后达成了有效的仲裁协议，王明、李娜又向人民法院起诉，则人民法院不应受理。

（2）李娜在一审程序中撤诉不会影响王明进行诉讼。王明与李娜在本诉中是普通共同诉讼中的共同诉讼人。对诉讼标的没有共同的权利义务，一人的诉讼行为对另一人不发生效力。另外，李娜作为共同原告享有诉权，公民对于自己的权利是可以放弃的，而撤诉则是公民处分自己诉权的一种表现形式，李娜处分自己的诉权，不会影响王明主张自己的诉权。

（3）本案二审法院对原审被告的反诉请求，首先应当基于当事人自愿的原则进行调解，调解不成的，告知原审被告人另行起诉，而不能由二审法院径行审判。这是由我国民事诉讼两审终审制度决定的，因为如果二审法院直接审判，则作出的判决就是终审判决，这就剥夺了当事人上诉的权利。

（4）关于赔偿损失的部分可以在执行中抵销或吞并，但赔礼道歉这种承担民事责任的方式则不可以进行抵销。因为抵销不能消除侵害名誉权的心理影响，并且赔礼道歉这种承担民事责任的方式不能像赔偿损失那样进行量化。

案例二

太阳水泥有限公司排放的污水污染了东岭村甲、乙、丙三人共同承包的水库，受损达5万元。三人联合向法院提出诉讼要求索赔。在法院审理过程中，甲委托丁作为自己的诉讼代理人，法院指定鉴定人戊进行与本案有关的专门事项进行鉴定。

问：（1）本案的民事诉讼法律关系主体有哪些？

（2）本案的当事人有哪些？

（3）本案的诉讼主体有哪些？

【评析】

（1）本案的民事诉讼法律关系主体有：人民法院、太阳公司、甲、乙、丙、丁、戊。

（2）本案的当事人有：原告，甲、乙、丙；被告，太阳公司。

（3）本案的诉讼主体有：人民法院、原告甲、乙、丙和被告太阳公司。

案例三

李明和王晓然签订买卖一幅名画的合同。合同约定的交付日期到达后，李明拒绝交付该画，王晓然起诉李明到法院，要求法院判决李明交付该名画，而李明也提出反诉，要求法院确认该合同无效。在诉讼的进行过程中李明的父亲李玉向法院提出该画系自己所有，李明无处分权。

问：在本案中存在哪些具体的诉讼请求？它们各属于诉的分类中的哪一类？

【评析】本案中存在三个具体的诉讼请求：①王晓然提出的请求李明给付名画的诉讼请求，该请求为给付之诉；②李明提出的确认合同无效的诉讼请求，该诉讼请求为确认之诉；③李玉提出的请求法院确认名画属于自己的诉讼请求，该诉讼请求属于确认之诉。

（二）案例分析实训

案例一

李某因胆囊发炎到市肝胆医院住院治疗，医院经过检查和研究，采用最先进的腹腔镜电视手术仪为李某进行了胆囊切除手术，术后李某出现持续高热，医生遂加大抗生素用量配合激素进行抗炎，但高热不退。经专家会诊，怀疑李某腹腔可能有较大面积的感染，剖腹探查果然如此。经清洗、抗炎处理，关闭腹腔继续进行抗炎治疗，3天后李某体温正常，1周后出院。门诊复查，手术部位恢复良好，1 月后正常上班。不久，李某以医疗伤害为由，将市肝胆医院告上法庭，索赔 10 万元，正式开庭时，李某把索赔金额加大到 20 万，诉讼理由变为医疗事故。医院的诉讼代理人当庭提出拒绝答辩，并要求法庭延期至少 15 天再开庭，理由是李某先前的索赔金额 10 万，现在增加到了 20 万元，并且诉讼理由也改变了。从诉的理论上讲，已经是两个完全不同的诉，因此，医院方面依法有权获得 15 天的答辩期。

问：（1）医院诉讼代理人的意见，是否成立？

（2）假如李某在开庭的时候不是增加索赔额，而是减少，诉讼理由不变，那么，医院诉讼代理人的意见是否成立？

（3）假如李某不是增加索赔金额，只是变更诉讼理由，医院诉讼代理人的意见是否成立？

案例二

李方明在南京市下关区有房屋 3 间，1 间自住。他有 3 个儿子，长子李林现居南京市下关区，次子李明在上海工作，三子李洪在镇江工作。2003 年 2 月，李方明去世，李林即将其父的 3 间房屋占为己有，并出租给陈家宏居住。李明、李洪得悉，认为李林、陈家宏侵犯了他俩的继承权，准备分别以李林、陈家宏为被告人向人民法院提起诉讼。

问：该案属于何种诉讼？为什么？

案例三

餐饮公司与副食品公司签订大米买卖合同。因餐饮公司拒绝支付货款，副食品公司诉至法院要求餐饮公司支付拖欠的货款 20 万元。本案诉讼中，餐饮公司提出下列两项请求：①因大米存在质量问题，要求副食品公司赔偿因此而造成的损失 13 万元；②由于大米是某食品厂提供给副食品公司的，某食品厂应赔偿给自己造成的经营损失 4 万元。

问：关于这两项请求的是否构成反诉，请说明理由。

主要参考文献

1. 柴发邦主编:《中国民事诉讼法学》,中国人民公安大学出版社 1992 年版。

2. 常怡主编:《比较民事诉讼法》,中国政法大学出版社 2002 年版。

3. 谭兵主编:《外国民事诉讼制度研究》,法律出版社 2003 年版。

4.［日］谷口安平:《程序的正义与诉讼》,王亚新、刘荣军译,中国政法大学出版社 1996 年版。

5. 江伟主编:《民事诉讼法学》,复旦大学出版社 2002 年版。

6. 胡锡庆主编:《诉讼原理》(第 2 版),中国政法大学出版社 2007 年版。

7. 刘荣军:《程序保障的理论视角》,法律出版社 1999 年版。

第二编 总 论

第三章

民事诉讼法的基本原则

【本章概要】民事诉讼法的基本原则，是指在整个民事诉讼过程之中或在民事诉讼的重要阶段起指导作用的基础性准则。它体现民事诉讼法的精神实质，为法院和诉讼参与人的民事诉讼活动提出概括性的要求。我们认为，对基本原则的判断和划分应当遵循法定主义和法理主义综合的标准，民事诉讼法基本原则的确立既要考虑立法的限制，同时要兼顾民事诉讼法理论的要求。本书主要针对如下一些原则展开介绍：诉讼权利平等原则；同等和对等原则；辩论原则；处分原则；支持起诉原则；检察监督原则；诚实信用原则；直接言词原则；集中审理原则。其中，诚实信用原则、直接言词原则、集中审理原则在我国民事诉讼法上虽然尚未得到最终确立，但它们却是现代民事诉讼制度发展的必然趋势，对我国民事诉讼制度改革具有极其重要的价值。

【学习目标】了解民事诉讼法的基本原则的含义，民事诉讼法的基本原则与民事诉讼法的基本制度、具体原则、一般规定之间的相互关系。掌握法院调解原则的具体内容、制度运作；辩论原则、处分原则、同等原则与对等原则、当事人诉讼权利平等原则、诚实信用原则、直接原则、言词原则以及支持起诉原则、检察监督原则的基本内容。促使学生能够从基本原则的高度来理解民事诉讼法的相关规定。

第一节 民事诉讼法基本原则概述

一、民事诉讼法基本原则的概念

原则，一般是指人们认识问题和解决问题的准绳，同时也可被认作是人们言谈和行事的法则和标准，其核心语义是根本规则，它体现了人类实践行为所应遵循的一般准则。在法学上，法律原则是指构成法律规则和法律学说基础和本源的综合性、稳定性原理或准则，是法律行为、法律程序和法律裁决的决定性规则。法律原则是法律的基础性原理或真理的具体体现，它与法律规则、法律概念一起，构成了法律规范的基本要素。作为部门法的民事诉讼法的基本原则，也称民事诉讼原则，是指在整个民事诉讼过程之中或在民事诉讼的重要阶段起指导作用的基础性准则。它体现民事诉讼法的精神实质，为法院和诉讼参与人的民事诉讼活动提出概括性的要求，因此对民事诉讼活动具有普遍的指导意义。

民事诉讼法的基本原则具有下列几个方面的特性：

1. 渊源上的稳定性。这是指民事诉讼法基本原则应当具有稳定的渊源，而不能是随意的和善变的。通常而言，法律基本原则的渊源主要有三个方面：①立法上的明确设定；②司法实践的公开总结；③理论界公认的对法律理念的提炼和归纳。民事诉讼法基本原则也是具有上述三种渊源，而非仅限于立法规定一个方面。

2. 效力上的统领性。是指民事诉讼法基本原则在民事诉讼法的效力领域是完全的，对全部的民事诉讼规范具有指导作用，并且贯彻始终，或者至少对大部分重要的民事诉讼规范具有指导作用。凡是违反基本原则的民事诉讼规范必须予以修改或废除。

3. 内容上的根本性。民事诉讼法基本原则的内容体现了民事诉讼的根本目的、指导思想和基本价值实质，相对于具体程序制度而言具有层次上的根本性，一般都不能作为直接可以遵照实施的参照性准则。

4. 形式上的概括性。是指民事诉讼法基本原则在形式上具有高度的概括性和抽象性，是对具体民事诉讼程序规则的共同精神的凝结，表面上即可区别于具体规则的可操作性。

二、民事诉讼法基本原则的判断基准

对民事诉讼法基本原则体系的理解，素来是我国民事诉讼法学理论界比较混乱的问题之一。[1] 但总体而言，在民事诉讼法基本原则的判断基准问题上，主要观点大致有三种：

1. 法定主义。这种观点主张，法律原则的确立应当以法律的明确规定为依据。民事诉讼法基本原则应当以相关的民事诉讼立法为出发点和归宿。对于法律没有规定的内容，不宜列为原则的范畴。法律神圣不可侵犯，既然原则有法可依，就应当严格依法，而不宜作宽泛理解在法外增加基本原则。只有如此，才能发挥原则的作用，才能保障法律的统一实施，维护法律尊严。这种观点也是目前

---

[1] 针对我国民事诉讼基本原则体系的各种不同观点，可以参见江伟主编：《民事诉讼法学》，复旦大学出版社 2002 年版，第 94～96 页。

一些教材判断民事诉讼基本原则的通常观点，它们大都以《民事诉讼法》、《宪法》、《人民法院组织法》等立法为基本依据去介绍民事诉讼基本原则。

2. 法理主义。这种观点主张，对于法律原则的划分应当注重理论和实践的结合，而不应局限于法条的规定。另外，由于各部门法在法律体系中所处的层次不同，因此高层次法律的一些规定当然可以指导低层次的法律部门。比如，宪法的规定对所有法律部门都具有指导意义，如果因此而在所有部门法中重复规定宪法的内容，则不但使得法律条文浩繁，而且在一定程度上还会影响法律体系的和谐与内在分工。因此，对于民事诉讼法基本原则的确立应站在理论高度，结合法律调整的特殊对象进行研究、总结和概括。

3. 综合主义。即民事诉讼法基本原则的确立既要考虑立法的限制，同时要兼顾民事诉讼法理论的要求。从理论上探讨民事诉讼法原则及其体系，虽然离不开现行立法的有关规定，但还要以上述规定的法律条文为基础，对民事诉讼法原则进行科学概括并确立符合我国实际情况的原则体系。确立我国民事诉讼法基本原则的体系，应通过两种不同的角度：一种是学习和运用法律的角度，必须以现行立法为依据，对于法律规定的民事诉讼法原则不能否定它们的地位；另一种是改进和完善法律的角度，不能禁锢于现行立法，一些严谨认真的理论探讨也是有积极意义的，得到人们共同认可的理论上的民事诉讼原则也可以用来指导实践。我们赞同这种综合主义的观点，以此作为民事诉讼法基本原则的判断基准。因为，在民事诉讼法内判定其基本原则的同时，也不能忽视民事诉讼原则从精神理念的层次去指导和完善民事诉讼立法的视角。在我国现阶段民事诉讼立法尚有待完善的情况下，也许后者显得更有意义。

三、民事诉讼法基本原则的分类

从目前出版的民事诉讼法学方面的教科书来看，多数学者对基本原则分类的认识大都是建立在民事诉讼立法的基础之上，一般会将民事诉讼法基本原则分为共有原则和特有原则两个方面。共有原则是指依据《宪法》和《人民法院组织法》等对民事诉讼法基本原则的分类，其大致包括：民事审判权由人民法院行使原则；人民法院依法对民事案件独立进行审判原则；以事实为依据，以法律为准绳原则；使用本民族语言文字进行诉讼原则；人民检察院对民事审判活动实行法律监督原则；民族自治地方可以制定变通或补充规定原则。特有原则是指根据民事诉讼自身的特点和规律，对民事诉讼法基本原则进行的分类，其大致包括：诉讼权利平等原则；同等与对等原则；法院调解原则；辩论原则；处分原则；支持起诉原则；人民调解原则；等等。当然，其中不同的学者也可能会有个别的不同调整。

另外，也有少数学者突破立法的局限，会从民事诉讼基本理论研究的角度对民事诉讼基本原则依各自见解作一些取舍。例如，有人认为应将公正原则和效益原则纳入基本原则的体系范畴。[1] 在此，我们采纳综合主义的判断标准，以民事诉讼立法为基础，同时兼顾民事诉讼实践和理论的研究，对民事诉讼基本原则加以研究。但是，为避免重复和突出民事诉讼法的特性，其中一些共同原则在这里不再作具体的介绍。本书主要围绕下列几项原则展开阐述：诉讼权利平等原则；同等和对等原则；辩论原则；处分原则；支持起诉原则；检察监督原则；诚实信用原则；直接言词原则；集中审理原则。关于法院调解，我们将另辟专章予以介绍。

第二节 当事人诉讼权利平等原则

一、当事人诉讼权利平等原则的概念和内容

我国《民事诉讼法》第 8 条规定："民事诉讼当事人有平等的诉讼权利。人民法院审理民事案件，应当保障和便利当事人行使诉讼权利，对当事人在适用法律上一律平等。"这是当事人诉讼权利平等原则的立法依据。可见，这一原则的含义，是指在民事诉讼中，当事人平等地享有和行使诉讼权利。

当事人诉讼权利平等原则，主要包括以下三方面的基本内容：

1. 当事人平等地享有诉讼权利。当事人平等地享有诉讼权利，是指当事人在民事诉讼中所进行的诉讼攻击与诉讼防御的平等性。它主要体现在两个角度：①双方当事人享有完全相同的诉讼权利，如委托代理、申请回避、提供证据、请求调解、进行辩论、提起上诉和申请执行等各种权利；②双方当事人享有对等的诉讼权利，如原告有提起诉讼的权利，被告便有提出答辩和反诉的权利。任何一方不得享有比对方更优越或更多的诉讼权利，只有赋予双方当事人平等的权利与均等的诉讼机会，才能维持民事诉讼活动中当事人双方攻击与防御的平等进行。

2. 当事人在民事诉讼中的诉讼地位平等。当事人在民事诉讼中的诉讼地位是平等的，不因当事人的社会地位、经济状况、文化程度、民族等因素的不同而存在差别。当事人诉讼地位平等，不但是指双方平等地享有诉讼权利，同时也包括平等地承担诉讼义务，在诉讼过程中不容许任何一方只享有权利而不承担义务。双方当事人都要依法行使诉讼权利、遵守诉讼秩序与法庭规则、依法履行生效裁判确定的义务，双方承担的义务总体上应当保持平衡。可见，当事人诉讼地

---

〔1〕 参见柴发邦主编：《中国民事诉讼法学》，中国人民公安大学出版社 1992 年版，第 77 页。

位的平等要以全面享有诉讼权利和承担诉讼义务的平等为载体，缺乏平等的义务承受，诉讼地位的平等也无法实现。

3. 保障和便利当事人平等地行使诉讼权利。首先，应当体现为立法保障。作为立法的指导原则，诉讼权利平等原则应当在民事诉讼法的相关制度和具体规范中得以全面的体现，为当事人实际平等地享有和行使诉讼权利提供法律依据。其次，在司法实践中，人民法院应当为当事人平等地行使诉讼权利提供保障和便利。依法保障双方当事人平等地行使诉讼权利，并且为其行使诉讼权利创造和提供平等的机会和条件，是人民法院应当履行的职责，也是诉讼权利平等原则实现的重要保证。在立法保障的前提下，人民法院为当事人创造平等行使权利的司法环境，不偏袒和歧视任何一方，具有极其重要的意义。

二、当事人诉讼权利平等原则的具体适用

在民事诉讼上贯彻诉讼权利平等原则，应当明确这一原则在适用范围方面的几个问题：

1. 适用的主体。诉讼权利平等原则适用于在我国人民法院进行民事诉讼的所有当事人。在属性上，包括自然人、法人和其他组织；在国籍上，包括我国当事人，也包括在我国人民法院进行诉讼的外国当事人、无国籍当事人。当然，对外国人和无国籍人，还应当适用同等和对等的诉讼原则。

2. 适用的案件。凡是涉及民事权利义务争议的诉讼案件，无论是涉及财产关系的案件，还是涉及身份关系的案件，都应当适用该原则。民事诉讼中的非讼案件，由于其自身的非争议性、非对抗性等特殊性，一般不适用这一原则。

3. 适用的程序和法院。除特别程序、公示催告程序、督促程序等非诉讼程序外，其他诉讼程序，包括第一审程序、第二审程序和再审程序等，均适用该项原则；在适用的法院方面，该原则适用于审理民事案件的最高人民法院、地方各级人民法院和各专门人民法院。

第三节　同等原则与对等原则

一、同等原则

同等原则，是指一国公民、法人和其他组织，在他国进行民事诉讼，同他国公民、法人和其他组织同等享有该国法律规定的诉讼权利的原则。同等原则是基于国家间平等互利原则所确立的一项诉讼原则，任何外国人、外国企业和组织，在他国进行民事诉讼，都能获得同等的待遇，这在国际法上也称为"国民待遇"。我国《民事诉讼法》第 5 条第 1 款规定："外国人、无国籍人、外国企业和组织在人民法院起诉、应诉，同中华人民共和国公民、法人和其他组织有同等的诉讼权利义务。"这一规定是我国民事诉讼中同等原则的立法依据。将同等原则作为基本原则加以规定，为外国人、外国企业和组织在我国进行民事诉讼，提供了可靠的保证，符合目前世界民事诉讼立法的总趋势。同等原则的基本内容包括两个方面：

1. 外国人、无国籍人、外国企业和组织在人民法院参加民事诉讼活动，同中华人民共和国的公民、法人和其他组织，享有同等的诉讼权利，承担同等的诉讼义务。不因当事人是外国人、无国籍人、外国企业和组织，而限制其诉讼权利，或者扩大其诉讼义务，只要是民事诉讼当事人，均一视同仁，依法保障其充分行使诉讼权利。

2. 外国人、无国籍人、外国企业和组织，在我国进行民事诉讼，应当享有同我国一方当事人同等的诉讼地位，不得抬高或者降低其诉讼地位。只要他们在我国境内作为当事人参加民事诉讼，就应当适用我国的民事诉讼法，不能享有游离于我国立法之外的特权。

二、对等原则

对等原则，是指在一国司法机关对他国公民、法人和其他组织的诉讼权利加以限制的情况下，他国司法机关可以对限制国公民、法人和其他组织的诉讼权利同样加以限制的一项原则。对等原则是基于主权国家之间，由司法上的平等对待理论所确立的一项原则，是国际上所公认的诉讼原则。我国是独立的主权国家，处理与其他国家关系，包括司法上的关系，一向以平等互惠原则为基础。我国《民事诉讼法》第 5 条第 2 款规定："外国法院对中华人民共和国公民、法人和其他组织的民事诉讼权利加以限制的，中华人民共和国人民法院对该国公民、企业和组织的民事诉讼权利，实行对等原则。"这是我国民事诉讼法中对等原则的立法依据。

在我国民事诉讼法上确立对等原则，对于维护我国的主权和司法独立，正确处理国与国之间的关系，发展不同国家间的经济交往和民间往来，保护我国公民、法人和其他组织在境外的合法权益，有着极为重要的意义。一国与他国的交往，应当以相互尊重、互惠互利为前提条件，如果一国司法机关在解决民事纠纷时限制他国主体的诉讼权利，本质上即是对他国主权的不尊重，因此，对等原则显得尤为必要。当然，我国绝对不会也不应首先对任何外国主体的诉讼权利加以限制，但若他国法院对我国的诉讼主体采取歧视政策限制其诉讼权利的，我国法院也应当依法对该国主体的诉讼权利进行同样的限制，这是对等原则精神的体现，也是对等原则的要求。

第四节　辩论原则

一、辩论原则的概念

民事诉讼中的辩论，是指双方当事人在人民法院的主持下，有权就案件的事实和争议的问题，各自陈述自己的主张和根据，互相进行辩驳和论证，以争取对自己有利的诉讼结果，维护自己的合法权益；同时，人民法院则通过辩论查明案件事实。辩论原则贯穿于整个民事诉讼过程之中，双方当事人都可行使自己的辩论权，通过辩论，证明事实，维护自己的主张，人民法院通过当事人的辩论，核实证据，查明案件事实，作出正确裁判。我国《民事诉讼法》第 12 条规定："人民法院审理民事案件时，当事人有权进行辩论。"这一立法，明确在我国的民事诉讼上确立了辩论原则。

辩论原则，在西方最早产生于古罗马时期的诉讼制度，它要求法院在审理案件时容许双方当事人相互辩论，据理力争，法官则依据辩论情况作出裁判。这一原则后来在中世纪的教会法庭并没有得到良好的实施，直至 18 世纪后半期，才在法国大革命胜利的大背景下重新得以稳固确立起来。[1]

二、辩论原则的内容

我国民事诉讼法上的辩论原则，主要应当包括以下几方面的内容：

1. 辩论权是当事人的一项重要诉讼权利。当事人，包括民事诉讼第三人，对诉讼请求有陈述事实和理由的权利，也有对对方当事人的陈述和诉讼请求进行反驳和答辩的权利。当事人借此维护自己的合法权益。

2. 辩论原则贯穿于民事诉讼的全过程，包括第一审、第二审和再审程序。可见，辩论原则所指的"辩论"并非仅指审判程序中法庭辩论阶段的"辩论"。法庭辩论，是指当事人在法庭审理过程中进行的口头辩论，是一个特定的诉讼阶段，可以认为它就是辩论原则在民事诉讼中的一种体现，并且是一个非常重要的体现。但是，辩论原则所指的辩论除去法庭辩论之外，还包括法庭审理程序以外程序中当事人进行的辩论以及双方的对立状态。例如，在民事诉讼的开启阶段，原告的起诉和被告针对原告的答辩也是辩论原则的一种明确的体现。

3. 辩论的方式可以是口头方式，也可以是书面方式。口头辩论也称为言词辩论，主要体现在法庭审理阶段，是较为集中和全面的辩论，如前所述也是辩论

---

[1]　参见柴发邦主编：《中国民事诉讼法学》，中国人民公安大学出版社 1992 年版，第 83～84 页。

原则最重要的一种体现。书面方式的辩论，如起诉状和答辩状的请求和辩驳。

4. 辩论的内容既可以是实体方面的问题，也可以是程序方面的问题。当然，并非民事诉讼中的所有问题都属于辩论的内容。①凡与案件的事实和适用法律无关的问题便不是辩论的内容；②虽然与案件的事实和适用法律有关，但双方当事人并不存在争议的问题也不属于辩论的内容。辩论的内容主要是双方争议的实体问题，即民事权利义务关系本身，如一方当事人提出的民事法律关系发生的事实主张能否成立、基于某一事实主张的民事权利请求有无法律上的根据、法律关系现存状况以及现已发生的实际后果等等。辩论的内容也可以是双方争议的程序问题，如当事人是否符合条件、受理案件的人民法院有无管辖权、案件是否属于法院受理民事案件的范围、代理人是否具有或者获得代理权等等。

5. 人民法院应当充分保障当事人的辩论权。一方面，人民法院要引导当事人双方合理地行使辩论权，使当事人的辩论能够真正发挥作用；另一方面，人民法院应当保证当事人充分行使辩论权的机会，让当事人能够充分发表自己的主张和意见。这种保障，既包括对当事人提供实质辩论意见的保障，也包括对双方辩论在形式上和程序上的保障。在我国民事诉讼中主要体现在三个方面：①接受诉讼文书和证据，听取当事人的陈述、辩论和质证；②正确指挥辩论；③正确判断当事人提出的请求和反驳。

第五节　处分原则

一、处分原则的概念

处分原则，是指民事诉讼当事人在法律规定的范围内，有权依照自己的意志支配其民事权利和诉讼权利，即可以自行决定是否行使或者如何行使自己的民事权利和诉讼权利。处分原则的实质是当事人自由意志的体现，是私权自治精神在民事诉讼领域的应用。在我国三大诉讼法体系中，处分原则是民事诉讼法的特有原则，在刑事诉讼和行政诉讼中当事人都不能享有处分权。因此可以说，处分原则是最能反映民事诉讼制度特性的一项原则。我国《民事诉讼法》第13条规定："当事人有权在法律规定的范围内处分自己的民事权利和诉讼权利。"

在民事法律关系中，民事主体的地位是平等的，各主体有权按照自己的意志支配自己的民事权利。相对应地，在因民事法律关系发生争议而进行民事诉讼的过程之中，诉讼当事人也同样应当享有依法处置自己权利的自由，这是实体法领域民事主体意思自治原则在纠纷解决阶段乃至国家公权主持的民事诉讼活动中的必然要求和延伸。处分原则一方面体现了当事人在纠纷发生后对解决方式的自由选择，另一方面如果当事人选择民事诉讼方式解决纠纷的话，也体现了当事人在民事诉讼中一定程度的意思自治。[1] 可以认为，这便是处分原则的理论渊源。

在现代，世界各国几乎都是在民事诉讼制度中采用了处分原则，但在基本模式上存在两种不同的选择。一种是绝对的处分原则，即在民事诉讼中当事人可以任意处分自己的实体权利和诉讼权利，很少受到国家权力的干预；另一种是相对的处分原则，即承认当事人处分权的同时国家立法也给予一定范围一定程度的限制。就当前大多数国家和地区而言，绝对的处分原则已不多见，它主要是在历史上曾经适用的一种形态，处分原则一般都是相对的。我国的民事诉讼法也不例外。

二、处分原则的内容

在我国民事诉讼中，处分原则的主要内容有：

1. 享有处分权的主体是当事人。当事人是与案件有法律上直接利害关系的人，诉讼的过程及结果直接关系到当事人的程序利益和实体利益，只有当事人才是处分权的享有者。学术界有一种观点认为，类似当事人地位的诉讼代理人也享有处分权，其中法定代理人可以完全代理当事人处分民事权利和诉讼权利，委托代理人只能在当事人特别授权的范围内行使处分权。[2] 我们认为，诉讼代理人代理当事人处分民事权利和诉讼权利的行为是基于其代理权，是当事人处分权的一种自然延伸，并非诉讼代理人本身也享有处分权。

2. 处分原则贯穿于民事诉讼程序的全过程。在民事诉讼的各个阶段，当事人都有权处分其权利。具体包括，在诉讼开始前、诉讼过程中（第一审程序和第二审程序过程中以及二者的过渡阶段）甚至是法院所作裁判生效之后，处分原则都可以有所体现。

3. 当事人处分权行使的范围包括对民事实体权利和程序权利的处分。对民事实体权利的处分，主要体现在三个方面：①当事人在实体保护的范围和方法等方面享有选择权。这种选择由当事人自由作出，法院不得随意扩大和缩小当事人确定的保护范围，也不得随意改变当事人选择的保护方法。如在财产侵权诉讼过程中，作为被侵权人的一方当事人可以选择侵权损害赔偿的方式，也可以选择请求恢复原状的方式，还可以对损害保护范围有所选择，法院不得依职权干涉，除非是违法的或者无法实现的选择等情况。②在民事诉讼过程中，原告可以变更诉讼请求，被告可以承认原告诉讼请求。其中，原告的变更包括扩大或缩小请求范围，以及全部或部分撤回诉讼请求；被告对原告承认的可以是部分也可以是全部

---

〔1〕　参见常怡主编：《比较民事诉讼法》，中国政法大学出版社 2002 年版，第 296 页。

〔2〕　参见常怡主编：《民事诉讼法学》（修订版），中国政法大学出版社 2005 年版，第 121～122 页。

的诉讼请求。③在民事诉讼过程中，双方当事人可以对各自的请求或主张予以妥协，以求达成诉讼和解、调解协议或者执行和解等一致的意思表示。

对民事程序权利的处分，主要体现在四个方面：①诉讼开启的选择权。当民事争议发生后，是否选择民事诉讼的方式解决争议，完全由当事人自行决定。一般而言，当纠纷发生后争议主体主要可以选择以下几种方式予以解决：一是纠纷双方通过协商解决；二是由中立第三方介入进行调解；三是达成仲裁协议并申请仲裁方式解决；四是向法院提起民事诉讼，通过国家设立的司法程序加以解决。可见，民事诉讼只是其中一种方式。另外，当事人决定采用诉讼方式之后，在什么时间起诉以及向哪一所法院起诉，在法定范围之内也可以自由选择。被告还有对原告提起反诉的选择权。②诉讼策略的选择权。在诉讼进行过程中，采用何种诉讼策略、手段，如在诉讼中如何举证、如何辩论等具体策略都由当事人或者其诉讼代理人自由选择。③诉讼终结的选择权。它是指在诉讼过程中，当事人可以选择以何种方式以及什么时间终结诉讼。当事人可以在自己认为适当的时间选择撤诉或选择调解方式结案，也可以请求法院以判决的方式结束民事诉讼。④后续程序的选择权。它是指在诉讼程序终结后，是否进行提起上诉、申请再审、申请强制执行等后续程序，都由当事人自行决定。

4. 当事人行使处分权，表现为积极处分和消极处分两种方式。原告提起诉讼、变更诉讼请求、撤诉，以及被告提起反诉等，都是行使处分权的积极形态。原告不起诉、当事人在一审判决后不提起上诉、执行时效期内不申请强制执行等，都是对自己权利的消极处分。

5. 当事人处分权的行使是相对的，并非是绝对的。我国民事诉讼法规定的处分原则，并不是当事人绝对的自由处分，它还要求当事人行使处分权不得违背法律的规定，不得损害国家、社会、集体和他人的合法权益。民事诉讼法在确立处分原则的同时，还确立了国家干预原则，具体表现为人民法院对当事人实施处分权的行为进行监督，依法进行审查。如，在当事人申请撤诉时，应经人民法院审查同意；当事人达成的调解协议，应经人民法院审查认可，方为有效。当然，国家干预的力度，随着当事人具体处分权的不同也会有所不同。

第六节　支持起诉原则

一、支持起诉原则概述

支持起诉原则，是指对于损害国家、集体或个人民事权益的行为，受害者由于各种原因而没有起诉的，机关、社会团体、企事业单位可以支持受损害的单位或个人向人民法院起诉，请求进行司法救济。这一原则来源于前苏联的民事诉讼，建立在社会主义民事法律关系是公法关系而非私法关系的理论基础之上，凸显出浓厚的国家干预民事诉讼的色彩。自引入我国民事诉讼法以来，支持起诉原则一直沿用至今。虽然目前我国民事法律的基础理论有了实质性的转变，但这一原则仍然有一定的存在价值，一来有利于保护那些不能通过自己的力量维护自身合法权益的单位和个人，同各种侵犯民事权益的违法行为斗争；二来有利于通过各种国家和社会力量去维护国家法制的统一实施。因此，支持起诉原则在我国现行的《民事诉讼法》中也得到了确立。该法第 15 条规定："机关、团体、企业事业单位对损害国家、集体或者个人民事权益的行为，可以支持受损害的单位或者个人向人民法院起诉。"

虽然支持起诉原则在立法上明确设立，但在我国司法实践中支持起诉的案例并不多见，这一原则较少得到实际运用。主要问题在于，民事诉讼法对此原则缺乏具体的可操作性规定，如在支持起诉的范围、支持人的权限、介入程度等许多方面还有待细化，这种无章可循的状况使得许多单位和组织都缺乏相应的积极性。因此可以说，支持起诉原则无论是在理论界还是实务界，都还需要更进一步的探索和发展。

二、支持起诉原则的条件和适用

支持起诉应当具备一定的条件。首先，加害人的行为必须是违反了相关的民事法律或者合同约定，侵犯了国家、集体或者个人的民事权益；其次，有权支持起诉的主体，只限于相关的机关、团体和企事业单位，公民个人不能作为支持起诉的主体，这也符合支持起诉原则强者支持弱者的精神；最后，必须是受害人没有起诉，如果受害人已经起诉，因其合法权益已置于人民法院的司法保护之下，其他单位支持起诉也就失去了意义。

在司法实践中，对支持起诉原则的适用应当搞清楚几个方面的问题。

1. 支持起诉的机关、社会团体、企事业单位因与本案没有直接的利害关系，并不能以自己的名义，即应以原告的身份向法院提起诉讼。这些主体在法定情况下支持起诉是他们的权利，从某种角度讲也应当是他们的义务，当然由于其他原因这种义务也许并未得到法律的确立。一般而言，有权支持起诉的主体，是对受损害人负有保护责任的机关、团体、企事业单位，例如妇联可以支持受害妇女起诉，消协可以支持消费者起诉，等等。

2. 支持起诉的方式，一般是启发、鼓励受害人向法院起诉，而不是代替起诉。支持起诉的本意是调动社会力量，对由于种种原因不懂起诉、不愿意起诉、不敢起诉的受害人，相关主体支持这些单位或者个人向法院提起民事诉讼，而不是支持主体成为一方当事人的代理人。同时，当受害人决定起诉后，支持起诉人还可以从物质上、法律上、道义上给予帮助，甚至可以选派有法律知识的人充当受害人的诉讼代理人。但是，支持起诉的主体与诉讼代理人还是存在原则上的区别的。

3. 支持起诉原则同前苏联、东欧国家的民事诉讼法所确立的国家干预原则是有本质不同的。后者不仅是指某些单位可以支持受害人起诉，而且还规定某些单位和个人为保护他人的合法利益，可以以自己的名义直接向法院提起诉讼。这种国家干预的理论是同我国现行民事诉讼上的当事人理论背道而驰的。

第七节　检察监督原则

检察监督，是在我国的民事诉讼中，依据宪法赋予人民检察院的一种监督职权，也具有一定的国家干预民事诉讼的色彩。《宪法》第 129 条规定："中华人民共和国人民检察院是国家的法律监督机关。"《民事诉讼法》第 14 条规定："人民检察院有权对民事审判活动实行法律监督。"人民检察院对民事审判活动实行法律监督，对于保障人民法院审判权的正确行使，保证民事诉讼活动的合法性，维护社会主义法制的统一，具有重要意义。

人民检察院对民事审判活动实行法律监督，主要体现在两个方面：①对审判人员徇私舞弊、贪赃枉法等违法行为实行法律监督。这种监督主要采取非主动的方式，检察机关一般不会主动调查追究司法审判中的违法行为，如果民事诉讼中的当事人或者其他人对审判人员提出控告或者检举，检察机关应当对此进行法律监督。②对人民法院的生效民事裁判进行法律监督。它是指根据审判监督程序，人民检察院对于人民法院已经发生法律效力的裁判，如果认为违反法律规定的，有权提出抗诉启动再审程序，并派员出庭支持抗诉。

对于人民检察院是否可以直接提起民事诉讼或者参与到民事诉讼之中的问题，理论界一直存在着完全对立的两种观点：一种观点认为，人民检察院只应对民事审判活动进行监督，而不宜对民事争议和纠纷实行监督，当事人有处分权，检察机关无权干涉，否则会有越俎代庖的嫌疑。另一种观点则针锋相对，认为人民检察院仅对人民法院的民事审判活动实行监督，既不能全面实现法律监督机关的监督职能，也不适应民事诉讼活动发展的最新需要，因此主张人民检察院有权对具体的个案提起民事诉讼或者加入其中。实际上，目前在司法实践中的确出现了一些新型的民事案件，如国有企业破产导致国有资产大量流失的问题，其中的受害者是国家，却没有合适的原告来提起民事诉讼，许多地方发生的大量类似案件中，当地检察机关也有的已经在开始寻求介入民事诉讼的探索。我们认为，如果从适应经济发展需要的角度，并借鉴世界上许多国家检察机关可以提起民事诉讼的做法，检察机关在涉及国家利益、公共利益和公序良俗等民事案件时，可以且应当直接介入民事诉讼，这是民事诉讼制度发展的基本趋势。[1] 但是，根据我国《民事诉讼法》第 14 条的立法精神，检察机关只能监督民事审判活动，并没有包含检察机关可以针对个案提起民事诉讼的内容。我们建议，如果条件成熟，可以通过修改此项立法，赋予人民检察院提起民事诉讼的职权，藉此也将使得我国检察监督原则的内容更加丰富起来。

第八节　民事诉讼理论上探讨的几项原则

一、直接言词原则

（一）直接言词原则的概念

直接言词原则由相互关联的直接原则和言词原则组成。直接原则又称直接审理原则，是指司法判决只能由直接参加审判活动、直接听取诉讼两造辩论的法官亲自作出的原则。它是与间接审理主义相对立的。这一原则有以下三方面的含义：①在法院开庭审理案件时，法官、诉讼双方以及其他诉讼参与人必须到场参加庭审活动；②法官必须亲自听取诉讼双方的辩论，亲自接触、判断证据；③由直接参加庭审活动的法官作出最终裁决。

言词原则又称言词审理原则、口头原则，是指法院在证据调查程序和诉讼两造在辩论程序等主要诉讼阶段的诉讼行为必须以口头陈述的方式进行的原则。它是与容许以书面方式进行诉讼行为的书面审理主义相对立的。这一原则有以下两方面的含义：①在庭审过程中，法官、诉讼双方、证人等主体的诉讼行为必须以口头方式进行，否则不会产生诉讼法上的效力；②只有通过言词方式获得的陈述或材料，才可以作为最终判决的依据。

直接言词原则是大陆法系国家在审判阶段适用的重要原则，起源于德国 19世纪的立法改革，当时主要是为了去除侦查的法官及审判的法官进行书面审理程

---

[1]　在法国、日本、美国等诸多国家都存在检察机关可以直接提起民事诉讼的立法例。《法国民事诉讼法典》第 423 条规定，除法律有特别规定的情形外，在事实妨害公共秩序时，检察院得为维护公共秩序进行民事诉讼；《日本人事诉讼程序法》第 19 条规定，检察官对于婚姻案件有权提起诉讼；《美国谢尔曼反托拉斯法》第 4 条规定，各区的检察官，根据司法部长的指示，在该区内可以提起衡平诉讼，以防止或限制违反反托拉斯法的行为。参见谭兵主编：《外国民事诉讼制度研究》，法律出版社 2003 年版，第 339 页。

序（邮递传送卷宗）所带来的重大缺失。[1] 此原则目的是在形成法官心证之际，给法官以新鲜的印象，以期发现准确的实体真实。这一原则要求：卷宗的内容不得作为裁判的依据；所有在审判程序外所获得的资料来源均不得作为判决的基础；书证的影印本只具有较少的证据价值；法官必须时时能洞悉诉讼过程；形成法官心证的所有证据的调查应当在法庭上以口头方式进行；在审理过程中更换法官时必须重新开始公审程序等。英美法系国家没有确立直接言词原则，但其当事人主义的诉讼模式和传闻证据规则也体现出与直接言词原则相通的理念和目标追求。根据传闻证据规则，各种证言必须以口头言词的方式在法庭上直接提出，并接受对方律师的交叉询问，以便法官和陪审团审查判断证据。证人在法庭之外所作的陈述笔录或者所提供的书面证言都属于传闻证据，一般都应予以排除。坚持这一原则，应当保证证人能够出庭作证。

我国的民事诉讼法上没有明确确立直接言词原则，只是一些具体的规定在一定程度上体现了这一原则的精神，如《民事诉讼法》第70条中要求证人"有义务出庭作证"的规定等。我们需要做的是全面引进并贯彻这一原则，对我国的民事诉讼立法进行审视、改革和完善。

值得注意的是，凡是确立直接言词原则的现代大陆法系国家，几乎都在法律中设立了这一原则的例外情形，容许在特定情况下可以采取间接审理和书面审理主义作为弥补直接言词原则缺陷的一种补充。

（二）直接言词原则的意义

在民事诉讼活动中贯彻直接言词原则具有重大的意义，具体有如下几个方面：

1. 直接言词原则有利于法官发现案件的实体真实。按照这一原则的基本要求，审判法官必须自始至终参与案件的审判过程，诉讼双方必须当庭提出主张并进行攻击和防御，证人、鉴定人等必须当庭作证，并接受诉讼双方的对质和诘问，这有利于全面揭示案件的客观真实，并使法官产生对案件证据和事实的清晰印象，从而作出正确的判决。

2. 直接言词原则有利于提升法庭审判在民事诉讼程序中的地位和作用，契合了以审判为中心的现代司法模式的要求。直接言词原则的贯彻要求法院最终作出的裁判必须以法庭上的当场审判为基础，而应当尽量远离书面资料和其他一些案外因素的影响，避免法官产生不当的预断和偏见，使庭审程序真正具有了从实质上决定案件裁判结果的作用和功能。

---

[1] 参见［德］克劳思·罗科信：《德国刑事诉讼法》，吴丽琪译，法律出版社2003年版，第430页。

3. 直接言词原则有利于提高法官审判的效率。在直接言词的审理方式下，证人必须当庭提供证言，因而一旦法官或诉讼双方对证言的可靠性发生疑问，即可当庭对证人进行盘问，而无须休庭进行庭外调查，这无疑有助于加快案件的审判进程。另外，诉讼双方有权亲自出庭陈述主张和提出证据，有权对对方证人进行询问和盘诘并展开充分的辩论，从而以一种理性的方式说服法官和对方，这有助于败诉方从心理上自觉接受法官的裁判，避免不必要的上诉或抗诉，从而提高诉讼的效率。

4. 直接言词原则有利于落实审判公开的精神，提高审判的透明度，使法官的审判获得必要的监督。将民事纠纷和争议放置于法庭之上，当场以口头陈述的方式进行询问、主张、质疑和辩论，可以让每一名诉讼的参加者在同等情况下获知案件的信息和进展，并且让旁听民众了解案件的来龙去脉。这便有效地避免了间接书面审理方式之下的"暗箱操作"，使得审判过程公开透明，也大大增加了裁判结果的可预期性。最后，能够使得审判结果的最终公正获得良好的监督。

（三）直接言词原则的适用

我国的民事诉讼制度，在一定程度上体现了直接言词原则的要求，但是并不全面、明确，许多重要制度的设置还没有贯彻这一原则。例如，我国法律明确规定了证据必须经过当庭质证才能作为定案根据，这是对直接言词原则的贯彻，但在司法实践中，证人不出庭仍然是普遍现象，立法并未建立完善的证人出庭作证制度，包括明确规定证人不出庭作证的法律后果，规定证人不出庭作证的例外情况，并设立相应的严格的补救措施，还应规定证人出庭的保障制度，比如对于证人的保护和有关的经济补偿措施等。又如，直接言词原则还包含着集中审理原则的理念，集中审理即不间断审理，要求在可能的情况下整个庭审过程应当一气呵成，避免不必要的间断，造成法官思维的断裂，而我国立法并未确立这样的精神，综观司法实践的普遍状况，更是未能贯彻不间断审理的理念。

贯彻直接言词原则，还应当明确其适用范围，它并不适用于所有的审判程序，存在例外的情形。考察大陆法系诸多国家的规定，这一原则的例外情形集中于以下几个方面：①直接言词原则仅适用于普通程序中，而一般不适用于简易程序；②直接言词原则一般只适用于一审程序中的证据收集、审查、判断，而一审中就程序事项的裁定、决定，以及二审等复审程序中仅就一审判决的适用法律进行的审查判决一般可不适用该原则，它们可以适用书面、间接的审理方式；③在一些特定情形下也可例外地不适用直接言词原则，如证人因死亡、重病、出国、年幼等情况而无法或不宜出庭作证时，经过法庭调查和辩论的书面证言也可以作为判决的依据；④在被告不出庭的特殊情形下，法庭可以对民事案件进行缺席审判。

二、集中审理原则

（一）集中审理原则概述

民事诉讼中的集中审理，又称为"不间断审理"，是指法官对案件的民事审判活动应当持续地、集中地进行，待终结之后再审理其他的案件。这一原则的精神在英美法系的审判制度中得以广泛的体现，它与陪审制有着密不可分的关系。陪审团的召集需要较高的成本，这就要求案件在相对集中的尽量短的时间内完结，另外这些非职业审判人员的思维也可以具有连续性而不被任意中断。集中审理原则在大陆法系国家的诉讼立法上也普遍得到了明确的设立。不过，我国的诉讼立法并没有确立和遵循集中审理原则，只是在对审判期限加以限制等个别方面对这一原则略有体现。应该说，我国的民事诉讼法需要明确设立并普遍遵循集中审理原则。

这一原则的意义体现在以下几个方面：

1. 集中审理有利于实现案件的快速审判，可以防止诉讼拖延。这样便使得审判人员集中精力处理案件，及时查明案件事实，以较高的效率来获得公正价值的实现。

2. 集中审理可以避免审判活动的间断、反复进行，有利于保障审判程序的安定性，可以尽快确定诉讼当事人的权利义务状态，防止为当事人带来不必要的讼累。

3. 集中审理有助于保证审判人员对案件依其准确、新鲜的思维活动作出裁判，以实现审判的公正。避免因时间拖延造成记忆冲淡和认识模糊，影响正确的裁判。

4. 集中审理还有利于直接言词原则的贯彻实施。直接言词原则的适用阶段都是在开庭审理阶段，连续、集中对案件进行审理。集中审理要求在开庭之前，必须作好充分的准备工作，为直接言词原则的适用打下基础。

（二）集中审理原则的内容

综观各国对集中审理原则的贯彻，这一原则主要包括下列几个方面的内容：

1. 民事诉讼的整个审判阶段应当以庭审为中心，所有的事实、证据和法律适用都应在庭审时一并提出、辩论和认定，审判结论也应在庭审过程中形成。

2. 审判过程应当一气呵成，对一个案件的审判应该一次性连续完成，即使对需要进行两日以上审理的复杂、疑难案件也应当每日连续进行至审理完毕为止，其间除法定节假日处，不应有日期间隔。只有在迫不得已的例外情况下才可间断或者推后。例外情况如，必须到庭的诉讼参与人因故未能参与法庭的审判，审前准备程序未能做到充分的准备，等等。

3. 在审理主体方面，集中审理原则要求审判人员必须持续不断地在场参与案件审判，只有在开始审理时便一直在场的法官，才能作出判决。[1] 如果法官因生病或意外事故而不能继续审理，则由一直在场的候补法官中另选法官继续进行审判，或者若无在场候补法官则更换法官并更新审判程序。[2]

4. 集中审理原则还要求审判人员在特定的一段期间内只审理一起案件，而不得审理其他案件，避免多起审判同时交叉进行导致法官心证活动的混乱。

三、诚实信用原则

（一）诚实信用原则的含义

诚实信用原则可以说是法律领域的一项道德原则。它最早是一项民法上的基本原则，被认为具有"帝王条款"的地位。诚实信用原则起源于罗马法中的诚信契约和诚信诉讼，我国《民法通则》第 4 条也对这一原则作了明确规定。诚实信用的立法目的，在于排除一切非道德的、不正当的行为，维护商品经济和市民社会生活的正常秩序和安全。它同样也是民事诉讼法上的一项基本原则，民事诉讼中的诚实信用原则，是指法院、诉讼双方以及其他诉讼参与人在整个民事诉讼过程中的行为必须诚实、公正和善意。

世界上许多国家的立法都贯彻了这一原则。例如，德国在民事诉讼法上规定了当事人的真实义务，为诚实信用适用于民事诉讼领域奠定了基础。[3] 再如，美国证据法上的非法证据排除规则，存在一个"善意例外"，即强调如果警察是善意地而非故意地违法取得证据，不应当适用非法证据排除规则。这里所谓"善意"，是指"善意地相信其行为符合现行法律，且这种相信是有合理根据的"。[4] 我国的民事诉讼立法上虽然没有直接确立这一原则，但有些条款也体现了诚实信用的精神。例如，关于证人在民事诉讼中应当如实陈述的规定，人民法院的审判活动应当以事实为根据，以法律为准绳的规定，等等。

在民事诉讼中，法官在裁量某些诉讼行为是否因违法而无效或应受到惩处时，不仅要考虑该行为的客观效果，还应根据行为人的主观心态或行为时的道德状态定夺。民事诉讼制度中的诚信原则也包含行为和后果两个方面的内容：①它要求民事诉讼法律关系主体正直、诚实地实施民事诉讼行为，不欺骗或损害其他

---

〔1〕　这里的"在场"，不但指身体上的到场，还要包括精神上的集中精力，如果发生法官在审判过程中瞌睡等情况，则系缺位而非在场。法官在法庭上瞌睡的案例，参见张进德："法庭上睡觉，背后的'催眠剂'是什么"，载《检察日报》2002 年 11 月 20 日。

〔2〕　如在德国便规定了"候补法官制度"，因为在一些案情重大复杂的案件中，审判周期较长，其间审理法官可能故难以为继，为此可要求一直有候补法官在场随时准备更换。

〔3〕　参见［日］谷口安平：《程序的正义与诉讼》，王亚新、刘荣军译，中国政法大学出版社 1996 年版，第 138 页。

〔4〕　陈卫东："论刑事证据法的基本原则"，载《中外法学》2004 年第 4 期。

诉讼主体的利益，也不能以极端或过分的方式行使诉讼中的程序权利或实体权利；②当民事诉讼主体确信其行为符合法律，且从他产生这一确信的过程看，他是诚实和无过错的，诉讼主体基于这一确信作出了相应的诉讼行为，则法官可赋予诉讼主体以程序性利益。具体而言，例如在民事诉讼过程中，法官运用证据认定案件事实，双方当事人提出请求和主张并运用证据加以证明的行为，以及证人、鉴定人的证明活动，都应本着诚实、正直的观念进行，并应当接受法官的审查和监督。诚实信用原则的核心内容是强调法官根据公平正义价值观，在综合权衡当事人、国家和社会多方利益的基础上，对诉讼中的实体问题和程序问题作出裁决。这一原则赋予法官一种合理裁断诉讼双方争议的权力，可以以价值权衡的方式对法律缺陷进行补充，以利益平衡的方式对法律模糊和矛盾进行调适，同样也倡导和指引诉讼双方在诉讼活动中合理运用权利、互相尊重对方的利益。

（二）诚实信用原则的意义

在倡导文明司法的现代民事诉讼活动中，强调诚实信用原则具有突出的理论和实践意义。

1. 诚实信用原则有助于体现民事诉讼活动中以人为本的价值理念。诚信原则凸现了民事诉讼制度中人的主体地位，以及对个体人格的尊重。在民事诉讼中，原被告双方应当运用合理的、必要的证据诚信地进行对抗。

2. 诚实信用原则有利于在民事诉讼活动中落实现代法治精神。诉讼需要游戏规则，也需要讲究公平诚信。如果缺乏诚信原则的制约，诉讼活动将会沦为只讲求诉讼技巧的游戏，而丧失了追求正义的本质，成为纯粹技术意义上的证据攻防大战。

3. 诚实信用原则可以有效克服民事诉讼制度中成文法条款的局限性。由于立法者不可能事先预见到所有的情况并据以制定出天衣无缝的法律法规，这种技术性的缺陷导致成文法不能尽善尽美地实现其立法目的，于是民事诉讼立法便存在着先天的局限性。而诚实信用原则作为基础性条款，可以为民事诉讼立法注入适当的弹性，从而使法官能够针对不同情况对法律作出合乎情理的适用，无疑可以在一定程度上克服成文法的局限性。

（三）诚实信用原则的适用

在民事诉讼制度中，诚实信用原则的适用体现为对法官、双方当事人以及其他诉讼参与人提出的诚信参加诉讼活动的要求。综观各国的民事诉讼立法，大略主要可以包括以下几个方面：

1. 禁止当事人的反悔和矛盾行为。这种禁止重在保障对方当事人的利益，在一方当事人已有陈述和其他诉讼行为的前提下，另一方当事人基于充分的信任而为的行为应当受到法律的保护，不允许一方当事人事后反悔或者采取矛盾的行为来损害对方当事人的正当利益。矛盾或反悔行为应当被认定为无效。这也同样适用于证人、鉴定人等诉讼参与人。

2. 禁止以不正当的方法或手段获取有利于自己的诉讼状态。它是指一方当事人为了私利，采取违反法律或公共秩序、善良风俗的诉讼行为，而形成了损害对方当事人的诉讼状态，包括毁损、隐匿相关证据以及回避不利于己方的立法条文等情形，根据诚实信用原则该状态应视为没有发生。对方当事人有权对此提出异议，法院也可自行直接否定当事人已实施的恶意诉讼行为。

3. 禁止当事人滥用诉讼权利、故意拖延诉讼时间的行为。诉讼权利的滥用，是指当事人违背诉讼权利的设置目的，借行使诉讼权利的形式，来达到拖延诉讼等非法目的的行为。权利滥用行为的实质是对对方当事人利益或社会公共利益、国家利益的损害。例如，滥用反诉权、回避申请权、提出管辖权异议权等各种行为故意拖延时间，以求有利于自己的诉讼时机。法院应当驳回滥用诉讼权利的行为，并判定行为人承担相应的诉讼费用。[1]

4. 禁止虚假陈述影响法院正确判断的行为。这是民事诉讼中的诚信原则最初的表现形态，是对辩论原则的补充，也是对当事人"真实义务"的要求。虚假陈述是指当事人在诉讼中违背真实义务，对案件事实所作的虚假陈述行为，目的在于为法院的正确裁判设置障碍，从而对案件的公正审理施加消极影响。当事人的虚假陈述，对法院不会产生相应的拘束力，甚至严重者还会遭致一定的不利后果。

5. 禁止法官滥用自由裁量权。法官的自由裁量权，是指在民事审判中，法官根据公平、正义的要求依法酌情作出裁量的权力。由于法律本身固有的弹性和滞后性等，为将立法妥当、有效地付诸实践，便有必要赋予法官一定的自由裁量权。但是，这种裁量的自由并非绝对，也应当遵循诚实信用原则，应根据具体情况本着诚实、善意的良心进行裁量，否则如果滥用，即可成为当事人上诉的理由。

6. 要求法官尊重诉讼当事人的程序主体地位，保障当事人同等的诉讼权利，为当事人创造平等的诉讼条件。法官应当在民事诉讼中诚信对待双方当事人，为双方提供平等的陈述、辩论的机会。在证据的评价方面，法官也应当一视同仁，只要是合法适当的证据都应当加以认定。针对证明责任，应当在双方之间依法进

---

[1]　如《德国民事诉讼法》第 39 条规定："如当事人违背真实义务，致使诉讼程序延滞的，应负担因延滞而产生的费用。"我国最高人民法院《关于民事经济审判方式改革问题的若干规定》第 39 条也规定："在第二审中，一方当事人提出新证据致使案件被发回重审的，对方当事人有权要求其补偿误工费、差旅费等费用。"

行分配，在法律没有规定时也要作出合理的分配。另外，法官应当充分尊重当事人的主体地位，不能过分介入当事人之间的纠纷，不应过于主动积极地去直接自行调查取证，避免形成某种偏见或者造成不当的干涉。

 学术视野

关于民事诉讼法基本原则，当前理论界的研究热点主要集中在以下几个方面：①关于民诉基本原则的基本功能，有学者指出，除了指导正确设立和适用民事诉讼法的具体规定之外，基本原则还有利于克服既定民事诉讼法的有限性，而且还能为民事诉讼法的局部修改调整提供理论支持和依据。②关于民诉基本原则的体系，众说纷纭。有些学者认为，支持起诉原则、检察监督原则、法院调解原则不应当作为民事诉讼法学的基本原则。③不少学者主张，应当在我国民事诉讼立法上引入诚实信用原则、直接言词原则以及集中审理原则等一些外国法上有所规定的原则，并对相关原则进行了翔实的论证。④关于辩论原则，不少学者指出，我国的辩论原则对法院的审判活动缺乏应有的约束性，应当确立约束性辩论原则的基本理念。约束性辩论原则，一般是指当事人在诉讼中所提出的事实，并且经过辩论才可以作为法院判决依据的一项诉讼的基本原则。⑤关于处分原则，基于传统的国家干预理论和审判理念，理论界对于处分原则一直存在不当的认识，而对处分原则施加了诸多不妥的限制，有学者认为应当在我国民事诉讼法上扩展当事人的处分权，以便更大程度上体现处分原则。

理论思考与实务应用

一、理论思考

（一）名词解释

辩论原则　支持起诉原则　直接言词原则　集中审理原则

（二）简答题

1. 辩论原则在我国民事诉讼中的贯彻情况如何？

2. 我国民事诉讼法上同等与对等原则的内容有哪些？

3. 谈谈直接言词原则对于我国民事诉讼体制改革的意义。

4. 什么是诚实信用原则？它在各国民事诉讼法上的适用主要体现在哪些方面？

（三）论述题

试述我国民事诉讼法上的处分原则。

二、实务应用

（一）案例分析示范

案例一

2009 年 7 月 9 日，吴某与朋友罗某到 H 镇上一家 KTV 歌城娱乐，与当地一私企老板刘某发生冲突。歌城保安甲、乙、丙受刘某驱使，用警棍殴打吴某，罗某立即报警。警察赶到后将参与殴打的保安扣留，并将吴某送到医院治疗。

吴某住院共花费 2000 余元，经鉴定属于轻微伤。吴某出院后，发现当地派出所已将参与殴打的保安释放，保安均已不知去向，于是吴某向歌城老板王某索赔，被王某拒绝。2010 年 1 月，吴某向法院提起诉讼，要求被告歌城老板王某赔偿住院费、误工费、营养费，并主张精神损害赔偿。吴某经济不富裕，没有聘请律师，王某则聘请了律师代为参加诉讼。在诉讼中，王某的律师提出，王某并不知道吴某被人打伤的事，打伤吴某的保安并非王某雇请的，因此，王某不应当承担任何责任。

于是主审法官告诉吴某，要实现诉讼请求，必须证明参加殴打的保安是由王某雇请的，并告知吴某可以尝试到当地派出所索取案发当天对保安的询问笔录。吴某的请求遭到派出所拒绝，吴某于是将有关情况告知法院，并申请法院到派出所去调取证据。主审法官于是亲自到派出所取证，并调取了案发当天派出所对参与殴打的保安的询问笔录。笔录中保安承认自己为王某所雇佣，并供述了殴打的经过。据此，法院判决王某向吴某支付医疗费、误工费、营养费等，并根据当地省人大通过的关于消费者权益保护的条例，判决王某向吴某支付一定数额的精神损害赔偿费。

问：本案法官告知原告如何行使诉讼权利，而且还亲自帮助其收集证据，其做法是否违背了当事人诉讼权利平等原则？

【评析】《民事诉讼法》第 8 条规定："民事诉讼当事人有平等的诉讼权利。人民法院审理民事案件，应当保障和便利当事人行使诉讼权利，对当事人在适用法律上一律平等。"根据这一立法的要求，在司法实践中，人民法院应当为当事人平等地行使诉讼权利提供保障和便利。依法保障双方当事人平等地行使诉讼权利，并且为其行使诉讼权利创造和提供平等的机会和条件，是人民法院应当履行的职责，也是诉讼权利平等原则实现的重要保证。在立法保障的前提下，人民法院为当事人创造平等行使权利的司法环境，不偏袒和歧视任何一方，具有极其重要的意义。

在本案中，原告一方并未委托诉讼代理人。主审法官在一定程度上告知原告一些必要的行使诉讼权利的方式，这是完全可以的，也是保障当事人诉讼权利平等原则的体现。另外，原告吴某到当地派出所索取案发当天对保安的询问笔录，但请求遭到派出所拒绝，吴某于是申请法院到派出所去调取证据，在当事人申请的前提下主审法官亲自到派出所取证也是合法的。因为这符合人民法院依当事人申请调查收集证据的相关法定情形。因此，本案中法官的做法是没有违背当事人诉讼权利平等原则的。

案例二

刘甲与刘乙为叔侄关系。2003 年 9 月，刘甲以刘乙为被告向法院提起诉讼。在法庭上，原告刘甲称：2001 年 10 月，刘甲打算开一家音像器材店，恰好其侄子刘乙在市中心平安大街有一约 20 平米的店面，于是，刘甲与刘乙协商共同投资经营音像器材店，约定，刘甲出资人民币 10 万元，用于购买音像器材及装修，刘乙则以其所有的店面作价 10 万元作为出资；利润及亏损均五五平分。由于双方是亲戚关系，因此并没有订立书面合同，仅请来一位亲戚江某作为见证人。2002 年 1 月，音像器材店开业后，平安大街开始市政改造，营业额因此受到严重影响。2002 年底，刘甲与刘乙协商后，将音像器材店关闭，并将店内存货低价出售。经盘点，1 年内共亏损人民币 6 万元。刘甲于是要求刘乙承担其中 3 万元的亏损，刘乙拒绝。被告刘乙却辩称：刘甲所述并非事实，刘甲实际上是租用刘乙的店面，刘乙不应当承担刘甲的损失。

问：由于在法庭上聚集了原告和被告的诸多亲戚朋友，原告刘甲作为被告的叔叔，认为刘乙在众人面前捏造事实，混淆视听，于是请求法官打断刘乙的发言。法官应当怎么做？为什么？

【评析】法官不应当打断被告的发言，这是辩论原则的基本要求。

《民事诉讼法》第 12 条规定："人民法院审理民事案件时，当事人有权进行辩论。"根据这一规定，人民法院应当充分保障当事人的辩论权。一方面，人民法院要引导当事人双方合理地行使辩论权，使当事人的辩论能够真正发挥作用；另一方面，人民法院应当保证当事人充分行使辩论权的机会，让当事人能够充分发表自己的主张和意见。这种保障，既包括对当事人提供实质辩论意见的保障，也包括对双方辩论在形式上和程序上的保障。

在本案中，原告刘甲作为被告的叔叔，认为刘乙在众人面前捏造事实，于是就请求法官打断对方当事人的发言，这是没有道理的。法院应当保障双方当事人进行充分辩论的机会。

（二）案例分析实训

案例一

2008 年 7 月，海清公司（原告）与三兴电子文具厂（被告）签订了买卖复印机的合同，以 16 万元从对方处买得复印机 40 台，双方货款两清。后来原告在使用中发现复印机质量不符合约定标准，便提出退货，被告不同意，原告于同年 10 月向法院起诉。在诉讼中，原告担心被告无还款能力，提出将复印机悉数退回，只要被告一个月内退款 12 万元。被告同意，双方达成协议。

问：法院是否应认可这一协议？从民事诉讼法基本原则的角度谈谈这一问题。

案例二

海田公司于 2009 年 7 月 27 日就支付令向 M 区人民法院提出异议，认为牛奔公司提供的建筑施工车辆存在质量问题。2009 年 7 月 30 日，M 区人民法院裁定终结督促程序，告知牛奔公司可向 H 市中级人民法院提起诉讼。2009 年 8 月 4 日，牛奔公司以海田公司为被告向我国 H 市中级人民法院提起诉讼，要求被告海田公司支付所欠货款 60 万元并支付利息与违约金。H 市中级人民法院受理了此案。2009 年 8 月 8 日，牛奔公司向法院申请财产保全。2009 年 8 月 13 日，H 市中级人民法院查封了海田公司所有的位于 H 市的 13 套商品房，总价值约 700 万元人民币。牛奔公司向海田公司出售的车辆并无质量问题，H 市中级人民法院于 2009 年 10 月 15 日作出判决，判令海田公司向牛奔公司支付剩余货款及违约金、利息。2009 年 12 月 17 日，法院对保全的海田公司的 13 套商品房进行了拍卖，共得人民币 718 万元，扣除必要费用后，将余款交付给牛奔公司。

问：本案体现了我国民事诉讼法中的哪项基本原则？

案例三

2007 年，某市 F 房地产开发公司在该市的 B 江边兴建一个住宅小区。工程进行到一定程度之后，F 公司开始预售一期工程的 5 栋商品房（8 层）。其中 C 栋离 B 江最近。F 公司对商品房的预售进行了大量的广告宣传，针对 C 栋的宣传是：远离都市尘嚣，坐拥无敌江景。

在公司售房部的模型中，C 栋面对的是 B 江。F 公司促销人员在介绍 C 栋时，也以能够观赏到江景为卖点。C 栋的售价也因此比其他几栋楼的价格高。C 栋很快就售罄。但当各业主入住后，发现 C 栋前面正在兴建一个宾馆（属于 F 公司所有），宾馆建成后高 15 层，将 C 栋观赏江景的视线完全挡住。2008 年 11 月，C 栋的所有业主 14 人，一起起诉 F 公司，以合同欺诈为由要求撤销合同，退回购买的房屋，取回房款。F 公司辩称：双方在合同中并未对江景的问题进行约定。广告中所称的江景依然存在，但并不是说在楼上就能观看江景。F 公司并不存在欺诈行为。法院采纳了 F 公司的观点，驳回了 14 位原告的诉讼请求。

一审后，原告上诉，而二审维持一审判决。2010年1月，张某、王某、徐某三位业主就本案向检察院申诉。检察院经审查，认为本案在事实认定上存在错误，决定提起抗诉。2010年4月，本案进行再审。再审认定F公司在与C栋14位业主签订合同的时候存在欺诈行为，判令撤销F公司与C栋14位业主签订的购房合同，14位业主将房屋返还F公司，F公司将购房款退还给14位业主并支付相应利息。判决作出后，其中10位业主感到非常满意。但其余4位则感到非常不满。因为在二审判决作出后，他们即对房屋进行了全面装修，将户口迁移到该小区，就近安排了子女入学，并已经逐渐适应了该小区的社会环境，不想再搬迁。

　　问：应当如何评价检察院的行为？

 主要参考文献

1. 柴发邦主编：《中国民事诉讼法学》，中国人民公安大学出版社1992年版。
2. 常怡主编：《比较民事诉讼法》，中国政法大学出版社2002年版。
3. 谭兵主编：《外国民事诉讼制度研究》，法律出版社2003年版。
4. ［日］谷口安平：《程序的正义与诉讼》，王亚新、刘荣军译，中国政法大学出版社1996年版。
5. 江伟主编：《民事诉讼法学》，复旦大学出版社2002年版。
6. 胡锡庆主编：《诉讼原理》（第2版），中国政法大学出版社2007年版。
7. 刘荣军：《程序保障的理论视角》，法律出版社1999年版。
8. 江伟："市场经济与民事诉讼法学的使命"，载《现代法学》1996年第3期。
9. 李浩："民诉制度的改革与处分原则的强化和完善"，载陈光中、江伟主编：《诉讼法论丛》（第1卷），法律出版社1998年版。
10. 张卫平："我国民事诉讼辩论原则重述"，载《法学研究》1996年第6期。
11. 刘荣军："诚实信用原则在民事诉讼中的适用"，载《法学研究》1998年第4期。
12. 叶自强："论民事诉讼的诚信原则"，载《中国刑事法杂志》1996年第2期。

第四章

民事审判的基本制度

【本章概要】民事审判的基本制度，是指人民法院审判民事案件所必须遵循的基本操作规程，是一系列同类法律规范的总和，涉及民事审判中的一些基本问题。本书所要介绍的基本制度主要包括合议制度、回避制度、公开审判制度和两审终审制度。合议制度，是指由 3 名以上的审判人员组成审判集体，代表人民法院行使审判权，对案件进行审理并作出裁判的制度，是司法民主原则的重要体现，它发挥了民主集中制的积极功能。陪审制度和审判委员会制度也可以认为是这项制度的分支。回避制度，是指在民事诉讼中，审判人员以及其他可能影响案件公正审理的有关人员，一定情况下应当退出某一案件的诉讼程序的一项制度。公开审判制度，是指人民法院的审判活动，除合议庭评议程序以外，依法向社会公开的制度。两审终审制度，是指一个民事案件，经过两个审级的法院运用一审和二审程序进行审判，即宣告审判终结的制度。这些制度在我国民事诉讼中的实施在某些方面还有待改革和完善。

【学习目标】通过本章的学习，使学生初步掌握民事诉讼法的基本制度，其在民事诉讼中的地位和作用，我国回避制度的具体内容，公开审判制度的具体内容和意义，两审终审制在中国目前民事诉讼中的运行情况，合议制的适用范围和各种情况下的合议庭的组成，合议庭的内、外部关系处理原则。

第一节　民事审判基本制度概述

民事审判的基本制度，是指人民法院审判民事案件所必须遵循的基本操作规程，是一系列同类法律规范的总和，涉及到民事审判中的一些基本问题。

民事审判的基本制度不同于民事诉讼的基本原则。①基本原则具有很强的抽象性和概括性；而基本制度却是一整套系统的规范体系，有具体的内容和要求。②基本原则具有灵活性，伸缩余地较大，其运用的程度往往不易把握和评价，在实践中难以直接操作；而基本制度则属于硬性规定，比较容易把握、操作和评价。③基本原则对整个民事诉讼活动具有宏观指导性，人民法院和所有诉讼参与人均应遵守；而基本制度则主要是规范人民法院的审判活动。

民事审判的基本制度也不同于民事诉讼中的一般制度，如管辖制度、证据制度、当事人制度等等，后者的内容和适用对象更为广泛，比较普遍地适用于整个民事诉讼之中。民事审判基本制度还不同于民事审判中的一些一般的微观制度，如诉讼费用制度、期间送达制度等等，后者在具体内容上又更加单一一些，涉及的问题也更为琐碎一些。此处所讲的民事审判基本制度主要包括合议制度、回避制度、公开审判制度和两审终审制度等。

第二节　合议制度

一、合议制度的概念

合议制度，简称合议制，是指由 3 名以上的审判人员组成审判集体，代表人民法院行使审判权，对案件进行审理并作出裁判的制度。合议制度的组织形式为合议庭。合议制度是相对于独任制度而言的。独任制度是指由 1 名审判员独立地对案件进行审理和裁判的制度，其组织形式为独任庭。合议庭和独任庭是我国人民法院审理民事案件的两种基本组织形式。根据我国相关法律的规定，大多数民事案件的审判都是适用合议制，独任制仅在基层人民法院及其派出法庭按照简易程序和特别程序审理简单民事案件与简单特殊案件时适用。中级以上人民法院审理案件、基层人民法院按照普通程序审理案件和按照特别程序审理复杂特殊案件时适用合议制。

合议制是司法民主原则的重要体现，它发挥出了民主集中制的积极功能：首先，合议制能够起到集思广益的效果，有利于作出公正合理的裁判；其次，合议制可以起到抑制司法专横、防止司法腐败的功能；最后，它通过与陪审制度的结合，有利于吸收公民广泛参与司法决策，为诉讼的民主化创造了条件。[1]

二、合议制度的基本内容

（一）合议庭的组成

1. 第一审合议庭。《民事诉讼法》第 40 条规定："人民法院审理第一审民事案件，由审判员、陪审员共同组成合议庭或者由审判员组成合议庭。合议庭的组成人数，必须是单数。"合议庭人数是 3 人以上的单数，但对于上限，法律并没有作出限制性规定，而由人民法院根据案件审理的需要进行确定。合议庭可以全部由审判员组成，也可以由审判员和人民陪审员共同组成，至于采取哪种形式也是取决于案件的需要。其中，至少要由 1 名审判员参加，因为合议庭的审判长必

---

〔1〕　参见左卫民等：《合议制度研究——兼论合议庭独立审判》，法律出版社 2001 年版，第 59 页。

须是审判员；另外，合议庭中人民陪审员所占人数比例应当不少于1/3。[1]

2. 第二审合议庭。《民事诉讼法》第41条第1款规定："人民法院审理第二审民事案件，由审判员组成合议庭。合议庭的成员人数，必须是单数。"在第二审期间，除审理当事人的争议之外，合议庭还担负着监督下级人民法院审判活动的职能，同时二审案件对审判水平的专业化要求更高。因此，在第二审的合议庭当中，全部由审判员组成，而不吸收人民陪审员参加。

3. 再审和重审合议庭。再审是人民法院依照再审程序对已经发生法律效力的案件再次进行审理的活动。再审合议庭的组成，取决于原审程序。《民事诉讼法》第41条第3款规定："审理再审案件，原来是第一审的，按照第一审程序另行组成合议庭；原来是第二审的或者是上级人民法院提审的，按照第二审程序另行组成合议庭。"其中的"另行组成合议庭"，是指原审参加合议庭的审判人员一律不得参加再审合议庭。

重审是原一审人民法院对二审法院依法发回的上诉案件进行重新审理的活动。《民事诉讼法》第41条第2款规定："发回重审的案件，原审人民法院应当按照第一审程序另行组成合议庭。"

（二）合议庭的组织和活动规则

合议庭是一个审判集体，代表人民法院行使审判权，合议庭按照民主集中制原则进行活动。

合议庭设审判长一名，主持合议庭的日常审判工作。审判长的产生途径主要有三种：①由院长或庭长在审判员中临时指定一人担任；②院长或庭长参加合议庭时，自动担任审判长；③根据《人民法院审判长选任办法（试行）》选拔上岗，这种审判长岗位相对比较固定。[2]

根据《人民法院审判长选任办法（试行）》的规定，审判长特有的主要职责有：①担任案件承办人，或指定合议庭其他成员担任案件承办人；②组织合议庭成员和有关人员做好庭审准备及相关工作；③主持庭审活动；④主持合议庭对案件进行评议，作出裁判；⑤对重大疑难案件和合议庭意见有重大分歧的案件，依照规定程序报请院长提交审判委员会讨论决定；⑥依照规定权限审核、签发诉讼文书。

[1] 对于这一比例，《民事诉讼法》未作规定。针对陪审制度改革的问题，全国人民代表大会常务委员会专门通过了《关于完善人民陪审员制度的决定》，于2005年5月1日起施行，其中第3条对这一比例作了规定。

[2] 这种审判长选任制的做法是在司法改革过程中产生的，但其存在令合议庭行政层级化的嫌疑，被许多学者认为是倒退的改革。针对司法行政化的批评，可以参见贺卫方：《司法的理念与制度》，中国政法大学出版社1998年版，第103～128页。

除去以上程序性特权，在案件审理过程中合议庭所有成员的权利是同等的。审判长与合议庭其他组成人员必须共同参加对案件的审理，对案件的事实、证据、定性、法律适用以及处理结果等共同负责。对于案件的评议，所有合议庭成员应当充分发扬民主，遵循民主集中制原则。当意见不一致时，应当少数服从多数，以多数人的意见作为最终裁判结果，但是少数人的意见应当记入评议笔录，笔录由合议庭的组成人员共同签名。至于少数人意见能不能在判决书或裁定书中予以体现的问题，我国法律没有明确的规定，通常的操作是不予体现，但这一问题在世界不同国家往往会有不同的做法。近年来我国的司法实践中偶尔也会出现在判决书中记载少数人意见的做法，不过这在实务界和理论界还都是存在较大争议的问题。

三、陪审制度

陪审制度是指国家审判机关吸收社会公众参加案件审判的一项司法审判制度，是社会公众监督法官正确行使司法权、遏制司法腐败的一种有效机制，是保障司法公正的重要形式。这一制度也是审判程序中的一项基本制度，但它同时是在合议制度下适用并专门发展出来的一项特色制度，因此在本节对其予以一并介绍。

从西方陪审制度的起源和发展看，陪审制度一直是与民主相伴而生的。古希腊作为现代民主的发源地，同样也是陪审制度的发源地。关于陪审制度的民主色彩，正如法国著名政治思想家托克维尔（Tocqueville）所指出："实行陪审制度，就可以把人民本身，或者至少把一部分公民提到法官的地位。这实质上就是把领导社会的权力置于人民或这一部分人民之手"。[1]

真正意义上的陪审制，是指在英美法系国家实施的陪审团制度，即在审判过程中由陪审团进行案件的事实认定，而由专业法官进行案件的法律适用，作出最终裁判。我国目前实施的陪审制度，实质上类似于大陆法系国家的参审制，即由专业法官和陪审员共同组成合议庭进行案件的审理活动。

全国人民代表大会常务委员会颁布的《关于完善人民陪审员制度的决定》，对我国的陪审制度进行了较为全面的规定。

在民事诉讼中，适用陪审制度的案件范围包括两个方面：①社会影响较大的第一审民事案件；②民事案件当事人申请由人民陪审员参加合议庭审判的第一审案件，其中适用简易程序审理的案件和法律另有规定的案件除外。可见，适用陪审制的案件范围还是比较广泛的。人民陪审员参加案件的审判活动，除了不能担

---

〔1〕〔法〕托克维尔：《论美国的民主》（上卷），董果良译，商务印书馆 1988 年版，第 313 页。

任审判长之外，与法官享有同等的权利。

另外，对公民担任人民陪审员的条件也有专门的规定。主要有下列几项：①拥护中华人民共和国宪法；②年满 23 周岁；③品行良好、公道正派；④身体健康；⑤一般应当具有大学专科以上文化程度。其中，人民代表大会常务委员会的组成人员，人民法院、人民检察院、公安机关、国家安全机关、司法行政机关的工作人员和执业律师等人员，不得担任人民陪审员；被开除公职的和因犯罪受过刑事处罚的人员，也不得担任人民陪审员。人民陪审员的任期为五年。

四、审判委员会制度

审判委员会是依据人民法院组织法规定在各级法院设置的集体领导审判工作的常设性内部组织。它由法院院长、副院长以及各庭室负责人等人员组成，由院长主持召集，在履行职责时也是遵循少数服从多数的活动规则。审判委员会制度是我国的一项特色制度，也是我国的独创。[1] 一些学者也将审判委员会归纳为我国审判组织的一种。[2] 我们认为，审判委员会并不属于典型的审判组织。①因为它的主要职能并不是进行案件的审判工作；②因为即使个别情况下它可以决定案件的结果，但讨论决定的过程并不是正当的审判方式，没有遵循科学理性的审判程序。

审判委员会的主要职责有：[3]

1. 总结审判经验。包括对某一特定时期审判工作经验的总结，对某类特定案件审判经验的总结，对某一重大、典型案件的总结，对审判工作方法和审判作风的总结，等等。通过总结使审判经验得以提炼和升华，上升为审判理论，用以指导审判实践。

2. 讨论决定重大或者疑难的案件。这些案件通常有：案件复杂且影响较大的案件、在适用法律上有疑难的案件、需要再审和提审的案件等。

3. 讨论其他有关审判工作的问题。作为集体领导审判工作的审判委员会，一般情况下，凡是有关审判的各项重大问题都应当提交它讨论并作出决定。例如，最高人民法院对审判过程中如何具体应用法律的问题所作的司法解释，都必须提交审委会讨论通过后才能生效。

应当指出，在我国具体的审判领域，审判委员会制度是合议制度的一种重要

---

〔1〕　参见王春芳："审判委员会制度的透析与远景思考"，载《河南省政法管理干部学院学报》2001 年第 4 期。

〔2〕　参见张柏峰主编：《中国当代司法制度》（第 4 版），法律出版社 2006 年版，第 13 页。

〔3〕　由于审判委员会是《人民法院组织法》的规定，它可能涉及到法院的所有诉讼活动或其他活动，不仅是民事诉讼的问题。因此，在此介绍其职责主要是从民事诉讼的角度出发的。

补充。因为，在宏观层面的审判问题和微观层面的重大疑难案件上，审判委员会会体现出其对合议庭的补充作用。[1] 但是必须明确，审判委员会与合议庭之间的关系是在审判领域的而非行政领域的指导与被指导、监督与被监督的关系。这种关系在民事诉讼上主要体现为三个方面：①审判委员会有权对重大疑难案件或者合议庭争议较大的案件进行讨论，并作出最后处理意见，合议庭应当执行这种意见；②如果合议庭对审判委员会的决定存在异议，必须报经院长或副院长决定是否重新提交审判委员会讨论；③合议庭作出的生效裁判如果本法院发现存在错误的，必须经过审判委员会讨论，方能决定是否进行再审。

实际上，近年来我国学术界一直存在着关于审判委员会存废问题的重大争议。一方面，审委会所发挥的正面作用在一定程度上得以认可，一些学者主张保留这项特色制度。这些正面作用主要包括：①审委会在总结审判经验方面功不可没，为指导具体审判工作发挥了重要的作用。②审委会发挥领导监督的作用，敦促法官依照法律程序审判案件，提升案件的审判质量。③在某些情况下，有效化解审判法官所面临的外部压力。法官在具体的个案审判中，基于一些复杂的社会关系，有时难免面临来自方方面面的干扰和压力，审委会可以在很大程度上为其分担甚至化解压力。

但是，另一方面，更多的学者却是对审委会制度大加批判，甚至有人主张彻底废除这一制度。审委会的弊端主要体现在：①组织形式行政化。审委会的组成人员往往是以法院院长为首的一些承担行政职务的人员，而不是以专业能力的高低标准对组成人员进行遴选。②架空了合议庭的审判权力，使得法庭审理过程变得形式化，导致"审者不判"的状况。重大疑难案件的审判结果是由审委会作出，合议庭应当服从，其庭审过程有失去意义的嫌疑。③审委会并未对重大疑难案件进行开庭审理，却可以决定案件的命运，讨论决定案件的方式违反了基本的审判原理，导致"判者不审"的状况。审委会通过阅读案卷资料和听取合议庭汇报甚至仅通过后者秘密讨论决定案件判决的做法，违背了审判公开和直接言词等多项审判原则，回避等诸多诉讼制度难以得到贯彻实施，表决案件结果的过程基本没有正当审判程序可言。④审委会虽然决定案件的结果，但以此决定为根据的判决书却仍然由原合议庭成员签名公布并负责，审委会成员的信息一般并未得以公开。

实务界对待审判委员会制度的基本观点，是在将其保留的前提下对其进行一定的改革。改革的主要方向包括组织形式的司法化、工作程序的诉讼化和裁判结

---

[1] 当然，审判委员会针对独任庭也是起到同样作用。不过，由于独任庭审理的都是简单的民事案件，因此与审委会的关系远远比不上合议庭那么密切。

果的公开化等等。可以认为，这样的改革趋势会在一定程度上促使我国的审判委员会形式向实质的合议制方式的转变。

第三节　回避制度

一、回避制度的概念

回避制度，是指在民事诉讼中，审判人员以及其他可能影响案件公正审理的有关人员，在遇有法律规定的特殊情形时，退出某一案件的诉讼程序的一项制度。这一制度的发端，可以追溯至古罗马法上的"任何人不得审理自己的讼争"的诉讼法则。在诉讼法上设立回避制度，主要是考虑了两个方面的功能。一方面，回避制度可以有效保障审判主体的中立性，从而确保司法公正。正如美国大法官费利克斯·弗兰克福特（Felix Frankfurter）所指出的："任何人，无论其职位多高，或者其个人动机多么正当，都不能是他自己案件的法官。这是法院的职责所在……如果可以允许某个人为他自己确定法律，那么也可以允许每个人这样做。那首先意味着混乱，然后就是暴虐。"[1] 另一方面，回避制度使得与案件及其当事人有利害关系的司法人员退出诉讼，可以消除当事人不必要的疑虑，提高当事人对司法公正的信任度。

二、回避制度的适用条件

根据我国《民事诉讼法》第45条第1、3款的规定，回避制度适用于审判人员、书记员、翻译人员、鉴定人、勘验人。其中，审判人员包括审判员、助理审判员和人民陪审员。根据《民事诉讼法》的规定，回避的主要条件有三项：

1. 待回避对象是本案的当事人或者当事人、诉讼代理人的近亲属。本案的当事人包括原告、被告、有独立请求权第三人和无独立请求权第三人。当事人是实体权利的享有者和义务的承担者，只能以当事人的身份参加诉讼，而不能以当事人和办案人员的双重身份出现，所以必须回避。当事人、诉讼代理人的近亲属，是指本案当事人或诉讼代理人的配偶、父母、子女、兄弟姐妹、祖父母、外祖父母、孙子女、外孙子女。这种近亲属关系极有可能影响司法人员的主观情感，从而使其偏袒一方。而且，客观上还存在着其本身与案件存在某种事实上的利害关系，因此必须回避。另外，我们认为，立法中"近亲属"的范围过于狭窄，姻亲关系和关系密切的其他旁系血亲并不在其中。由于我国传统上就是一个

---

〔1〕［美］诺内特·塞尔兹尼克：《转变中的法律与社会》，张志铭译，中国政法大学出版社1994年版，第75~76页。

重视亲情和家族关系的国家，一些超出近亲属范围的亲属关系也极有可能影响案件的公正处理，导致社会公众对司法公正产生不信任感。考虑到我国的现实国情，我们建议回避条件中的亲属范围除包括近亲属外，还应当包括其他直系血亲关系、一定的姻亲关系和其他一定代数以内的旁系血亲关系。[1]

2. 待回避对象与本案有利害关系。即案件的处理结果直接或间接地涉及到审判人员或其他人员自身的利益（包括经济利益和人身利益）。这种利害关系，可以是法律上的利害关系，也可以是事实上的利害关系。

3. 待回避对象与本案当事人有其他关系，可能影响案件的公正审理。其他关系，指除以上关系以外的其他较为亲近、亲密的关系，如同学、好友、同事、近邻、师生、战友、恋爱等关系。应当指出，这种关系并非必然引起回避的发生，只有可能影响案件公正审理时，才适用回避。

上述三个条件只要具备其一，审判人员即应自动回避，当事人在了解了这些情况后，亦可以及时行使申请回避权，使这些审判人员退出审判，以保证案件审理的公正性。为进一步保障司法公正，最高人民法院《关于审判人员严格执行回避制度的若干规定》中专门针对审判人员的回避作了更加严格详细的规定。

审判人员具有下列情形之一的，应当自行回避，当事人及其法定代理人也有权要求他们回避：①是本案的当事人或者与当事人有直系血亲、三代以内旁系血亲及姻亲关系的；②本人或者其近亲属与本案有利害关系的；③担任过本案的证人、鉴定人、勘验人、辩护人、诉讼代理人的；④与本案的诉讼代理人、辩护人有夫妻、父母、子女或者同胞兄弟姐妹关系的；⑤本人与本案当事人之间存在其他利害关系，可能影响案件公正处理的。

审判人员具有下列情形之一的，当事人及其法定代理人有权要求回避，但应当提供相关证据材料：①未经批准，私下会见本案一方当事人及其代理人、辩护人的；②为本案当事人推荐、介绍代理人、辩护人，或者为律师、其他人员介绍办理该案件的；③接受本案当事人及其委托的人的财物、其他利益，或者要求当事人及其委托的人报销费用的；④接受本案当事人及其委托的人的宴请，或者参加由其支付费用的各项活动的；⑤向本案当事人及其委托的人借款、借用交通工

---

[1]　实际上，司法解释中专门针对审判人员回避的范围已经有所扩大，下文将有介绍，但这方面的规定应当上升为立法，并与民事诉讼法相统一，同时适用至其他人员。另外，可以参考国外的回避亲属范围：根据《德国民事诉讼法典》第41条之规定，案件当事人之一是法官的直系血亲或直系姻亲，或三亲等内的旁系血亲或二亲等内的旁系姻亲的，应导致回避；根据《法国民事诉讼法典》第341条之规定，法官或其配偶是当事人或是当事人配偶的血亲、姻亲，直到第四亲等，包括第四亲等在内的，可以被申请回避；根据《日本民事诉讼法典》第23条之规定，法官是或者曾经是当事人的四亲等以内的血亲、三亲等以内的姻亲或者同居的亲属时，应当回避。

具、通讯工具或者其他物品，或者接受当事人及其委托的人在购买商品、装修住房以及其他方面给予的好处的。

另外，该规定还对离任审判人员、法院工作人员和审判人员有关亲属到法院担任诉讼代理人、执行员回避等情况作出了系列限制性规定。

三、回避制度的适用程序

为了保证回避制度的正确适用，必须遵循一定的程序。我国民事诉讼法所规定的回避程序，主要包括提出程序、决定程序和复议程序三方面的内容。

（一）提出程序

在我国民事诉讼中，回避的方式有两种：一种是自行回避，即案件的审判人员或其他人员认为自己具有法律规定的应当回避的情形之一的，主动提出回避；另一种是申请回避，即当事人及其诉讼代理人认为审判人员或其他人员有法律规定的应当回避情形之一的，用口头或书面形式申请他们退出该案的诉讼活动。申请回避权是当事人的一项重要的诉讼权利。

根据《民事诉讼法》相关规定，申请回避的提出时间是自案件开始审理时至法庭辩论终结前。此处的案件开始审理，一般是指人民法院立案后首次传唤当事人并告知合议庭组成人员时。对于自行回避的提出时间，法律未作明确规定，但从法律精神而言，应当与申请回避的提出时间保持一致，在此期间内审判人员或其他人员发现回避事由后可随时提出回避。

无论是自行回避还是申请回避，都可以视具体情况选择书面方式或者口头方式提出。但是，提出回避应当同时说明理由。对于申请回避，被申请回避的人员在人民法院作出是否回避的决定前，应当暂停参与本案的工作，但案件需要采取紧急措施的除外。对于自行回避，在人民法院作出是否回避的决定前是不是要暂停参加的诉讼活动，法律并未作规定，我们认为应当由人民法院视情况来进行决定。

（二）决定和复议程序

根据《民事诉讼法》第47条的规定，院长担任审判长时的回避，由审判委员会决定；审判人员的回避，由院长决定；书记员、鉴定人、翻译人员等其他人员的回避，由审判长决定。

人民法院对当事人提出的回避申请，应当在申请提出之日起3日内，以口头或者书面形式作出决定，申请人对决定不服的，可以在接到决定时申请复议一次。复议期间，被申请回避的人员，不停止参与本案的工作。人民法院对复议的申请，应在3日内作出决定，并通知申请人。对于法院作出的是否回避决定，当事人不得上诉，只能够申请一次复议；对于申请复议后法院作出的决定，当事人不得上诉和再次申请复议。另外，针对自行回避，人民法院的决定当即生效，相关人员不得上诉和申请复议。

第四节　公开审判制度

一、公开审判制度的概念

公开审判制度，是指人民法院的审判活动，除合议庭评议程序以外，依法向社会公开的制度。[1]

公开审判是司法民主原则的重要体现，实行公开审判制度具有极其重要的意义，主要可以概括为三个方面：①审判公开使得案件的审判活动置于群众的监督之下，增加了审判活动的透明度，从而有助于审判人员增强责任感，正确行使审判权，提高办案质量。正如边沁曾言："（在审判程序完全秘密时）法官将是既懒惰又专横……没有公开性，其他一切制约都无能力。和公开性相比，其他各种制约是小巫见大巫"。[2] ②公开审判对案件当事人和其他诉讼参与人有一定的约束作用，可以促使他们在公众监督之下正确行使诉讼权利和履行诉讼义务，提高诉讼的自觉性，保证庭审活动的顺利进行。③公开审判可以使旁听群众受到生动形象的法制教育，增强法治观念，从而有利于预防纠纷、减少诉讼，并维护社会稳定。

二、公开审判制度的内容

根据我国《民事诉讼法》以及相关司法解释的规定，公开审判制度的内容主要包括以下几个方面：[3]

1. 开庭前的公示。人民法院在开庭审理前，针对公开审理的民事案件，应当公开开庭的时间、地点、当事人姓名和案由，为群众旁听提供方便。这种公示是法院的一项应尽义务，否则便是违法的。一般而言，主要通过公告栏等方式予以公示。

---

〔1〕 学术界有一种观点认为，审判公开包括向当事人和向社会公开，甚至许多教材都坚持这一观点，参见常怡主编：《民事诉讼法学》（修订版），中国政法大学出版社 2005 年版，第 129 页。该教材指出："所谓向当事人公开，是指当事人就法院及对方当事人所进行的诉讼行为有获知权，有参与诉讼程序的权利，有阅览全部诉讼笔录的权利。"实际上应当指出，诉讼向当事人公开其实是诉讼的基本要素，否则便违背了现代诉讼的内在精神，并非审判公开原则的要求，当事人的上述权利是固有的，与审判公开也没有关系。

〔2〕 转引自［日］三月章：《日本民事诉讼法》，汪一凡译，台湾五南图书出版有限公司 1987 年版，第 381 页。

〔3〕 在公开审判方面，最高人民法院专门出台了相关的司法解释，即 1999 年颁布并施行的《关于严格执行公开审判制度的若干规定》。

2. 审理过程的公开。人民法院审理民事案件，除法律规定不公开的外，审判过程应当向社会公开，允许群众旁听，但精神病人、醉酒的人和未经人民法院批准的未成年人除外。经人民法院许可，新闻记者可以记录、录音、录像、摄影、转播庭审实况。审理过程的公开，包括开庭、举证、质证及辩论活动等的公开。

3. 判决的公开宣告。人民法院审理民事案件，不论是否公开审理，判决一律公开宣告。判决结果的公开宣告是庭审过程公开的逻辑延伸，是构成公开审判制度不可或缺的要素。

4. 违反公开审判的法律后果。对于没有依法公开审理的案件，应当产生以下法律后果：①当事人对违反公开审判制度所作判决提起上诉的案件，第二审人民法院应当裁定撤销原判决，发回重审；②当事人对违反公开审判制度所作的生效裁判申请再审的，人民法院可以决定再审；③人民检察院按照审判监督程序对违反公开审判制度所作的生效裁判提起抗诉的，人民法院应当决定再审。上述发回重审或者决定再审的案件应当依法公开审理。

应当说明的是，在国外的民事诉讼立法中，公开审判包括形式公开和实质公开两个方面。形式公开，就是指庭审过程和宣判的公开，我国在立法上已基本做到；实质公开是指法官认定事实和适用法律的思维过程的公开，应该说我国目前尚未做到实质的公开。实质公开是审判公开的深层次要求，它一般包括"作为诉讼裁判基础的事实以及裁判的法律根据"甚至还包括"审判组织内部对案件裁判的不同意见"体现于裁判文书中的公开。[1] 对比审判的实质公开，我国民事诉讼中比较突出存在的就是判决书不充分说明理由的问题，判决书的格式化和简略化表达的现状与审判公开的实质理念是背道而驰的。

另外，在媒体技术日益发达并且社会对媒体传播越来越依赖的今天，如何处理好新闻媒介的监督与审判公正之间的关系成为了一项重大课题。一方面，根据审判公开的要求，新闻媒介对于审判过程和审判结果的介入是社会监督的正当合理需要；而另一方面，新闻监督的尺度有时会超越了监督的界限，影响甚至破坏审判的正常进行，诸如表现为庭审直播给法官及其他诉讼参与者带来过度紧张、对未审结案件进行不切实际的评价、以一般主观情感对专门法律问题进行不当理解或道听途说的失实报道等情况。可见，通过立法技术和制度设计等手段去平衡新闻监督与审判公正间的关系，是公开审判制度中一个亟待解决的问题。[2]

---

〔1〕　顾培东：《社会冲突与诉讼机制》（修订版），法律出版社 2004 年版，第 192 页。

〔2〕　参见［美］汉斯·A. 林德："公正审判与新闻自由——两种针对国家的权利"，冯军译，载夏勇编：《公法》（第 2 卷），法律出版社 2000 年版。

三、公开审判的例外

有原则必有例外。公开审判制度也不是绝对的，有些民事案件如果公开审理，可能会带来消极的社会影响或者产生不利于当事人的后果，因此应当不公开审理。根据我国《民事诉讼法》及相关司法解释的规定，不公开审理的案件有以下几种：

1. 涉及国家秘密的案件，应当不公开审理。国家秘密是一个外延丰富的概念，包括国家的军事、人事、政治、金融、经济等方面的秘密。民事诉讼尽管是解决民事纠纷争议，但有时也会涉及国家秘密。但需注意的是，对于国家秘密的认定应当依法进行，不应当是人民法院的随意解释。

2. 涉及个人隐私的案件，应当不公开审理。个人隐私，是指公民不愿公开或者让他人知悉的个人生活信息。如果公开审理这类案件，会导致当事人隐私的公开，产生负面的消极影响。但是需要指出，这类案件的不公开是基于保护当事人隐私权的角度，因此，应当最大限度尊重隐私权当事人本人的意思表示，而不是法院的单方决定。[1]

3. 相对不公开审理的案件。即离婚案件和涉及商业秘密的案件，当事人申请并由人民法院决定不公开审理的，可以不公开审理。离婚案件往往会牵扯到当事人的感情和私生活方面的问题，经过当事人申请，可以不公开审理。商业秘密，是指技术秘密、商业情报和信息等具有商业价值的秘密，涉及商业秘密的案件会影响到当事人的经济利益，人民法院可以根据当事人的申请，决定不公开审理。

对于不公开审理的案件，宣判应当一律公开进行。

第五节　两审终审制度

一、两审终审制度的概念和意义

两审终审制度，是指一个民事案件，经过两个审级的法院运用一审和二审程序进行审判，即宣告审判终结的制度。它是我国目前民事诉讼所奉行的审级制度。所谓审级制度，是指法律规定的审判机构在组织体系上的层级划分以及诉讼案件须经过几级法院审判才告终结的制度。

世界各国审级制度的设定都不尽相同，但西方国家一般皆奉行三审终审制，

---

[1] 我们建议，这方面的立法需要完善，应增添一项附加条件，即涉及个人隐私的案件，经隐私权人的申请，应当不公开审理。

主要有两种类型：一种是四级三审终审制，日本、德国等国家采纳此种制度，例如日本的法院系统由简易法院、地方法院（或同级的家庭法院）、高等法院、最高法院组成；另一种是三级三审终审制，美国、法国等国家采纳此种制度，例如美国的法院系统主要由地区法院、上诉法院和最高法院组成。[1] 西方国家的第三审一般为法律审，只审查下级法院的裁判在适用法律上有无错误，并不审查下级法院的裁判对事实认定是否准确。

我国目前实施四级两审终审制，但审级制度也曾经历了一个发展的过程。在中华民国和新民主主义革命根据地时期，曾经实行过三审终审制，新中国成立后基本确立了两审终审制。设立两审终审的审级制度，可以体现以下几方面的积极意义：①两审终审制能够保障人民法院对民事诉讼案件的审判质量，尽可能减少错案的发生，有助于实现司法公正；②两审终审制可以避免一个案件多次上诉现象的发生，有助于提高诉讼效率，尽快解决纠纷，稳定社会秩序；③两审终审制符合我国国情，便于人民群众进行诉讼，可使当事人减少讼累，利于正常生活和工作，也便于人民法院在其辖区内行使管辖权。

二、两审终审制度的内容

人民法院审理民事案件实行两审终审制，但是存在两个方面的例外：①依照特别程序、督促程序、公示催告程序和企业法人破产还债程序审理的案件实行一审终审制；②由最高人民法院作为第一审法院的案件实行一审终审制。

两审终审制度的内容包括以下三个方面：

1. 两个审级不同的程序。两个审级的程序，是指我国民事诉讼的两个审级分别遵照第一审程序和第二审程序进行，两个审级的程序在性质、任务和具体操作等方面都有很大的区别。但是，两者又有较大的联系，第一审程序也是对第二审程序的重要补充。《民事诉讼法》第 157 条规定："第二审人民法院审理上诉案件，除依照本章规定外，适用第一审普通程序。"

2. 两个审级不同的裁判。两个审级的裁判，既包括不同审级可以作出不同性质的裁判，又包括不同审级裁判的效力也有所不同。例如，第一审可以做出第一审判决，可以作出不予受理、驳回起诉的裁定；而第二审可以作出将案件发回重审的裁定和驳回上诉的判决。在法律效力上，第一审裁判并不会立即发生法律效力，存在一个上诉期限（不可上诉的裁定除外）；而第二审裁判一经作出，立即发生法律效力。

3. 两个审级之间的衔接。两个审级的衔接，主要表现在三个方面：①裁判

---

〔1〕　当然，此处是指联邦系统的审级制度。美国各州的审级制度由各州通过立法自行规定，并不存在统一的审级制度。

的上诉期限和提出上诉的方式；②一、二审法院之间诉讼文书和诉讼案卷等的移交和送达；③二审法院对一审法院审判上的监督。这三个方面专门解决两个审级之间的协调和衔接问题，这里并不详细讨论，本书后面审判程序的章节会专门介绍。

三、两审终审制的改革趋势

两审终审制实施多年以来，随着我国经济的发展和社会的变迁，这一制度的弊端也越来越凸现出来。法学界要求改革的呼声也极其高涨，学者们主要从以下几个方面进行了质疑：①两审终审制不利于克服我国目前一些地方出现的地方保护主义，一些地方的法院为了保护当地经济发展，会将地方利益融入民事案件的审判，两审终审制并不足以消除这种不良因素；②二审法院对一审法院的包庇与袒护现象渐增，致使两审终审名存实亡；③二审法院所在地靠近或者就是案件发生地，法院与当事人之间不当联系较多，难以避免人情等现实因素的介入，从而会危害到司法公正；④两审终审制设立的初衷是以我国实际国情为基础的，但随着经济、交通、通信等行业的高速发展，国情已经发生实质的变化，制约人民群众到高级别法院进行诉讼的因素已经渐渐消除。基于以上原因，借鉴西方国家的三审终审制度，完善或者改革我国的审级制度，这一课题在我国学术界受到了较为广泛的关注。

 学术视野

关于民事审判的基本制度，当前理论界的研究热点主要集中在以下几个方面：①关于合议制度，有学者讨论了我国合议制存在的诸多缺陷，指出应当充分保障合议庭成员的平等参与和共同决策，通过改革审判长制度、案件承办人制度、陪审制度等诸多相关制度予以完善。②关于审判委员会制度，理论界一直存在着激烈的存废之争，支持保留审委会的观点从当前审委会在我国具有正当性和必要性出发予以论证，主张废除审委会的观点则认为这一制度违背了基本的诉讼规律，另外也有不少学者主张在保留审委会制度的基础上对其进行必要的改革。③关于回避制度，理论界普遍针对回避主体、回避条件以及申请回避的程序等方面对现行立法展开了质疑，并提供了有益的改革建议。④关于公开审判制度，不少学者认为现行立法对于公开审判的理解有些狭隘，应当将其理念扩展至法院裁判的公开和裁判理由的充分说明，并在司法实践中严格贯彻审判公开的基本规定和理念。⑤关于两审终审制，不少学者指出了这一制度的本质缺陷：首先，两审终审难以保证司法公正，案件的审判质量难免受到较大的局限；其次，终审级别过低，容易造成法律适用上的不统一，又有越来越多的新型案件不断涌现，个案裁判结果的确定性难以获得较强的保证；再次，终审级别过低，无法致使当事人对司法裁判获得足够的社会认同和信任度，从而不断寻求再审或信访等非常态途径，容易造成再审程序的无限扩张，也不利于社会的稳定发展；最后，终审级别过低，不利于司法审判充分抵御地方保护主义的影响。并认为，应当在此基础上有条件地引入三审终审制。

理论思考与实务应用

一、理论思考

（一）名词解释

审判组织　回避　两审终审制　审判委员会

（二）简答题

1. 合议制的具体内容包括哪些方面？它与独任制的关系如何？
2. 回避制度的基本内容有哪些？
3. 谈谈我国审判公开制度的不足之处。
4. 两审终审制的具体内容是什么？

（三）论述题

谈谈我国审判委员会制度的优点和缺陷。

二、实务应用

（一）案例分析示范

案例一

原告优夏公司向人民法院起诉被告何京及庆春公司。起诉状中称，被告何京原是其营销部经理，被庆春公司高薪挖去，在庆春公司负责市场推销工作。何京利用其在优夏公司所掌握的商业秘密，将优夏公司的销售与进货渠道几乎全部提供给了庆春公司，优夏公司因而损失严重，请求何京和庆春承担连带赔偿责任。同时申请不公开审理，以避免商业秘密泄露于第三人。

问：人民法院能否同意原告不公开审理的要求？

【评析】《民事诉讼法》第120条规定："人民法院审理民事案件，除涉及国家秘密、个人隐私或者法律另有规定的以外，应当公开进行。离婚案件、涉及商业秘密的案件，当事人申请不公开审理的，可以不公开理。"最高人民法院《关于适用〈中华人民共和国民事诉讼法〉若干问题的意见》第154条规定："商业秘密，主要是指技术秘密、商业情报及信息等，如生产工艺、配方、贸易联系、购销渠道等当事人不愿公开的工商业秘密。"

公开审判是审判民事案件的基本制度，人民法院审理民事案件一般应当公开审判，应当选期公布当事人姓名、案由和开庭的时间、地点，以便群众旁听，记者采访和报道。但是涉及国家秘密或隐私的案件，不能公开审理。此外法律还规定，离婚案件或涉及商业秘密的案件，当事人申请不公开审理的，可以不公开审理。本案中优夏公司的销售及进货渠道，对优夏公司的经营有重大关系，一旦公开，很可能使其损失进一步扩大。因此，优夏公司认为案件涉及商业秘密，申请不公开审理是符合相关法律规定的，受诉人民法院应当同意原告不公开审理的要求。

案例二

2007 年 9 月，红泰钢铁公司与新达商贸公司签订一份钢材购销合同。合同签订后，红泰钢铁公司按合同约定向新达商贸公司提供了钢材，但新达商贸公司仅支付了部分钢材款，尚拖欠 200 万元一直未付。2009 年 1 月，新达商贸公司与天意建材公司合并成立顺达贸易公司。红泰钢铁公司向顺达贸易公司追索货款时，顺达贸易公司以该钢材买卖与自己无关为由，拒绝偿还。2009 年 8 月，红泰钢铁公司向人民法院起诉。在人民法院审理过程中，原告红泰钢铁公司提出回避申请，要求该案合议庭成员之一的陪审员张某回避，理由是：张某是被告顺达贸易公司的法定代理人孙某的内弟。经人民法院院长批准，准予原告的回避申请。但被告对该回避决定有异议，提出复议申请，理由：①张某是陪审员而非审判员，不应适用民事诉讼法对审判人员回避问题的有关规定；②本案的当事人是顺达贸易公司，而不是法定代表人孙某，陪审员张某与法定代表人与亲属关系不等于与被告顺达贸易公司与亲属关系。

问：被告提出的复议申请，其理由是否成立？为什么？

【评析】被告提出的复议申请，其理由是不成立的。理由是：

（1）《民事诉讼法》第 45 条规定的回避适用的对象，主要是指审判人员，审判人员既包括审判员，同时也包括陪审员，而且，当合议庭由审判员与陪审员共同组成时，陪审员与审判员享有同等的诉讼权利；因此，该案张某作为陪审员参加案件的审理活动，属于民事诉讼法所规定的回避适用的对象，被告提出的复议理由把陪审员排除在适用回避的对象之外，显然是错误的。

（2）该案件的被告虽然是法人，但是根据我国民事诉讼法的规定，法人单位的一切诉讼行为均由其法定代表人进行，法定代表人行使当事人的诉讼权利．而该法定代表人与作为合议庭成员之一的陪审员张某有亲属关系，这种关系的存在本身就可能影响案件的公正判决，可以看做是《民事诉讼法》第 45 条所规定回避情形中"审判人员与当事人存在其他关系，有可能影响法院公正判决"的情况。因此，被告以本案的当事人是顺达贸易公司，而不是法定代表人孙某，陪审员张某与法定代表人有亲属关系不等于与被告顺达贸易公司有亲属关系为由提出异议，其理由是不能成立的。

案例三

原告张某诉被告韩某合伙纠纷一案，原告请求人民法院判决解除其与被告方合伙经营饭馆的合同关系。某县人民法院指定一名陪审员孙某审理了该案，判决解除原被告之间的合伙关系。被告方不服，向某市中级人民法院提起上诉。二审人民法院指定审判员沈某处理此案。沈某经过调查审理，判决维持原判。

问：两级人民法院对此案的处理在程序上是否正确？说明理由。

【评析】合议制与独任制作为两种不同的法庭组织形式，是根据案件的不同情况、适应不同需要而确立的。在诉讼案件中，独任制适用于审理简单的一审案件，合议制是审理一般案件的组织形式，我国民事诉讼法上的组织形式以采用合议制为原则。《民事诉讼法》第41条规定："人民法院审理第二审民事案件，由审判员组成合议庭。"合议庭是我国人民法院最主要的审判组织形式，除适用简易程序审理的第一审民事案件由审判员一人独任审理外，适用其他程序审理的民事案件都必须组成合议庭，合议庭成员的人数必须是单数，而且除第一审程序中的合议庭可由审判员与陪审员组成外，按其他程序审理的合议庭必须由审判员组成。

本案中，一审人民法院指定一名陪审员审理此案，在程序上是错误的。一审针对简单的民事案件，可以适用独任制，但是只能由审判员独任审判，陪审员是不可以的。另外，二审人民法院指定审判员沈某一人审理此案，在程序上显然也是不正确的。二审程序只能采用合议庭，而不能适用独任制。

（二）案例分析实训

案例一

某市宇航服装厂与万家乐百货商场是两家相邻的企业单位。1998年5月，万家乐百货商场为装修门面，经宇航服装厂同意，在该外墙安装有"万家乐百货商场"字样的霓虹灯。1998年7月，宇航服装厂为扩大生产，在原有基础上施工加层，该工程承包给某区房屋修建公司。房屋修建公司的职工在施工中不慎将百货商场的霓虹灯损坏，宇航服装厂厂长得知后表示愿意承担新装霓虹灯的费用。数月后，宇航服装厂加层工程完毕，由于该厂领导发生变更，新上任的厂长不愿承担为百货商场新装霓虹灯所需费用。为此万家乐商场向法院起诉，要求宇航服装厂赔偿2000元。鉴于该事实清楚，情节简单，双方争议金额不大，法院受理后适用简易程序。审判的那天，原告百货商场和被告宇航服装厂都准时到庭，审判员方明也来了，但书记员李甲却因昨晚突发急病不能来。当事人双方均认为该纠纷标的不大，要求审判员开庭当即了结此案。方明见双方同意，于是决定自己多辛苦一点，自己一边审问，一边记录。审理结束后，经原告申请，追加房屋修建公司为共同被告，继续审理。在第二次开庭审理中，仍由方明担任审判员，张乙暂代李甲任书记员。庭审中，三方各执己见，调解不成。法庭考虑到一案审理中，情况发生变化，争议较大，于是将审判组织改为合议庭，由方明担任审判长，王军、赵刚担任审判员，书记员由病愈后的李甲担任。在未征求对合议庭成员回避意见的情况下，当天法庭宣判由房屋修建公司赔偿原告 1500 元，公司不服提出上诉。据查，李甲与百货商场总经理是同父异母兄弟。二审审理后裁定撤销原判发回重审。原审法院由张亮担任审判长，王军、赵刚为合议庭成员，张乙为书记员，重审此案。

问：(1) 法庭在独任审判中有无违法之处？

(2) 由独任制改为合议庭审判是否还需要征询当事人的回避意见呢？

(3) 重审时的合议庭组成有无违法之处？

案例二

原告张有贵诉被告韩京凡合伙纠纷一案，原告方请求人民法院判决解除其与被告方合伙经营饭馆的合作关系。此案经某县人民法院陪审员王一民担任独任审判员进行审理，判决解除原告与被告之间的合伙关系。被告方不服，向某市中级人民法院提起上诉。二审法院由审判员黄海、李涛、陪审员周明山组成合议庭。经过审理，判决维持原判，驳回上诉。上诉人以本案承办人黄海与被上诉人有亲戚关系为由，认为法院判决不公，申请再审。原二审法院认为申请再审的理由成立，决定进行再审，并改由李涛、周明山、陪审员马天文三人重新组成合议庭，按审判监督程序进行审理。

问：本案的审判组织是否符合要求？

主要参考文献

1. 左卫民等：《合议制度研究——兼论合议庭独立审判》，法律出版社 2001 年版。

2. 贺卫方：《司法的理念与制度》，中国政法大学出版社 1998 年版。

3. 张柏峰主编：《中国当代司法制度》（第 4 版），法律出版社 2006 年版。

4. ［日］三月章：《日本民事诉讼法》，汪一凡译，台湾五南图书出版有限公司 1987 年版。

5. 顾培东：《社会冲突与诉讼机制》（修订版），法律出版社 2004 年版。

6. 乔欣、郭纪元：《外国民事诉讼法》，人民法院出版社、中国社会科学出版社 2002 年版。

7. 张雪纯："我国合议制裁判的缺陷及其完善——基于决策理论的分析"，载《法学家》2009 年第 3 期。

8. 章武生："我国民事审级制度之重塑"，载《中国法学》2002 年第 6 期。

9. 傅郁林："审级制度的建构原理——从民事程序视角的比较分析"，载《中国社会科学》2002 年第 4 期。

10. 何兵："从美国民事诉讼的困境看我国民事审判方式的改革"，载《中外法学》1996 年第 2 期。

第五章

民事案件的主管和管辖

　　【本章概要】本章围绕民事诉讼的主管和管辖两大问题展开介绍，其中管辖的内容更为丰富。民事诉讼的主管，是明确人民法院与其他国家机关、社会组织之间解决民事纠纷的分工，其实质是确定人民法院行使民事审判权的范围和权限。法院对民法、婚姻法、商法、经济法等法律调整的社会关系发生争议引起的纠纷享有主管权。主管确定后才能进一步确定各级法院之间和同级法院之间受理第一审民事案件的分工和权限，这便是管辖问题。确定管辖要遵循一定的原则。划分上、下级人民法院之间受理第一审民事案件的分工和权限的是级别管辖；划分不同区域的同级人民法院之间受理第一审民事案件的分工和权限的是地域管辖。级别管辖规定了四级人民法院受理第一审民事案件的具体分工。地域管辖又包括一般地域管辖制度、特殊地域管辖制度、专属管辖制度和协议管辖制度等。凡是以法院裁定的方式确定的管辖是裁定管辖，它是对法定管辖制度的补充，体现了制度设置的灵活性，包括指定管辖、移送管辖和管辖权转移等制度。当事人也可以对法院管辖提出自己的质疑，这通过管辖权异议制度进行。管辖权异议，是指人民法院受理案件后，当事人依法提出该人民法院对本案无管辖权的主张和意见。

　　【学习目标】通过本章的教学使学生初步掌握人民法院主管民事案件的范围，人民法院主管与其他机构或者社会团体主管民事案件的关系。级别管辖的概念和确立标准，民事诉讼法对地域管辖的划分方法，协议管辖、专属管辖的概念、内容。了解管辖权异议、移送管辖、管辖权转移、指定管辖、合并管辖、选择管辖、管辖权恒定原则的基本含义。努力使学生通过本章的学习，能够处理一些基本的与管辖、主管有关的民事案件。

第一节　民事案件的主管

一、民事案件主管的概念

　　主管，是确定国家机关职权范围时的用词。民事诉讼的主管，即法院主管，是指人民法院依法受理和解决一定范围内民事纠纷的权限，也即明确人民法院与其他国家机关、社会组织之间解决民事纠纷的分工，其实质是确定人民法院行使民事审判权的范围和权限。民事诉讼主管的实质是确定人民法院审理民事案件的权限范围问题。凡是属于人民法院主管的民事案件，对于起诉人民法院应当受理和审判；凡是不属于人民法院主管的民事案件，人民法院则无权行使审判权。

民事纠纷种类繁多，形形色色，民事纠纷的解决机制相对也是复杂多样。因此，明确法院主管的问题，具有十分重要的意义：①它有利于人民法院正确行使民事审判权，以便合法、及时地解决民事纠纷，保护当事人的合法权益，维护社会安定；②它有利于分清法院与其他机关、组织受理民事争议的界限，消除法院越权受理案件以及多种机关相互推诿主管的弊端，保障当事人依法行使诉讼权利，维护自己的诉权，避免申告无门的情况发生。

二、民事案件主管的标准和范围

我国民事诉讼法运用概括的方式对法院主管民事案件的范围进行了规定。《民事诉讼法》第 3 条规定："人民法院受理公民之间、法人之间、其他组织之间以及他们相互之间因财产关系和人身关系提起的民事诉讼，适用本法的规定。"由此可以看出，在确定人民法院主管时主要采用了下列标准：①法律关系的性质，即纠纷内容是民事领域的财产关系和人身关系争议，也就是民事法律关系争议；②主体标准，即提起民事诉讼的主体是公民、法人和其他组织，包括外国公民、法人、组织和无国籍人，主体在法律地位上完全平等，相互间没有隶属关系。根据上述标准，人民法院主管的民事案件范围包括以下几个方面：

1. 民法（包括婚姻法、继承法、收养法等）调整的因财产关系和人身关系所发生的案件。财产关系案件是指因财产权利发生纠纷而引发的诉讼争议，如财产所有权、用益物权、担保物权、无因管理、不当得利等纠纷引起的案件；人身关系案件是指基于人身关系性质的权利发生争议的案件，如婚姻、姓名权、肖像权、名誉权等纠纷。还有人身关系纠纷又涉及财产关系内容的案件，如赡养案件、收养案件、继承权案件等。

2. 经济法调整的因经济关系所发生的各类纠纷，如因不正当竞争行为引发的损害赔偿案件、因污染引起的相邻关系案件等。

3. 劳动法调整的因劳务关系所发生的纠纷。我国劳动法规定，劳动者与用人单位之间应签订确立劳动关系、明确双方权利和义务的协议。在订立、履行、解除劳动协议过程中所发生的劳动争议，首先向劳动仲裁委员会申请解决，对该委员会裁决不服的可向法院起诉。

根据最高人民法院 2001 年颁布实施的《关于审理劳动争议案件适用法律若干问题的解释》第 1 条之规定，由人民法院主管的劳动争议案件包括：①劳动者与用人单位在履行劳动合同过程中发生的纠纷；②劳动者与用人单位之间没有订立书面劳动合同，但已形成劳动关系后发生的纠纷；③劳动者退休后，与尚未参加社会保险统筹的原用人单位因追索养老金、医疗费、工伤保险待遇和其他社会保险费而发生的纠纷。

4. 商法调整的因商事关系所发生的纠纷。如票据案件、股东权利纠纷案件、海商案件等。这些案件也是适用民事诉讼法的规定，不过，其中海商案件要在专门的海事法院进行诉讼。2001 年 9 月 1 日公布实施的最高人民法院《关于海事法院受理案件范围的若干规定》，将海事法院的受案范围规定为海事侵权纠纷案件、海商合同纠纷案件、其他海事海商纠纷案件、海事执行案件等。

5. 法律规定人民法院适用民事诉讼法解决的其他案件。主要包括三种情形：①选举法和民事诉讼法规定的选民资格案件；②民事诉讼法规定的宣告失踪或宣告死亡案件、认定公民无民事行为能力或限制民事行为能力案件以及认定财产无主案件；③适用督促程序、公示催告程序、企业法人破产还债程序处理的案件。

三、法院主管与其他国家机关、社会组织处理民事争议的关系

为了应对数量巨大的民事纠纷，世界各国一般都建立起了多元化的纠纷解决机制，我国也是如此。在我国，除人民法院外，其他国家机关、社会组织也负有一定解决民事争议的职责。在处理人民法院与其他机关、组织主管民事纠纷关系的问题上，一般要遵循"司法最终解决原则"。所谓"司法最终解决原则"，是指一切机构不能彻底解决的纠纷，皆由法院通过审判的方式作为解决纠纷的最后手段，法院是社会正义的最后一道防线；法院的裁判具有最高的权威性和法律效力，对所有机关、团体和个人都具有约束力。该原则主要包含两个方面的内容：①其他国家机关、社会组织主管的民事纠纷无法彻底解决时，都由人民法院主管，通过审判方式解决纠纷；②当一项民事纠纷涉及多个法律关系时，如果其中有属于法院主管的，那么该纠纷一并归法院主管，采用审判的方式予以解决。司法最终解决原则只是在处理法院主管与其他国家机关、社会组织处理民事争议的关系时要遵循的一项底限性原则，另外根据法律规定，这些关系还有着更为复杂的内容。

（一）人民法院与人民调解委员会解决民事纠纷的关系

人民调解委员会是群众性自治组织，其任务是调解发生在民间的一般简单民事纠纷。人民法院与人民调解委员会在受理纠纷的范围上很大一部分是重合的，当然法院的主管范围要比后者宽泛许多。对人民法院和人民调解委员会都有权处理的纠纷，遵照以下规则解决：①双方当事人都同意提交人民调解委员会调解的，由调解委员会调解解决；②一方向调解委员会申请调解，另一方向人民法院起诉的，由人民法院审判；③调解委员会调解纠纷不成，当事人又向人民法院起诉的，由人民法院审判；④调解委员会经过调解达成有效调解协议的，调解协议具有合同效力，一方当事人反悔，另一方向人民法院起诉的，由人民法院审判（对调解协议的效力进行审判，如果无效，则对原纠纷进行审判）。最高人民法院在 2002 年通过的《关于审理涉及人民调解协议的民事案件的若干规定》第 1、

2条规定："经人民调解委员会调解达成的、有民事权利义务内容，并由双方当事人签字或者盖章的调解协议，具有民事合同性质。当事人应当按照约定履行自己的义务，不得擅自变更或者解除调解协议。当事人一方向人民法院起诉，请求对方当事人履行调解协议的，人民法院应当受理。当事人一方向人民法院起诉，请求变更或者撤销调解协议，或者请求确认调解协议无效的，人民法院应当受理。"

（二）人民法院与仲裁机构解决民事纠纷的关系

在我国，解决民事纠纷的仲裁机构主要是仲裁委员会。另外，还设有一种专门解决劳动关系纠纷的劳动争议仲裁委员会。

1. 人民法院与仲裁委员会解决民事纠纷的关系。

（1）人民法院主管的范围大于并包括仲裁委员会主管的范围。依据仲裁法的规定，仲裁委员会主管的范围是平等主体的公民、法人和其他组织之间发生的合同纠纷和其他财产权益纠纷，但婚姻、收养、监护、扶养、继承纠纷不属于其主管范围。而对于上述纠纷，人民法院都可以受理解决。

（2）对仲裁委员会和人民法院都有权解决的纠纷，具体由谁主管取决于法律规定和当事人的选择：①当事人双方达成仲裁协议的，由仲裁委员会受理解决，人民法院不得主管，可见，仲裁协议可以对抗法院主管。[1] 当然，这种对抗也有例外情况。《仲裁法》第26条规定："当事人达成仲裁协议，一方向人民法院起诉未声明有仲裁协议，人民法院受理后，另一方在首次开庭前提交仲裁协议的，人民法院应当驳回起诉，但仲裁协议无效的除外；另一方在首次开庭前未对人民法院受理该案提出异议的，视为放弃仲裁协议，人民法院应当继续审理。"②没有仲裁协议或者仲裁协议无效的，由人民法院主管。③在仲裁委员会作出仲裁裁决后当事人就同一纠纷再向人民法院起诉的，法院不予受理。仲裁委员会实行的是一裁终局制度。

（3）当事人在仲裁裁决被人民法院依法撤销或裁定不予执行、又未重新达成仲裁协议的情况下，向人民法院提起民事诉讼，法院应当受理。

2. 人民法院与劳动争议仲裁委员会解决劳动纠纷的关系：劳动关系专门由劳动法予以调整，为了解决劳动争议，我国设立了不同于民间性质仲裁委员会的劳动争议仲裁委员会。它由劳动行政部门代表、同级工会代表、用人单位代表共同组成。就劳动争议的主管范围而言，人民法院与劳动争议仲裁委员会是一致的。但在职权顺序上，劳动争议仲裁委员会的主管优先于人民法院，即劳动争议

---

〔1〕 仲裁协议的达成可以是在纠纷发生前，譬如合同案件，在订立合同时即同时达成仲裁协议；也可以在纠纷发生后，双方当事人共同选择仲裁的方式解决纠纷。

的解决是采取仲裁前置的模式。劳动争议发生后，当事人可以向本单位劳动争议调解委员会申请调解，也可以直接向劳动争议仲裁委员会申请仲裁，当事人对仲裁裁决不服的，可以自收到裁决书之日起 15 日内向人民法院起诉。但如果直接向法院起诉的，法院不予受理。

（三）人民法院与行政机关主管民事纠纷的关系

1. 人民法院与乡（镇）人民政府主管民事纠纷的关系。乡（镇）人民政府是我国的基层人民政府，设有司法所及司法助理员，由司法助理员具体负责处理民间纠纷的工作。司法部于 1990 年颁发的《民间纠纷处理办法》，规定了基层人民政府处理纠纷的范围为民间纠纷，包括公民之间有关人身、财产权益和其他日常生活中发生的纠纷。1993 年，最高人民法院又发布了《关于如何处理经乡（镇）人民政府调处的民间纠纷的通知》。根据该办法和该通知的有关规定，人民法院与乡（镇）人民政府在主管民事纠纷上的关系是：①人民法院主管的范围要远远宽于乡（镇）人民政府的主管范围，后者一般限于民间的日常民事纠纷；②在序位关系上，人民法院的主管优先于乡（镇）人民政府的主管，即当一方当事人申请乡（镇）人民政府处理、另一方当事人直接向人民法院起诉时（即使前者申请基层政府处理在先），由人民法院主管；③民事纠纷经乡（镇）人民政府处理后，任何一方当事人不服而起诉到人民法院的，仍然作为民事案件由人民法院主管，也就是说基层政府的处理并不具有强制性的法律效力。

2. 人民法院与其他行政机关主管民事纠纷的关系。其他行政机关，是指除乡（镇）人民政府外的行政机关。行政机关在履行行政管理职能的过程中，也在其职权范围内处理部分民事权益纠纷。根据我国相关的法律规定，行政机关与人民法院主管民事纠纷的关系主要有以下几个方面。

（1）由当事人请求行政机关调解，调解不成或者达成调解协议后反悔的，可依法提起民事诉讼。例如，《专利法》第 60 条规定，进行处理的管理专利工作的部门应当事人的请求，可以就侵犯专利权的赔偿数额进行调解；调解不成的，当事人可以依照《中华人民共和国民事诉讼法》向人民法院起诉。《商标法》也有相关的规定。当事人也可以不经行政机关调解直接向人民法院起诉，无论调解与否，当事人起诉的都是民事诉讼。此时的行政调解并非具体行政行为。

（2）由行政机关处理，对于处理决定不服的则可提起行政诉讼。行政机关的处理行为是行政行为。例如，《土地管理法》第 16 条规定："土地所有权和使用权争议，由当事人协商解决；协商不成的，由人民政府处理。单位之间的争议，由县级以上人民政府处理；个人之间、个人与单位之间的争议，由乡级人民政府或者县级以上人民政府处理。当事人对有关人民政府的处理决定不服的，可以自接到处理决定通知之日起 30 日内，向人民法院起诉。"另外再如，根据《商标法》第 41、43 条的规定，对已经注册的商标有争议的，可以自该商标经核准注册之日起 5 年内，向商标评审委员会申请裁定；当事人对商标评审委员会作出的维持或者撤销注册商标的裁定不服的，可以自收到通知之日起 30 日内向人民法院提起行政诉讼。

（3）由当事人选择向法院提起民事诉讼或者请求行政机关处理；如果选择后者，当事人对处理决定不服的可以提起行政诉讼。例如，《专利法》第 60 条规定："未经专利权人许可，实施其专利，即侵犯其专利权，引起纠纷的，由当事人协商解决；不愿协商或者协商不成的，专利权人或者利害关系人可以向人民法院起诉，也可以请求管理专利工作的部门处理。管理专利工作的部门处理时，认定侵权行为成立的，可以责令侵权人立即停止侵权行为，当事人不服的，可以自收到处理通知之日起 15 日内依照《中华人民共和国行政诉讼法》向人民法院起诉；侵权人期满不起诉又不停止侵权行为的，管理专利工作的部门可以申请人民法院强制执行。"再如，《商标法》第 53 条也作了相类似的规定。

行政机关主管民事纠纷的情况必须是有相关法律的明确规定。当法律未明确规定某种民事纠纷可由行政机关依职权解决时，当事人可以依法选择通过法院民事诉讼的方式解决。

四、解决民事案件主管争议的规则

在受理解决民事案件的主管问题上，虽然法律作了详细的规定，但司法实践错综复杂，有时难免产生争议。如何解决这类争议，通常可以分为两种情况：

1. 人民法院与其他国家机关、社会组织之间对主管的争议。解决该种争议的基本做法是：由争议双方通过协商的办法予以解决；若协商不成，应各自报请其上级机关再行协商，直至由当地权力机关（人民代表大会常务委员会）决定。

2. 人民法院与当事人之间对主管的争议。对于当事人提起的诉讼，受诉法院认为不属于人民法院受理民事案件的范围，即不属于人民法院主管，但当事人坚持起诉，从而产生争议。根据《民事诉讼法》的规定，法院对于不属于自己主管的民事起诉，可以向原告作出不予受理的裁定；如果在案件受理后发现不应属于自己主管的，可以向原告作出驳回起诉的裁定。针对上述两种裁定，原告不服的可以向上一级人民法院提起上诉。不过，在司法实践中还存在这样的情况：人民法院认为案件不属于自己主管，不受理案件，但又拒绝向原告作出不予受理的裁定，原告也就无从上诉。[1] 对于如何解决此种置之不理的做法，《民事诉讼法》等各相关法律都没有作出规定。最高人民法院于 1987 年颁发的《关于最高

---

[1]　参见张进德："谁动了我的诉权"，载《南方都市报》2006 年 10 月 11 日。

人民法院告诉申诉审判庭的职责范围和启用印章的通知》中，在规定最高法院告诉申诉审判庭的职责范围时，第 5 条第 1 项规定："对依法应由下级法院管辖的案件，但有关法院不予受理，当事人向本院提起诉讼请求的，由告诉申诉审判庭分别不同情况处理。"此处的"不予受理"，应当理解为也包括实践中法院不予受理且不出裁定的情形。但是，这项司法解释的贯彻力度在长期以来的司法实践中值得怀疑。我们建议，对于这种问题，应当完善相关的立法，为当事人提供切实可行的救济方法。

第二节　民事案件的管辖

一、管辖的概念和意义

民事诉讼的管辖，是指各级人民法院和同级人民法院之间，受理第一审民事案件的分工和权限。它是在人民法院系统内部划分和确定某级或者同级中的某个人民法院对某一民事案件行使审判权的问题。将人民法院主管的民事案件，在法院组织系统内部确定其对第一审民事案件的审判权限，才能使人民法院依法主管的民事案件得以落实。

管辖与主管是两个不同的概念，但两者又有着紧密的联系。主管先于管辖发生，是确定管辖的前提和基础；管辖，是对主管的体现和落实。因为主管只是解决了法院可以受理哪些民事纠纷的问题，至于具体由哪一个法院来受理这些民事纠纷，则是管辖要解决的问题。可以说，没有主管就无法确定管辖，而没有管辖主管的确定也就丧失了意义。

合理地设置管辖体系并在民事诉讼法中作出明确规定，对民事诉讼的有效运作具有十分重要的意义。

1. 确定管辖是行使国家司法权的重要内容，这体现了国家主权的精神，管辖权的完整和科学可以捍卫国家主权，维护我国公民、法人和其他组织的合法利益。

2. 确定管辖可以使法院审判权得以落实，标志着民事诉讼的顺利开启。管辖是诉讼的首要环节，其后民事案件的审判权才能具体落实到各法院，诉讼才能顺利进行。

3. 确定管辖可以方便当事人行使诉讼权利。于原告而言，可以获知应当向哪一个法院起诉，正确行使诉权；于被告而言，可以准确判断受诉法院是否对案件具有管辖权，以便行使提出管辖权异议的权利。

4. 确定管辖可以使得各人民法院明确自己受理民事案件的权限和分工，避免不必要的推诿和争夺管辖的现象的发生，使民事案件得以及时、公正地解决。

5. 确定管辖有利于上级人民法院对下级人民法院进行监督，敦促下级法院严格执行民事诉讼法关于管辖问题的规定。

二、确立管辖的原则

由于民事案件种类繁多、情况复杂，因此在确定人民法院对案件的管辖时必须遵循一定的原则，只有这样才能保证人民法院正确、及时地行使审判权，保护当事人的合法权益。我国《民事诉讼法》确定管辖的原则是：

1. 便于当事人进行诉讼。人民法院行使审判权解决民事纠纷，应当以有利于当事人行使诉权为出发点，采用就近诉讼的原则，为当事人起诉、应诉提供方便，避免当事人因涉及诉讼造成过重的负担，浪费人力、物力，影响正常工作和生活。按照这一原则，《民事诉讼法》根据法院的辖区与当事人的隶属关系以及各类案件的特点，确定了对不同案件的管辖。例如，根据《民事诉讼法》对级别管辖的规定，绝大部分第一审民事案件都是由基层人民法院管辖。

2. 便于人民法院行使审判权。这是民事诉讼确定管辖的重要原则，是保证人民法院及时审理民事案件，提高办案效率的原则。人民法院审理民事案件，首先应当查明案件事实，分清是非责任，然后才能正确适用法律，使案件得到正确、合法的解决。做到这一点，就必须及时、全面地了解案情，进行必要的调查研究和收集证据。这就要求在确定案件的管辖时，应从客观实际出发，考量法院工作的实际情况和案件的需要，以利于人民法院顺利地完成其民事审判的任务。

3. 保证案件公正审判，维护当事人的合法权益。这是《民事诉讼法》保障案件审判质量的重要原则。民事诉讼法在确定管辖时，根据各级人民法院职权范围和各类案件的具体情况不同，分别确定了案件的管辖。例如，为防止地方保护主义干扰，规定了对合同纠纷的协议管辖；为便于排除和避免某些行政干预因素和基层人民法院的业务素质及设备条件的限制，规定了管辖权的转移和指定管辖，并适当地提高了某类案件的审级，以利于人民法院的公正审判。

4. 兼顾各级人民法院的职能和工作均衡负担。根据《人民法院组织法》的规定，各级人民法院的职权和分工不同。基层人民法院最接近当事人，为便于当事人诉讼和人民法院行使审判权提供了条件。因此，《民事诉讼法》规定，除法律另有规定外，第一审民事案件均由基层人民法院管辖；中级、高级人民法院不仅依法要审理部分第一审民事案件，而且还要审理上诉案件（二审案件），并对下级人民法院的审判活动进行法律监督和业务指导，因而不宜过多管辖第一审民事案件。最高人民法院是全国最高审判机关，其主要职能是监督和指导地方各级人民法院、专门法院的审判工作，制定有关文件和司法解释，总结和推广审判经验，从而保证整个人民法院的审判质量，因此更不宜多管辖第一审民事案件。

5. 确定性与灵活性相结合。为便于当事人诉讼，便于人民法院及时、正确的行使审判权，在立法上应采用明确、具体规定的形式确定管辖，这对于人民法院和当事人都一目了然，不因管辖不明发生争议，有利于及时行使审判权和诉权。但是，客观现实是不断发展和变化的，而法律则具有相对的稳定性，不可能以偏概全，朝令夕改。因此，在确定管辖时又要有一定的灵活性，以适应审判实践发展变化的需要。

6. 有利于维护国家主权。管辖权是国家主权的重要体现，司法管辖权的充分程度在一定程度上可以体现出国家主权的独立程度。我国作为一个完全独立的主权国家，在尊重国际条约和国际惯例的前提下，对民事管辖权特别是专属管辖权进行了规定，使得管辖范围得以保证，有效抵制了外国司法权对我国的不当干涉，以维护国家和人民的基本利益。

7. 管辖恒定原则。管辖恒定，是指确定案件管辖权，以起诉时为标准，起诉时对案件享有管辖权的法院，不因确定管辖的事实在诉讼过程中发生变化而影响其管辖权。这一原则可以避免因管辖变动而造成的司法资源浪费，减少当事人的讼累，推动诉讼迅速、便捷进行，适应诉讼经济的要求。

我国并未在法律中明确规定管辖恒定，但在有关司法解释中也零散规定了管辖恒定原则的一部分精神和内容。最高人民法院 1996 年 5 月在《关于执行级别管辖规定几个问题的批复》中规定："当事人在诉讼中增加诉讼请求从而加大诉讼标的金额，致使诉讼标的金额超过受诉法院级别管辖权限的，一般不再变动。但是当事人故意规避有关级别管辖等规定的除外。"这一规定体现了级别管辖恒定的原则。最高人民法院《民诉意见》第 34 条规定："案件受理后，受诉人民法院的管辖权不受当事人住所地、经常居住地变更的影响。"第 35 条也规定："有管辖权的人民法院受理案件后，不得以行政区域变更为由，将案件送给变更后有管辖权的人民法院。"

三、管辖的分类

我国法学界对于民事诉讼管辖的分类，一般是从立法和理论两个方面进行讨论的。

（一）管辖的法律分类

以民事诉讼法的规定为根据，民事诉讼管辖可以分为级别管辖、地域管辖、移送管辖和指定管辖四类。其中，地域管辖又可分为一般地域管辖、特殊地域管辖、专属管辖、共同管辖、选择管辖和协议管辖。但是应当指出，这种分类的标准并非是特定统一的，因此划分后的管辖种类也就不是独立并列存在的。例如，移送管辖和指定管辖只是级别管辖和地域管辖出现问题时的一种解决办法，并非独立于后两者而存在；共同管辖和选择管辖也是解决特殊管辖问题的方式，协议管辖是对地域管辖在法定范围内的自由约定，专属管辖仅是一种特殊的严格的法定管辖，它们是对一般地域管辖和特殊地域管辖的补充，并非与后两者并行存在。

（二）管辖的理论分类

我国法学界对管辖进行理论分类一般是从以下几个方面展开的。

1. 法定管辖和裁定管辖。以是否有法律规定为标准，可以将管辖分为法定管辖和裁定管辖。由民事诉讼法直接规定并可直接适用的管辖是法定管辖，如级别管辖和地域管辖；民事诉讼法中虽然有规定但需要通过人民法院裁定予以实现的管辖是裁定管辖，如移送管辖和指定管辖。从二者关系看，前者是针对管辖的一般情形作出的，后者则是针对特殊情形的，设定裁定管辖的主要目的，是为了对法定管辖进行灵活性适用。

2. 专属管辖和协议管辖。以管辖是否由法律强制规定、是否允许当事人自由协商为标准，可以分为专属管辖和协议管辖。专属管辖是指法律规定某类案件只能由特定的法院管辖，并且不得以任何方式变更的一种管辖形式；协议管辖，是指法律虽然已经对管辖作出规定，但同时也允许当事人协商选择其他法院进行管辖。实际上，这种分类有待商榷。协议选择的对立面应当是法律规定，而专属管辖只是法律规定的一种强制性最大的形式。

3. 共同管辖和合并管辖。以案件的诉讼关系为标准，可以分为共同管辖和合并管辖。案件的诉讼关系，是指诉讼主体、诉讼客体与法院辖区之间存在的联系。共同管辖，是指两个或两个以上的人民法院对同一案件具有管辖权。这种管辖可以由诉讼主体和诉讼客体的因素而引发。前者如，同一案件的几个被告住所地在两个或者两个以上法院辖区内；后者如，不动产案件中的不动产位于不同法院的辖区内。合并管辖，又称牵连管辖，是指对某一案件有管辖权的法院，因本院无管辖权的另一案件与该案存在牵连关系，而对两起案件一并管辖。适用合并管辖的情形主要有原告增加诉讼请求、被告提起反诉、第三人提出与本案有关的诉讼等等。如果法院对牵连案件本来即具有管辖权，则不存在合并管辖问题。我们认为，这种分类也有待商榷。其实，共同管辖只是案件管辖所存在的一种状态，或者说是管辖中一种待解决的问题。而合并管辖，也只是解决某种管辖问题时的一种方式。两者并非同一性质，甚至也没有太大的联系。

我们对学界对管辖的传统理论分类保留看法。也有个别学者质疑上述分类标准有失科学，而主张按照以下标准进行划分，在此一并介绍。[1]

---

〔1〕 参见谭兵主编：《中国民事诉讼法要论》，西南财经大学出版社1991年版，第103～104页。

1. 以是否直接根据法律规定为标准，可分为直接法定管辖和间接法定管辖。前者指直接根据法律规定而没有法院主观意志介入而确定的管辖，如级别管辖、地域管辖；间接法定管辖是指基于法律授权而由法院进行裁定的管辖，如指定管辖和管辖权转移。

2. 以是否由当事人协议约定为标准，可分为协议管辖和强制管辖。前者加入了当事人双方的主观意志；而后者是由法律强制规定，不允许当事人协议变更的管辖，如级别管辖和专属管辖。

3. 以案件管辖法院的数量多少为标准，可分为共同管辖和单一管辖。前者是指两个以上法院对某一具体民事案件都有管辖权，当事人可以选择其一进行管辖；后者是指某一民事案件依法仅能由某一特定法院进行管辖。

4. 以是否将有牵连关系的数个案件一并管辖为标准，可分为合并管辖和分别管辖。合并管辖前已述及。分别管辖是指将有牵连的多个案件分别交由各个有管辖权的法院进行管辖。

第三节　级别管辖

一、级别管辖的概念和划分标准

级别管辖，是指上、下级人民法院之间受理第一审民事案件的分工和权限。它是确定法院管辖的首要环节。级别管辖是划分不同级别法院之间管辖第一审民事案件的总体分工，还不会直接涉及到某一具体的管辖法院。在我国民事诉讼中，确定级别管辖的依据包括案件的性质、案件影响的大小、诉讼争议标的额大小等。

1. 案件的性质。案情简单、审理难度小的案件，一般适合于级别较低的法院管辖。但是法律另有规定的除外，这类案件主要包括专业性较强的专利案件、海事海商案件以及重大涉外案件等。

2. 案件的影响。案件的处理结果会对社会产生一定的影响，不同的案件可能会在不同的辖区范围内产生影响。案件的影响范围越大，就要在相适应辖区的法院进行管辖，也就是在级别较高的法院管辖。一般而言，案件影响范围与人民法院的级别成正比关系，影响范围越大，受理案件的法院级别越高。当然，绝大部分案件都不会产生太大的社会影响，大都限于基层人民法院的辖区范围。

3. 诉讼争议标的额。即根据诉讼金额的大小确定管辖法院的级别。《民诉意见》第3条规定："各省、自治区、直辖市高级人民法院可以依照民事诉讼法第19条第2项、第20条的规定，从本地实际情况出发，根据案情繁简、诉讼标的金额大小、在当地的影响等情况，对本辖区内一审案件的级别管辖提出意见，报最高人民法院批准。"另外，经最高人民法院批准的各高级人民法院辖区内各级人民法院受理第一审民事经济纠纷案件级别管辖的标准中，诉讼金额的大小是唯一的划分依据。[1] 不过，这种以诉讼金额大小确定法院管辖级别的理念有待商榷。例如，一起诉讼金额巨大的民事案件，其法律关系却非常简单清晰，并且也基本没有任何的社会影响，如果也在高级别法院管辖的话，可能并不符合级别管辖的基本设置精神。

二、级别管辖的内容

（一）基层人民法院管辖的第一审民事案件

《民事诉讼法》第 18 条规定："基层人民法院管辖第一审民事案件，但本法另有规定的除外。"基层人民法院是指县级、不设区的市级、市辖区级的人民法院。这就是说，一般民事案件都由基层法院管辖，或者说除了法律规定由中级法院、高级法院、最高法院管辖的第一审民事案件外，其余一切民事案件都由基层法院管辖。将大多数民事案件划归基层人民法院管辖是符合具体情况的。基层法院是我国法院系统中最低的一级，不但数量多，而且遍布各个基层行政区域。我国是农村人口占据多数的国家，当事人的住所地、纠纷发生地、争议财产所在地一般都在基层辖区之内。由基层法院管辖第一审民事案件，既方便当事人参与诉讼，又便于法院审理案件。

（二）中级人民法院管辖的第一审民事案件

根据《民事诉讼法》第 19 条之规定，中级人民法院管辖下列三类第一审民事案件：

1. 重大涉外案件（包括涉港、澳、台地区的案件）。所谓涉外案件，是指具有外国因素的民事案件，如原告或被告是外国人、涉及的财产在外国等。所谓重大涉外案件，是指争议标的额大、案情复杂，或者居住在国外的当事人人数众多或当事人分属多国国籍的涉外案件。

最高人民法院于 2002 年颁布了《关于涉外民商事案件诉讼管辖若干问题的规定》，重大涉外民商事案件由下列人民法院进行第一审管辖：①国务院批准设立的经济技术开发区人民法院；②省会、自治区首府、直辖市所在地的中级人民法院；③经济特区、计划单列市中级人民法院；④最高人民法院指定的其他中级人民法院；⑤高级人民法院。上述中级人民法院的区域管辖范围由所在地的高级人民法院确定。对国务院批准设立的经济技术开发区人民法院所作的第一审判决、裁

---

〔1〕　这一标准由各有关高级人民法院根据最高人民法院的"法发〔1999〕11 号"通知的要求进行制定，并报经最高人民法院批准公布。

定不服的，其第二审由所在地中级人民法院管辖。本规定适用于下列案件：①涉外合同和侵权纠纷案件；②信用证纠纷案件；③申请撤销、承认与强制执行国际仲裁裁决的案件；④审查有关涉外民商事仲裁条款效力的案件；⑤申请承认和强制执行外国法院民商事判决、裁定的案件。发生在与外国接壤的边境省份的边境贸易纠纷案件，涉外房地产案件和涉外知识产权案件，不适用本规定。涉及香港、澳门特别行政区和台湾地区当事人的民商事纠纷案件的管辖，参照本规定处理。高级人民法院应当对涉外民商事案件的管辖实施监督，凡越权受理涉外民商事案件的，应当通知或者裁定将案件移送有管辖权的人民法院审理。本规定实施前已受理的案件由原受理人民法院继续审理。

2. 在本辖区有重大影响的案件。所谓在本辖区有重大影响的案件一般是指在政治上或经济上重大影响的案件。在政治上有重大影响的案件，主要是指诉讼当事人或诉讼标的及标的物涉及到的人或事在政治上有重大影响，如当事人是党、政、军界要员或人大代表等。在经济上有重大影响的案件，主要是指诉讼标的金额较大、争议的法律关系涉及到国家经济政策的贯彻等诸类案件。

3. 最高人民法院确定由中级人民法院管辖的案件。最高人民法院根据审判实践的需要，将某些案件确定由中级人民法院作为第一审法院。目前这类案件主要有：

（1）海事和海商案件。是指海上船舶碰撞、海上运输、追索海难救助费用等发生的纠纷。这类案件由海事法院专门管辖，目前我国已经在上海、青岛、天津、海口、大连、广州、武汉、厦门、宁波等城市设立了海事法院。海事法院均为中级人民法院。

（2）专利纠纷案件。专利纠纷包括两类，一类是专利行政案件，属于行政诉讼受案范围，另一类是专利民事案件，属于民事诉讼受案范围。专利民事案件主要包括专利申请公布后、专利权授予之前使用专利的费用纠纷，专利侵权纠纷，转让专利申请权或专利权的合同纠纷。专利民事案件由省、自治区、直辖市人民政府所在城市的中级人民法院，以及青岛、大连和各经济特区的中级人民法院管辖，其他法院没有管辖权。

（3）著作权纠纷案件。它也包括民事案件与行政案件两大类，其中著作权民事案件主要包括：著作权及与著作权有关权益、权属、侵权、合同纠纷；申请诉前停止侵犯著作权、与著作权有关权益行为，申请诉前财产保全、诉前证据保全案件；其他著作权、与著作权有关权益纠纷。

（4）诉讼标的金额大或者诉讼单位属省、自治区、直辖市以上的经济纠纷案件。

（5）证券虚假陈述民事赔偿案件。此类案件由省、自治区、直辖市人民政府所在的市、计划单列市和经济特区中级人民法院管辖。

（三）高级人民法院管辖的第一审民事案件

《民事诉讼法》第 20 条规定："高级人民法院管辖在本辖区有重大影响的第一审民事案件。"高级人民法院设立在各省、自治区、直辖市人民政府所在地的城市。它负有对辖区内各中级和基层人民法院进行指导和审判监督的职能，同时还作为不服各中级法院一审裁判的上诉法院，因此，这些职能决定了高级人民法院不宜过多地审理第一审民事案件。

（四）最高人民法院管辖的第一审民事案件

《民事诉讼法》第 21 条规定："最高人民法院管辖下列第一审民事案件：①在全国有重大影响的案件；②认为应当由本院审理的案件。"所谓在全国有重大影响的案件，是指在全国范围内案件性质比较严重、案情特别复杂、影响重大的案件，这类案件为数极少；所谓最高人民法院认为应当由本院审理的案件，是指只要最高人民法院认为某一案件应当由其审理，不论该案属于哪一级、哪一个法院管辖，它都有权将案件提上来自己审判，从而取得对案件的管辖权。这是立法赋予最高审判机关在管辖上的特殊权力。但应明确的是，由最高人民法院作为第一审管辖的民事案件实行一审终审，不能上诉。在我国的审判实践中，最高人民法院自成立至今从未管辖过第一审民事案件，因此这项立法还未曾真正实施过。

第四节　地域管辖

一、地域管辖的概念和确立标准

地域管辖，是指不同区域的同级人民法院之间受理第一审民事案件的分工和权限。地域管辖是在案件的级别管辖确定后对管辖权的进一步划分，意在解决案件由同级人民法院中哪一个法院管辖的问题。级别管辖是地域管辖的前提和基础，地域管辖是级别管辖的具体落实，二者共同构成了管辖制度的主要内容。

确定地域管辖的标准主要有两个：①诉讼当事人的所在地（尤其是被告的住所地）与法院辖区之间的联系；②诉讼标的、诉讼标的物或者法律事实与法院辖区之间的联系。

二、一般地域管辖

（一）适用原则：原告就被告

一般地域管辖是指根据当事人住所地确定管辖法院的一种管辖。我国的通行做法是采取"原告就被告"的原则，即原告起诉民事案件应到被告所在地法院去管辖。

"被告所在地"，对于作为公民的被告而言，是指该公民的住所地，一般即指户籍所在地，如果经常居住地与户籍所在地不一致的，以经常居住地为住所。所谓经常居住地，是指公民离开住所地至起诉时已连续居住满 1 年的地方，但公民住院就医的地方除外。

对于作为法人或其他组织的被告而言，被告住所地是指其主要营业地或主要办事机构所在地。如果被告是没有办事机构的公民合伙或合伙型联营体，则由注册地法院管辖；没有注册地，几个被告又不在同一辖区的，几个被告住所地的法院都有管辖权。

为使原告就被告原则能够适应具体的诉讼实践，《民诉意见》又作出了下列几点补充：①双方当事人均被注销城镇户口的，由被告居住地的人民法院管辖。②当事人的户籍迁出后尚未落户，有经常居住地的，由该地人民法院管辖。没有经常居住地，户籍迁出不足一年的，由其原户籍所在地人民法院管辖；超过一年的，由其居住地人民法院管辖。③双方当事人都被监禁或被劳动教养的，由被告原住所地人民法院管辖；被告被监禁或被劳动教养一年以上的，由被告被监禁地或被劳动教养地人民法院管辖。④离婚诉讼双方当事人都是军人的，由被告住所地或者被告所在的团级以上单位驻地的人民法院管辖。⑤不服指定监护或变更监护关系的案件，由被监护人住所地人民法院管辖。⑥夫妻双方离开住所地超过一年，一方起诉离婚的案件，由被告经常居住地人民法院管辖。

（二）例外规定：被告就原告

"原告就被告"不仅是我国普通地域管辖的一般原则，也是世界各国民事诉讼中普遍采用的一个原则，这一原则适用于绝大多数民事案件。但在有些情况下，按照这一原则确定案件管辖时，可能并不便于人民法院行使审判权，或者影响当事人充分行使诉讼权利。因此，确立"原告就被告"这一普通地域管辖的例外规定就显得十分必要。普通地域管辖的例外规定主要体现在《民事诉讼法》和最高人民法院的司法解释中，它们都规定某些案件由原告所在地法院管辖，原告所在地与经常居住地不一致的，由原告经常居住地法院管辖。

《民事诉讼法》第 23 条规定了四种例外情况：

1. 对不在中国领域内居住的人提起的有关身份关系的诉讼。所谓身份关系，是指与人的身份相关的各种关系，如婚姻关系、亲子关系、收养关系等，这类诉讼是人身权益问题。被告在国外的，原告可以向自己所在地的人民法院提起诉讼。

2. 对下落不明或者宣告失踪的人提起的有关身份关系的诉讼。一般情况下，双方当事人在中国境内有住所的，有关身份关系的诉讼应由被告所在地的法院管辖。但是，如果被提起诉讼的人下落不明，或者已被依法宣告其失踪的，就难以确定其所在地。对此，为保护原告的人身权益，法律上确定由原告所在地的人民法院管辖。

3. 对被劳动教养的人提起的诉讼。被劳动教养的人在被劳动教养期间，集中住在劳动教养地，而劳动教养地既不是被告所在地，也不是被告的经常居住地，因而该地法院对涉及被告身份关系的诉讼无司法管辖权。另外，由于被提起诉讼的人正在接受劳动教养，人身自由受到一定的限制，如由其原所在地的人民法院管辖，也不便于应诉。因此，法律上规定由原告住所地的人民法院管辖。司法实践中，还有双方当事人都是被劳动教养人的诉讼，在这种情况下，一般由被告原住所地的法院管辖；被告被劳动教养一年以上的，由被告被劳动教养地的人民法院管辖。

4. 对被监禁的人提起的诉讼。被监禁的人在被监禁期间因丧失自由，无权在其住所地。所以，原告既不宜向其原住所地的法院起诉，也不宜向其被监禁地法院起诉，因而法律规定由原告所在地法院管辖。在司法实践中，如遇双方当事人都被监禁的，则由被告原住所地人民法院管辖；被告被监禁一年以上的，由被告被监禁地的人民法院管辖。

另外，《民诉意见》也对例外情况作出了下列补充规定：①被告一方被注销城镇户口的，由原告住所地法院管辖。②追索赡养费案件的几个被告住所地不在同一辖区的，可以由原告住所地人民法院管辖。③非军人对军人提出的离婚诉讼，如果军人一方为非文职人员，由原告住所地人民法院管辖；但离婚诉讼双方当事人都是军人的，由被告住所地或者被告所在的团级以上单位驻地的人民法院管辖。④夫妻一方离开住所地超过一年，另一方起诉离婚的案件，由原告住所地人民法院管辖。⑤夫妻双方离开住所地超过一年，一方起诉离婚的案件，被告没有经常居住地的，由原告起诉时居住地的法院管辖。⑥在国内结婚并定居国外的华侨，如定居国法院以离婚诉讼须由婚姻缔结地法院管辖为由不予受理，当事人向人民法院提出离婚诉讼的，由婚姻缔结地或一方在国内的最后居住地人民法院管辖。⑦在国外结婚并定居国外的华侨，如定居国法院以离婚诉讼须由国籍所属国法院管辖为由不予受理，当事人向人民法院提出离婚诉讼的，由一方原住所地或在国内的最后居住地人民法院管辖。⑧中国公民一方居住在国外，一方居住在国内，不论哪一方向人民法院提起离婚诉讼，国内一方住所地的人民法院都有权管辖。如国外一方在居住国法院起诉，国内一方向人民法院起诉的，受诉人民法院有权管辖。⑨中国公民双方在国外但未定居，一方向人民法院起诉离婚的，应由原告或者被告原住所地的人民法院管辖。

三、特殊地域管辖

特殊地域管辖，又称特别地域管辖，是指以诉讼标的所在地或者引起民事法律关系发生、变更、消灭的法律事实所在地及被告住所地为标准确定的管辖。特殊地域管辖的基本特点是，各类纠纷的管辖都是共同管辖，当事人要通过选择管辖的方式予以选择事实上的管辖法院。我国《民事诉讼法》第24、26～30条规定了九种情况的特殊地域管辖。

（一）一般合同纠纷诉讼

《民事诉讼法》第24条规定："因合同纠纷提起的诉讼，由被告住所地或者合同履行地人民法院管辖。"凡是《民事诉讼法》没有另外规定管辖准则的合同纠纷，均适用此规定。合同履行地，是指合同约定的履行义务的地点，主要是指合同标的物的交付地点。对于履行地约定不明确的合同，应当根据《合同法》第62条规定予以确定："履行地点不明确，给付货币的，在接受货币一方所在地履行；交付不动产的，在不动产所在地履行；其他标的，在履行义务一方所在地履行。"另外，最高人民法院又在《民诉意见》以及其他相关司法解释中对合同履行地的确认作出了详细的规定。

1. 因合同纠纷提起的诉讼，如果合同没有实际履行，当事人双方住所地又都不在合同约定的履行地的，应由被告住所地人民法院管辖。

2. 购销合同履行地按照下列几种情况确定：①双方当事人在合同中对履行地点有约定的，以约定履行地点为合同履行地；当事人未在合同中约定履行地点的，以约定的交货地点为合同履行地；合同中约定的货物到达地、到站地、验收地、安装调试地等，均不应视为合同履行地。②当事人在购销合同中明确约定了履行地点或交货地点，但实际履行中以书面方式或双方当事人一致认可的其他方式变更约定的，以变更后的约定确定合同履行地。③当事人在合同中对履行地点、交货地点未作约定或者约定不明确的，或者虽有约定但未实际交付货物，且当事人双方住所地均不在合同约定的履行地，以及口头购销合同案件，均不依履行地确定案件管辖。

3. 加工承揽合同，以加工行为地为合同履行地，但合同中对履行地有约定的除外。

4. 财产租赁合同、融资租赁合同以租赁物使用地为合同履行地，但合同中对履行地有约定的除外。

5. 补偿贸易合同，以接受投资一方主要义务履行地为合同履行地。

6. 借款合同，以贷款方所在地为合同履行地，但当事人另有约定的除外。

7. 证券回购合同，凡在交易场所内进行的证券回购业务，交易场所所在地为合同履行地；在交易场所外进行的证券回购业务，最初付款一方（返售方）

所在地为合同履行地。

8. 名称与内容不一致的合同，以合同权利义务属性确定合同性质，借以进一步确定合同履行地；但是，如果根据合同权利义务内容难以确定合同性质或者部分合同权利义务与名称相一致的，则以合同名称反映的合同属性来确定合同履行地。

9. 联营合同：①法人型联营合同，由其主要办事机构所在地人民法院管辖；合伙型联营合同，由其注册地人民法院管辖；协作型联营合同，由被告所在地人民法院管辖。②主要办事机构所在地或者注册地人民法院管辖确有困难的，例如法人型联营已经办理注销手续、合伙型联营未经工商部门办理注册登记、联营期限届满已经解体的，可由被告所在地人民法院管辖。

（二）保险合同纠纷诉讼

《民事诉讼法》第26条规定："因保险合同纠纷提起的诉讼，由被告住所地或保险标的物所在地人民法院管辖。"保险合同是投保人与保险人约定保险权利义务关系的协议。投保人是与保险人订立保险合同，并按照保险合同负有支付保险费义务的主体。保险人则是与投保人订立保险合同，并承担赔偿或者给付保险金责任的保险公司。这类诉讼不同于一般的合同纠纷，也不适用《民事诉讼法》第24条的规定。另外，如果保险标的物是运输工具或运输中的货物，则可由运输工具登记注册地、运输目的地、保险事故发生地的人民法院管辖。

（三）票据纠纷诉讼

《民事诉讼法》第27条规定："因票据纠纷提起的诉讼，由票据支付地或者被告住所地人民法院管辖。"票据是指以无条件支付一定金额为基本效能的有价证券。我国的《票据法》规定票据分为汇票、支票和本票三类。票据纠纷一般是指票据的出票人、承兑人、收款人和背书人之间因票据的签发、承兑、转让、贴现等问题发生的争议。票据支付地，是指票据上载明的付款地。票据未载明付款地的，以票据付款人（包括代理付款人）的住所地或主要营业所在地为票据支付地。

（四）运输合同纠纷诉讼

《民事诉讼法》第28条规定："因铁路、公路、水上、航空运输和联合运输合同纠纷提起的诉讼，由运输始发地、目的地或者被告住所地人民法院管辖。"运输合同纠纷是指承运人和托运人之间在履行运输合同过程中产生的权利义务争议。依运输对象的不同，可以分为客运和货运两种；依运输方式的不同，可以分为铁路、公路、水上、航空以及联合运输。根据最高人民法院相关司法解释的规定，水上运输或者水陆联合运输合同纠纷发生在我国海事法院辖区的，由海事法院管辖；铁路运输合同纠纷，由铁路运输法院管辖；其他运输合同纠纷，由普通人民法院管辖。

（五）侵权行为诉讼

《民事诉讼法》第 29 条规定："因侵权行为提起的诉讼，由侵权行为地或者被告住所地人民法院管辖。"侵权行为地，是指侵害他人合法权利的法律事实所在地，包括侵权行为实施地和侵权结果发生地。一般情况下，行为实施地和结果发生地二者相一致，但也存在不一致的情况。不一致时，二者所属人民法院都具有管辖权。

因司法实践中侵权行为形形色色，对侵权行为地的认定也并非易事。各有关立法和最高人民法院的司法解释对诸多特殊的侵权行为地作出了规定，兹介绍几种情况：①产品质量侵权。因产品质量不合格造成他人财产、人身损害提起的诉讼，产品制造地、产品销售地、侵权行为地和被告住所地的人民法院都有管辖权。②专利侵权。侵权行为地包括：被控侵犯发明、实用新型专利权的产品的制造、使用、许诺销售、进口等行为的实施地；专利方法使用行为的实施地，依该专利方法直接获得的产品的使用、销售、许诺销售、进口等行为的实施地；外观设计专利产品的制造、销售、进口等行为的实施地；假冒他人专利行为的实施地；以及上述侵权行为的结果发生地。③著作、商标侵权。侵权行为地包括侵权行为实施地，侵权复制品、商品的储藏地，查封扣押地等。④网络著作侵权。侵权行为地包括实施侵权行为的网络服务器、计算机终端等设备所在地。对难以确定侵权行为地和被告住所地的，原告发现侵权内容的计算机终端等设备所在地可以视为侵权行为地。

（六）交通事故损害赔偿纠纷诉讼

《民事诉讼法》第 30 条规定："因铁路、公路、水上和航空事故请求损害赔偿提起的诉讼，由事故发生地或者车辆、船舶最先到达地、航空器最先降落地或者被告住所地人民法院管辖。"交通事故损害赔偿纠纷，是指承运人因铁路、公路、水上和航空运输过程中发生事故而造成旅客、托运人以及其他人人身或财产损害所引起的赔偿诉讼。事故发生地，包括事故发生及造成损害后果的地点。车辆、船舶最先到达地，是指车辆、船舶在事发后第一次停靠的车站、码头和港口等地点。航空器最先降落地，是指飞机、卫星、火箭、飞船、热气球等航空器在事故发生后第一次降落地点或者坠毁地点。

（七）海损事故纠纷诉讼

《民事诉讼法》第 31 条规定："因船舶碰撞或者其他海事损害事故请求损害赔偿提起的诉讼，由碰撞发生地、碰撞船舶最先到达地、加害船舶被扣留地或者被告住所地人民法院管辖。"海损事故纠纷，是指船舶在航行过程中发生的碰撞、沉没、海损、触礁、搁浅、失踪以及损害港口设备等事故而引发的受害人要求赔偿的纠纷。在涉外民事诉讼上,无论何国的船舶发生了碰撞或者其他海损事故,只要发生在我国领海范围内,我国法院就可以对请求损害赔偿的诉讼行使管辖权。

(八)海难救助费用纠纷诉讼

《民事诉讼法》第32条规定:"因海难救助费用提起的诉讼,由救助地或者被救助船舶最先到达地人民法院管辖。"海难救助,是指对海上遇难船舶、人员和货物所进行的救助活动。海难救助后,被救船舶应当根据救助的实际情况支付救助人一定的费用。救助地,是指救助行为的实施地;被救助船舶最先到达地,是指被救船舶脱离危险后首先到达的港口或其他地方。

(九)共同海损纠纷诉讼

《民事诉讼法》第33条规定:"因共同海损提起的诉讼,由船舶最先到达地、共同海损理算地或者航程终止地的人民法院管辖。"共同海损,是指船舶在海运过程中遭受海难等意外事故时,为排除危险和挽救人员、船舶、货物而作出的牺牲或支付的费用。共同海损一般由受益人共同分担。共同海损额的理算是一项专业性极强的工作,世界上大多数国家或地区都专门设有共同海损理算组织、机构。我国的共同海损理算组织是设立在北京中国国际贸易促进委员会内部的共同海损理算处。如果在我国理算共同海损,理算地即为北京。共同海损发生后,如船舶最先到达我国的某一港口,或有关当事人同意在北京理算,或船舶的航程终止地在我国某一港口,上述地方的人民法院对因此而提起的民事诉讼都具有管辖权。

四、专属管辖

专属管辖,是指法律特别规定某些类型的案件只能由特定的法院行使管辖权的一种排他性管辖制度。它是我国民事诉讼中强制程度最高的一种管辖。专属管辖的排他性主要体现在:首先,它排除了一般地域管辖和特殊地域管辖的适用;其次,凡是专属管辖的案件,其他任何法院均无管辖权,也不会随意获取管辖权;最后,它还排除了当事人双方对管辖问题的协议变更。根据民事诉讼法第34条的规定,我国的专属管辖有三种情况:

1. 因不动产纠纷提起的诉讼,由不动产所在地人民法院管辖。这里的不动产是指不能移动或移动后会降低或丧失其价值的财产,如土地以及土地上的房屋、森林、草原、河流等。因不动产合同或者侵权而发生的民事案件,均由不动产所在地法院管辖,而不适用合同纠纷和侵权纠纷的管辖制度。

2. 因港口作业中发生的纠纷提起的诉讼,由港口所在地人民法院管辖。在港口作业过程中,一方面会因为装卸、驳运等发生争议,另一方面也会因为违章作业等损坏港口设施或造成其他人身、财产损害引起纠纷。这类纠纷由港口所在地法院管辖有利于法院及时采取保全措施,及时审判案件。港口所在地人民法院包括普通法院和海事法院。

3. 因继承遗产纠纷提起的诉讼，由被继承人死亡时住所地或主要遗产所在地人民法院管辖。继承遗产纠纷，是指各继承人之间相互为继承被继承人遗产而产生的纷争。如果遗产数量多又分布在不同法院的辖区时，还要区分主要遗产和非主要遗产。主要遗产，是指死者数项遗产中价值较大的遗产。如果数项遗产价值不会有很大悬殊时，一般以不动产为主要遗产。法律规定这类案件由被继承人死亡时住所地或主要遗产所在地人民法院管辖，便于法院查明遗产、继承人和被继承人的相关情况，及时公正审理案件。

另外，根据《民事诉讼法》第244条的规定，因在中华人民共和国履行中外合资经营企业合同、中外合作经营企业合同、中外合作勘探开发自然资源合同发生纠纷提起的诉讼，由中华人民共和国人民法院管辖。这也可以看做是我国法院的专属管辖。

我国《海事诉讼特别程序法》第7条也规定了海事法院的专属管辖：①因沿海港口作业纠纷提起的诉讼，由港口所在地海事法院管辖；②因船舶排放、泄漏、倾倒油类或者其他有害物质，海上生产、作业或者拆船、修船作业造成海域污染损害提起的诉讼，由污染发生地、损害结果地或者采取预防污染措施地海事法院管辖；③因在中华人民共和国领域和有管辖权的海域履行的海洋勘探开发合同纠纷提起的诉讼，由合同履行地海事法院管辖。

五、共同管辖问题的解决

共同管辖，是指依照法律规定，两个以上的人民法院对同一案件都有管辖权。共同管辖可以分为两种情况：①因诉讼主体的牵连关系发生的共同管辖。如同一诉讼的几个被告住所地、经常居住地在两个以上人民法院辖区内，各该人民法院都有管辖权。②因诉讼客体的牵连关系发生的共同管辖。如同一案件的标的物分散在两个以上法院辖区或者侵权行为地跨越两个以上法院辖区的，各该人民法院都有管辖权。我国《民事诉讼法》第24~33条和第34条第3项均属于共同管辖。

可以认为，共同管辖是在解决案件管辖过程中出现的一个问题，或者说是一种管辖状态，并非是案件的实际管辖。而案件最终的管辖只能是由一个特定的法院进行，多个法院不能同时对一起案件行使管辖权。因此，原告只能通过选择管辖的方式解决管辖法院问题。所谓选择管辖，是指依照法律规定，对同一案件两个以上人民法院都有管辖权，当事人可以选择其中一个人民法院起诉。《民事诉讼法》第35条规定："两个以上人民法院都有管辖权的诉讼，原告可以向其中一个人民法院起诉；原告向两个以上有管辖权的人民法院起诉的，由最先立案的人民法院管辖。"这是解决共同管辖中管辖冲突的法律规定，也是管辖制度中选择管辖的根据。根据最高人民法院《民诉意见》的规定，两个以上人民法院都有管辖权的诉讼，先立案的人民法院不得将案件移送给另一个有管辖权的人民法院。人民法院在立案前发现其他有管辖权的人民法院已先立案的，不得重复立案；立案后发现其他有管辖权的人民法院已先立案的，裁定将案件移送给先立案的人民法院。[1]

根据共同管辖和选择管辖的规定可以看出，共同管辖和选择管辖是一个问题的两个方面，即共同管辖是从法院行使管辖权角度出发的，选择管辖是从当事人行使起诉权角度出发的。共同管辖是选择管辖的基础和前提条件，选择管辖是对共同管辖的落实和实现。二者都是对一般地域管辖、特殊地域管辖和专属管辖法律规定适用的进一步落实和补充。

六、协议管辖

协议管辖，亦称合意管辖、意定管辖或约定管辖，是指双方当事人在纠纷发生前或纠纷发生后，以书面的方式约定管辖法院。它是以当事人的合意为基础的。

当事人双方可以协议管辖，是法律赋予当事人的重要诉讼权利，是当事人意思自治原则在诉讼管辖制度上的具体表现，也是民事诉讼法处分原则的体现。它反映了我国民事诉讼制度的法定性与当事人自由意志的结合。根据《民事诉讼法》的规定，不仅涉外民事诉讼可以适用协议管辖，国内民事诉讼也可以适用协议管辖。

《民事诉讼法》第25条规定："合同的双方当事人可以在书面合同中协议选择被告住所地、合同履行地、合同签订地、原告住所地、标的物所在地人民法院管辖，但不得违反本法对级别管辖和专属管辖的规定。"这是针对国内民事诉讼协议管辖的规定。《民事诉讼法》第242条规定："涉外合同或者涉外财产权益纠纷的当事人，可以用书面协议选择与争议有实际联系的地点的法院管辖。选择中华人民共和国人民法院管辖的，不得违反本法关于级别管辖和专属管辖的规定。"这是针对涉外民事诉讼协议管辖的规定。

根据上述规定，民事诉讼适用协议管辖，必须具备以下条件：

1. 协议管辖的案件应当符合法律规定，必须是合同纠纷案件和涉外财产权益纠纷案件。其他案件不得协议管辖。

---

[1]　应当指出，双方当事人基于同一法律关系或同一法律事实发生纠纷，以不同诉讼请求分别向有管辖权的不同人民法院起诉的，即互为原被告起诉的案件，后立案的法院在得知有关法院先立案的情况后，应当将案件移送先立案的法院合并审理。在《民事诉讼法》第35条中对此并未作出规定，但从《民诉意见》的规定中可以得出这种理解。

2. 协议管辖只能对第一审法院管辖的案件进行协议，不得对第二审法院管辖进行协议。这是因为，第二审案件的管辖法院是第一审法院的上一级法院，当事人无权协议变更。

3. 协议管辖必须符合法律规定的形式。国内合同纠纷案件的协议管辖必须以明确的书面形式进行，口头协议或者其他形式无效。涉外民事诉讼的协议管辖则规定了明示协议管辖和默示协议管辖两种方式。明示协议管辖要求当事人在约定管辖时订立书面协议；默示协议管辖则是从原告向无管辖权的法院起诉，法院受理后被告不对管辖权提出异议并应诉答辩的情形，推断双方当事人均同意由该法院管辖。

4. 双方当事人必须在法律规定的范围内协议选择管辖法院，并且选择必须是确定和单一的，否则不产生法律效力。国内合同纠纷案件当事人可以从被告住所地、合同履行地、合同签订地、原告住所地、标的物所在地人民法院中选择管辖法院。涉外民事诉讼当事人，可以协议选择与争议有实际联系的地点的法院进行管辖。但是，无论国内合同诉讼还是涉外民事诉讼，当事人对法院的选择务必是明确、单一的，不得存在模糊之处，也不得选择两个以上的法院，否则管辖协议无效。

5. 双方当事人协议选择管辖法院，不得违反本法对级别管辖和专属管辖的规定。当事人在协议时只得选择或者变更第一审的地域管辖，不能变更级别管辖，法律规定的审级秩序必须服从。另外，专属管辖具有强烈的排他性，当事人也不得通过协议予以变更。

第五节　裁定管辖

一、裁定管辖概述

裁定管辖是指人民法院以裁定的方式确定案件的管辖。民事诉讼法规定的裁定管辖有三种，即移送管辖、指定管辖、管辖权的转移。现实生活中的民事案件错综复杂，单纯靠法律规定管辖制度无法满足司法实践的需要。裁定管辖是法律专门赋予人民法院的一项权力，可以根据具体情况对民事案件管辖问题进行灵活性考量。裁定管辖既可以在法定管辖的范围之内，也可以改变法定管辖的规定。前者如移送管辖，后者如管辖权的转移，指定管辖可能是在法定管辖范围内指定，也可能是超出法律规定的管辖范围。

二、移送管辖

移送管辖，是指人民法院受理案件后，发现本法院对该案无管辖权，依照法律规定将案件移送给有管辖权的人民法院审理。移送管辖就其实质而言，是对案件的移送，而不是对案件管辖权的移送。它是对管辖发生错误时所采用的一种纠正措施。移送管辖通常发生在同级人民法院之间，但也不排除在上、下级人民法院之间适用。《民事诉讼法》第 36 条规定："人民法院发现受理的案件不属于本法院管辖的，应当移送有管辖权的人民法院，受移送的人民法院应当受理。受移送的人民法院认为受移送的案件依照规定不属于本院管辖的，应当报请上级人民法院指定管辖，不得再自行移送。"这一规定表明，移送管辖的适用应当具备以下条件：

1. 人民法院已经受理案件。如果是尚未受理的案件，经审查不属于本法院管辖的，应告知当事人向有管辖权的人民法院起诉，也就不存在移送管辖问题。

2. 受理案件的人民法院对该案无管辖权。依法享有管辖权的人民法院才有权行使审判权，因此无管辖权的人民法院无权审理案件。如果受理该案的法院本身存在管辖权，除其他有管辖权法院已经对同一案件立案在先的，一般不能进行移送。

3. 受移送的人民法院依法对本案享有管辖权。这是对移送案件法院的要求，即不得随意移送，只能向有管辖权的人民法院移送。

人民法院在移送管辖时，还需要注意三种不予移送的情况：①受移送案件的法院认为受移送案件依照法律规定不属于本院管辖的，不得以任何理由再自行移送，应当报请上级人民法院指定管辖。所谓自行移送，是指受移送法院将案件移送其他人民法院或者又将案件退回移送法院。这样规定，既可以避免法院之间相互推诿或者争夺管辖权，又可以防止拖延诉讼，及时保护当事人合法权益。②案件在受理后，受诉人民法院的管辖权不受当事人住所地、经常居住地变更的影响。有管辖权的人民法院受理案件后，不得以行政区域变更为由，将案件移送给变更后有管辖权的人民法院。这是管辖恒定原则的要求。③两个以上人民法院对案件都有管辖权时，由先立案的人民法院进行管辖，先立案法院不得移送其他有管辖权的人民法院管辖。

三、指定管辖

指定管辖，是指上级人民法院根据法律规定，以裁定的方式，指定其辖区内的下级人民法院对某一民事案件行使管辖权。《民事诉讼法》第 37 条规定："有管辖权的人民法院由于特殊原因，不能行使管辖权的，由上级人民法院指定管辖。人民法院之间因管辖权发生争议，由争议双方协商解决；协商解决不了的，报请它们的共同上级人民法院指定管辖。"根据《民事诉讼法》第 36 ~ 37 条的规定，可见指定管辖主要适用于下列三种情况：

1. 受移送的人民法院认为自己对移送来的案件无管辖权。对此，前已述及。

2. 有管辖权的人民法院由于特殊原因，不能行使管辖权。这里的特殊原因，包括事实上和法律上的原因。事实上的原因，指有管辖权的人民法院遇到了不可预测不可避免并不能克服的客观事由，如地震、水灾等导致无法行使管辖权；法律上的原因，如受诉法院的审判人员，因当事人申请回避或者审判人员自行回避，无法组成合议庭对案件进行审理。出现上述情况之一的，应由上级人民法院在其辖区内，指定其他合适的人民法院管辖。

3. 因管辖权发生争议，经双方协商未能解决争议。这里的争议，包括消极争议和积极争议，消极是指相互推诿，而积极是指相互争夺。通常是因为法院之间辖区界限不明，或者对法律的规定理解不一致，也有因地方保护主义为其地方的经济利益而争夺管辖权。不论属于哪种原因引起的争议，应由双方协商解决，协商不成时应报请它们的共同上级人民法院指定管辖。根据《民诉意见》的规定，发生管辖权争议的两个人民法院因协商不成报请它们的共同上级人民法院指定管辖时，如双方为同属一个地、市辖区的基层人民法院，由该地、市的中级人民法院及时指定管辖；同属一个省、自治区、直辖市的两个人民法院，由该省、自治区、直辖市的高级人民法院及时指定管辖；如双方为跨省、自治区、直辖市的人民法院，高级人民法院协商不成的，由最高人民法院及时指定管辖。报请上级人民法院指定管辖时，应当逐级进行。上级人民法院依照《民事诉讼法》第37条的规定指定管辖时，应书面通知报送的人民法院和被指定的人民法院。报送的人民法院接到通知后，应及时告知当事人。

根据最高人民法院《关于在经济审判工作中严格执行〈中华人民共和国民事诉讼法〉的若干规定》的要求，人民法院之间如果对案件管辖权产生了争议，应当立即停止对案件进行实体审理。在争议解决前，任何一方法院不得对案件作出判决。违反此要求的，上级人民法院应当以程序违法为由撤销其判决，并将案件移送或指定其他法院审理，或由自己提审。

上级人民法院指定管辖后，应当通知报送的人民法院和被指定行使管辖权的人民法院，后者应当及时告知案件当事人。

四、管辖权转移

管辖权转移，是指经上级人民法院决定或者同意，将某个案件的管辖权由上级人民法院转交给下级人民法院，或者由下级人民法院转交给上级人民法院，使得本无管辖权的人民法院由此而获得案件的管辖权。管辖权转移的实质，是对级别管辖的一种变通和补充，它仅在上下级人民法院之间进行，通常在直接的上下级之间进行。《民事诉讼法》第39条规定："上级人民法院有权审理下级人民法院管辖的第一审民事案件，也可以把本院管辖的第一审民事案件交下级人民法院审理。下级人民法院对它所管辖的第一审民事案件，认为需要由上级人民法院审理的，可以报请上级人民法院审理。"据此规定，管辖权的转移有两种情况：

1. 管辖权向上转移。它是指管辖权从下级人民法院转移至上级人民法院，包括提审和报请两种方式。提审，是指上级人民法院对下级人民法院管辖的第一审民事案件有权决定由本院审理。报请，是指下级人民法院认为本属自己管辖的第一审民事案件，因特殊原因需要由上级人民法院审理时，报请上级法院决定审理。这里的特殊原因主要包括：不便于本院审理，如一方当事人是受诉人民法院或者其工作人员；案情复杂，涉及面广，受诉人民法院审理有困难的案件。为了保证案件的公正性、高效率和审判质量，法律赋予上级人民法院有提审权。凡是上级人民法院决定提审的案件，下级人民法院不得拒绝，而下级人民法院报请上级人民法院审理的案件，必须经过上级人民法院的同意，否则该案件的管辖权不会发生转移。

2. 管辖权向下转移。它是指上级人民法院将本属自己管辖的第一审民事案件移交于下级人民法院审理。这种移交在司法实践中也主要存在于两种情况下：①在上级人民法院受理案件之后，经初步审查认为案情简单，由下级法院审理更便于当事人参加诉讼和法院进行审判，于是将案件移交下级法院审理，对此下级法院不得推托，必须审理；②在上级人民法院受理案件之前，下级法院错误受理了本属上级法院管辖的案件，然后申请上级法院将管辖权下放，上级法院作出同意的决定，将管辖权移交给下级法院。[1]

管辖权转移和移送管辖存在诸多相似之处，如两者都是以裁定方式来实现案件的管辖，都是对法定管辖的补充；两者在形式上都发生了案件的移送，且移送的都是第一审民事案件。但是，两者却存在本质上的区别：①性质不同。管辖权转移是案件的管辖权发生了改变，而移送管辖移送的仅仅是案件而非管辖权。②目的不同。管辖权转移主要是为了使级别管辖具有必要的灵活性而采取的变更和微调措施，而移送管辖则是为了纠正人民法院的管辖错误，使民事诉讼法关于管辖的规定得以正确实行。③程序不同。管辖权转移仅是在上下级人民法院之间进行，而移送管辖既可以在上下级之间进行也可以在同级法院之间进行。另外，移送管辖仅体现为移送法院的单方行为，无需受移送法院的同意；而管辖权转移既可体现为上级法院的单方行为，又可体现为上下级法院之间的报请和决定的双方行为。

---

〔1〕　对于管辖权向下转移的规定，学术界存在质疑和批判。有人认为，因为管辖权下移一方面会给规避级别管辖留下可乘之机，另一方面会弱化程序保障和损害当事人的利益，因此应当废除管辖权下移的制度。参见李浩："民事诉讼级别管辖存在的问题及改进"，载《现代法学》1996 年第 4 期。

第六节　管辖权异议

一、管辖权异议概述

管辖权异议，是指在人民法院受理案件后，当事人依法提出该人民法院对本案无管辖权的主张和意见。虽然《民事诉讼法》对管辖问题遵照既要具体明确、又要具备一定灵活性的原则进行了严格详尽的规定，但由于案件管辖问题在审判实践中的复杂性，人民法院审判人员对法律的理解和双方当事人不同角度的认识都会存在局限性，难以避免对案件的管辖权问题要发生争议。为了保证人民法院正确行使审判权和维护当事人的诉讼权利，有利于防范、克服地方保护主义及当事人滥用诉权，法律设立了管辖权异议的制度。我国《民事诉讼法》第38条规定："人民法院受理案件后，当事人对管辖权有异议的，应当在提交答辩状期间提出。人民法院对当事人提出的异议，应当审查。异议成立的，裁定将案件移送有管辖权的人民法院；异议不成立的，裁定驳回。"

二、管辖权异议的条件

根据上述法律规定，当事人提出管辖权异议，应当具备下列条件：

1. 提出管辖权异议的主体，必须是本案的当事人。民事诉讼当事人包括原告、被告和第三人。在司法实践中，提出管辖权异议的通常是被告。因原告在起诉时总是向自己认为有管辖权的法院提起，因此在法院受理案件后再提出管辖权异议的情况很少。但这并不等于原告不享有提出管辖权异议的权利。[1] 理论界一般认为，在下列三种情况下原告可以提出管辖权异议：①原告误向无管辖权的法院起诉，待法院受理后，才知道受诉法院对该案件无管辖权；②诉讼开始后，被追加的共同原告认为受诉法院无管辖权，而提出管辖权异议；③受诉人民法院受理案件后，确认被告的管辖权异议成立，或者认为自己无管辖权，依职权将案件移送到有管辖权的法院，原告对移送后的法院提出管辖权异议。[2] 我们认为，允许原告在某些情况下提出管辖权异议，有利于保障当事人的诉讼权利，也有利于人民法院依法正确行使管辖权。

---

〔1〕　有人以《民事诉讼法》明确规定管辖权异议"应当在提交答辩状期间提出"为由，认为只有被告才提交答辩状，故只有被告才能对管辖权提出异议。这是对法律规定的误解。也许立法者在立法的当时，只考虑了被告提出管辖权异议的问题。但是，从这一规定本身来看，它只是对提出异议的时间的限制，并未限制提出主体。

〔2〕　参见章武生主编：《民事诉讼法新论》，法律出版社1993年版，第125页。

　　有独立请求权的第三人不享有提出管辖权异议的权利。对此，最高人民法院《关于第三人能否对管辖权提出异议问题的批复》已有明确规定。有独立请求权第三人并非本诉的当事人，而是参加之诉的当事人，无权对本诉的管辖权提出异议。有独立请求权第三人参加诉讼的方式主要有两种：①自行主动参加到他人已经开始的诉讼中。这种情况下，应当视为该第三人承认和接受受诉法院的管辖。而且，即使受诉法院实际上对该第三人提起的诉讼并不具有管辖权，但由于参加之诉与本诉之间具有牵连关系，受诉法院也因此而获得了对参加之诉的管辖权。②人民法院通知有独立请求权第三人参加诉讼。这种情况下，如果该第三人认为受诉法院对其参加之诉无管辖权，可以拒绝参加诉讼，并有权以原告的身份向有管辖权的其他法院提起新的诉讼，而不必提出管辖权异议。因此，有独立请求权第三人不能提出管辖权异议。

　　对于无独立请求权的第三人是否有权对管辖权提出异议的问题，学术界存在较大的争议。最高人民法院《民诉意见》第66条规定："在诉讼中，无独立请求权的第三人有当事人的诉讼权利义务，判决承担民事责任的无独立请求权的第三人有权提出上诉。但该第三人在一审中无权对案件的管辖权提出异议，无权放弃、变更诉讼请求或者申请撤诉。"最高人民法院《关于第三人能否对管辖权提出异议问题的批复》中也规定："无独立请求权的第三人参加他人已开始的诉讼，是通过支持一方当事人的主张，维护自己的利益。由于他在诉讼中始终辅助一方当事人，并以一方当事人的主张为转移。所以，他无权对受诉法院的管辖权提出异议。"并且学术界的一种意见赞成这种规定，认为无独立请求权第三人只是参加到他人之间已经开始的诉讼中去，在诉讼中支持其参加的一方，以维护自身利益。法院对案件有无管辖权，是依据原、被告之间的诉讼确定的，无独立请求权第三人既非原告又非被告，无权行使本诉当事人的诉讼权利，所以无权提出管辖权异议。可见，以最高法院为代表的实务部门即是持有这种观点。另外一种意见认为，无独立请求权第三人可以提出管辖权异议。主要理由有二：①无独立请求权第三人参加诉讼后可能形成两个诉，一是原、被告之间的本诉，二是第三人与其所参加一方当事人之间形成的参加之诉，当被告败诉法院将直接追究第三人民事责任时，参加之诉就会发生。在参加之诉中，无独立请求权并承担民事责任的第三人的诉讼地位实为被告，因此应当允许第三人对参加之诉的管辖权提出异议。②允许无独立请求权第三人提出管辖权异议有利于防范和克服地方保护主义。在审判实务中，一些人民法院出于地方保护主义的目的，追加与被告之间存在法律关系的外地当事人作为第三人参加诉讼，并判决第三人承担民事责任。通过这种方式规避了民事诉讼法关于管辖权的规定，扩张了自己的管辖权，对原本无管辖权的被告与第三人之间的诉讼作出了判决。为遏制地方保护主义，应赋予无独立请求权第三人提出管辖权异议的权利。[1] 学术界甚至还有一种观点认为，只有修改完善《民事诉讼法》第 56 条，把受诉法院对被告与无独立请求权第三人之间的参加之诉有管辖权，作为判决该第三人承担民事责任的必要条件，才能从根本上维护无独立请求权第三人的合法权益。[2]

2. 管辖权异议必须在法定期间内提出。提出管辖权异议的时机，应当基本保证在人民法院已经受理案件、但尚未进行实体审理时。人民法院没有受理的案件，也就不存在实际管辖的问题；已经进入实体审理的案件，如果允许提出管辖权异议，无疑是对审判资源的一种浪费。根据《民事诉讼法》第 38 条之规定，当事人对管辖权存在异议的，应当在提交答辩状期间提出，即在被告收到起诉状副本之日起 15 日内提出。

不过，我们认为这项规定存在一定的问题。立法者在当时可能只考虑了被告提出管辖权异议的问题，因此规定了提交答辩状期间以方便被告行使异议的权利。而针对原告等提出管辖权异议的期间并未作周全的考量，显然原告提出异议与被告提交答辩状似乎并无多大的联系，另外这种规定对法院后来追加的共同被告也不妥当。我们建议修改此项立法，改为"管辖权异议应当在当事人知道或者应当知道管辖法院之时起 15 日内提出"。

3. 管辖权异议只能针对第一审民事案件提出，对于第二审案件不得提出管辖权异议。这是因为，管辖制度本就是针对第一审法院而设立的，案件的第二审法院完全依据一审案件的管辖而定，即一审法院的上一级法院为二审法院，因此在一审程序中赋予当事人管辖权异议权即可。当事人在上诉时，虽然不得对第二审法院提出管辖异议，但如果其认为第一审法院对案件无管辖权，仍然可以以此作为程序违法的上诉理由。

当事人只能针对地域管辖提出异议，还是既可以针对地域管辖又可以针对级别管辖提出异议，《民事诉讼法》对此并未进行明确规定。我们认为，管辖权异议包括对地域管辖和对级别管辖的异议。当然，司法实践中大量存在的可能是地域管辖的错误，但级别管辖也会出现错误的情况。既然立法并未对此加以限制，那么当然可以对级别管辖提出异议，以利于人民法院正确执行法律对级别管辖的规定。

4. 管辖权异议应当以书面方式提出。管辖法院问题是民事诉讼中一项极为重要的问题，因此管辖权异议的提出原则上要求以书面的方式进行。不过在简易程序中，可以允许以口头方式提出管辖权异议。

---

〔1〕 参见朱丹等："无独立请求权的第三人可以提出管辖权异议"，载《法学》1995 年第 6 期。

〔2〕 参见江伟主编：《民事诉讼法》（第 2 版），高等教育出版社 2004 年版，第 82 页。

三、管辖权异议的解决程序

人民法院对当事人提出的管辖权异议，应当进行审查。经审查，该异议成立的，裁定将案件移送给有管辖权的人民法院审理；异议不成立的，应裁定驳回。裁定应当送达双方当事人，当事人对裁定不服的，可以在 10 日内向上一级人民法院提起上诉，当事人在第二审人民法院确定该案件的管辖权后，即应按照人民法院的通知参加诉讼。为了维护当事人的诉讼权利，人民法院对当事人提出的管辖权异议，未经审查或审查后尚未作出裁定的，不得进入对该案的实体审理。当事人未提出上诉或者上诉被驳回的，受诉法院应当通知当事人参加诉讼。当事人对管辖权问题提出申诉的，不影响受诉法院对案件的审理。

学术视野

关于民事诉讼上的主管与管辖制度，当前理论界的研究热点主要集中在以下几个方面：①理论界关于划分级别管辖的标准，通说是案件性质、案件繁简程度和案件影响范围的"三结合"标准，也有学者认为这一标准存在着模糊不易操作和不确定性的缺陷，有待进一步的细化和改进。②关于特殊地域管辖，不少学者指出有关规定繁杂含糊、不甚合理，在实践中经常发生管辖争议，应当对其进行改革，主要方案包括完全删除特殊地域管辖的规定和进一步完善相关规定两种。③关于专属管辖，有学者认为其在立法意图、适用特点等方面与特殊地域管辖存在着趋同的倾向，专属管辖没有单独设置的必要；当然，也有学者持有完全相反的观点。④关于协议管辖，有学者指出国内民事诉讼协议管辖和涉外民事诉讼协议管辖的二元化是不合理的，在立法上不应当区别对待，应当大幅度减少对国内协议管辖的法律限制，对其进行立法上的重塑。⑤关于管辖权异议的主体，一些学者围绕原告、第三人和共同诉讼人能否提出管辖权异议的问题进行了争论。第六，关于通过改进管辖制度来克服地方保护主义的问题，不少学者认为这是民事诉讼管辖制度在总体上存在的最大和最迫切的问题，并对此展开了充分的探讨和争鸣。

理论思考与实务应用

一、理论思考

（一）名词解释

级别管辖　管辖恒定原则　专属管辖　移送管辖　指定管辖　管辖权转移

（二）简答题

1. 我国民事诉讼中法院主管的范围有哪些？

2. 什么是管辖？确定管辖的基本原则有哪些？

3. 什么是级别管辖？各级法院的管辖范围是什么？

4. 一般地域管辖的原则是什么？有哪些例外情形呢？

5. 我国的专属管辖是如何适用的？

6. 移送管辖的条件是什么？移送管辖和管辖权转移之间的区别是什么？

（三）论述题

试述我国民事诉讼法上的管辖权异议制度。

二、实务应用

（一）案例分析示范

案例一

唐某（男）和游某（女）均是福建省 A 市的居民，两人通过中间人介绍于 2003 年 6 月登记结婚。他们从 2001 年开始承包 B 市某镇某村委会的茶园。2004 年，茶园遭受罕见的虫灾，他们家里原有的资金全部亏空，但是他们两人又不想放弃茶园的承包。于是，2007 年 3 月 28 日，丈夫唐某向其好友韩某提出借贷，韩某住在 C 市。经过双方协商，双方在 D 市韩某的姨夫家里签订了借据，韩某同意借给唐某 5 万元人民币，但唐某必须在 2 年内偿还本息共 5.5 万元人民币，借款到期期限是 2009 年 12 月 20 日。不料，天有不测风雨，连续两年茶园又遭受水灾，颗粒无收，连连亏空。韩某见借款已经逾期，遂多次催收，唐某以茶园效益差，无力偿还为由拒付。韩某向 C 市基层人民法院起诉，要求被告唐某和游某偿付本息共 5.5 万元。C 市基层人民法院审查认为被告唐某和游某的户籍所在地在 A 市而经常居住地在 B 市，依照一般地域管辖的规定和《民事诉讼法》第 22 条的规定，被告住所地和经常居住地不一致时，由经常居住地人民法院管辖，于是，C 市人民法院将案件移送 B 市基层人民法院审理。

问：案件的移送管辖是否合法？

【评析】案件的移送不合法。根据"原告就被告"原则，在本案中，被告唐某和游某的经常居住地在 B 市，所以 B 市的基层人民法院有管辖权，原告韩某可以向 B 市的人民法院起诉。但是，唐某和韩某之间的纠纷实质上是借款合同纠纷，根据《民事诉讼法》第 24 条的规定，因合同纠纷提起的诉讼，被告住所地或合同履行地人民法院都有管辖权。也就是说，对借款合同纠纷有管辖权的法院是被告住所地法院和合同履行地法院。1993 年 11 月 17 日发布生效的最高人民法院《关于如何确定借款合同履行地问题的批复》（法复〔1993〕10 号）中规定，"合同履行地是指当事人履行合同约定义务的地点。借款合同是双务合同，标的物为货币。贷款方与借款方均应按照合同约定分别承担贷出款项与偿还贷款及利息的义务，贷款方与借款方所在地都是履行合同约定义务的地点。依照借款合同的约定，贷款方应先将借款划出，从而履行了贷款方所应承担的义务。因此，除当事人另有约定外，确定贷款方所在地为合同履行地。"因此，借款合同履行地C市的人民法院本身也有管辖权，当事人可以选择管辖。既然韩某向C市的人民法院起诉，C市的人民法院就必须受理此案，不得再以其他理由移送管辖。

案例二

2005年5月1日，A市西区某中学教师俞某与B市东区文化局干部崔某在B市结婚。当时，双方户口仍在各自工作所在地没有变动。婚后双方有时住A市，多数时间住B市。婚后因双方性格不合，感情不好，经常吵闹。崔某于2006年1月向B市东区人民法院起诉，要求与俞某离婚。东区人民法院受理该案后，发现被告俞某户籍所在地为A区，便将案件移送给A市西区人民法院。两个月后，A市西区人民法院以"双方结婚地和经常居住地在B市"为由，又将案件退回B市东区人民法院。B市东区人民法院向B市中级人民法院报告了这一情况，请示解决办法。B市中级人民法院研究后，指定B市东区人民法院受理这一案件。

问：①如何确定本案的管辖法院？②上述各法院的做法是否正确？

【评析】本案是离婚案件，应适用一般地域管辖的规定，由被告住所地人民法院管辖。被告俞某的户籍所在地为A市西区，虽然婚后多数时间住B市东区，但有时住A市西区，而且双方时间还不到一年。最高人民法院《民诉意见》第4条规定："公民的住所地是指公民的户籍所在地。"第5条又规定："公民的经常居住地是指公民离开住所地至起诉时已连续居住一年以上的地方。但公民住院就医的地方除外。"据此规定，B市东区尚不构成被告经常居住地。因此，本案应由A市西区人民法院管辖，B市东区人民法院没有管辖权。

根据《民事诉讼法》规定，人民法院发现受理的案件不属于自己管辖时，应当移送有管辖权的人民法院，受移送的人民法院应当受理，不得再行移送。据此，B市东区人民法院将此案移送给A市西区人民法院管辖是合法的。但A市西区人民法院又将案件退回B市东区人民法院的做法是错误的，不符合法律规定。

B市中级人民法院指定B市东区人民法院审理此案是不正确的。A市西区法院与B市东区法院就该案管辖权互相推诿，发生争议，根据《民事诉讼法》规定，人民法院之间因管辖权发生争议，由争议双方协商解决；协商解决不了的，报请他们的共同上级人民法院指定管辖，而B市中级人民法院并非是上述两个法院的共同上级法院，无权就本案指定管辖。

案例三

2010年5月，某市南区人民法院院长于某搬家至南区某街15号居住，正位于南区市民戴某的房屋后面，于某靠近戴某房后屋檐搭建一间9平方米厨房，严重影响了戴某家通风采光。戴某多次找于某，要求他拆除小厨房，但于某置之不理，双方发生纠纷。戴某决定起诉，由于戴某认为于某就在南区人民法院工作，担心南区人民法院判决对其不利，就向该市北区人民法院起诉，要求排除妨害。北区人民法院收到戴某的民事诉讼后，经审查认为该案因不动产引起的纠纷，应由不动产所在地人民法院管辖，裁定不予受理，并告知戴某应向南区人民法院起诉。戴某无奈，只好将民事诉状交到南区人民法院。

问：南区人民法院对此案如何处理？

【评析】《民事诉讼法》第37条规定："有管辖权的人民法院由于特殊原因，不能行使管辖权的，由上级人民法院指定管辖。人民法院之间因管辖权发生争议，由争议双方协商解决；协商解决不了的，报请它们的共同上级人民法院指定管辖。"可见，指定管辖主要适用于两种情形：①有管辖权的法院由于特殊原因，不能或不便行使管辖权；②两个以上的法院对管辖权发生争议。其中，所谓特殊原因，主要包括事实原因和法律原因，前者是指不可抗力的原因，如地震、水灾等，使有管辖权的人民法院无法行使管辖权；后者主要是指全体回避的原因，如当事人申请审判人员回避，受诉人民法院不能组成合议庭对案件进行审理。遇有上述情况之一的，应由上级人民法院指定其辖区内的其他下级人民法院对案件行使管辖权。

根据《民事诉讼法》第34条的规定，因不动产纠纷提起的诉讼，由不动产所在地人民法院管辖。在本案中，按上述专属管辖的规定应由南区人民法院管辖，但由于南区人民法院有特殊原因，即被告是该人民法院的院长从而可能影响对案件的公正处理。并且，院长作为一方当事人的案件，全院的审判人员都会涉嫌有影响案件公正处理的关系，都需要回避。因此依照法律规定，该案不能由南区人民法院管辖，应由南区人民法院报请其上级法院市中级人民法院指定管辖。

（二）案例分析实训

案例一

A省的个体户姜某由B省的甲县运5吨化工原料到丙县，途经B省的甲、乙、丙三县交界时，化学原料外溢，污染了甲县村民王某、乙县李某和丙县张某的稻田，造成禾苗枯死。受害村民要求赔偿，但由于赔偿数额争议较大，未能达成协议。为此，甲县的王某首先向甲县人民法院提起诉讼。甲县人民法院受理后，认为该案应由被告所在地人民法院管辖，于是将案件移送到姜某所在地的基层人民法院。与此同时，村民李某、张某也分别向自己所在地的基层人民法院提起诉讼，要求赔偿损失。乙县和丙县人民法院都认为对该案有管辖权，与A省姜某住所地的基层人民法院就管辖问题发生争议，协商不成，A省姜某住所地的基层法院即向A省某中级人民法院报请指定管辖。

问：①哪个法院对此案有管辖权？②甲县人民法院的移送是否正确？③A省基层人民法院报请指定管辖是否正确？

案例二

张小丽（女）与胡大华于1986年结婚。1991年5月，张以缺乏夫妻感情为由，向江城市市中区法院起诉，要求与胡离婚。市中区法院受理后，查明原告张小丽的住家、工作单位和户籍均在沙河区。被告胡大华虽然婚前探亲住在市中区父母处，但其工作单位和户口均在湖北某县，他与张小丽结婚后家安在沙河区。因此，市中区认为此案不属于自己管辖，遂将案件移送沙河区法院处理。沙河区法院受理后，认为原、被告结婚后家虽安在沙河区，但被告的工作单位和户口都在湖北某县，遂根据《民事诉讼法》第36条的规定，将案件移送给湖北某县法院审理。湖北某县法院接到此案后不久，给沙河区法院复函称："我院受理后，经两次传胡大华谈话，认为此案主要事实难于查清，胡大华本人亦要求回原籍处理，同时，被告单位已迁至湖北武县，因此，特将全部案卷材料移送你院查办。"沙河区法院以"被告单位既已从你县迁至河北武县，则应由你院直接将案件移送武县法院审理"为由，又将案件退回湖北某县法院。不久，河北武县法院以胡大华已回江城市治病为由，将案件退回江城市沙河区法院。沙河区法院以胡大华一直在市中区父母处为由，又将案件转市中区法院审理。

问：①湖北某县法院、沙河区法院以及武县法院对案件的移送是否正确？②本案应该由哪个法院管辖？

案例三

上海市日用化工厂退休工人郭汉先有子女5人：长子郭松林、长女郭朋娣和二女郭朋英在上海市工作，次子郭松根在重庆市沙坪坝区工作，三女郭朋秀在河南省郑州工作。5个子女均已完婚成家。

2006年8月郭汉先在上海市某区病故后，在该区遗有一楼一底的瓦房一栋（4间卧室、1间厨房、1个阳台）及家具等物。女子5人在办理丧事之后，为遗产继承问题发生了分歧。兄妹5人多次开家庭会议协商，并经街道调解，始终未能达成一致意见。郭松林向上海市某区法院提起诉讼，以其弟郭松根为被告，请求法院判决自己继承房屋的2/3。

某区法院立案后，因被告郭松根接单位电报返回重庆，便以"被告不在我市居住，现已返回重庆"为由，将案件移送给重庆沙坪坝区法院审理。

问：①本案中的移送管辖是否正确？②本案应当由什么法院管辖？

 主要参考文献

1. 谭兵主编：《中国民事诉讼法要论》，西南财经大学出版社 1991 年版。

2. 章武生主编：《民事诉讼法新论》，法律出版社 1993 年版。

3. 江伟主编：《民事诉讼法》（第 2 版），高等教育出版社 2004 年版。

4. 常怡主编：《民事诉讼法学》（修订版），中国政法大学出版社 2005 年版。

5. 黄川：《民事诉讼管辖研究》，中国法制出版社 2001 年版。

6. 孙邦清：《民事诉讼管辖制度研究》，中国政法大学出版社 2008 年版。

7. 赵钢："专属管辖与特殊地域管辖趋同论"，载《法学研究》1998 年第 1 期。

8. 占善刚："试论民事诉讼特别地域管辖之立法缺失及其完善"，载《法学》1999 年第 8 期。

9. 余茂玉："级别管辖制度的新思考"，载《广西政法管理干部学院学报》2004 年第 3 期。

10. 王福华："民事管辖权争议解决机制研究"，载樊崇义主编：《诉讼法学研究》（第 3 卷），中国检察出版社 2002 年版。

11. 李浩："民事诉讼级别管辖存在的问题及改进"，载《现代法学》1996 年第 4 期。

第六章

民事诉讼当事人和诉讼代理人

【本章要点】民事诉讼中的当事人，是指以自己的名义，针对特定的民事权益纠纷请求法院行使民事裁判权的人及其相对方。它应当是一个程序意义上的概念，我国的民事诉讼立法在这方面有所偏差。当事人适格，则是一个以实体法律关系为衡量标准的概念，它是指当事人针对与其有直接利害关系的民事争议能够以自己的名义向法院起诉或者应诉，并进而受法院裁判的约束。可以通过变更当事人和追加当事人对当事人适格的一些问题予以解决。当事人的诉讼权利能力，是对能够成为民事诉讼当事人的法律资格的要求；而诉讼行为能力，则是指能够独自进行民事诉讼活动，具有独立行使诉讼权利和履行诉讼义务的能力。这两项制度解决了能否称为诉讼当事人和能否亲自实际参加民事诉讼的问题。共同诉讼是一种特殊的诉讼形态，它是指在民事诉讼中原被告一方或双方有两人以上的情况。共同诉讼包括必要的共同诉讼和普通的共同诉讼两种形式。诉讼代表人制度是解决群体诉讼的问题，是指为了便于诉讼，由人数众多的一方当事人推选出来，代表其利益实施诉讼行为的人。民事诉讼中的第三人是一种特殊的广义上的当事人，是指对他人争议的诉讼标的有独立的请求权，或虽无独立的请求权，但案件的处理结果与其有法律上的利害关系，而参加到原告、被告已经开始的诉讼中进行诉讼的人，包括有独立请求权第三人和无独立请求权第三人。为了帮助无诉讼行为能力的当事人的能力予以补足和对有诉讼行为能力的当事人的能力加以扩张，法律专门设定了诉讼代理人制度，包括法定诉讼代理人和委托诉讼代理人两种情形。

【学习目标】通过本章的学习使学生初步了解当事人的概念、当事人能力与当事人诉讼权利能力、当事人适格之间的关系；掌握当事人的确定标准，共同诉讼人的分类及其相互关系，第三人的分类及其关系，诉讼代表人的分类及其相互关系；能够较为恰当地处理具体民事案件中当事人的确定，有一定的处理民事诉讼实际问题的能力；了解与民事诉讼代理有关的一些基本知识；了解诉讼代理的分类，委托诉讼代理人的范围、权限、终止的情形；了解法定诉讼代理人的产生根据、权限和终止的情形。

第一节　民事诉讼当事人概述

一、当事人的概念

民事诉讼中的当事人，是指以自己的名义，针对特定的民事权益纠纷请求法院行使民事裁判权的人及其相对方。在民事诉讼中，当事人有广义和狭义之分。狭义的当事人仅指原告和被告双方；广义的当事人则不仅包括原告、被告双方，还包括共同诉讼人、诉讼代表人和第三人。另外，当事人在不同的诉讼程序中又有不同的称谓：在第一审程序中，称为原告和被告；在第二审程序中，则称为上诉人和被上诉人；在申诉阶段，称为申诉人与被申诉人；在审判监督程序中，如果适用一审程序则称为原告和被告，如果适用二审程序称为上诉人和被上诉人；在特别程序中，通常称为申请人，但在选民资格案件中则称为起诉人；在督促程序和企业法人破产还债程序中，称为申请人和被申请人；在公示催告程序中，称为申请人和利害关系人；在执行程序中，称为申请执行人和被申请执行人。当事人称谓不同，表明他们在不同的程序中具有不同的诉讼地位，享有的诉讼权利和承担的诉讼义务有所不同。

对于当事人的概念，学术界有着不同的看法，在民事诉讼理论中也存在一个演变的过程。在私法一元观时期，由于受到实体正义观念的支配，一般都是采纳了"实体意义当事人"的概念和标准，认为只有实体法律关系争议中的权利人和义务人才能是诉讼当事人，即必须与实体的民事争议有法律上的利害关系。于是，上个世纪我国的民事诉讼法学教材大都会将民事诉讼当事人的概念作如下界定：是指因民事权利义务关系发生纠纷，以自己的名义到法院进行诉讼，并受法院裁判约束的利害关系人。又会将当事人的特征不约而同地概括为：①以自己的名义进行诉讼；②与民事案件有利害关系；③受人民法院裁判的约束。在时下的教材中已经鲜见这样的表述，但上述观点在当时却占据了通说地位，有着极大的影响。[1] 然而，以是否与案件有实际利害关系和是否受法院裁决的约束来判断当事人的构成，尽管可以落实实体争议的权利义务关系，但这种判断往往要到诉

---

[1] 这种影响甚至在当前的个别教材中还有延续。如在司法部统一编审的高等政法院校规划教材《民事诉讼法学》中，在界定当事人的概念时，运用了程序意义上的当事人概念，而在概括当事人的特征时，又作出了极富实体意义当事人色彩的表述：①民事权利义务关系发生纠纷；②以自己的名义进行诉讼；③受人民法院裁判的拘束。参见常怡主编：《民事诉讼法学》（修订版），中国政法大学出版社 2005 年版，第 157～158 页。

讼过程中甚至到诉讼结束后才能作出，因而无助于解决诉讼开始阶段当事人地位的问题以及一系列实际存在的相关问题，例如管辖权问题等等。并且，这种判断标准对当事人的要求，于民事诉讼制度的程序设计而言，也是不切实际的。民事诉讼程序本身的设置就是为了查清民事纠纷中的实际权利义务关系，而在判断作为程序主体的当事人时，又将这种实际权利义务关系进行了预设，显然是不科学的和无法实现的，是一个基本的逻辑错误。

在当前学术界，基本上都是将当事人界定为一个纯粹诉讼法上的概念，即采纳了"程序意义当事人"（或者说"形式意义当事人"）的判断标准。所谓"程序意义上的当事人"，是指确定当事人的依据不是看该当事人是否为实体权利义务关系的主体，而是以在形式上是否向法院提起诉讼请求和请求人（原告）在主观上以谁为相对人（被告）。例如对原告而言，只要向法院提起了诉讼请求，即为原告，至于该原告在客观上是否确实具有实体上的请求权则与其当事人地位没有关系。

当事人的概念，在国外民事诉讼理论上也是历经了一个由"实体意义"向"程序意义"转变的过程。[1] 确立"程序当事人"的概念，有着极为重要的意义。①它适应了现代法治理念中实体权利保护与程序运作相对分离的一般趋势，有效贯彻了法官不得拒绝裁判的宪法规则。[2] 如果将一些不符合实体条件的当事人拒之于法院门外，则不利于对公民诉权的全面保护。②相对于社会的快速发展而言，法律规定永远具有一定的滞后性，在民事立法领域尤其如此。如果以实体法的规定来判断当事人的资格，在立法对一些社会经济关系缺乏规定的情况下，可能会将包含民事权利义务性质的纠纷拒绝于国家审判权之外。③民事司法的目的在于解决民事纷争，民事纷争的形成又与社会生活密不可分，民事司法的运作体现了法院对社会发展的积极接触和关注。允许程序意义上的当事人进入民事司法领域，有利于实现司法对社会生活应有的良性驱动的功能。

在我国的民事诉讼立法中，对当事人的认定又是遵循了什么样的标准呢？长期以来，我国理论界奉行传统的利害关系当事人说，即要求当事人具备实体意义。这种观念也深刻影响了我国的法律规定。《民事诉讼法》第108条中，明确规定"原告是与本案有直接利害关系的公民、法人和其他组织"，即要求原告具备实体的意义。不过，同时又规定"有明确的被告"即可。该法第110条中也规定，起诉状应当写明当事人的姓名。可见，对于被告的确认只需在起诉状中注明

---

〔1〕　参见江伟主编：《民事诉讼法》（第2版），高等教育出版社2004年版，第85页。
〔2〕　现今世界上许多法治国家，大都在宪法中确立了法官不得拒绝裁判的规则，将法官的裁判权和公正及时的裁决义务上升到宪法精神层面。我国宪法尚没有这方面的规定。

即可。因此，对被告的认定只进行了程序意义的要求。可以说，我国《民事诉讼法》对当事人认定的规定是在奉行传统理论基础上吸收了一定的进步因素。实际上，无论是原告还是被告的认定，都应当摒弃"实体意义当事人"的判断标准，而应当以起诉状列明的原被告予以判断某起案件的当事人。我国的民事诉讼立法应当在此作出一定的修改和完善。

二、当事人适格

（一）当事人适格的概念

当事人适格，又称正当当事人，是指在特定的诉讼中，对于发生争议的民事法律关系有实施诉讼的具体权能。也就是说，当事人针对与其有直接利害关系的民事争议能够以自己的名义向法院起诉或者应诉，并进而受法院裁判的约束。理论上，有时也会将正当当事人的这种资格称为诉讼实施权。[1] 具有诉讼实施权的原告就是正当原告，也称原告适格；具有诉讼实施权的被告就是正当被告，也称被告适格。一起民事诉讼的当事人是否适格，应当从该具体诉讼案件的原告所主张的诉讼标的在他所起诉的当事人之间予以解决是否适当而且有无意义来决定，当事人适格与法院审理的结果以及与当事人所争议的民事法律关系是否确实存在（争议事实的真实性）都毫无关系。[2]

实际上，前述当事人的概念是从普遍意义或宏观意义上予以适用的，因此采取了程序意义或曰形式意义的界定。但是，具体到某一起特定的民事诉讼当中，当事人总要涉及到一个是否正当的问题，是从微观角度而言的，其实就是采取了一种"实体意义当事人"的界定标准。例如，某公司 A 与某公司 B 的子公司 C 发生了合同纠纷，A 作为原告将 B 起诉至法院，即 B 为本案的被告，可是，B 并非本案的正当被告，适格的被告应当是其子公司 C。

正当当事人和诉讼实施权的概念起源于大陆法系的德国。在对以诉讼实施权为基础的当事人适格进行深入研究之后，学术界又提出了以"诉的利益"作为当事人适格之基础的观点。引入"诉的利益"的概念，是大陆法对英美判例法的吸收，它源于"无利益既无诉权"的一项基本原则。将"诉的利益"作为当事人适格的观点，实质上是扩大了当事人适格的基础，一定程度上也扩大了当事人适格的范围。凡是法律上利益相对立的双方，对于诉讼标的的权利义务关系存

---

[1]　参见李龙："民事诉讼当事人适格刍议"，载《现代法学》2000 年第 4 期。

[2]　我们借英美法上的"真正利害关系"理论予以进一步阐明："真正利害关系"并不以实体法明文规定的权利根据为前提，而是指客观上存在法律应予救济的某种权益，而且这里的"真正利害关系"仅仅是形式上的，亦即原告只要声称他的起诉是为了保护他的合法权益即可。"真正的利害关系"这一概念说明起诉的人只能关注自己的事，而不能越俎代庖。参见汤维建：《美国民事司法制度与民事诉讼程序》，中国法制出版社 2001 年版，第 358～359 页。

在争议，当事人对该诉讼即具有"诉的利益"，当事人在该诉讼中即为正当当事人。"诉的利益"的学说运用到司法实践中，将会使一些纠纷在无法律明确规定的情况下，具有"诉的利益"的主体会获得胜诉判决。而纯粹由诉讼法拟制的诉讼主体也可以因此而获得当事人的资格。在司法解决纠纷功能不断扩大的现代社会，承认"诉的利益"作为当事人适格的基础具有极其重要的理论意义和现实意义。[1]

（二）诉讼担当

诉讼担当是当事人适格中的一种特殊情形。所谓诉讼担当，也叫诉讼信托，是指适格的当事人（正当当事人）因故不能参加诉讼，而由从当事人角度来看完全不适格的第三人，以当事人的资格，代为行使诉讼实施权，法院裁判的效力及于未能参加诉讼的争议法律关系主体。可见，诉讼担当的实质在于通过诉讼上的授权（包括依法律规定的授权和依当事人意志的授权），使本来不适格的当事人成为适格当事人。非权利或者非义务主体能够被允许为了他人的利益而享有诉权，往往是基于其与争议法律关系的真正主体之间具有另外的法律关系存在。根据该另外的法律关系是否由法律明确规定为标准，可以将诉讼担当分为法定的诉讼担当和任意的诉讼担当两种形式。法定的诉讼担当，是指争议法律关系以外的第三人，对与他人的另外法律关系或者法律权利的管理权，是基于实体法或诉讼法的明确规定而产生的；任意的诉讼担当，是指争议法律关系的主体通过自己的意志授予第三人以诉讼实施权。我国立法不承认任意的诉讼担当，民事诉讼中的诉讼担当都是法定的。[2] 具体而言，我国民事诉讼法上的诉讼担当主要包括以下两类：

1. 基于身份关系而产生的诉讼担当。这种法定诉讼担当主要是指，公民基于继承权、身份权等为维护死者或者胎儿的利益而作为当事人进行民事诉讼。例如，根据《著作权法》的规定，作品作者的署名权、修改权、保护作品完整权的保护期不受限制；作者的发表权、使用权和获得报酬权的保护期为作者终生及死后 50 年；在著作权人死后，上述权利的司法保护是通过其继承人进行诉讼担当予以实现的。再如，根据《民法通则》及相关司法解释的规定，死者的名誉、

---

〔1〕　参见江伟主编：《民事诉讼法》（第2版），高等教育出版社2004年版，第92~93页。

〔2〕　也有一种观点认为，我国立法在某些方面一定程度是承认任意诉讼担当的。根据《民事诉讼法》第54、55条的规定，对于人数确定的代表人诉讼，诉讼代表人是由群体成员"推选"而产生的；至于人数不确定的代表人诉讼，诉讼代表人的产生方式是由群体成员"推选"与法院共同商定。其间都体现了群体成员的意志，包含了任意诉讼担当的成分。参见江伟主编：《民事诉讼法学》，复旦大学出版社2002年版，第183页。

肖像等应当受到法律的保护，其配偶、父母、子女等近亲属可以原告身份起诉。[1] 又如，根据《继承法》的规定，在继承死者遗产时应当为胎儿保留适当的份额，适当份额的权利受到侵害时，胎儿的母亲有诉讼实施权。不过，胎儿并不是法律意义上的人，不能成为诉讼当事人，因此这种情况与严格意义上的诉讼担当还有所区别。

2. 基于对他人的财产或者其他实体权利享有管理权或处分权而产生的诉讼担当。因为享有管理权，为维护财产所有权人或者经营权人的合法权益，可以进行诉讼担当。为财产所有权人进行诉讼担当者，如破产清算组织（破产管理人）、被宣告失踪人的财产代管人、遗嘱执行人等；为经营权人进行诉讼担当者，如因委托管理合同而产生的代管权等。基于处分权产生的诉讼担当，如代位债权人。根据《合同法》第 73 条的规定，因债务人怠于行使其到期债权，对债权人造成损害的，债权人可以向人民法院请求以自己的名义代为行使债务人的债权，但该债权专属于债务人自身的除外。

在国外民事诉讼法上，还有一些其他类型的法定诉讼担当，主要是指关于职务上和公益上的当事人。这类当事人是由法律进行明确规定，以维护国家利益或社会公共利益而被赋予当事人资格者。例如，西方国家普遍确立的公益诉讼制度（包括环境诉讼、人事诉讼及有关公益性财产的诉讼等）中的检察官作为原告提起诉讼；股东派生诉讼中，股东有权代公司之位以自己的名义提出损害赔偿请求之诉讼；美国的司法部反托拉斯局和联邦贸易委员会可以就违背反托拉斯的竞争行为和侵害消费者利益的行为提起民事诉讼；等等。

（三）当事人适格的认定

当事人适格，是一个针对特定的民事案件的问题。当事人是否适格，必须从某项民事诉讼的具体情况出发进行分析。因此，从这一角度来看，法律绝对无法对当事人是否适格作出详尽的并且可以直接遵照执行的规定。但是，从彻底解决纠纷和高效解决纠纷的角度来讲，立法者和司法者又会希望进入诉讼的当事人尽可能都是适格的。为了方便适格的原告针对适格的被告提起民事诉讼，最高人民法院对于司法实践中较难认定正当当事人的情况作出了相关的司法解释。

1. 法人非依法设立的分支机构，或者虽依法设立，但没有领取营业执照的

---

〔1〕　当然，关于死者的肖像、名誉等人身利益的法律保护问题，我国民法学界尚存在较大的争议。一般认为，死者没有民事权利能力，也就不享有人身权利，法律保护的到底是什么以及法律保护的到底是谁，目前仍然争论未休。占据支配地位的观点认为，自然人生命终止以后，继续存在着某些与该人作为民事主体存续期间已经取得和享有的与其人身权相联系的利益，比如姓名、肖像、名誉、荣誉等，法律应当予以保护。但是，也有学者对此进行了质疑：法律保护的只有权利，利益只有转化为权利方可受到保护，而自然人死后便不再享有任何权利。

分支机构，以设立该分支机构的法人为当事人。

2. 法人或者其他组织的工作人员因职务行为或者授权行为发生的诉讼，该法人或其他组织为当事人。

3. 个体工商户、个人合伙或私营企业挂靠集体企业并以集体企业的名义从事生产经营活动的，在诉讼中，该个体工商户、个人合伙或私营企业与其挂靠的集体企业为共同诉讼人。

4. 在诉讼中，一方当事人死亡，有继承人的，裁定中止诉讼。人民法院应及时通知继承人作为当事人承担诉讼，被继承人已经进行的诉讼行为对承担诉讼的继承人有效。

5. 个体工商户、农村承包经营户、合伙组织雇佣的人员在进行雇佣合同规定的生产经营活动中造成他人损害的，其雇主是当事人。在诉讼中，个体工商户以营业执照上登记的业主为当事人。有字号的，应在法律文书中注明登记的字号。营业执照上登记的业主与实际经营者不一致的，以业主和实际经营者为共同诉讼人。

6. 当事人之间的纠纷经仲裁机构仲裁或者经人民调解委员会调解，当事人不服仲裁或调解向人民法院提起诉讼的，应以对方当事人为被告。

7. 法人或者其他组织应登记而未登记即以法人或者其他组织名义进行民事活动，或者他人冒用法人、其他组织名义进行民事活动，或者法人或者其他组织依法终止后仍以其名义进行民事活动的，以直接责任人为当事人。

8. 企业法人未经清算即被撤销，有清算组织的，以该清算组织为当事人；没有清算组织的，以作出撤销决定的机构为当事人。

9. 企业法人合并的，因合并前的民事活动发生的纠纷，以合并后的企业为当事人；企业法人分立的，因分立前的民事活动发生的纠纷，以分立后的企业为共同诉讼人。

10. 因新闻报道或者其他作品发生的名誉权纠纷，根据原告的起诉确定被告。只诉作者的，列作者为被告；只诉新闻出版单位的，列新闻出版单位为被告；如作者与所属单位为隶属关系，作品系作者履行职务所形成的，只列单位为被告。

（四）当事人适格欠缺的补救：当事人的变更

当事人适格的欠缺，也可称作非正当当事人，它与正当当事人是相对而言的，二者外延的总和即为"程序意义上的当事人"。对当事人适格欠缺的补救，民事诉讼中一般是通过当事人的变更制度予以实现的。当事人的变更，包括法定的当事人变更和任意的当事人变更两种情况。

1. 法定的当事人变更。法定的当事人变更，是指在民事诉讼过程中，由于某种情形的出现，根据法律的规定而发生的当事人变更。在我国民事诉讼法上，它在传统理论中一般又被称作"诉讼权利义务的承担"。[1] 根据相关的法律规定，我国的法定当事人变更包括两种情形：①因当事人死亡引发的当事人变更。最高人民法院《民诉意见》第 44 条规定："在诉讼中，一方当事人死亡，有继承人的，裁定中止诉讼。人民法院应及时通知继承人作为当事人承担诉讼，被继承人已经进行的诉讼行为对承担诉讼的继承人有效。"②因法人或非法人组织合并引发的当事人变更。在民事诉讼过程中，法人或非法人组织作为诉讼当事人，与其他的法人或非法人组织合并成为新的法人或非法人组织的，由新的法人或非法人组织继续参加诉讼，原法人或非法人组织在诉讼中实施的诉讼行为对新的当事人具有法律效力。

2. 任意的当事人变更。任意的当事人变更，在我国传统民诉理论中一般也被称为"当事人的更换"或"非正当当事人的更换"，是指在诉讼过程中，法院发现起诉或应诉的人不符合正当当事人条件的，通知符合条件的当事人参加诉讼，而让不符合条件者退出诉讼的一种制度。

德国和日本等大陆法系国家在判例和理论上都承认任意的当事人变更。在变更当事人时，原当事人与新当事人必须就更换事宜达成一致，即需经过双方的同意。但是，在第一审程序中，被告的更换则不需要经过新的当事人的同意。原则上，当事人更换后原当事人之间进行的诉讼活动对于新的当事人来说仍然有效。[2]

在我国，1982 年的《民事诉讼法（试行）》第 90 条规定："起诉或者应诉的人不符合当事人条件的，人民法院应当通知符合条件的当事人参加诉讼，更换不符合条件的当事人。"最高人民法院当时的司法解释也规定："在诉讼进行中，发现当事人不符合条件的，应根据第 90 条的规定进行更换。通知更换后，不符合条件的原告不愿意退出诉讼的，以裁定驳回起诉，符合条件的原告全部不愿意参加诉讼的，可终结案件的审理。被告不符合条件，原告不同意更换的，裁定驳回起诉。"但是，上述规定受到了当时理论界的批判，主要理由是基于处分原则的理念，法院对当事人的强行更换有越俎代庖的嫌疑。因此，在 1991 年民事诉讼法修改时，删除了更换当事人的规定。然而，后来学术界的不少学者仍然坚持当事人更换理论，认为更换非正当当事人作为一项司法实践不应该简单地加以否定或者取消。更换当事人的制度存在两个方面的理论基础：①诉讼成立要件理

---

〔1〕　诉讼权利义务的承担，是指诉讼进行过程中，由于某种特定原因的出现，当事人的诉讼权利、义务转移给案外人，并由其承担原当事人的诉讼权利、义务。参见常怡主编：《民事诉讼法学》（修订版），中国政法大学出版社 2005 年版，第 162 页。

〔2〕　参见江伟主编：《民事诉讼法》（第 2 版），高等教育出版社 2004 年版，第 95 页。

论。即正当当事人的存在是诉讼得以存在和进行的必要条件，如果当事人不正当，就没有继续进行诉讼活动的意义，因此必须更换不正当的当事人。②诉讼的纠纷解决目的理论。民事诉讼是由国家强制力保证实施的具有终局效力的制度，国家设立民事诉讼的最终目的固然是为了司法制度和法律制度，据此实现国家的统治力，可是作为直接、具体的目的而言，绝不能简单地将其解决民事纠纷的目的予以排除。既然要彻底解决纠纷，就不能因为当事人不适格而停止民事诉讼。必须更换当事人，使得诉讼在正当当事人之间顺利进行，以此求得纠纷的最终解决。[1]

由于目前的《民事诉讼法》没有规定当事人更换制度，因此在司法实践中人民法院也不会去实际操作当事人的更换。如果遇有当事人不适格的情况，法院一般会进行如下的处理：若原告不适格，法院会建议原告撤诉或者裁定驳回原告的起诉，然后可能会建议适格的原告重新起诉；若被告不适格，法院会建议原告先撤诉再重新提起针对适格被告的诉讼，否则的话会判决驳回原告的诉讼请求。[2] 当然，从某种角度而言，上述操作也可视为是当事人的一种更换形式，但不能实施强制更换，因此不是严格意义上的当事人更换。

（五）适格当事人遗漏的补救：当事人的追加

在民事诉讼中有时出现这样的情况，本应参加诉讼的当事人却没有参加诉讼，即应当成为正当当事人的人却没有进行诉讼成为当事人，这时要适用当事人的追加制度。当事人的追加，指人民法院受理案件后，在诉讼过程中，发现必须共同进行诉讼的当事人没有参加诉讼的，人民法院通知其参加诉讼的一种活动。

在诉讼开始后，人民法院发现有与本案有直接利害关系的人没有参加诉讼，而这些人不参加诉讼又不利于查明案件事实和解决纠纷的，人民法院应当通知其参加诉讼，追加为当事人。当事人本人也可以向人民法院提出申请，要求参加诉讼，法院对此申请应当进行审查。经审查认为不符合当事人条件的，裁定予以驳

---

[1] 参见江伟主编：《民事诉讼法》（第2版），高等教育出版社2004年版，第94页。

[2] 有一种观点认为，原告和被告不适格时，法院都可以适用裁定驳回原告起诉的处理方式，而非判决驳回诉讼请求，许多教材甚至实践中一些法院的做法都是如此，参见国家司法考试中心组编：《国家司法考试辅导用书》（第3卷·修订版），法律出版社2006年版，第504页。我们认为这是错误的。因为我国《民事诉讼法》第108条关于起诉条件的规定，对原告和被告的要求是不一致的，要求"原告是与本案有直接利害关系的公民、法人和其他组织"，即对原告是"实体意义当事人"的标准；而要求"有明确的被告"即可，对被告是"程序意义当事人"的标准。因此，若被告不适格，仍然符合起诉和受理的条件，在经过对被告进行实体审理后发现其不适格，当然应该判决驳回原告的诉讼请求。而裁定驳回起诉是在受理案件后对不符合起诉条件的情况的适用。可以认为，这是我国民事诉讼法学界的一个重大失误。

回；申请有理的，应当及时书面通知其参加诉讼。追加当事人可以在第一审程序中进行，也可以在第二审程序中进行。第二审程序追加当事人后，可以进行调解，如果不能调解结案的，应当将案件发回原第一审法院重审，以充分保障被追加当事人的诉讼权利。追加的当事人，可能参加到原告一方成为共同原告，也可能参加到被告一方成为共同被告。当然，法律对追加共同原告和共同被告的要求是有所不同的，本书在"共同诉讼人"一节将予以介绍。

三、当事人的诉讼权利能力和诉讼行为能力

（一）诉讼权利能力

诉讼权利能力，又称为当事人能力，是指一定的主体能够享有民事诉讼权利和承担民事诉讼义务的能力，即能够成为民事诉讼当事人的法律资格。诉讼权利能力是从抽象的一般意义上对某主体能否成为诉讼当事人的考察和确认，并不以任何的具体案件为前提。诉讼权利能力是一种法律上的资格，有这种能力的主体方能成为诉讼当事人，没有这种能力则无法成为当事人。另外，某一主体具备诉讼权利能力，并不意味着此主体就现实地成为了具体案件的当事人，要成为现实中的当事人，还必须在特定的诉讼案件中通过起诉或者应诉予以实现。因此可以说，诉讼权利能力就是当事人的主体资格。当事人主体资格同当事人适格是完全不同的两个概念。前者是针对普遍意义上的所有人和其他主体而言的，即使没有实际参加民事诉讼，也会涉及到诉讼权利能力有无的问题；而后者是针对具体案件中的当事人而言的，是从当事人与争讼法律关系的实质联系进行考察的，只能是实际参加了特定的民事诉讼，才会涉及当事人是否适格的问题。

诉讼权利能力与民事权利能力是一对联系密切却又相互区别的概念。一般而言，有民事权利能力的主体，都有诉讼权利能力。因为民事权利主体的民事权益受到侵犯或与他人发生争议，应当也必然有要求司法保护的资格。但是，具备诉讼权利能力的主体，却未必具备民事权利能力。两者之间最为本质的区别在于，民事权利能力是一种实体法上的权利能力，是指作为民事主体的资格；而诉讼权利能力则是一种诉讼法上的权利能力，是指作为诉讼主体的资格。我国《民事诉讼法》第49条规定："公民、法人和其他组织可以作为民事诉讼的当事人。法人由其法定代表人进行诉讼。其他组织由其主要负责人进行诉讼。"据此规定，具备诉讼权利能力可以作为民事诉讼当事人的有公民、法人和其他组织。

1. 自然人。对于自然人来说，其诉讼权利能力和民事权利能力是一致的，始于出生而终于死亡。任何自然人都具备这两项能力。自然人的人身和财产权利受到损害的，均可以作为当事人提起民事诉讼。有两种特殊情况，目前理论界尚

且存在争议，即胎儿和死者。我们认为，胎儿和死者都没有生命，不是法律意义上的自然人，都不具备民事权利能力和诉讼权利能力。对于未出生的胎儿，根据我国《继承法》规定，"遗产分割时，应当保留胎儿的继承份额"。这只是法律拟制的一种针对胎儿的特殊保护，不代表其具有民事权利能力。对于死者而言，我国法律对其姓名、肖像、名誉、隐私等利益也进行了一定的保护。然而，这种保护的理论基础是什么，在理论界是争论较大的一个问题。[1]

2. 法人。法人的诉讼权利能力与民事权利能力，均始于法人的成立而终于法人的撤销或解散。但对于法人而言，其民事权利能力和诉讼权利能力却体现了一定程度的分离，这种分离表现在法人的民事权利能力的限定性与诉讼权利能力的普遍性。

法人民事权利能力的限定性主要包括两个方面：①与自然人固有的性质差异所决定的民事权利能力的限制。与自然人相比，法人在性质上存在的天然的固有差异。例如，法人人身权的范围要比自然人狭窄许多，无法享有自然人的肖像权、身体权和配偶权等等；再如，自然人固有的性别、年龄、亲属关系等方面的权利，法人也是不能享有。②基于法律规定的限制。法人的民事权利能力还要受到法律规定或者核准登记经营范围的限制，违法法律或者超越经营范围的行为不会产生法律效力。《民法通则》第42条规定："企业法人应该在核准登记的范围内从事经营。"《公司法》第22条和第49条规定，在有限责任公司和股份有限公司的公司章程中，经营范围是其必须登记的事项。另外再如，公司法中有公司不得成为其他公司的无限责任股东的限制性规定，破产法中有针对清算法人权利能力的限制性规定等等。

法人的诉讼权利能力不会受到任何的限制。只要是与其他民事主体发生了纠纷，法人即可以向人民法院提起民事诉讼或者到法院应诉。即使对于法人超越经营范围的行为而引起的民事纠纷，该法人也具有诉讼权利能力。法人的诉讼权利能力只存在有无的问题，而不存在限制与否的问题。

3. 其他组织（非法人团体）。其他组织，是指不具有法人资格的一些组织或团体。"其他组织"是我国立法表达中惯用的一个术语，在理论上一般又可称为非法人团体。于非法人团体而言，在我国的立法上，其民事权利能力和诉讼权利能力呈现了极为显著的分离。

传统民法理论认为，非法人团体在民事实体法中并不是与自然人和法人并列

---

〔1〕　有一种观点认为，胎儿不具有民事权利能力，却具有诉讼权利能力；死者不具有诉讼权利能力，却具有民事权利能力。参见常怡主编：《民事诉讼法学》（修订版），中国政法大学出版社2005年版，第159页。这种观点我们不予认同。

的同等民事主体，并不具有民事权利能力。但是，二战以后国际上民法理论和民事立法的发展趋势是逐渐在一定范围内承认非法人团体的民事权利能力。我国《合同法》第2条第1款规定："本法所称合同是平等主体的自然人、法人和其他组织之间设立、变更、终止民事权利义务关系的协议。"有学者认为，依此规定，"其他组织在立法上至少是合同法中已被承认为民事主体了，即具有民事权利能力"。[1] 我们认为，《合同法》的规定只能是体现出一种认可非法人团体民事权利能力的趋势，还不能认定其完全认可了非法人团体的民事权利能力。因为，我国的非法人团体根本不具备民事责任能力，无法独立承担民事责任，不是完全独立的民事主体。学术界目前的主流观点，还是认为非法人团体不具有民事权利能力。

在我国的民事诉讼立法中，符合法律规定的非法人团体具有诉讼权利能力。《民事诉讼法》第49条规定："公民、法人和其他组织可以作为民事诉讼的当事人。法人由其法定代表人进行诉讼。其他组织由其主要负责人进行诉讼。"根据《民诉意见》第40条的规定，具备诉讼权利能力的其他组织必须满足三个条件：一是经过合法成立；二是有一定的组织机构和财产；三是不具备法人资格。具体包括：①依法登记领取营业执照的私营独资企业、合伙组织；②依法登记领取营业执照的合伙型联营企业；③依法登记领取我国营业执照的中外合作经营企业、外资企业；④经民政部门核准登记领取社会团体登记证的社会团体；⑤法人依法设立并领取营业执照的分支机构⑥中国人民银行、各专业银行设在各地的分支机构；⑦中国人民保险公司设在各地的分支机构；⑧经核准登记领取营业执照的乡镇、街道、村办企业；⑨符合本条规定条件的其他组织。

不符合《民诉意见》规定的其他组织，不具有诉讼权利能力，不可以作为诉讼当事人参加诉讼。例如，法人非依法设立的分支机构，或者虽依法设立，但没有领取营业执照的分支机构，以设立该分支机构的法人为当事人；一般的个人合伙不具有诉讼权利能力，其全体合伙人在诉讼中为共同诉讼人；个体工商户和农村承包经营户也不具有诉讼权利能力。

（二）诉讼行为能力

诉讼行为能力，又称为诉讼能力，是指能够独自进行民事诉讼活动，具有独立行使诉讼权利和履行诉讼义务的能力。有了诉讼权利能力，只是具有了成为当事人的资格；同时具有了诉讼行为能力，才能够亲自实施诉讼行为，行使诉讼权利，履行诉讼义务。如果只有诉讼权利能力而无诉讼行为能力，虽然可以成为当

---

[1]　江伟主编：《民事诉讼法学》，复旦大学出版社2002年版，第178页。

事人，但只能由其法定代理人代为实施诉讼活动。

当事人的诉讼行为能力与民事行为能力有着一定的区别。当事人的诉讼行为能力，在民事诉讼法学理论上只可进行有诉讼行为能力和无诉讼行为能力两种划分。而民事行为能力则分为完全民事行为能力、限制民事行为能力和无民事行为能力三种情况。限制民事行为能力人，可以独立地进行与他们年龄、智力相适应的民事活动，但不能独立地进行诉讼活动。与其有关的民事法律关系发生争议，必须进行诉讼时，也只能由其法定代理人代为进行诉讼。在我国年满18岁且无精神疾病的人，是有完全民事行为能力的人，在诉讼上也就是有诉讼行为能力的人。作为诉讼当事人必须对自己的诉讼行为可能产生的法律后果，要有一定的鉴别和判断的能力。因此，限制民事行为能力和无民事行为能力的人，不具有诉讼行为能力。根据我国《民法通则》的有关规定，年满16周岁不满18周岁的公民，以自己的劳动收入为主要生活来源时，可视为完全民事行为能力人；当其参加民事诉讼时，也应当视为有诉讼行为能力，可以自行实施诉讼活动。

对于法人和非法人团体而言，有诉讼权利能力即有诉讼行为能力。法人和非法人团体的诉讼行为能力，自依法成立时产生，至撤销时或者解散时终止。但是，法人由其法定代表人进行诉讼，非法人团体由其主要负责人进行诉讼。法人的正职负责人是其法定代表人；没有正职负责人的，由主持工作的副职负责人担任法定代表人。设有董事会的法人，以董事长为法定代表人；没有董事长的法人，经董事会授权的负责人可以作为法定代表人。在民事诉讼中，法人的法定代表人更换的，由更换后的法定代表人继续进行诉讼，原法定代表人进行的诉讼行为有效，非法人团体更换主要负责人的情况也是如此。

四、我国民事诉讼当事人的诉讼权利义务

（一）当事人的诉讼权利

当事人的诉讼权利，是为了维持民事诉讼程序的正常运行以及实现民事诉讼的目的而设定的，也是宪法所确定的公民基本权利在民事诉讼法上的具体体现。根据我国《民事诉讼法》的有关规定，民事诉讼当事人享有广泛的诉讼权利，其中有的属于一方当事人享有的权利，也有的属于双方当事人共同享有的权利。

1. 一方当事人享有的诉讼权利：①原告有提起诉讼的权利，起诉后有放弃、变更诉讼请求和撤诉的权利；②被告有进行答辩、承认原告的诉讼请求和提起反诉的权利。

2. 双方当事人共同享有的诉讼权利：①使用本民族语言文字进行诉讼的权利；②委托代理人，提出回避申请，收集、提供证据，进行辩论，请求调解，提起上诉，申请执行的权利；③协议管辖法院的权利和提出管辖权异议的权利；

④当事人可以查阅与本案有关材料，并可以复制本案有关材料和法律文书，但当事人应根据最高人民法院的具体规定行使这项权利；⑤双方当事人可以自行和解；⑥申请证据保全，申请顺延诉讼期间，申请财产保全和先予执行的权利；⑦要求重新调查、鉴定或者勘验的权利；⑧认为法庭笔录确有错误时，有申请补正的权利；⑨认为发生法律效力的判决、裁定、调解协议确有错误时，有申请再审的权利。

（二）当事人的诉讼义务

当事人享有广泛的诉讼权利的同时，也应承担相应的诉讼义务。根据《民事诉讼法》第50条第3款的规定，当事人应承担的诉讼义务主要有以下三方面：

1. 必须依法行使诉讼权利。当事人必须依照民事诉讼法的规定行使诉讼权利，不得滥用法律赋予的诉讼权利，损害他人的合法权益。

2. 必须遵守诉讼秩序。当事人必须遵守法庭秩序，服从法庭指挥，不得实施妨害民事诉讼秩序的行为。

3. 必须履行发生法律效力的判决书、裁定书和调解书。人民法院的判决书、裁定书、调解书生效后，负有义务的一方当事人必须履行。义务人不履行的，人民法院可根据权利人的申请或依职权依法强制执行。

第二节　共同诉讼

一、共同诉讼的概念

在民事诉讼中，通常情况下原告和被告均是各有一个，但有时原被告一方或双方也会有两人以上，这种特殊的诉讼形态即为共同诉讼。根据《民事诉讼法》第53条的规定，当事人一方或者双方为二人以上，其诉讼标的是共同的，或者诉讼标的是同一种类、人民法院认为可以合并审理并经当事人同意的，就是共同诉讼。相对于一对一的单独诉讼而言，共同诉讼是一种复数诉讼形式，它具有两个方面的基本特征：①当事人一方或双方为两人以上。这是共同诉讼区别于于单独诉讼的本质特征。②一方或双方为两人以上的当事人在同一诉讼程序中进行诉讼。只有当一方或双方为两人以上的当事人在同一诉讼程序中进行诉讼时，才能形成共同诉讼。

在共同诉讼中，原告一方为两人或两人以上的，称为共同原告，这样的共同诉讼也叫积极的共同诉讼；被告一方为两人或两人以上的，称为共同被告，此种共同诉讼也叫消极的共同诉讼；当事人双方都为两人或两人以上的，叫做混合的共同诉讼。共同原告与共同被告均可以称为共同诉讼人。

共同诉讼通常是在起诉之时形成的，由于多人共同提起诉讼或者多人共同被诉而成立的。不过，在民事诉讼进行过程中也可以形成共同诉讼。例如，因当事人的追加而形成共同诉讼；因当事人死亡其多名继承人共同继受诉讼而形成共同诉讼；因法院将多起诉讼合并审理而形成共同诉讼。

设置共同诉讼制度的意义在于，通过实施共同诉讼，一来可以一并解决涉及多个当事人的纠纷或者多起纠纷，以节省诉讼成本提高诉讼效率；二来可以避免法院在同一事件的处理上作出相互矛盾的裁判。

在我国民事诉讼法中，根据共同诉讼人之间对诉讼标的的关系，将共同诉讼分为必要共同诉讼和普通共同诉讼。其中，争议的诉讼标的是同一的共同诉讼，为必要共同诉讼；争议的诉讼标的不是同一但属同一种类的共同诉讼，为普通共同诉讼。同时，共同诉讼人也可以分为必要共同诉讼人和普通共同诉讼人。必要共同诉讼的主要目的在于防止矛盾的裁判，而普通共同诉讼的主要目的在于节省诉讼成本。

二、必要共同诉讼

（一）必要共同诉讼的概念和特征

必要的共同诉讼，是指当事人一方或双方为两人或两人以上，其诉讼标的是共同的，人民法院必须合并审理并在裁判中对诉讼标的合一确定的诉讼。必要共同诉讼中的共同诉讼人就是必要的共同诉讼人。这种情况下，诉讼标的的共同性和不可分割性，使得共同诉讼成为一种必需，因此必要共同诉讼是不可分之诉，要求共同诉讼人必须一同起诉或者应诉，还要求法院进行合并审理并合一判决，如果分开审理和判决会导致分割实体权利义务的内在联系，造成相互冲突的判决。

必要共同诉讼具有以下几个方面的特征：

1. 当事人一方或双方为两人以上。

2. 诉讼标的是共同的。一般认为，在我国民事诉讼法上，诉讼标的的共同性是由实体法律关系决定的。如果共同诉讼人在实体法律关系中存在共同的利害关系，即享有共同的权利或者承担共同的义务，在民事诉讼中其诉讼标的就是共同的。正是基于此，要求必要共同诉讼人必须一同起诉或者应诉。

3. 法院必须合并审理，合一判决。这是指对于共同诉讼，法院必须适用同一个诉讼程序进行审理，并对共同诉讼人的权利义务作出内容相同的裁判。这是由必要共同诉讼中诉讼标的的同一性决定的。

（二）必要共同诉讼的类型

在我国的民事诉讼理论中，根据诉讼标的的权利义务本身是共同的，还是形成诉讼标的的权利义务的原因是共同的，必要共同诉讼被划分为两种类型：权利义务共同型必要共同诉讼和原因共同型必要共同诉讼。

1. 权利义务共同型的必要共同诉讼。它是指必要共同诉讼人针对诉讼标的本来就有共同的权利或共同的义务。之所以如此，是因为共同诉讼人之间本身就存在着权利义务的共同关系或连带关系。存在共同关系者例如，多个成年子女共同承担赡养父母的义务，合伙人之间针对合伙事务共同享有权利和共同承担义务，共同共有人对于共有物享有共同的权利并承担共同的义务，等等；存在的连带关系主要包括连带债权和连带债务，例如，承担连带保证责任的保证人与被保证的主债务人之间存在着连带清偿关系，债权人向保证人和被保证人一并主张权利的，为共同被告。

2. 原因共同型的必要共同诉讼。这是指共同诉讼人针对诉讼标的本来没有共同的权利或共同的义务，由于发生了同一的事实或者法律上的原因，才使得共同诉讼人之间产生了共同的权利或共同的义务。例如，在共同侵权行为中，数人共同的原因致使他人损害，在受害人提起的损害赔偿诉讼中，数名加害人则为共同被告。数名加害人之所以成为共同被告，是因为它们共同对受害人实施了加害行为，从而共同承担赔偿义务。但是，如果是一人同时侵害数人，多名受害人则不是必要的共同诉讼人，而不论这种侵害行为是多个还是一个。因为数名受害人的受害情况在实体法上可以是各自独立的，各自的损害赔偿请求权可以单独分开行使，当然也可以共同行使，但如果共同行使只能是普通的共同诉讼。

在大陆法系的民事诉讼理论中，必要共同诉讼又可以分为固有的必要共同诉讼和类似的必要共同诉讼。固有必要共同诉讼，又称为真正的必要共同诉讼，是指诉讼标的对于共同诉讼人必须合一确定，即将多数共同诉讼人视为一体关系，法院必须对全体共同诉讼人作出一致的而非相互分离相互区别的判决，并且共同诉讼人必须共同起诉或者共同应诉，否则当事人即为不适格。例如，合伙人、共同共有人、承担赡养义务的多名成年子女为共同诉讼人的情况。类似的必要共同诉讼，又称为非真正的必要共同诉讼、偶然的必要共同诉讼，是指共同诉讼人不必共同起诉或者共同应诉，有选择单独诉讼还是共同诉讼的自由，如果选择进行共同诉讼，法院就必须对共同诉讼人作出一致的而非相互分离相互区别的判决。例如，连带债权人对外请求的给付之诉，连带债务人被同一债权人提起的给付之诉，公司股东提起的撤销股东大会决议之诉，等等。我国并没有这种必要共同诉讼的区分，所有的必要共同诉讼都是不可分之诉，只要有一个必要共同诉讼人未参加诉讼，就必然通过由当事人申请或者由法院通知的方式追加其参加诉讼。

（三）必要共同诉讼的具体情形

我国《民事诉讼法》和有关的司法解释对引起必要共同诉讼的具体情形作

出了详细的规定，大致包括以下一些方面。

1. 个体工商户、个人合伙或私营企业挂靠集体企业并以集体企业的名义从事生产经营活动的，在诉讼中，该个体工商户、个人合伙或私营企业与其挂靠的集体企业为共同诉讼人。

2. 个体工商户以营业执照上登记的业主为当事人，但是若营业执照上登记的业主与实际经营者不一致的，以业主和实际经营者为共同诉讼人。

3. 个人合伙的全体合伙人在诉讼中为共同诉讼人。个人合伙有依法核准登记的字号的，应在法律文书中注明登记的字号。全体合伙人可以推选代表人；被推选的代表人，应由全体合伙人出具推选书。

4. 企业法人分立的，因分立前的民事活动发生的纠纷，以分立后的企业为共同诉讼人。

5. 借用业务介绍信、合同专用章、盖章的空白合同书或者银行帐户的，出借单位和借用人为共同诉讼人。

6. 在继承遗产的诉讼中，部分继承人起诉的，人民法院应通知其他继承人作为共同原告参加诉讼；被通知的继承人不愿意参加诉讼又未明确表示放弃实体权利的，人民法院仍应把其列为共同原告。

7. 被代理人和代理人承担连带责任的，为共同诉讼人。

8. 共有财产权受到他人侵害，部分共有权人起诉的，其他共有权人应当列为共同诉讼人。

9. 因保证合同纠纷提起的诉讼，债权人向保证人和被保证人一并主张权利的，人民法院应当将保证人和被保证人列为共同被告；债权人仅起诉保证人的，除保证合同明确约定保证人承担连带责任的外，人民法院应当通知被保证人作为共同被告参加诉讼；债权人仅起诉被保证人的，可只列被保证人为被告。

根据最高人民法院《关于适用〈中华人民共和国担保法〉若干问题的解释》的规定，引起必要共同诉讼的具体情形还包括：①企业法人的分支机构为他人提供保证的，人民法院在审理保证纠纷案件中可以将该企业法人作为共同被告进行诉讼。但是，商业银行、保险公司的分支机构提供保证的除外。②一般保证的债权人向债务人和保证人一并提起诉讼的，人民法院可以将债务人和保证人列为共同被告参加诉讼。③债权人向人民法院请求行使担保物权时，债务人和担保人应当作为共同被告参加诉讼。④同一债权既有保证又有物的担保，当事人发生纠纷提起诉讼的，债务人与保证人、抵押人或者出质人可以作为共同被告参加诉讼。

另外，最高人民法院2001年颁布的《关于审理劳动争议案件适用法律若干问题的解释》也规定了一种情形：原用人单位以新的用人单位和劳动者共同侵权为由向人民法院起诉的，应将新的用人单位和劳动者列为共同被告。

（四）必要共同诉讼人的追加

因为必要共同诉讼人的诉讼标的是共同的，所以法院只能对必要共同诉讼合一审理和判决，当事人也只能一同起诉或者应诉，否则，当事人将不适格。因此，在民事诉讼过程中，如果有部分必要共同诉讼人没有参加诉讼，就需要追加共同诉讼人。

当事人的追加，可以由法院依职权进行，也可以由法院根据有关当事人的申请而追加。根据《民诉意见》的规定，必须共同进行诉讼的当事人没有参加诉讼的，人民法院应当通知其参加；当事人也可以向人民法院申请追加。人民法院对当事人提出的申请，应当进行审查，申请无理的，裁定驳回；申请有理的，书面通知被追加的当事人参加诉讼。人民法院追加共同诉讼的当事人时，应通知其他当事人。应当追加的原告，已明确表示放弃实体权利的，可不予追加；既不愿意参加诉讼，又不放弃实体权利的，仍追加为共同原告，其不参加诉讼，不影响人民法院对案件的审理和依法作出判决。被追加的被告，如果不愿参加诉讼的，法院一般可以对其进行缺席判决，但对符合拘传条件的被告，则可以通过拘传强制其到庭参加诉讼。

（五）必要共同诉讼人的内部关系

在必要共同诉讼中，除了原告和被告作为对立的双方之间的外部关系之外，还存在着共同诉讼人之间的内部关系。由于在诉讼中，各共同诉讼人是独立的诉讼主体，都可以实施一定的诉讼行为，而他们相互间的诉讼行为又可能会不完全一致，这就产生了如何处理必要共同诉讼人内部关系的问题。牵连性是必要共同诉讼人内部关系的本质特点，但在牵连性的基础上，他们之间又存在着一定的独立性。

根据《民事诉讼法》第53条的规定，必要共同诉讼人中一人的诉讼行为，如主张诉的变更、申请撤诉、处分实体权利等，必须经过其他共同诉讼人承认，对其他共同诉讼人才会发生效力。可见，立法采取了承认原则来处理共同诉讼人的内部关系。这种承认包括明示承认和默示承认两种情况。所谓默示承认，是指只要共同诉讼人对于其他共同诉讼人的诉讼行为没有表示异议的，即视为承认。不过，承认原则并不是适用于所有场合，也有诸多例外的情形。例如，共同诉讼人中一人或者一部分人遵守诉讼期间、发生诉讼中止的原因等，便无须经过其他共同诉讼人的承认，其效力就及于全体必要共同诉讼人。再如，针对上诉期限而言，各个共同诉讼人的上诉期限是从裁判文书送达之日起各自分别计算的，但是如果其中一人在自己的上诉期限内提起上诉，其上诉的效力就及于全体共同诉讼人，而不论此时其他共同诉讼人是否已经超出了其上诉期限。

承认原则其实存在着一定的弊端。如果部分共同诉讼人明确表示不予承认，但对诉讼行为的具体方案又不能协商一致或者协商的时间过长，民事诉讼就不能顺利进行或者造成诉讼拖延。另外，对于不出庭参加诉讼的共同诉讼人而言，则更加难以进行协商。因此，国外民事诉讼法中一般采取有利原则，可以有效避免这些弊端。所谓有利原则，是指必要共同诉讼人中一人或数人的诉讼行为有利于共同诉讼人的，便直接对其他共同诉讼人发生法律效力，不利于其他共同诉讼人的则不发生法律效力。判断是否有利的标准，是一种形式上的判断，而不是从法院判决结果来看的，否则这种判断无从进行也将没有意义。

必要共同诉讼人之间又存在一定的独立性。各个必要共同诉讼人可以独立实施与其他共同诉讼人无关的诉讼行为，例如委托诉讼代理人等等。另外，如果有的共同诉讼人的诉讼行为能力欠缺，也并不影响其他共同诉讼人的诉讼行为能力。

三、普通共同诉讼

（一）普通共同诉讼的概念

普通的共同诉讼，又称为一般共同诉讼、非必要共同诉讼，是指当事人一方或双方为两人以上，诉讼标的是同一种类，人民法院认为可以合并审理并经当事人同意合并审理而进行的共同诉讼。普通共同诉讼中的共同诉讼人就是普通的共同诉讼人。在普通共同诉讼人之间不存在共同的权利义务关系，只是属于同一种类的诉讼标的，这是指各共同诉讼人与对方当事人之间发生争议的法律关系是同属于一种法律类型的，例如同是租赁关系、买卖关系、承包合同关系、产品质量侵权关系等等。因此，法院对其中一个诉讼标的所作的判决，其效力并不及于其他普通共同诉讼人的诉讼标的。普通共同诉讼的设立，是立足于提高诉讼效率，减少诉讼成本，使两个以上的同种类的案件，通过同一的诉讼程序得到解决。

普通共同诉讼具有以下几个方面的特征：①普通共同诉讼的诉讼标的有多个，但却属于同一种类。这也是普通共同诉讼区别于必要共同诉讼的本质特征。普通共同诉讼属于诉讼客体的合并，并由诉讼客体的合并导致诉讼主体的合并。②普通共同诉讼中各共同诉讼人与对方当事人之间一定存在两个以上的诉讼请求。③普通共同诉讼是一种可分之诉，共同诉讼人的诉讼行为具有独立性。普通共同诉讼人在诉讼中可以共同起诉，也可以单独起诉。人民法院对同一种类的若干诉讼，是否采取统一合并审理的程序，要通过权衡利弊，并征得当事人同意加以确定。④人民法院对案件进行合一审理与分别判决。法院针对案件的诉讼请求以及事实和理由在同一诉讼程序中进行审理，但最终却要分别予以确定。

（二）普通共同诉讼与必要共同诉讼之比较

根据上述介绍可以看出，普通共同诉讼与必要共同诉讼之间有着一定的相同之处，例如，两者的当事人一方或者双方都是两人以上，法院都是在同一诉讼程序中合并处理多数当事人之间的纠纷。但是，它们之间却存在更多的区别：

1. 诉讼标的的数量不同。普通共同诉讼的诉讼标的是同一种类的多个，必要共同诉讼的诉讼标的是相同的一个。

2. 共同诉讼人与诉讼标的的关系不同。普通共同诉讼人各自分别与对方有一个独立的诉讼标的存在，相互之间在实体上没有共同的权利义务关系；必要共同诉讼人对诉讼标的存在共同的权利义务关系。

3. 审理和裁判的方式不同。普通共同诉讼是一种可分之诉，可以共同起诉或应诉，也可以分别起诉或应诉，法院可以合并审理，也可以分开审理，即使合并审理，裁判时也应对各当事人分别作出裁决；必要共同诉讼则是不可分之诉，要求一同起诉或应诉，法院必须合并审理、合一判决。

4. 共同诉讼是否经当事人同意不同。普通共同诉讼合并审理时必须经过共同诉讼人的同意；必要共同诉讼则不用经过共同诉讼人的同意。

5. 共同诉讼人之间的相关性与独立性不同。在普通共同诉讼中，每个共同诉讼人都处于独立的地位，其诉讼行为对其他共同诉讼人不发生效力，而只对自己发生效力；在必要共同诉讼中，采取承认的原则，视全体共同诉讼人为一个整体，其中一人的诉讼行为经其他共同诉讼人同意，对其他共同诉讼人发生法律效力。

区分必要共同诉讼和普通共同诉讼，主要是以共同诉讼人在实体法律关系上是否存在共同关系或连带关系为基本标准。如果存在共同关系或连带关系的，一般是必要共同诉讼；如果不存在，则一般都是普通共同诉讼，但也存在少数的例外情况。如果各共同诉讼人与对方当事人之间的纠纷能够独立解决，其判决不会相互妨碍，便仍旧可以作为普通的共同诉讼进行。例如，一起父母与多个成年子女之间的赡养纠纷，法院已经针对各子女所尽赡养义务的基本数额作出了生效判决，但在履行义务过程中，部分子女的具体生活情况发生了转变，父母因此与之发生了新的争议，如果此种争议只涉及具体的数额问题而不涉及其他子女，那么可以作为普通的共同诉讼提起。

（三）普通共同诉讼的构成要件

1. 诉讼标的有两个以上，且属于同一种类。构成诉讼标的同一种类的情形主要有以下三种：①基于同类事实或者法律上的同类原因形成的同类诉讼标的。例如，甲在某地分别打伤乙、丙、丁三人，乙、丙、丁向甲提起的侵权赔偿诉讼。②基于同一事实或者同一个法律上的原因而形成的同类诉讼标的。例如，甲在某地只用一掌即打伤乙、丙、丁三人（假定可以），乙、丙、丁向甲提起的侵权赔偿诉讼。③基于数人对同一权利义务的确认而形成的同类诉讼标的。例如，甲对乙、丙、丁分别提起的关于确认特定不动产所有权的诉讼，甲主张该不动产所有权属于自己。如果乙、丙、丁均分别主张该不动产归自己所有，那么诉讼标的属于同一种类，甲可提起普通共同诉讼；如果乙、丙、丁主张该不动产归他们共有，诉讼标的则只有一个，由甲提起必要共同诉讼。

2. 由同一人民法院管辖，属于同一诉讼程序。如果其中存在专属管辖的情形，且与其他诉讼标的的审理法院不是一个，则不能进行共同诉讼；如果其中有的已经进入二审程序，则不能与一审程序的纠纷进行共同诉讼。

3. 符合合并审理的目的。普通共同诉讼的目的在于实现诉讼经济，节约司法资源。如果不符合此种目的，即使符合普通共同诉讼的基本特征，也不可合并审理。

4. 法院认为可以合并审理，当事人也同意合并审理。在符合以上条件的基础上，是否合并审理，由人民法院决定，但还需征求当事人的同意。法院决定和当事人同意，二者缺一不可。

（四）普通共同诉讼人的内部关系

普通共同诉讼是一种可分之诉，即使因合并审理而形成了共同诉讼，普通共同诉讼人在诉讼中的地位仍然是各自独立的，他们在诉讼中独立地行使自己的诉讼权利、履行自己的诉讼义务。可以这么讲，普通共同诉讼人进行诉讼时，其诉讼权利和诉讼义务与独立进行时是相同的。可见，独立性是普通共同诉讼人内部关系的基本特征。

普通共同诉讼人的相互独立性具体表现在以下几个方面：①各共同诉讼人可以不受其他共同诉讼人的牵制进行诉讼。如在诉讼中各共同诉讼人可以自行撤诉、自认、和解、上诉，其中一人的自认效力不及于其他共同诉讼人。②各共同诉讼人可以分别委托诉讼代理人。③因共同诉讼人中一人发生的诉讼中止、终结事由，不影响其他共同诉讼人继续诉讼。④共同诉讼人的对方当事人，对于各共同诉讼人的行为可以不同，甚至对立。如与其中一个共同诉讼人和解，但是拒绝与另外的共同诉讼人和解。⑤法院可以在诉讼进行中，认为合并辩论不利诉讼或不经济时，将诉讼分开进行。⑥法院对各共同诉讼人的资格审查中，对于不符合条件的可以不予受理，但不影响其他共同诉讼人的诉讼进行。

但是，普通共同诉讼人之间的独立性对于整个诉讼而言并非绝对，普通共同诉讼毕竟是多个诉合并审理的诉讼，因此在诉讼过程中普通共同诉讼人之间也存在一定的牵连性。这种牵连性主要体现在：①共同诉讼人中一人在诉讼中所提出的证据，可以作为对其他共同诉讼人主张的事实进行认定的资料，即证据共通原则；②共同诉讼人中一人的主张，如果不抵触其他共同诉讼人的行为，当其主张对其他共同诉讼人有利时，法律效力及于其他共同诉讼人，即主张共通原则。

第三节　诉讼代表人

一、代表人诉讼制度概述

（一）代表人诉讼的概念和种类

代表人诉讼，也称群体诉讼，是指当事人一方或者双方人数众多（10 人以上），由该群体中的一人或数人代表整个群体起诉或者应诉，法院所作判决对该群体所有成员均有约束力的诉讼形式。其中的代表即为诉讼代表人，它是指为了便于诉讼，由人数众多的一方当事人推选出来，代表其利益实施诉讼行为的人。

进入现代社会，商品经济的高速发展拓宽了各经济主体之间的经济交往领域，经济实体的横向联系得到了增强，由此导致经济活动中发生冲突的面和点急剧扩展，有愈来愈多的民事、经济纠纷变得规模化和群体化。这些群体性的纠纷主要集中于消费服务领域、集资投资领域、环境污染领域以及标准合同领域等。为了高效解决这些群体化的大型纠纷，达到诉讼经济的目的，许多国家都建立起了群体性纠纷解决机制。就民事诉讼的方式而言，例如日本的选定当事人制度、德国的团体诉讼制度以及美国的集团诉讼制度等等。我国的代表人诉讼制度，是在借鉴上述国家立法经验的基础上，设立的一种独特的群体性诉讼方式。

我国的立法将代表人诉讼分为两类。一类是起诉时当事人人数就可以确定的代表人诉讼，称为"人数确定的代表人诉讼"；另一类是起诉时当事人人数不能确定，需要法院受理案件后公告告知多数人全体进行登记并选定代表人进行诉讼，称为"人数不确定的代表人诉讼"。这两类代表人诉讼的人数下限，一般为 10 人以上。当事人的人数越多，越有必要适用代表人诉讼。人数众多时，让所有的当事人参加诉讼不仅极为不便，也会给法院的传唤、审理、开庭带来困难，在人数不确定的情况下更是如此。由多数当事人选定代表人进行诉讼非常必要。

不过，一方或者双方当事人人数众多，并非必须进行代表人诉讼。对于诉讼标的为同一种类的案件，如果多数当事人不愿意将诉讼实施权授予代表人担当诉讼，也可以分别单独进行诉讼。人民法院不能强制要求多数当事人一方选出代表人进行诉讼，而主要应当根据当事人的意愿来决定是否适用代表人诉讼制度。另外，在某些法定情况下，如果适用代表人诉讼可能会不利于纠纷的解决，便不宜适用代表人诉讼。根据最高人民法院 2002 年颁布的《关于审理证券市场因虚假陈述引发的民事侵权纠纷案件有关问题的通知》，对于虚假陈述的民事赔偿案件，人民法院应当采取单独诉讼或者共同诉讼的形式予以受理，而不宜以代表人诉讼的形式受理。

（二）代表人诉讼的性质

我国的代表人诉讼制度是以共同诉讼制度为基础，并吸收了诉讼代理制度的部分机能。以共同诉讼制度为基础，是指诉讼代表人所进行的诉讼应当符合共同诉讼的基本条件，如果所代表的当事人不能作为共同诉讼人，也就不能在诉讼中推选代表人代为实施诉讼行为。代表人诉讼制度吸收了诉讼代理制度的机能，使众多诉讼主体的诉讼行为通过诉讼代表人集中实施，扩大了诉讼的容量，避免了因众多当事人直接参与诉讼所带来的诸多问题。

但是，代表人诉讼制度与共同诉讼制度之间仍然存在着极大的区别：①在代表人诉讼中，人数众多一方当事人只要推选出诉讼代表人，即可不必亲自参加诉讼，而共同诉讼人必须亲自参加诉讼；②诉讼代表人实施的诉讼行为，除法律规定必须经过被代表的当事人同意才对其有效以外，原则上对当事人全体有效，但共同诉讼人一人的诉讼行为，在必要共同诉讼中，原则上只有经过其他当事人的承认，才对其他当事人生效，在普通共同诉讼中，对其他共同诉讼人不生效。

诉讼代表人具有当事人和代表人的双重身份，它与诉讼代理人也具有明显的不同：①与诉讼标的利害关系不同。诉讼代理人不是当事人，对诉讼标的既没有共同的利害关系，也没有相同的利害关系，只是代理当事人为一定诉讼行为；而诉讼代表人本身也是当事人，他与被代表人对诉讼标的有共同的或者相同的利害关系。②诉讼行为所要达到的目的不同。诉讼代理人诉讼行为的目的不是为了维护自己的利益，而是根据法律规定或接受当事人委托，在代理权限内以被代理人的名义进行诉讼，其行为对被代理人发生效力；而诉讼代表人所为诉讼行为的目的，既维护本人的利益，也要维护被代表人的利益，其行为对自己和被代表人都发生效力。③产生的根据不同。诉讼代理人是由法律规定或者当事人的委托产生；而诉讼代表人是由同一方当事人推选或者人民法院与之商定产生的。

（三）代表人诉讼制度的意义

我国的代表人诉讼制度，在借鉴国外诉讼制度的同时又不盲目照搬，结合了本国实际又不拘泥于传统，在诉讼实践上具有极其重要的意义。具体而言，确立代表人诉讼制度的意义主要有：

1. 代表人诉讼制度扩大了司法解决纠纷的功能。群体性纠纷的大量出现，已经使单独个人的私人利益问题，变成了一个广泛的公益问题。为了避免公益遭受侵害，法律许可有共同利益的多数人选任代表人进行诉讼。我国代表人诉讼是诉讼担当和诉讼代理的结合，成功地解决了主体众多与诉讼程序空间容量有限之间的矛盾，扩大了司法解决纠纷的功能。

2. 代表人诉讼制度与实体法律制度保持协调。群体性纠纷涉及环境、医药、产品责任等实体法领域的众多受害者。受害者虽然人数众多，但对现代高技术的企业或者行业提出诉讼，单个受害者在诉讼能力或者经济能力上都无力与之抗衡，加害人与受害人力量严重不均衡。为改变这种状态，民法、经济法等法律法规都加强了对有关行业或者企业的规范，通过无过失责任以及赋予消费者法定权益来保障多数受害者的利益。为此，诉讼法允许特定地域的居民、特定的消费者群体进行群体诉讼，显然有利于保持实体法律制度与程序法律制度的协调，有利于实体法律制度的贯彻落实。

3. 代表人诉讼制度为我国立法吸收、融合不同法系的法律制度提供了经验。代表人诉讼制度创造性地融国外选定当事人制度和集团诉讼的某些原理于一体，具有很强的适应性，促进了群体纠纷的妥当和及时解决。

二、诉讼代表人

(一) 诉讼代表人的条件与特征

当事人一方人数众多是诉讼代表人产生的前提。根据最高人民法院《民诉意见》第 59 条的规定，当事人一方人数众多一般是指 10 人以上，10 人以下就没有必要推选代表人了。至于诉讼代表人的人数，《民诉意见》第 62 条也规定，诉讼代表人为 2 ~ 5 人，每位代表人可以委托 1 ~ 2 人作为诉讼代理人。这种人数的限定，目的在于更好地进行诉讼，人数太少不利于被代表人利益的保护，而人数太多又使诉讼复杂化，便违背了代表人诉讼制度的设立基础理念。

诉讼代表人的基本条件是：①必须是本案的当事人，与其所代表的成员具有利益一致性；②具有诉讼行为能力；③具备与进行该诉讼相适应的能力，能够正确履行代表义务；④能够善意地维护被代表的全体当事人合法权益。

诉讼代表人具有三方面的特征：①诉讼代表人是代表人诉讼中人数众多的当事人中的一员；②诉讼代表人参加诉讼不仅为了维护自己的利益，而且还要维护他所代表的其他当事人的利益；③诉讼代表人参加诉讼，法院所作的裁判不仅对诉讼代表人发生效力，而且对被代表的其他当事人也发生效力。

(二) 诉讼代表人的法律地位

诉讼代表人既是当事人一方的成员，又是多数人一方当事人诉讼行为的具体实施者。针对被代表的多数当事人而言，诉讼代表人的权限相当于未被授予实体处分权的诉讼代理人。具体说来，诉讼代表人在诉讼中代表本方当事人进行诉讼，行使当事人的诉讼权利和诉讼义务，代表人的诉讼行为对其所代表的当事人发生效力。但为了保障多数当事人全体的利益，防止诉讼代表人滥用权利，我国民事诉讼法同时规定，诉讼代表人在处分被代表人的实体权利时，如变更、放弃诉讼请求或者承认对方当事人的诉讼请求、进行和解时，必须经被代表的当事人同意。

（三）诉讼代表人的更换

在诉讼过程中，如果出现诉讼代表人死亡、丧失诉讼行为能力以及不能尽代表人职责的情况时，可以更换诉讼代表人。由被代表的当事人向法院提出更换申请，法院审查后认为申请合理的，应当裁定中止诉讼，然后召集全体被代表人进行商议，可以推选新的代表人予以更换，也可以由法院与被代表人协商确定新的代表人。更换后的代表人继续履行原代表人职责；原代表人的诉讼行为，对新更换的代表人具有法律效力。

三、人数确定的代表人诉讼

人数确定的代表人诉讼，是指由起诉时人数已确定的众多的共同诉讼人推选出代表，代替全体共同诉讼人参加诉讼，实施诉讼行为的代表人诉讼。

构成人数确定的代表人诉讼，须符合以下四个条件：

1. 当事人一方人数众多。最高人民法院《民诉意见》设定的标准一般为10人以上。相比较人数不确定的代表人诉讼，它形成的诉讼集团一般情况下不会过于庞大。

2. 起诉时当事人人数已经确定。这不仅意味着共同诉讼人的人数已经明确，也同时意味着各共同诉讼人的身份等基本情况以及是否起诉等情况都已明确，没有不确定的因素存在。

3. 众多当事人之间具有共同的或同一种类的诉讼标的。因此，人数确定的代表人诉讼，既可以是必要共同诉讼，也可以是普通共同诉讼。

4. 当事人推选出代表人。在人数确定的代表人诉讼中，可以由全体当事人推选共同的诉讼代表人，也可以由部分当事人推选自己的诉讼代表人。如果推选不出的，在必要共同诉讼中，当事人可以自己参加诉讼；在普通共同诉讼中，当事人可以另行起诉，若人数不多的，也可以直接参加诉讼。

四、人数不确定的代表人诉讼

（一）概念与条件

人数不确定的代表人诉讼，是指由人数不确定的共同诉讼人中向法院登记权利的人推选出诉讼代表人，由代表人以全体共同诉讼人的名义参加诉讼，实施诉讼行为的代表人诉讼。

构成人数不确定的代表人诉讼，须具备以下三个条件：

1. 当事人一方人数众多且具体人数在起诉时尚未确定。现代社会中许多大型的民事经济纠纷频繁发生，如消费者保护、环境污染、旅游服务、广告宣传、投资集资、产品质量等等，这种纠纷中的当事人往往情况各异，甚至分布在全国各地，于是产生了具体人数难以确定的情形。

2. 诉讼标的为同一种类，即多数当事人之间没有共同的权利或义务关系，不存在共同的诉讼标的，但各方当事人的诉讼标的属同一种类。也就是说，只有普通共同诉讼，才适用人数不确定的代表人诉讼。在必要共同诉讼中，如果人数不确定，就直接不能适用代表人诉讼制度，更莫谈人数不确定的代表人诉讼。

3. 须选定诉讼代表人。诉讼代表人只能通过向人民法院登记权利的那部分当事人产生出来。根据《民诉意见》的规定，诉讼代表人产生的方式依次为：①推选，即由向人民法院登记的那部分权利人推选出诉讼代表人；②商定，在当事人推选不出代表人时，由人民法院与当事人通过协商方式产生代表人；③指定，在协商不成的情况下，也可以由人民法院在当事人中指定诉讼代表人。

（二）特殊程序

与人数确定的代表人诉讼相比，人数不确定的代表人诉讼具有下列几项特殊程序：

1. 公告。人民法院在受理案件后，可根据民事诉讼法的规定，发出公告，在公告中说明案件情况和诉讼请求，通知尚未起诉的权利人在规定期间内来法院登记。公告的期限由法院视具体情况决定，但最少不得少于 30 日。

2. 登记。登记是指人民法院对见到公告后前来参加诉讼的权利人进行登记。权利人向法院登记时，应证明自己与对方当事人的法律关系和所受到的损失，无法证明的，不予登记，但权利人可以另案起诉。登记并不是起诉行为，仅是一种表明当事人身份的行为。登记的法律效果在于，已经登记的权利人有权推选诉讼代表人，也有权被推选为诉讼代表人。

3. 裁判效力。人民法院对人数不确定的代表人诉讼作出裁判后，裁判的约束力仅及于参加登记的全体权利人，这便是人数不确定的代表人诉讼的裁判效力。对于未参加登记的权利人而言，虽然无直接的约束力，但具有预决的效力，这属于法院裁判效力的扩张。在公告期间未参加登记的权利人，在诉讼时效期限内提起诉讼，法院认定其请求成立时，可以裁定直接适用法院对代表人诉讼已作出的裁判，而无需另行作出裁判。

第四节　诉讼第三人

一、诉讼第三人概述

在民事诉讼中，通常情况下只有两方当事人，即原告和被告。但是，由于民事法律关系的复杂性，有时原告和被告的争议可能涉及或者影响其他人的权利，于是即发生了第三人参加诉讼的问题。民事诉讼中的第三人，是指对他人争议的诉讼标的有独立的请求权，或虽无独立的请求权，但案件的处理结果与其有法律上的利害关系，而参加到原告、被告已经开始的诉讼中进行诉讼的人。第三人可以是自然人、法人和其他组织；既可以是一人，也可以是两人以上。以对他人之间的诉讼标的是否具有独立的请求权为标准，第三人可以分为有独立请求权的第三人和无独立请求权的第三人。

民事诉讼中的第三人属于广义上的当事人，也就具有当事人的一般特征。但第三人也存在很大的特殊性，具有以下几方面的特征：

1. 第三人参加诉讼的目的，在于维护自己相对独立的民事权益，以自己的名义参加诉讼。若非如此，则不成为第三人，而是诉讼代理人。

2. 参加诉讼的原因是对他人之间的诉讼标的提出独立的诉讼请求，或者案件的处理结果与其有法律上的利害关系。提出独立诉讼请求，说明对他人的诉讼标的具有全部或部分请求权，这种请求不同于原告的诉讼请求，也不同于被告的答辩主张。

3. 参加诉讼的时间是在他人之间的诉讼已经开始之后但人民法院尚未作出判决之前。如果不在这个时间范围内，当然也可以另外进行诉讼，但不存在第三人参加诉讼的问题。

4. 由人民法院确定可否合并审理成为第三人之诉。第三人参加诉讼，属于诉的合并，由法院根据案件具体情况予以决定是否合并，如果不可合并，则可以另外进行单独的诉讼。

二、有独立请求权的第三人

（一）有独立请求权第三人的概念

有独立请求权的第三人，是指对原告和被告之间争议的诉讼标的认为有独立的请求权，参加到原、被告已经开始的诉讼中进行诉讼的人。根据有独立请求权第三人对双方当事人诉讼标的的主张权利的多少，可以分为有全部独立请求权的第三人和有部分独立请求权的第三人。

在民事诉讼中，有独立请求权的第三人的诉讼地位相当于原告，以本诉中的原告和被告作为被告，但并不是作为共同被告。虽然原、被告之间相互对立，但是有独立请求权第三人既不同意原告的主张又不同意被告的主张。他为了维护自己单方的民事权益，以独立的权利人资格向法院提起一项新的民事诉讼，于原、被告之间的本诉相互对应，于是可以称其为参与之诉。人民法院为了及时、公正处理案件，避免作出相互矛盾的判决，可以将两个诉合并审理。例如，甲将耕牛出租于乙使用，而乙却私自将耕牛卖于丙；由于耕牛质量问题，丙向法院起诉乙合同纠纷；甲得知了乙丙的诉讼后，也向法院提起诉讼，主张自己对耕牛享有所有权；如果法院将两诉合并审理，甲则以有独立请求权第三人的身份参加诉讼。

有独立请求权第三人在诉讼中有其独立的诉讼地位，因此如果在本诉中因撤诉等事由导致原、被告地位的丧失，他便可以发生诉讼地位的转变，可以单独提起针对原告或者被告的诉讼，诉讼地位转换为典型的原告。有独立请求权第三人在诉讼中应当承担独立的诉讼结果，除调解结案的情况外，与原、被告承担的诉讼结果总是相反的。如果法院的裁判支持了第三人的主张，同时必然会否定本诉原、被告的诉讼主张；如果原、被告一方的主张得到了支持，那么第三人的主张便遭否定。

（二）有独立请求权第三人的参诉条件

有独立请求权的第三人参加诉讼，必须具备以下条件：

1. 自己认为对本诉当事人发生争议的诉讼标的享有独立的实体上的请求权。这是有独立请求权的第三人参加诉讼的根本依据。这具有两方面的涵义：①第三人所主张的实体权利与本诉任何一方当事人的主张都不相同；②第三人的诉讼请求对本诉双方的权利义务关系直接排斥，如果其请求成立的话，本诉双方的权利义务就全部或部分不存在或失去意义。并且，只需第三人"认为"享有独立请求权即可，至于最终判断要在法院对案件进行审理后才可作出。

2. 所参加的诉讼正在进行。有独立请求权第三人参加诉讼的时间限于法院受理本诉之后，至法院作出一审判决之前。

3. 以起诉的方式参加诉讼。根据《民事诉讼法》第56条第1款之规定，对当事人双方的诉讼标的，第三人认为有独立请求权的，有权提起诉讼。既然是起诉的方式，因此必须符合起诉的条件和程序，例如符合法院主管、管辖以及起诉状等方面的要求。

（三）有独立请求权第三人与必要共同诉讼人的区别

有独立请求权的第三人与必要的共同诉讼人虽然也有相似之处，如都是存在多数的当事人，但却存在根本的区别。这些区别主要体现为：

1. 与诉讼标的关系不同。必要共同诉讼人争议的诉讼标的是共同的，他们是争议的法律关系的一方当事人，在同一法律关系中，或者共同享有权利，或者共同承担义务。有独立请求权的第三人提起的诉讼，其诉讼标的与本诉的诉讼标的可能是共同的，也可能是不同的，但有独立请求权的第三人与诉讼标的的关系不可能与本诉的任何一方当事人相同，与本诉当事人的任何一方都不具有共同的权利义务。有独立请求权的第三人的主张具有独立性，与本诉讼的原告及被告的利益均相排斥。

2. 争议的对方当事人不同。必要共同诉讼人只能与另一方当事人发生争议，对方当事人要么是被告，要么是原告；而有独立请求权的第三人是与本诉讼的原、被告双方发生争议，与之争议的对方当事人既包括本诉的原告，也包括本诉的被告。

3. 参加诉讼的方式不同。必要共同诉讼人既可以自己申请参加诉讼，也可以经人民法院通知参加诉讼；而有独立请求权的第三人只能以起诉的方式参加诉讼。

4. 参加诉讼的时间不同。必要共同诉讼人可以在诉讼开始时，也可在诉讼开始后参加诉讼；有独立请求权的第三人只能在诉讼开始后而尚未结束前参加诉讼。

5. 诉讼地位不同。必要共同诉讼人在诉讼中既可能处于原告的诉讼地位，也可能处于被告的诉讼地位；有独立请求权的第三人只能处于原告的诉讼地位。

6. 是否必须合并审理不同。人民法院对于必要共同诉讼人参加的诉讼必须合并审理，而对于有独立请求权第三人参加的诉讼可以根据实际情况决定是否合并审理。

7. 诉讼行为的效力不同。必要共同诉讼人中一人的诉讼行为经全体共同诉讼人承认的，可以对全体共同诉讼人发生法律效力；有独立请求权的第三人的诉讼行为无论如何只对其自己发生法律效力，其既不可能对本诉的当事人发生效力，也不受本诉任何一方当事人的牵制。

三、无独立请求权的第三人

（一）无独立请求权第三人的概念

无独立请求权的第三人，是指对当事人双方的诉讼标的没有独立的请求权，但是案件处理结果与其有法律上的利害关系，自行申请参加诉讼或者由人民法院通知其参加诉讼的人。

根据民事诉讼法的规定，无独立请求权第三人参加诉讼的根据是案件的审理结果与其有法律上的利害关系。所谓有法律上的利害关系，其实质是无独立请求权第三人与本诉的当事人存在另一个法律关系，而且本诉当事人争议的法律关系和该第三人与本诉当事人之间的法律关系具有一定的牵连性。这种利害关系主要可以分为两种情形，即权利性关系和义务性关系。[1] 从司法实践来看，无独立请求权第三人与案件处理结果之间的利害关系大多是义务性关系，通常体现为该第三人与本诉的被告之间存在另一个与本诉争议法律关系具有牵连性的法律关系。如果人民法院确认本诉的被告应当承担法律责任，该法律责任最终可能由该第三人承担。例如，甲将耕牛出卖于乙，乙又将其卖于丙，因耕牛存在质量问题丙对乙提起民事诉讼，甲可以作为无独立请求权第三人参加诉讼。

可是，从理论上说，并不能排除利害关系是权利性关系的可能性，通常体现为无独立请求权第三人与本诉原告之间存在另一个与本诉争议的法律关系具有牵连性的法律关系。例如，生产商甲将一批货物出售于批发商乙，乙又将其中的一部分批发于零售商丙，其中乙认为货物存在质量瑕疵对甲提起诉讼，丙因其与乙之间的买卖关系也可以无独立请求权第三人的身份参与到诉讼中去。

（二）无独立请求权第三人的诉讼地位

由于案件的处理结果与其有法律上的利害关系，因此，无独立请求权第三人参加诉讼是为了维护自己的合法利益。其参加诉讼的方式是，加入到原告一方或者被告一方进行辅佐性诉讼。一般而言，如果该第三人可能由于本诉处理结果而享有一定的实体权利时，便加入原告一方，其诉讼地位相当于原告；如果该第三人可能由于本诉处理结果而承担一定实体义务时，便加入被告一方，其地位相当于被告。但无论如何，无独立请求权第三人在诉讼中不是完全独立的诉讼当事人，不具有与当事人完全相同的诉讼地位。

无独立请求权第三人的诉讼地位具有相对的独立性和一定的附属性。其附属性体现在，该第三人参加诉讼的目的是帮助被参加一方赢得诉讼并借以维护自己的利益，因此他不得实施与参加人地位相悖的诉讼行为，如不得申请撤诉或放弃诉讼请求，不得提起反诉，在被参加一方反对的情况下不得承认对方诉讼请求以及不得同意调解等。但另一方面，无独立请求权第三人也具有相对独立的诉讼地位。该第三人享有一部分独立的诉讼权利，如委托诉讼代理人的权利、陈述自己意见的权利、举证和质证的权利以及参加法庭辩论的权利等等。另外，根据《民事诉讼法》第 56 条第 2 款之规定，人民法院判决承担民事责任的无独立请求权第三人，具有当事人的诉讼权利义务。《民诉意见》第 66、97、162 条的规定，对于无独立请求权第三人的诉讼权利义务也作出了以下专门的规定：

1. 人民法院判决承担民事责任的无独立请求权第三人在诉讼中有当事人的诉讼权利义务，有权提起上诉。但该第三人在一审中无权对案件的管辖权提出异

----

[1] 当然，也还存在权利义务相互混合的法律关系。

议，无权放弃、变更诉讼请求或者申请撤诉。[1]

2. 无独立请求权第三人参加诉讼的案件，人民法院调解时需要确定无独立请求权的第三人承担义务的，应当经第三人同意，调解书应当同时送达第三人。第三人在调解书送达前反悔的，人民法院应当及时判决。

3. 无独立请求权第三人经人民法院传票传唤，无正当理由拒不到庭，或者未经法庭许可中途退庭的，不影响案件的审理。

（三）无独立请求权第三人参加诉讼的方式

无独立请求权第三人应当在本诉开始之后至一审判决作出之前参加诉讼。根据我国《民事诉讼法》第56条和最高人民法院《民诉意见》第65条的规定，无独立请求权的第三人参加诉讼的方式主要有以下两种：

1. 申请参加诉讼。尽管对当事人正在争议的诉讼标的没有独立的请求权，但是案件的处理结果与其有法律上的利害关系，无独立请求权的第三人为了维护自己的利益依法申请参加诉讼的，人民法院可以根据具体情况决定是否准许。申请参加是无独立请求权的第三人参加诉讼的重要方式。

2. 经人民法院通知参加诉讼。无独立请求权的第三人与案件处理结果之间的利害关系，通常是因其与被告之间存在法律上的利害关系。在这种情况下，人民法院往往通知该第三人作为无独立请求权的第三人参加诉讼。但是，如果被通知人拒绝参加诉讼时，法院应当尊重其处分权，而不得强制其参加。如果在实体法律关系中确实需要其承担责任的，一方当事人在诉讼结束后可以另行对其提起诉讼。可见，经通知参加诉讼也是无独立请求权的第三人参加诉讼的另一种方式。

从司法实践来看，将无独立请求权的第三人纳入诉讼，往往是要求该第三人承担责任，因此，无独立请求权的第三人一般不是主动申请参加诉讼，而是由人民法院通知参加诉讼。同时，个别法院还存在滥用追加无独立请求权的第三人的问题，以至严重损害了第三人的合法权益。为此，最高人民法院《关于在经济审判工作中严格执行〈中华人民共和国民事诉讼法〉的若干规定》第9~11条对追加无独立请求权的第三人进行了限制，指出以下几种情况不能追加：①受诉人民法院对与原被告双方争议的诉讼标的无直接牵连和不负有返还或者赔偿等义务的人，以及与原告或被告约定仲裁或有约定管辖的案外人，或者专属管辖案件的一方当事人，均不得作为无独立请求权的第三人通知其参加诉讼；②人民法院在审理产品质量纠纷案件中，对原被告之间法律关系以外的人，证据已证明其已经

---

〔1〕 对于无独立请求权第三人是否有权提出管辖权异议的问题，在理论界存在对这项司法解释的质疑，具体参见本书"管辖权异议"一节内容。

提供了合同约定或者符合法律规定的产品的，或者案件中的当事人未在规定的质量异议期内提出异议的，或者作为收货方已经认可该产品质量的，不得作为无独立请求权的第三人通知其参加诉讼；③人民法院对已经履行了义务，或者依法取得了一当事人的财产，并支付了相应对价的原被告之间法律关系以外的人，不得作为无独立请求权的第三人通知其参加诉讼。

（四）无独立请求权第三人的特别适用

《合同法》第74条和最高人民法院《关于适用〈中华人民共和国合同法〉若干问题的解释（一）》第13、16、24、27、29条规定了合同案件中特别适用无独立请求权的第三人的情形。

1. 代位权诉讼中的无独立请求权的第三人。代位权诉讼，是指债务人怠于行使其到期债权，对债权人造成损害的，债权人向人民法院请求以自己的名义代位行使债务人的债权而提起的诉讼。根据上述法条的规定，债权人代位行使的债权不能是专属于债务人自身的债权，如基于扶养、抚养、赡养、继承关系产生的给付请求权和劳动报酬、退休金、养老金、抚恤金、安置费、人寿保险、人身伤害赔偿请求权等权利就不能提起代位权诉讼。

在代位权诉讼中，债权人以次债务人为被告向人民法院提起代位权诉讼，债务人是无独立请求权的第三人。债权人起诉时未将债务人列为第三人的，人民法院可以追加债务人为第三人。在代位权诉讼中，该无独立请求权的第三人可对债权人的债权提出异议，经审查异议成立的，人民法院应当裁定驳回债权人的起诉。

代位权诉讼判决的效力比较特殊。判决认定代位权成立的，次债务人向债权人履行清偿义务，债权人与债务人、债务人与次债务人之间相应的债权债务关系即予消灭。代位权不成立的，债权人对债务人的诉权并不消失，原告可以债务人为被告再次提起诉讼。

2. 撤销权诉讼中的无独立请求权的第三人。债务人放弃其到期债权或者无偿转让或以不合理的低价转让财产，对债权人造成损害的，债权人可以请求人民法院撤销债务人的行为。这种诉讼称为撤销权诉讼。债权人提起撤销权诉讼时，只以债务人为被告，未将受益人或者受让人列为第三人的，人民法院可以追加该受益人或者受让人为无独立请求权的第三人。

3. 合同转让案件中的无独立请求权的第三人。合同的转让包括债权的转让和债务的转让。债权人转让合同权利后，债务人与受让人之间因履行合同发生纠纷诉至人民法院，债务人对债权人的权利提出抗辩的，人民法院可以将债权人列为第三人；经债权人同意，债务人转移合同义务后，受让人与债权人之间因履行合同发生纠纷诉至人民法院，受让人就债务人对债权人的权利提出抗辩的，人民法院可以将债务人列为第三人；合同当事人一方经对方同意将其在合同中的权利义务一并转让给受让人，对方与受让人因履行合同发生纠纷诉至人民法院，对方就合同权利义务提出抗辩的，人民法院可以将出让方列为第三人。上述三种第三人都是无独立请求权的第三人。

第五节 诉讼代理人

一、诉讼代理人概述

（一）诉讼代理人的概念和特征

在民事诉讼中，无诉讼行为能力的当事人必须要由法定代理人代替其实施诉讼行为；于有诉讼行为能力的当事人而言，可以自己实施诉讼行为，但由于法律知识、诉讼技巧等方面的缺陷，也有权委托诉讼代理人代其进行诉讼活动，借以增强其参加诉讼的实际能力，无诉讼行为能力当事人的法定代理人同样享有此种权利。可见，诉讼代理人制度的设定，一方面可以帮助当事人获得平等充分的诉讼机会，以利于维护自己的合法权益；另一方面，可以帮助法院全面查清案情和正确适用法律，以利于保障案件的公正处理。

以当事人的名义，在一定权限范围内，为当事人的利益进行诉讼活动的人，称为诉讼代理人。被代理的一方当事人称为被代理人。诉讼代理人代理当事人进行诉讼活动的权限，称为诉讼代理权。代理进行诉讼活动的行为，称为诉讼代理行为。

诉讼代理人的特征有以下几个方面：

1. 有诉讼行为能力。诉讼代理人的职责，是在代理权限范围内代理当事人实施诉讼行为和接受诉讼行为，维护当事人的合法权益，这就要求诉讼代理人必须有诉讼行为能力。否则，诉讼代理人便履行不了自己的职责。可见，具有诉讼行为能力，是诉讼代理人的一个重要特征。

2. 以被代理人的名义，并且为了维护被代理人的利益进行诉讼活动。诉讼代理人不是案件的一方当事人，与案件没有直接或间接的利害关系，他参加诉讼完全是为了给被代理人提供法律帮助。因此，诉讼代理人必须以被代理人的名义，并且为了维护被代理人的利益进行诉讼活动，而不能以自己的名义，为了维护自己的利益进行诉讼活动。诉讼代理人在诉讼中无自己的利益可言。

3. 在代理权限范围内实施诉讼行为。诉讼代理人代为诉讼行为和代受诉讼行为的依据是诉讼代理权。为了防止诉讼代理权的滥用，维护被代理人的利益，诉讼代理权有一定范围的限制。诉讼代理人在代理权限范围内实施的诉讼行为才是诉讼代理行为，才产生诉讼代理的法律后果。诉讼代理人超越代理权实施的诉讼行为不是诉讼代理行为，不产生诉讼代理的法律后果。

4. 诉讼代理的法律后果由被代理人承担。诉讼代理的法律后果，包括程序性的后果和实体性的后果。前者如因代理当事人申请撤诉被法院批准而结束诉讼程序，后者如因代理当事人承认对方的诉讼请求而被法院判决承担某种民事义务。诉讼代理行为只要未超越诉讼代理权限，其法律后果均应由被代理人承担，而不由诉讼代理人承担。诉讼代理人超越诉讼代理权实施的诉讼行为则不是诉讼代理行为，其法律后果只能由诉讼代理人自己承担，除非被代理人对越权的诉讼代理行为予以追认。

5. 在同一案件中只能代理一方当事人进行诉讼。民事案件中双方当事人利益相冲突的特点和设立诉讼代理制度的目的，决定了诉讼代理人在同一案件中只能代理一方当事人，而不能同时代理双方当事人，也不能在担任一方当事人诉讼代理人的同时又是该诉讼的对方当事人。

（二）民事诉讼代理人与相类似主体的比较

1. 民事诉讼代理人与民事代理人。民事诉讼代理人与民事代理人之间，尽管存在着某些共同点，如代理人都必须以被代理人的名义并且为了维护被代理人的利益进行代理活动，代理人都必须在代理权限范围内进行代理，代理人都必须有行为能力，代理的法律后果都是由被代理人承担，等等。但是民事诉讼代理人与民事代理人毕竟属于两种完全不同的代理角色，存在很多的区别：

（1）代理的内容和后果不同。在民事诉讼代理中，代理人所代理的是民事诉讼行为，其后果是导致代理人和被代理人同法院之间民事诉讼法律关系的发生、变更和消灭；在民事代理中，代理人所代理的是民事法律行为，其后果是导致被代理人与第三人之间民事法律关系的发生、变更和消灭。

（2）代理的对象不同。民事诉讼代理人代理的对象是案件中的原告、被告和第三人；民事代理人代理的对象是参加民事活动的公民、法人和其他组织。

（3）代理的法律依据不同。民事诉讼代理人的代理活动以民事诉讼法为依据；民事代理人的代理活动以民事实体法为依据。

2. 民事诉讼代理人与刑事诉讼辩护人。民事诉讼代理人与刑事诉讼辩护人都是在诉讼中代替或帮助实施诉讼行为的人，但在本质上却存在以下主要区别：

（1）适用对象不同。民事诉讼代理人适用的对象包括民事案件的原告、被告和第三人；刑事诉讼辩护人适用的对象只限于刑事案件的被告人。

（2）产生原因不同。民事诉讼代理人基于当事人的委托或者法律的直接规定而产生；刑事诉讼辩护人基于被告人的委托或者法院的指定而产生。

（3）职责不同。民事诉讼代理人的职责较为广泛，可以在代理权限范围内实施各种诉讼行为，包括处分当事人的实体权利；刑事诉讼辩护人的职责较为单一，只能根据事实和法律，提出证明犯罪嫌疑人、被告人无罪、罪轻或者减轻、免除其刑事责任的材料和意见。

（4）诉讼地位不同。民事诉讼代理人必须以被代理人的名义并且为了维护被代理人的利益参加诉讼活动，其代理行为受代理权限的限制，严格说来民事诉讼代理人在诉讼中不具有独立的诉讼地位；刑事诉讼辩护人既不以被告的名义参加诉讼，也不受被告人的意志所左右，而只根据事实和法律提出辩护意见，他在诉讼中有独立的诉讼地位。

（5）介入的时间不同。在民事诉讼中，诉讼代理人一般在法院受理案件之后介入诉讼，开始诉讼代理活动；在刑事诉讼中，公诉案件自案件移送检察机关审查起诉之日起辩护人即可介入诉讼（犯罪嫌疑人需要聘请律师提供法律帮助的可在其被侦查机关第一次讯问或者采取了强制措施时提出），自诉案件的被告人有权在法院受理案件后委托辩护人介入诉讼。

（6）法律依据不同。民事诉讼代理人实施诉讼代理行为的法律依据是民事诉讼法；刑事诉讼辩护人实施刑事辩护行为的法律依据是刑事诉讼法。

3. 民事诉讼代理人和民事诉讼担当人。诉讼代理和诉讼担当有共通之处，有关实体权利义务的诉讼结果，均归属于实体上的争讼法律关系的主体本人。但诉讼代理人和诉讼担当人却有着根本的区别：在诉讼担当情形中，诉讼担当人是诉讼当事人，以自己的名义进行民事诉讼；而在诉讼代理情形中，诉讼代理人不是当事人，只能以被代理的当事人的名义进行民事诉讼。

（三）诉讼代理人的种类

根据我国民事诉讼法的规定，诉讼代理人分为法定诉讼代理人和委托诉讼代理人两种。这是以诉讼代理权发生的原因即发生根据为标准划分的。法定诉讼代理权基于法律规定的亲权和监护权而发生，委托诉讼代理权基于委托人的授权而发生。应当说明的是，在我国 1982 年颁布的《民事诉讼法（试行）》中，曾将诉讼代理人分为法定诉讼代理人、指定诉讼代理人和委托诉讼代理人三种，并规定"没有法定代理人的，由人民法院指定代理人"。据此规定，指定诉讼代理人只适用于无诉讼行为能力的当事人没有法定代理人的情况。虽然现行《民事诉讼法》没有规定指定诉讼代理人，同时规定了由监护人作为法定代理人，但这并不意味着指定代理人制度在实践中已无存在的必要。在诉讼实务中，由于监护人之间可能发生相互推诿的情况，此时需要法院从监护人当中为无诉讼行为能力人指定诉讼代理人。《民事诉讼法》第 57 条规定："无诉讼行为能力人由他的监护人作为法定代理人代为诉讼。法定代理人之间互相推诿代理责任的，由人民法院指定其中一人代为诉讼。"根据最高人民法院《民诉意见》第 67 条的规定，事先没有确定监护人的，可以由有监护资格的人协商确定，协商不成的，由人民法院在他们之间指定诉讼中的法定代理人；当事人没有《民法通则》第 16 条第 1、2 款或者第 17 条第 1 款规定的监护人的，可以指定该法第 16 条第 4 款或者第 17 条第 3 款规定的有关组织担任诉讼期间的法定代理人。

可见，指定诉讼代理人在属性上也属于法定诉讼代理人的范畴。虽然现行《民事诉讼法》没有专门区分指定诉讼代理人的类别，但指定诉讼代理人的情况并非已经不存在，法定诉讼代理人的类别完全可以涵括指定代理人的内容。

二、法定诉讼代理人

（一）法定诉讼代理人的概念和特征

根据法律的直接规定而发生的诉讼代理，称为法定诉讼代理。法定诉讼代理人，就是指根据法律规定取得诉讼代理权，代理无民事诉讼行为能力的当事人进行民事诉讼活动的人。法定诉讼代理是为无诉讼行为能力人在法律上设立的一种代理制度，因此它一般适用于以下两种情况：①代理不满 18 周岁的未成年人进行诉讼；②代理不能辨认自己行为后果的精神病人进行诉讼。应当指出，民事诉讼活动中的法定代理与民事活动中的法定代理尽管在代理的对象和代理人的范围上完全一致，但它们毕竟是两种性质不同的代理制度。前者是代理当事人为诉讼法律行为，后者是代理当事人为民事法律行为；前者受民事诉讼法调整，后者受民事实体法调整。这就决定了民事诉讼活动中的法定代理，在代理人的地位、作用、权限以及代理权发生和消灭的原因等方面，均有别于民事活动中的法定代理。因此，应在称谓上严格将这两种代理人区别开，前者称为法定诉讼代理人，后者称为法定代理人，而不能笼统地都称为法定代理人。

法定诉讼代理人具有以下几个特征：

1. 基于法律的规定而产生。法定诉讼代理人的代理权直接源于法律的规定，既不受当事人意志的制约，也不存在当事人的委托授权问题。这是法定诉讼代理与委托诉讼代理的显著区别。法定诉讼代理权以民事实体法规定的亲权和监护权为基础，也即法定诉讼代理权产生的根据是民事实体法规定的亲权和监护权。

2. 被代理人仅限于无诉讼行为能力人。法定诉讼代理是专门为无诉讼行为能力的人设立的一种诉讼代理制度，因此，法定诉讼代理人只能代理无诉讼行为能力人进行诉讼。有诉讼行为能力的人由于可以正确表达自己的意志和判断自己行为的后果，不需要法定代理人代理诉讼，而是可以根据自己的意志自行诉讼或者委托诉讼代理人代为诉讼。由无行为能力人的监护人担任诉讼代理人并认真履行诉讼代理职责，不仅是法律赋予他们的一项权利，而且也是他们应尽的一项社会义务，旨在维护法律的正常运行。

3. 与被代理人之间具有特定的身份关系。法定诉讼代理人限于与被代理当事人存在亲权关系或者监护关系的人。对于法定诉讼代理人范围的这种特定的限制，完全是出于对无诉讼行为能力人合法权益保护的要求。

（二）法定诉讼代理人的范围

无诉讼行为能力当事人的法定代理人就是其监护人。对无诉讼行为能力人享有监护权的人，包括与无诉讼行为能力人有身份关系的亲属和对无诉讼行为能力人有监护责任的其他监护人。我国《民法通则》第 16、17 条分别对未成年人和精神病人的监护人的范围作了明确规定。

1. 未成年人的监护人。未成年人的监护人首先是父母，父母死亡或者没有监护能力的，由下列人员中有监护能力的人担任监护人：祖父母、外祖父母；兄、姐；关系密切的其他亲属、朋友愿意承担监护责任，经未成年人父、母所在单位或者未成年人住所地的居民委员会、村民委员会同意的。

对担任监护人有争议的，由未成年人的父、母所在单位或者未成年人住所地的居民委员会、村民委员会在近亲属中指定。对指定不服提起诉讼的，由人民法院裁决。

没有上述监护人的，由未成年人的父、母所在单位或者未成年人住所地的居民委员会、村民委员会或者民政部门担任监护人。

2. 精神病人的监护人。可以担任无民事行为能力或者限制民事行为能力的精神病人的监护人的顺序是：①配偶；②父母；③成年子女；④其他近亲属；⑤关系密切的其他亲属、朋友愿意承担监护责任，经精神病人的所在单位或者住所地的居民委员会、村民委员会同意的。

对担任监护人有争议的，由精神病人的所在单位或者住所地的居民委员会、村民委员会在近亲属中指定。对指定不服提起诉讼的，由人民法院裁决。

没有上述监护人的，由精神病人的所在单位或者住所地的居民委员会、村民委员会或者民政部门担任监护人。

（三）法定诉讼代理人的代理权限和诉讼地位

1. 法定诉讼代理人的代理权限。法定诉讼代理的对象，是因年龄或者智力原因而不能正确识别自己行为后果的无诉讼行为能力的人。代理对象的特殊性决定了法定诉讼代理是一种真正意义上的全权代理。为了充分保护被代理人的合法权益，法定诉讼代理人可以实施一切诉讼行为，包括对被代理人程序权利和实体权利的处分。与委托诉讼代理人不同，法定诉讼代理人的代理权并不受被代理的当事人意志的限制。

2. 法定诉讼代理人的诉讼地位。法定诉讼代理人与被代理人在民事实体法上是一种监护和被监护的关系，这种特殊的身份关系决定了在民事诉讼程序中，法定诉讼代理人处于一种几乎等同于当事人的诉讼地位。法定诉讼代理人的诉讼行为，视为当事人的行为，二者具有同等的法律效力。因此，民事诉讼中有关仅对当事人适用的诉讼制度，比如对于被告的拘传措施，对于其法定诉讼代理人同样可以适用。但必须明确的是，法定诉讼代理人在性质上又不是当事人，而是诉讼代理人。

（四）法定诉讼代理权的取得和消灭

1. 法定诉讼代理权的取得方式。法定诉讼代理权产生的基础是民事实体法规定的亲权和监护权，法定诉讼代理人包括与被代理人有身份关系的亲属和对被代理人有监护责任的其他监护人。因此，法定诉讼代理人代理当事人进行诉讼时，应当向法院提交身份证明和监护关系证明，用以证明自己的身份以及同被代理人之间存在的监护与被监护关系。经法院审查属实并记录备案，诉讼代理权即告成立。

2. 法定诉讼代理权消灭的原因。法定诉讼代理权消灭的原因包括：

（1）被代理人具有了或者恢复了诉讼行为能力。如发生了未成年人年满18周岁、精神病人康复等情况。在这些情况下，诉讼应由其本人继续进行，原法定诉讼代理人的诉讼行为仍然有效。若其继续参加诉讼，应由本人另行委托授权，并且此时原法定诉讼代理人转变为委托诉讼代理人。

（2）法定诉讼代理人丧失或者被依法撤销了监护人的资格。前者如基于收养关系和婚姻关系而取得的法定诉讼代理权，因收养关系或婚姻关系的解除而消灭；后者如作为法定诉讼代理人的监护人不履行监护职责或者侵害被监护人的合法权益，根据有关人员或者有关单位的申请，已被法院撤销监护人的资格。

（3）法定诉讼代理人死亡或者丧失诉讼行为能力。

（4）被代理的当事人死亡。

（5）代理的民事诉讼活动结束。

三、委托诉讼代理人

（一）委托诉讼代理人的概念和特征

根据被代理人的授权委托而发生的诉讼代理，称为委托诉讼代理。基于当事人或者法定诉讼代理人的委托，为当事人的利益在授权范围内进行民事诉讼活动的人，称为委托诉讼代理人。在委托诉讼代理中，由于代理人的选任和代理权限都以委托人的意志为转移，并且代理人与被代理人之间必须达成合意，因此，委托诉讼代理又称意定代理或者约定代理。委托诉讼代理是民事诉讼代理制度中一种最主要和最常见的代理方式，它具有广泛的适用性。

委托诉讼代理人专门代理有诉讼行为能力的人进行诉讼，这是委托诉讼代理区别于法定诉讼代理的一个重要方面。根据《民事诉讼法》第58条第1款的规定，可以委托诉讼代理人的人，只限于当事人和法定代理人，其他人无权委托诉讼代理人。其中，当事人包括原告、被告和第三人，可以是公民、法人和其他组织。如果当事人是无诉讼行为能力人，则应由当事人的法定诉讼代理人代理当事人再委托诉讼代理人。

委托诉讼代理人与法定诉讼代理人相比，主要具有以下特点：

1. 诉讼代理权的产生是基于委托人授予代理权的意思表示。也就是说，诉讼代理权不是根据法律的直接规定而发生的，而是建立在委托人授权的基础上的，委托人出具的授权委托书便是诉讼代理人取得代理权的依据。但是另一方面，委托人的授权委托书也要为代理人所接受。这表明在委托人与代理人之间存在着代理诉讼的一种约定。这种约定，既有委托人授权委托的意思表示，也有受托人同意接受委托的意思表示，委托诉讼代理权便以此为基础而产生。所以也可以说，委托诉讼代理权产生于委托人与受托人之间的约定。

2. 委托诉讼代理权限的范围具有限定性。诉讼代理人只能根据委托人的意志进行诉讼代理活动，而不能自行其是。因此，委托人委托诉讼代理人代理哪些事项，诉讼代理人就只能代理哪些事项；委托人委托诉讼代理人在什么权限范围内代理这些事项，诉讼代理人就只能在该权限范围内代理这些事项。根据委托人的意愿，可以给予委托诉讼代理人一般授权，也可以给予涉及实体权利处分的特别授权。当然在某些特殊情况下，委托人的授权也会受到法律的限制。例如，根据民事诉讼法规定，在离婚案件的诉讼代理中，离婚或者不离婚的意见只能由当事人本人向法院进行表达，而不能由诉讼代理人代为表达，即使当事人对诉讼代理人有特别授权也是无效。

3. 代理人和被代理人均具有诉讼行为能力。委托诉讼代理是建立在被代理人的授权委托的基础之上的，因此被代理人必须具有诉讼行为能力。否则，被代理人便无法进行授权委托，从而也就不存在委托诉讼代理。另外，代理人当然也应具备诉讼行为能力，否则无法实施诉讼代理行为。

4. 证明诉讼代理权存在的方式是授权委托书，代理人与被代理人之间不以存在特定身份关系为前提。委托诉讼代理人与被代理人之间不必存在监护关系，也不必存在特定的身份联系，当然也可以存在。委托诉讼代理人参加民事诉讼，必须向人民法院提交由委托人签名或盖章的授权委托书。

（二）委托诉讼代理人的范围和人数

1. 委托诉讼代理人的范围。在我国民事诉讼法中，可以担任委托诉讼代理人的主体范围十分广泛。根据《民事诉讼法》第58条第2款的规定，委托诉讼代理人包括下列人员：

（1）律师。根据我国《律师法》的规定，律师是指取得律师执业证书，为社会提供法律服务的执业人员。律师与其他委托诉讼代理人相比，具有较为丰富的法律知识、诉讼经验和一定的诉讼技巧，是委托诉讼代理人中的主体部分。

（2）当事人的近亲属。当事人的近亲属包括其配偶、父母、子女、兄弟姐妹、祖父母、外祖父母、孙子女、外孙子女。

（3）有关的社会团体或者当事人所在单位推荐的人。有关的社会团体，一般是指其职责或业务范围与案件具有一定联系的社会团体，例如妇联可以推荐其工作人员在涉及妇女权益纠纷的案件中代理诉讼，以维护妇女当事人的合法权益。当事人所在单位，是指当事人在涉讼时所就职的工作单位。

（4）经人民法院许可的其他公民。这是民事诉讼法对委托诉讼代理人资格的开放性规定。为了避免当事人的利益受损以及保障诉讼的顺利进行，其他公民担任诉讼代理人必须获得法院的许可。根据最高人民法院《民诉意见》第68条的规定，无民事行为能力人、限制民事行为能力人或者可能损害被代理人利益的人以及人民法院认为不宜作诉讼代理人的人，不能作为诉讼代理人。

由上可见，在我国担任委托诉讼代理人的范围是十分广泛的。一方面，我国十分重视律师代理诉讼的作用，将律师列为委托诉讼代理人的范围之首。另一方面，又不将委托诉讼代理人局限于律师的范围，而允许非律师担任委托诉讼代理人。

2. 委托诉讼代理人的人数。我国《民事诉讼法》第58条第1款规定："当事人、法定代理人可以委托1~2人作为诉讼代理人。"但当事人的诉讼代理人为2人时如何行使诉讼代理权，法无明文规定。一般认为，凡是当事人委托两人代理诉讼时，应当由委托人明确每个诉讼代理人的代理事项和代理权限，以免造成诉讼代理人之间因意见不一致而影响诉讼的正常进行。委托诉讼代理人为2人的，可以都是或者分别是律师和非律师；如果都是律师的，可以来自同一个律师事务所，也可以来自不同的律师事务所。不过，同一个委托诉讼代理人不可以同时代理同一案件中的原告和被告。理论界一般认为，同一个律师事务所的律师也不可以同时代理同一案件中的原告和被告。

（三）委托诉讼代理人的代理权限和诉讼地位

1. 委托诉讼代理人的代理权限。委托诉讼代理人的代理权限取决于委托人的授权。也就是说，委托诉讼代理人只能在当事人及其法定代理人授权的范围内进行诉讼代理活动。委托诉讼代理人超越被代理人授权范围实施的诉讼行为，只有得到被代理人的追认才有效，否则属于无效的代理行为，应由代理人自己承担所引起的法律后果。

根据委托诉讼代理人的诉讼代理行为对委托人利益影响的程度不同，委托人对诉讼代理人的授权分为一般授权和特别授权两种。这两种不同的委托授权，诉讼代理人实施的诉讼行为是不一样的。委托人只作一般授权的，诉讼代理人只能代为一般的诉讼行为，如起诉、应诉，提出证据，询问证人，进行辩论，申请回避，申请财产保全和证据保全，对管辖权提出异议等等，而无权处分委托人的实体权利。凡是诉讼代理人代为实施对委托人的实体权利有重大影响的诉讼行为，必须有委托人的特别授权。根据我国《民事诉讼法》第59条第2款规定，诉讼代理人代为承认、放弃、变更诉讼请求，进行和解，提起反诉或者上诉，必须有委托人的特别授权。即诉讼代理人要实施上述几项代理行为，必须由委托人在授权委托书中特别写明；未特别写明的，只能视为一般授权，诉讼代理人无权代为实施这些诉讼行为。根据最高人民法院《民诉意见》第69条的规定，授权委托书仅写明"全权代理"而无具体授权的，仍属于一般授权，诉讼代理人无权代为承认、放弃、变更诉讼请求，进行和解，提起反诉或者上诉。

2. 委托诉讼代理人的诉讼地位。委托诉讼代理人在诉讼中的地位与法定诉讼代理人不同，它不是相当于当事人的诉讼地位，而只是具有独立诉讼地位的诉讼参加人。

（1）委托诉讼代理人具有很大程度的依附性。这种依附性体现在，在法律规定的范围内，代理人必须为被代理人最大限度的利益而为诉讼代理行为。代理人只有在授权范围内进行代理活动，才能产生与被代理人自行实施诉讼行为的相同的法律效力，法律后果也才能归属于被代理人。在诉讼过程中，如果被代理人与代理人就案件事实向法庭所作陈述不一致时，只能以被代理人的陈述为准。被代理人还可以向法庭请求变更或撤销代理人在法庭上所作的事实陈述。被代理人还可以变更代理人的权限范围，也可以解除委托诉讼代理合同。

（2）委托诉讼代理人又具有一定的独立性。这种独立性主要体现在：①可以在委托人的授权范围内独立地发表自己的意见，而不是机械地转达委托人的意见；②有权拒绝委托人无理的要求，甚至辞去委托；③法律赋予了包括委托诉讼代理人在内的诉讼代理人某些独立的诉讼权利；④法院在审理案件的过程中，必须向诉讼代理人通知一定的事项和送达某些法律文书。

（四）委托诉讼代理权的取得、变更和消灭

1. 委托诉讼代理权取得的方式。委托诉讼代理权是基于委托人的授权而发生的。《民事诉讼法》第59条第1款规定："委托他人代为诉讼，必须向人民法院提交由委托人签名或者盖章的授权委托书。"可见，向法院提交由委托人签名或者盖章的授权委托书，是受托人取得委托诉讼代理权的法定方式。授权委托书作为受托人取得委托诉讼代理权的凭证，人民法院应当认真进行审查。授权委托书经人民法院审查认可后，受托人即取得了诉讼代理权，成为诉讼代理人，可以开始诉讼代理活动。为了保证委托人出具的授权委托书的真实性与合法性，《民事诉讼法》第59条第3款还特别规定："侨居在国外的中华人民共和国公民从国外寄交或者托交的授权委托书，必须经中华人民共和国驻该国的使领馆证明；没有使领馆的，由与中华人民共和国有外交关系的第三国驻该国的使领馆证明，再转由中华人民共和国驻该第三国使领馆证明，或者由当地的爱国华侨团体证明。"

授权委托书是委托诉讼代理人进行诉讼代理活动的证明文书，根据民事诉讼法规定，必须记明委托的事项和权限。如果一方当事人同时委托2人代理时，授权委托书应分别记明他们各自代理的事项和权限。

2. 变更和解除委托诉讼代理权的要求。委托诉讼代理关系成立后，诉讼代理人取得的诉讼代理权在诉讼过程中有可能发生变更或者解除。所谓委托诉讼代理权的变更，是指委托诉讼代理人取得诉讼代理权后，在诉讼过程中，委托人基于一定原因，扩大原来的诉讼代理权或者缩小原来的诉讼代理权。所谓委托诉讼代理权的解除，是指在委托诉讼代理关系成立后，因委托人收回诉讼代理权或者代理人放弃诉讼代理权而中止双方的诉讼代理关系。根据《民事诉讼法》第60条的规定，诉讼代理人的权限如果变更或者解除，当事人应当书面告知人民法院，并由人民法院通知对方当事人。否则，诉讼代理权的变更或解除对人民法院和对方当事人不发生效力。在诉讼代理权未变更、解除前，委托诉讼代理人已经实施的诉讼代理行为仍然有效。

委托诉讼代理人接受代理诉讼的委托后是否可以再转委托，我国民事诉讼法未作明文规定，这涉及到转委托诉讼代理的问题。转委托诉讼代理，简称转委托，是指委托诉讼代理人接受代理诉讼的委托后，在诉讼过程中依照法定程序又将诉讼代理事项的一部分或者全部再委托他人代理。实施转委托行为的人叫转委托人，接受转委托代理诉讼的人叫转委托诉讼代理人，也叫复代理人。转委托诉讼代理，也称为复代理。理论界一般认为，委托诉讼代理关系是建立在委托人对代理人的信任和代理人自愿接受委托的基础上的，因此，诉讼代理人接受委托后，如无特殊情况，应认真履行诉讼代理职责，而不宜再将诉讼代理权转委托他人行使。但这并不排斥转委托诉讼代理可以在一定条件下适用。这些条件是：①转委托人须有合法的诉讼代理权；②须是转委托人基于特殊原因不能或者不便履行诉讼代理职责；③须取得委托人的事先同意或者事后认可；④须转委托诉讼代理人具有诉讼行为能力；⑤转委托代理的权限不得超越委托人原来授予的权限。

3. 委托诉讼代理权消灭的原因。委托诉讼代理权可以因一定情况的出现而归于消灭。导致委托诉讼代理权消灭的原因主要包括：①代理的民事诉讼活动结束，代理人已经履行完毕诉讼代理职责；②代理人死亡或者丧失诉讼行为能力；③被代理人死亡；④被代理人和代理人双方自动解除委托诉讼代理关系；⑤委托期限届满。

（五）关于代理离婚案件的特别规定

由于诉讼代理人在授权范围内所为的诉讼行为被视为被代理人本人所为的诉讼行为，其法律后果归属于被代理人。因此，在通常情况下，民事案件的当事人只要委托了诉讼代理人的，本人既可以出庭，也可以不出庭。但离婚案件的代理情况特殊，我国《民事诉讼法》第62条对离婚案件的代理作了如下特别规定："离婚案件有诉讼代理人的，本人除不能表达意志的以外，仍应出庭；确因特殊情况无法出庭的，必须向人民法院提交书面意见。"这一规定包括两层含义：①离婚案件的当事人即使有诉讼代理人的，原则上当事人仍应亲自出庭，只有不能正确表达自己意志的当事人才可以不出庭。②能够正确表达自己意志的当事人确因特殊情况无法出庭的，必须向人民法院提交书面意见，以便能使法院充分考虑当事人的意愿，对案件作出正确处理。所谓"书面意见"，是指不出庭的当事人对离婚或不离婚以及对子女抚育、财产分割的意见。这一规定的实质，是基于离婚案件的特殊性而对离婚案件中诉讼代理权的一种限制。法律作此规定的原因主要是：①离婚案件涉及的是身份关系，它直接关系到家庭的存废，因此，解除还是维持这种身份关系，应当十分慎重，必须由当事人本人表达意见，而不宜由诉讼代理人转达；②根据法律规定，人民法院审理离婚案件应当尽量调解，如果当事人不出庭，调解则无法进行；③人民法院审理离婚案件，要以夫妻感情是否确已破裂作为应否判离的标准，而感情问题既复杂又微妙，且处于变化之中，只有当事人自己才能说清楚。同时，也只有双方当事人都出庭，才能帮助审判人员对此作出正确判断。

学术视野

关于民事诉讼当事人和诉讼代理人制度，当前理论界的研究热点主要集中在以下几个方面：①关于当事人的概念，理论界主要有实质当事人和程序当事人两种观点；其中，前者又主要包括利害关系说和权利保护说，后者是指只要是以自己名义在诉讼程序中起诉或应诉的主体都是当事人，而不考虑其与案件之间是否存在实质联系。②关于当事人适格的理论，理论界存在大量的研究。③关于任意的当事人变更问题，理论界存在着赞成和反对两种基本观点，而当前的民事诉讼立法上没有对此加以规定。④关于必要的共同诉讼，有学者认为应当借鉴国外民事诉讼中将其分为固有的必要共同诉讼和类似的必要共同诉讼的做法。前者是指，基于共同的诉讼标的，多个当事人必须一并进行诉讼，法院必须一同进行审判的必要共同诉讼；后者是指，基于诉讼标的的客观牵连性，数人如果共同起诉或共同应诉，法院必须并案审理、合一确定的诉讼，当然数名当事人也可以选择各自起诉或应诉。⑤关于代表人诉讼，不少学者对现有制度进行了质疑，并与英国的代表诉讼、美国的集团诉讼、德国的团体诉讼以及日本的选定当事人制度等诸多国家的群体诉讼制度进行了丰富的比较，在此基础上提出了有益的立法建议。⑥关于有独立请求权第三人与必要共同原告的区别和联系，有学者进行了有益的研究。⑦关于无独立请求权第三人的地位界定，有学者认为在立法上存在着诸多矛盾之处，有必要合理准确界定"法律上的利害关系"，甚至有学者否定了无独立请求权第三人的当事人地位，认为其仅具有准当事人或从当事人的地位。

 理论思考与实务应用

一、理论思考

(一) 名词解释

诉讼权利能力　必要共同诉讼　诉讼代表人　有独立请求权第三人　委托诉讼代理人

(二) 简答题

1. 如何理解民事诉讼当事人的概念？

2. 当事人适格的含义是什么？

3. 谈谈必要共同诉讼与普通共同诉讼之间的区别。

4. 谈谈代表人诉讼的适用条件。

5. 谈谈法定诉讼代理人与委托诉讼代理人之间的区别。

(三) 论述题

1. 试论有独立请求权第三人和无独立请求权第三人之间的区别和联系。

2. 试论实质当事人和形式当事人的区别及其意义。

二、实务应用

(一) 案例分析示范

案例一

原告孟某（女）与被告范某（男）均系聋哑人。2006年3月经人介绍认识，同年12月结婚。2008年10月生下儿子小范范。婚后夫妻双方因性格不合，经常发生争执。2009年5月原告孟某向当地人民法院提起诉讼，要求与被告范某离婚，并要求抚养小范范。人民法院受理案件后，认为原告和被告均是聋哑人，于是分别通知原告母亲甲和被告父亲乙，分别作为原告和被告的法定代理人参加诉讼。经审理，在双方当事人未到庭的情况下达成调解协议，同意原告与被告离婚，婚生儿子由原告孟某抚养，被告范某每月给付抚养费800元。

问：法院在审理本案中有什么不妥之处？

【评析】法院在处理本案中有两处不妥之处：

第一，本案中原告母亲甲与被告父亲乙不应当作为原告和被告的法定代理人参加诉讼，但可以作为原被告的委托代理人参加诉讼。根据民事诉讼法的有关规定，只有无诉讼行为能力当事人才由其监护人作为法定代理人参加诉讼。在本案中，原告和被告虽然是聋哑人，但并不是未成年人或精神病人，都具有诉讼行为能力，所以法院不应当为他们设立法定代理人。

第二，如前所述，原告母亲和被告父亲在本案中只得作为委托代理人参加诉讼。人民法院在双方当事人未到庭的情况下，按照双方委托代理人的意思表示达成离婚协议，是违反民事诉讼法有关规定的。理由在于：一方面，根据《民事诉讼法》第 62 条的规定，"离婚案件有诉讼代理人的，本人除不能表达意志外，仍应出庭；确因特殊情况无法出庭的，必须向人民法院提交书面意见。"本案中原被告虽然是聋哑人，但能够表达自己的意志，法院应当传唤他们与诉讼代理人一同出庭。另一方面，原告母亲与被告父亲作为委托代理人参加诉讼，承认对方当事人的诉讼请求必须有委托人的特别授权，否则构成无权代理。所以，在这一离婚案件中，人民法院在当事人没有到庭、委托诉讼代理人无权代理的情况下，达成的离婚调解协议是无效的。

案例二

被继承人甲（男）1960 年与乙（女）结婚。婚后生有三个儿子，即丙、丁、戊。1970 年乙去世。1980 年甲与张某（女）结婚。张某终生未育，并把丙、丁、戊三子抚养成人。1997 年甲去世，遗留有落实私房改造政策后的房屋 10 间。房屋一直由其大儿子丙掌管并出租。丁和戊在外地工作。2003 年，张某因体弱年老多病，生活困难，要求丙将其中 3 间房屋交给自己出租，以租金来维持生活。由于丙不同意而发生纠纷。于是，张某起诉到法院，要求合法继承权。法院受理后，查明被继承人还有两个儿子在外地工作，经联系，丁和戊表示不放弃对父亲遗留房屋的继承权，但又不愿意参加诉讼。

问：本案中，原告和被告分别是哪些人？

【评析】本案属于遗产继承纠纷，应先确定合法继承权人。本案中所有当事人（即张某、丙、丁、戊）都有继承权。在本案中，人民法院应当追加丁和戊作为张某的共同原告，因为根据最高人民法院《民诉意见》第 54 条规定："在继承遗产的诉讼中，部分继承人起诉的，人民法院应当通知其他继承人作为共同原告参加诉讼；被通知的继承人不愿意参加诉讼，又未明确表示放弃实体权利的，人民法院仍应当把其列为共同原告。"针对本案中继承的遗产，丁和戊均明确表示不放弃继承权,实际上是在主张自己的实体权利,即使表示不愿意参加诉讼,也应当作为共同原告。因此在诉讼中,他们与原告之一的张某的诉讼地位是相同的。所以,在本案中,张某和丁、戊应为共同原告,丙为被告。

案例三

王甲将房屋四间卖给刘某,但刘某迟迟不付款。为此,王甲诉至法院要求刘某付款并付违约金。在诉讼中,王甲之弟王乙得知,向法院说明这四间房屋中有两间是他的,要求确认并请求返还房屋。

问:如何确定本案诉讼参加人的地位?

【评析】本案中,王甲是原告,刘某是被告,王乙是有独立请求权的第三人。有独立请求权的第三人,是指对原告和被告之间争议的诉讼标的认为有独立的请求权,参加到原告、被告已经开始的诉讼中进行诉讼的人。根据《民事诉讼法》第56条第1款的规定,对当事人双方的诉讼标的,第三人认为有独立请求权的,有权提起诉讼。王甲与刘某因房屋买卖发生纠纷,王甲向法院提起诉讼,要求刘某付款并付违约金。因此,王甲是原告,刘某是被告。在诉讼中,王乙对王甲、刘某争议的房屋主张部分的独立请求权,认为二间房屋是他的,因而是有独立请求权的第三人。在王乙参加之诉中,王乙是原告,王甲和刘某是被告,就整个案件来说,王乙是有独立请求权的第三人。

案例四

李某与赵某是邻居,李某委托张某包工包料保证质量砌一段墙,并付工钱、料钱1000元。但该墙砌完后不到三天便倒塌,并砸坏了赵某的财产,致使赵某受损失500元。赵某诉到法院要求李某赔偿损失。在诉讼中,李称该墙是委托张某砌的,不到三天就倒了,纯属工程质量问题,张某应负责任,应为被告。故要求法院更换张某为被告。

问:①李某的要求对不对?②张某如果参加诉讼,应当是以什么身份?

【评析】《民事诉讼法》第56条第2款规定:"对当事人双方的诉讼标的,第三人虽然没有独立请求权,但案件处理结果同他有法律上的利害关系的,可以申请参加诉讼,或者由人民法院通知他参加诉讼。人民法院判决承担民事责任的第三人,有当事人的诉讼权利和义务。"

在本案中,李某的请求是不对的。因为倒塌的墙的所有者是李某,赵某被倒塌的墙砸坏了财物,要求赔偿损失,并以李某为被告提起诉讼是符合法律规定的。李某与该案的诉讼标的有直接的利害关系,属正当被告,不应更换。张某如果参加诉讼,应属于无独立请求权的第三人。因为,李某的墙是由张某承包砌的，墙倒塌的原因如确系工程质量问题，李某就可依法根据自己与张某承包砌墙关系，要求张某对此负责。显然，张某与李某、赵某二人之间诉讼的处理结果有法律上的利害关系，故应以无独立请求权的第三人的身份参加诉讼。

（二）案例分析实训

案例一

2007 年 1 月，A 公司将原下属的车队分立成具有法人资格的 B 公司，分立协议规定，B 公司享有资产 450 万元，同时偿还农行贷款 400 万元。2008 年 2 月，因 B 公司严重亏损，经县政府批准，C 公司将 B 公司兼并。分立和兼并均按照法定程序办理了变更证照。400 万元贷款到期后，A、B、C 三公司负责人互相推诿，拒绝还贷款。A 公司以分立协议约定贷款由 B 公司偿还为由，不予还款；B 公司原负责人称，B 公司已被兼并，无财产自主权，无法还款；C 公司以不是债务人、与农行没有债权债务关系为由，不予理睬农行还款要求。于是，农行向法院起诉。

问：如何确定本案中的当事人？

案例二

2010 年 3 月 5 日，已怀孕 7 个月的李娟和丈夫王强正在小区散步，迎面一辆摩托车驶来，李娟躲闪不及，被摩托车的扶手从侧面顶了一下肚子，骑摩托车的人正好是楼下的邻居大毛。大毛连忙下车问是否需要上医院，李娟一看是邻居，就说算了，没事儿。没想到到了晚上，肚子却痛得厉害起来，王强赶紧将她送到医院，当天晚上，李娟便早产下一男婴，小男孩取名蛋蛋，由于早产孩子只能放到保温箱中，医药费比正常分娩多花了一万多元钱，并且医生说早产的孩子将来会有很多后遗症。从医院回家后，李娟越想越觉得应该找大毛承担相应的责任。遂让王强找到大毛，要求大毛支付孩子早产多花的医疗费，以及承担孩子将来可能出现的早产所致后遗症的相应赔偿责任。由于大毛只同意赔偿 3000 元钱，李娟一家因此想将大毛告上法庭。

问：如何确定本案的原告？

案例三

1993 年 5 月 15 日，洛阳市无线电管理委员会办公室（以下简称"管理办"）委托洛阳市价格事务所（以下简称"价格所"）拍卖"152·500MHz"无线传呼频率，双方签订了委托合同，明确了授权范围。根据委托协议，价格所在《洛阳日报》刊登了拍卖无线传呼频率的公告，并于同年 5 月 18 日下午在洛阳笑天影城歌舞厅进行"152·500 MHz"无线传呼频率公开拍卖。拍卖会由价格所主持，在拍卖会上宣读了拍卖的有关细则。5 月 18 日下午，洛阳市电业局、洛阳市开拓仪器仪表公司（以下简称"仪表公司"）、洛阳市神州旅行社三家参加竞拍。洛阳市公证处派员到现场进行拍卖公证。拍卖开始时，主拍人宣布起价为 18 万元，加价幅度为 5000 元或 5000 元的倍数，仪表公司首先举牌报价 18 万元。之后神州旅行社举牌报价 20 万元，电业局举牌报价 22 万元。在电业局报价 22 万元后，无人举牌报价，主拍人重复道："电业局报价 22 万元，还有报价没有？我最后再问三遍……"。主拍人在连问四遍"还有人报价没有"之后，敲响了锣声；并举手宣布"成交"。在锣声响后余音中，仪表公司代表喊了声"有"，并举起了报价牌。对于主拍人敲响锣宣布成交，仪表公司提出了异议，公证人员认为"由主拍人规定最后问三次敲锣定音，但叫了四次，这次拍卖无效，重新再拍"。对此，电业局根据拍卖规定向公证人员提出异议，但未被采纳。电业局在明确表示不放弃已取得的无线传呼频率使用权的前提下，离开了拍卖现场。主拍人根据公证人的意见，继续进行拍卖，起拍为 22 万元。仪表公司报价 24 万元后，再无其他单位报价，主拍人敲锣定音，宣布以 24 万元成交。同年 6 月 7 日，管理办按照价格所的拍卖通知，以洛市无办字［1993］06 号文，批准仪表公司使用"152·500 MHz"无线传呼频率，并同仪表公司签订了频率使用缴费合同。

　　为此，电业局与价格所、管理办发生纠纷，并向洛阳市中级人民法院提起诉讼。法院立案后，以电业局为原告，价格所为被告，公证处管理办和仪表公司为第三人，开庭进行了审理并作出裁判，认定管理办与仪表公司签订的频率使用合同无效。

　　问：本案中当事人诉讼地位的确定是否存在问题？

 主要参考文献

1. 江伟主编：《中国民事诉讼法专论》，中国政法大学出版社 1998 年版。
2. 汤维建：《美国民事司法制度与民事诉讼程序》，中国法制出版社 2001 年版。
3. 张晋红：《民事诉讼当事人研究》，陕西人民出版社 1998 年版。
4. ［美］杰弗里·C. 哈泽德、米歇尔·塔鲁伊：《美国民事诉讼法导论》，张茂译，中国政法大学出版社 1999 年版。
5. ［德］狄特·克罗林庚：《德国民事诉讼法律与实务》，刘汉富译，法律出版社 2000 年版。
6. 张卫平：《诉讼构架与程式——民事诉讼的法理分析》，清华大学出版社 2000 年版。
7. 肖建华：《民事诉讼当事人研究》，中国政法大学出版社 2002 年版。

8. 江伟、单国军：“论民事诉讼中无独立请求权第三人的确定”，载《中国人民大学学报》1997 年第 2 期。

9. 齐树洁、谢岚：“中美民事诉讼当事人制度比较研究”，载陈光中、江伟主编：《诉讼法论丛》（第 5 卷），法律出版社 2000 年版。

10. 蒋为群：“论无独立请求权的第三人”，载《甘肃政法学院学报》2002 年第 6 期。

11. 赵信会、李祖军：“无独立请求权第三人制度的内部冲突与制衡”，载《现代法学》2003 年第 6 期。

12. 肖建华：“正当当事人理论的现代阐释”，载《比较法研究》2000 年第 4 期。

第七章

法院调解

【本章要点】法院调解是以当事人行使诉权为基础、以当事人意思自治为条件、以当事人依法行使处分权为内容的一项诉讼制度，是指在人民法院审判人员的主持下，对双方当事人进行教育规劝，促使其就民事争议通过自愿协商达成协议，以解决纠纷的活动。法院调解在我国具备厚重的历史基础，应当加以发扬光大。它同诉讼外调解具有很大的区别。我国当前民事诉讼中的法院调解，应当遵循自愿原则，合法原则和查明事实、分清是非原则三项基本原则。法院调解的程序，是指审判人员进行调解活动和双方当事人达成调解协议的步骤和方式。它并没有法院审判程序那样的复杂与严格，包括开始、进行和结束三个阶段。法院调解的结果体现为调解书和不需要制作调解书的调解协议两种形式，它具有跟法院判决相同的法律效力。诉讼和解是指民事诉讼当事人在诉讼过程中，通过自行协商，就双方争议的问题达成协议，从而终结诉讼程序的一项制度。它与法院调解也有着本质的区别，在我国目前的民事诉讼中诉讼和解并没有强制性的法律效力。诉讼和解制度有待完善。

【学习目标】通过本章的学习使学生了解法院调解的概念与意义、法院调解的历史沿革；理解法院调解的特征和原则；掌握法院调解的程序与效力；理解诉讼和解的概念以及与法院调解的比较。

第一节　法院调解概述

一、法院调解的概念和意义

（一）法院调解的概念

法院调解，是指在人民法院审判人员的主持下，对双方当事人进行教育规劝，促使其就民事争议通过自愿协商达成协议，以解决纠纷的活动。法院调解是一种诉讼活动，又称为诉讼调解，这是因为它发生在民事诉讼的过程中，人民法院是该活动的主持者。法院调解的可能性有二：①调解不成功，则诉讼继续进行；②调解成功，则可审结案件。因此，法院调解的概念具有调解活动的进行和以调解方式结案两层含义。

法院调解是以当事人行使诉权为基础、以当事人意思自治为条件、以当事人依法行使处分权为内容的一项诉讼制度。对当事人而言，法院调解是当事人通过友好协商而处分实体权利和诉讼权利的一种表现，并以此换取纠纷的解决；对人民法院而言，法院调解不仅是当事人之间的合意，而且是法院审判人员在充分尊重当事人行使处分权的基础上解决民事纠纷的一种职权行为，是法院行使审判权的一种方式。一般认为，民事案件在调解过程中，如果出现当事人的处分权和法院的审判权发生冲突时，处分权应当优于审判权。总之，法院调解的性质是审判权与处分权的结合。

根据法院调解在开庭审理前进行还是在开庭审理过程中进行，可以把法院调解分为庭审前的调解和庭审中的调解两种。庭审前的调解是在诉讼初始阶段，被告应诉答辩之后，开庭审理前进行的调解。庭审中的调解是在民事案件开庭审理过程中进行的调解。

（二）法院调解的意义

法院调解是我国人民司法工作的优良传统和审理解决民事纠纷的成功经验，是我国民事诉讼中独具特色的一项制度。从司法实践来看，调解也是法院十分惯用的一种结案方式。可见，法院调解具有极其重要的意义。

1. 有利于促使当事人互谅互让，彻底解决民事纠纷，维护社会安定。法院调解是在双方当事人自愿的基础上，以平等协商的方式解决他们之间的纠纷。在调解过程中，审判人员对双方当事人进行耐心的思想教育，使其互谅互让，自愿达成调解协议，一旦调解成功，双方当事人一般能自觉地履行调解协议。所以用调解方式处理民事案件，有利于消除隔阂和对立情绪，增强团结，促进人际关系的和谐，彻底地解决民事争议，维护社会的安定。

2. 有利于简化诉讼程序，节约诉讼成本，提高办案效率。法院调解具有简便快捷的特点，只要当事人达成调解协议，就能迅速解决纠纷，省略了后面的诉讼程序。同时，调解协议送达双方当事人签收后，立即发生与生效判决同等的法律效力，不允许当事人再行起诉或者上诉，这样也可以减少诉讼程序，节约诉讼成本，提高办案效率。

二、我国法院调解的历史沿革

（一）新民主主义革命时期

法院调解的方式在新民主主义革命时期已经开始得到广泛适用，著名的"马锡五审判方式"便是这一时期法院调解的典型。"马锡五审判方式"强调的是依靠群众和调查研究，实行审判与调解相结合，并将调解作为审理和解决民事纠纷的主要方式。在这一时期的法院调解中，有些地区提出过"调解为主、审判为辅"的八字方针。

（二）新中国成立后至 1982 年的《民事诉讼法（试行）》

新中国成立以后，我国民事审判工作继承和发扬了根据地人民司法工作的优良传统，仍然把调解作为审理民事案件的基本方法。1956 年最高人民法院就调解工作提出了"调查研究、就地解决、调解为主"的十二字方针，后又发展为"依靠群众、调查研究、调解为主、就地解决"的十六字方针。1982 年我国颁布了新中国成立后的第一部民事诉讼法，该法在总结了我国民事审判工作经验的基础上，克服了原有强调"调解为主"提法的不足，确立了"着重调解"的原则，即人民法院审理民事案件，应当着重调解，调解无效的，应当及时判决。

（三）1991 年《民事诉讼法》的颁布实施

1982 年《民事诉讼法（试行）》确立的"着重调解"原则，突出了调解较判决更为优越的地位，另外"着重调解"这一提法也缺乏科学性。因此，1991 年修订民事诉讼法时，将这一原则改为"自愿、合法调解"原则，即人民法院审理民事案件，应当根据自愿和合法的原则进行调解，调解不成的应当即时判决。这一原则强调调解的自愿性与合法性。

三、法院调解的特征

法院调解具有如下几个方面的特征：

1. 法院调解具有广泛的适用性。从适用的法院来看，各级各类人民法院审理民事案件都可以进行调解。从适用的审理阶段来看，开庭审理前可以进行调解，开庭审理后、判决作出之前也可以进行调解，调解贯穿于民事审判的全过程。从适用的程序来看，除了适用特别程序、督促程序、公示催告程序、企业法人破产还债程序审理的案件和法院依执行程序执行的案件之外，在第一审普通程序、简易程序、第二审程序和再审程序中，均可以适用法院调解。从适用的案件来看，凡属于民事权益争议性质而具备调解可能的案件，在当事人自愿的基础上都可以进行调解。根据最高人民法院《关于适用简易程序审理民事案件的若干规定》，对适用简易程序审理的婚姻家庭纠纷和继承纠纷、劳务合同纠纷、交通事故和工伤事故引起的权利义务关系较为明确的损害赔偿纠纷、宅基地和相邻关系纠纷、合伙协议纠纷和诉讼标的额较小的纠纷等民事案件，除了根据案件的性质和当事人的实际情况不能调解或者显然没有调解必要的以外，人民法院在开庭审理时应当先行调解。

2. 法院调解具有自愿性。这是法院调解与法院判决的重要区别之一。一般来说，在法院调解中特别是在调解成功的案件中，都需要双方当事人互谅互让，放弃自己的一部分权利主张，才能达成协议，结束诉讼程序。因此，无论是调解程序的启动和进行，还是调解协议的达成，均应当本着双方当事人的自愿原则，法院不得强迫。

3. 法院调解在一定程度上又具有着法院职权的指引性和强制性。法院调解是法院行使审判权的重要方式，调解的过程也是法院行使审判权的过程。人民法院的审判人员在调解中扮演积极、主动的角色，起着指挥、组织和监督的作用，要对当事人进行教育和引导，以保证所达成的调解协议内容的合法性。同时，经法院调解达成的协议，必须经法院确认，否则，不发生法律效力。调解协议一经生效，就具有与生效判决同等的法律效力。

四、法院调解与诉讼外调解的区别

诉讼外调解主要包括仲裁机构的调解、行政机关的调解和人民调解委员会的调解等。法院调解和诉讼外调解都是建立在当事人自愿基础上的解决民事纠纷的方式，但两者却存在以下区别：

1. 性质不同。法院调解是在人民法院审判人员的主持下进行的，是人民法院行使审判权的一种体现，是审判组织对案件进行审理的有机组成部分，具有司法性质。诉讼外调解的主持者是仲裁机构的仲裁员、行政机关的工作人员或者人民调解委员会的调解员，诉讼外进行的调解活动不具有司法性质。应当指出的是，根据最高人民法院《关于人民法院民事调解工作若干问题的规定》，在诉讼中经各方当事人同意，人民法院可以委托与当事人有特定关系或者与案件有一定联系的企事业单位、社会团体或其他组织，以及具有专门知识、特定社会经验、与当事人有特定关系的个人对案件进行调解，达成调解协议后，人民法院应当依法予以确认。

2. 法律依据和程序要求不同。法院调解以民事诉讼法为依据，诉讼外调解以仲裁法、行政法规、人民调解法规等为依据。同时，两者在程序要求上也不完全相同，法院组织调解需要一定的程序，而诉讼外调解则比较灵活，不像法院调解那样规范、严格。

3. 调解结果的效力不同。经过法院调解达成协议并由当事人签收或者签名后，无论是制作调解书还是只记入调解笔录的，都与生效的判决具有同等的法律效力，其中有给付内容的调解书具有执行力。同时，当事人签收调解书，或者在记入笔录的调解协议上签名或者盖章后，诉讼即告结束。而在诉讼外的调解中，仲裁机构制作的调解书对当事人具有约束力，有给付内容的具有执行力；人民调解委员会的调解书只具有民事合同的效力，当事人违反合同的可以请求法院对合同效力予以审判确认；其他机构主持下达成调解协议而形成的调解书没有强制执行力，只具有一定的见证作用，当事人反悔或者不履行调解协议的，可以向人民法院起诉。

第二节　法院调解的原则

一、法院调解原则的概念

法院调解的原则，是指人民法院和当事人在诉讼调解的过程中，应当共同遵守的一些准则。我国《民事诉讼法》第85条规定："人民法院审理民事案件，根据当事人自愿的原则，在事实清楚的基础上，分清是非，进行调解。"第88条也规定："调解达成协议，必须双方自愿，不得强迫。调解协议的内容不得违反法律规定。"可见，法院调解应当遵循的原则主要包括三项：①自愿原则；②合法原则；③查明事实、分清是非原则。

二、自愿原则

自愿原则，是指人民法院以调解方式解决纠纷时，必须在当事人自愿的基础上进行，包括调解活动的进行和调解协议的达成，都必须以当事人自愿为前提。自愿原则既有程序意义上的自愿，也有实体意义上的自愿，具体包括三方面的内容：①是否采用调解方式解决纠纷，应由当事人自愿决定，人民法院不得强迫一方或双方当事人接受调解；②是否达成调解协议，应由双方当事人自愿决定，不得将调解协议强加于任何一方当事人；③调解协议的内容应是双方当事人共同意愿的表达，人民法院只能引导当事人在自愿的基础上达成协议，绝不能强迫或变相强迫当事人一方或双方接受法院的意见。

在法院调解的原则中，自愿原则居于核心地位，具有特殊的重要性。无论是从尊重当事人的处分权考虑，还是为了使达成的调解协议能够得到自觉的履行，都必须高度重视并认真贯彻这一原则。调解制度在实践中出现的问题，大都是根源于对自愿原则的违反。这一原则要求审判人员在案件审判过程中，不能片面追求调解结案率，不顾当事人的意愿就强行调解或者欺骗当事人进行调解；还有避免在调解不成的情况下，不及时作出判决，拖延诉讼的进程；另外，更不能对当事人施加压力，强迫或者变相强迫当事人达成调解协议，侵犯当事人的合法权益。

三、合法原则

合法原则，是指人民法院进行调解必须依法进行，调解的过程和达成的调解协议的内容，应当符合法律的规定。

1. 法院调解在程序上应当合法。这是指人民法院的调解活动应当严格按照法律规定的程序进行，包括调解的开始、调解的方式、步骤、调解的组织形式、调解协议的形成以及调解书的送达等，都要符合民事诉讼法的规定。不过，调解在程序上并没有审判那么严格，例如不必像开庭审理程序那样繁琐、复杂。

2. 法院调解在实体上应当合法。这是指经调解达成的协议的内容合法。调解协议内容的合法性，应当理解为一种宽松的合法性，它不是指调解协议的内容必须严格遵照法律的规定，而是指协议内容不得与民事法律中的禁止性规定相冲突，不得违反公序良俗和损害国家、集体和他人的合法权益。这就是说，调解协议内容的合法性，并不是以严格适用实体法的规定为要件，这一点与判决内容的合法性的要求也有所不同。这就意味着，调解协议的内容与法律上严格认定的权利义务关系可能并不完全一致，妥协与让步在大多数情况下对达成调解协议是必不可少的。

在理解合法原则时，应当正确处理自愿与合法的关系。调解必须当事人自愿，但当事人自愿的，不等于都合法。例如，在离婚案件的调解过程中，有的原告为了尽快解除不适的婚姻关系，在夫妻共有财产上一再让步，而被告却以此要挟原告，迫使原告几乎放弃自己应得的全部财产，这种显失公平的调解协议是违背《婚姻法》关于家庭共有财产夫妻双方平等分割原则的。人民法院对这种调解协议应当实行适度干预，从政策、法律上教育当事人放弃不合理的要求，尊重对方当事人的合法权益。再如，当事人双方自愿达成的协议，却以瓜分国家财产为内容，人民法院对于此种调解协议也不应予以认定。

四、查明事实、分清是非原则

查明事实、分清是非的原则，是指法院对民事案件进行调解必须在查明案件事实、分清责任的基础上进行。调解不等于和稀泥。因为法院调解不是简单的当事人的处分权运用，除此之外，还有法院的审判权的行使。审判权要求审判人员在主持调解过程中必须查明案件基本事实，分清双方争议的是非曲直，明确当事人各自的责任，然后确定双方当事人的权利义务。当然，在权利义务的划分上也须尊重当事人的意愿。换言之，调解协议中的权利义务的划分与判决中的权利义务的划分是会有些微差别的。这种差别的存在并不意味着是非不分或基本的事实不明。相反，只有基本的事实清楚，是非分明后，双方达成的协议，才能让当事人心悦诚服地自觉履行。值得注意的是，司法实践中这种事实不明、是非不清的法院调解在一定程度上大量存在。实践中出现的达成协议后当事人反悔或不自觉履行调解协议的情况，其中一个重要原因，就是在调解过程中没有查明争议事实和分清是非责任。这与审判人员对调解的错误理解以及片面追求调解结案率有着很大的关系。

第三节　法院调解的程序

法院调解的程序，是指审判人员进行调解活动和双方当事人达成调解协议的步骤和方式。由于法院调解的过程是人民法院对民事案件的审理过程，因此法院调解没有单独的程序而是与整个审理程序结合在一起的。民事诉讼法只对法院调解作了原则性的规定，没有规定法院调解的具体程序。根据民事诉讼法的规定和司法实践中的做法，法院调解主要分为以下三个步骤：

一、调解的开始

法院调解无论在哪种程序和哪个阶段适用，它的开始均包括两种方式：①由当事人提出申请而开始；②法院在征得当事人同意后主动依职权调解而开始。审判人员在这一阶段的主要工作是，征求双方当事人是否愿意调解的意见，讲明调解的好处、要求和具体做法，用简便的方式通知当事人和证人到庭，为调解的进行做好准备。调解开始前，审判人员应当告知当事人有关的诉讼权利和义务，告知合议庭的组成人员或者独任审判员的姓名，询问当事人是否申请回避。

二、调解的进行

法院调解在审判人员的主持下进行。调解工作既可以由合议庭共同主持，也可以由合议庭中的一个审判员主持，适用简易程序审理的案件可以由独任审判员主持。根据案情的需要，调解时可以邀请有关单位和个人、当事人所在地的基层组织参加，被邀请的有关单位和个人以及当事人所在地的基层组织应当积极协助法院进行调解。这种做法有利于对当事人进行思想教育和疏导工作，顺利解决当事人之间的争议。法院调解时，双方当事人都应出庭，原则上要采取面对面的形式进行调解。但必要时也可以分别对双方当事人做调解工作。当事人不能出庭而委托诉讼代理人参加调解的，必须有当事人的特别授权。对无诉讼行为能力的当事人进行调解，应当由其法定代理人代为参加。

调解可以在法庭上进行，也可以在法庭以外进行，实践中经常会选择到当事人所在地实施调解。调解开始后，首先由双方当事人陈述案件的事实和理由，并出示相关的证据，双方当事人可以进行辩论、质证。接下来，再由审判人员根据已经查明的事实，针对双方当事人争议的焦点，有的放矢地对当事人进行法制宣传教育工作。之后，即有双方当事人就具体的争议事项进行协商。在协商过程中，审判人员可以提出建议方案供双方当事人参考，但是不能强迫当事人接受建议方案。当事人双方或者单方也可以提出调解方案。调解协议通常是在调解方案的基础上形成的。当事人达成调解协议的，法院应当将调解协议的内容记入笔录，并由双方当事人或者经特别授权的委托诉讼代理人或者法定诉讼代理人签名。另外，根据《民诉意见》的规定，无独立请求权的第三人参加诉讼的案件，人民法院调解时需要确定无独立请求权的第三人承担义务的，应经第三人的同意。

三、调解的结束

调解的结束包括两种情况：①因当事人达成调解协议而结束；②因调解不成，未达成调解协议而结束。对于经调解达成协议的，人民法院应当及时对调解协议进行审查。对于当事人双方自愿达成、内容又不违反法律禁止性规定的协议，人民法院应当认可。调解协议依法成立后，对于应当制作调解书的，人民法院应当制作调解书，送达双方当事人签收；对于不需要制作调解书的调解协议，由书记员记入笔录，并由双方当事人、审判人员、书记员签名或者盖章。根据《民事诉讼法》第 90 条的规定，调解达成协议而人民法院可以不制作调解书的民事案件包括：①调解和好的离婚案件；②调解维持收养关系的案件；③能够即时履行的案件；④其他不需要制作调解书的案件。

经审查，发现调解协议的内容违反法律的禁止性规定或者有悖于公序良俗的，人民法院不予认可。对于经调解未达成协议或者调解协议不被人民法院认可的，人民法院应当结束调解程序，恢复审判，及时作出裁判，而不能久调不决。

第四节　法院调解的效力

一、法院调解书

在审判人员主持下，双方当事人通过平等协商，自愿达成了调解协议，调解程序即告结束。《民事诉讼法》第 89 条第 1 款规定："调解达成协议的，人民法院应当制作调解书。"调解协议只是双方当事人的意思表示，不要求有统一的格式。法院调解书则是指人民法院根据双方当事人达成的调解协议制作的，记载当事人之间协议内容的法律文书。它既是当事人相互协商结果的记载，又是人民法院行使审判权的重要体现。

根据《民事诉讼法》第 89 条的规定，法院调解书的内容包括以下三项：①诉讼请求。即原告向被告提出的实体权利请求。如果被告向原告提出反诉的，调解书中也应当列明。有第三人参加诉讼的，还应当写明第三人的主张和理由。②案件事实。即当事人之间有关民事权利义务争议发生、发展的全过程和双方争执的问题。③调解结果。即当事人在审判人员的主持下达成的调解协议的内容，其中包括诉讼费用的负担。

法院调解书应当按统一的格式制作，一般包括三个部分：①首部。首部应当依次写明制作调解书的人民法院名称，案件编号，当事人、第三人以及诉讼代理人的基本情况，案由。②正文。调解书的正文应当写明诉讼请求、案件事实和调解结果。这部分内容是调解书的核心部分，不能简略或疏漏，应当具体、明确而有重点地写在调解书里，避免当事人履行调解书时因有异议而发生新的纠纷。③尾部。调解书最后由审判员、书记员署名，加盖人民法院印章，并写明调解书的制作时间。同时，调解书的尾部要写明"本调解书与发生法律效力的判决书具有同等效力"。

在特殊情况下，有些法定案件当事人达成调解协议的可以不制作调解书，将协议内容记入笔录即可。

二、法院调解的生效时间

根据法律的规定，调解协议生效的时间，因法院是否制作调解书而有所不同。

1. 关于调解书的生效时间。《民事诉讼法》第89条第3款规定："调解书经双方当事人签收后，即具有法律效力。"这一规定包括两个方面的要求：①调解书必须送达双方当事人签收。据此，调解书应当直接送达当事人本人，不适用留置送达和公告送达的方式。②调解书必须经双方当事人签收后才能生效。如果一方或双方当事人拒绝签收的，应当视为调解不成立，调解书不发生法律效力。签收，是指受送达人在送达回证上签名或者盖章，并记明签收的日期。无独立请求权的第三人参加诉讼的案件，人民法院调解时需要确认无独立请求权的第三人承担义务的，应经其同意，调解书也应当同时送达其签收。无独立请求权第三人在签收调解书前反悔的，人民法院应当及时判决。

2. 关于记入笔录的调解协议的生效时间。根据《民事诉讼法》第90条第2款规定，不需要制作调解书只记入笔录的调解协议，由双方当事人、审判人员、书记员签名或者盖章后，即具有法律效力。

三、法院调解的法律效力

法院调解协议的效力，是指在审判人员的主持下，双方当事人平等协商达成的调解协议，经人民法院依法定程序认可后所产生的法律后果。调解书和只记入笔录的调解协议生效后，可以产生以下几个方面的法律后果：

1. 具有确定当事人之间民事法律关系的效力。人民法院的调解书送达当事人或调解笔录生效后，表明双方当事人对曾经发生争议的民事法律关系已经取得共识并得到法律的确认，原先争议的法律关系演变为无争议的法律关系，权利方应依法行使权利，义务方应依法履行义务，双方当事人从此不得对此法律关系再发生争议。这是法院调解书在实体法上的效力。

2. 具有结束诉讼程序的效力。当事人的调解协议是在人民法院主持下自愿达成的；人民法院根据调解协议制作的调解书和调解笔录，则是在法律上对当事人调解协议的确认。因此，人民法院的调解书送达当事人和调解笔录依法生效后，当事人之间的民事权益争议，在法律上已最终解决，当事人不得以同一事实和理由向人民法院再行起诉，这是法院调解在程序法上的效力。调解书和特定的调解笔录依法生效后，其法律效力同法院生效判决书一样，当事人即丧失了上诉权。当事人即使对法院的调解书和调解笔录有异议，也不能提起上诉。调解协议是双方当事人根据自愿、合法的原则，经过充分协商达成的，并在调解书送达前和调解笔录依法生效前，允许双方当事人反悔。所以对生效的调解书和调解笔录，在法律上不存在当事人上诉的问题。

3. 有给付内容的调解协议书具有强制执行力。调解协议是双方当事人在人民法院主持下自愿达成的，一般情况下当事人都能自觉履行。如果具有给付内容的调解协议生效后，负有义务的一方当事人不履行义务时，对方当事人可以向人民法院申请强制执行。

第五节　诉讼和解

一、诉讼和解概述

诉讼和解是指民事诉讼当事人在诉讼过程中，通过自行协商，就双方争议的问题达成协议，从而终结诉讼程序的制度。我国《民事诉讼法》第51条规定："双方当事人可以自行和解。"第207条又规定："在执行中，双方当事人自行和解达成协议的，执行员应当将协议内容记入笔录，由双方当事人签名或者盖章。一方当事人不履行和解协议的，人民法院可以根据对方当事人的申请，恢复对原生效法律文书的执行。"根据上述规定，我国民事诉讼中的和解包括两种方式，即审判程序中的和解和执行程序中的和解。前者是对发生争议的民事法律关系的和解，后者是对需要执行的权利义务内容的和解。

但是，我国的立法并没有赋予当事人的和解协议任何法律效力。当事人达成和解协议后，应当按照何种程序结束民事诉讼，以及法院如何对和解协议进行确认，法律都没有规定。由于相关规定的不完善，导致诉讼和解制度在司法实践中缺乏有力的实施基础。对于诉讼和解，实践中通常的做法有两种：①转化为撤诉。双方之间达成和解协议，由原告专门向法院提出撤诉的申请，经法院审查后认为撤诉符合法律规定的，裁定准许撤诉，并结束诉讼程序。但这种做法存在不小的问题。诉讼结束后，由于和解协议并没有法律强制力，如果一方当事人反悔不履行和解协议的，无法强制其履行义务。于是，另一方当事人又可以再行起诉。这无疑会给当事人带来讼累，也会给法院造成司法资源的浪费。②转化为法院调解。当事人达成和解协议后，也可以由法院依照当事人的协议内容，制作调解书，从而结束诉讼程序。这种做法可以保证当事人协议的强制性，但实际上又是通过法院调解的规定来实现的，是法院调解在发挥实质的作用。因此，诉讼和解制度在我国的司法实践中并没有得到充分的实施。如何借鉴国外诉讼和解的科学操作，完善我国民事诉讼上的诉讼和解制度，是法学界面临的一个重要课题。

二、诉讼和解与法院调解之比较

诉讼和解与法院调解都发生在民事诉讼过程中，都以达成协议的方式解决纠纷，并在一定的情况下，诉讼和解可以转化为法院调解。如当事人通过自行协商达成协议后，为保证和解协议得到顺利履行，共同请求法院以调解书的形式确认他们的和解协议，法院经审查后，认为协议内容不违反法律的，可以将和解协议的内容制作成调解书。但两者也存在以下的不同点：

1. 性质不同。法院调解是人民法院行使审判权，审理民事案件的一种方式，调解活动本身就是法院对案件的一种审理活动。而诉讼和解是当事人对自己的实体权利和诉讼权利的自行处分。

2. 参加的主体不同。参加法院调解的主体包括双方当事人和人民法院的审判人员，而且要由审判人员主持，是一种三方结构；而参加诉讼和解的主体只有双方当事人，是一种两方结构。

3. 效力不同。根据法院调解达成协议制作的调解书生效后，诉讼归于终结，有给付内容的调解书具有执行力；诉讼和解却不能作为法院的结案方式，不能直接终结诉讼程序，通常都是另外通过原告申请撤诉或者转化为法院调解来终结诉讼程序。同时，诉讼和解达成的协议只能依靠当事人自觉履行，不具有强制执行力。

学术视野

关于法院调解制度，当前理论界的研究热点主要集中在以下几个方面：①关于法院调解的基本定位，不少学者认为它不应当是处于基本原则的地位，而只是一项基本制度。②学者们普遍对我国的民事诉讼过分依赖调解结案的实践倾向进行了质疑，指出"调审合一"的诉讼模式和长期形成的"重调轻判"的诉讼观念，使得法院调解在很大程度上背离了设立的初衷。在此基础上，进而提出了调审分离的解决方案。③不少学者认为，查清事实、分清是非的调解标准和调解书经签收方生效的制度设计，严重破坏了法院调解的效率功能。④有学者针对当事人调解自愿原则的屡遭侵害，认为应当进一步强调和细化调解自愿原则，使得调解的效果接近乃至等同于当事人的自我协商解决，同时应当限制调解书送达之前当事人的反悔。⑤有学者指出法院调解应当确立以不公开调解为原则的做法，以使信息的保密性得到应有的保障。⑥来自于实务界的不少学者，往往立足于同理论界诸多学者大相径庭的看法，主张应当强化法院调解，使得这一"东方经验"进一步发扬光大。这种观点在实践运作中有着举足轻重的地位。⑦有学者对诉讼和解进行了大量的研究，指出当前立法对诉讼和解缺乏充分的认识，和解不具有相应的法律效力，认为应当细化和完善诉讼和解制度，甚至有学者还提出了以诉讼和解取代法院调解的构想。

 理论思考与实务应用

一、理论思考

（一）名词解释

法院调解　法院调解书　诉讼和解

（二）简答题

1. 谈谈法院调解和诉讼外调解之间的联系和区别。

2. 我国法院调解的原则有哪些？

3. 谈谈我国法院调解的法律效力。

4. 试比较一下诉讼和解与法院调解。

（三）论述题

试述我国法院调解制度的变革。

二、实务应用

（一）案例分析示范

案例一

彭勇向某县法院起诉丁三妹离婚并分割财产，法院受理了案件。在开庭后主审法官先询问当事人双方是否进行调解，丁三妹不同意离婚也不同意调解。主审法官私下告知丁三妹，即使不调解最后判决的话也是判决离婚的，接受调解的话还有可能会分得多一些的财产。在此种状况下，双方达成如下的调解协议：①彭勇与丁三妹自愿解除婚姻关系；②双方共有的一台长虹牌彩电和容声牌电冰箱归彭勇所有，其余财产归丁三妹所有。主审法官担心当事人反悔，在制作调解书之前便事先要求双方当事人在送达回证上对调解书的送达进行了签收。

问：本案的法院调解有哪些违法之处？

【评析】本案的调解主要有两点违法之处：

（1）主审法官在被告不同意的情况下主持了调解，并且用带有威胁的观点让被告接受了调解，这违反了法院调解的自愿原则。《民事诉讼法》第85条规定："人民法院审理民事案件，根据当事人自愿的原则，在事实清楚的基础上，分清是非，进行调解。"第88条也规定："调解达成协议，必须双方自愿，不得强迫。调解协议的内容不得违反法律规定。"因此，本案在被告明确表示不同意调解的前提下，仍然进行了调解，这是违法的。

（2）在原告和被告在调解书送达之前，主审法官让当事人双方事先在送达回证上签收也是不合法的。根据民事诉讼法的规定，调解书必须经过当事人双方签收之后才发生法律效力。在签收之前，任何一方当事人都可以拒绝签收，表示反悔调解协议的内容。签收调解书必须是在实际送达调解书时进行的。在本案中，法官剥夺了当事人对调解进行反悔的权利，是违法的。

案例二

甲和乙是邻居。甲和乙因门前排水沟的走向问题产生了争议，在双方打架的过程中，甲将乙的脸部打伤，经鉴定乙的伤为轻微伤。乙住院治疗20天才出院。乙出院后要求甲赔偿，但在赔偿数额上产生了争议。乙遂向法院提起了诉讼。在受理案件后，法院进行了调解，双方达成调解协议，甲一次性赔偿乙5000元，乙今后不得再提出其他要求。法院根据协议内容制作了调解书，并且已经经过双方当事人签收生效。乙出院后发现创伤影响其容貌且无法恢复，因此觉得甲的赔偿协议数额过少，又去找甲交涉。甲认为双方就此事已处理完毕，拒绝再给乙任何赔偿。乙欲向上一级人民法院提起上诉。

问：乙能否对本案提起上诉？为什么？

【评析】原告乙不能再提起上诉。理由如下：

法院调解，是指民事案件在人民法院审判组织的主持下，诉讼当事人双方平等协商，达成协议，经人民法院认可，以终结诉讼活动的一种结案方式。调解是人民法院审判民事案件的一种方式，调解书也是人民法院审结案件后出具的法律文书，调解书一经双方当事人签收即标志人民法院对当事人双方的争议作出了最后的处理，当事人应受其约束，不得上诉，不得就同一诉讼标的，同一理由再行提起诉讼，人民法院非经法定程序也不得撤销调解书或改变调解书的内容。调解书在生效之后，具有结束诉讼程序的效力。当事人的调解协议是在人民法院主持下自愿达成的；人民法院根据调解协议制作的调解书和调解笔录，则是在法律上对当事人调解协议的确认。因此，人民法院的调解书送达当事人和调解笔录依法生效后，当事人之间的民事权益争议，在法律上已最终解决，当事人不得以同一事实和理由向人民法院再行起诉，这是法院调解在程序法上的效力。一方当事人不履行调解书的,另一方当事人可以向人民法院申请强制执行。本案中,原被告双方都已签收调解书,调解书已生效,调解书对双方当事人都具有约束力和执行力,当事人应履行调解书,不得再提起上诉。当然,如果原告乙能够提出证据证明调解违反自愿原则,或者调解协议的内容违反法律规定,可以向人民法院申请再审。

案例三

甲乙二人因买卖合同纠纷案诉至法院,法官适用简易程序进行调解,书记员将调解经过记入了笔录。经调解,双方达成调解协议,双方当事人均同意该协议并在协议上签了名。但由于书记员疏忽,甲乙二人均未在调解笔录上签名。之后,在法院发送调解书时,乙就调解协议确认的履行期限反悔。

问:该调解书是否继续有效,乙能否反悔?并说明理由。

【评析】该调解书有效,乙不能反悔。

本案争议的焦点是:调解笔录在没有当事人一方或双方签名的情况下,调解协议是否具有法律效力。根据民事诉讼法的有关规定,当事人双方在法院的主持下可就民事纠纷的解决达成调解协议,并由该法院根据调解协议制作调解书。本案适用的诉讼程序是简易程序,按照最高人民法院《关于适用简易程序审理民事案件的若干规定》第15条的规定,"调解达成协议并经审判人员审核后,双方当事人同意该调解协议经双方签名或者捺印生效的,该调解协议自双方签名或者捺印之日起发生法律效力。调解协议符合前款规定的,人民法院应当另行制作民事调解书。调解协议生效后一方拒不履行的,另一方可以持民事调解书申请强制执行。"故法院在民事调解协议生效后就可以制作调解书,而且根据这一司法解释,民事调解书不需要像普通程序中所达成的调解那样,要在送达后才发生效力。因此在简易程序的调解中,调解协议是否有效是关键。本案所达成的调解协议已经双方当事人签字,因而已经具有法律效力,调解笔录未签名不影响其效力。因此,调解协议对当事人双方均有约束力,乙不能反悔。

(二)案例分析实训

案例一

2002年10月10日,司机小李驾车经过某十字路口,远看一小女孩正在横穿马路,刹车躲闪不及,将小女孩点点撞倒在地。点点肋骨骨折,脾脏破裂,伤势非常严重。后查,小李的车制动不好。交警队在责任认定书中判定点点的父母负主要责任,司机小李负次要责任。在诉讼中,双方表示愿意接受法院调解。法官是这样对双方当事人进行调解的——先将原告叫到一边:"说到主要责任,可以认为是80%，也可以认为是60%，我判的话，如果接着80%来算的话，可能会赔更少，你们就作一点让步吧。"再将被告叫到一边："你就多赔一些吧，再加1万块，你看如何？次要责任可以是10%，也可以是40%，我判的话，如果按40%，你不就赔得更多吗？"经法官如此调解，双方当事人很快达成协议，案件很快调解结案。

问：本案的法院调解违背了什么原则？为什么？

案例二

王之洁和杨军利系夫妻。2006年5月经人介绍相识恋爱。2007年12月25日自愿登记结婚，婚后夫妻感情尚好。2009年1月，因杨军利与其单位女同事关系暧昧，夫妻时常为此发生争吵。2009年2月，王之洁向法院提起诉讼，要求判决离婚。被告杨军利认为，他们夫妻感情没有破裂，表示愿意改正过去的不良行为，坚持不同意离婚。一审法院立案后，依法开庭审理，作出一审判决：准予原告王之洁和被告杨军利离婚。

接到一审判决，杨军利表示不服，依法提出上诉。二审法院在审理此案时，依法进行了调解。经过二审法院法官多方耐心细致地做劝说工作，被上诉人王之洁承认他们仍有一定的感情，表示同意与上诉人杨军利继续共同生活，放弃离婚打算。在二审法院调解下，双方和好。办理该案的二审法院审判员告诉双方当事人说："你们和好了，案件就此了结，因为和好的离婚案件，不用制作调解书。现在把结婚证退还给你们。"

问：二审法院审判人员的说法是否正确？为什么？

案例三

某化肥厂排放的废水污染了附近甲、乙、丙3个村共有的水库，使鱼类大量减产，受损数万元，3个村联合向法院起诉索赔。经法院调解，化肥厂只同意赔偿索赔金额的50%，甲、乙两村表示同意，遂与化肥厂达成协议。调解书送达丙村时，丙村拒收，并声称当天调解时自己不在场，甲、乙两村事先也未征求丙村的同意，因此，仍坚持要求化肥厂按诉讼请求全额赔偿。

问：(1) 甲、乙两村与化肥厂达成的协议是否有效？人民法院能否据此签发调解书？为什么？

(2) 人民法院应如何处理丙村的要求？

主要参考文献

1. 王锡三：《民事诉讼法研究》，重庆大学出版社 1996 年版。

2. 张卫平：《民事诉讼法教程》，法律出版社 1997 年版。

3. 齐树洁主编：《民事司法改革研究》，厦门大学出版社 2000 年版。

4. 柴发邦主编：《民事诉讼法学》，北京大学出版社 2000 年版。

5. 宋冰编：《程序、正义与现代化》，中国政法大学出版社 1998 年版。

6. 强世功编：《调解法制与现代性：中国调解制度研究》，中国法制出版社 2001 年版。

7. 赵钢："我国法院调解制度的新发展——对《关于人民法院民事调解工作若干问题的规定》的初步解读"，载《法学评论》2005 年第 6 期。

8. 季卫东："法制与调解的悖论"，载《法学研究》2000 年第 5 期。

9. 王建勋："关于调解制度的思考"，载《法商研究》1999 年第 6 期。

10. 李浩："民事审判中的调审分离"，载《法学研究》1996 年第 4 期。

11. 范愉："诉前调解与法院的社会责任从司法社会化到司法能动主义"，载《法律适用》2007 年第 11 期。

第 八 章

民事诉讼中的证据

【本章概要】 本章主要论述民事证据的相关概念和制度，包括证据的概念、证据的法定种类、证据的理论分类、证据能力、证明力等。把握证据的法定种类、证据理论上的分类，有利于我们认识不同证据类别在证据能力和证明力上的特殊性，有利于我们在实践中正确收集证据、运用证据，以发现事实真相。证据能力是证据法上的核心概念之一，对证据法学作为一门规范学科的发展具有根本意义。我国现行法对民事证据能力作了许多规定。证明力也是证据法上的重要概念之一，由于其涉及认知问题，目前还没有成熟的手段进行控制，主要由审判者自由判断；但是鉴于现实的迫切需要，我国现行法也规定了若干证明力评价规则。

【学习目标】 学习本章内容主要掌握以下要点：了解证据的概念；证据材料和定案根据。掌握证据能力、证据能力规则、证据的属性。重点掌握证据材料与定案根据的区别；证据的理论分类；证明力评价的法定限制。

第一节　民事诉讼证据制度概说

一、民事诉讼证据的概念

对于包括民事诉讼证据在内的诉讼证据的概念，学理上有不同的理解，存在着事实说、根据说、材料说、统一说等不同的观点。[1]

在立法和司法实践中，人们往往从不同的角度使用"证据"一词，用证据材料、定案根据、证据方法、证据资料等不同术语表述证据不同侧面的含义。为了更好地理解民事诉讼证据的概念，有必要将证据材料、定案根据、证据方法、证据资料这几个证据法学中的概念作一简单介绍。

1. 证据材料与定案根据。证据材料，是指民事诉讼当事人向法院提供的或法院依职权收集的，用来证明案件事实的各种材料。经过当事人的质证并被法院采纳为认定案件事实的依据的证据材料称为定案根据。因此，定案根据来源于证据材料，证据材料则是定案根据的初始形态。当事人提供和法院收集的证据材

---

〔1〕 参见何家弘、刘品新：《证据法学》，法律出版社 2004 年版，第 106～107 页。

料，有的符合定案根据的条件，能够成为法院认定案件事实的依据；有的不具备条件，最终不能成为认定本案事实的证据使用。

在《民事诉讼法》中，"证据"一词有时是指证据材料，如"人民法院应当按照法定程序，全面地、客观地审查核实证据"（第64条），"证据应当在法庭上出示，并由当事人互相质证"（第66条）；有时则是指定案根据，例如"有新的证据，足以推翻原判决、裁定的"（第179条），"原判决、裁定认定事实的主要证据是伪造的"（第179条）。

2001年颁布实施的《民事诉讼证据规定》许多法条在表述上，对于尚未被审查认定的"证据"，直接使用"证据材料"这一概念，以示与作为定案根据的"证据"相区别。例如，"原告向人民法院起诉或者被告提出反诉，应当附有符合起诉条件的相应的证据材料"（第1条）；"当事人应当在举证期限内向人民法院提交证据材料"（第34条）等。

尽管立法和司法实践中曾经不加区别地使用"证据"一词来概称"证据材料"和"定案根据"，并且在大多数场合下，例如讨论证据理论分类、法定种类时，区分两者也没必要，故本书在一般场合使用时也不做区分。但是，在某些场合，例如讨论证据的证据能力和证明力时，必须要对"证据材料"和"定案根据"区分使用。

2. 证据方法和证据资料。证据方法和证据资料是大陆法系国家和地区证据法学中常用的两个概念。[1] 证据方法，是指在诉讼中，为了证明案件事实，可作为调查对象的有形物，如证人、文书、物体等。证据资料，则是指法院对各种证据方法经过调查后所获得的资料，如证人证言、鉴定结论等。

证据方法一般可分为两种类型。一种是"人证"，又称为"人的证据方法"，即以人作为提供证据资料的方法，如证人、鉴定人等。另一种是"物证"，又称为"物的证据方法"，即以物作为提供证据资料的方法，如证书、勘验物等。因此，证据方法是指证人、鉴定人、文书、物体而言；而证据资料是指对这些证据方法进行调查后所得到的证人证言、鉴定意见、文书内容、物证特征而言。有学者认为，证据一语，广义情形是指证据方法及证据资料两者，狭义情形专指证据资料而言。[2]

我国现行《民事诉讼法》及其相关司法解释，没有特别区分证据方法和证

---

[1] 参见［日］兼子一、竹下守夫：《民事诉讼法》，白绿铉译，法律出版社1995年版，第100页；
　　［日］田口守一：《刑事诉讼法》，刘迪、张凌、穆津译，法律出版社2000年版，第218页；王甲乙、杨建华、郑健才：《民事诉讼法新论》，台湾广益印书局1983年版，第363页。
[2] 参见陈荣宗、林庆苗：《民事诉讼法》，三民书局1996年版，第481页。

据资料。不过，我们认为"证据方法"这一概念对于证据的法庭调查具有意义，在探讨证据法庭调查时，理论和实务上都区分人的证据方法和物的证据方法，对前者主要通过询问等方式调查；对后者，主要通过出示、朗读、播放等方式进行调查。我们认为"证据资料"这一概念对于证据的审查判断具有意义。不同的证据资料能够成为定案根据的具体要求不尽一致。因此，从长远看，我国诉讼法学还得引进这两个概念。

借鉴国内学界与大陆法系关于诉讼证据的概念界定，我们对诉讼"证据"概念界定如下：

证据是指证明待证事实的信息及其载体。根据资格要求的不同，可以分为"证据材料"和"定案根据"。"证据材料"泛指一切能证明案件待证事实的信息及其载体。"定案根据"特指能满足法定资格要求且能证明案件待证事实的信息及其载体。

二、民事诉讼证据立法

在民事诉讼中，具体案件的法律适用往往以案件事实得到证明为前提，而案件事实是已经发生的事实，当事人之间的争执往往就是因对案件事实有不同的认识而发生分歧，从而向法院提起诉讼的。所以，法院要对当事人有争议的事实进行认定，并在此基础上作出正确的裁判，必须借助于各种证据。对法院而言，证据是查明案件事实作出正确裁判的根据；对当事人而言，证据是主张有利于己的事实、反驳不利于己的事实，维护其合法权益的方法和手段。总之，诉讼开始、继续和终结都离不开证据的运用，证据制度是民事诉讼制度的核心。

我国《民事诉讼法》对证据问题只作了原则性规定，为满足审判工作的需要，最高人民法院就民事诉讼证据的运用问题作出了一些司法解释，其中，《民事诉讼证据规定》和最高人民法院《关于适用〈关于民事诉讼证据的若干规定〉中有关举证时限规定的通知》（以下简称《举证时限通知》）（法发〔2008〕42号，2008年12月11日颁布）是有关证据问题最重要的两个司法解释。由于上述民事诉讼证据立法和司法解释满足不了审判工作的需要，近几年来，要求制定民事诉讼证据法的呼声日益强烈，一些学者还起草了民事诉讼证据法的建议稿。但是，在我国，究竟是制定单行的民事诉讼证据法，或者是制定统一的证据法，还是继续保留目前的立法体例，将民事诉讼证据规定在民事诉讼法之中，学者们尚未达成共识。

第二节　我国民事诉讼证据的种类

我国《民事诉讼法》将证据分为书证、物证、证人证言、当事人陈述、视听资料、鉴定结论和勘验笔录等七种形式。相对而言，我国民事诉讼法对证据种类的规定比较注重证据的外在表现形式，而不考虑证据的形成特点和证明方法等特征。以下主要对我国民事诉讼证据的各种法定形式分别进行阐述。

一、书证

（一）书证的概念

书证是指以文字、符号、图画等所表达的思想内容来证明案件事实的书面文件。它表现为文字或者其他能表达人的思想或者意思的有形物。使用中国或者外国文字，或者能为他人所了解的符号代码，如电报号码、电脑字码作成的书面文件，都可以成为书证。诉讼中，因收集调查证据而作成的文书，如询问证人、鉴定人所作的笔录等，虽然是用文字表达人的思想内容，但它是以人的陈述形式表达出来的，并要接受法庭调查中的询问和讯问，并非书证。不过，在另一诉讼中所作成的这种文书却可以转化为本案的书证。

（二）书证的特征

书证具有以下三个特征：

1. 书证并不是一般的物品，而是用文字符号记录和表达一定思想内容的物品。

2. 书证把一定的思想内容固定下来，以此表达人们的思想，并能为一般人所认知或了解，证明有关的案件事实。

3. 书证是固定在一定的物体上的思想内容，所以有较强的客观性和真实性，不像言词证据那样，容易因为有关人员主观意识的改变而改变，也不存在因时间久远造成记忆模糊而影响其证明力的现象，但它易丢失和被伪造。

（三）书证的分类

书证有多种表现形式，根据不同的标准，可以对书证进行以下的分类：

1. 公文书与私文书。按照书证的制作主体或制作者的身份不同，可以把书证分为公文书与私文书。公文书指公法人或公务员在职务范围内依法定的方式作成的文书。公法人或公务员所制作的文书，如果不依职权或者不依法定程序制作，也不具有公文书的效力。公文书所载内容无论是私法上的关系还是公法上的关系，也无论所载内容是否全面、完整，都不影响公文书的性质。公文书的范围很广，例如婚姻登记机关发给的结婚证书，法院制作的判决书、行政机关制作的行政裁决书等，都是公文书。凡不属于公文书的书证，都是私文书。私文书即使经公法人证明或者认证，仍然是私文书，如个人信件、商事合同等。

将书证分为公文书与私文书，是由于制作文书的主体是否行使法定的职权以及制作程序上存在明显差别。在一般情况下，公文书要比私文书的证明力强。但在诉讼中也必须对公文书进行审查核实，注意制作公文书的公法人及其工作人员是否依法定权限制定，是否遵守了有关的程序规定，所记载的内容是否可靠等。

2. 处分性书证与报道性书证。文书依其内容的不同，可以分为处分性书证与报道性书证。处分性书证，指文书所记载的事项系文书制作人发出的以发生某种法律效果为目的的意思表示，如为设定、变更或消灭一定的法律关系而成立的书证。处分性书证中发生公法上效力者，为公文书，如记载判决原本、记载行政处分的文书；发生私法上效力的文书则是私文书，如买卖合同、遗嘱等。

凡是书证中所记载或表述的内容，不是以产生一定的法律后果为目的，而是制作人用以记下或者报道已发生的或者了解的某种事实，则称为报道性书证，如会议记录、会计或商业账簿等。报道性书证与处分性书证的区别在于，报道性书证表明文书制作人只观察待证事实并记载其结果，并不以产生一定的法律后果为直接目的。

3. 普通文书与特别文书。书证，以是否要具备一定的形式为标准，可以将其分为普通文书与特别文书。

普通文书，是指法律不要求必须具备一定形式就能够成立的文书。例如，一般买卖合同等民法上不要式的法律行为，只要双方当事人意见一致达成协议，合同就成立，就发生法律上的效力。

特别文书，是指法律规定某种法律行为必须具备一定的形式才能够成立的文书。如买卖房屋，就必须订立书面合同并经房管部门登记，才能发生法律效力。根据《民事诉讼法》第59条第3款的规定，侨居在外国的中国公民，委托代理人的授权委托书，必须经我国驻该国的使、领馆证明，才发生效力。这种授权委托书，也是特别文书。

4. 原本、缮本、正本、副本与节本。以制作方法为标准，文书可分为原本、缮本、正本、副本与节本等。原本，指文书制作人所作成的文书。例如，审判员制作的判决书，经本人签名以后，就称为原本。缮本，就是抄录原本全部内容的文本。缮本又可以分为正本与副本。正本，就是抄录原本、与原本有同一内容，对外具有与原本同一效力的缮本。副本，是送达当事人的抄本。节本（节录本），仅摘抄原本或正本内容的一部分或者全部内容的抄本。

二、物证

（一）物证的概念

凡是以自己存在的外形、重量、规格等标志证明待证事实的物品或者痕迹的，都是物证。例如，请求侵权赔偿的诉讼，被侵权行为造成损害的财物和侵权人所用的侵权工具等就是物证；建筑工程质量的诉讼，已经完工的建筑物就是物证；伪造文书的诉讼，签名的笔迹、墨水等就是物证。物证的特点是，以自己的客观存在和特征证明待证事实，所以西方国家曾把物证称为"哑巴证人"，并将它作为最有证明力的证据来使用。

民事诉讼中，有些物证的原物由于各种原因无法长期保存，如易腐烂的物品、倒塌的建筑物等，需要用照相、复制模型等方法来固定和保存。物证的摄影照片或各种方法复制的物证模型，也属于物证。

（二）物证的特征

同其他证据相比，物证有如下特征：

1. 稳定性。物证是客观存在的物品或痕迹，所以只要及时收集，用科学的方法提取和固定，就具有较强的稳定性。

2. 可靠性。物证是以其自身的客观存在的形状、规格、痕迹等证明案件事实，不受人们主观因素的影响和制约，只要判明物证是真实的，就具有很大的可靠性和较强的证明力。

（三）物证与书证的区别

物证与书证的主要区别在于：

1. 书证是以其表达的思想内容来证明案件事实的，而物证（包括作为物证的书面文件）则以它的存在、外形和特性等去证明案件事实。

2. 法律对书证的规定，有的要求必须具备一定的形式才能够产生某种法律后果；对物证，一般没有这种要求。

3. 书证一般是行为人的意思表示的书面形式，而物证一般是有形的物体，不包含人的意思的内容。

4. 审查物证时，应当对物证进行鉴定或勘验，而书证一般是通过鉴定确定其真伪。

尽管物证和书证有明显的区别，但它们之间也有密切的联系。某些情况下，根据与案件的联系和所证明的案件事实，同一物品可以同时具备书证与物证的特征，既可以作为书证，又可以作为物证。

三、证人证言

（一）证人证言的概念

证人证言，是指证人以口头或书面形式，就他所了解的案件情况向人民法院所作的陈述。以自己所感知的案件情况向人民法院提供有关案件事实的陈述的人，是证人。证人陈述的内容，称为证言。证人的陈述，一般是陈述自己感知的事实，如果陈述从他人处听来的事实，必须说明出处或来源，否则不能作为证据使用。

证人在作证的过程中，对事实的陈述和对事实的判断往往混在一起，为求得证言的客观性，证人应当根据自己所了解的事实提供证言，并不要求他对这些事实在主观上作出评价。但在必要时允许证人根据其体验的事实作一些他人无法替代的分析、判断或者推测。

诉讼过程中，人民法院对案件事实并没有亲身经历和感知，要靠证据才能认定案件的真相。证人证言是证人对争议事实的重述，在民事诉讼中起着重要作用。它既可以用于认定案件事实，又可以用来鉴别其他证据的真伪和确定其证明力的大小；既可以促使当事人放弃无理的事实主张，接受人民法院的调解和裁判，又能为人民法院调查收集证据提供线索。

（二）证人和证人证言的特点

证人和证人证言有如下特点：

1. 证人与客观存在的案件事实形成的联系是特定的，是他人不可替代的。

2. 证人只是了解案件的某些情况，他与该案的审理结果无法律上的利害关系，如果既了解案情，又与案件处理结果有利害关系，就不得为证人，而是诉讼当事人（共同诉讼人或第三人）。

3. 出庭作证的证人应当客观陈述其亲身感知的事实，作证时不得使用猜测、推断或者评论性的语言。

（三）证人的范围

《民事诉讼法》第70条规定，凡是知道案件情况的单位和个人，都有义务出庭作证。由此可见，凡是知道案件情况和能够正确表达意志的人都有证人资格。根据《民事诉讼证据规定》第53条第2款规定，待证事实与其年龄、智力状况或者精神健康状况相适应的无民事行为能力人和限制民事行为能力人，可以作为证人。

根据我国《民事诉讼法》第70条的规定和司法实践，下列人员不能充当证人：

1. 不能正确表达意志的人，不能作为证人。这就是说，证人必须以能够辨别是非并能正确表达为条件。它主要包括那些生理上、精神上有缺陷或者年幼的人，如果不能辨别是非，不能正确表达意志，不得作为证人。证人为聋哑人的，可以其他表达方式作证。

2. 诉讼代理人在同一案件中不得作为证人。如果诉讼代理人对正确查明事实有重要作用，可以在终止与被代理人的委托代理关系后成为证人。

3. 办理本案的审判人员、书记员、鉴定人、勘验人、翻译人员和检察人员，不能同时是本案的证人。

（四）证人的诉讼权利

证人享有的诉讼权利有：

1. 有权用本民族语言文字提供证言。如果不通晓当地语言文字的，可以要求人民法院为其指定翻译；对于聋哑证人，他们可以用哑语、书面、手势进行陈述。

2. 对于自己的证言笔录，有权申请补充或者更正。

3. 因作证而被侮辱、诽谤、殴打或者被其他方法打击报复时，有权要求法律给予保护。

4. 有权要求人民法院给予因出庭作证所支付的费用和影响的收入。证人因出庭作证而支出的合理费用，如误工工资、误工补贴、差旅费等，由提供证人的一方当事人先行支付，由败诉一方当事人承担。

5. 有权接受审判人员和当事人的询问。但询问证人时，其他证人不得在场。证人不得旁听法庭审理；人民法院认为有必要的，可以让证人进行对质。

（五）证人的诉讼义务

证人应承担的诉讼义务有：

1. 证人应当出庭作证，接受当事人的质询。证人在人民法院组织双方当事人交换证据时出席陈述证言的，可以视为出庭作证。如果确有困难，不能出庭的，经人民法院许可，可以提交书面证言。

2. 如实作证的义务。即如实陈述所了解的案情或回答审判人员、检察人员、当事人、诉讼代理人提出的问题。

3. 不得作虚假陈述，不得作伪证。

4. 遵守法庭秩序。

根据《民事诉讼法》第70条和《民事诉讼证据规定》第56条的规定，证人确有困难不能出庭的，经人民法院许可，证人可以提交书面证言或者视听资料或者通过双向视听传输技术手段作证。"证人确有困难不能出庭"是指下列情形：①年迈体弱或者行动不便无法出庭的；②特殊岗位确实无法离开的；③路途特别遥远，或交通不便难以出庭的；④因自然灾害等不可抗力的原因无法出庭的；⑤其他无法出庭的特殊情况。

四、当事人陈述

（一）当事人陈述的概念和分类

当事人陈述，指当事人在诉讼中就有关案件的事实情况向法院所作的陈述。

当事人就案件有关的事实向人民法院进行陈述，有两种情况：

1. 对案件事实的陈述，是当事人就争议的民事法律关系发生、变更或者消灭的事实的说明。当事人为了胜诉，一般都要陈述对自己有利的事实，而对对方当事人陈述的不利于自己的事实，则提出不同的事实根据进行反驳。如果当事人对陈述的事实进行分析，提出一些意见以及适用某项法律以希望法院作出对自己有利的判决，是诉讼上的声明，不能作为"当事人陈述"看待。

2. 对案件事实的承认，即当事人自认，是一方当事人对对方当事人陈述的事实作相同的陈述，或者认可对方陈述的事实。应当注意，当事人对事实的承认与对诉讼请求的承认是不同的。对诉讼请求的承认是当事人的一项诉讼权利。对对方的诉讼请求予以承认，也叫诉讼上的认诺，就是当事人越过了对对方当事人主张的事实的承认，直接承认对方当事人的诉讼请求。人民法院如果查明这种承认是当事人的真实意思表示，即可以判决作出这种承认的一方当事人败诉。

我国立法肯定了当事人陈述可以作为独立的民事诉讼证据使用，《民事诉讼证据规定》第72、74、76条规定了当事人自认产生的法律效果。但外国学者一般不把当事人陈述作为独立证据看待，主要理由是：当事人关于事实的陈述是证明对象，而非证据事实。德国等国民事诉讼法中有"讯问当事人"制度。其含义是，法官依证言、书证、勘验等各种证据形式，还不能充分得到心证时，可以命令当事人自己作为证人进行宣誓，宣誓后再加以讯问，将其证言作为证据使用。这种做法被认为是补充的证据方法，不是独立的证据表现形式。

（二）当事人陈述的特点

当事人陈述作为证据形式最显著的特点就是其具有"两重性"，即真实性与虚假性并存。因为当事人对民事法律关系的发生、变更、消灭等事实比他人知道得更为清楚、全面，这就有可能为人民法院提供案件事实的全面情况；但是由于当事人同审判结果有直接的利害关系，彼此之间的利益有对立性，所以对有利于己的事实往往夸大，而对不利于己的事实就加以掩盖、缩小，甚至可能歪曲事实，虚构情节。当事人陈述有"两重性"，其陈述往往真假交织，要正确运用当事人陈述，必须结合其他证据进行综合分析。诉讼中，如果当事人拒绝陈述案情，不影响人民法院根据其他证据认定案件事实。

五、鉴定结论

（一）鉴定制度概说

1. 鉴定和鉴定结论的概念和特点。鉴定，即鉴定人运用自己的专门知识和技能，以及必要的技术手段，对案件中有争议的专门性问题进行检测、分析、鉴别的活动。运用专门知识对涉及案件事实的技术问题进行鉴定活动的人，称为鉴定人。诉讼中，需要以专业知识、技能或者手段进行分析研究后才能鉴别或判明的专门性问题，是鉴定的对象或者鉴定客体。经过鉴定活动，对鉴定对象所形成的判断性意见结论，称为鉴定结论。

鉴定结论的特点是：一方面，它是鉴定人按照案件的事实材料，按科学技术要求，以自己的专门知识，进行鉴定后提出的结论性意见；另一方面，它是鉴定人对案件中应予查明的案件事实中的一些专门性问题作出结论，而不是就法律问题提供意见。

2. 申请鉴定和重新鉴定。申请鉴定是当事人的诉讼权利，也是当事人的举证义务。申请鉴定是鉴定程序的一般启动方式。《民事诉讼证据规定》第25条规定："当事人申请鉴定，应当在举证期限内提出。符合本规定第27条规定的情形，当事人申请重新鉴定的除外。对需要鉴定的事项负有举证责任的当事人，在人民法院指定的期限内无正当理由不提出鉴定申请或者不预交鉴定费用或者拒不提供相关材料，致使对案件争议的事实无法通过鉴定结论予以认定的，应当对该事实承担举证不能的法律后果。"

当事人对人民法院委托鉴定机构作出的鉴定结论有提出异议权。对于确有理由的异议，人民法院应当准许重新鉴定。重新鉴定，是在人民法院对鉴定结论进行审查后，对其可采信度存有疑虑，另行委托新的鉴定人进行的鉴定。重新鉴定应当附送历次鉴定所需的鉴定资料，新鉴定人应独立进行鉴定，不受以前鉴定的影响。《民事诉讼证据规定》第27条规定："当事人对人民法院委托的鉴定部门作出的鉴定结论有异议申请重新鉴定，提出证据证明存在下列情形之一的，人民法院应予准许：①鉴定机构或者鉴定人员不具备相关的鉴定资格的；②鉴定程序严重违法的；③鉴定结论明显依据不足的；④经过质证认定不能作为证据使用的其他情形。对有缺陷的鉴定结论，可以通过补充鉴定、重新质证或者补充质证等方法解决的，不予重新鉴定。"

补充鉴定是在原鉴定的基础上，针对原鉴定中的个别问题，由原鉴定人进行再次修正和补充，以完善原鉴定结论的鉴定。它只是对通常鉴定的补救手段。需补充鉴定的，有以下几种情形：①原鉴定结论措辞有错误，或者表述不确切；②原鉴定书对鉴定要求的答复不完备；③原鉴定结论作出后，委托机关又获得了新的可能影响原鉴定结论的鉴定资料；④初次鉴定时提出的鉴定要求有疏漏。

3. 鉴定人的诉讼权利和诉讼义务。鉴定人的主要诉讼权利是：有权了解进行鉴定所必需的案件材料；有权询问当事人或者证人；有权要求参加现场勘验；同时有几个鉴定人的，对如何鉴定可以互相讨论；意见一致的可以共同写出鉴定结论，不一致的，有权写出自己的鉴定结论；有权拒绝鉴定；对因鉴定受到侮辱、诽谤、诬陷、殴打或者其他方法打击报复时，有权请求法律保护；有权用本民族语言文字作鉴定结论；有权要求给付相应的报酬。

鉴定人的主要诉讼义务有：按时作出鉴定结论并保证鉴定结论的科学性；应当出庭接受当事人质询，确因特殊原因无法出庭的，经人民法院准许，可以书面答复当事人的质询；妥善保管提交鉴定的物品、材料；不徇私受贿或弄虚作假；有意陷害他人，故意作虚假鉴定的应承担刑事责任。

4. 鉴定书的内容。鉴定结论应当采书面形式，鉴定人应当在鉴定书上签名，同时也应加盖鉴定人所在单位的公章。鉴定书的内容包括绪论、鉴定过程、结论等几部分。绪论写明委托或者聘请鉴定的单位、鉴定资料的情况、鉴定的目的和要求等。鉴定过程部分写明鉴定采用的方法和步骤、对观察所见现象和特征的分析判断。结论是针对鉴定要求所作出的结论性意见。必要时，鉴定书还可以附上说明有关情况的照片、图表等。最后是签名盖章。

《民事诉讼证据规定》第29条规定："审判人员对鉴定人出具的鉴定书，应当审查是否具有下列内容：①委托人姓名或者名称、委托鉴定的内容；②委托鉴定的材料；③鉴定的依据及使用的科学技术手段；④对鉴定过程的说明；⑤明确的鉴定结论；⑥对鉴定人鉴定资格的说明；⑦鉴定人员及鉴定机构签名盖章。"

（二）鉴定人的法律地位

我国学者一般也把鉴定人与证人、鉴定结论与证言严格区分开，认为二者有一定的区别：①鉴定人应当中立，对国家法律负责而不是对当事人负责；②证人是由案件本身决定的，不能选择和更换。鉴定人则是在案件发生后，根据需要指派或聘请的，可以选择，也可以替代、更换；③鉴定人是具有专门知识的人员，要对事实材料进行分析评价，而证人一般并不需要专门知识，只要对案件事实进行陈述即可，不必评价所感知的事实；④只要了解案件情况的人，都可作为证人，不论他是否与案件有利害关系，而鉴定人如果与本案有利害关系，则应当回避；⑤鉴定人一般在诉讼中担任鉴定工作才对案件情况有所了解，而证人则在诉讼之前案件事实发生时就知道案件的事实。

（三）鉴定机构和鉴定人的确定

2005年以前，由于多种原因，我国司法鉴定存在部门鉴定、多头鉴定等诸多问题。2005年以来，在全国人民代表大会常务委员会《关于司法鉴定管理问题的决定》的指导下，《司法鉴定人登记管理办法》（2005年司法部）、《司法鉴定机构登记管理办法》（2005年司法部）、《司法鉴定机构仪器设备基本配置标准（暂行）》（2006年司法部）、《司法鉴定程序通则》（2007年司法部）、《司法鉴定执业活动投诉处理办法》（2010 年司法部）等规定逐渐完善了有关鉴定机构和鉴定人的规范化管理工作。

关于鉴定的方式，《民事诉讼证据规定》第 26 条和第 28 条规定了三种：①当事人合意确定鉴定机构和鉴定人；②法院指定鉴定机构和鉴定人，这一方式在双方协商不成的情况下使用；③当事人单方自行委托鉴定。当事人可以自行委托鉴定的结论，允许对方反驳，若反驳证据充分则可以申请重新鉴定。

无论是当事人合意确定还是法院指定鉴定机构和鉴定人，根据《人民法院对外委托司法鉴定管理规定》，都由人民法院从社会鉴定机构和鉴定人（以下简称"鉴定人"）名册中确定。

此外，我国司法解释还确立了专家辅助人制度。所谓专家辅助人，是指接受当事人的聘请就案件中专门性问题进行说明，并接受询问或者对质的人。《民事诉讼证据规定》第 61 条规定："当事人可以向人民法院申请由 1 至 2 名具有专门知识的人员出庭就案件的专门性问题进行说明。人民法院准许其申请的，有关费用由提出申请的当事人负担。审判人员和当事人可以对出庭的具有专门知识的人员进行询问。经人民法院准许，可以由当事人各自申请的具有专门知识的人员就有关案件中的问题进行对质。具有专门知识的人员可以对鉴定人进行询问。"专家辅助人可帮助当事人和法庭理解专门性问题、澄清不当的认识，帮助当事人对鉴定人进行询问。所以，专家辅助人制度与大陆法系的鉴定证人制度相类似，属于事实证人；不过我国专家辅助人是当事人向法院申请而引入诉讼的。专家辅助人不是就专门性问题作出结论性意见，而是阐释和说明专门性问题。

六、勘验笔录

（一）勘验的功能

勘验，指审判人员对与案件争议有关的现场和物品进行查验、拍照、测量的活动。勘验在民事诉讼中起着重要的作用，承担着多重职能：①固定或者提取物证；②勘验制作的笔录，可以成为一种独立的诉讼证据；③更为重要的是，勘验还可以核实证据，澄清有关证据中的矛盾，使法官获得比较正确的心证。所以，绝不能将证据勘验等同于调查证据。司法实践中，审理不动产纠纷、相邻权纠纷等案件，有经验的审判人员常常要去现场实地勘验，以形成对案件事实的正确认识。

（二）勘验笔录的制作

勘验笔录反映物品的形状、特征或者现场的状况，属于一种证据形式。勘验可以由当事人申请进行，也可以由人民法院依职权进行。勘验人员进行勘验应出示证件，证明其履行勘验职责，勘验时应邀请当地基层组织或者当事人所在单位派人参加。勘验时当事人或者他的成年家属应当到场；拒不到场的，不影响勘验工作的进行。勘验的物品或现场，需要保护的，以及勘验工作需要有关单位和个人协助的，有关单位和个人有义务按人民法院的通知，保护现场和协助勘验工作的进行。

现场勘验时，必须如实地证明以下事项：①现场的位置和周围环境；②双方当事人争执标的物的品种、数量、形状和大小；③现场搜集到各种证据（现场拍照、测量、绘图的种类、数量和内容）；④现场勘验开始和结束的时间以及参加现场勘验人员的姓名、职业、工作单位和住址等。现场勘验人、当事人和被邀请的见证人，都必须签名或者盖章。

尽管勘验笔录是审判人员或者专门的勘验人员制作的，但是，也必须经过质证才能作为定案的根据。经许可，当事人在法庭上可以向勘验人发问。

（三）勘验笔录与书证的区别

勘验笔录既是一种独立的证据形式，同时又是收集、固定和保全证据的一种方法。它重视现场和物证的原始状貌，具有较强的客观性和准确性。

勘验笔录以文字、图表等记载的内容来说明一定的案件事实，与书证有某种相似性，但它并非书证。它与书证的区别是：①书证是制作人主观意志的反映，而勘验笔录的文字与图片记载的内容，是对现场和物品的客观描绘；②书证有公文书和私文书等形式，并不一定是诉讼文书，而勘验笔录则是勘验人依法制作的诉讼文书；③书证一般在案件发生前或者发生过程中制作，在诉讼中不得涂改或者重新制作，而勘验笔录则是案件发生后在诉讼中制作的，若记载有漏误，可以重新勘验。

七、视听资料

（一）视听资料的概念

视听资料，就是利用录音、录像以及电子计算机储存的资料来证明待证事实的证据。大致有录音资料、录像资料、电脑贮存资料等表现形式。

视听资料是随着科学技术发展而出现的新型证据，已被世界各国广泛采用。但是其他国家一般不通过立法规定视听资料这种独立的证据形式。外国的诉讼实践和理论中，一般都把它划归为传统的书证形式。把视听资料作为一种独立的诉讼证据，最早见于我国1982年颁布的《民事诉讼法（试行）》，1991年修改的《民事诉讼法》对此加以肯定，并被《行政诉讼法》、修改的《刑事诉讼法》所借鉴。民事司法实践中，视听资料为法院查明案情、提高审判质量，正确处理民事纠纷提供了有效的证据方法。

（二）视听资料的特点

视听资料主要有以下几个特点：①较大的客观性和可靠性。它是通过科技手段，反映案件真实情况的原始证据，可以使案件事实得到再现，它一般不受主观因素的影响，能客观地反映案件事实，具有较大的真实性和可靠性。②由于视听资料具有技术先进、体积小、重量轻等特点，易于收集、保管和使用。③视听资料具有物证所不具备的动态连续性。物证只能反映案件的片断情况，而视听资料可连续地反映案件的动态过程。④视听资料具有各种言词证据所不具有的直感性。它能通过再现案件当事人的意思表示、思想感情以及民事法律行为和法律事实的发生、发展变化的过程，含有丰富的信息量。除涉及个人隐私或者商业秘密外，在法庭上，应当庭播放视听资料，质证比较方便。⑤视听资料容易被裁剪或伪造。遇有疑点时，需要通过鉴定或者勘验等方式确定其是否被裁剪或者伪造。

（三）视听资料与书证、物证的区别

书证是以书面文件记载的内容来证明案件事实的，而视听资料的音响、图像、贮存资料等，并不单纯以文字和符号表达思想内容，而是独立地反映了案件的一部或全部的真实情况和法律事实，不仅静态地反映了待证事实，而且动态地说明了待证事实的真实情景，这一点迥异于书证。

物证是以自己的客观存在来证明案件事实的，而视听资料是以音色、图像、贮存资料的内容来证明案件事实的，两者显然有所不同。

第三节　民事诉讼证据的学理分类

根据不同的标准，学理上对民事诉讼证据进行了不同的分类：本证与反证、直接证据与间接证据、原始证据与传来证据、言词证据与实物证据等，下面分别论述。

一、本证与反证

根据证据与证明责任承担者的关系，可以将证据分为本证与反证。本证，是负有证明责任的一方当事人，依照证明责任提出的证明自己主张的事实的证据。反证，是不负证明责任的当事人提出的证明对方主张的事实不真实的证据。反证，一般是为否定对方当事人所主张并已有证据进行证明的事实提出的，或者为抵销本证的证据力而提出的，提出反证的当事人证明的事实往往与对方当事人主张的事实相反。反证不同于抗辩。反证必须提出与本证相反的新事实，而抗辩则否认本证本身的证据力即可，不必另行提出新的事实。

例如，原告主张被告借款未还，以借据为凭，该借据属于本证。如果被告提出证据证明该借贷关系不成立，该证据就是反证。如果被告主张借款已清偿完毕，对方的权利已经消灭，并出示原告给他的收据，该收据仍然属于本证。

因为被告对主张对方的权利已经消灭的事实有证明责任。如果原告否定被告主张的事实，并提出证据，该证据则属于反证。所以不仅原告为了证明自己主张的事实而提出的证据是本证，而且被告为了证明作为答辩的基础事实存在履行其举证义务所提出的证据也是本证。

本证的目的在于使法院对待证事实的存在与否予以确信，并加以认定，而反证的作用则在于使法官对本证的真实性产生怀疑，对其证明力的认识产生动摇。反证一般都是在本证对待事实进行证明之后才有提出的必要。

理论上区分本证与反证的意义是：本证必须完成对案件真相的证明才算尽到举证责任；如果本证仅使案件事实处于真伪不明的状态，那么法院仍应认定该事实不存在，不利诉讼后果由应负举证责任的当事人承担。而反证的目的在于推翻或者削弱本证的证据力，使本证的待证事实陷于真伪不明的状态，即可达到提出反证的目的。在这种情况下，法院如果依职权不能调查收集到必要的证据查明案件真相，应依举证责任的分配原则，判定待证事实真伪不明，其不利后果仍应当由提出本证的一方当事人承担。

二、直接证据与间接证据

按照证据与案件主要事实（或称要件事实）的关系，证据可以分为直接证据与间接证据。直接证据是指能够直接证明案件主要事实的证据，间接证据是指不能直接证明案件主要事实，但是能直接证明案件的间接、辅助事实，通过间接、辅助事实又能推断出案件主要事实的证据。

例如甲请求乙给付买卖价金，乙否认有买卖事实发生，甲为此提出合同为证，直接证明买卖事实存在，买卖合同书即直接证据。如果乙主张甲造成乙的人身伤害请求侵权赔偿，以抵销甲提出的给付价金的诉讼请求，甲否认侵害乙的人身权，并以护照证明乙受伤时甲正在国外。护照虽不能直接证明甲未伤害乙的事实，但依护照记载的事实，甲当时并不在国内，依日常经验甲无法在国内伤害乙，从而可间接证明甲未伤害乙的事实。护照对于当事人间争执的是否存在侵权行为的事实是间接证据。

直接证据和间接证据的划分是相对而言的，并且是以同一证明对象为参照的。因此，直接证据和间接证据，并不是绝对的。在审判实践中，由于间接证据与证明对象没有直接关系，所以运用起来不如直接证据方便。但是，不能因此低估间接证据的作用。首先，由于案件的复杂性，有些当事人为了避免法院认定不利于自己往往把案件的真实情况和直接证据隐藏起来，使对方当事人和办案人员不易一下找到直接证据，只能从间接证据入手，通过运用间接证据，调查研究逐步明朗，最后达到了解民事案件真相的目的。因此，间接证据可以作为调查研究整个案情的向导。其次，间接证据可以鉴别直接证据的真伪。直接证据有的可能是真实的，有的则可能是伪造的材料，因此，对这些证据必须结合全案所有的证据材料进行鉴别，而运用间接证据是鉴别直接证据的一种重要手段。人们根据间接证据，在经验上可以认定案件事实是否发生、变更和消灭，间接证据还可以影响直接证据的证据力。最后，直接证据与间接证据对案件真实性的反映都是有条件的、近似的和相对的，两者都有一定的局限性，几个间接证据联合起来的证明力，就可以相当甚至超过一个直接证据的证明力。所以在证明案件事实时，间接证据是直接证据的有力助手和可靠佐证。

当然，由于间接证据是间接地证明案件的事实，这决定了使用间接证据的难度就更大，更具复杂性。要求当事人和办案人员在提供、审查、判断和运用间接证据时要更加慎重。首先，应当注意在运用间接证据证明案件事实时，必须有足够的数量，使证据形成一个完整的、严密的证明锁链，而且这个证明锁链是合乎道理的、无懈可击的。其次，应当注意间接证据所证明的事实与案件本身有内在的关联，如果没有内在的关联，就不能成为案件的间接证据。再次，应当注意各个间接证据之间，必须衔接协调一致，都是围绕着案件中的一个主要事实加以证实的；如果间接证据之间有矛盾，而无法加以排除，案件事实就无法认定。复次，应当注意进行综合性的分析研究，既能从正面证实案件的事实真相，又能从反面排除虚假成分，从而得出可靠的结论。最后，根据《民事诉讼证据规定》第 77 条第 4 项规定，直接证据的证明力一般大于间接证据。

三、原始证据与传来证据

按照证据的来源，可以将证据分为原始证据和传来证据。原始证据是直接与待证事实有原始关系，直接来源于案件事实的证据，也叫第一手证据。例如证人、当事人关于案件事实的亲自所为、亲身感受、亲眼所见的陈述，都是原始证据。物证、书证、视听资料、勘验笔录的原件也是原始证据。

凡是间接来源于案件事实的证据，也即经过转述、传抄、复制的第二手以及第二手以下的证据，是传来证据，也叫"派生证据"或"衍生证据"。如证人从他人处得知案件事实的证言、书证的副本、音像资料的复制品等都是。

我国《民事诉讼法》及司法实践，强调以事实为根据，实事求是地查明案件客观事实，所以并不一概排除传来证据（包括传闻证据）的证明作用。只要传来证据（包括传闻证据）与案件的某个待证事实有关联，结合其他证据材料进行分析判断查证属实后，就可以用来证明案件事实。它对发现与收集原始证据，对于验证、核实原始证据的真伪都有重要作用；在不可能获得原始证据时，经查证属实的传来证据，同样可以用作认定案件事实的根据。

一般说来，原始证据的证明力优于传来证据，这是由于受技术设备、人的领会转述能力等因素的影响，经转述、传抄、复制的内容易发生差错。实践证明，传来证据经过转述、传抄、复制的次数越多，出现差错的可能性就越大。根据《民事诉讼证据规定》第 77 条第 3 项的规定，原始证据的证明力一般大于传来证据。

四、言词证据与实物证据

根据证据的表现形式，证据可以分为言词证据与实物证据。所谓言词证据，是以人的陈述形式表现证据事实的各种证据，包括证人证言、当事人的陈述等。鉴定结论虽然具有书面形式，但其实质是鉴定人就案件中某些专门问题进行鉴定后所作的判断。在法庭审理时，当事人有权就鉴定结论发问，鉴定人有义务对这种发问作出口头回答，以阐明或补充其鉴定结论。所以鉴定结论也是言词证据。

实物证据，是言词证据的对称，是指以客观存在的物体为证据事实表现形式的证据。这类证据，或者以物体的外部特征、性质、位置等证明案情，或者以其记载的内容对查明案件具有证明意义。书证、物证、勘验笔录等都是实物证据。

区分言词证据和实物证据的作用主要体现在四个方面：首先，两者的法庭证据调查方法不同，对于言词证据，一般通过询问进行；对于实物证据，一般通过朗读（对于文书和笔录）或勘验（物证）进行。其次，两者的证据能力要求不同，言词证据往往要求证人必须亲自感知过案件事实，作证前必须发誓或签署如实作证的声明；而实物证据往往必须经过确证，确证其来源于本案发生过程。再次，两者的证明力审核重点不同，言词证据重点审查作证人的感知能力、记忆能力、表述能力、判断能力，以及是否与当事人一方有利益关联、偏见等；而实物证据主要审查其与本案的关联程度。最后，根据《民事诉讼证据规定》第 77 条第 1、2、5 项的规定，可以得知：国家机关、社会团体依职权制作的公文书证的证明力一般大于其他书证；物证、档案、鉴定结论、勘验笔录或者经过公证、登记的书证，其证明力一般大于其他书证、视听资料和证人证言；证人提供的对与其有亲属或者其他密切关系的当事人有利的证言，其证明力一般小于其他证人证言。

第四节 证据能力和证明力

一、证据能力

（一）证据能力的概念

证据能力，亦称证据资格，证明能力或者证据的适格性，它是指证据材料能够被法院采信，作为定案根据的资格。民事诉讼中，用以证明当事人主张的要件事实的证据材料，必须具有证据能力。

证据能力对于诉讼证明具有重要意义。从证明的过程看，证据能力的有无是法院认定案件事实依据所应具备的法律上的资格，是法院认定证据时首先要解决的问题。因为从逻辑上说，证据材料只有具备证据能力，才有资格进入诉讼发挥证明作用，才需要进一步判断其证明的大小。无证据能力的证据材料进入诉讼不仅会浪费时间和精力，还可能造成法官对事实的错误认定。因此，在证明活动中，如果一方当事人提出某一证据材料而另一方当事人提出质疑，法庭应当先对证据能力进行审查，如缺乏证据能力，就应当将它排除出诉讼。

有关证据能力的规则，从规定方式来看，可以分为积极规定和消极规定两种。前者是指积极地规定证据的资格要件，即规定只有什么样的证据材料才能成为定案根据。后者是指消极地规定证据材料的排除，即规定不符合法定标准的证据材料不能作为定案的根据。从各国的立法和实践来看，无论是大陆法系还是英美法系，对于证据能力问题，法律上很少作积极的规定，而主要是就无证据能力或其能力受限制的情形加以规定。我国《民事诉讼法》及其相关司法解释同样如此。

证据能力规则多种多样，一般可以分为三大类。

1. 关联性（Relevance）。证据必须与案件事实有内在的联系。这种内在的联系表现为证据应当能证明案件事实的全部或一部。缺乏关联性的事实材料，不是本案的证据，当然对本案也无证明力。确定某一证据与案件事实是否有关联性，往往取决于人们有关的生活经验和科学发展水平。如根据 DNA 技术进行亲子关系鉴定，是以前所不能想象的，正是科学技术的发展提高了人们认识案件事实的能力。可以说，人们对客观世界包括对诉讼证据的认识一直是在发展的。

2. 可靠性（Reliability）。证据是证明待证事实的根据或方法，它必须是可靠、可信的，否则就无法得出符合案件真相的认识。尽管提出证据、调查证据可能会受人的主观因素的影响，但是证据必须是客观存在的材料，而不是任何人的猜测或主观臆造的产物。正是因为证据具有客观性，才能使不同的裁判者可以借助司法途径对同一案件事实的认识有大体相同的结论，公正地作出裁判。此类规则主要有意见排除法则等。

3. 合法性（Rightness）。有些证据虽然既有关联性，又有可信性，但是因为其缺乏合法性而被排除。这种合法性在我国现行民事证据法中主要体现在两个方面：①非法证据排除规则。《民事诉讼证据规定》第68条关于"以侵害他人合法权益或者违反法律禁止性规定的方法取得的证据，不能作为认定案件事实的依据"的规定，就体现了这一要求。②防止证据拖延，促进证据及时提交。如超过举证时限提交证据，一般不进行质证。《民事诉讼证据规定》第34条规定，"当事人应当在举证期限内向人民法院提交证据材料，当事人在举证期限内不提交的，视为放弃举证权利。对于当事人逾期提交的证据材料，人民法院审理时不组织质证。"

（二）我国的证据能力规则

根据我国《民事诉讼证据规定》的规定，我国的证据能力规则主要有：

1. 逾期提交的证据排除规则。《民事诉讼证据规定》第34条规定，当事人应当在举证期限内向人民法院提交证据材料，当事人在举证期限内不提交的，视为放弃举证权利。对于当事人逾期提交的证据材料，人民法院审理时不组织质证。

2. 未经质证的证据排除规则。《民事诉讼证据规定》第47条规定，证据应当在法庭上出示，由当事人质证。未经质证的证据，不能作为认定案件事实的依据。当事人在证据交换过程中认可并记录在卷的证据，经审判人员在庭审中说明后，可以作为认定案件事实的依据。

3. 证人资格。《民事诉讼证据规定》第53条规定，不能正确表达意志的人，不能作为证人。待证事实与其年龄、智力状况或者精神健康状况相适应的无民事行为能力人和限制民事行为能力人，可以作为证人。

4. 意见排除规则。《民事诉讼证据规定》第57条规定，出庭作证的证人应当客观陈述其亲身感知的事实。证人为聋哑人的，可以其他表达方式作证。证人作证时，不得使用猜测、推断或者评论性的语言。

5. 禁止非法询问规则。《民事诉讼证据规定》第60条规定，经法庭许可，当事人可以向证人、鉴定人、勘验人发问。询问证人、鉴定人、勘验人不得使用威胁、侮辱及不适当引导证人的言语和方式。

6. 调解或和解认可证据部分排除规则。《民事诉讼证据规定》第67条规定，在诉讼中，当事人为达成调解协议或者和解的目的作出妥协所涉及的对案件事实的认可，不得在其后的诉讼中作为对其不利的证据。

7. 非法取得证据排除规则。《民事诉讼证据规定》第68条规定，以侵害他人合法权益或者违反法律禁止性规定的方法取得的证据，不能作为认定案件事实的依据。

8. 补强证据规则。《民事诉讼证据规定》第69条，下列证据不能单独作为认定案件事实的依据：①未成年人所作的与其年龄和智力状况不相当的证言；②与一方当事人或者其代理人有利害关系的证人出具的证言；③存有疑点的视听资料；④无法与原件、原物核对的复印件、复制品；⑤无正当理由未出庭作证的证人证言。

二、证明力

（一）证明力的概念与判断原则

证明力，也称证据价值、证据力，它指的是证据对于案件事实有无证明作用及证明作用的大小。

近现代法制史上，有两种判断证据证明力的基本原则：①法律预先明文规定证据证明力的大小以及对它们的取舍和运用，而不允许法官自由加以判断和取舍的制度，此谓之"法定证据制度"；②法律不预先规定证据的证明力，允许法官在审理案件时依法自由判断的证据制度，此即"自由心证制度"。一般认为，西方国家在资产阶级革命胜利后都以自由心证制度代替了法定证据制度，但是英美法系国家则更多保留着法定证据制度的某些痕迹。

所谓自由心证，是指证据的取舍及其证明力由法官根据自己的理性和良知自由判断，形成确信，并依此认定案情的一种证据制度。自由心证制度是西方资本主义国家司法制度的组成部分。自由心证的核心内容，就是对于各种证据的真伪、证明力的大小以及案件事实如何认定，法律并不作具体规定，完全由法官根据理性和良心的指示，自由地判断。法官通过对证据的审查而在思想中所形成的信念，称为"心证"；"心证"达到法定证明标准的程度，称为"确信"。法官通过自由判断证据所形成内心确信的这样一种理性状态，就是作出判决的依据。

自由心证制度源于古罗马时代，当时，古罗马的商品经济十分发达，民事活动纷繁复杂，自由平等的观念体现在证据法上，即赋予裁判官自由判断证据的权力，以积极有效地处理民事案件。在18世纪末19世纪初，随着资产阶级革命相继取得胜利，欧洲各国包括法律制度在内的上层建筑也随之发生变革。在证据制度方面，表现为以自由心证制度取代了法定证据制度。1791年法国宪法会议发布训令：废除法定证据制度，建立自由心证制度，规定法官有把自己的内心确信作为判决的惟一根据的义务。1808 年，法国颁布了世界上第一部专门的《刑事诉讼法典》，该法典在第 342 条中确立了自由心证原则。此后，欧洲大陆各国通过立法，基本上都确立了自由心证原则。资产阶级法学家认为，法定证据制度将审查判断证据的权力不是赋予法官，而是赋予法律，法官只能机械地按照法律预先对证据所作的各种规定来判断和运用证据、认定案情，其结果只能达到法律规定的形式真实，而难以符合案件的客观真实；只有采用自由心证制度，才能为法官提供有利条件，使其最大可能地查明案件的事实真相，公正地处理案件。当然，"自由心证"中的自由并不是绝对的，也有其不自由的一面。为了防止法官心证权力的绝对自由化，西方国家在立法上、理论上对法官自由审查判断证据均作出了一定的限制。例如，在法国，法官的自由心证有两条限制：①法官必须对决定作出解释。法官仅仅列出所依赖的证据清单而不解释每一个证据的分量是不够的，这种缺乏"动机"的判决可以被最高法院推翻。②法官形成内心确信所依靠的证据必须是依法取得的，而且不得侵犯辩方的权利。

《民事诉讼证据规定》第 64 条确立了中国民事诉讼中的"自由心证"制度。该条规定："审判人员应当依照法定程序，全面、客观地审核证据，依据法律的规定，遵循法官职业道德，运用逻辑推理和日常生活经验，对证据有无证明力和证明力大小独立进行判断，并公开判断的理由和结果。"

对本条内容的具体理解，可以从这样几方面来把握：

1. 审判人员应当依照法定程序，全面、客观地审核证据。所谓"审核证据"，是指法官在当事人及其他诉讼参与人的参加下，通过庭审活动，对呈交于法庭的证据予以调查、核实与鉴别，以确定证据证明力的有无和大小。由于受种种因素的影响，呈交于法庭的证据（无论是当事人自己收集的证据，还是当事人申请法院调查收集的证据），都存在虚假的可能。对于这些证据，必须经过法官审核，查证属实，才能作为定案的根据。所谓"依照法定程序"，主要是指法官审核证据，必须经过当事人双方的质证和辩论过程，将所有呈交于法庭的证据均交由当事人双方予以质证和辩论，以保障当事人的诉讼权利，达到程序公正的目的。所谓"全面"，是指对与待证事实有关的所有证据，法官均要进行审查核实。所谓"客观"，是指法官必须摒弃自己的主观偏见，对证据进行实事求是的审查判断。

2. 法官审核证据，必须依据法律的规定，遵循法官职业道德，运用逻辑推理和日常生活经验来进行判断。所谓"依据法律的规定"，是指法官必须根据法律的有关规定，主要是指证据规则来审核证据。法官审核证据不得脱离法律规定，这是司法公正的必然要求，不必多言。所谓法官职业道德，是指法官在从事法律职业时为了维护法官的职业形象、规范其相关行为，在伦理道德上所应当遵守的基本准则。最高人民法院在 2001 年 10 月 18 日颁布并于 2010 年 12 月 6 日修订了《中华人民共和国法官职业道德基本准则》，具体内容包括保证司法公正、确保司法廉洁、维护司法形象等。法官具有职业道德，这也是司法公正所必须具备的条件，因为在诉讼中，法律的适用需要法官的司法行为才能得以进行。法官个人是否具有正义感、是否具有个人偏见等因素对司法裁判具有很大的影响。如果司法者不遵循职业道德，那么，法律也就根本不可能伸张正义，反而可能成为用来谋取私利、损害正义的工具。所谓逻辑推理，从通常意义上讲，是指人们运用逻辑的方式，从一个或者几个已知的判断前提推导出另一未知的判断结论的思维活动。从审核证据的角度来讲，运用逻辑推理，即是要求法官在审核证据的过程中，确认有关证据证明力的有无、大小均应当符合逻辑法则，以作出合情合理的判断。所谓日常生活经验（也就是经验法则），是指人们在长期生活实践中逐渐形成的对客观世界的自然现象和周边事物所亲身体验和感知并逐步积累起来的一种理性认识。这种理性认识是不证自明的，属于公认的范畴。在证据法意义上，经验法则是法官依照日常生活中所形成的反映事物之间内在必然联系的事理作为认定待证事实的根据的有关规则。经验法则在司法审判中具有其特殊性，主要表现为法官常常根据自身的学识、亲身生活经验或者被公众所普遍认知和接受的那些经验作为法律逻辑的一种推理方式。

3. 法官审核证据的内容是判断"证据有无证明力和证明力大小"。具体而言，法官审核证据包括两方面的内容：首先，审查核实证据是否具有证明力。法官通过庭审活动，对呈交于法庭的证据予以审查、核实、分析和判断，以确定其是能否对待证事实起到证明作用，确定其能否作为诉讼证据采纳，亦即是否具有证明力。其次，如果某证据具有证明力，那么，法官还必须审核该证据的证明力的大小。通过确认证据的证明力的大小，以最终确认有关的案件事实。

4. 法官审核证据，必须"独立"进行判断。其他外界因素不得干扰法官的自由心证。这是"法官独立审判"的必然要求，这里不再赘述。

5. 法官必须公开其审查判断证据的理由和结果。《民事诉讼证据规定》第 79 条规定，"人民法院应当在裁判文书中阐明证据是否采纳的理由。对当事人无争议的证据，是否采纳的理由可以不在裁判文书中表述。"之所以要求法官公开审查判断证据的理由和结果，首先，是诉讼程序透明化的要求。要求法官公开其审核证据的理由和结果，也就是要求法官公开其自由心证的过程和结果，使法官的心证置于当事人和新闻舆论的监督之下，有利于加强当事人的程序保证，有利于实现程序公正和实体公正。其次，也可通过这种途径，促使法官更加审慎判案。

(二) 证明力评断的法定限制

原则上，证据的证明力由案件的审判法官自由评断，但有时法律也给出了证明评断的明文限制，对这些明文限制，法官审案时必须遵循。根据《民事诉讼证据规定》，现行法关于证据证明力评断的明文限制主要有以下规定：

1. 有完全证明力的证据。《民事诉讼证据规定》第 70 条规定，"一方当事人提出的下列证据，对方当事人提出异议但没有足以反驳的相反证据的，人民法院应当确认其证明力：①书证原件或者与书证原件核对无误的复印件、照片、副本、节录本；②物证原物或者与物证原物核对无误的复制件、照片、录像资料等；③有其他证据佐证并以合法手段取得的、无疑点的视听资料或者与视听资料核对无误的复制件；④一方当事人申请人民法院依照法定程序制作的对物证或者现场的勘验笔录。"本条规定了四类有完全证明力的证据。

2. 鉴定结论的证明力。《民事诉讼证据规定》第 71 条规定，"人民法院委托鉴定部门作出的鉴定结论，当事人没有足以反驳的相反证据和理由的，可以认定其证明力。"

根据本条的规定，如果人民法院认定其委托鉴定部门作出的鉴定结论的证明力，必须符合一定的条件，即"当事人没有足以反驳的相反证据和理由"，只有在符合该条件的情况下，法院才可以认定该鉴定结论的证明力。

3. 本证和反驳证据的证明力。《民事诉讼证据规定》第 72 条规定，"一方当事人提出的证据，另一方当事人认可或者提出的相反证据不足以反驳的，人民法院可以确认其证明力。一方当事人提出的证据，另一方当事人有异议并提出反驳证据，对方当事人对反驳证据认可的，可以确认反驳证据的证明力。"本条规定的是本证和反驳证据的证明力。

4. 事实自认和证据认可的效力规则。《民事诉讼证据规定》第 74 条规定，"诉讼过程中，当事人在起诉状、答辩状、陈述及其委托代理人的代理词中承认的对己方不利的事实和认可的证据，人民法院应当予以确认，但当事人反悔并有相反证据足以推翻的除外。"本条规定的是当事人的事实自认和证据认可证明力。

5. 当事人陈述的证明力的确认规则。《民事诉讼证据规定》第 76 条规定，"当事人对自己的主张，只有本人陈述而不能提出其他相关证据的，其主张不予支持。但对方当事人认可的除外。"本条规定了当事人陈述的证明力。

6. 数个证据对同一待证事实的证明力的认定规则。《民事诉讼证据规定》第 77 条规定，人民法院就数个证据对同一事实的证明力，可以依照下列原则认定：①国家机关、社会团体依职权制作的公文书证的证明力一般大于其他书证；②物证、档案、鉴定结论、勘验笔录或者经过公证、登记的书证，其证明力一般大于其他书证、视听资料和证人证言；③原始证据的证明力一般大于传来证据；④直接证据的证明力一般大于间接证据；⑤证人提供的对与其有亲属或者其他密切关系的当事人有利的证言，其证明力一般小于其他证人证言。本条规定了数个证据对同一待证事实所产生的证明力的认定规则。

第五节　庭前证据的收集与提交

一、法院调查收集证据

当事人提供证据的方式多种多样：当事人直接占有或者控制的证据如借据、合同书、遗嘱等，可以将证据直接提交给人民法院；可以在诉讼文书中表明证人的姓名、住址以及证人证明的事实，应当由人民法院传唤证人出庭作证；对方当事人或者案外人手中掌握、并且一方当事人又无法获得的证据，当事人可以在诉讼文书中说明书证、物证、视听资料等证据的所在之处，当事人可以申请法院调查收集。为了避免拖延诉讼，使当事人将有关证据尽早提交给法庭，除举证时效制度外，还有必要确立法院对当事人举证的释明制度；由于当事人及其代理人没有强制取证的能力，法院也必须承担有关的证据调查义务。其目的是汇集足够证明案件事实的证据资料，以查明案件事实。

民事诉讼实行处分原则和辩论原则，当事人进行诉讼，主张有利于己的事实，应当自己提出证据。通常情况下，当事人应自行调查收集证据，但特殊情况下，则由法院调查收集证据。人民法院调查收集证据包括两种情形：一种是依职权主动调查收集证据，另一种是根据当事人的申请调查收集证据。

（一）法院调查收集证据的方式

1. 法院主动调查收集证据。《民事诉讼法》第 64 条规定，"当事人及其诉讼代理人因客观原因不能自行收集的证据，或者人民法院认为审理案件需要的证据，人民法院应当调查收集。"《关于民事经济审判方式改革问题的若干规定》第 3 条规定，由人民法院负责调查收集的证据包括：①当事人及其诉讼代理人因客观原因不能自行收集并已经提出调取证据的申请和该证据的线索的；②应当由人民法院勘验或委托鉴定的；③当事人双方提出的影响查明案件主要事实的证据互相矛盾，经过庭审质证无法认定的；④人民法院认为应当由自己收集的其他证据。上述情形下，法院有权主动调查和核实证据。

2. 法院根据当事人申请调查收集证据。当事人申请法院调查证据，既是当事人的一项诉讼权利，也是当事人举证的一种方式。《民事诉讼证据规定》第 51

条第 2 款规定："人民法院依照当事人申请调查收集的证据，作为提出申请的一方当事人提供的证据。"

当事人及其诉讼代理人因客观原因不能自行收集的证据，可由当事人申请法院调查收集。《民事诉讼证据规定》第 17 条规定："符合下列条件之一的，当事人及其诉讼代理人可以申请人民法院调查收集证据：①申请调查收集的证据属于国家有关部门保存并须人民法院依职权调取的档案材料；②涉及国家秘密、商业秘密、个人隐私的材料；③当事人及其诉讼代理人确因客观原因不能自行收集的其他材料。"司法实践中，人民法院经常根据当事人的申请进行鉴定、勘验或重新鉴定、勘验。

根据《民事诉讼证据规定》第 18 条规定，当事人及其诉讼代理人申请人民法院调查收集证据，应当提交书面申请。申请书应当载明被调查人的姓名或者单位名称、住所地等基本情况、所要调查收集的证据的内容、需要由人民法院调查收集证据的原因及其要证明的事实。

《民事诉讼证据规定》第 19 条还要求，当事人及其诉讼代理人申请人民法院调查收集证据，不得迟于举证期限届满前 7 日。人民法院对当事人及其诉讼代理人的申请不予准许的，应当向当事人或其诉讼代理人送达通知书。当事人及其诉讼代理人可以在收到通知书的次日起 3 日内向受理申请的法院书面申请复议一次。法院应当在收到复议申请之日起 5 日内作出答复。

（二）法院调查收集证据的程序

证据调查包括直接调查和委托调查两种。直接调查是案件的承办人员根据案件的具体情况到与案件事实有关的地点进行的调查和收集证据。

委托调查是受诉人民法院在必要的时候，委托其他人民法院对案件的某些事项进行调查的制度。如果被调查人、争议的民事法律事实、具有物证性质的标的物不在受诉人民法院辖区，受诉人民法院派人亲自前往有困难的，就有必要委托外地人民法院代为调查。委托调查时，人民法院应当向受托人民法院出具委托书，提出明确的调查项目和要求。受委托人民法院也可以主动补充调查。受委托人民法院收到委托书后，应当在 30 日内完成调查。因故不能完成的，应当在上述期限内函告委托人民法院。委托调查所收集的证据与受诉人民法院自行收集的证据有同等的效力。

根据相关的司法解释，直接调查和委托调查都应当注意以下事项：

1. 调查人员调查收集的书证，可以是原件，也可以是经核对无误的副本或者复制件；物证应当是原物。

2. 被调查人提供原物确有困难的，可以提供复制品或者照片。

3. 调查收集计算机数据或者录音、录像等视听资料的，应当要求被调查人提供有关资料的原始载体。提供原始载体确有困难的，可以提供复制件。提供副本、复制件、复制品或者照片的，应当在调查笔录中说明取证情况、证据来源和制作经过。

4. 摘录有关单位制作的与案件事实相关的文件、材料，应当注明出处，并加盖制作单位或者保管单位的印章，摘录人和其他调查人员应当在摘录件上签名或者盖章。摘录文件、材料应当保持内容相应的完整性，不得断章取义。

5. 鉴定和勘验应依照"证据的法定形式"一节的有关要求进行。

6. 向有关单位和个人调查取证。《民事诉讼法》规定，人民法院向有关单位和个人调查取证，有关单位和个人不得拒绝。

二、证据保全

(一) 证据保全的概念和条件

1. 证据保全的概念。证据保全，是指在证据有可能毁损、灭失或以后难以取得的情况下，人民法院对证据进行固定和保护的制度。

民事诉讼中，证据保全与法院调取证据有许多共同之处，如一般都需要当事人提出申请，申请期限均在举证期限届满前 7 日，都需要法院实施相应的行为，而且对于某一证据的保全和调查收集往往采取同一种方法。但是，证据保全主要是在证据有可能灭失、难以使用或者必须确定证据的形状等情形时法院才采取的措施。

2. 证据保全的条件。

(1) 待保全的事实材料应当与案件所涉及的法律关系有关，即应当是能够证明案件有关事实的材料。

(2) 待保全的事实材料存在毁损、灭失或者以后难以取得的可能性。

(3) 待保全的证据还没有提交到法院，或当事人无法将该证据提交法院。

(4) 证据保全主要由当事人申请，法院也可以主动采取保全措施。根据相关司法解释，当事人申请保全证据，不得迟于举证期限届满前 7 日。当然，如果出现法院许可双方当事人商议同意延长举证期限等情形，会造成举证期限的延长，当事人申请证据保全的期限相应可以延长。

(5) 法院可以要求当事人就证据保全申请提供担保。《民事诉讼证据规定》第 23 条第 2 款规定："当事人申请证据保全的，法院可以要求其提供相应的担保。"如保全的证据为双方有争议的标的物，需采取查封、扣押方式进行证据保全，申请人提供担保的数额应与诉争物的实际价值相当；如果采取鉴定、勘验、拍照等方法保全物证，申请人提供担保的数额应相当于采取该保全措施可能给对方造成的损害。

（二）证据保全的程序规则

1. 证据保全的方法。《民事诉讼证据规定》第 24 条第 1 款规定："人民法院进行证据保全，可以根据具体情况，采取查封、扣押、拍照、录音、录像、复制、鉴定、勘验、制作笔录等方法。"实践中，对证人证言，可以录音或制作询问笔录；对于物证，可以进行勘验或封存原物；对书证、视听资料，可采取复制的方法。

2. 证据保全的效力。申请人或者被申请人均可利用被保全的证据；被保全的证据证明了待证事实的，可免除有关当事人的举证义务；被保全的证据经过审查核实，可以作为定案的根据。

3. 证据保全的见证人。人民法院进行证据保全，可以要求当事人或者诉讼代理人到场。当事人或诉讼代理人没有到场的，不影响证据保全措施的进行。当事人或诉讼代理人应在证据保全笔录或者查封、扣押的清单上签名或者盖章。拒绝签名、盖章的，法院应在笔录或清单上注明。

申请证据保全的方式，法律没有规定。一般认为，如果适用普通程序，原则上应当强调以书面申请为主，在特殊情况下以口头申请为辅；如果适用简易程序，则一般采用口头申请方式，书记员依法制作保全笔录。

对于当事人申请证据保全的，应当注意：①证据保全申请应当向该证据所在地的人民法院提出。情况紧急的，可以向应询问人或者持有文书的人的住所地或者勘验物所在地的基层人民法院提出申请。②法院裁定保全证据的，对方当事人可以申请复议。参照《海事诉讼特别程序法》的规定，当事人对驳回其申请裁定不服的，可以在收到裁定书之日起 5 日内申请复议一次。法院应当在收到复议申请之日起 5 日内作出复议决定。复议期间不停止裁定的执行。③证据保全的费用。当事人申请证据保全的，应向法院预交申请费，待判决后由败诉方负担。

（三）关于诉前证据保全

诉前证据保全，是指有关证据可能灭失或者以后难以取得，利害关系人为避免其合法权益受到难以弥补的损害，就在起诉前申请人民法院对有关证据予以提取、保存或者封存的措施。

《民事诉讼法》没有规定诉前证据保全，《海事诉讼特别程序法》、《著作权法》、《商标法》都确立了诉前证据保全制度。《著作权法》第 51 条规定："为制止侵权行为，在证据可能灭失或者以后难以取得的情况下，著作权人或者与著作权有关的权利人可以在起诉前向人民法院申请保全证据。人民法院接受申请后，必须在 48 小时内做出裁定；裁定采取保全措施的，应当立即开始执行。人民法院可以责令申请人提供担保，申请人不提供担保的，驳回申请。申请人在人民法院采取保全措施后 15 日内不起诉的，人民法院应当解除保全措施。"《商标法》有类似规定。2001 年最高人民法院《关于对诉前停止侵犯专利权行为适用法律问题的若干规定》第 16 条指出："人民法院执行诉前停止侵犯专利权行为的措施时，可以根据当事人的申请，参照民事诉讼法第 74 条的规定，同时进行证据保全。"《民事诉讼证据规定》第 23 条第 3 款规定："法律、司法解释规定诉前证据保全的，依照其规定办理。"从上述立法和司法解释中，可以对诉前证据保全制度作出如下归纳：

1. 诉前证据保全的条件。诉前证据保全应当具备两个特别条件：①起诉之前，有关的证据面临着灭失或者以后难以取得的情形；②利害关系人必须提出申请。

2. 诉前证据保全的程序。①诉前证据保全，应当由利害关系人向法院提出书面申请。诉前证据保全，应当由被保全的证据所在地法院管辖。②人民法院可以责令申请人提供担保，申请人不提供担保的，驳回申请。③申请人在人民法院采取保全措施后 15 日内必须向有管辖权的人民法院提起诉讼。采取诉前财产保全的人民法院对该案有管辖权的，应当依法受理；没有管辖权的，应当及时将采取诉前证据保全的全部材料移送有管辖权的受诉人民法院。当事人申请诉前证据保全后，没有在法定的期间起诉，因而给被申请人造成财产损失引起诉讼的，由采取该证据保全措施的人民法院管辖。

申请人在人民法院采取证据保全措施后 15 日内不起诉的，人民法院应当解除证据保全措施，以保护被申请人的合法权益。

申请诉前证据保全错误的，申请人应当赔偿被申请人或者利害关系人因此所遭受的损失。

3. 诉前证据保全与公证的关系。一旦发生诉讼纷争，诉前证据保全的有关证据与公证的证据都能成为可靠的证据。不过，公证的主要目的是确定私权，比证据保全涉及的范围更为广泛。在当事人既可以申请证据保全也可以申请公证的情况下，当事人有权选择。

三、举证时限与证据交换

（一）举证时限

1. 举证时限的概念。举证时限，是指民事诉讼当事人向法院提供证据的期限。当事人必须在规定的时间期限内提供证据，逾期提出证据，将承担对其不利的法律后果。举证时限由以下两个要素构成：

（1）一定的期间。举证时限的存在必定依赖于一定的期间，期间的长短可以由法律规定、法院指定，也可以由当事人协商确定。期间一旦确定，对双方当事人便产生约束力，当事人须在该期限内完成举证行为。

（2）逾期举证的法律后果。设定逾期举证的法律后果，是为了促使当事人遵守已确定的举证时限，因为如果不规定逾期举证的法律后果，时限将变得毫无约束力。我国民事诉讼中逾期举证的法律后果是：人民法院将当事人逾期举证的行为视为主动放弃举证的权利，对当事人逾期提交的证据材料，除非对方当事人同意质证外，法院审理时不再组织质证；如果该证据属于新的证据，虽然允许提出但假如案件在二审或者再审期间因提出新证据而被人民法院发回重审或者改判的，逾期举证的一方应负担对方当事人因此而增加的差旅、误工、证人出庭作证、诉讼等合理费用，并赔偿对方当事人由此而扩大的直接损失。

2. 设置举证时限的理由。我国《民事诉讼法》并未规定举证时限，对证据的提供实行的是"随时提出主义"，因此当事人不仅在第一审中可以在法庭上提供新的证据，而且在上诉审和再审中，还可以通过提出新证据来推翻原判决。

未规定举证时限给法院的民事审判工作带来了一系列问题。①影响了法院的办案效率。举证无时限造成了部分当事人拖延举证，使法院迟迟不能下判，而法院办案又有审限方面的要求，举证无期限，办案有审限的矛盾变得相当突出。②使得诉讼中常常出现"证据突袭"。一些当事人或诉讼代理人为了给对方实施意外打击，以收到出奇制胜的效果，在提起诉讼或进行答辩时将关键性证据藏而不露，等到开庭审理时作为杀手锏，突然抛出，使对方当事人措手不及，无法进行有效的质证。③增加了诉讼成本，浪费了司法资源。一方突然提出证据后，另一方当事人往往要求给时间进行准备，以便认真审查对方提出的证据或者收集相反的证据进行反驳。法院也需要时间来审核新提出的证据。因此，法官往往不得不将正在进行审理的活动停下来，择日再次开庭。多次开庭势必增加当事人和法院的诉讼成本。④有损于生效裁判的稳定性。有的当事人因故意或重大过失，在一审中不积极提供证据，等到败诉后再来收集证据，甚至将重要的证据留到二审时提出，而二审法院只好依据新提出的证据将一审判决撤销，发回重审或改判；有的当事人甚至拖到再审时才将关键性的证据抛出，使已发生法律效力的判决因出现新的证据而被推翻。这对法院裁判的稳定性构成了相当大的威胁。

为了解决上述问题，最高人民法院在其颁布的《民事诉讼证据规定》中设置了举证时限。

3. 举证时限的确定。

（1）实行证据交换时举证时限的确定。证据交换是指庭审前双方当事人在法官的主持下交流案件的事实和证据方面的信息。证据交换是审前准备程序的核心内容，具有整理争点、使争点明晰化、防止突然袭击、使双方当事人公平论战，使双方当事人全面了解案情的情况、固定争点和证据，促使双方和解，为法院开庭审理作好充分准备的功能。

证据交换，可以依当事人的申请而开始，也可以由法院依职权决定而实施。证据交换，一般适用于证据较多或复杂疑难的案件，对这样的案件，人民法院应当在答辩期满后，开庭审理前组织当事人进行证据交换。

我国民事诉讼中的证据交换是在审判人员主持下进行的。证据交换不是单纯地把拟将在开庭时提供的证据告知对方，而是对双方将要提出的证据作初步审查。在证据交换中，每一方当事人均应当对对方提出的证据表明有无异议，如有异议，还应当进一步说明理由。审判人员对当事人无异议的事实和证据，应记入案卷，对有异议的证据也应当记录在卷并载明异议的理由。

在证据交换中，一方当事人收到对方交换的证据后，认为需提出新证据进行反驳的，可向主持证据交换的审判人员提出，审判人员则应再次组织证据交换。证据交换的次数根据案件的具体情况确定，一般不超过两次，但案情特别复杂、证据特别多的除外。

实行证据交换的，证据交换之日即为举证时限届满之日，证据交换终了之时即为举证时限届满之时。

(2) 不实行证据交换时举证时限的确定。证据交换只适用于部分案件。那些不实行证据交换的案件，举证时限通过以下两种方式确定：

第一，法院指定。在审判实务中，举证时限一般由人民法院指定。人民法院是通过举证通知书向当事人指定举证期限。法院在向当事人送达案件受理通知书和应诉通知书的同时，向当事人送达举证通知书。举证通知书中须载明证明责任的分配原则与要求，可以向人民法院申请调查取证的情形、人民法院指定的举证期限以及逾期举证的法律后果。为了使当事人有充裕的时间收集、准备证据，对适用普通程序审理的案件，法院指定的举证期限不得少于 30 日。对适用简易程序审理的案件，法院可以根据案件的具体情况确定举证期限的时间长短，不受 30 日的限制。即使是适用简易程序的案件，法院在指定时，也应当在时间上充分保障当事人举证的权利。法院指定的举证时限，从当事人收到案件受理通知书和应诉通知书的次日起计算。

在适用简易程序审理的案件中，其中有些是双方当事人共同到法院要求解决纠纷的，也有一些是被告经法院以简便方式传唤到庭应诉的，当事人愿意并能够当庭举证的，此时就没有必要再确定举证期限，而应当允许当事人在开庭时当庭举证。

在简易程序中，有些案件虽然商定或指定了举证期限，但期限都比适用普通程序的案件短，所以，当事人及其诉讼代理人申请法院调查收集证据或者申请证人出庭作证，虽然也应当在举证期限届满前提出，但不受《民事诉讼证据规定》

限定的须在时限届满 7 日和 10 日前提出申请的限制。

第二，当事人协商确定。为了充分尊重当事人的意愿和充实程序选择权的内容，举证时限也可以由双方当事人协商确定。当事人协商确定的期限，须经人民法院认可。人民法院一般应认可当事人协商确定的举证时限，除非该时限太长，会导致诉讼迟延。

适用简易程序的案件审限较短，只有普通程序的一半，所以举证时限也相应较短，当事人协商确定举证期限时，最长不得超过 15 日。

4. 举证时限的延长与重新指定。举证时限确定后，当事人应当抓紧时间收集和准备证据，以便在期限届满前完成举证。但在有些情况下，当事人收集证据会遇到一些意想不到的困难，使当事人难以在预定的时限内提供证据，如重要的证人在国外作短期访问或培训，当事人因重病而住院治疗等。为了充分保障当事人举证的权利，延长举证期限是必要的。

当事人在举证期限内提交证据确有困难的，可以在举证期限内向法院申请延期举证，法院经审查后可以适当延长举证期限。在延长的期限内举证仍有困难的，当事人还可以再次申请延长期限。能否再次延期要由法院审查后决定，当事人申请确有理由并且不至于延误诉讼的，人民法院应予延长，否则，可拒绝再次延长。

重新指定举证期限是指法院指定举证期限后，因出现了特殊情形，法院为当事人重新指定举证期限。重新指定举证期限一般发生在第一次指定的举证期限届满之后。根据《民事诉讼证据规定》第 35 条的规定，人民法院须在以下两种情形下为当事人重新指定举证时限：

（1）当事人因法院认定的法律关系的性质与自己主张的不一致而申请变更诉讼请求的。依据处分原则，当事人有权根据自己对法律关系性质的判断提出请求，但当事人一般不是法律方面的专家，对法律关系性质的认识可能会产生错误，如将行纪合同关系误解为委托合同关系。法官是熟知法律的，因而当法官发现当事人主张的法律关系的性质不正确时，应当通过行使释明权向当事人说明，并告知当事人可以按照重新确定的法律关系变更诉讼请求。诉讼请求一旦变更，对方当事人须针对新的诉讼请求进行答辩，双方当事人所需要的证据也会与原来有所不同，因此，当事人变更诉讼请求的，人民法院应当重新指定举证期限。

（2）当事人因法院认定的民事行为的效力与自己主张的不一致而变更诉讼请求。民事行为有效与民事行为无效所引起的法律后果是截然不同的。审判实务中，当事人常常误把无效的合同当作有效的合同，并在此基础上主张权利。当法院发现当事人对民事行为的效力判断有误时，为了减少讼累和尽可能通过一次诉讼解决纠纷，同样应当通过行使释明权告知当事人，并告知当事人可以在无效合同的基础上变更诉讼请求。当事人一旦变更诉讼请求，人民法院就应当为他们重新指定举证期限。

5. 新的证据。在《民事诉讼证据规定》中，新的证据这一概念有其特定的含义，它不是指那些当事人于举证期限届满后提出的证据，而是指当事人于举证期限届满后提出的，不受举证时限限制的证据。当事人于举证期限届满后提出的证据，凡不属于新的证据的，要受到失权效果的约束，人民法院不再组织质证，但如果属新的证据，则不发生失权问题，应允许它们进入诉讼。新的证据，一般是指并非是由于当事人本人的过错而未能在举证期限内提出的证据。

（1）一审中的新证据。一审中的新的证据包括两种情形：①当事人在一审举证期限届满后新发现的证据。新发现又可以分为发现一审举证期限届满后新出现的证据和原来就存在举证期限届满后才发现的两种情况。对于后一种情况，应当以当事人在举证期限内未能发现不存在重大过失为限，即依照通常情形，当事人无从知道该证据已经存在。最高人民法院在 2008 年 12 月 11 日发布了《关于适用〈关于民事诉讼证据的若干规定〉中有关举证时限规定的通知》，该通知第 10 条对如何认定新证据作出了补充规定，即认定新证据需要考虑两个方面的因素，一是证据是否在举证时限内已客观存在；二是当事人未在期限内提供证据是否存在故意或重大过失的情形。按照此规定，当事人逾期举证如果只存在一般的过失，那仍然属于新证据的范围，就不会受到证据失权的制裁。这样就放宽了新证据的认定标准。②当事人因客观原因无法在举证期限内提供，申请延期后，经法院准许，但在延长的期限内仍然无法提供的证据。

对一审中发现的新证据，当事人应当依据发现的时间尽早提出，如果是在开庭审理前就发现的，应在开庭前提出，如果是开庭审理后才发现的，则应在开庭审理时提出。

（2）二审中的新证据。二审中的新证据也包括两种情形：①一审庭审结束后新发现的证据。一审庭审结束后应理解为一审法庭辩论终结后。新发现同样也包括发现新出现的证据和发现原来就存在的证据两种情况。②当事人在一审举证期限届满前申请人民法院调查取证未获准许，二审法院经审查认为应当准许并依当事人申请调取的证据。之所以将这种情形作为二审中的新证据，是因为该证据未能在一审中取得并非是当事人的过错。二审中的新证据同样应当尽早提出，二审开庭审理的，应当在开庭审理时提出，二审不开庭审理的，则应在法院指定的期限内提出。

（3）再审中的新证据。有足以推翻原裁判的新证据，既是当事人申请再审，也是人民法院应当再审的法定情形之一。再审中的新证据，是指原审庭审结束后新发现的证据。对再审中的新证据，最高人民法院《关于适用〈中华人民共和国民事诉讼法〉审判监督程序若干问题的解释》第10条专门作了规定，将其具体化为以下三种情况：①原审庭审结束前已客观存在、庭审结束后新发现的证据；②原审庭审结束前已经发现，但因客观原因无法取得或在规定的期限内不能提供的证据；③原审庭审结束后原作出鉴定结论、勘验笔录者重新鉴定、勘验，推翻原结论的证据。当事人在原审中提供的主要证据，原审未予质证、认证，但足以推翻原判决、裁定的，应当视为新的证据。再审中的新证据，应当由当事人在申请再审时提出。

（4）视为新证据。视为新证据是指虽然不属于本来意义上的新证据，但立法者出于某种考虑，把它作为新证据看待，使它和新证据具有同样的效力。

根据《民事诉讼证据规定》第43条第2款之规定，视为新证据须满足三个条件：①当事人申请延期举证并获法院准许；②当事人因客观原因未能在获准的延长期内提供；③该证据虽然是在延长期届满后发现的，但不审查该证据将导致裁判明显不公。

被视为新证据的证据，尽管是在举证时限届满后提出的，但同样不受证据失权效力的排斥。

为了保障程序的公正和防止对方当事人受到新证据的突袭，一方提出新证据后，人民法院应当及时告知对方，并指定一个合理的期限，让对方当事人进行准备，以针对新证据提出意见或收集相反的证据进行辩驳。对方当事人为反驳新证据而举出的证据，亦属新证据的范畴，是附带发生的新证据。

（二）组织当事人交换证据

对于证据较多或复杂疑难的案件，仅通过指定举证期限不易达到整理争点、固定争点和证据的效果，人民法院可以组织当事人交换证据。

1. 证据交换的适用范围。证据交换的范围包括：①经当事人申请，人民法院认为有必要证据交换的案件；②证据较多或者复杂疑难的案件。对于案情简单，证据不多，通过指定举证期限能够固定争点和证据的案件，一般不必采取证据交换的方式。

2. 证据交换的时间。根据《民事诉讼证据规定》第38条的规定，交换证据的时间可以由当事人协商一致并经人民法院认可，也可以由人民法院指定，但都必须在开庭审理之前完成。人民法院组织当事人交换证据的，交换证据之日举证期限届满。当事人申请延期举证经人民法院准许的，证据交换日相应顺延。

3. 证据交换的过程。证据交换应当在审判人员的主持下进行，非审判人员不得主持证据交换。这里的"审判人员"可以是合议庭的组成人员，也可以是书记员或合议庭之外的审判人员，如法官助理。在证据交换的过程中，审判人员对当事人无异议的事实、证据应当记录在卷；对有异议的证据，按照需要证明的事实分类记录在卷，并记载异议的理由。当事人收到对方交换的证据后提出反驳并提出新证据的，人民法院应当通知当事人在指定的时间进行交换。为了防止当事人利用证据交换拖延诉讼，证据交换一般不超过两次。但重大、疑难和案情特别复杂的案件，人民法院认为确有必要再次进行证据交换的，可不受两次的次数限制。

通过证据交换，人民法院可以将符合要求的证据固定下来，并根据现有已固定的证据，确定双方当事人争议的主要问题，以便于法庭审理。

学术视野

关于包括民事诉讼证据在内的诉讼证据的法定种类，比较法上的做法差别较大。英美法系一般将证据分为言词证据和实物证据两大类。大陆法系一般将民事证据从证据方法角度分为证人、鉴定人、物证、书证四种。我国现行《民事诉讼法》将证据分为书证、物证、证人证言、当事人陈述、视听资料、鉴定结论和勘验笔录等七种形式。我们认为，严格讲这七种证据形式有些是证据方法的种类，有些是证据资料的种类，七种法定证据种类划分标准不一，其划分的实践效果也不明显。有鉴于此，笔者主张根据中国现行法的实际情况，参照两大法系的证据方法形式，把我国民事诉讼证据方法分为两大类，即人的证据方法和物的证据方法。其中人的证据方法又分为普通证人和鉴定人；物的证据方法包括狭义物证和书证。

至于现行法上的当事人，应为证人之一种。原因一，就诉讼权利与诉讼义务而言，当事人与证人差别很大；但就证据法而言，当事人本质上是证人，即都是根据自己所感知的案件事实向法院作证的人。由于当事人本质上是证人，因此证据方法意义上的当事人与证人在很大程度上是相同的，比方说法庭证据调查方式相同，都是通过询问方式作证；原则上都必须出庭作证；证据资料的审查方式基本相同，重点是其感知能力、记忆能力、判断能力、表述能力等。原因二，从比较法来看，在英美法系，当事人不是独立的证据方法，当事人是证人的一种。在德国等大陆法系国家民事诉讼法中有"讯问当事人"制度。其含义是，法官依证言、书证、勘验等各种证据形式，还不能充分得到心证时，可以命令当事人自己作为证人进行宣誓，宣誓后再加以讯问，将其证言作为证据使用。这种做法被认为是补充的证据方法，不是独立的证据表现形式。原因三，我国立法前后矛盾。根据《民事诉讼法》第 63 条,当事人陈述是一种独立的证据形式。但《民事诉讼证据规定》中没有规定当事人的特别调查方法。《民事诉讼证据规定》第 72、74、76 条分别规定了当事人对证据进行反驳与承认的效力,当事人对案件事实自认的效力、当事人事实主张的效力,这都是从"当事人就案件事实认定的意见"规定的,不属于证据方法、证据资料的范畴,因而,根据现行《民事诉讼法》的总体倾向,当事人不是一种独立的证据方法种类。

至于勘验笔录,应为物证所替代。原因是比较法上都把勘验和物证视为一种证据方法。在大陆法系国家,勘验是指审判人员用五官感知物证,是法庭上物证出示的法定方法。正因勘验与物证紧密联系,因此大陆法系把物证称为"勘验物"。在英美法系国家,勘验笔录是物证的一种代替形式。因此,在两大法系中,勘验笔录都不是独立的证据形式,而是物证的一种替代。从实际功能上看,庭外勘验笔录起着固定或保存物证的作用,因而勘验笔录不是一种独立的诉讼证据,而是物证的替代。

至于视听资料,则为传统书证之一种现代形态。原因是,在物理性能上,视听资料与传统书证区别甚大。但在证据法意义上,视听资料与书证是一样的,都是以其内容来证明案件的事实,故笔者不把它作为独立的证据方法种类,而是作为传统静态书证的一种现代形态。当然,如果该视听资料以其存在状态、物理、化学特征作证时,其属于物证,如同传统书证。最后,如同书证,视听资料也有原始形态与转化形态之分,仅其原始形态属于狭义的书证。其转化形态如关于证人作证的录像带、关于鉴定人鉴定的录像带、现场勘验的录像带、关于传统书证的电子版等,分别属于证人、鉴定人、物证、传统书证。

至于电子证据,以前被列为视听资料的一部分,但是视听资料强调以声音和图像而非文字内容证明案件的真实情况,电子证据则主要以文字内容的可视性证明案件事实。

有学者认为,电子证据同传统证据相比,不同之处在于载体方面,而非证明机制方面,电子证据可以根据我国法定的七种证据类型而分为电子书证(如当事人通过 E-mail 订立商业合同)、电子物证(侵入计算机系统的犯罪嫌疑人留下的关于自己计算机的电子"痕迹")、电子视听资料(数码照相等)、电子证人证言(电子聊天记录)、电子当事人陈述(电子聊天记录)、关于电子证据的鉴定结论(就电子邮件是否属实聘请鉴定人鉴定)、电子勘验检查笔录(如勘验现场时以数码相机拍摄的现场照片)等。[1]

---

〔1〕 参见刘品新、张斌:"电子证据在我国的法律地位",载何家弘主编:《证据学论坛》(第 6 卷),中国检察出版社 2003 年版。

我们赞同这种观点，认为在证据法意义上，电子证据不是一种独立的证据种类。因此，根据笔者关于证据种类的划分方法，电子证据视情况应分别作为证人、鉴定人、书证、物证。

理论思考与实务应用

一、理论思考

（一）名词解释

证据能力 间接证据 本证 反证 举证时限

（二）简答题

1. 物证和书证有什么区别？

2. 书证和视听资料有什么区别？

3. 证人作证有哪些资格要求？

4. 证人在哪些情况下可以不出庭作证？

5. 在哪些情况下可以重新鉴定或补充鉴定？

6. 专家辅助人和鉴定人有哪些异同？

（三）论述题

1. 试述现行法上的证据能力规则。

2. 论现行法关于自由心证的规定及其明文限制。

3. 略论我国民事举证时限制度。

二、实务应用

（一）案例分析示范

案例一

某村村民王某与邻村村民刘某为争一头母猪诉至法院。王某在诉状中称：我家养的一头黑色母猪于 1992 年 11 月 15 日丢失，丢失前未配种。丢失后，我向镇派出所报了案。1993 年 3 月 12 日，听说县化肥库旁有一头黑色母猪，我前去看，果然有一头黑色母猪，带 5 个猪崽，3 白 1 花 1 黑。我确认这就是我家丢失的那只，就赶了回去。第二天，刘某带人来我家，说这头母猪是他家的，强行将猪赶走。为此，我特向法院起诉，请求法院确认我对这头母猪的所有权，并判令刘某立即返还我家的母猪。审理中，王某提出以下证据：证据1，母猪是 1989 年在镇上赶集时买的。证据 2，母猪因咬自家的小鸡，被我用木棒将前腿打坏了，留有白印。证据 3，邻居朱某证实，1989 年王某确实买了一头黑色母猪。刘某在诉讼中提出以下证据：证据 4，争讼母猪是他从邻居李家买来的。证据 5，由于母猪好跳圈，被接了个木块，结果将前腿磨出白印记。证据6，李某证实，他确实卖给刘某一头黑色母猪。人民法院在审理中收集到以下证据：证据7，鉴定人余诚的鉴定结论是，母猪配种到下崽需115天，黑母猪生产白色或花色的猪崽，只有用白色公猪配种才有可能。证据8，王某现在的邻居史某反映，诉讼前听王某的妻子刘萍说：她家的母猪是11月底丢的。证据9，镇派出所在1992年12月11日的台历页上记载："王某，于11月30日丢失一头母猪，黑色。"证据10，人民法院对所争母猪的检查记录反映，该猪为黑色，两前腿内侧有白色印记。

  问：（1）上述证据材料从法律上的分类分析各属于何种法定证据？

  （2）上述证据材料从理论上的分类分析各属于哪一种类的证据？

  【评析】根据本章知识点，我们对上述问题解答如下：

  （1）证据1，当事人陈述；证据2，物证；证据3，证人证言；证据4，当事人陈述；证据5，物证；证据6，证人证言；证据7，鉴定结论；证据8，证人证言；证据9，书证；证据10，勘验笔录。

  （2）证据1，本证、直接证据、原始证据、言词证据；证据2，本证、间接证据、原始证据、实物证据；证据3，本证、间接证据、原始证据、言词证据；证据4，反证、直接证据、原始证据、言词证据；证据5，反证、间接证据、原始证据、实物证据；证据6，反证、间接证据、原始证据、言词证据；证据7，反证、间接证据、原始证据、言词证据；证据8，本证、间接证据、传来证据、言词证据；证据9，本证、间接证据、原始证据、实物证据；证据10，本证、间接证据、原始证据、实物证据。

案例二

  2008年5月10日，涂女士与方恒置业公司签订《北京市商品房预售合同》，购买了东恒时代家园三期的一套房屋。买房前，涂女士听说开发商近期会大规模促销，担心买房不久就会降价，所以在看房过程中一直没有决定是否购买。但是，销售人员却向其承诺即将进行的优惠活动，只限于不好卖的户型，像涂女士看中的两居户型不在此列。出于对销售人员的信任，涂女士便与开发商签订了购房合同。10天之后，涂女士在网上看到了该楼盘降价的消息，包括自己购买的多种户型都进行了打折优惠。涂女士的户型由套内建筑面积22 986.17元/平方米降至21 064.22元/平方米，总价款缩水14.7万。

  涂女士认定销售人员向其隐瞒了与订立合同有关的重要事实，使她在违背真实意思的情况下订立了合同，造成了重大损失。双方多次交换意见，未有结果。为此，涂女士诉至法院，要求将合同中约定的房屋单价按优惠活动处理，并将贷款金额由60万元变更为452 644元。

开庭时，原告涂女士提供的证据是两份录音电话。其内容为 2008 年 6 月 15 日下午，涂女士丈夫与销售人员的谈话。彼此交流的时间很长，男声：10 天不到的时间，之前我听风知道这个楼盘有降价优惠，当时我一再问您，您都不说，当时您恐怕都知道，该把这个风险告诉我们。女声：确实不知道，这个户型很好卖，卖了五六套了都是这个价，卖得挺好的，我也不清楚——很不好意思，绝对不是骗您。录音中间有大段交涉，你言我语，不停地重复相同的内容。原告一再申明双方签订购房合同时售楼小姐隐瞒了降价信息，使之上当吃亏，要求变更合同，补偿优惠待遇。而售楼小姐一推六二五，说自己根本不知情，而且对北京的房子都打了包票，说北京的房子吧，它不会暴跌到哪儿去的。

针对录音证据，被告代理人说这份录音证据是在被谈话人不知情的情况下录制的，是不合法的，不能作为定案证据。原告律师认为，按照法律规定，录音证据在不违反法律规定的情况下可以作为证据，并不需要被录音人同意。

问：本案中原告方提交的录音证据会否因非法证据规则而被排除？

【评析】[1] 本案双方当事人的争论涉及到民事证据法上的非法证据排除规则。《民事诉讼证据规定》第 68 条规定，以侵害他人合法权益或者违反法律禁止性规定的方法取得的证据，不能作为认定案件事实的依据。本条规定对民事诉讼非法证据的排除设定了两个判断标准：①看取证行为本身是否侵害了他人合法权益；②看取证行为本身是否违反了法律禁止性规定。从逻辑上说，如果某一证据的取得满足这两个标准中的任何一个，则该证据就应该被排除。反过来说，如果某一个证据要想被采纳为定案根据，就非法证据排除规则的适用而言，其取得必须既没有侵害他人合法权益，也没有违反法律禁止性规定。

我们首先来看，非法证据排除规则第一个标准在本案中的适用。对此，本案一审法院已经有明确的结论："该录音证据的取得没有违反法律的禁止性规定"。要评价法院这一结论是否正确，我们得准确理解这一规定，进而检索现行法关于民事诉讼证据取得的禁止性规范。

"证据的取得违反了法律禁止性规定"，这里的"禁止性规定"是指要求不为一定行为的规范。这里的"法律"原则上包括宪法、法律、行政法规、地方性法规以及司法解释等一切具有法律效力的规范性文件。但是，这一范围大大了，逐一检索，超出了笔者的能力和精力。为了缩小检索范围，笔者把检索的范围主要限制在宪法、刑法、民事实体法、民事程序法之内。之所以主要限制在这 4 个部门法领域，是因为这 4 个部门法与民事取证行为直接相关。与此相对，行

---

〔1〕 参见刘英明："从降低补偿案谈录音证据的采纳——以比较法为参照"，载卞建林主编：《中国诉讼法判解》（第 7 卷），中国人民公安大学出版社 2009 年版，第 125 页以下。

政法、刑事诉讼法、行政诉讼法领域固然有大量取证规范，但是这些部门法不适用于民事诉讼领域。其次，笔者把检索的范围限于宪法、法律、行政法规、司法解释的法律层次上，是因为这些层次的法规效力层级高、数量有限。

通过检索新法规速递在线数据库和北大法意数据库的相关法规条文，笔者发现：《宪法》及其修正案、《民法通则》和相关民商事单行法及其司法解释、《民事诉讼法》及其司法解释中没有具体的取证禁止性规范。《刑法》及其修正案中，共有以下三个禁止性条文涉及取证且可以适用于民事诉讼中：第 284 条，非法使用窃听、窃照等专用器材，造成严重后果的，处 2 年以下有期徒刑、拘役或管制。第 307 条，以暴力、威胁、贿买等方法阻止证人作证或者指使他人作伪证的，处 3 年以下有期徒刑或者拘役；情节严重的，处 3 年以上 7 年以下有期徒刑。帮助当事人毁灭、伪造证据，情节严重的，处 3 年以下有期徒刑或者拘役。司法工作人员犯前两款罪的，从重处罚。第 308 条对证人进行打击报复的，处 3 年以下有期徒刑或者拘役；情节严重的，处 3 年以上 7 年以下有期徒刑。但是，本案中的录音证据取得没有使用窃听、窃照等专用器材；本案中的录音证据也非阻止证人作证、指使他人作伪证，也非帮助当事人毁灭、伪造证据，更非对证人打击报复，因而这三个禁止性规定对本案不适用。总之，本案中录音证据的取得没有违反法律的禁止性规定。

接下来，我们来看非法证据排除规则第二个标准在本案中的适用。"证据的取得不得侵犯他人合法权益"，这里的"权益"，按照字面解释，是指权利和利益。关于权利，作为法律上的概念是指由特定的法律制度规定的赋予某人的好处或利益[1]。利益是指那些个人或团体寻求得到满足和保护的权利请求、需求、愿望或要求。[2] 权利和利益既有区别，又有联系。两者的区别在于（法律）权利必须得到法律制度的承认和保护，而利益是由个人、集团或整个社会道德的、社会的、宗教的、政治的、经济的和其他方面的观点而创造或消灭的。法律制度并不创造利益，只是承认或拒绝承认特定的利益是否值得由法律加以保护。权利和利益的联系在于权利的基础之一是利益；在现代社会，利益要想得到有效的保护，最好能得到法律制度的承认和保护。"权益"，是指实在法上的权利和没有上升为权利的利益。"合法权益"，是指合法的权利和合法利益。前者指实在法已经确认的利益或好处，这与自然法意义上的权利相对。后者是指虽然没有被实在法明确承认为权利，但是已得到实在法承认、界定和保护的利益。"证据的取得不得侵犯他人合法权益"，是指证据的取得不得侵犯他人享有的实在法上的权

---

〔1〕〔英〕戴维·M. 沃克编：《牛津法律大辞典》，李双元等译，法律出版社 2003 年版，第 572 页。

〔2〕〔英〕戴维·M. 沃克编：《牛津法律大辞典》，李双元等译，法律出版社 2003 年版，第 970 页。

利和得到实在法确认、界定和保护的利益。

权利，在实体上，可以分为诸多不同的具体领域，主要包括政治性权利（参政权、选举权和政党自由，言论、新闻、出版、集会与结社自由）、文化权利（信仰自由）、人身权利（生命权、人身自由、住宅安全、受教育权、刑事正当程序）以及社会经济权利（经济活动自由、财产权、社会福利、受教育权）。[1] 这些实体上的权利或多或少地被中国宪法以及其他部门法规所承认、界定和保护。从理论上说，有多少种实体权利，就可能有多少种通过侵犯他人合法权利的取证行为。不过，在民事诉讼中，常见的通过侵犯他人合法权利的取证行为主要是侵犯他人人身权、财产权、隐私权的取证行为。实践中采取抢劫、盗窃、抢夺、侵犯他人住宅等暴力方式的取证行为，侵犯了他人的人身权、财产权、住宅安全；采用限制他人人身自由的取证行为，侵犯了他人的人身自由；擅自开拆他人信函或其他邮寄物品等取证行为，侵犯了他人的通信自由权。不过，就本案而言，我们很难说该录音证据的取得侵犯了上述哪一种实体权利。尽管有学者认为，私下录音侵犯了被谈话人的同意权。[2] 但是在我国，实证法意义上的被谈话人的同意权是不存在的。

合法利益，根据相关的司法解释，一般分为公共利益和个人利益。违反社会公共利益和社会公德、侵犯他人隐私的方式取得的证据，属于证据取得侵犯他人合法权益。例如侵入、破坏他人祖庙收集证据，违反了社会公共利益和社会公德；用高倍望远镜偷窥他人住房内或工作室内的隐私获得的证据，侵犯了他人隐私。在《起草说明》中，最高人民法院就民事取证行为侵犯公共利益和个人利益分别举了一例。但是，很明显这仅是列举性说明，实践中的合法利益不仅仅是这两种情况。

就公共利益而言，本案中该录音证据的取得显然没有侵犯公共利益，也没有违反社会公共道德，本案仅涉及一个具体的合同买卖，不涉及不特定多数人的利益，也不涉及社会公共道德及社会习俗。就个人利益而言，本案中该录音证据的取得显然也没有侵犯最高人民法院列举的他人的隐私权，因为本案涉及一个纯商业买卖合同，其谈话场所是营业场所、谈话时间是工作时间、谈话内容是合同事项。

---

[1] 张千帆：《宪法学导论——原理和应用》，法律出版社 2004 年版，第 535 页。

[2] 江伟教授接受采访时曾说，在诉讼中不同价值发生冲突时，要强调司法价值。两个人进行谈话，一个人私自录音，这不能说是偷录，只是侵犯了对方的同意权。这种情况下，同意权的利益要让位于司法利益。转引自刘晓燕："私采的视听资料走上证据舞台"，载人民法院网，http://oldfyb.chinacourt.org/public/detail.php? id=46886.

最后剩下的问题是：本案中录音证据的取得有没有侵犯最高人民法院没有列举的其他合法利益呢？

在比较法上，德国关于秘密录音的判例实践和理论对我们解决本案中该录音证据的取得是否侵害他人合法利益有借鉴意义。

《德国民法典》中没有关于录音违法的规定，不过，有一系列关于录音是否违法的判例。这些判例中的录音及其相关行为或者侵害了说话人"对所述说之言论的权利"，或者侵害了他人的隐私权。综合德国侵权法上与侵犯说话人"对所述说之言论的权利"的相关判例，我们可以归纳出如下结论：①原则上，不允许第三人对谈话秘密录音，即使一并剪辑的谈话只涉及业务事宜也不行。在用电话交谈的一方在谈话对方不知道也未经其同意的情况下让一个第三人听取谈话，不论其谈话内容如何均为侵权。这些秘密录音是不应该采纳的。在今天的技术水平上，除非谈话就其内容或具体情况而言是保密的，谁也无法预料在"电话线的那一边"是否只有一个人在听。②未经谈话对方允许，也不得允许谈话一方对电话通话录音。例外1，对于与说话人的个人领域完全无关的（意思）表示，例如电话订货等，允许私下录音。例外2，为正当防卫或准正当防卫（如为证明某人敲诈勒索），未经谈话人允许可以秘密录音。③原则上允许书面谈话记录，只要该书面谈话记录没有在其他方面造成人格权的侵害（如侵犯个人隐私领域）。之所以认为秘密录音侵权，是因为秘密录音侵犯了说话人"对所述说之言论的权利"。[1] 根据上述概括的结论，说话人"对所述说之言论的权利"，是受保护的、尚未达到权利属性密度的利益。因为这一所谓的"权利"明显不具有真正权利所应有的专属性，相反其保护力度明显体现了利益衡量原则。

德国侵权法上涉及录音并且侵害他人隐私权的案例主要有两个：①公开发表个人文件和记录。某两人交谈私密信息，一方经对方同意作了录音，但录音的目的不是为了公开发表，后来有人公开发表了该谈话录音。在因此而引起的诉讼中，法院判决该公开谈话录音行为侵犯了谈话人的隐私权。②窃听电话谈话。窃听电话交谈侵入了私人领域，因而构成作为侵害一般人格权类型之一种的隐私权。[2] 需要注意的是这两个案例在侵权的方式上是有区别的，第一个案例中对谈话的录音行为本身并不侵权，因为该录音取得了谈话人的同意，但是发表该谈话录音的行为侵犯了他人的隐私权。第二个案例中窃听电话交谈行为本身就侵犯了他人的隐私权。隐私权在德国民法上，也是受保护且尚未达到

---

〔1〕 参见〔德〕迪特尔·施瓦布：《民法导论》，郑冲译，法律出版社 2006 年版，第 210～211 页。

〔2〕 参见〔德〕迪特尔·施瓦布：《民法导论》，郑冲译，法律出版社 2006 年版，第 210～211 页。

权利属性密度的利益。其原因是由于对隐私权的保护力度依被侵害的是"不可侵犯的核心生活领域",还是这一领域之外的普通私人领域而有所不同。核心领域的不可侵犯性系由人的尊严确定,这种不可侵犯性即便以重要的公共利益为理由也不能废弃;而普通私人领域的保护却处于他人权利、与宪法相符之制度和道德准则的保留之下。换言之,在德国民法上隐私权布局有专属性,因而具有因利益衡量而导致的保护界限不确定的特征。

　　参照德国侵权法的规定,我们可以看出本案中录音证据的取得不涉及发表关于他人私人记录或文件、不涉及窃听,因而不涉及侵犯他人隐私权的问题,这一点在前文曾经提到过。本案中录音证据的取得确实没有经谈话对方的允许,侵犯了说话人"对所述说之言论的权利",但是该谈话与说话人的个人领域完全无关,纯粹是商业交谈,构成侵犯说话人"对所述说之言论的权利"之例外,即不被认为是侵权。

　　综上,本案中该录音证据的取得没有违反法律的禁止性规定,没有侵犯他人的合法权利;尽管涉嫌侵害了他人受保护的、尚未达到权利属性密度的利益,但是鉴于本案中录音证据的内容为纯粹商业交谈,基于利益衡量原则,构成了侵犯他人合法利益之例外,因而不被视为侵权。因而,该录音证据并不被《民事诉讼证据规定》第68条而排除。

案例三

　　被告南安市公安局为侦破于1996年11月4日发生在南安市石井镇后店海堤一水闸的裸体无头男尸凶杀案(下称"11·04"凶杀案),采取了张贴《通告》、召开外来人员大会等措施,发动群众,提供破案线索。1996年11月7日下午4时许,原告蔡清华向被告辖区的石井边防派出所反映:"泉州鲤中设备有限公司在永宁承建油罐的工人金小明,其体貌特征与《通告》上的尸体特征非常相似。"被告随即按照原告提供的线索进行侦查,于1997年1月6日一举破获了"11·04"凶杀案。1997年12月中旬,原告以其系提供破"11·04"凶杀案线索者为由要求被告按照《通告》、被告的负责人在群众大会上所做的"对提供破案线索者给予人民币3万元的报酬"的许诺,支付给原告3万元,遭到被告拒绝。2002年8月8日,原告以同样理由向法院提起诉讼,请求被告支付3万元悬赏费。被告承认曾制发《通告》和领导作发动群众提供破案线索的宣传讲话(下称"讲话"),但《通告》及"讲话"没有约定、许诺"对提供破案线索者给予人民币3万元的报酬",因而没有义务支付3万元给原告;何况原告自1997年12月中旬催讨一次被拒绝后,至今没有催讨,已超过诉讼时效,应驳回原告的诉讼请求。但被告对《通告》及领导的"讲话"稿辩称为没有保存而无法提供。原告主张自 1997 年 12 月中旬以来，多次向被告催讨，但没有举证证明。

问：（1）关于《通告》及领导的"讲话"稿，本案管辖法院是否应依职权收集？

　　（2）关于《通告》及领导的"讲话"稿，本案原告如果申请管辖法院收集，该法院应否批准？

　　（3）关于《通告》及领导的"讲话"稿，本案原告如果申请管辖法院保全，该法院应否批准？

【评析】

（1）否。《民事诉讼法》第 64 条第 2 款规定，当事人及其诉讼代理人因客观原因不能自行收集的证据，或者人民法院认为审理案件需要的证据，人民法院应当调查收集。《民事诉讼证据规定》第 15 条、《民事诉讼法》第 64 条规定的"人民法院认为审理案件需要的证据"，是指以下情形：①涉及可能有损国家利益、社会公共利益或者他人合法权益的事实；②涉及依职权追加当事人、中止诉讼、终结诉讼、回避等与实体争议无关的程序事项。《民事诉讼证据规定》第 16 条规定，除本规定第 15 条规定的情形外，人民法院调查收集证据，应当依当事人的申请进行。

（2）应该。《民事诉讼证据规定》第 17 条规定，符合下列条件之一的，当事人及其诉讼代理人可以申请人民法院调查收集证据：①申请调查收集的证据属于国家有关部门保存并须人民法院依职权调取的档案材料；②涉及国家秘密、商业秘密、个人隐私的材料；③当事人及其诉讼代理人确因客观原因不能自行收集的其他材料。

（3）否。《民事诉讼证法》第 74 条规定，在证据可能灭失或者以后难以取得的情况下，诉讼参加人可以向人民法院申请保全证据，人民法院也可以主动采取保全措施。但本案不属于法院证据保全的情况。

（二）案例分析实训

案例一

2000 年 12 月 24 日 16 时许，金×球驾驶××公司所有的东风牌大货车，途经桥庄线 5KM＋200M××区××村地段时，碰撞自右至左穿越公路的韩××，致韩××重伤。该事故经××市××区公安局认定，确定金××驾车经弯道、村庄超速行驶，对行人动态留神观察不够，是造成事故的主要原因，应负事故的主要责任；韩××违章穿越车行道，是造成事故的另一个原因，应负事故的次要责任。事故发生后，韩××被立即送往××大学医学院附属医院住院治疗，至 2001 年 4 月 9 日出院。2002 年 7 月 1 日至 8 月 27 日，韩××至上海长征医院住院治疗。此外，韩××还先后在××大学医学院附属儿童医院、××区中医院、××市整形医院等处门诊治疗。治疗期间，韩××共花费医药费用 42 329.46 元，交通费用 4000 元，住宿费用 3578 元。金××、××公司已经支付 35 000 元。2004 年 9 月 8 日，××市公安局××区分局对韩××的伤残等级作出评定，结论为：韩××左小腿毁损伤，左踝关节活动功能完全丧失，左足弓 1/3 以上结构破坏，左小腿 5% 以上疤痕形成，评为一处七级伤残，两处十级伤残。

原告韩××向本院提交了如下证据材料：①道路交通事故责任认定书，欲证明原、被告之间发生交通事故及责任分担的事实；②道路交通事故伤残评定书，欲证明原告的伤残等级；③门诊病历（6 本）及住院病历，欲证明原告因事故导致的伤情和治疗的经过；④医药费发票及住院费用清单，欲证明原告因交通事故而花费的医药费；⑤××环龙贸易公司出具的收据，欲证明原告因治疗支出的其他费用；⑥交通费票据，欲证明原告就医过程花费的交通费；⑦住宿费单据，欲证明原告因交通事故所支出的住宿费；⑧××市公安局××区分局出具的评残费用收据，欲证明原告因评残而支出的鉴定费；⑨道路交通事故损害赔偿调解终结书，欲证明本案事故调解已终结。

问：对案件所提供的材料，能够分析判断相关证明材料的证据分类与种类、各证据的证明对象与证明力大小，及其在案件中的法律意义。

案例二

位于某市甲区的天南公司与位于乙区的海北公司签订合同，约定海北公司承建天南公司位于丙区的新办公楼，合同中未约定仲裁条款。新办公楼施工过程中，天南公司与海北公司因工程增加工作量、工程进度款等问题发生争议。双方在交涉过程中通过电子邮件约定将争议提交某仲裁委员会进行仲裁。其后天南公司考虑到多种因素，向人民法院提起诉讼，请求判决解除合同。

法院在不知道双方曾约定仲裁的情况下受理了本案，海北公司进行了答辩，表示不同意解除合同。在一审法院审理过程中，原告申请法院裁定被告停止施工，法院未予准许。开庭审理过程中，原告提交了双方在履行合同过程中的会谈录音带和会议纪要，主张原合同已经变更。被告质证时表示，对方在会谈时进行录音未征得本方同意，被告事先不知道原告进行了录音，而会议纪要则无被告方人员的签字，故均不予认可。一审法院经过审理，判决驳回原告的诉讼请求。原告不服，认为一审判决错误，提出上诉，并称双方当事人之间存在仲裁协议，法院对本案无诉讼管辖权。

二审法院对本案进行了审理。在二审过程中，海北公司见一审法院判决支持了本公司的主张，又向二审法院提出反诉，请求天南公司支付拖欠的工程款。天南公司考虑到二审可能败诉，故提请调解，为了达成协议，表示认可部分工程新增加的工作量。后因调解不成，天南公司又表示对已认可增加的工作量不予认可。二审法院经过审理，判决驳回上诉，维持原判。

问：（1）双方的会谈录音带和会议纪要可否作为法院认定案件事实的根据？为什么？

（2）天南公司已经认可增加的工作量，法院在判决中能否作为认定事实的根据？

案例三

原告蒋××（系死者吴×之夫）、吴××（系死者吴×之父）。被告金××、加××、薛××、××部队、中国人民财产保险股份有限公司××支公司、××公路建设管理局、马××。

原告诉称，2004 年 11 月 15 日 7 时许，黎××无证驾驶××号"金杯"牌客车（限载客 8 人）经马××高速公路由西向东行驶，与个体驾驶员加××驾驶的因前方路面有障碍而停在公路上的"东风"牌重型普通货车尾随相撞，随后驾驶人薛××驾驶的"长城"牌小客车又与"金杯"牌客车左侧面相撞。事故造成驾驶人黎××、乘车人王××、吴×三人死亡，乘车人徐×、郑××、陈××、杨××、肖××等 5 人受伤。此事故造成原告蒋××之妻死亡，给原告造成重大经济损失和精神痛苦。2004 年 11 月 30 日，经××交通警察总队高速公路支队交通事故认定书（第 48 号），认定驾驶人黎××应负此事故的主要责任，驾驶人加××和薛××，应负事故的次要责任。乘车人不负此事故责任。加××是"东风"牌重型普通货车的所有权人；"长城"牌小客车是××部队车辆；"金杯"牌客车所有权人是金××。"金杯"车已参加 BF22 保险险种，被告马××是驾驶员黎××（死亡）之妻，也是黎××财产保管人。基于以上事实和理由，请求：①依法判令 6 被告承担连带责任，赔偿原告死亡赔偿金 13 4637.60 元，丧葬费 7678 元，停尸费 2995 元，尸体鉴定费 300 元，吴×父亲的赡养费 24 000 元，精神损害赔偿金 20 000 元，误工费 500 元，交通费 500 元，共计 191 610.60 元；②本案诉讼费和其他费用由 6 被告承担。原告方为支持自己的诉讼请求，向法庭提交了以下证据材料：交通事故责任认定书；注销证明，尸体处理通知书；身份证复印件；现场拉尸、料理、停尸、整容收款收据；原告工资证明；交通费发票。

2005 年 1 月 13 日原告申请追加高管局为被告，与上述 6 被告共同承担连带赔偿责任。

被告金××辩称：我的身份证于几年前已丢失，事故车辆不是我的，不承担赔偿责任。

被告加××辩称：事发当天，××高速公路71KM+48M路段有一辆由东向西行驶的运输车载着大煤而翻车，车内的大煤通过路中间的防护栏散落在答辩人行驶的右车道内（路面有障碍物的事实责任认定书已确认）。右车道内行驶的车辆完全受阻无法通行。答辩人在临时停车道内不能停车的情况下，便下车去捡路面上的大煤，期间后面来车与答辩人车尾随相撞。据答辩人知悉，装有大煤的车翻车至答辩人的车发生事故时已停留长达两小时之久，但高管局对此没有过问过，由于路面上的障碍物不能及时清除，车辆无法正常通行，是发生此次事故的重要原因。因此对造成的损失应由高管局承担责任。且当日是雪天，高速公路已形成冰雪路面（责任认定书已认定这一事实），冰雪路面对车辆安全行驶形成隐患，当答辩人发现前方路面有障碍物时立即采取停车措施，并向临时停车道内行驶，但由于冰雪路面，车辆打滑而没有将车开进停车道。未开进临时停车道不是答辩人的主观原因造成的，而是客观原因冰雪路面所致。为此，于2005年1月28日申请，以高管局未履行自己的职责，没有及时清除辖区路面上的障碍物和在恶劣天气时没有采取管制措施为由，追加高管局为被告，承担连带赔偿责任。

被告××部队口头答辩称：①部队车辆当时并未直接撞到"金杯"面包车上，是后方卡车撞击部队车辆后才撞到"金杯"面包车左侧面，但是依据证据的概然性，在有相当证据证明部队车与面包车相撞的情况下，我们不坚持车辆未相撞的主张。但是部队车当时的车速很慢，且高交支队对我方车辆的检验结果证明我方车辆制动系统是合格的，采取刹车措施后，汽车的速度必然会减速，不可能高速撞击面包车，而且是在面包车与前方车辆尾随相撞后很长一段时间才撞上去的，不可能造成面包车上严重的伤害，更不可能造成对方的人员死伤；②本案各被告间应按各自的过错承担赔偿责任。各被告并没有共同的故意，是各自独立的行为，应当根据过失大小各自承担相应的赔偿责任；③本案原告蒋××所主张的停尸费应属于丧葬费，原告吴××是死者吴×的法定被扶养人，但其有固定收入且未提供其他证据，故不应赔偿其生活费。被告××部队为支持自己的辩解，提交以下证据材料：高交支队交通事故现场勘查笔录；事故现场图；高交支队干警对××车驾驶人加×所作询问笔录；高交支队干警对"长城"车驾驶人薛××的询问笔录；高交支队干警对服务区路政人员林××询问笔录；高交支队干警对"金杯"车乘车人杨××的询问笔录；高交支队交通事故案卷中薛××所写的事故详细经过；××市公安局城北分局25号、26号尸检报告；"长城"车被撞后的正面照片；面包车左侧面被撞后的照片；"长城"车技术鉴定书；证人曹存德出庭作证；证人周××的录音证词；乘车人肖××询问笔录；高速支队对"长城"车上乘坐人员蒲××询问笔录。

××分公司答辩称："金杯面包车"是与我公司签订了机动车辆第三者责任保险条款。但①保险合同中登记的是非营业用（不含家属自用），但事实证明此车是在营业用车时发生事故的；②此车保的是第三者责任险，而死者是面包车上的乘坐者，不是第三者；③保险合同条款中约定的免除赔偿责任包括无证驾驶，面包车驾驶人黎××系无证驾驶，这点已被责任认定书所认定，因此，我公司不承担保险赔偿责任。被告××分公司为支持自己的辩解，向法庭提交了以下证据材料：中国人民财产保险股份有限公司××支公司0016868号保险单副本（复印件），以此证明与"金杯"车签订了机动车辆第三者责任险。

被告高管局答辩称：①本案事故是因交通肇事造成的，应按事故发生的原因，因果关系来确定责任的承担。责任认定书中对造成交通事故的主、次责任是清楚的。高管局不是造成原告人身损害的责任人，原告方的伤亡与高管局没有任何因果关系；②原告申请追加高管局为被告的理由是不成立的。我方在7点15分接到报案后，7点40分赶到现场，及时出现场，并采取了相应的措施；③原告请求被告间承担连带责任是没有法律依据的。我方在此案中不应承担任何责任。被告高管局为支持自己的辩解，向法庭提交了以下证据材料：高速公路路政巡逻检查登记表；巡逻电话单；××路政大队工作人员对"东风"货车驾驶人王××所做的询问笔录；路政大队"11·15"××高速公路××纵向桥段重大交通事故调查终结报告；证人李×、曹××作证。

被告马××答辩称：我不在现场，不了解情况，我丈夫已死，我无法承担责任。

问：（1）根据本案提供的事实和证据材料，分别对当事人的证据材料进行整理归类、制作证据目录。

（2）对当事人所提供证据的证据能力进行分析，能初步判断其对相关事实的证明力。

（3）能初步分析对方证据所存在的缺陷，并能有效地提出具有针对性的意见。

主要参考文献

1. 何家弘、刘品新：《证据法学》（第 2 版），法律出版社 2007 年版。

2. 江伟主编：《民事诉讼法》（第 3 版），中国人民大学出版社 2007 年版。

3. 谭兵、李浩主编：《民事诉讼法学》，法律出版社 2009 年版。

4. 张卫平：《民事诉讼法》，法律出版社 2004 年版。

5. 李浩：《民事证明责任研究》，法律出版社 2003 年版。

6. 刘金友主编：《证据法学》，中国政法大学出版社 2001 年版。

7. 陈一云主编：《证据学》，中国人民大学出版社 2001 年版。

8. 孙彩虹主编：《民事诉讼法学》，中国政法大学出版社 2008 年版。

9. 卞建林主编：《证据法学》，中国政法大学出版社 2000 年版。

10. 何家弘主编：《证据的审查认定规则示例与释义》，人民法院出版社 2009 年版。

11. 王利明、江伟、黄松有主编：《中国民事证据的立法研究与应用》，人民法院出版社 2000 年版。

12. 程春华主编：《民事证据法专论》，厦门大学出版社 2002 年版。

13. 黄松有主编：《民事诉讼证据司法解释的理解与适用》，中国法制出版社 2002 年版。

14. 毕玉谦：《民事证明责任研究》，法律出版社 2007 年版。

15. 罗玉珍主编：《民事证明制度与理论》，法律出版社 2002 年版。

16. 陈刚：《证明责任法研究》，中国人民大学 2000 年版。

17. 江伟、徐继军："在经验与规则之间——论民事证据立法的几个基本问题"，载《政法论坛》2004 年第 5 期。

18. 张卫平："民事证据法必要性之思考"，载《法商研究》2001 年第 3 期。

19. 李浩："民事证据立法与证据制度的选择"，载《法学研究》2001 年第 5 期。

20. 李浩："民事证据法的目的"，载《法学研究》2004 年第 5 期。

21. 王亚新："证人出庭作证的一个分析框架——基于对若干法院民事诉讼程序的实证调查"，载《中国法学》2005 年第 1 期。

22. 齐树洁、张冬梅："完善我国民事诉讼证人制度的思考"，载《华侨大学学报》2000 年第 4 期。

23. 刘敏："论强制证人出庭作证"，载《法学》2000 年第 7 期。

24. 张月满："我国诉讼中证人证言证明力探析"，载《河北法学》2004 年第 2 期。

25. 郭美松："视听资料的证据能力及采信规则"，载《现代法学》2004 年第 1 期。

26. 刘英明："从降低补偿案谈录音证据的采纳——以比较法为参照"，载卞建林主编：《中国诉讼法判解》（第 7 卷），中国人民公安大学出版社 2009 年版。

27. 刘品新："论电子证据的定位———基于中国现行证据法律的思辨"，载《法商研究》2002 年第 4 期。

28. 常怡："论电子证据的独立性"，载《法学》2004 年第 3 期。

29. 沈木珠："论电子证据的法律效力"，载《河北法学》2002 年第 2 期。

30. 齐树洁："当事人陈述制度若干问题新探"，载《河南省政法管理干部学院学报》2002 年第 2 期。

31. 李浩："当事人陈述：比较、借鉴与重构"，载《现代法学》2005 年第 3 期。

32. 汤维建："民事诉讼非法证据排除规则刍议"，载《法学》2004 年第 5 期。

33. 李祖军："论民事诉讼非法证据排除规则"，载《中国法学》2006 年第 3 期。

34. 李浩："民事诉讼非法证据排除规则探析"，载《法学评论》2002 年第 6 期。

35. 陈桂明、纪格非："民事诉讼证据合法性的重新解读"，载《国家检察官学院学报》2005 年第 2 期。

36. 蔡虹、羊震："民事诉讼证据失权制度初探"，载《法商研究》2000 年第 6 期。

37. 吴勇："关于民事诉讼证据失权制度的反思"，载《政治与法律》2001 年第 1 期。

38. 潘建锋："论举证时效"，载《政法论坛》2000 年第 2 期。

39. 汤维建："民事诉讼中证据交换制度的确立和完善"，载《法律科学》2004 年第 1 期。

第九章

民事诉讼中的证明

【本章概要】本章主要论述民事诉讼证明的相关概念和制度，包括证明的概念和特征、证明对象、证明责任、证明标准、证明程序等。关于证明对象，其一般范围包括事实、经验法则，以及外国法和地方自治法规、习惯法，本国制定法、众所周知的事实、自认的事实、预决的事实、推定的事实一般无需证明。证明责任理论为证据制度的核心内容之一，其本质属性是一种风险负担，这种风险负担源于在案件事实真伪不明时法院仍须作出裁判，是一种客观的结果责任。在此基础上衍生了主观上的行为责任——提供证据的责任。而公平合理地分担证明责任，达到公平、正义与效率的统一，又是核心中的核心。关于证明标准，我国民事诉讼司法解释实行的是"较高程度的盖然性"标准。最后简要介绍了民事庭审中的证据出示、质证及认定程序。

【学习目标】了解证明和自由证明的区别、完全证明和释明的区别。掌握民事证明活动中无需证明的待证事实。重点掌握自认的类型和效力；证明责任的含义和分配；法律上推定和事实上推定的联系和区别；证明标准的含义和适用。

第一节　民事诉讼证明概述

一、民事诉讼证明的概念、特征

"证明"一词在日常生活以及自然科学和人文社会科学领域中被广泛使用。在一般意义上说，"证明"是指用某种或某些手段去论证某种观点或事实主张的正确性或真实性的活动。在民事诉讼中，证明是指当事人运用证据使法官确信某种事实主张真实或不真实的活动。

民事诉讼证明具有以下特征：①民事诉讼证明是一种历史性证明，不是科学证明；②民事诉讼证明的主体是当事人双方；③民事诉讼证明的目的是证实争议中的事实，说服审理案件的法官，追求有利于己的诉讼结果；④民事诉讼证明具有严格的程序性和规范性。

二、诉讼证明的分类

根据证明的程序可以分为严格证明和自由证明；根据证明活动的目的，证明可以分为完全证明和释明。

（一）严格证明与自由证明

以是否利用法定的证据种类并且是否经过法定的正式证明程序为标准，可将诉讼证明分为严格证明与自由证明。

1. 严格证明。所谓严格证明，是指利用法定的证据种类并且经过法定的正式的证明程序所进行的证明。严格证明强调以慎重的程序来保障案件事实的真实性。严格证明要求严格遵循"法定的正式的证明程序"，其大致包括提供与交换证据、当事人质证与辩论、法官审查认定证据与确认事实之真伪。其中特别强调并保障双方当事人之间的对抗性。提供与交换证据主要存在于审前准备阶段，当事人质证与辩论、法官审查认定证据与确认事实之真伪则存在于庭审阶段。

2. 自由证明。严格证明之外的证明，为自由证明。自由证明无须运用法定的证据种类或者无须遵循法定的正式的证明程序。与严格证明相比，自由证明侧重于证明的快捷性，旨在尽可能避免诉讼迟延。

因此，自由证明所使用的证据种类多是能够立即进行调查的，例如申请正在法庭上的人作证、提出现在所持有的文书等。当自由证明缺乏证据时，许多外国诉讼法规定，法院根据情况允许当事人以寄存保证金或宣誓替代自由证明，如以后发现所主张的事实是虚假的，就没收保证金或处以罚款。[1]

自由证明时，有关证据是否在法庭上出示，出示以后用什么方式调查，多由法院裁量，无须严格遵循法定的正式的证明程序，比如无须遵循双方当事人质证和辩论程序。

（二）完全证明与释明

以是否需要使法官心证达到确信为标准，将诉讼证明分为完全证明与释明。完全证明，是指让法官确信案件事实为真的诉讼证明。根据我国现行民事诉讼法及其司法解释，让法官对案件事实达到"较高程度的盖然性"时，就是完全证明。所谓释明，是指法官根据有限的证据可以大致推断案件事实为真的诉讼证明。当事人对自己所主张的释明事实无须达到使法官确信的程度，仅需提出使法官推测大体真实程度的证据。

完全证明与释明都是证实行为，但是两者影响法官心证形成的程度有所不同，各自的证明要求或证明程度有所差异，即完全证明标准高于释明标准。

必须交代的是，我们所说的证明标准虽然包括完全证明标准和释明标准，但是多数情况下是指"完全证明"的标准。

---

〔1〕　比如《德国民事诉讼法典》第 294 条。

（三）严格证明和完全证明的对象

虽然严格证明与"完全证明"的分类标准和内涵不同，但是两者在证明对象和证明责任的适用对象上基本一致，由此两者对于证据种类、证明程序和证明标准的要求也基本一致。具体来说，在证明对象和证明责任的适用对象方面，严格证明与"完全证明"的对象均为民事争讼案件的实体事实，证明这类事实原则上均须运用法定的证据种类、均须遵行法定的正式的证明程序、在证明标准方面均为法官内心的确信。

严格证明的事项之所以是争讼案件的实体事实，首先是因为案件的实体事实真实与否直接决定当事人的胜诉或败诉。同时，还因为严格证明与争讼程序原理或程序保障原理是相通的。在争讼案件中，双方当事人就具体的实体权利义务或实体法律责任存在着争议，所以对立的双方当事人之间的质证和辩论则为争讼程序的核心，保障当事人充分行使质证权和辩论权则是正当程序保障的当然要求。

在大陆法系，通常将争讼案件事实分为直接事实、间接事实和辅助事实等。

"直接事实"，又称主要事实、要件事实和争点事实等，是指符合实体法律规范构成要件的案件事实，即能够直接导致某项实体权利义务或实体法律效果产生、变更、阻却、消灭的事实，是主要的证明对象，亦是证明责任的主要适用对象。比如，一般民事侵权损害赔偿案件中，"主要事实"包括存在损害后果、加害人行为、该行为与损害后果之间存在因果关系、加害人存在过错等。

与"直接事实"相对的是"间接事实"，即不能直接导致某项实体权利义务或实体法律效果发生、变更、阻却或消灭的事实，只是用来推导或证明"直接事实"存在或真实的事实。间接事实的主要作用在于，没有直接证据证明直接事实时，只得运用间接证据证明间接事实，诸多相关的间接事实形成一个逻辑链而推导或证明直接事实存在或真实。例如，没有证据来直接证明 A 曾向 B 借过款的事实，可以由 A 多次催促 B 返还金钱的事实和 B 没有拒绝的事实（间接事实），推导出 B 借过 A 金钱的事实（主要事实）。

"辅助事实"，又称补助事实、附属事实、次要事实等，一般是指用以证明证据能力有无或证明力大小的事实。例如，证据收集的违法事实（关涉证据能力有无）、证人与当事人是亲属的事实（关涉证明力大小）[1] 等。

学术界多认为，辅助事实多为诉讼法上的事项，只需自由证明或释明即可。事实上，辅助事实与间接事实之间往往并无严格的界限。[2] 本书认为，辅助事

---

〔1〕 比如，《民事诉讼证据规定》第 77 条第 5 项规定："证人提供的对与其有亲属或者其他密切关系的当事人有利的证言，其证明力一般小于其他证人证言。"

〔2〕 参见王亚新：《对抗与判定》，清华大学出版社 2002 年版，第 100～101 页。

实是有关证据能力有无或证明力大小的事实，应当包含实体内容，并且当辅助事实直接关涉本案主要证据或唯一证据的证据能力或证明力时，若采用自由证明或释明则是轻率的举动，所以应采取法定的正式的证据调查程序（当事人质证、法院审核认定证据）来调查辅助事实，以确定本案主要证据或唯一证据有无证据能力和证明力大小。对于辅助事实究竟是采"完全证明"还是采"释明"，须在具体案件中，根据辅助事实与间接事实、主要事实之间的具体关系以及法律的特别规定来确定。

需要注意的是，诉讼中，间接事实和辅助事实均受要件事实支配，用来推导或证明要件事实的存在或真实。因此，间接事实和辅助事实均具有证据资料的性质和作用，虽应当采用严格证明或"完全证明"，但通常不作为证明责任的对象，换言之，证明责任的适用对象通常是要件事实。

（四）自由证明和释明的对象

由于自由证明程序不如严格证明程序慎重，释明标准不如完全证明标准高，所以能够作为自由证明和释明对象的限于法律有明文规定的事项。[1]

自由证明和释明的对象，主要有诉讼程序事实、非讼事件事实和诉讼中附带性的事实。[2] 对这类事实的证明无须运用法定的证据种类、无须遵循法定的正式的证明程序、在证明标准方面均为法官内心大体上的相信。

自由证明和释明的对象，一般不宜作为证明责任的适用对象[3]，应当作为释明责任的适用对象，即由提出利己的释明事实的当事人，对该事实承担提供证据加以释明的责任。

将诉讼程序事项作为自由证明或释明的对象，旨在谋求迅速处理程序问题以保证诉讼迅速进行或避免诉讼延误，并不意味"轻程序"。试想，一件诉讼案件需要处理许多的程序问题，若均要求采取严格证明和"完全证明"则将花费过多时间，从而导致诉讼延误。

按照"先程序后实体"的原理，启动诉讼程序的条件，比如起诉条件，主

---

〔1〕　参见［德］奥特马·尧厄尼希：《民事诉讼法》，周翠译，法律出版社 2003 年版，第 259 页。
〔2〕　例如，第三者请求阅览法庭记录则应具备与案件有利害关系这一条件、证人拒绝作证的理由等。
〔3〕　许多人士认为，自由证明的对象和释明的对象适用主张责任和证明责任规则。参见［德］奥特马·尧厄尼希：《民事诉讼法》，周翠译，法律出版社 2003 年版，第 270 页；［日］中村英郎：《新民事诉讼法讲义》，陈刚等译，法律出版社 2001 年版，第 204 页；陈刚：《证明责任法研究》，中国人民大学出版社 2000 年版，第 110 页；等等。

要是程序性条件。原告对具备起诉条件的自由证明或释明[1]，属于释明责任的范畴。

包含公益性的诉讼要件（绝对的诉讼要件），虽属于法院职权审查事项，但并非必然采用职权探知。有关诉讼要件存否的事实和证据是否采用职权探知，应依其所涉公益或实体因素的强弱等来决定。比如，关于判断管辖权合法与否所依据的事实和证据，对专属管辖应职权探知，而对协议管辖则由当事人提供。

至于实体内容的诉讼要件，如实质当事人适格、诉的利益等是否具备的事实和证据则由当事人提供。事实上，有关实质当事人适格、诉的利益是否具备的事实，往往属于实体要件事实。那么，对此类诉讼要件，当事人提供事实的责任和释明的责任，实际上被当事人对该实体要件事实承担的主张责任和证明责任所遮蔽或吸收。

由法院依照非讼程序处理的非讼案件，如宣告公民死亡案件、督促程序案件、公示催告案件等，由于不具有争议性，在非讼程序中无对立的双方当事人而只有申请人一方，所以不可能也无须进行法庭质证和辩论，法官通常根据申请人提供的事实证据进行书面审查。同时，多数非讼案件本身比较简单，所以非讼程序多是简单快捷的程序，强调尽快经济地处理案件。若非讼案件采取严格证明和"完全证明"，则背离了非讼案件的性质和特点，不当增加了非讼案件的处理成本。因此，对于非讼案件的事实仅需自由证明和释明即可。

对于具有公益性的非讼案件，比如宣告失踪案件、宣告死亡案件以及认定公民无民事行为能力、限制民事行为能力案件等，采用职权探知主义，法院依职权主动调查事实和收集证据，所以无须申请人承担行为释明责任，但可能承担事实真伪不明时的结果释明责任（驳回申请）。

第二节　证明对象

一、证明对象概说

（一）证明对象的概念

民事诉讼中，原告提出诉讼请求所依据的事实和理由，被告对原告诉讼请求的答辩、反驳和提起反诉所依据的事实和理由，第三人提出诉讼请求所依据的事

---

[1]　《民事诉讼证据规定》第1条："原告向人民法院起诉或者被告提出反诉，应当附有符合起诉条件的相应的证据材料。"最高人民法院《关于行政诉讼证据若干问题的规定》第4条第1款规定："公民、法人或者其他组织向人民法院起诉时，应当提供其符合起诉条件的相应的证据材料。"

实和理由，以及人民法院认为需要加以证明的其他事实，都需要运用证据加以证明。这些需要用证据加以证明的案件事实，就叫证明对象，也叫证明的客体，或证明的标的。

（二）确定证明对象的因素

在民事诉讼中，不是所有与案件有关的社会生活事实都可以作为证明对象。民事诉讼中的证明对象由以下因素确定：

1. 法律规范所确定的要件事实。法律要件事实是会引起某种民事权利义务关系的发生、变更和消灭的事实。虽然民事诉讼最终是对当事人双方争议的民事权利义务作出裁判，但当事人不能直接对权利义务关系存在与否加以证明，因为权利义务的存在与否是通过事实来加以判断的。司法裁判需要认定的事实，是法律规则"涵摄"的社会生活事实。或者说，要在社会生活事实与实体法律要件之间建立起对应关系。

2. 当事人主张和争议的事实。并不是所有的待决案件事实都需要证据证明，而是当事人主张和争议的事实才能成为证明对象。当事人不主张和没有争议的事实，无需证明。证明对象往往根据当事人主张和辩论的范围而确定。

（三）确定证明对象的作用

由于证明活动是围绕证明对象展开的，证明对象限定着证明的范围，所以，确定诉讼案件的证明对象有以下作用：

1. 可以明确当事人及其代理人收集证据的范围，促使其集中精力围绕证明对象进行证据准备。

2. 可以确定当事人举证、申请法院调查证据以及进行质证的范围。

3. 可以指引裁判者正确调查收集证据和审查核实证据。由于案件事实常常十分纷繁复杂，当事人争执的焦点多，裁判者要在证明活动中保持清醒的头脑，不被枝节问题所迷惑，能抓住问题的核心，就必须明确证明对象。

二、证明对象的范围

民事诉讼中的证明对象主要是有法律意义的事实，同时，法律法规和经验法则都可以作为证明对象。

（一）事实

根据不同的标准，对作为证明对象的事实可以作不同的分类。

1. 实体法律事实和程序法律事实。实体法律事实包括：①当事人之间产生权利义务关系的法律事实。如结婚登记、合同签订等。②当事人之间变更权利义务关系的法律事实，如合同变更。③当事人之间消灭权利义务关系的法律事实。如合同解除、离婚登记、收养关系的解除。④妨碍当事人权利行使、义务履行的法律事实。如权利或义务主体丧失行为能力、不可抗力的发生等。⑤当事人之间权利义务发生纠纷的法律事实。如是否构成侵权的事实，一方主张赔偿另一方不同意赔偿的事实等。具体案件中，作为证明对象的实体法律事实往往是由原告的诉讼请求而定；并根据被告积极的抗辩对实体证明对象予以调整和补充。

具有程序意义上的事实，虽然不直接涉及当事人的实体权利，但对当事人的实体权利和对诉讼程序会发生很大的影响，能够产生诉讼法上的效果。比如，关于当事人是否适格的事实，关系到当事人是否能参加诉讼；关于法院是否有管辖权的事实，关系到受诉法院能否对该案件进行审判；关于某一审判人员是否具有回避情形的事实，关系到该审判人员是否能参加该案件的审理；关于当事人耽误上诉期间理由是否正当的事实，关系到当事人上诉权是否能继续行使；等等。

2. 主要事实、间接事实和辅助事实。构成法律要件的事实称为"主要事实"；证明主要事实的事实称为"间接事实"；用于证明证据能力或证据力的事实称为"辅助事实"。根据现代民事诉讼的要求，当事人没有提出的权利主张，法院不能进行审理和裁判，当事人没有主张该法律要件事实的，法院没有义务加以证明。法院不得将没有出现在当事人辩论中的主要事实作为裁判依据。但间接事实和辅助事实不受此限制，即使当事人没有对此加以陈述，法院也可以将其作为裁判的依据。因为间接事实和辅助事实是判断主要事实的手段，处于与证据同等的地位，其存在与否由法官判断。

（二）外国法、地方性法规

法院要作出裁判，要从事实和法律适用两个方面进行。对于国内法，应遵从"法官知悉法律"的原则，当事人不承担证明的义务；即使不知，也可以依职权进行调查了解。因此，一般情况下，案件所适用的法律是否存在及其内容如何，并不需要当事人加以证明。但对外国法、地方性法规，法官则未必了解，因此就需要当事人对此加以证明。

（三）经验法则

经验法则，是指人们从生活经验中归纳获得的关于事物因果关系或属性状态的法则或知识。经验法则既包括一般人日常生活所归纳的常识，也包括某些专门性的知识，如科学、技术、艺术、商贸等方面的知识。不仅人们在生活中会运用经验法则进行逻辑推理判断，在审理案件中，法官也要运用经验法则进行裁判。关于经验法则是否属于证明的对象，不能一概而论。日常生活领域内的经验法则，为一般人所知晓，无需证明；不为一般人所知晓的专门知识领域的经验法则应当加以证明，成为证明对象。

三、无需证明的事实

根据最高人民法院《民诉意见》第 75 条、《民事诉讼证据规定》第 9 条的规定，无需证明的事实包括：

（一）众所周知的事实

众所周知的事实，也叫公知的事实，是指在一定范围内为普通知识经验的人所知晓的事实。这里所指一定范围内为人知晓，当然包括审理案件的法官。具体的案件审理中，由审理案件的法官判断有关事实是否属于众所周知的事实。众所周知的事实，当事人无需加以证明。

（二）自然规律及定理

所谓自然规律，是指客观事物在特定条件下内在的、本质的联系。所谓定理，是指在科学上通过特定条件已被反复证明其发生变化过程的某种必然规律，被人们普遍采用作为原则性命题或公式。自然规律和定理已经为人们所认识并反复验证，所以无需加以证明。

（三）推定的事实

推定的事实，是指从已知事实经过推论推断出的另一事实。推定的事实不必证明，是由于法官可以从已知事实中推断出作为证明对象的另一事实存在与否。

将推定事实列为无需证明的事实，有两点需要说明：①当作为推定事实的前提事实处于不明状态时，主张推定事实存在的当事人虽然不必证明推定事实，但需要对前提事实的存在进行证明；②推定事实并非都是不可争议的事实，在法律允许当事人提出相反的证据推翻推定事实的情况下，当事人提出反证推翻推定后，推定事实将重新成为证明的对象。

（四）已为人民法院发生法律效力的裁判所确认的事实

为裁判所确认的事实，是指本案所涉及的事实已经在其他已经审结的案件中被人民法院确认。被确认的事实的裁判，可能是本院作出的，也可能是其他人民法院作出的。

（五）已为仲裁机构的生效裁决所确认的事实

仲裁机构的生效裁决与法院生效裁判具有同样的法律效力，因此，已为仲裁机构的生效裁决确认的事实，对诉讼中的事实具有预决效力。

（六）已为有效公证文书所证明的事实

公证文书是公证机关依照法定程序对有关法律行为、法律事实以及文书加以证明的法律文书。《民事诉讼法》第67条规定，经过法定程序公证证明的法律行为、法律事实和文书，人民法院应当作为认定事实的根据，但有相反证据足以推翻公证证明的除外。

上述六类无需证明的事实，除自然规律及定理外，其余五类事实：众所周知的事实、根据法律规定或者已知事实和日常生活经验法则能推定出的另一事实、已为人民法院发生法律效力的裁判所确认的事实、已为仲裁机构的生效裁决所确认的事实、已为有效公证文书所证明的事实，都可以用反证推翻。

（七）自认的事实

1. 自认的分类。自认，又称对事实的自认，一般是一方当事人对另一方当事人主张的案件事实予以承认。对事实的自认可分为诉讼上的自认和诉讼外的自认、明示自认和拟制自认、当事人的自认和代理人的自认等。

诉讼上的自认是在法院准备程序或审判过程中，承认对方所主张的事实为真实。日本民事诉讼法把准备程序和法庭审理中双方当事人主张相一致的对自己不利的陈述作为诉讼上的自认，很具实用性。诉讼上的自认的法律效果是，自认者不能对其自认的事实再为争执；当事人对于己不利的事实的承认，可以免除主张该事实的当事人的证明责任，法院可以该事实作为裁判依据。诉讼外的自认则包括在诉讼外以谈话、通信、契约、文书等方式所作的自认。诉讼外的自认作为诉讼材料被提交到诉讼中时，一般构成对自认者不利的证据。

明示自认，是以书面或口头明确作出的自认；而拟制自认是通过单纯的沉默行为来推定的。《民事诉讼证据规定》不仅规定了诉讼上明示自认，也规定了诉讼上拟制自认，但是对后者比较严格。该规定第 8 条第 2 款规定："对一方当事人陈述的事实，另一方当事人既未表示承认也未否认，经审判人员充分说明并询问后，其仍不明确表示肯定或者否定的，视为对该项事实的承认。"

当事人的自认包括当事人的自认，也包括法定代理人的自认，因为法定代理人的自认与本人的自认有同等效力。委托代理人的自认也有当事人自认的效果，一般不要求有特别的授权，但是情况比较复杂。《民事诉讼证据规定》第 8 条第 3 款规定，"当事人委托代理人参加诉讼的，代理人的承认视为当事人的承认。但未经特别授权的代理人对事实的承认直接导致承认对方诉讼请求的除外；当事人在场但对其代理人的承认不作否认表示的，视为当事人的承认。"

2. 适用自认规则应当注意的问题。我国民事诉讼中，适用自认规则还应当注意以下几点：

（1）自认的对象仅限于事实，法律法规、经验法则、法律解释或法律问题都不是自认的对象。

（2）我国民事诉讼司法解释虽然规定了拟制自认，但是，在当事人不争执时，需要经审判人员充分说明并询问后，其仍不明确表示肯定或者否定的，才能推定自认。

（3）我国民事诉讼司法解释中只限于诉讼上的自认，才产生自认的效力。

（4）就具体事实而言，自认对象又仅限于主要事实，对于间接事实和辅助事实不发生自认效力。

（5）自认制度适用案件的范围是有限的，涉及身份关系（如收养关系、婚姻关系）的案件不能适用自认制度。因为身份关系的案件涉及人身权利，当事人不能任意处分。

（6）自认不能随意撤回。法院以当事人承认的事实为依据作出判决后，承认该事实的当事人不能在无正当理由时以证据推翻承认。只有在有以下情形之一时，自认才没有约束力：作出自认的当事人在法庭辩论终结以前撤回承认，并且该撤回是经对方当事人同意的；有充分的证据证明其自认行为是在受胁迫下作出的，且与事实不符；自认是在重大误解的情况下作出的，且与事实不符。

第三节　证明责任

一、证明责任概说

（一）证明责任的概念

法院为作出裁判，首先应确定有关法律要件事实是否存在，然后才能适用相应的法律规范，但在有的案件中，无论当事人如何举证，法院如何运用职权调查，当事人所主张的事实存在与否仍然无法得到证明，法院也不能拒绝作出裁判，法院在此时应当如何裁判的问题，就是通过证明责任及其分配制度来解决的。

所谓证明责任，是指诉讼当事人通过提出证据证明自己主张的有利于自己的事实，避免因待证事实处于真伪不明状态而承担不利诉讼后果。当作为裁判基础的案件事实处于真伪不明时，必然有一方要承担由此而带来的不利后果，那么这一后果应当由谁来承担呢？这就是证明责任分配所要解决的问题。证明责任分配的含义是：法院在诉讼中按照一定规范或标准，将事实真伪不明时所要承担的不利后果在双方当事人之间进行划分。由于受到英美法的影响，我国司法解释以及有些论著使用了"举证责任"和"举证责任的分配"的术语，含义与"证明责任"和"证明责任的分配"大致相同。

证明责任又分为主观证明责任和客观证明责任。主观证明责任，德国学者称之为"举证责任"，是指谁主张就应由谁提供证据加以证明，而主张对自己有利事实的当事人提出证据证明的责任，是一种诉讼义务，当事人必须履行。这一概念在我国证据法中，称为"行为意义上的证明责任"；客观证明责任是指不履行举证证明的义务时应承担败诉的风险。我国证据法理论称之为"结果意义上的证明责任"。

（二）理解证明责任应当注意的问题

1. 证明责任既包括举证行为，也包括可能承担的不利的诉讼后果，这种后果只在作为裁判基础的主要事实真伪不明时才发生作用。客观证明责任由哪一方当事人承担，是由法律规范预先确定的，客观证明责任在诉讼中不存在原告被告之间相互转移的问题。

2. 真伪不明是证明责任发生的前提。如果作为裁判基础的事实是确定的，就不会发生承担证明责任的后果。真伪不明是一种状态，是指因为当事人没有证据或者有证据但不能证明到使法官能够确信该待证事实存在与否的状态。法官在无法确定作为裁判基础的事实存在与否的时候，就要考虑根据法律规定应当由谁来承担因为该事实不明所带来的不利后果。因此，证明责任的重要作用之一就在于当事实真伪不明时指导法院如何作出裁判。

3. 真伪不明的事实是指作为裁判依据的主要事实，不涉及间接事实和辅助事实。因为法院只要对主要事实的存在与否作出认定，就能够决定是否适用实体法规，进而作出裁判，就不会发生真伪不明的情形。

4. 法院不是证明责任承担的主体，证明责任是对当事人的一种不利后果。而且，在针对单一诉讼请求时，证明责任还只能由一方当事人承担，而不可能由双方当事人各自承担。因为法院在待证事实真伪不明时，只能作出一种裁判，要么对原告不利，要么对被告不利，这种不利是无法由双方当事人分担或者共担的。

5. 证明责任不同于主张责任。主张责任是指当事人提出有利于自己的事实的责任。如果当事人没有向法院提出对自己有利的事实就可能承担不利的后果。主张责任不是一种基于对某主要事实不能证明所要承担的不利后果。主张责任的意义是，促使当事人主张有利于自己的事实，否则法院也就无法知道该事实存在，也就不能将该事实作为裁判的依据，从而导致没有主张的当事人承担不利的后果。

6. 证明责任制度并不是鼓励法院使用证明责任制度进行裁判，而是相反，它希望通过公平合理地分配证明责任，促使当事人提出证据，充分汇集证据资料，使法院作出的裁判尽可能在案件事实得到查明的基础上，达到实体公正。总的说来，只有部分案件面临待证事实无法确定时，需要按照证明责任的分配原则进行裁判，而多数案件是可以根据查明的事实作出裁判的。

（三）确立证明责任制度的意义

1. 有利于法院及时裁判。法院应以审查核实的证据作为认定案件事实的基础，并据此作出适当的判决，但有些案件的事实无论怎么审理也无法确定其是否存在。如果不能作出判决，就无法解决当事人之间的纠纷。当发生特定法律效果所必要的待证事实存在与否无法认定时，只能假定其事实存在或不存在，并以此为基础，作出产生或不产生相应法律效果的判决，这只能由客观的证明责任制度加以解决。

2. 有利于调动诉讼当事人的举证积极性，便于法院查明案件事实。由于证明责任制度把举证责任与诉讼结果紧密联系在一起，当一方当事人的诉讼主张未能被有效、充分的证据证实时，在诉讼结果上就会处于不利的位置，承担败诉的风险。这样，双方当事人为了使自己胜诉，就会积极地去调查、收集并主动提供证据，显然这对法院查明案件事实是大有裨益的。

二、关于证明责任分配的学说

（一）关于证明责任分配的原有学说

证明责任的分配是证明责任制度的核心。关于证明责任如何分配，古罗马的法学家们曾提出两条原则：①原告有举证的义务。根据这一原则，被告不负证明责任，只有原告对他的主张负证明责任。原告不尽举证义务时，应作出被告胜诉的裁判；若原告已尽举证义务时，被告须提出反证，推翻原告的举证。被告提出抗辩时，就该抗辩往往有举证的必要。②主张的人有证明的义务，否定的人没有证明的义务。即主张积极事实的人有证明义务，主张消极事实的人不承担证明义务。罗马法学家就提出，各当事人应就各自所陈述的原因事实举证证明，原告就其起诉以及再抗辩的原因事实应举证证明，被告就其抗辩及再抗辩的事实应举证证明。

证明责任之所以受到古罗马法学家的重视，是要解决两个问题：①当作为裁判基础的重要案件事实发生争议时，应当由哪一方当事人首先提供证据加以证明；②在争议事实缺乏必要的证据而不能认定时，应判决哪一方当事人败诉。这些问题在任何社会的司法实践中都会遇到。近现代各国学者阐发了罗马法学家的观点，提出了许多证明责任学说，这些学说大体上可以分为三种类型：待证事实分类说、法律要件分类说和新学说。

1. 待证事实分类说。将待证事实的不同性质进行分类归纳形成待证事实分类说，其代表性的学说有：①消极事实说。该学说把待证事实分为消极事实和积极事实，认为主张消极事实的人，就该事实不负证明责任。②外界事实说。该说依据事实能否通过人的五官从外部加以观察，将待证事实区分为外界事实和内界事实。前者如被继承人的死亡，合同的订立与履行等；后者如侵权行为人的故意与过失等。该说认为外界事实易于证明，所以主张的人应负证明责任；主张内界事实的人，无法从外部直接感知，极难证明，所以主张的人不负证明责任。

2. 法律要件分类说。法院要判断当事人争议的法律关系是否存在时，必须先确定与该法律关系有关的各种法律事实，因为在成文法比较完备后，它常常确定了由双方当事人各自根据这些要件事实负证明责任的范围。法律要件分类说着重考虑待证事实在法律构成要件中的地位，依据实体法规定的要件事实的不同性质来确定证明责任分配的规则。它与待证事实分类说的根本区别在于，它不是以事实本身的内容与性质作为分担证明责任的标准，而是着眼于事实与实体法的关系，根据不同类型的事实在实体法上引起的不同效果来确定证明责任的分配。其代表性的学说有：

（1）特别要件说。该学说依实体法上的规定，将发生法律上效果（权利或法律关系）所必要的法律要件事实，分为特别要件事实及一般要件事实，并以此作为分担证明责任的标准。该学说认为，凡主张权利或其他法律上效果存在的人，应就其发生的特别要件事实，负证明责任；而一般要件的欠缺，则由对方负证明责任。凡主张已发生的权利或其他法律上的效果变更或消灭者，应就其变更或消灭的特别要件事实负证明责任。一般要件欠缺则由对方负证明责任。该学说为德国学者马克斯·韦伯（Max Weber）所首创。

（2）规范说。规范说是在韦伯提出的学说基础上，由罗森贝克等学者提出、发展和完善的，逐渐成为德、日两国民事诉讼理论界影响最大、长期居支配地位的通说。该说认为民法的法律规范本身，已具有证明责任分配的规则，因为立法者在立法时已将证明责任分配问题，在各法条中进行了考虑与安排，只需将全部民法的法条进行分析，不难直接发现证明责任分配的一般原则。

（3）全备说。该说为德国学者莱昂哈德（Leonhard）所创立。他也认为实体法中隐藏着证明责任分配的原则，并在对法律规范进行分类的基础上也提出了证明责任分配的原则。他认为引起权利发生的一切法律要件事实，都是产生权利所必需的，人为地将它们区分为一般要件事实与特别要件事实是错误的，因而也不能以此作为证明责任分配的标准。莱昂哈德将法律规范区分为两大类：权利发生规范和权利消灭规范。罗森伯格（Rosenberg）的权利规范被归入权利发生规范，权利受制规范则被归入权利消灭规范。他认为证明责任的分配原则是：主张法律效果成立的当事人，就发生该法律效果所必需的法律要件的一切有关事实，应当负主张和举证的责任。因莱昂哈德将一般要件事实和特别要件事实都作为权利发生的要件事实，所以他的学说被称为"全备说"。

（二）关于证明责任分配的新学说

随着时间的推移，根据原来的学说似乎不能解决新出现的问题。为此，有些学者对证明责任分配学说进行了修正。比如就损害赔偿诉讼来说，德国理论和实务界出现了三种学说：

1. 危险领域说。危险领域指当事人于法律上或事实上能支配的生活领域范围。该学说依据待证事实属哪一方当事人控制的危险领域为标准，决定证明责任的分担。当损害发生的原因发生于加害人所控制的危险领域内时，被害人对加害人的故意或过失不负证明责任。加害人要想免责，就必须对免责事由负证明责任。危险领域说影响的举证责任分配，其适用的事项包括特定类型的契约，如保管型的运输契约、雇佣契约、承揽契约等。契约关系之外，特殊侵权行为责任主观要件的归责事由和客观要件的因果关系，都可以危险领域作为其举证责任分配标准。

2. 盖然性说。盖然性说主张依据待证事实发生的盖然性高低，以统计上的原则及例外情况为基础，适当地分配证明责任。根据生活经验和统计结果，对发生的盖然性高的事实，主张该事实的当事人不负证明责任，对方当事人应对没有发生该事实负证明责任。因为在事实不明而当事人又无法举证的情况下，法院认定发生盖然性高的事实远比认定发生盖然性低的事实能接近事实而避免误判。在证明责任分配的设计上，如果一方当事人主张发生盖然性较低的事实，那么就由他负责证明责任。

3. 损害归属说。该学说是德国学者瓦伦·多尔夫（Waring Dorff）于1970年提出的。他主张以实体法确定的责任归属或损害归属原则为分担证明责任的标准。即通过对实体法条文进行对比、分析，寻找出实体法关于某一问题的损害归责原则，然后由依实体法应承担责任的一方负证明责任。证明责任的归属应当与实体法上的损害归属相一致，否则，实体法的立法宗旨就将无法实现。他还认为，证明责任应依据公平正义这一最高的法律原则进行分配。

德国关于证明责任分配的新观点对日本民事诉讼理论产生了巨大影响。以石田穰为代表的一些日本学者对法律要件分类说提出挑战，提出以利益考量说取代法律要件分类说。石田穰认为，证明责任分配应考虑四个方面的因素：①双方与证据距离的远近，应当由接近必要证据的一方对争议事实负证明责任；②举证的难易，即根据事实的性质确定举证难易，由易于举证的一方负担证明责任；③盖然性的高低，即主张的事实存在或不存在的概然性较高者，主张者不负证明责任；④诚实信用原则，即法律虽然将证明责任归于一方当事人，但如果对方当事人违反诚信原则，有实施妨害举证等行为的，证明责任应转由妨害举证者负担。

无论是哪一种新学说，都涉及对举证责任分配的价值考量，举证责任分配系以公平正义为最基本的价值准则。法律要件分类说是与近代民法的公平正义观念相适应的充满着法律形式主义的理想；而20世纪60年代以来的举证责任分配新学说，却是为克服"规范说"的形式主义而提出来的，带有现代民法追求实质公正的价值取向。新学说关于举证责任分配标准都是实质性的，它们既希望为立法者提供实体性的价值指引，从而达成实体一般公正；也希望能为司法者处理案件时提供个案所应当考虑的因素，从而促进个案公正。虽然德、日学者这些关于证明责任分配的新学说对"规范说"提出了挑战，但"规范说"所确定的证明责任分配规则，明确而具体，契合了成文法的思维观念。至今，"规范说"在德、日的民事司法实践中仍然起着无可替代的作用。

三、我国关于证明责任的立法规定

（一）我国证明责任的一般分配原则

我国《民事诉讼法》第64条第1款的规定，当事人对自己提出的主张，有责任提供证据。简言之，就是"谁主张，谁举证"。虽然该规范过于含糊和笼统，没有明确以哪一种证明责任分配学说来指导司法实践，但由于司法实践中的职权主义因素，立法对法官调查证据和查明客观真实有严格的要求，很少出现根据证明责任分配进行裁判的情形。进行审判改革后，法院强调当事人负有提出证据的义务，法官逐渐减少依职权调查证据。但是，必须将促进当事人举证和不履行举证义务和承担败诉的风险联系起来。所以，需要根据理论或立法来分配当事人举证不能时谁承担败诉后果的风险。由于我国受成文法传统的影响较深，理论和实务界普遍赞同运用法律要件分类学说来处理证明责任的分配问题。《民事诉讼证据规定》第2条规定："当事人对自己提出的诉讼请求所依据的事实或者反驳对方诉讼请求所依据的事实有责任提供证据加以证明。没有证据或者证据不足以证明当事人的事实主张的，由负有举证责任的当事人承担不利后果。"该规定和其他相关规定一起，明确了我国以法律要件分类说为基础来确定证明责任分配的思路。

按照法律要件分类说，依据《民事诉讼证据规定》第2、5、6条的规定，根据待证事实与法律规范之间的关系，确定了合同、侵权等民事案件中一般证明责任分配的规则。

1. 合同纠纷诉讼中，主张合同关系成立并生效的一方当事人对合同订立和生效的事实承担证明责任；主张合同关系变更、解除、终止、撤销的一方当事人对引起合同关系变动的事实承担证明责任。对合同是否履行发生争议的，由负有履行义务的当事人承担证明责任。

2. 代理权发生争议的，由主张有代理权的一方当事人承担证明责任。

3. 一般侵权诉讼案件中，主张损害赔偿的权利人应当对损害赔偿请求权产生的事实加以证明。损害赔偿法律关系产生的法律要件事实，包括侵害事实、侵害行为与侵害事实之间的因果关系、行为具有违法性以及行为人的过错等。

4. 劳动争议纠纷案件中，因用人单位作出开除、除名、辞退、解除劳动合同、减少劳动报酬、计算劳动者工作年限等决定而发生劳动争议的，由用人单位负证明责任。

（二）我国证明责任分配的补充规则

《民事诉讼证据规定》借鉴了"法律要件分类说"理论，同时也考虑了具体某些案件和特殊情况下证明责任分配的特殊性，作为我国证明责任分配的补充规则。包括证明责任分配的倒置、推定、证明妨碍等规则。

1. 证明责任分配的倒置。证明责任的分配应当考虑其公平性。现代社会越来越重视对处于弱势地位的受害者或消费者的保护。例如，在大工业生产流通领域或危险领域发生的侵权事件中，原告主张的事实往往无法提出证据证明或难以证明，让原告承担证明责任，原告就无法获得赔偿救济。所以，当事人双方证明待证事实的难易、距离证据的远近以及待证事实发生的盖然性高低，在分配证明责任时都必须加以考虑。而证明责任分配的倒置就是解决这一问题的方案。

证明责任分配的倒置，是法律直接规定主张有利于自己的事实者不负担证明责任，而由对方当事人承担证明责任；对方当事人在不能履行证明义务时，将承担败诉的后果。证明责任倒置必须有法律的规定，在诉讼中法官不可以任意倒置证明责任分配。根据我国的法律和《民事诉讼证据规定》第4条等司法解释，一般认为，下列情形属于证明责任倒置：

（1）因新产品制造方法发明专利引起的专利侵权诉讼，由制造同样产品的单位或者个人对其产品制造方法不同于专利方法承担举证责任。

（2）因环境污染引起的损害赔偿诉讼，由加害人就……其行为与损害结果之间不存在因果关系承担举证责任。

（3）建筑物或者其他设施以及建筑物上的搁置物、悬挂物发生倒塌、脱落、坠落致人损害的侵权诉讼，由所有人或者管理人对其无过错承担举证责任。

（4）因共同危险行为致人损害的侵权诉讼，由实施危险行为的人就其行为与损害结果之间不存在因果关系承担举证责任。

（5）因医疗行为引起的侵权诉讼，由医疗机构就医疗行为与损害结果之间不存在因果关系及不存在医疗过错[1]承担举证责任。

上述关于证明责任分配倒置的规定，应当注意以下几点：

（1）证明责任分配的倒置并非将原告主张的要件事实的证明责任全部转给被告，而是将加害人的过错或者行为和结果之间的因果关系等要件事实的证明责任予以倒置。未被倒置的事实仍然由受害人加以证明。值得注意的是，因医疗行为引起的侵权诉讼，医疗机构必须同时证明医疗行为与损害结果之间不存在因果关系及不存在医疗过错这两个要件事实，方可免责。

---

[1]《侵权责任法》（2010年7月1日实施）将《民事诉讼证据规定》所规定的医疗过错完全证明责任倒置进行了改动。根据《侵权责任法》第54条和第58条的规定，在医疗侵权诉讼中，原则上由受害者对医疗过错的存在负证明责任，三种例外情形下，实行医疗过错推定。《侵权责任法》第54条规定：患者在诊疗活动中受到损害，医疗机构及其医务人员有过错的，由医疗机构承担赔偿责任。第58条规定：患者有损害，因下列情形之一的，推定医疗机构有过错：①违反法律、行政法规、规章以及其他有关诊疗规范的规定；②隐匿或者拒绝提供与纠纷有关的病历资料；③伪造、篡改或者销毁病历资料。

（2）证明责任分配的倒置，是对法律要件分类说的补充。在我国，证明责任分配倒置的说法，是指主张有利于己的事实者不承担证明责任，实体法或者程序法明确规定转由对方当事人承担，它是针对主张有利于己的事实者应当承担证明责任而言的。

（3）我国证明责任分配倒置的说法，既涵盖了实体法上的无过错归则，也涵盖了推定过错的情形。证明责任倒置要求被告证明自己无过错的，对应于实体法中的过错推定；证明责任倒置要求被告证明其加害行为与损害后果之间不存在因果关系的，对应于实体法中的因果关系推定。在过错推定和因果关系推定的情况下，如加害人不能证明自己无过错或者证明因果关系不存在的，就要承担损害赔偿责任。

2. 推定。从推定与法律规范的关系看，推定可以分为法律上的推定和事实上的推定，它们都可以起到分配证明责任的功能。

（1）法律上的推定。法律上的推定，指法律规定以某一事实的存在为基础，并直接根据该事实认定待证事实的存在与否。是依据法律从已知事实推论未知事实、从前提事实推论推定事实的结果。大陆法系学者称之为"真正的法律上推定"。这种推定在法律上应用得比较广泛，我国实体法中也有大量的推定。如《合同法》第48条："行为人没有代理权、超越代理权或者代理权终止后以被代理人名义订立的合同，……相对人可以催告被代理人在1个月内予以追认。被代理人未作表示的，视为拒绝追认。……"《合同法》第78条："当事人对合同变更的内容约定不明确的，推定为未变更。"适用这种推定，可以减轻主张推定事实的一方当事人的举证责任。它实际上是通过变更证明的主题，用对前提事实的证明替代对推定事实的证明，而当事人证明前提事实则相对较容易。如果对方有异议，应当提出反证推翻推定事实，此时，证明责任被分配给对方。例如，依有关法律规定，夫妻关系存续期间所生的子女，视为婚生子女。一方当事人要否定这一推定事实，必须提出充分的证据证明夫妻于该子女出生前，已分居若干年，且无往来，从而使推定事实是否存在陷入真伪不明的状态。在此情况下，就不能再适用推定法则认定该子女为婚生。参见最高人民法院1956年9月《关于徐××所生的小孩应如何断定生父问题的复函》。

法律上的推定又分为两类：法律上的事实推定和法律上的权利推定。法律上的事实推定，是指法律规定以某一事实的存在为基础，并直接根据该事实认定待证事实的存在与否。法律上的权利推定，是指法律对某种权利或法律关系是否存在直接加以推论的情况。但法律上的权利推定并不是证据规则，所以，证据法上所说的法律推定只包括法律上的事实推定。

对推定的反驳并不限于针对推定事实提出反证，还可就前提事实提出争议，并提供证据证明前提事实不存在，只要使前提事实的存在与否处于真伪不明状态即达到推翻推定事实的目的。

由于推定的重要性，我国正在制定的证据法和民法典都在有意规定一些法律上的事实推定，为司法裁判提供明确的依据。推定可减少司法裁量的随意性，对推定事实有异议的人可反证推翻推定事实，所以推定也不会损害当事人的利益。

《民事诉讼证据规定》第 75 条和《关于民事经济审判方式改革问题的若干规定》第 30 条都规定："有证据证明一方当事人持有证据无正当理由拒不提供，如果对方当事人主张该证据的内容不利于证据持有人，可以推定该主张成立。"这就是关于妨碍举证的推定，属于证据法上的法律推定。

双方当事人往往利益对立，一方作为证据持有人持有对自己不利的证据，该证据证明的待证事实为对方当事人所主张，证据持有人一般是不会将这一证据出示给法庭的，也不会在证据交换程序中使用。如果对方当事人主张该证据的持有人持有该证据，并且他举证证明或法院根据相关证据或经验法则发现该证据掌握在其手里，在法院要求其提供的情况下，持有人无正当理由拒绝提供的，推定一方当事人主张该证据的内容不利于持有者一方，是比较合乎情理的。理论上，持有证据但是无正当理由拒不提供该证据的当事人，其行为构成"妨碍举证的行为"。这一推定，客观上将证明责任倒置给证据持有人。不过，与证明责任倒置不同，当事人可以提出相反的证据驳倒妨害举证的推定，即证据持有人可以反证推翻推定事实；而证明责任倒置的规则不能用任何方法推翻。

（2）事实上的推定。事实上的推定是指法院依据某一已知事实，根据经验法则，推出诉讼中需要证明的另一事实存在或者不存在。如可根据被告在诉讼中销毁、隐匿证据这一事实，推断出示该证据必定于其不利；如当事人就书证的形式和内容真实性不表明态度，且在其他陈述中对书证的真实性也未提出争执时，可认为已经承认该书证；法院要求当事人就书证的真实性陈述意见，而当事人拒不陈述时，视为承认该书证；等等。事实上的推定是建立在严密的逻辑推理和人们日常生活经验的基础之上的，成立事实上的推定必须具备以下条件：①存在已知的事实或日常生活经验作为推定的前提事实；②这些前提事实必须是真实的；③需要推论的事实无法直接证明；④有经验法则作为推定的桥梁。经验法则把握了已知事实与推定事实之间经常发生的合理联系，没有经验法则，事实推定无法进行。

事实上的推定区别于法律上的推定的明显标志，是有无法律明文规定。事实上的推定可以被吸收为法律规则，就成为法律上的推定。事实上的推定是建立在严密的逻辑推理和人们日常生活经验的基础之上的，当事人可以提出反证推翻推定，从而使推定规则失去效用。

事实上的推定既然是司法裁量的表现形式，并对当事人的利益产生重大影响，对事实推定加以规范就成为必要。立法上规定事实推定为证明方式的国家，都对司法裁量权作出了严格限定。例如，《意大利民法典》第 2729 条规定："不是由法律规定的推定由法官慎重作出，法官仅应当接受重要的、精确的和一致的推定。对于法律排除证人证言的情况，推定不被认可。"《法国民法典》第 1353 条规定："非法律上的推定由审判员根据学识与智虑定之，但审判员只得为真诚、正确而且前后一致的推定。并且只于法律许可用人证的情形始得为之，但在以诈欺为原因而提起取消证书之诉的情形，不在此限。"

3. 司法者公平裁量。证明责任的分配一般是由实体法和诉讼法确定的，不能由司法自由裁量；但是，由于发生在社会生活中的案件繁杂多样，而且新类型的纠纷也不断出现，通过授予司法裁量权来决定特殊案件的证明责任分配是必要的。《民事诉讼证据规定》第 7 条规定："在法律没有具体规定，依本规定及其他司法解释无法确定举证责任承担时，人民法院可以根据公平原则和诚实信用原则，综合当事人举证能力等因素确定举证责任的承担。"由此，在无法律规定时，举证责任分配的司法裁量可考虑公平正义原则、诚实信用原则和当事人举证能力等因素来确定。公平原则是理解和适用规范说、危险领域说等证明责任分配规则的价值前提，也是作出一切公正裁判的必要条件；诚信原则是对当事人进行民事活动和民事诉讼行为时必须具备诚实、善意的内心状态的要求，对当事人进行民事活动和民事诉讼行为起着指导作用，当事人是否有诚实、善意的内心状态而行为，可以成为法官分配举证责任的一个依据；当事人举证能力则包括双方当事人距离证据的远近、接近证据的难易以及收集证据能力的强弱等因素。

第四节　证明标准

一、证明标准概说

证明标准是指证明待证事实存在或不存在所要达到的证明程度。诉讼中，如果待证事实没有达到证明标准时，该待证事实就处于真伪不明的状态。已达到证明标准时，法院就应当以该事实作为裁判的依据。

应该说，自由心证制度下，法官依据本案证据确信案件事实存在或者不存在，就可以认定案件事实，不存在一个精确的可以计算的标准。但是，如果其确信不能达到百分之百，在不能获得更多的证据来证明待证事实时，能否认定该待证事实成立并据此作出判决？这就是证明标准要回答的问题。

二、两大法系国家民事诉讼证明标准简述

对证据作出判断时，如果存在一个证明程度上的量化标准，可以避免法官出现主观擅断。两大法系民事诉讼理论关于证明标准的认识有一定的相通性。下面就分别加以说明。

（一）英美法系国家"盖然性占优势"的证明标准

英美法国家的证据法中"盖然性占优势"标准，是适用于民事案件的最低限度的证明要求，也叫或然性权衡或者盖然性占优势的标准。所谓占优势的盖然性（preponderance of probability），是指一方当事人证据的证明力及其证明的案件事实比另一方当事人更具有可能性，相应的诉讼主张成立的理由更为充分。占优势的盖然性具体表现为一方当事人证明的案件事实和诉讼主张的可能性与另一方当事人之间存在着一定的差额，因此又称为差别的盖然性标准（balance of probability）。由于案件事实的可能性和诉讼主张的成立程度取决于当事人提出证据的分量（证明力），占优势的盖然性标准又称为占优势的证据标准（preponderance of evidence）[1] 或者证据优势标准。[2] 摩菲（Murphy）认为，如果将证据的证明力比喻为砝码，当事人的证明活动是否占据优势要看双方当事人各自添加了多少砝码。如果原告提出的证据的分量是51%，而被告提出的证据的分量是49%，那么，原告胜诉，法官应当作出有利于原告的判决；如果情况相反，或者原告和被告提出的证据的分量相同，被告胜诉，法官应当作出有利于被告的判决。[3] 丹宁（Denning）勋爵认为，"差别的盖然性这一标准已经比较好地解决了。它必须是一个合理程度的盖然性，但是，没有刑事案件所要求的程度高。如果证据处于这种状况，裁判者可以说：'我认为这更有可能，举证责任即可解除；但是，如果两种可能性是相等的，举证责任就没有解除。'"[4]

可以看出，"盖然性"、"占优势"或者"差别"是说明该标准的关键所在。

关于盖然性，我国证据法学者认为是指"有可能而不是必然的一种性质，或者说为一种可能的状态"。[5] 从英文来看，盖然性一词同时具有可能性、真实性

---

[1] Henry Campbell Black, *Black's Law Dictionary*, 5th ed., West Publishing Co., p. 1064. 布莱克认为，占优势的证据是指"比反证更为有力或者可信的证据。也就是说，全部证据证明待证事实成立比不成立更有可能。……从民事诉讼证明责任来看，占优势的证据是指具有更大分量的证据，或者更为可靠可信的证据，是与理由和真实性最符合的证据。"

[2] 白绿铉：《美国民事诉讼法》，经济日报出版社1996年版，第137页。该书认为，"证据优势是指证明某一事实的证据的分量和证明力比反对其事实存在的证据更有说服力，或者比反对证明其真实性的证据的可靠性更高。"

[3] Peter Murphy, *A Practical Approach to Evidence*, 4th ed., Blackstone Press Ltd., 1992, p. 105.

[4] Bater v. Bater (1950), 2All E. R 458 at 459.

[5] 陈一云主编：《证据学》，中国人民大学出版社2000年版，第116页。

两种意思。布莱克（Black）认为，所谓盖然性是指"可能性（likelihood），是真实性或者真实的表象（appearance of reality or truth），是假定的合理的理由，是貌似真实，是符合情理；是一种诉讼主张或者设想成为真实的可能性，或者来自于与理性或者经验的一致性，或者来源于更强的证据或理由；是在支持一个诉讼主张的证据比反对该诉讼主张的证据更多时产生的一种条件或者状态。"

关于"占优势"（preponderance）和"差别"（balance），布莱克认为，"占优势"一词不是证据的分量（weight）问题，而是分量的多少和超重多少的问题。"在出现争议时，每一方的证据都有分量，但是陪审团不能因此仅仅根据证据的分量作出有利于承担举证责任一方当事人的认定，除非该方当事人的证据在一定的程度上超过了对方当事人证据的分量。……证据的优势不能仅仅以证人的数量认定，而应当根据所有的证据中更有分量的证据认定。了解的机会、拥有的信息，作证时的言行举止都是认定证人证言分量的根据。"[1] "在民事诉讼中裁判者在对应当证明的案件事实问题形成有确信的认定结论时，必须被合理地说服（reasonable satisfied）。是否确信取决于作出判断的全部案件情况，其中包括认定结论后果的严重性。"[2] 按照美国模范证据法典起草委员会主席摩根（Morgan）的解释，盖然性占优势证明标准意味着"凡是特定事实之存在有说服负担之当事人，必须以证据之优势确立其存在。法官通常解说所谓证据之优势与证人之多寡或证据之数量无关，证据之优势乃在其使人信服的力量。有时并建议陪审团，其心如秤，对双方当事人之证据分置于其左右之秤盘，从而权衡何者具有较大之重量"[3]。因此，优势证据不是一项数量标准，而是一项质量标准，反映了证据的可信度和说服力。

另外，在英美国家，对于部分特殊的争议要求的证明标准较高，不限于盖然性优势证据，而是要求达到清晰和有说服力的（clear and convincing）证明标准，它介于盖然性优势证据和排除合理怀疑标准之间，要求证据的质量比通常的民事案件中的更高并且更具有说服力。例如，有关订立遗嘱的合同是否合法的争议，决定某人是否应当被送往精神病院或父母监护权是否应当终止的民事程序等，要求证明的程度更高。英国的丹宁勋爵在 1951 年的判决中指出，"诚然，英国法上刑事案件要求比民事案件更高的证明标准。但必须指出，两者都不是绝对的标准。刑事案件中的控诉人必须证明毫无合理程度的怀疑，但在这项标准的内部可

---

〔1〕　Henry Campbell Black, *Black's Law Dictionary*, 5th Ed., West Publishing Co., p. 1604.

〔2〕　Smith v. Smith and Steadman（1952），2 S. C. R 312 at pp. 331～332. 引文是主审法官对差别的盖然性的解释。

〔3〕　［美］摩根：《证据法之基本问题》，李学灯译，世界书局1982年版，第48页。

能有不同程度的证明。民事法庭考虑诈欺指控时，当然比考虑过失是否成立要求更高程度的盖然性"[1]，从而指出了证明标准的可变性和灵活性。

（二）大陆法系国家"高度盖然性"的证明标准

大陆法系各国的民事诉讼证明标准普遍要高于英美法系国家的规定，要求达到高度盖然性的程度。所谓高度盖然性（the high degree of probability），它不同于自然科学的证明，而是要求通常人们日常生活中不怀疑并达到作为其行动基础的程度。《英国大百科全书》（第25版）认为，"在普通法国家，民事案件仅要求占优势的盖然性……在大陆法国家中，则要求排除合理怀疑的盖然性"。法国多数学者也认为，法院对于民事案件所裁判的事实问题不必达到绝对真实的程度，而只要具备某种盖然性就已满足充分条件。[2]

大陆法系国家之所以实行高度盖然性标准，主要是由于在职权主义模式下当事人的对抗不是很激烈，"法官对事实的认定并非是完全着眼于双方当事人通过证据来加以攻击与防御，从而使一方以优势的明显效果导致事实自动暴露出来，而主要由法官对各种证据的调查、庭审活动的开展所直接形成的一种心证，当这种心证在内心深处达到相当高度时，便促使法官对某一案件事实的认定"[3]。

在德国，具体法律条文中对不同的盖然性采用了不同的用语，如"高度盖然性"、"对真相的心证"、"如此高的盖然性，以至于理性的人都不怀疑"等，德国《民事诉讼法》第286条规定了原则性的证明标准，即当法官获得了很高的盖然性，他可以视其为真实，然后在《民事诉讼法》的其他条款和其他实体法中又分别对该原则性证明标准作了相应的修改，予以降低或者提高。

在日本，全盘吸收了德国的高度盖然性标准，实践中的证明是由一个著名的判决确立的，日本最高法院在1975年（昭和五十年）2月24日对于一个医疗事故事件的判决中写道[4]："诉讼上因果关系的举证不属于'不容半点怀疑'的自然科学上的证明，而是按照经验法则并综合斟酌所有证据，对使法官能够认定特定事实引发特定结果之关系高度盖然性的证明，该判定必须能够使一般人毫无

---

[1] 转引自沈达明编著：《英美证据法》，中信出版社1996年版，第42页。

[2] See Peter E. Herzog, Martha Weser, *Civil Procedure in France*, Martinus Nijhoff: The Hague, Netherlands, 1967, p. 310.

[3] 刘善春、毕玉谦、郑旭：《诉讼证据规则研究》，中国法制出版社2006年版，第31页。

[4] 该判决的主要案情是：一个因患化脓性髓膜炎住东大医院接受治疗的婴儿，在实施一种通过腰椎穿刺采集骨髓，并注入盘尼西林的手术15～20分钟后突然呕吐、痉挛，右半身部分麻木，并造成性格、智能、运动障碍，家长以此提出要求医院赔偿。在这一事件中，被告方主张婴儿的症状及后来产生的障碍是化脓性髓膜炎所致，并非由该手术造成的。转引自张卫平主编：《外国民事证据制度研究》，清华大学出版社2003年版，第447页。

疑虑地抱以真实性的确信，而且只要达到该程度即可。"

从性质上看，大陆法系各国的高度盖然性标准与英美法系的盖然性占优势标准没有实质性的差异，由于大陆法系国家采取自由心证制度，法官对证据的判断享有广泛的自由裁量权，当"心证"达到深信不疑或者排除任何合理怀疑的程度，便形成确信。同时由于大陆法系国家证据规则不发达，没有体系完整、逻辑严谨的证据规则约束，自由判断证据所形成的内心确信被认为是一种理性状态。高度盖然性标准与盖然性占优势标准都不苛求客观真实的发现，盖然性占优势在逻辑上包含了高度盖然性标准，它们都比刑事案件的证明标准要低。

当然，最近在德国和日本的学术界，基于对诉讼效率的追求和特定案件过高标准的非现实性，都出现了降低高度盖然性证明标准的讨论和趋向，许多学者论证要降低高度盖然性证明标准而回归英美法系国家的盖然性优势证据标准，这在一定程度上也体现了两大法系相互融合的趋势。[1]

三、我国民事诉讼证明标准

我国现行民事诉讼法没有关于证明标准的明确条款，但是其在规定二审法院如何对一审案件进行监督时间接涉及了证明标准。《民事诉讼法》第153条规定："第二审人民法院对上诉案件，经过审理，按照下列情形，分别处理：①原判决认定事实清楚，适用法律正确的，判决驳回上诉，维持原判决；②原判决适用法律错误的，依法改判；③原判决认定事实错误，或者原判决认定事实不清，证据不足，裁定撤销原判决，发回原审人民法院重审，或者查清事实后改判；④原判决违反法定程序，可能影响案件正确判决的，裁定撤销原判决，发回原审人民法院重审。"据此，一般认为这是从否定的方面表述民事诉讼证明标准的，即"事实不清，证据不足"的案件要改判或发回重审。如果改为正面表述，那么民事诉讼的证明标准也应是"事实清楚，证据充分"。

2001年颁布的《民事诉讼证据规定》对民事诉讼法规定的"事实清楚、证据充分"证明标准进行了修正。《民事诉讼证据规定》第73条第1款规定："双方当事人对同一事实分别举出相反的证据，但都没有足够的依据否定对方证据的，人民法院应当结合案件情况，判断一方提供证据的证明力是否明显大于另一方提供证据的证明力，并对证明力较大的证据予以确认。"这就是学理上所概括的盖然性优势的证明标准。

"盖然性优势"证明标准的说法来源于英美证据法。在英美证据法上，就民事证明标准而论，并存着两种说法，一是盖然性标准（standard of probabilities），

---

〔1〕　对于德国和日本降低高度盖然性标准的讨论，参见张卫平主编：《外国民事证据制度研究》，清华大学出版社2003年版，第440～449页。

二是优势标准（standard of preponderance）。这两个说法都是一个意思，可以通用。我国学者将这两种说法合在一起使用，也未尝不可。不过有一点要注意的是，我国的民事证明标准较之英美模式来说，要求更高，而不是简单的51%的优势即可。我国学者建议采用70% ~ 80%的较高百分比。因此，更准确的说法应当是"较高程度的盖然性优势证明标准"。这一标准含有这样几个属性或要素：

1. 实体性。也就是该证明标准不适用于程序性事实的证明，而仅仅适用于实体性要件事实的证明。对于程序性事实的证明仅能适用"大概如此"或"可能如此"的释明标准，而不是这里的证明标准。

2. 可能性。也就是通过该证明标准所认定的事实是一种可能性而非必然性，换言之，适用此一标准可能导致一定的误判。因此，司法者在运用此一标准时，应当从严掌握。

3. 比较性。在诉讼中，双方当事人对某一特定事实均可能提供一定数量和质量的证据，此时法院需要对这种相反力量的证据进行比较。英美法要求法官心如秤杆，将双方的证据置于两边的秤盘，然后用心灵进行衡量，看哪一方当事人的证据分量更重，以较重者为判断结果的有利者，也即优胜者。

4. 最低性。也就是说，民事证明标准的满足必须达到法律所要求的最低限度，如果没有达到此一程度，即使负担证明责任的当事人提供的证据比对方更多，也更有证明力，也不能满足证明标准的要求，因此就不能获得预期的证明效果。

在上述几个要素中，最关键的要素是最后一个要素，也就是最低性要求。只有达到最低性要求后，才需要进行证明分量的比较衡量，也就是才谈得上比较性要求，并在可能性的基础上实现实体性的证明要求。

第五节　庭审证据的调查和认定

一、质证

（一）质证概述

1. 质证的概念及其构成。质证是指诉讼当事人、诉讼代理人在法庭的主持下，对所提供的证据进行宣读、展示、辨认、质疑、说明、辩驳等活动。质证既是当事人、诉讼代理人之间相互审验对方提供的证据，又是帮助法庭鉴别、判断证据。

质证的主体是当事人和诉讼代理人。当事人包括原告、被告、第三人等。审判人员虽然主持质证活动，虽然也需要将自己调查收集的材料在质证中出示，虽然有时也会向当事人发问，但不是质证的主体。其在质证中的任务是引导当事人进行质证，维持质证活动的秩序和听证。

质证的客体是进入诉讼程序的各种证据，既包括当事人向法庭提供的证据，又包括法院依职权调查收集的证据。前者由双方当事人互相质证，后者则由审判人员出示后，由当事人进行质证。

质证的内容是审查诉讼材料是否具备证据的特征，即是否具有客观性、关联性、合法性，以向法庭表明哪些材料可以作为认定案件事实的依据，哪些材料不得作为认定案件事实的根据。

2. 质证的意义。质证在民事诉讼中具有重要作用。对当事人来说，它是维护自身合法权益的一种手段。当事人通过质证，一方面可以向法庭说明自己提供的证据是真实可靠的和这些证据所具有的证明力；另一方面可以向法庭揭露对方当事人提供的虚假的证据、违法取得的证据，或者说明对方提供的证据只有很弱的证明力。对于人民法院来说，它既是将证据材料转化为证据的一个必经环节，也是审查核实证据的法定方式。《民事诉讼法》第66条规定"证据应当在法庭上出示，并由当事人互相质证"。最高人民法院在《民事诉讼证据规定》第47条中进一步明确，未经庭审质证的证据，不能作为定案的根据。这些规定表明质证是人民法院审查核实证据的基础性程序。

（二）质证的程序

质证的程序一般包括以下三个步骤：

1. 出示证据。质证开始于一方当事人向法庭和对方当事人出示证据。出示的方式包括宣读、展示、播放等。出示证据的顺序为首先由原告出示，被告进行质证，然后由被告出示，原告进行质证。第三人参加诉讼时，可以对原告或被告出示的证据进行质证。对第三人出示的证据，原告和被告可进行质证。人民法院调查收集的证据，在当事人出示证据后出示，由原告、被告和第三人进行质证。当质证的对象为书证、物证、视听资料时，举证的一方当事人一般应当出示证据的原件或原物，对方当事人也有权要求其出示原件或原物。只有在以下两种情况下，作为例外，当事人才可以出示复制品、复制件：①出示原件或原物确有困难并经人民法院准许出示复制件或复制品的；②原件或者原物已不存在，但有证据证明复制件、复制品与原件、原物是一致的。

当质询的对象为证人证言时，证人原则上应当出庭接受双方当事人的询问。只有在确有困难不能出庭时，才能够经法院许可后，用提交书面证言或视听资料替代出庭。证人确有困难不能出庭的情形主要包括：①年迈体弱或者行动不便无法出庭的；②特殊岗位确实无法离开的；③路途特别遥远，交通不便难以出庭的；④因自然灾害等不可抗力的原因无法出庭的。

在条件许可的地方，可以让未能出庭的证人通过双向视听传输技术手段作证。

2. 辨认证据。一方当事人出示证据后，由另一方进行辨认。辨认的意义在于了解另一方当事人对所出示证据的态度，以便决定是否需要继续进行质证。辨认的结果分为认可和不予认可两种。认可一般以明示方式进行，如承认对方宣读的书证的内容是真实的；但也可以表现为不予反驳的默示方式。对已经为对方当事人认可的证据，人民法院可以直接确认其证明力，无需作进一步质证。

3. 对证据质询和辩驳。一方出示的证据为另一方否认后，否认的一方当事人就要向法庭说明否认的理由。否认的理由包括指出对方出示的证据是伪造或变造的、对方出示的证据是采用非法手段收集的，说明对方提出的证人与该当事人有亲属关系或其他密切关系等。质证方陈述完否认的理由后，出示方还可以针对否认的理由进行反驳，然后再由质证方对反驳的理由进行辩驳，直至法庭认为该证据已审查核实清楚。在质证过程中，质证方经法庭许可后还可以向出示方提出各种问题，除非所提问题与质证目的无关，出示方应作出回答。必要时审判人员也可以向当事人发问。

质证一般采用一证一质、逐个进行的方法，也可以采用其他灵活的方法。当案件具有两个以上独立存在的事实或诉讼请求时，法庭可以要求当事人逐项陈述，逐个出示证据并分别进行质证。

二、认证

（一）认证的概念和意义

认证是指法庭对经过质证的各种证据材料作出判断和决定，确认其能否作为认定案件事实的根据。

认证不同于对案件事实的认定。首先，认证一般发生在法庭调查阶段；而对案件事实的认定往往发生在法庭辩论终结后的评议阶段。其次，认证是对证据材料是否具有"三性"的确认，是对证据能力的认定，而不是对证据证明力的大小的最终判决或判断；而对案件事实的认定，势必要涉及对证明力的判断。最后，认证是对单个证据的认定，而对案件事实的认定，需要对全部证据的证明力进行综合判断。

认证在庭审中具有重要意义，具体表现为：①认证是举证、质证目的的实现；②认证为认定案件事实奠定了基础。通过认证，从当事人提供的证据材料中鉴别出哪些可以作为证据、哪些不得作为证据，从而为认定案件事实奠定了基础。

（二）认证的内容和方法

1. 认证的内容。主要包括对单个证据能力的有无和证明力大小的认定、对证据的分组审查认定以及综合全案证据认定争议事实。

2. 认证的方法。主要包括对单个证据进行审查认定和综合若干证据进行审查认定，按照最高人民法院的规定，对单个证据，可以从以下几个方面进行审查：①证据是否是原件、原物，复印件、复制品与原件、原物是否相符；②证据与本案事实是否相关；③证据的形式、来源是否符合法律规定；④证据的内容是否真实；⑤证人或者提供证据的人，与当事人有无利害关系。有时候，仅对单个证据进行审查无法或难以作出能否认定的结论，因此需要将若干证据综合在一起，通过比较、对照，确定它们能否作为认定案件事实的根据。对案件的全部证据还应当进行综合审查判断，即应当从各证据与案件事实的关联程度、证据与证据之间的联系等方面进行审查判断，最终作出争议事实为真或为假或真伪不明的认定。认证的时间视具体情形而定，经质证后能够当即认证的，应当即予以认定；当即难以认定的，可以在休庭后经过合议再作出认定；合议后认为仍存有疑问，需要继续举证或进行鉴定、勘验等工作的，可以在下次开庭质证后认定。

学术视野

关于证明责任的含义，目前我国诉讼法理论界主要有以下四种学说：一是主观证明责任说。该学说认为，证明责任就是当事人提供证据证明自己主张的责任。二是客观证明责任说。该学说主张，证明责任是指作为裁判基础的法律要件事实在作出裁判前处于真伪不明状态时，当事人一方因此而承担的裁判上的不利后果。三是双重含义说。该学说主张，证明责任具有双重含义：行为意义上的证明责任和结果意义上的证明责任。前者指当事人对其所主张的事实负有提供证据证明的责任；后者指在事实处于真伪不明时，主张该事实的当事人所承担的不利法律后果。四是三重含义说。该学说主张，证明责任是指诉讼当事人在审判中向法庭提供证据证明其主张之案件事实的责任，都应该包括以下三种责任：①行为责任，即诉讼当事人就其事实主张向法庭作出提供证据之行为的责任；②说服责任，即诉讼当事人使用符合法律要求的证据说服事实裁判者相信其主张的责任；③后果责任，即诉讼当事人在不能提供证据或者不能说服事实裁判者而且案件处于不明确状态时承担不利后果的责任。这三层意义上的责任是不可分割的。

我们主张，中国目前应该借鉴德国法的做法，直接把"证明责任"分解成两个独立的概念，即"主观证明责任"、"客观证明责任"。前者是指当事人在诉讼过程中为避免败诉危险而向法院提供证据证明自己事实主张的责任。主观证明责任又分为抽象的主观证明责任和具体的主观证明责任。后者是指在要件事实于诉讼终了前处于真伪不明状态时，当事人一方因法院不能认定这一事实而承受的不利裁判的危险。客观证明责任决定了抽象的主观证明责任。[1]

理论思考与实务应用

一、理论思考

（一）名词解释

证明　直接事实　经验法则　证明责任　证明标准

（二）简答题

1. 试析诉讼上的自认。

2. 试析我国民诉中无需证明事项的一般范围。

3. 如何理解证明责任规则是裁判规则？

4. 如何对单个证据进行审查？

（三）论述题

1. 试述证明责任在我国侵权诉讼中的分配。

2. 简评我国民事诉讼的证明标准。

二、实务应用

（一）案例分析示范

案例一

原告李国昌诉称：他出差常住被告陈晓芳工作的旅馆，于是同被告陈晓芳及其丈夫秦志华（另一被告）都很熟悉。1997 年 9 月 16 日，当原告又出差住进陈晓芳工作的旅馆时，被告邀请原告到他家吃饭，并向原告提出借款 5000 元买东西。原告第二天即把 5000 元人民币借给被告，被告二人书写了借据。1998 年 2 月，原告向被告索要借款时，被告找种种借口不予归还。之后，原告多次向二被告索债，未果，故起诉到人民法院，请求判令二被告立即归还借款。原告提供的证据有二被告书面的借款条的复印件一份。原告称，借条原件已丢失。二被告辩称：他们承认向原告曾借过 5000 元钱，并给原告留下过借据。1998 年 2 月，原告找到被告要钱时，被告无钱偿还，提出用被告秦志华的摩托车来抵押，原告表示同意。于是被告的摩托车作价 5000 元归原告所有，以偿还 5000 元借款，同时从原告手里要回了借据，并予以销毁。因此，借款已经偿还，不同意再给付原告 5000 元借款。审理中，双方各持己见，争议较大。双方无法提供其他证据。

问：（1）本案的证明对象是什么？谁应负举证责任？

---

〔1〕 参见 ［德］汉斯·普维庭：《现代证明责任问题》，吴越译，法律出版社 2000 年版，第 9~15 页。

（2）根据现有证据，如何认定案件事实？

【评析】

（1）本案的证明对象有两个：①原告李国昌是否曾经借给被告陈晓芳及其丈夫 5000 元钱；②两被告是否曾经将自己的摩托车抵押给李国昌以偿还 5000 元借款。这是一个合同纠纷，根据《民事诉讼证据规定》第 5 条的规定，合同纠纷诉讼中，主张合同关系成立并生效的一方当事人对合同订立并生效的事实承担证明责任；主张合同关系变更、解除、终止、撤销的一方当事人对引起合同关系变动的事实承担证明责任。对合同是否履行发生争议的，由负有履行义务的当事人承担证明责任。因此，对于原告李国昌是否曾经借给被告陈晓芳及其丈夫 5000 元钱的争议事实，由原告李国昌负举证责任；对于两被告是否曾经将自己的摩托车抵给李国昌以偿还 5000 元借款这一争议事实，由两被告负举证责任。

（2）根据现有证据，应认定原告李国昌确已借给被告陈晓芳及其丈夫 5000 元钱，因为两被告当庭自认该事实；应认定两被告未归还该 5000 元借款，因为两被告没能证明已将自己的摩托车抵押给李国昌以偿还 5000 元借款。

案例二

行人王民路过陈真家门口，被陈真养的狗咬伤，住院治疗花去 1200 元。王起诉到法院，要求陈赔偿。陈说："我家养的狗拴在树上，从来没有咬过人，这一次怎么会断了绳子咬你呢？一定是你逼我家的狗，并割断了控狗的绳子，狗才咬人的，所以王民自作自受，责任在自己。"

问：本案的证明对象是什么？谁应负举证责任？

【评析】 本案属于饲养动物侵权。根据《侵权责任法》的相关规定和《民事诉讼证据规定》第 4 条第 5 项[1]的规定，饲养动物侵权属于无过错责任，原告向被告主张损害赔偿责任，需要对侵权行为、损害后果、侵权行为和损害后果之间存在因果联系这三个要件事实承担证明责任；被告需要对被侵权人故意或重大过失这一免责事由承担证明责任。

具体到本案，原告王民需要对其被陈真养的狗咬伤、住院治疗花去 1200 元、住院治疗花费的 1200 元等损失与被狗咬伤之间具有因果联系这三个待证事实承担举证责任；被告陈真需要对王民故意挑逗其饲养的狗并割断控狗之绳这一待证事实承担举证责任。

---

[1]《民事诉讼证据规定》第 4 条规定，下列侵权诉讼，按照以下规定承担举证责任……⑤饲养动物致人损害的侵权诉讼，由动物饲养人或者管理人就受害人有过错或者第三人有过错承担举证责任。

案例三

在 K 针对 B 的诉讼中，涉及 B 在 K 的汽车中安装的备件是否在安装的时候就是坏的。B 在 K 发生车祸后又将该部件拆下，然后没有再管该备件，虽然 K 在拆卸该备件之前就向 B 指出该备件有瑕疵，并且因此打算针对他提起请求权之诉。备件被 B 的一个职员在诉讼开始的数月前与其他的部件一起作为金属废料扔了。

问：从 B 对 K 应举的证据所实施的行为中可以得出哪些法律后果？

【评析】证明"安装在 K 的汽车里的配件在安装的时刻就是坏的"的证据在配件被清理后已经无法再举证。该配件的消失归因于 B 的行为，他在拆卸下该配件后就没有再关心过该配件的下落。但基于前面发生的事情，B 必然知道该配件在将来可能发生的诉讼中起重要的作用；因此，原本可以期待他细心处理该配件。保管配件的义务可从当事人缔结的加工合同中导出。因此，本案中涉及有过错的证明妨碍。涉及证明妨碍的法律条文是《民事诉讼证据规定》第 75 条。《民事诉讼证据规定》第 75 条规定，有证据证明一方当事人持有证据无正当理由拒不提供，如果对方主张该证据的内容不利于证据持有人，可以推定该主张成立。本案，如果有证据证明 B 曾持有该争议备件，现在未提交给法庭，B 不能说明正当理由，则法院可推定 K 基于该备件的不利于 B 的事实主张——该备件有瑕疵成立。

（二）案例分析实训

案例一

甲物贸公司诉乙实业公司货款纠纷案。原告甲物贸公司诉称：1998 年 8 月 8 日，被告乙实业公司派其所属陶瓷装饰分公司工作人员沈成到原告处购买"川路牌"排水管等材料，价款共计人民币八万余元。被告取走材料后未给付材料款，虽然原告方多次催收货款，被告找借口予以拒绝，故起诉至人民法院，请求判令被告立即给付货款，并支付利息。在诉讼中，被告辩称：我公司从未派人到原告处购货，也未收到该批货，故不承担责任。原告甲物货公司提供了以下证据：①被告乙实业公司将该批货物全部销售给丙建筑公司所属设备安装分公司，并于同年 8 月 30 日向丙建筑工程公司开出了 13 份发票，其货物名称、规格、单位、数量均与原告供的货物一致；②同年 10 月 15 日，丙建筑工程公司将部分货款 3 万元划到乙实业公司账户。法院调查收集的证据有：①1999 年 3 月 25 日下午，法院审判人员对沈成进行询问，制作询问笔录，沈成承认销售给丙建筑工程的排水管材料是从甲物贸公司购进的那批货；②1999 年 3 月 30 日上午，对丙建筑工程公司设备安装分公司 20 号工程工段长王平所作的询问笔录，工段长王平说，丙建筑工程公司设备安装分公司所购的排水管材料为"川路牌"，是由沈成经办的，时间大概是八九月份。在审理中，被告乙实业公司提出销售给丙建筑工程公司的材料是从吴晓处购得，但却称现找不到此人，也未提供相应的证据。

问：（1）本案的证明对象是什么？应由谁负举证责任？

（2）根据上述证据，能否认定原告所主张的事实？

案例二

1999 年 5 月 24 日，发包方 A 公司与承包方 B 公司签订了一份建设工程施工合同。后因工程款发生纠纷，B 公司起诉要求解除双方签订的建设工程施工合同，并要求 A 公司支付其已履行而被告尚未支付的工程款 566 182.41 元，并返还全部工程保证金 200 万元。

A 公司提供的证据：

证据清单

案由：建筑工程施工合同纠纷　　　　原告：B 公司　　　　被告：A 公司

编号	证据名称	证据来源	份数	是否原件	证明对象
1	建设工程施工合同	原告提供	1	复印件	原被告双方签订的上部工程承包合同，及其中所约定的双方权利义务。
2	××高级人民法院（2004）×民一终字第×号民事判决书	原告提供	1	复印件	判决认定：原被告双方签订上部工程承包合同的事实，被告拖欠工程款的事实，原告已施工部分的决算审定款项，且被告尚应返还原告保证金 200 万元。但至起诉之日，被告未履行判决书判定的全部义务，应由其承担的诉讼及鉴定费用均未支付，也未返还保证金（至少下部工程保证金由于合同单独签订且原告已履约，应按比例返还）。

编号	证据名称	证据来源	份数	是否原件	证明对象
3	2004 年 12 月 27 日原告致被告"关于要求立即履行施工合同恢复施工的回函"	原告提供	1	复印件	原告多次发函要求被告配合原告进场施工，但被告无理拒绝。原告无法进场施工，说明被告根本没有履约的诚意，合同已无法继续履行。
4	2005 年 2 月 5 日原告致被告函	原告提供	1	复印件	

提交人：B 公司　　　　　　　　　　　　　　　　　　　接收人：

提交日期：　　　　　　　　　　　　　　　　　　　　　　提交日期：

2004 年 12 月 27 日 B 公司致 A 公司的"关于要求立即履行施工合同恢复施工的回函"内容如下：贵公司要求我公司立即履行施工合同、恢复施工的函已收悉。针对贵公司所提的要求，我公司认为贵公司应切实解决以下问题：①根据省高院（2004）×民一终字第×号民事判决书，贵公司应在 10 日内向我公司支付人民币 2 264 729.63 元，但公贵司却一直未予支付。我公司要求贵公司在见函后立即支付相应款项及利息。②为了工程的正常施工，进一步明确双方的权利义务，我公司要求双方派人勘踏现场以确定未完工程范围及相关费用。③根据法律规定，业主方必须履行协助义务，但公贵司却未能解决施工用的水电问题。我公司要求贵公司在见函后，立即解决水电问题，并能保证确实履行相应的协助义务。④对于 5.4m 大平台屋面施工，我方要求能明确施工图的施工做法，以便于合同的履行。若以上问题能得以圆满解决，则我公司立即组织复工，否则将难以复工。

2005 年 2 月 5 日 B 公司致 A 公司函：根据省高院（2004）×民一终字第×号民事判决书，贵单位应在 2004 年 12 月 27 日前支付本公司工程款项 2 264 729.63 元，加上应由贵公司承担的一、二审案件受理费、财产保全费及审计费，共计 2 464 551.13 元，但贵公司至今未付。另外，由于下部工程系单独签订合同，且已交付使用，故 200 万元保证金应予以返还（或按比例予以返还）。故今再次函告于贵公司，请贵公司在接函后 3 日内支付上述款项及相应利息。

A 公司现有的证据：（2004）×民一终字第×号民事判决书，其中对于 B 公司提出的主张表述如下:"因下部工程和上部工程的施工合同是分别签订的,A公司支付的上述款项并未区分是支付哪部分的工程款;至 B 公司起诉时,下部工程尚未全部竣工验收,上部工程只完成主体结顶,据此,应认定 A 公司所支付的总的工程进度款已超过了合同约定的工程款支付的比例,并不存在未按合同约定期限履行支付工程款义务的情况。A 公司上诉称其已按合同约定支付工程款,不存在所支付款项低于约定比例的违约事实的理由成立,本院予以采纳。原审判决解除双方签订的上部工程合同不当,应予以纠正,双方应继续履行该合同。"

"为保证上部工程合同继续履行,本院据实确定 A 公司向 B 公司支付下部工程已完成部分的工程款,并支付上部工程中已完成部分 80% 的工程款,即 A 公司除已付工程款外,还需向 B 公司支付工程款为 2 830 912.04 元 × 80% = 2 264 729.63元,其余工程款(注:2 830 912.04 元 × 20% = 566 182.41 元,原告起诉的第二项)及继续履行合同后发生的工程款,双方按公司约定另行结算。"

"本院经审理,另查明:1997 年 4 月 28 日,B 公司就 A 公司开发的某服饰城工程向 A 公司出具一份信函承诺:……保证金 200 万元,竣工验收后一周内请返还 B 公司。""按 B 公司在信函中的承诺意见应在工程竣工验收后另行处理。"

问:假设你是原告的代理律师,你将在庭审中如何举证?在庭审过程中如何提出有利于被告的质证意见,并提出证明自己主张的证据,以达到胜诉的目的?

案例三

1998 年 3 月,何兵在甲市人民商场购买了一台由甲市日用电器厂生产的山峰牌 L–20 型不锈钢电热淋浴器,价格为 480 元。同年 4 月,何兵又在该商场购买了由甲市无线电厂生产的双立牌 GLB–1 型多功能漏电保护器一台,价格 35 元。何兵之妻李小兰用该淋浴器洗澡时,由于该淋浴器突然漏电,而漏电保护器也失效,致使李小兰被电击死亡。何兵遂找到人民商场,要求赔偿损失。商场认为,淋浴器和漏电保护器只是代销的,出现质量问题应由产品制造者承担,和本商场没有关系。后来,何兵又分别找到日用电器厂和无线电厂,要求赔偿因产品质量不合格而造成其妻死亡的损失。日用电器厂和无线电厂均称这次事故的主要原因在于对方产品质量问题,相互推诿,不愿承担责任。何兵于是以人民商场、日用电器厂和无线电厂为被告,向法院提起诉讼,要求三被告赔偿损失。

问:(1) 本案原告何兵应对哪些事实负举证责任?

(2) 被告对哪些事实负举证责任?

主要参考文献

1. 何家弘、刘品新：《证据法学》（第2版），法律出版社2007年版。

2. 江伟主编：《民事诉讼法》（第3版），中国人民大学出版社2007年版。

3. 谭兵、李浩主编：《民事诉讼法学》，法律出版社2009年版。

4. 张卫平：《民事诉讼法》，法律出版社2004年版。

5. 李浩：《民事证明责任研究》，法律出版社2003年版。

6. 刘金友主编：《证据法学》，中国政法大学出版社2001年版。

7. 陈一云主编：《证据学》，中国人民大学出版社2001年版。

8. 孙彩虹主编：《民事诉讼法学》，中国政法大学出版社2008年版。

9. 卞建林主编：《证据法学》，中国政法大学出版社2000年版。

10. 何家弘主编：《证据的审查认定规则示例与释义》，人民法院出版社2009年版。

11. 王利明、江伟、黄松有主编：《中国民事证据的立法研究与应用》，人民法院出版社2000年版。

12. 程春华主编：《民事证据法专论》，厦门大学出版社2002年版。

13. 黄松有主编：《民事诉讼证据司法解释的理解与适用》，中国法制出版社2002年版。

14. 毕玉谦：《民事证明责任研究》，法律出版社2007年版。

15. 罗玉珍主编：《民事证明制度与理论》，法律出版社2002年版。

16. 陈刚：《证明责任法研究》，中国人民大学出版社2000年版。

17. 陈刚："抗辩与否认在证明责任法领域中的意义"，载《政法论坛》2001年第3期。

18. 赵刚、张永泉："略论举证责任的适用条件"，载《现代法学》2000年第5期。

19. 李浩："证明责任与不适用规范说——罗森贝克的学说及其意义"，载《现代法学》2003年第4期。

20. 张永泉："论诉讼上之真伪不明及其克服"，载《法学评论》2005年第2期。

21. 李浩："事实真伪不明、处置办法之比较"，载《法商研究》2005年第3期。

22. 张卫平："证明责任分配的基本法理"，载何家弘主编：《证据学论坛》（第1卷），中国检察出版社2000年版。

23. 汤维建："论民事诉讼中的证明责任倒置"，载《法律适用》2002年第6期。

24. 叶自强："证明责任的倒置与分割"，载《中国法学》2004年第5期。

25. 张弢、王小林："论我国证明责任理论与制度之重构——评英美证明责任理论和制度的借鉴价值"，载《现代法学》2005年第2期。

26. 邵明："论现代法治视野中的民事举证责任"，载《中国人民大学学报》2005年第6期。

27. 汤维建："论民事证据契约"，载《政法论坛》2006年第4期。

28. 刘英明："环境侵权证明责任倒置合理性论证"，载《北方法学》2010年第4期。

29. 王圣扬："论诉讼证明标准的二元制"，载《中国法学》1999年第3期。

30. 李浩："民事诉讼证明标准的再思考"，载《法商研究》1999年第5期。

31. 毕玉谦："试论民事诉讼证明上的盖然性规则"，载《法学评论》2000年第4期。

32. 熊志海："诉讼证明的客观标准和主观标准"，载《现代法学》2000年第5期。

33. 郝振江："民事诉讼证明标准"，载《现代法学》2000 年第 5 期。

34. 何家弘："论司法证明的目的和标准"，载《法学研究》2001 年第 6 期。

35. 李浩："证明标准新探"，载《中国法学》2002 年第 4 期。

36. 宋振武："诉讼证明理论中的四组相对概念之辨正"，载《法学论坛》2004 年第 2 期。

37. 田平安、骆东平："论性骚扰案件的举证责任分配"，载《广东社会科学》2006 年第 6 期。

38. 赵信会："论民事诉讼中的心证公开"，载《河南省政法管理干部学院学报》2005 年第 5 期。

第十章

诉讼保障制度

【本章概要】诉讼保障制度是对若干具体制度的概括，是指保障民事诉讼顺利进行的有关制度的概括性表述。具体包括：期间送达、强制措施和诉讼费用等。

【学习目标】了解期间的含义、意义、种类及期间与期日的区别；掌握计算期间单位、方法及耽误期间的补救措施；明确送达的特点和效力；正确理解和适用法律规定的各种送达方式。掌握强制措施的种类及适用和诉讼费用的具体适用。

第一节　期间

一、期间和期日的概念及意义

（一）期间的概念

期间，是指人民法院、诉讼参与人进行或者完成某项诉讼行为应遵守的时间。期间有狭义和广义之分，狭义的期间仅指期限，广义的期间包括期限与期日。

期日，是指人民法院与诉讼参与人会合在一起进行诉讼活动必须遵守的时日。如人民法院证据调查日、开庭日、宣判日等，就是人民法院、当事人和其他诉讼参与人会合在一起共同完成某项诉讼行为所必须遵守的时日。期日一般由人民法院根据案件的具体情况指定，如审理期日、证据调查期日等。

期间和期日有着明显的区别：①期日是一个时间点，只规定开始的时间，不规定终止的时间；而期间有始期和终期，是一段期限。②期日被确定后，要求人民法院和当事人及其他诉讼参与人，必须在该期日会合在一起进行某种诉讼行为；而期间自始至终则是各诉讼主体单独进行诉讼行为。③期日都是由人民法院指定的；而期间有的由法律规定，有的由人民法院指定。④期日因特殊情况的发生，可以变更；而期间有的可以变更，有的不能变更。

（二）期间的意义

1. 有利于民事诉讼活动的顺利进行。期间的规定，意味着诉讼法律关系主体的行为的完成应当遵守一定的时间要求。对诉讼流程予以恰当的安排和管理，是防止诉讼拖延实现诉讼经济的需要，也是保障诉讼公正的需要。科学的诉讼期间制度有利于当事人行使诉讼权利，有利于法院及时、正确行使审判权。

2. 有利于维护当事人及其他诉讼参与人的合法权益。一方面，诉讼期间的规定保障诉讼的顺利进行；另一方面，为当事人及其他诉讼参与人参加并完成诉讼提供了时间上的保证。

3. 有利于树立及维护司法的权威性。诉讼期间的规定，对法院、当事人及其他诉讼参与人的活动提出了时间上的要求，在一定的期间内如不完成，将会产生失效、无效等程序性制裁的法律后果，这就从时间上树立和维护了司法的权威性与严肃性。

二、期间的种类

期间包括法定期间、指定期间和约定期间。

（一）法定期间

法定期间，是指法律明文规定的期间。法律规定某项诉讼行为，行为主体只能在一定的时间内完成，超过法定期间所为的行为不发生诉讼效力。例如，当事人不服地方各级人民法院第一审判决、裁定的，提起上诉的期间分别为 15 日、10 日。如果当事人超过了上诉期间，其上诉行为就不会产生引起上诉审的后果。同时，诉讼期间对人民法院也有约束作用。例如，《民事诉讼法》规定，第一审普通程序审理案件的诉讼期间（也叫审限）是 6 个月。有特殊情况需要延长的，由本院院长批准可以延长 6 个月。还需要延长的，报请上级人民法院批准。未经批准，不得随意延长审限。法定期间有不变期间与可变期间之分。人民法院不得变更不变期间。属于可变期间的，人民法院可以根据当事人申请或者依职权予以变更。如不在我国领域内居住的当事人，提起上诉的期间为 30 日，不能在法定期间内上诉的，可以申请延期，是否准许，由人民法院决定。涉外民事诉讼的上诉期间 30 日，就是法律明确规定的可变期间。

（二）指定期间

指定期间，是指人民法院根据案件的具体情况，依职权指定诉讼参与人进行某种诉讼行为的期限。指定期间是法定期间的补充，是一种可变期间，法院可以确定期间的长短及延展。指定期间的长短，应当充分维护当事人及其他诉讼参与人的程序性权利，同时也要兼顾诉讼效率。

指定期间是法律赋予人民法院的一项权力，该项权力的行使既不能超越法律允许的期间范围，更不能与法定期间相冲突。

（三）约定期间

约定期间是指当事人根据相关司法解释的规定，经协商一致并经法院认可的期间。在《民事诉讼证据规定》颁布前，没有约定期间。《民事诉讼证据规定》

规定当事人可以约定举证期限，从而确定了民事诉讼中的约定期间。

三、期间的计算

期间以下列方法进行计算：

1. 期间以时、日、月、年计算。期间的计算单位是时、日、月、年，何种诉讼活动以时或日或月或年为计算标准，则根据法律规定或者人民法院指定的内容来确定。

2. 期间开始的时和日不计算在期间内。无论是法定期间还是指定期间，期间开始的时和日，不计算在期间内，而从下一个小时或者从次日起算。如《民事诉讼法》规定，人民法院采取诉讼中财产保全措施，在接受当事人的申请后，情况紧急的，应当在 48 小时内作出裁定，并开始执行。如果当事人提出申请是在某日的 10 时，那么计算这一期间时，就应当从该日的 11 时开始起算。如当事人不服第一审人民法院判决，提起上诉的期间为 15 日，期间的计算就应当从判决书送达的次日开始起算。

期间以月计算，则不分大月、小月；以年计算的，不分平年、闰年。以月计算的，期间届满的日期，应当是届满那个月对应于开始月份的那一天；没有对应于开始月份的那一天的，应当为届满那个月的最后一天。

3. 期间届满的最后一日是节假日的，以节假日后的第一日为期间届满的日期。例如，当事人不服判决的上诉期为 15 日，若第 15 日正好是星期天，那么就应当以星期天的次日为期间届满的日期。期间届满的最后一日虽然是节假日，但节假日有变通规定的，应当以实际休假日的次日为期间届满的最后一日。

4. 期间不包括在途时间，诉讼文书在期满前交邮的，不算过期。此处的"在途时间"，是指人民法院通过邮寄送达的诉讼文书，或者是当事人通过邮寄递交的诉讼文书，在途中所用去的时间。确定期满前是否交邮，应当以邮局的邮戳为准，只要邮戳上的时间证明在期间届满前，当事人或者人民法院已将需邮寄的诉讼文书交付邮局，就不算过期。

四、期间的耽误及补救

期间的耽误，是指当事人或者其他诉讼参与人本应在法定期间、指定期间或者约定期间内实施或者完成诉讼活动，却因为某种原因没有实施或者完成该诉讼活动的状态。

由于延误的原因不同，期间耽误的法律后果也有所不同。由于当事人或者其诉讼代理人主观上的故意或者过失，导致了期间的耽误，其直接后果是，当事人失去了在规定的期间内行使某种权利的机会。如果由于客观上不可抗拒的事由或者其他正当理由造成了期间的耽误，法律上则给予其补救的机会。根据《民事诉讼法》规定，当事人因不可抗拒的事由或者其他正当理由耽误期限的，在障碍消除后的 10 日内，可以申请顺延期限。客观上不可抗拒的事由，是指在当时的条件下，当事人无法预测，也不可能避免的事实和理由。如地震造成的交通中断，战争的爆发等，使当事人无法进行诉讼行为。其他正当理由，是指除了客观上不可抗拒的事由之外，不可归责于当事人的其他客观情况。应当注意，顺延期限是指把耽误了的诉讼期间如实补上去，不是重新开始计算。根据《民事诉讼法》的规定，当事人申请顺延期限，是否准许，由人民法院决定。

第二节　送达

一、送达的概念和特点

民事诉讼中的送达，是指人民法院依照法律规定的程序和方式，将诉讼文书送交当事人或者其他诉讼参与人的行为。送达是人民法院单方实施的诉讼行为，对人民法院与当事人、其他诉讼参与人之间的诉讼法律关系的发生、变更和消灭有重要意义。送达作为一向诉讼活动有以下的特点：

1. 送达主体的特定性。送达的主体只能是法院，当事人或者其他诉讼参与人向人民法院递交诉讼文书，均不能称为送达。

2. 送达对象的特定性。送达的对象是当事人及其他诉讼参与人。法院向当事人及其他诉讼参与人以外的人发送或报送材料，都不是送达。

3. 送达内容的法定性。需要交给当事人及其他诉讼参与人的是各种诉讼文书，如起诉状副本、开庭通知书、判决书、裁定书等。

4. 送达程序即方式的法定性。送达必须按法定的程序和方式进行，送达必须按照法定程序进行，否则可能造成送达无效的法律后果。

诉讼文书一经送达，就会产生一定的法律后果。当事人及其他诉讼参与人可以在规定的期间内行使某种诉讼权利，履行某种诉讼义务。

二、送达的方式

送达的方式是指法院进行送达所采用的方法。送达必须依法定方式进行，根据《民事诉讼法》规定，送达的方式有以下六种：

（一）直接送达

直接送达，是指法院的送达人员将应当送达的诉讼文书，直接交付给受送达人或者他的同住成年家属、诉讼代理人、代收人签收的送达方式。受送达人在送达回证上签收日期即为送达日期。诉讼文书以直接送达为原则，直接送达是最基本的送达方式。根据《民事诉讼法》规定，以下情况都属于直接送达：

1. 受送达人是公民的，应当由本人签收；本人不在的，交他的同住成年家属签收。

2. 受送达人是法人或者其他组织的，应当由法人的法定代表人、其他组织的主要负责人或者该法人、组织负责收件的人签收。

3. 受送达人有诉讼代理人的，可以送交其代理人签收。

4. 受送达人已向人民法院指定代收人的，送交代收人签收。必须注意，离婚诉讼的诉讼文书的送达有特殊性，如果受送达的一方当事人不在时，不宜交由对方当事人签收。

（二）留置送达

留置送达，是指受送达人或者有资格接受送达的人拒收诉讼文书时，送达人把诉讼文书留在受送达人住所的送达方式。留置送达与直接送达具有同等的效力。根据《民事诉讼法》规定，受送达人或者他的同住成年家属拒绝接收诉讼文书时，送达人应当邀请有关基层组织或者其所在单位的代表到场，说明情况，在送达回证上记明拒收事由和日期，由送达人、见证人签名或者盖章，将诉讼文书留在受送达人的住所，即视为送达。适用留置送达应当注意以下问题：

1. 受送达人有诉讼代理人的，人民法院既可以向受送达人送达，也可以向其诉讼代理人送达。受送达人指定的诉讼代理人为代收人，法院向诉讼代理人送达时，适用留置送达。

2. 向法人或者其他组织送达诉讼文书，应当由法人的法定代表人、该组织的主要负责人或者办公室、收发室、值班室等负责收件的人签收或者盖章，拒绝签收或者盖章的，适用留置送达。

3. 受送达人或者他的同住成年家属拒绝接收诉讼文书时，送达人应当邀请有关基层组织或者其所在单位的代表到场，说明情况，在送达回证上记明拒收事由和日期，由送达人、见证人签名或者盖章，将诉讼文书留在受送达人的住所，即视为送达。

4. 调解书应当直接送达当事人本人，不适用留置送达。当事人拒绝签收调解书，说明调解书送达前当事人反悔，调解书不发生法律效力。

（三）委托送达

委托送达，是指受诉法院直接送达诉讼文书有困难时，委托其他法院代为送达的方式。人民法院需要委托送达时，应当出具委托函，将委托的事项和要求明确地告知受托的人民法院，并附送达回证。

（四）邮寄送达

邮寄送达，是指受诉法院直接送达有困难时，将诉讼文书交邮局用挂号信寄给受送达人的送达方式。挂号信回执上注明的收件日期为送达日期。挂号信回执上注明的收件日期与送达回证上收件日期不一致的，或者送达回证没有寄回的，以挂号信回执上注明的收件日期为送达日期。邮寄送达方式简便易行，但是，这种送达方式应当是在上述几种送达方式不能实施的情况下，才能采用的。目前，有些地方的法院比较普遍采用这一送达方式，在其采取邮寄送达不成时才改为直接送达。这种做法，是违背民事诉讼法的基本精神的。

（五）转交送达

转交送达，是指受诉法院在特定情况下，不宜或者不便直接送达时，将诉讼文书通过受送达人所在单位转交的送达方式。

根据《民事诉讼法》规定，适用转交送达包括以下三种情况：①受送达人是军人的，通过其所在部队团以上单位的政治机关转交；②受送达人被监禁的，通过其所在监所或者劳动改造单位转交；③受送达人被劳动教养的，通过其所在劳动教养单位转交。负责代为转交的机关、单位在收到诉讼文书后，必须立即交受送达人签收，受送达人在送达回证上注明的签收日期为送达日期。

（六）公告送达

公告送达，是指受诉法院在受送达人下落不明或者采取上述方法均无法送达时，将需要送达的诉讼文书的有关内容予以公告，公告经过一定的期限即产生送达后果的送达方式。无论受送达人是否知悉公告内容，经过法定的公告期限，即视为已经送达。

根据《民事诉讼法》及相关解释，采取公告送达应当注意以下几个方面：

1. 公告送达是在受送达人下落不明，或者用其他方式无法送达的情况下，所适用的一种送达方式。

2. 公告的法定期限是 60 日。自公告之日起，经过 60 日，即视为送达。

3. 公告的方式。可以是在法院的公告栏、受送达人原住所地张贴公告，也可以在报纸上刊登公告。

4. 公告的内容。公告送达起诉状或者上诉状副本的，应当说明起诉或者上诉要点、受送达人答辩期限以及逾期不答辩的法律后果；公告送达传票，应当说明出庭地点、时间以及逾期不出庭的后果；公告送达判决书、裁定书的，应当说明裁判的主要内容，属于一审判决的，还应当说明上诉权利、上诉期限和上诉的人民法院。

采用公告送达的，应当在案卷中记明公告送达的原因和经过，并将情况附卷备查。

三、送达回证

送达回证，是法院制作的，用以证明完成送达行为的书面凭证。送达诉讼文书必须有送达回证，由受送达人在送达回证上记明收到日期、签名或者盖章。受送达人在送达回证上的签收日期为送达日期，它是计算期间的主要根据。

人民法院向当事人或者其他诉讼参与人送达诉讼文书，无论采取何种送达方式，都应当有送达回证，让受送达人在送达回证上签收，以便附卷存查。接受委托代为完成或者代为转交诉讼文书的单位，应当依法将送达回证及时寄回送达的人民法院。但是，在公告送达中，因为公告期间届满的日期即是送达日期，所以无需送达回证。

第三节　对妨害民事诉讼的强制措施

一、对妨害民事诉讼的强制措施的概念和意义

（一）对妨害民事诉讼的强制措施的概念

对妨害民事诉讼的强制措施，是指法院在民事诉讼中，为了制止和排除诉讼参与人或者案外人对民事诉讼的妨碍，维护正常的诉讼秩序，保障审判和执行活动的顺利进行，对有妨害民事诉讼秩序行为的行为人采用的排除其妨害行为的一种强制性手段。

对妨害民事诉讼的强制措施具有以下特点：

1. 采取强制措施的主体是人民法院。人民法院依职权采取的强制性手段，以国家强制力作为其实施的保障，不需要任何人的申请。

2. 强制措施适用于民事诉讼的全过程。既包括审判程序也包括执行程序。

3. 强制措施的适用对象广泛。既包括案件当事人及其他诉讼参与人，也包括案外人。

4. 强制措施可并用。根据妨害民事诉讼行为的不同，人民法院可以采取程度轻重不同的强制措施，既可以单独使用一种措施，以可以合并使用。

（二）对妨害民事诉讼的强制措施的意义

对妨害民事诉讼的强制措施在维护诉讼秩序、保障民事诉讼的顺利进行方面有着重要意义：

1. 保障人民法院顺利完成审判和执行任务。人民法院是国家的审判机关，在诉讼过程中，良好的诉讼秩序和法庭纪律是法院顺利行使审判权的基本条件。但是，在诉讼活动中，有时会发生当事人拒不出庭，证人作伪证、案外人哄闹法庭等现象，给诉讼造成障碍。只有对那些妨害民事诉讼的行为人采取一定的强制措施，才能保证诉讼的顺利进行，体现法律的严肃性和法院的权威性。

2. 保障当事人及其他诉讼参与人行使诉讼权利。在民事诉讼中，当事人与诉讼参与人都享有一定的诉讼权利与义务，只有对拒不履行诉讼义务或侵犯他人诉讼权利的行为人采取强制措施，才能防止妨害行为继续实施，从而保证当事人

及其他参与人诉讼权利的实现，使民事诉讼得以顺利进行，达到民事诉讼的最终目的。

3. 教育公民自觉遵守法律，维护诉讼秩序，维护司法的权威性。通过对妨害民事诉讼的强制措施的适用，不仅仅是对行为人的教育，而且也使其他人切实感受到法律的威严和不可侵犯性，从而提高法律意识，自觉遵守法律。

二、妨害民事诉讼行为的构成和种类

（一）妨害民事诉讼行为的构成

妨害民事诉讼的行为，是指行为主体故意破坏和扰乱正常诉讼秩序，妨碍诉讼活动正常进行的行为。根据民事诉讼法的规定，妨害民事诉讼的行为主体，既可以是当事人，也可以是其他诉讼参与人，还可以是案外人。行为主体妨害民事诉讼，必须同时具备以下三个条件：

1. 行为人已经实施了妨害民事诉讼的行为，并造成了一定的后果。这里的行为包括作为与不作为。

2. 行为人实施妨害民事诉讼的行为主观上是故意的，即希望或放任妨害民事诉讼结果的发生。而主观上如果不是故意，则不构成妨害民事诉讼的行为。

3. 行为人实施妨害民事诉讼的行为发生在诉讼过程中。这是构成民事诉讼妨害行为的时间要件。这里的时间不仅仅指的是在审理程序中，在执行程序中实施的妨害执行行为，也属于"妨害民事诉讼的行为"。

（二）妨碍民事诉讼行为的种类

根据《民事诉讼法》和最高人民法院《民诉意见》的有关规定，妨害民事诉讼的行为主要表现为下列几种：

1. 必须到庭的被告，经两次传票传唤，无正当理由拒不到庭。必须到庭的被告，包括两类：①指负有赡养、抚养、扶养义务和不到庭就无法查清案情的被告；②给国家、集体或者他人造成损害的未成年被告的法定代理人。

2. 违反法庭秩序的行为。主要表现为：哄闹冲击法庭，侮辱、诽谤、威胁、殴打审判人员，未经允许在开庭时录音、录像、拍照等。

3. 当事人、其他诉讼参与人以及其他人所实施的下列行为：

（1）伪造、毁灭重要证据，妨害人民法院审理案件。

（2）以暴力、威胁、贿买方法阻止证人作证或者指使、贿买、胁迫他人作伪证。

（3）隐藏、转移、变卖、毁损已被查封、扣押的财产或者已被清点并责令其保护的财产，转移已被冻结的财产。

（4）对司法工作人员、诉讼参与人、证人、翻译人员、鉴定人、勘验人、协助执行的人，进行侮辱、诽谤、诬陷、殴打或者打击报复。

（5）拒不执行人民法院已生效的裁判。

4. 有义务协助调查、执行的单位实施的下列行为：

（1）有关单位拒绝或者妨碍法院调查取证。

（2）银行、信用合作社和其他有储蓄业务的单位接到人民法院协助执行通知后，拒不协助查询、冻结或者划拨存款的。

（3）有关单位接到人民法院协助执行通知书后，拒不协助扣留被执行人的收入，拒不办理有关财产权证照转移手续，拒不转交有关票证、证照或者其他财产。

（4）其他拒绝协助执行的行为。按照最高人民法院有关的司法解释，其他拒绝协助执行的行为有：①擅自转移已被人民法院冻结的存款，或者擅自解冻的；②以暴力、威胁或者其他方法阻碍司法工作人员查询、冻结、划拨银行存款的；③接到人民法院协助执行通知后，给当事人通风报信，协助其转移、隐匿财产的。

5. 妨害执行的行为。如隐藏、转移、变卖、毁损向人民法院提供担保的财产的行为、案外人与被执行人恶意串通转移被执行人财产的行为，伪造、隐藏、毁灭有关被执行人能力的重要证据，妨碍人民法院查明被执行人财产状况的行为等。

三、强制措施的种类和适用

根据《民事诉讼法》的规定，民事诉讼强制措施有以下五种：拘传、训诫、责令退出法庭、罚款、拘留。

（一）拘传及其适用

拘传是对于必须到庭的被告，经人民法院两次传票传唤，无正当理由拒绝出庭的，人民法院派出司法警察，强制被传唤人到庭参加诉讼活动的一种措施。

1. 采取拘传应具备三个条件：①拘传的对象是法律规定或法院认为必须到庭的被告，或者给国家、集体或他人造成损害的未成年人的法定代理人以及必须到法院接受询问的被执行人或者被执行人的法定代表人、负责人；②必须经过两次传票传唤，是指依照法定程序送达的两次法院传票；③无正当理由拒不到庭，被传唤人没有不可抗力的事由。

2. 采取拘传的程序。采取拘传的措施，由审判组织提出意见，报本院院长批准，并填写传票，直接送达被拘传人，由被拘传人签字或者盖章。

（二）训诫及其适用

训诫是人民法院对妨害民事诉讼秩序行为较轻的人，以口头方式予以严肃地批评教育，并指出其行为的违法性和危害性，令其以后不得再犯的一种强制措施。

训诫的适用对象是违反法庭规则的人，并且情节较轻，尚不足以责令退出法庭、罚款或者拘留。训诫由法官直接口头适用。

（三）责令退出法庭及其适用

是指人民法院强行命令违反法庭规则的诉讼参与人或其他人离开法庭或交司法警察依法强制其离开法庭，以防止其继续实施妨害诉讼的行为的强制措施。

1. 责令退出法庭适用对象。责令退出法庭适用对象是违反法庭规则的诉讼参与人或其他人。它与训诫的强度不同：训诫只是口头的批评、教育，还允许行为人留在法庭；而责令退出法庭则强行命令行为人退出法庭，比训诫更为严厉。审判人员既可以直接适用责令退出法庭的强制措施，也可以先适用训诫，然后视行为人的表现再决定是否适用责令退出法庭的强制措施。

2. 责令退出法庭的程序。该措施既可以由合议庭作出决定，也可以由独任审判员决定，但应当由书记员记录在案。如果当事人被责令退出法庭的，法院应当延期审理。

（四）罚款及其适用

罚款是人民法院对实施妨害民事诉讼行为情节比较严重的人，责令其在规定的时间内，交纳一定数额的金钱。

1. 适用对象及数额。罚款的适用对象是实施了《民事诉讼法》第 101～103、106 条规定的行为的行为人，以及《海事诉讼特别程序》第 59 条的规定的行为人。

根据《民事诉讼法》第 104 条第 1 款规定：对个人的罚款金额，为人民币 1 万元以下。对单位的罚款金额，为人民币 1 万元以上 30 万元以下。

2. 罚款及救济程序。罚款只能由合议庭或者独任审判员提出处理意见，报请院长批准后执行。人民法院决定罚款的，应当制作决定书，并将此决定书送达行为人。

被罚款人对该决定不服的，可以向上一级人民法院申请复议一次。上级人民法院应在收到复议申请后 5 日内作出决定，并将复议结果通知下级人民法院和被罚款人。复议期间不停止罚款决定的执行。

（五）拘留及其适用

拘留是人民法院对实施妨害民事诉讼行为情节严重的人，将其留置在特定的场所，在一定期限内限制其人身自由的强制措施，拘留期限为 15 日以下。

1. 适用对象。适用对象是实施了《民事诉讼法》第 101～103、106 条规定的行为的行为人。

2. 拘留及救济程序。拘留由合议庭或者独任审判员提出处理意见，报请院长批准后制作《拘留决定书》，并将此决定书送达行为人。拘留期限为 15 日以下。

被拘留人对该决定不服的，可以向上一级人民法院申请复议一次。上级人民法院应在收到复议申请后 5 日内作出决定，并将复议结果通知下级人民法院和被拘留人。复议期间不停止拘留决定的执行

上述强制措施可以单独使用，也可以合并使用。如拘留和罚款也可以合并使用，但对同一行为事实不可以连续使用罚款和拘留。

除上述强制措施外，《民事诉讼法》还规定，妨害民事诉讼行为情节特别严重、构成犯罪的，依法追究其刑事责任。

对于由于实施妨害民事诉讼行为而构成犯罪的，应当由有关机关依法追究其刑事责任。具体程序按照最高人民法院的有关司法解释办理：

1. 依照《民事诉讼法》第 101 条的规定，应当追究有关人员刑事责任的，由审理该案的审判组织直接予以判决；在判决前，应当允许当事人陈述意见或者委托辩护人辩护。

2. 依照《民事诉讼法》第 102 条第 1 款第 6 项的规定，应当追究有关人员刑事责任的，由法院刑事审判庭直接受理并予以判决。

3. 依照《民事诉讼法》第 102 条第 1 款的第 1～5 项和第 106 条的规定，应当追究有关人员刑事责任的，依照《刑事诉讼法》的规定办理。

第四节　诉讼费用

一、诉讼费用概述

（一）诉讼费用制度概念

诉讼费用制度，是各国民事诉讼制度的组成部分。西方国家通常制定单行的民事诉讼费用法来调整诉讼收费。征收诉讼费用，是各国在民事诉讼法中普遍规定的一项法律制度。法院之所以向当事人征收诉讼费，主要基于"受益者分担"的原理。即当事人除了作为纳税人承担支撑审判制度的一般责任外，还因为具体利用审判制度获得国家提供的纠纷解决这一服务而必须进一步负担支撑审判的部分费用。尤其在国家尚未达到足够富裕、财政还比较紧张的情况下，由国家投资的公共设施或提供的公共服务，通过适当收费以补足财政实属必要。否则，对于没有利用公共设施或没有享受公共服务的其他纳税人来说实在是不公平。

我国民事诉讼费用征收的法律依据主要有：现行《民事诉讼法》、《民诉意见》、国务院 2006 年 12 月 19 日颁布并于 2007 年 4 月 1 日开始实施的《诉讼费用交纳办法》。

民事诉讼费用，是指当事人在人民法院进行民事诉讼及相关活动，依法交纳和支付的费用。

（二）诉讼费用的意义

1. 制裁民事违法行为。诉讼费用负担的基本原则是由败诉一方当事人承担，而败诉一方当事人之所以会败诉，通常是由于其违反了法律规定或合同约定，从而给对方当事人造成了一定的损害。在此意义上，法院征收诉讼费用也就具有了某种程度的对违法行为予以制裁的功能。

2. 减少纳税人的负担和国家财政开支。如前所述，法院之所以向当事人征收诉讼费用，主要基于"受益者分担"的原理。从我国现阶段来看，国家尚不可能对民事纠纷这种私权纠纷的司法解决提供"免费的午餐"。相反，对当事人征收一定的诉讼费用既是必要的，也是合理的，有助于减少纳税人的负担和国家财政开支。

3. 防止当事人滥用诉权。诉讼费用原则上由败诉当事人和不当进行诉讼行为的人负担。因此，对于行为人而言，其在起诉时必须认真考虑是否有必要进行诉讼，在诉讼中，其诉讼行为是否妥当，从而对滥用诉权的行为起到相应的遏制作用。

4. 有利于维护国家主权和经济利益。从世界范围来看，大多数国家实行司法有偿主义，如果我们"独树一帜"地实行免费诉讼制度，在涉外民商事纠纷的司法解决中，必然会对国家的主权和经济利益造成负面的影响，同时也不符合国际交往中所遵循的平等互利原则。

二、诉讼费用的种类和征收标准

（一）确定诉讼费用征收的种类

根据《诉讼费用交纳办法》第6、7条规定："当事人应当向人民法院交纳的诉讼费用包括：①案件受理费；②申请费；③证人、鉴定人、翻译人员、理算人员在人民法院指定日期出庭发生的交通费、住宿费、生活费和误工补贴。其中，案件受理费包括：①第一审案件受理费；②第二审案件受理费；③再审案件中，依照本办法规定需要交纳的案件受理费。"

诉讼费用的征收既要保障实现当事人的诉权，又要考虑到法院的工作负担。此外，确定裁判费用的征收标准，还必须考虑到裁判费用的性质，如案件为诉讼案件还是非讼事件、为财产案件还是非财产案件等。

（二）诉讼费用的征收标准和计算方法

我国民事案件分为非财产案件和财产案件两类，分别有不同的收费标准。

1. 非财产案件受理费的征收标准。非财产案件受理费原则上按件计征，具体数额由人民法院在法定幅度内收取。非财产案件中涉及财产部分的受理费依不同情况，分别计收。非财产案件的收费标准如下：

（1）离婚案件，每件收取 50～300 元。涉及财产分割的，财产总额不超过 20 万元的，不另行交纳；超过 20 万元的部分收 0.5%。

（2）侵害姓名权、名称权、肖像权、名誉权、荣誉权及其他人格权案件，每件收取 100～500 元，涉及损害赔偿，赔偿金额不超过 5 万元的，不另行交纳；超过 5～10 万元的部分，按照 1% 交纳；超过 10 万元的部分，按照 0.5% 交纳。

（3）知识产权纠纷案件，没有争议金额或者价额的，每件交纳 500～1000 元；有争议金额或者价额的，按照财产案件的标准交纳。

（4）劳动争议案件，每件收取 10 元。

（5）其他非财产案件，每件收取 50～100 元。

（6）管辖权异议案件，异议不成立的，每件交纳 50～100 元。

2. 财产案件受理费的征收标准和计算方法。财产案件是指当事人争议的权利义务关系具有一定物质的内容，或直接体现某种经济利益的案件。对于财产案件，其案件受理费按诉讼标的金额或价额的大小予以征收。这种做法的合理根据和正当性在于利用者负担的原理和逻辑。此外，还有学者认为，案件受理费按诉讼标的金额或价额征收，还能够最大限度地避免法院滥收费现象的发生。根据《诉讼费用交纳办法》的规定，财产案件受理费的征收具体分为以下三种情况：

（1）一般财产案件，根据诉讼请求的金额或者价额，按照下列比例分段累计交纳：原则上以诉讼争议金额的大小按比例递减收取，具体的计算标准是：不满 1 万元的，每件收取 50 元；超过 1 万元至 10 万元的部分，按 2.5% 收取；超过 10 万元至 20 万元的部分，按 2% 收取；超过 20 万元至 50 万元的部分，按 1.5% 收取；超过 50 万元至 100 万元的部分，按 1% 收取；超过 100 万元至 200 万元的部分，按 0.9% 收取；超过 200 万元至 500 万元的部分，按 0.8% 收取；超过 500 万元至 1000 万的部分，按 0.7% 收取；超过 1000 万元至 2000 万元的部分，按 0.6% 收取；超过 2000 万元的部分，按 0.5% 收取。

争议金额的大小以当事人提出的诉讼请求为准。如果请求的金额与实际争议的金额不符，由人民法院来核定。

（2）有争议金额或者价额的知识产权民事案件，按照财产案件的标准交纳。

（3）破产案件依据破产财产总额计算，按照财产案件受理费用标准减半交纳，但是，最高不超过 30 万元。

3. 案件受理费征收的特殊规定。《诉讼费用交纳办法》颁布实施前，我国确定诉讼费用征收标准的依据主要是两个：一是案件的诉讼性质与非诉讼性质；二是案件的财产性与非财产性。一般来说，凡采用司法有偿主义的国家，这两个依据是确定诉讼费用的征收标准时都必须考虑的因素。但是，仅仅上述两个依据还不够全面，在某些情况下，不利于民事诉讼制度功能的全面发挥和民事诉讼目的的根本实现。除上述依据外，案件审理程序的繁简性、诉讼案件审理的阶段性、诉讼案件审级阶段的不同性，是否以诉讼和解或调解的方法结案等也应成为确定诉讼费用征收标准的重要依据。基于此，《诉讼费用交纳办法》在案件受理费的征收上作了如下一些特殊规定：

（1）以调解方式结案或者当事人申请撤诉的，减半交纳案件受理费。

（2）适用简易程序审理的案件减半交纳案件受理费。

（3）对财产案件提起上诉的，按照不服一审判决部分的上诉请求数额交纳案件受理费。

（4）被告提起反诉，有独立请求权的第三人提出与本案有关的诉讼请求，人民法院决定合并审理的，分别减半交纳案件受理费。

（5）依照《诉讼费用交纳办法》第9条的规定，需要交纳案件受理费的再审案件，按照不服原判决部分的再审请求数额交纳案件受理费。

（三）申请费及其征收标准

所谓申请费，是指当事人申请执行生效法律文书、财产保全等事项时，应向人民法院交纳的费用。《诉讼费用交纳办法》具体分为以下六种情况：

1. 依法向人民法院申请执行法院发生法律效力的判决、裁定、调解书，仲裁机构依法作出的裁决和调解书，公证机构依法赋予强制执行效力的债权文书，申请承认和执行外国法院判决、裁定以及国外仲裁机构的裁决的，按照下列标准交纳：

（1）没有执行金额或价额的，每件交纳50元至500元。

（2）执行金额或者价额不超过1万元的，每件交纳50元；超过1万元至50万元的部分，按照1.5%交纳；超过50万元至500万元的部分，按照1%交纳；超过500万元至1000万元的部分，按照0.5%交纳；超过1000万元的部分，按照0.1%交纳。

（3）符合《民事诉讼法》第55条第4款的规定，未参加登记的权利人向人民法院提起诉讼的，按照《诉讼费用交纳办法》第14条第1项规定的标准交纳申请费，不再交纳案件受理费。

2. 申请保全措施的，根据实际保全的财产数额按照下列标准交纳：①财产数额不超过1000元或者不涉及财产数额的，每件交纳30元；②超过1000元至10万元的部分，按照1%交纳；③超过10万元的部分，按照0.5%交纳。但是当事人申请保全措施交纳的费用最多不超过5000元。

3. 依法申请支付令的，比照财产案件受理费标准的1/3交纳。

4. 依法申请公示催告的，每件交纳100元。

5. 申请撤销仲裁裁决或者认定仲裁协议效力的，每件交纳 400 元。

6. 海事案件的申请费按照下列标准交纳：①申请设立海事赔偿责任限制基金的，每件交纳 1000 元至 1 万元；②申请海事强制令的，每件交纳 1000 元至 5000 元；③申请船舶优先催告的，每件交纳 1000 元至 5000 元；④申请海事债权登记的，每件交纳 1000 元；⑤申请共同海损理算的，每件交纳 1000 元。

（四）其他诉讼费用及其征收标准

根据《诉讼费用交纳办法》的规定，其他诉讼费用的征收主要包括以下两种情况：

1. 证人、鉴定人、翻译人员、理算人员在人民法院指定日期出庭发生的交通费、住宿费、生活费和误工补贴，由人民法院按照国家规定标准代为收取。

2. 当事人复制案卷材料和法律文书，应当按照实际成本向人民法院交纳工本费。

此外，诉讼过程中因鉴定、公告、勘验、翻译、评估、拍卖、变卖、仓储、保管、运输、船舶监管等发生的依法应当由当事人负担的费用，人民法院根据谁主张、谁负担的原则，决定由当事人直接支付给有关机构或者单位，人民法院不得代收代付（《诉讼费用交纳办法》第 12 条）。人民法院依照《民事诉讼法》第 11 条第 3 款的规定提供当地民族通用语言、文字翻译的，不收取费用。

三、诉讼费用的预交

诉讼费用的预交，是指当事人一方预先垫付诉讼费用。预交诉讼费用的第三人不一定就是最终承担诉讼费用的当事人。

（一）案件受理费的预交

案件受理费由原告、有独立请求权的第三人、上诉人预交，被告提起反诉，依照《诉讼费用交纳办法》的规定需要交纳案件受理费的，由被告预交。对于需要交纳案件受理费的再审案件，由申请再审的当事人预交，双方当事人都申请再审的，分别预交。追索劳动报酬的案件可以不预交案件受理费。

原告自接到人民法院交纳诉讼费用通知次日起 7 日内交纳案件受理费，反诉案件由提起反诉的当事人自提起反诉次日起 7 日内交纳案件受理费。上诉案件的受理费由上诉人向人民法院提交上诉状时预交。双方当事人都提起上诉的，分别预交。上诉人在上诉期间内未预交诉讼费用的，人民法院应当通知其在 7 日内预交。

（二）申请费的预交

申请费由申请人预交。但是执行申请费和破产申请费不需申请人预交，执行申请费执行后交纳，破产申请费清算后交纳。申请费由申请人在提出申请时或者在人民法院指定的期限内预交。

此外，对于证人、鉴定人、翻译人员、理算人员在人民法院指定日期出庭发生的交通费、住宿费、生活费和误工补贴，待实际发生后交纳，不需预交。

当事人逾期不交纳诉讼费用又未提出司法救助申请，或者申请司法救助未获批准，在人民法院指定期限内仍未交纳诉讼费用的，由人民法院依照有关规定处理。

（三）几种特殊情况的处理

1. 当事人在诉讼中变更诉讼请求额，案件受理费按照下列规定处理：当事人增加诉讼请求数额的，按增加后的诉讼请求数额计算补交；当事人在法庭调查终结前提出减少诉讼请求数额的，按照减少后的诉讼请求数额计算退还。

2. 依照《民事诉讼法》规定移送、移交的案件，原受理人民法院应当将当事人预交的诉讼费用随案移交接收案件的人民法院。人民法院审理民事案件过程中发现涉嫌刑事犯罪并将案件移送有关部门处理的，当事人交纳的案件受理费予以退还；移送后民事案件需要继续审理的，当事人已交纳的案件受理费不予退还。

3. 中止诉讼、中止执行的案件，已交纳的案件受理费、申请费不予退还。中止诉讼、中止执行的原因消除，恢复诉讼、执行的，不再交纳案件受理费、申请费。

4. 第二审人民法院决定将案件发回重审的，应当退还上诉人已交纳的第二审案件审理费。

5. 第一审人民法院裁定不予受理或者驳回起诉的，应当退还当事人已交纳的案件受理费；当事人对第一审人民法院不予受理、驳回起诉的裁定提起上诉，第二审人民法院维持第一审人民法院作出的裁定的，第一审人民法院应当退还当事人已交纳的案件受理费。

6. 依照《民事诉讼法》第 137 条的规定终结诉讼的案件，依照《诉讼费用交纳办法》的规定已交纳的案件受理费不予退还。

四、诉讼费用的负担

所谓诉讼费用的负担，是指在案件审判终了和执行完毕时，当事人对诉讼费用的实际承担。

（一）一审案件诉讼费用的负担

1. 败诉人负担。所谓败诉，是相对于当事人的诉讼请求而言的，当事人的请求没有得到法院承认的，即为败诉；部分不承认的，即为部分败诉。由败诉人负担诉讼费用是我国诉讼费用负担的基本原则。

（1）诉讼费用由败诉方负担，胜诉方自愿承担的除外。部分胜诉、部分败诉的，人民法院根据案件的具体情况决定当事人各自负担的诉讼费用数额。共同诉讼当事人败诉的，人民法院根据其对诉讼标的的利害关系，决定当事人各自负担的诉讼费用数额（《诉讼费用交纳办法》第 29 条）。

（2）债务人对督促程序未提出异议的，申请费用由债务人负担。

（3）执行申请费用由被执行人负担。

（4）证人因出庭作证而支出的合理费用，由提供证人的一方当事人先行支付，然后由败诉的一方当事人承担（《民事诉讼证据规定》第 54 条第 3 款）。

2. 撤诉人负担。民事案件的原告或者上诉人申请撤诉，人民法院裁定准许的，案件受理费由原告或者上诉人负担。

3. 协商负担。经人民法院调解达成协议的案件，诉讼费用的负担由双方当事人协商解决；协商不成的，由人民法院决定。离婚案件诉讼费用的负担由双方当事人协商解决；协商不成的，由人民法院决定。执行当事人达成和解协议的，申请费的负担由双方当事人协商解决；协商不成的，由人民法院决定。

4. 自行负担。当事人在法庭调查终结后提出减少诉讼请求数额的，减少请求数额部分的案件受理费，由变更诉讼请求的当事人负担。当事人因自身原因未能在举证期限内举证，在第二审或者再审期间提出新的证据致使诉讼费用增加的，增加的诉讼费用由该当事人承担。

5. 申请人负担。债务人对督促程序提出异议致使督促程序终结的，申请费用由申请人负担；申请人另行起诉的，可以将申请费列入诉讼请求。

公示催告的申请费由申请人负担。

在海事案件中，诉前申请海事请求保全、海事强制令的，申请费由申请人负担；申请人就有关海事请求提起诉讼的，可将上述费用列入诉讼请求。诉前申请海事证据保全的，申请费用由申请人负担；诉讼中拍卖、变卖被扣押船舶、船载货物、船用燃油、船用物料发生的合理费用，由申请人预付，从拍卖、变卖价款中先行扣除，退还申请人；申请设立海事赔偿责任限制基金、申请债权登记与受偿、申请船舶优先催告案件的申请费，由申请人负担；设立海事赔偿责任限制基金、船舶优先权催告程序中的公告费用由申请人负担。

依法向人民法院申请破产的，诉讼费用依照有关法律规定从破产财产中拨付。

（二）二审案件诉讼费用费负担

根据第二审人民法院审理上诉案件的不同结果，上诉案件费用的负担有下列几种情况：

1. 当事人一方不服原判，提起上诉的，第二审人民法院判决驳回上诉、维持原判的，第二审的诉讼费用由上诉人负担。

2. 双方当事人均不服原判，提起上诉的，第二审人民法院审理后，判决驳回上诉、维持原判的，诉讼费用由双方当事人负担。

3. 第二审人民法院对上诉案件审理后，对第一审人民法院的判决作了改判的，除应确定当事人对第二审诉讼费用的负担外，还应当相应地变更第一审人民法院对诉讼费用负担的决定。

4. 第二审人民法院审理上诉案件，经过调解达成协议的，在调解书送达后，原审人民法院的判决视为撤销。因此，对于一审和二审的全部诉讼费用，由双方当事人一并协商解决负担问题，协商不成的，由第二审人民法院一并作出决定。

5. 第二审人民法院发回原审人民法院重审的案件，上诉人预交的上诉案件受理费应予退还。

6. 裁定驳回上诉的案件不交纳案件受理费。

（三）再审案件诉讼费用的负担

依照《诉讼费用交纳办法》第 32 条的规定，应当交纳案件受理费的再审案件，诉讼费用由申请再审的当事人负担；双方当事人都申请再审的，诉讼费用依照《诉讼费用交纳办法》第 29 条的规定负担。原审诉讼费用的负担由人民法院根据诉讼费用负担原则重新确定。

当事人不得单独对人民法院关于诉讼费用的决定提起上诉。

当事人单独对人民法院关于诉讼费用的决定有异议的，可以向作出决定的人民法院院长申请复核。复核决定应当自收到当事人申请之日起 15 日内作出。当事人对人民法院决定诉讼费用的计算有异议的，可以向作出决定的人民法院请求复核。计算确有错误的，作出决定的人民法院应当予以更正。

五、诉讼费用的管理和监督

《诉讼费用交纳办法》就诉讼费用的管理和监督作了专章规定，具体包括以下几个方面内容：

1. 诉讼费用的交纳和收取制度应当公示。人民法院收取诉讼费用，按照其财务隶属关系使用国务院财政部门或者省级人民政府财政部门印制的财政票据。案件受理费、申请费全额上交财政，纳入预算，实行收支两条线管理。

2. 人民法院收取诉讼费用应当向当事人开具缴费凭证，当事人持缴费凭证到指定代理银行交费。依法应当向当事人退费的，人民法院应当按照国家有关规定办理。诉讼费用缴库和退费的具体办法由国务院财政部门商最高人民法院另行制定。

在边远、水上、交通不便地区，基层巡回法庭可以当场收取诉讼费用，并向当事人出具省级人民政府财政部门印制的财政票据；不出具省级人民政府财政部门印制的财政票据的，当事人有权拒绝交纳。

3. 案件审结后，人民法院应当将诉讼费用的详细清单和当事人应当负担的数额书面通知当事人，同时在判决书、裁定书或者调解书中写明当事人各方应负担的数额。需要向当事人退还诉讼费用的，人民法院应当自法律文书生效之日起15日内退还有关当事人。

4. 价格主管部门、财政部门按照收费管理的职责分工，对诉讼费用进行管理和监督；对违反《诉讼费用交纳办法》规定的乱收费行为，依照法律、法规和国务院相关规定予以查处。

六、司法救助

（一）司法救助的概念

诉讼费用的征收可以防止滥用诉权，促进司法资源的合理配置。但是，对于那些无力支付诉讼费用的人来说，诉讼费用无疑成为接近司法、实现社会正义的障碍。因此，要保障诉权，促进司法正义的实现，还需要法院或者社会给予无力支付诉讼费用的人以必要的减免或者经济帮助，这种制度就是诉讼救助。各国都承认诉讼救助制度是诉讼费用制度的重要内容，承认并给予当事人获得诉讼救助的权利。

司法救助，是指国家或者法院根据当事人收入和经济状况，对无力支付诉讼费用者给予全额或者部分司法援助，或决定诉讼费用缓交、减交或者免交措施，以保障当事人行使诉权，免除其经济负担之忧。我国司法救助主要内容是由《诉讼费用交纳办法》和《人民法院诉讼费用管理办法》等司法解释确定的，其制度规范与德国比较接近。当事人进行民事诉讼时，如果经济困难、无力负担或者暂时不能足额缴纳诉讼费用，为保障其行使诉权，人民法院应当根据案件具体情况决定当事人缓交、减交或者免交诉讼费用。

（二）司法救助中诉讼费用免、减、缓的法定情形

1. 免交诉讼费用。当事人申请司法救助，符合下列情形之一的，人民法院应当准予免交诉讼费用：①残疾人无固定生活来源的；②追索赡养费、抚养费、抚育费、抚恤金的；③最低生活保障对象、农村特困定期救济对象、农村五保供养对象或者领取失业保险金人员，无其他收入的；④因见义勇为或者为保护公共利益致使自身合法权益受到损害，本人或者其近亲属请求赔偿或者补偿的；⑤确实需要免交的其他情形。

2. 减交诉讼费用。当事人申请司法救助，符合下列情形之一的，人民法院应当准予减交诉讼费用：①因自然灾害等不可抗力造成生活困难，正在接受社会救济，或者家庭生产经营难以为继的；②属于国家规定的优抚、安置对象的；③社会福利机构和救助管理站；④确实需要减交的其他情形。

人民法院准予减交诉讼费用的，减交比例不得低于30%。

3. 缓交诉讼费用。当事人申请司法救助，符合下列情形之一的，人民法院

应当准予缓交诉讼费用：①追索社会保险金、经济补偿金的；②海上事故、交通事故、医疗事故、工伤事故、产品质量事故或者其他人身伤害事故的受害人请求赔偿的；③正在接受有关部门法律援助的；④确实需要缓交的其他情形。

（三）司法救助的适用程序

根据《诉讼费用交纳办法》及最高人民法院《关于对经济确有困难的当事人提供司法救助的规定》，司法救助的适用程序大致包括以下几点：

1. 当事人申请司法救助，应当在起诉或者上诉时提交书面申请，以及足以证明其确有经济困难的证明材料和其他相关证明材料。因生活困难或者追索基本生活费用申请免交、减交诉讼费用的，还应当提供本人及其家庭经济状况符合当地民政、劳动保障等部门规定的公民经济困难标准的证明。

2. 对于当事人请求缓交诉讼费用的，由承办案件的审判人员或合议庭提出意见，报庭长审批；对于当事人请求减交、免交诉讼费用的，由承办案件的审判人员或合议庭提出意见，经庭长审核同意后，报院长审批。

3. 人民法院对当事人的司法救助申请不予批准的，应当向当事人书面说明理由。

4. 当事人申请缓交诉讼费用经审查符合《诉讼费用交纳办法》第47条的规定的，人民法院应当在决定立案之前作出准予缓交的决定。

5. 人民法院对一方当事人提供司法救助，对方当事人败诉的，诉讼费用由对方当事人负担；对方当事人胜诉的，可以视申请司法救助的当事人的经济状况决定其减交、免交诉讼费用。

6. 人民法院准予当事人减交、免交诉讼费用的，应当在法律文书中载明。

 学术视野

民事诉讼费用相关问题分析

自2007年4月1日起，国务院颁布的《诉讼费用交纳办法》正式实施，新的办法大大降低了民事、行政案件的诉讼费用标准，进一步规范了诉讼费用的征收与管理体制，民事诉讼费用这一话题的讨论并未因此偃旗息鼓，现有的诉讼费用征收、交纳制度乃至整个人民法院财政保障体制依旧存在诸多弊端亟待改善。新的《诉讼费用交纳办法》固然赢得了不少公众和学者的好评，但它所取得的进步以及通过它所能实现的效果毕竟有限，诉讼费用制度的改革与完善绝不能因此止步不前。

一、民事诉讼费用的范围及构成

民事诉讼费用从根本上来讲反映的民事诉讼中的成本问题。一般而言，民事诉讼费用中包含公共诉讼成本（审判成本）与私人诉讼成本（当事人成本）两个部分，分别对应着审判机关与当事人为诉讼所负担的成本。按照棚濑孝雄先生的分析，诉讼费用制度体现了审判成本与当事人成本的转嫁与分配，并最终达到了通过成本政策保障民事诉讼目的之实现的功用。

关于是否收取民事诉讼费用（审判费用），存在无偿主义（法国、西班牙）与有偿主义（德国、日本、英美等）两种立法例。前者强调在禁止私力救济的情况下，国家负有保护私权的责任，公民进行民事诉讼自不应收取费用。后者则立足于当事人实现私权所具有的强烈的个体利益追求，认为其理当为利用公共资源实现私人权利的行为埋单。

审判成本与当事人成本在不同国家具有不同的范围。例如，德国的当事人费用主要是律师费，而日本由于并不实行强制代理，律师费不构成当事人费用。比较分析不同国家的诉讼费用构成可有如下结论：无论是大陆法系国家还是英美法系国家，诉讼费用制度不但调整法院与当事人之间的成本负担，还调整当事人之间的成本负担。也就是说，这些国家的诉讼费用不仅包括法院审理的费用支出，还将当事人为诉讼所支出的有关费用纳入到诉讼费用的范围，一并调整。从诉讼费用成本理论上讲，我国的诉讼费用只是法院的审判费用。因此，我国的诉讼费用制度并没有将当事人之间的诉讼费用负担作为调整对象，而仅关注于法院与当事人之间的成本负担。造成这种差别的一个重要原因是诉讼模式的不同。两大法系国家的诉讼模式虽然在对抗程度、法官作用等方面存在差异，但均以当事人作为推动诉讼的重要主体之一，在诉讼中与法院共同发挥作用。而我国长期奉行绝对的职权主义模式，法官对于案件的取证、审理等起着绝对的主导作用，当事人（包括律师）都是附属的、次要的，在这样的诉讼模式之下，诉讼费用的主体内容自然不必考虑当事人费用。

二、诉讼费用的性质

关于诉讼费用的性质，主要学说有三：税收说、国家规费说、惩罚说。税收说认为，税收既出自国家财政收入的需要，同时也带有调节社会行为的功能。案件受理费则体现了税收的这种作用和功能。受理费的收取既可以增加财政收入，亦可抑制滥诉行为。国家规费说认为，一方面，诉讼如同其他社会活动一样，需要收取一定的规费，以表明手续或程序的开始，并显示主体对实施该行为的慎重；另一方面，司法机构解决民事纠纷需要作出相应物质耗费，因此，裁判费用也是当事人分担这种耗费所必须作出的支付。惩罚说认为，既然诉讼费用一般由败诉方负担，败诉方对因自己的行为造成的损失承担赔偿责任，从这个意义上说，负担诉讼费用是对违反法律规定的当事人的一种经济制裁。廖永安教授认为，国家规费说更为合理。

此外，我国的民事诉讼费用还具有补偿性。它是指在法院作出裁判之前，当事人交纳的诉讼费用实际上并未最终确定，尚需依据法院裁判所确认的实体事实决定最终的诉讼费用负担。

三、诉讼费用的分担

各国在诉讼费用的分担问题上原则上均奉行败诉方负担的做法，只是由于在诉讼费用具体构成上的差异，导致败诉方负担的内容并不一致。例如，在德国，败诉当事人不仅负担审判费用，还要负担对方的律师费；法国实行司法免费制度，败诉方当事人只需负担对方的当事人费用；美国的审判费用采取按件征收受理费的方法，因而败诉当事人主要承担对方律师费以外的当事人费用；英国采取"胜者通吃"的做法，败诉当事人要负担对方包括律师费在内的所有费用。

值得注意的是，合理设计诉讼费用的分担规则不仅可以避免限制当事人诉讼，还可以有效防止滥诉。例如，一方即时认诺时的诉讼费用负担；因一方迟延或过失而发生的费用；采取无益的攻防手段而发生的费用等。在这一点上，我国的民事诉讼费用制度中尚存在较大欠缺。

从理想的层面来展望民事诉讼费用制度，其应当具有以下因素：①合理确定国家与当事人应当承担的诉讼成本范围；②征收标准更加科学化；③法院在其中的超脱与居中地位；④调整诉讼费用的规范性依据向民事诉讼法律制度的回归；⑤诉讼费用保险、司法救助等相关配套制度的建立健全；⑥法院财政保障体制的完善；等等。

理论思考与实务应用

一、理论思考

（一）名词解释

诉讼费用　司法救助　期间　法定期间　指定期间　送达　留置送达

（二）简答题

1. 简述期间的概念及种类。

2. 期间是如何计算的？

3. 期间顺延的条件是什么？

4. 当事人申请司法救助的法定情形有哪些？

（三）论述题

1. 试述诉讼费用的分担原则。

2. 论述送达的方式及运用。

二、实务应用

(一) 案例分析示范

案例一

原告甲与被告乙因遗产继承纠纷诉到人民法院,要求乙返还占有的两间房屋。人民法院判决被告乙返还占有的其中一间房屋。判决送达双方当事人后,甲乙均不服判决,分别于 2 月 10 日和 2 月 12 日向人民法院邮寄上诉状。人民法院收到甲的上诉状,于是通知甲在 3 日内交纳上诉费,否则视为放弃上诉。二审人民法院经过审理,驳回上诉。

问:(1) 人民法院的做法是否正确?

(2) 上诉案件被驳回,案件受理费由谁负担?

【评析】

(1) 人民法院的做法有两点错误:一是只通知甲交纳上诉费用;二是通知在 3 日内交纳上诉费用。双方都上诉的,上诉案件的诉讼费用由双方当事人分别预交,因此案件中甲乙双方均应预交上诉费。同时,上诉费用应当在接到人民法院通知的次日起 7 日内预交。

(2) 上诉案件由二审人民法院经审理驳回上诉的,案件受理费由上诉方负担。此案中甲乙均提出上诉,因此案件受理费双方都负担。

案例二

郑某是退休老工人,靠微薄的退休金维持生活。一天,郑某在过十字路口的时候,李某违反交通规则,闯红灯,郑某躲闪不及,被李某驾驶的汽车撞成重伤。郑某住进医院后,无力承担高额的医疗费用,要求李某给予赔偿,支付费用,遭到李某的拒绝。无奈,郑某提起诉讼,请求李某赔偿医疗费用和其他相关损失 8 万元。

问:郑某因经济困难,无法预付诉讼费用,如果你是郑委托的代理律师,在这种情况下,你可以帮助郑某寻求何种救济?

【评析】作为郑某的代理律师,应当告知和帮助郑某申请司法救助,申请诉讼费用的缓交、免交、或者减交。

案例三

甲男与乙女发生离婚纠纷。在庭上经法院调解双方达成离婚协议。其后法院制作调解书,向甲男和乙女进行送达。甲男接受了送达并签字。

问:(1) 如乙女不在家,法院工作人员是否可交与其同住的甲男签收?

（2）如乙女在家但拒绝签收调解书，法院工作人员邀请乙女所在街道的居委会主任到场，说明情况，在送达回证上记明拒收事由和日期，由送达人、居委会主任签名，将调解书留在乙女家中，视为送达。问：该调解书的效力如何？乙女是否可再起诉？

（3）如乙女正好出差在外，法院工作人员找到乙女的诉讼代理人律师丙，让他代为签收。该律师是否有权代当事人签收调解书？

【评析】

（1）不可。离婚诉讼中，除夫妻双方外，无其他同住的成年家属的，如果受送达一方当事人不在，不能交由对方当事人签收。

（2）该调解书不生效。因为调解书送达时，如果一方当事人拒收的，不能留置送达，应视为调解不成立。乙女不必另行起诉，应由法院再行调解或直接予以判决。

（3）法院工作人员把调解书送达给该律师代为签收不符合法律规定。调解书之外的其他诉讼文书，可直接送达给代理人。但调解书应当直接送达给当事人本人，当事人本人因故不能签收的，可由其指定的代收人签收。本案律师丙并未被乙指定为代收入，因此不应送达给该律师代为签收。

（二）案例分析实训

案例一

孙春花与胡龙生 1994 年 3 月自愿登记结婚。1998 年胡龙生辞职下海做生意，几年的辛苦经营，胡龙生赚了一大笔钱。于是胡龙生的思想逐渐发生变化，在外拈花惹草，最后与女青年甲同居。在家经常借故打骂妻子，对儿子的学习也从不关心。2008 年 2 月胡龙生以性格不合起诉到法院，要求与被告孙春花离婚。法院通知胡龙生预交了 800 元案件受理费。法院经过开庭审理认为，胡龙生和孙春花的夫妻感情没有完全破裂，依法判决驳回原告的离婚请求，诉讼费用 800 元由原告胡龙生承担。胡龙生离婚不成，对其妻变本加厉，经常打骂，公开与女青年甲同居。6 个月后，胡龙生再次向法院起诉，要求与孙春花离婚。法院通知胡龙生预交了 800 元案件受理费后，依法立案受理。受理中，孙春花"从一而终"的封建思想很重，认为离婚不光彩，坚决不同意离婚，拖也要拖胡龙生到老。而胡则表示坚决要离婚，法院经多次调解，都未能达成一致意见。最后法院判决如下：准予原告胡龙生和被告孙春花离婚；家庭财产依法分割（详见清单）；儿子随孙春花生活，胡龙生每月付给生活费 300 元；诉讼费用 800 元由原告胡龙生承担。

问：法院两次对诉讼费用承担的判决是否正确？

案例二

冬某某与卫某某系同事，1998 年 4 月，冬某某向卫某某借款 4000 元，并写了借条，言明 1999 年 4 月底之前还清。1999 年 7 月，卫某某向冬某某催要借款，并请同事刘某某共同来劝说冬某某。在卫某某出示借条时，冬某某将借条夺过撕毁。卫某某将被撕借条夺回，并用胶水粘贴修补，但借条上冬某某的签名已经模糊不清。卫某某于 1999 年 8 月到人民法院起诉，要求冬某某返还借款，法院开庭时传唤证人刘某某到庭作证，刘某某以工作忙为借口拒不到庭，而被告冬某某则在法庭上嘲笑和侮辱审判人员。法庭经笔迹鉴定，确认破碎的借条上的字迹为冬某某所写，判决冬某某败诉，冬某某未提起上诉。判决生效后，冬某某找法庭原案审判员纠缠，并顺手将审判员桌上的该案案卷材料撕毁两页。

问：本案中哪些行为不属于妨害民事诉讼的行为？

案例三

原、被告 1999 年经人介绍相识，双方于 2003 年自愿登记结婚。婚后夫妻感情尚可，生有一子。2005 年后，被告与他人来往密切，并有不正当两性关系。2007 年 12 月，被告离家不归，与原告分居且不给付孩子的抚育费。为此，原告于 2009 年 10 月向区人民法院起诉，以夫妻感情破裂为由，要求与被告离婚。被告认为感情尚未破裂，并表示为了孩子暂时不同意离婚。区法院主持双方调解，双方各持己见，未能达成协议。2010 年 4 月 14 日区法院作出判决，准予原、被告离婚。当原告问审判员何时可以重新再结婚时，审判员顺口便说："只要过了 15 天上诉期后，原告未收到被告的上诉状就可以结婚了。"过了 15 天上诉期后，原告未收到被告的上诉状，便于 5 月 15 日与中学时期的同学登记结婚。事后得知，被告于 5 月 2 日通过当地邮局，向市中级人民法院寄送了上诉状。5 月 8 日市中级人民法院收到上诉状，10 天后，市中级人民法院通知了一审法院。

问：本案法院有哪些违法之处？

主要参考文献

1. 田平安主编：《民事诉讼法》，清华大学出版社 2005 年版。

2. 江伟主编：《民事诉讼法》，高等教育出版社、北京大学出版社 2004 年版。

3. 江伟主编：《中国民事诉讼法专论》，中国政法大学出版社 1998 年版。

4. 江伟主编：《民事诉讼法学原理》，中国人民大学出版社 1999 年版。

5. 樊崇义、夏红编：《正当程序文献资料选编》，中国人民公安大学出版社 2004 年版。

6. 肖建国：《民事诉讼程序价值论》，中国人民公安大学出版社 2000 年版。

7. 汤维建、单国军：《香港民事诉讼法》，河南大学出版社 1997 年版。

8. 法苑精粹编辑委员会编：《中国诉讼法学精粹》（2005 年卷），高等教育出版社 2005 年版。

9. 张卫平：《转换的逻辑：民事诉讼体制转型分析》，法律出版社 2004 年版。

10. 王亚新：《社会变革中的民事诉讼》，中国法制出版社 2001 年版。

第十一章

财产保全与先予执行

【本章概要】本章对财产保全制度和先予执行制度的概念、适用条件、适用范围、适用程序等进行了阐述。财产保全和先予执行都属于民事诉讼的保障制度。财产保全之目的在于保障将来生效法律文书内容的实现;先予执行之目的在于在紧急情况下使权利人的权利提前实现或部分提前实现。这两项制度,对于有效保护当事人的合法权益,保障民事诉讼活动的正常进行和生效裁判的顺利执行,树立司法救济的权威,具有重要的意义。

【学习目标】了解财产保全的种类、条件、范围、措施及发生错误的补救办法;掌握并正确适用财产保全程序规定。了解先予执行的种类、条件、范围、措施及发生错误的补救办法;掌握并正确适用先予执行程序规定。

第一节　财产保全

一、财产保全的概念和种类

财产保全,是指人民法院在利害关系人起诉前或者当事人起诉后,为保障将来的生效判决能够得到执行或者避免财产遭受损失,对当事人的财产或者争议的标的物,采取限制当事人处分的强制措施。根据《民事诉讼法》第92、93条的规定,财产保全分为诉讼中财产保全和诉前财产保全;此外,在知识产权法中还规定了诉前行为保全制度。

（一）诉讼中财产保全

1. 诉讼中财产保全的概念。诉讼中财产保全,是指人民法院在受理案件之后、作出判决之前,对当事人的财产或者争议标的物采取限制当事人处分的强制措施。

民事案件从人民法院受理到作出生效判决需要经过几个月甚至更长的时间。法院判决生效后,如果债务人不履行义务,债权人申请强制执行又需要一段时间。在这一过程中,如果债务人隐匿、转移或者挥霍争议中的财产或者以后用于执行的财产而得不到制止,不仅会激化当事人双方的矛盾,而且可能会使生效的判决不能得到执行。有些争议标的物,如水果、水产品等,容易腐烂变质,必须及时处理，保存价款，以减少当事人的损失。

2. 诉讼中财产保全的适用条件。采用诉讼中财产保全应当具备如下条件：

（1）需要对争议的财产采取诉讼中财产保全的案件必须是给付之诉，即该案的诉讼请求具有财产给付内容。

（2）将来的生效判决因为主观或者客观的因素导致不能执行或者难以执行。主观因素有，当事人有转移、毁损、隐匿财物的行为或者可能采取这种行为；客观因素主要是诉讼标的物是容易变质、腐烂的物品，如果不及时采取保全措施将会造成更大损失。

（3）诉讼中财产保全发生在民事案件受理后、法院尚未作出生效判决前。在一审或二审程序中，只要案件尚未审结，就可以申请财产保全。如果法院的判决已经生效，当事人可以申请强制执行，但是不得申请财产保全。

（4）诉讼中财产保全一般应当由当事人提出书面申请。当事人没有提出申请的，人民法院在必要时也可以裁定采取财产保全措施。但是，人民法院一般很少依职权裁定财产保全，因为根据《国家赔偿法》的规定，人民法院依职权采取财产保全或者先予执行错误的，应当由人民法院依法承担赔偿责任。

（5）人民法院可以责令当事人提供担保。人民法院依据申请人的申请，在采取诉讼中财产保全措施前，可以责令申请人提供担保。提供担保的数额应当相当于请求保全的数额。申请人不提供担保的，人民法院可以驳回申请。在发生诉讼中财产保全错误给申请人造成损失的情况下，被申请人可以直接从申请人提供担保的财产中得到赔偿。

（二）诉前财产保全

诉前财产保全，是指在紧急情况下，法院不立即采取财产保全措施，利害关系人的合法权利会受到难以弥补的损害，因此，法律赋予利害关系人在起诉前有权申请人民法院采取财产保全措施。

诉前财产保全属于应急性的保全措施，目的是保护利害关系人不致遭受无法弥补的损失。例如，双方当事人签订购销合同，需方按约定给付供方 150 万元的预付款，事后发现供方有欺诈行为，根本没有能力履行合同，而且所付货款有被转移的可能，如不及时采取强制保全措施加以控制，必将产生难以弥补的损失。由于从债权人起诉到法院受理需要一段时间，法律就有必要赋予利害关系人在情况紧急时，请求法院及时保全可能被转移的财产的权利。根据《民事诉讼法》第 93 条的规定，诉前财产保全的适用条件是：

（1）需要采取诉前财产保全的申请必须具有给付内容，即申请人将来提起案件的诉讼请求具有财产给付内容。

（2）情况紧急，不立即采取相应的保全措施，可能使申请人的合法权益受到难以弥补的损失。

（3）由利害关系人提出诉前财产保全申请。利害关系人，即与被申请人发生争议，或者认为权利受到被申请人侵犯的人。

（4）诉前财产保全申请人必须提供担保。申请人如不提供担保，人民法院驳回申请人在起诉前提出的财产保全申请。

根据《民事诉讼法》和最高人民法院《民诉意见》的规定，诉前财产保全和诉讼中财产保全都必须交纳保全费用，并依照 2007 年 4 月 1 日起施行的《诉讼费用交纳办法》执行。诉前财产保全的申请人即利害关系人必须在人民法院采取保全措施后 15 日内提起诉讼，使与被保全的财产的有关争议能够通过审判得到解决。如果利害关系人未在 15 日内向人民法院起诉，人民法院应当解除财产保全措施。

诉前财产保全与诉讼中财产保全的区别是：

（1）申请的主体不同。诉前财产保全是在起诉前由利害关系人向人民法院提出；诉讼中财产保全是当事人在诉讼进行中申请财产保全。诉讼中财产保全应当由申请人提出申请，必要时人民法院可以依职权采取保全措施。诉前财产保全由利害关系人提出申请，法院不得依职权采取保全措施。

（2）申请财产保全的时间不同。诉讼中财产保全应当在案件受理后、判决生效前提出申请；诉前财产保全必须在起诉前向有管辖权的人民法院提出申请。

（3）对申请人是否提供担保的要求不同。诉讼中财产保全，人民法院责令提供担保的，申请人必须提供担保，不提供担保的，驳回申请。没有责令申请人提供担保的，申请人可以不提供担保，人民法院依职权采取保全措施的，有关的利害关系人也可以不提供担保。诉前财产保全，申请人必须提供担保，不提供担保的，驳回申请。

（三）诉前行为保全

我国《专利法》、《商标法》和《著作权法》等法律规定，为维护申请人的合法权益，知识产权人或者利害关系人可以在起诉前申请法院采取措施，责令被申请人停止实施有关侵犯专利权、商标权或者著作权的行为，就是"诉前停止侵权行为"，诉讼法上叫"诉前行为保全"。《保护工业产权巴黎公约》第 9、10 条规定，权利人有权对"非法缀附商标或商号"行为、"假冒原产地和生产者标记"行为、"不正当竞争的行为"采取适当的法律补救措施，以有效地制止这些非法行为，其中就包含利害关系人有申请停止有关侵权行为和诉前财产保全的权利。根据国际保护知识产权的立法和司法实践，我国 2000 年修订的《专利法》第 61 条规定："专利权人或者利害关系人有证据证明他人正在实施或者即将实施侵犯专利权的行为，如不及时制止将会使其合法权益受到难以弥补的损害的，可以在起诉前向人民法院申请采取责令停止有关行为和财产保全的措施。人民法院处理前款申请，适用《中华人民共和国民事诉讼法》第93～96条和第99条的规定。"最高人民法院据此于2001年颁布了《关于对诉前停止侵犯专利权行为适用法律问题的若干规定》；2001年修正的《商标法》第57条、《著作权法》第49条也有类似规定。这些规定确立了我国知识产权法的诉前行为保全制度。

二、财产保全的范围、措施和程序

（一）财产保全的范围

财产保全的作用是，防止当事人在人民法院作出判决前处分有争议标的物或者处分判决生效后用以执行的财产，以防止纠纷扩大，并保障生效判决得到执行。但是，如果人民法院采取财产保全措施不当，会给当事人财产权和人身权造成损害。例如，对当事人的银行存款全部予以冻结，超出申请人请求的范围，会使对方当事人的经营活动受到限制。

《民事诉讼法》第94条规定："财产保全限于请求的范围，或者与本案有关的财物。"最高人民法院的有关司法解释也认为，人民法院采取财产保全措施时，保全的范围应当限于当事人争执的财产，或者被告的财产，对案外人的财产不得采取财产保全措施。对案外人善意取得的与案件有关的财产，一般也不得采取保全措施。所以，财产保全的范围，不能超过申请人请求的范围，或者不能超过争议财产的价额。采取保全措施，只能在当事人或者利害关系人的请求范围内，才能达到财产保全的目的，使申请人的权益得到实现，也避免给被申请人造成不应有的损失。

（二）财产保全的措施

根据《民事诉讼法》规定，财产保全可以采取查封、扣押、冻结或者法律规定的其他方法。

查封，是指人民法院将需要保全的财物清点后，加贴封条、就地封存，以防止任何单位和个人处分的一种财产保全措施。

扣押，是指人民法院将需要保全的财物移置到一定的场所予以扣留，防止任何单位和个人处分的一种财产保全措施。

人民法院在财产保全中采取查封、扣押财产保全措施时，应当妥善保管被查封、扣押的财产。当事人可以负责保管被扣押物，但是不得使用。

冻结，是指人民法院依法通知有关金融单位，不准被申请人提取或者转移其存款的一种财产保全措施。人民法院依法冻结的款项，任何单位和个人都不准动用。财产已经被查封、冻结的，不得重复查封、冻结。

法律准许的其他方法包括责令被申请人提供担保等方式。责令被申请人提供担保，是指人民法院责令保证人出具书面保证书或者责令被申请人提供银行担保、实物担保的一种财产保全措施。例如，被申请人欠申请人 500 万元贷款，用具有相当价值的楼房担保，保证能够偿还申请人 500 万元。在这种情况下，人民法院可以解除冻结被申请人银行存款的保全措施，以便于被申请人能够正常经营。此外，扣留、提取被申请人的劳动收入、禁止被申请人作为等，也属于财产保全的方式。

人民法院对季节性商品，鲜活、易腐烂变质和其他不宜长期保存的物品采取保全措施时，可以责令当事人及时处理，由人民法院保存价款；必要时，由人民法院予以变卖，保存价款。最高人民法院有关执行工作的司法解释对上述执行方法有十分明确具体的规定，财产保全措施可依照有关执行的规定进行。

（三）财产保全的程序

诉讼中财产保全应当由当事人提出申请，人民法院进行审查，作出财产保全的裁定，根据裁定采取财产保全措施。人民法院也可以根据案件的实际情况，依职权主动作出财产保全裁定，采取财产保全措施。人民法院接到申请后，对情况紧急的，必须在 48 小时内作出裁定，并开始执行。诉前财产保全，一概由申请人提出申请，并且提供担保。人民法院对诉前财产保全申请，必须在接受申请后的 48 小时内作出裁定，并立即开始执行。财产保全裁定一旦作出立即生效，当事人或者利害关系人可以申请复议一次。复议期间，人民法院不停止财产保全裁定的执行。

三、财产保全的解除

《民诉意见》第 108 条规定："人民法院裁定采取财产保全措施后，除作出保全裁定的人民法院自行解除和其上级人民法院决定解除外，在财产保全期限内，任何单位都不得解除保全措施。"第 109 条："诉讼中的财产保全裁定的效力一般应维持到生效的法律文书执行时止。在诉讼过程中，需要解除保全措施的，人民法院应及时作出裁定，解除保全措施。"

财产保全因下列原因而解除：①被申请人提供担保；②诉前财产保全的申请人在采取保全措施后 15 日内未起诉的；③申请人撤回保全申请的。

人民法院根据利害关系人或者当事人的申请而采取财产保全措施的，如果由于申请人的错误而导致被申请人因财产保全而遭受损失的，应当由申请人负责赔偿。

第二节 先予执行

一、先予执行的概念和意义

先予执行，是指在终局执行以前，为了权利人生活或者生产经营的急需，法院裁定义务人预先给付权利人一定数额的金钱或者财物的措施。先予执行的着眼点是满足权利人的迫切需要。例如，原告因高度危险作业而遭受严重的身体伤害，急需住院治疗，原告无力负担医疗费用，而与负有承担医疗费用义务的被告不能协商解决，原告诉至人民法院，请求法院判决。民事案件从起诉到作出生效判决，需要经过较长的时间，如不先予执行，必然使原告的治疗耽误时间，或者造成严重后果。在这样的案件中，如不先予执行，等人民法院作出生效判决后再由义务人履行义务，就会使权利人不能得到及时治疗。人民法院依法裁定先予执行，就可以解决这个问题。

二、先予执行的适用范围和条件

（一）先予执行的适用范围

先予执行是法院已经受理案件但是尚未作出判决，法院责令当事人预先履行义务，所以，它只适用于特定的案件。根据《民事诉讼法》第97条的规定，下列案件，可根据当事人的申请，裁定先予执行：①追索赡养费、扶养费、抚育费、抚恤金、医疗费用的案件；②追索劳动报酬的案件；③因情况紧急需要先予执行的。

其中，第三种情况，主要适用于指某些经济合同案件中以及需要立即制止某些行为或需要立即实施一定的行为的场合。《民诉意见》第97条规定，因情况紧急需要先予执行的案件包括：①需要立即停止侵害、排除妨碍的；②需要立即制止某项行为的；③需要立即返还用于购置生产原料、生产工具货款的；④追索恢复生产、经营急需的保险理赔费的。

在先予执行的数额方面，应当限于当事人诉讼请求的范围，并以当事人的生产、生活的急需为限。

（二）先予执行的适用条件

先予执行是针对某些案件要求义务人提前履行法定义务而确立的一种诉讼制度。为避免损害被申请方当事人的利益，避免给法院判决的执行带来不必要的争议，人民法院作出先予执行裁定时，必须严格遵守法定条件。根据《民事诉讼法》第98条规定，裁定先予执行的条件是：

1. 当事人之间事实基本清楚、权利义务关系明确，不先予执行将严重影响申请人的生活或生产经营的。先予执行的案件，应当是在发生争议的民事法律关系中，双方当事人之间各自应享有什么样的权利，承担什么样的具体义务都是十分清楚的。例如，原告与被告是父子关系，原告因无生活来源，请求被告给付赡养费，这种案件权利义务关系很明确。法院可以根据原告的申请，在诉讼请求的限度内，裁定被告预先给付原告一定数额的金钱，以解决原告生活急用。

2. 申请人确有困难并提出申请。申请人确有困难，主要指两种情况：①申请人是依靠被告履行义务而维持正常生活，在人民法院作出生效判决前，如不裁定先予执行，原告就无法维持正常的生活；②原告的生产经营活动，须依靠被告提供一定条件或履行一定义务才能够进行，在人民法院判决前，如法院不裁定先予执行，将严重影响原告的生活或生产经营，甚至原告无法维持生活或者不能生产经营。最高人民法院《关于审理刑事附带民事诉讼案件有关问题的批复》指出，在刑事诉讼中，对于附带民事诉讼当事人提出先予执行申请的，人民法院应当依照民事诉讼法的有关规定，裁定先予执行或者驳回申请。

只有当事人生活或者生产十分困难或者急需，并主动向人民法院提出先予执行申请，人民法院才能作出裁定，要求被告先予执行。人民法院不得依职权作出先予执行的裁定。

3. 案件的诉讼请求属于给付之诉。案件不具有给付性质，不存在先予执行的问题。如原告要求被告给付抚育费、赡养费等诉讼，可以要求先予执行；而请求解除收养关系等诉讼，则不能请求先予执行。

4. 被申请人有履行能力。先予执行的目的是为了及时解决原告的实际困难。但是，如果被告根本就没有能力先行给付，裁定先予执行也无法执行。所以，在诉讼判决作出前，法院裁定先予执行，必须是在被申请人有履行能力的条件下作出的。

具备上述条件，人民法院就裁定先予执行。先予执行的裁定一经作出，即发生法律效力，并立即开始执行。如果当事人不服先予执行的裁定，不准上诉，但可以申请复议一次。复议期间，不停止先予执行裁定的执行。人民法院对当事人提出的复议应当及时审查，裁定正确的，通知驳回申请；裁定不正确的，作出新的裁定变更或者撤销原裁定。

三、先予执行的担保和赔偿

先予执行是对于当事人权利义务关系比较明确的案件，人民法院在作出判决前，即以裁定实现申请人的权利。由于先予执行的裁定不是人民法院对该案的最终判决，所以，在某些情况下，会发生先予执行裁定的内容与将来的判决结果不一致的情况。审判实践中，人民法院裁定先予执行后，被申请人在诉讼终结时反而胜诉的情况也时有出现。为了既能够达到解决申请人生活或者生产急需的目的，又能保证被申请人的合法正当权利，《民事诉讼法》第98条第2款规定："人民法院可以责令申请人提供担保，申请人不提供担保的，驳回申请。申请人败诉的，应当赔偿被申请人因先予执行遭受的财产损失。"

人民法院裁定先予执行后，经过法庭审理，判决申请人败诉的，申请人不仅应当将因先予执行取得的财产返还给被申请人，而且对被申请人因先予执行所遭受的经济损失，要予以赔偿。

所以，在先予执行中，人民法院要根据案件的具体情况决定是否要求申请人提供担保，但是并不是所有的案件都要求申请人提供担保。先予执行本来就是申请人的生活或者生产经营遇到严重困难的紧急情况下采取的一种措施，如果还要求申请人提供财产担保，往往难以办到，等于雪上加霜，增加了申请人的困难，尤其是那些追索赡养费、扶养费、抚育费、抚恤金、医疗费以及劳动报酬的案件。

四、先予执行后当事人申请撤诉的处理

人民法院采取先予执行措施后，申请先予执行的当事人申请撤诉的，人民法院应当及时通知对方当事人、第三人或者有关的案外人。在接到通知至准予撤诉的裁定送达前，对方当事人、第三人以及有关的案外人对撤诉提出异议的，应当裁定驳回撤诉申请。

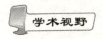

学术视野

关于财产保全和先予执行的讨论

关于财产保全和先予执行的讨论在学术界主要集中在以下两个方面：

一、财产保全与先予执行存在的问题

有人认为存在以下几个问题：①情况紧急的条件难以把握，出现以担保代替必要性审查的趋势；②申请人是否起诉难以把握，法院解除财产保全陷于被动；③申请人滥用诉前保全难以把握，申请人打时间差或规避案件的地域管辖现象较为普遍。

二、关于财产保全和先予执行之间的竞合与冲突

先予执行与财产保全之间的竞合，是指对于执行义务人的同一财产，一个或数个执行权利人向法院申请财产保全，另一个或数个执行权利人向法院申请先予执行。

对这一问题，法理上争论较多的是两者中何者效力优先的问题。对此，主要有以下几种观点：①财产保全优先说。这种观点认为，财产保全措施是一项保护

性措施,它能够有效地保证案件将来判决的执行,切实保护当事人的合法权益。而先予执行,确切地说只是一种维护当事人合法权益的暂时的法律救济方式,该措施的采取,可能导致被执行人为逃避他案义务的履行而转移隐匿其持有的财产,且该救济仅仅能满足当事人一时之需,而无法保证案件的圆满解决。②先予执行优先说。该说从公平原则出发,认为当事人一方情况紧急,不先予执行将严重影响当事人的生产经营乃至正常生活,甚至产生严重后果。而财产保全的终极目的在于使法院的判决、裁定所确定的义务能够得到顺利履行。换言之,即使不保全,只要当事人没有死亡,判决、裁定的履行仍是可期的;然不先予执行,一旦产生诸如申请人困顿,甚至陷入绝境等严重后果,则是任何判决都无法挽回的。也有人认为,当财产保全与先予执行两种制度竞合时,由于财产保全措施是一项较为全面的诉讼制度,法院可先裁定财产保全,在财产保全的同时,兼顾先予执行的需要,适度地扩大保全范围,使先予执行镶嵌在保全内,并突破保全范畴,以先予执行裁定先行给付当事人,解决其困难,其理由是:①符合公平原则。这样处理既能有效解除先予执行申请人的实际困难,又能切实兼顾其他案件判决、裁定的有效执行;②能够解决本案与他案圆满处理的矛盾,有效解决两项措施间的效力冲突,充分发挥这两项措施的应有功能。主要是财产保全,也包含着一部分行为保全。现代社会的发展要求相当一部分保全需要禁止令。比如说,立即停止知识产权、环境污染的侵权等等。这套民事保全制度在国外已相当发达。在大陆法系国家中,以日本为代表,已经有了独立的《民事保全法》。从今后的发展和与国际接轨来看,民事保全制度应当从民诉法中删掉,单独制订《民事保全法》。

理论思考与实务应用

一、理论思考

(一)名词解释

财产保全 诉前财产保全 诉讼财产保全 先予执行 对妨害民事诉讼的强制措施

(二)简答题

1. 申请诉前财产保全以及诉讼财产保全各自应当具备哪些条件?

2. 诉前财产保全与诉讼财产保全有何区别?

3. 先予执行与财产保全的区别有哪些?

(三)论述题

1. 先予执行的适用范围是什么?应具备哪些条件?

2. 拘传的概念和适用条件是什么？

二、实务应用

（一）案例分析示范

案例一

为了转变企业长期亏损的局面，沈阳市某化妆品厂（位于和平区）于 2007 年 8 月 30 日，以市河东区房地产开发公司为担保人向市河西区城市信用社贷款 600 万元，合同在河西区签订，后化妆品厂用贷款购买了一套法国产的化妆品生产线。贷款合同约定，贷款期限为 6 个月，贷款利率为 0.96%。由于沈阳市某化妆品厂的技术力量不够，结果导致该生产线无法正常运转，直到 2008 年 4 月仍无法归还信用社的贷款及利息。后信用社多次与沈阳市某化妆品厂交涉未果，信用社得知沈阳市某化妆品厂已将生产线转卖，且资金已用。于是信用社于 2008 年 4 月 29 日向河东区人民法院提出诉前财产保全申请，要求查封河东区房地产开发公司在河东区滨河路 20 号刚刚建成的一座正在出售的价值 1 亿元的写字楼。

问：（1）信用社能否向河东区人民法院提出诉前保全申请？为什么？

（2）河东区人民法院能否采取诉前保全措施，查封河东区房地产开发公司位于滨河路 20 号的写字楼？为什么？

（3）假设河东区法院于 2008 年 4 月 30 日作出诉前保全裁定，则信用社起诉有无管辖和期限限制？

（4）如果河西区信用社于 2008 年 5 月 8、9 日分别向河东区人民法院和河西区人民法院起诉，且两个法院分别于当日受理，请问，该案应由哪个法院管辖？

【评析】

（1）信用社可以向河东区人民法院申请诉前财产保全。根据《民诉意见》第 31 条规定，诉前财产保全，由当事人向财产所在地的人民法院申请，本案信用社申请保全的财产是位于河东区滨河路 20 号的写字楼一座，因此申请人应当向河东区人民法院申请财产保全。

（2）人民法院可以采取诉前财产保全措施，但是不能查封位于河东区滨河路 20 号的写字楼，因为《民事诉讼法》第 94 条规定，财产保全限于请求的范围，或者与本案有关的财物。说明财产保全措施不是随意采取的，而是有一定限制的，本案申请人与被申请人的争议主要是 600 万元贷款及利息，所以财产保全的范围应限于此贷款和利息的价值。而位于滨河路 20 号的写字楼价值足有 1 亿元，远远超出请求的范围，为了避免将来会对被申请人的生产经营造成不应有的损害，法院不宜对此写字楼采取查封措施，而应该查封或扣押与申请人的请求范围相当的沈阳市某化妆品厂或河东区房地产开发公司的其他财产。

（3）信用社起诉受管辖法院和起诉期限有限制。只可以向河西区或河东区人民法院起诉。并且必须在5月15日之前起诉，否则法院会解除财产保全措施。

（4）应当由河东区人民法院管辖。因为其为先立案法院。

案例二

北京某公司与山东某公司签订了一批大蒜购销合同，约定由山东公司向北京公司提供一批大蒜出口。山东公司交货后，北京公司连同先付的定金共支付70%的货款，余额58万元未付。大蒜经北京商检局检验质量不合格，于是北京公司要求退货，并要求山东公司再发一批质量合格、符合出口标准的大蒜。山东公司不同意，认为已发的货质量合格，商检不合格是因为北京公司保管不当所致。双方为此发生争议。于是，山东公司在本地向有管辖权的法院起诉了北京公司，然后提出了财产保全申请。法院根据山东公司的申请，来北京冻结了北京公司的一个存款200万元的账户。案件审理过程中，山东的法院持先予执行的裁定，来北京对已冻结的账户强制划拨58万元。据了解山东这家公司经营状况很好，为当地的利税大户。

问：（1）法院对北京某公司采取的是哪种财产保全措施？

（2）法院采取的财产保全措施是否正确？

（3）法院采取的先予执行措施是否正确？

【评析】

（1）冻结银行账户。

（2）不正确，冻结银行账户的数额不得超过原告诉讼请求的数额。本案诉讼请求额为58万，但冻结银行账户的数额则达到了200万元。

（3）不正确。一方面，本案的争议法律关系的事实并不清楚；另一方面，申请人的经营状况很好，不符合"如果不先予执行将严重影响生产、经营"的法定要件。

案例三

2001年12月，翰林电脑公司委托阳光广告公司为其新产品进行产品形象设计、策划、宣传，合同约定翰林电脑公司前期付给阳光广告公司预付款50万元。现双方为此发生纠纷，诉至法院。阳光广告公司称翰林电脑公司没能按合同约定付款。先期只支付给阳光公司人民币30万元。翰林电脑公司称阳光广告公司收款后亦没能按照合同约定履行有关的义务。现原告翰林电脑公司要求被告阳光广告公司返还预付款30万元及其利息，便向法院提出了财产保全的申请。法院经初步审查后，责令原告提供相应的担保，而原告翰林电脑公司则拒绝提供。

问：人民法院应如何处理？

【评析】应该裁定驳回翰林电脑公司的财产保全申请。

（二）案例分析实训

案例一

某公司在某市建设一栋商住楼，在建设过程中，因该栋商住楼与后面一栋居民楼的楼距太近，影响了居民的生活，居民意见很大，多次与施工人员发生冲突。该公司与居民代表经多次协商，未能达成一致意见，居民遂向人民法院提起诉讼，要求该公司立即停止施工，并要求其将商住楼前移 10 米。在诉讼过程中，该公司还是照常施工，于是，原告就向人民法院提出先予执行申请，要求该公司暂停施工。

问：本案能否裁定先予执行？为什么？

案例二

江城市月月家具厂与该市大家艺术会社于 2006 年 5 月 10 日签订了租赁合同，双方在合同约定：月月家具厂承租大家艺术会社的场地销售家具等商品。大家艺术会社除在家具厂销售过程中向其提供销售发票及代缴税款外，每年向其收取租金 80 万元，分两次支付。半年后，月月家具厂向艺术会社交付了 40 万元租金，而艺术会社要求其交付全部租金，并且扣留了月月家具厂尚未出售的各种家具。月月家具厂于 2006 年 12 月 20 日起诉到人民法院，要求大家艺术会社立即返还扣押物，并赔偿损失。在诉讼中，原告月月家具厂于同年 12 月 28 日提出了财产保全申请，人民法院依法裁定予以保全。在法院采取保全措施之后，原告月月家具厂于 2007 年 1 月 6 日又以家具价格浮动而影响其销售利润和资金周转困难为由，向法院申请先予执行。人民法院对先予执行审查后，作出了先予执行裁定。被告大家艺术会社分别于 2007 年 1 月 3 日和 9 日，就人民法院作出的财产保全和先予执行裁定提出了复议申请。受诉人民法院在复议期间，中止了裁定的执行。

问：法院对本案的处理有无错误？

案例三

2003 年 1 月 19 日，上海市飞达电子公司从北京市佳星电器公司百货批发部购买美颂牌 700A－1 型收录机 30 台和美颂牌 700G 型收录机 20 台，单价 395 元，货款总计 18 750 元，飞达电子公司将这批货物销售给他人后，一直未将货款付给佳星电器公司百货批发部。1995 年 6 月至 1996 年 3 月，佳星电器公司百货批发部委托飞达电子公司代销若干录像机、录像带和各种收录机。经双方结账后，飞达电子公司处尚存供销的 48 台收录机，既未付款也未表示退货。多次追收货款及货物未果。1997 年 7 月 3 日，佳星电器公司百货批发部向法院提起诉讼，要求被告飞达电子公司及时给付货款和返还代销物。一审判决依法支持原告的诉讼请求，被告不服，向二审法院提出上诉。在上诉期内，原告发现被告正准备把代销货物运到河北省某地，于是向法院申请财产保全。

问：原告应向哪一个法院申请财产保全？

 主要参考文献

1. 田平安主编：《民事诉讼法》，清华大学出版社 2005 年版。
2. 江伟主编：《民事诉讼法》，高等教育出版社、北京大学出版社 2004 年版。
3. 江伟主编：《中国民事诉讼法专论》，中国政法大学出版社 1998 年版。
4. 江伟主编：《民事诉讼法学原理》，中国人民大学出版社 1999 年版。
5. 樊崇义、夏红编：《正当程序文献资料选编》，中国人民公安大学出版社 2004 年版。
6. 肖建国：《民事诉讼程序价值论》，中国人民公安大学出版社 2000 年版。
7. 汤维建、单国军：《香港民事诉讼法》，河南大学出版社 1997 年版。
8. 法苑精粹编辑委员会编：《中国诉讼法学精粹》（2005 年卷），高等教育出版社 2005 年版。
9. 张卫平：《转换的逻辑：民事诉讼体制转型分析》，法律出版社 2004 年版。
10. 王亚新：《社会变革中的民事诉讼》，中国法制出版社 2001 年版。

第三编　审判程序论

第 十 二 章

第一审普通程序

【本章概要】民事第一审普通程序，是所有审判程序中的基础程序，它具有程序的完整性、广泛性和适用性。本章重点要掌握起诉的条件、法律效果及不受理案件的处理；开庭审理前的准备工作；开庭审理的步骤，各阶段的任务以及相互之间的关系；对撤诉、延期开庭审理、诉讼中止、缺席判决、诉讼终结等特殊情形的处理；简易程序的适用范围；司法解释关于简易程序新增加的规定；小额诉讼程序的特征。我国在修订民事诉讼法时应当设立独立的小额诉讼程序。

【学习目标】了解普通程序的含义、内容、法定阶段及重要地位和作用；明确各个诉讼阶段的具体任务、要求和所要达到的目的；掌握和正确适用普通程序的各项法律规定；熟悉审理几种案件诉讼程序的特点，为学好整个审判程序打下基础。

第一节　第一审普通程序概述

一、第一审普通程序的概念和特征

第一审普通程序，是指人民法院审理第一审民事案件时通常适用的程序。

《民事诉讼法》作为人民法院审理民事案件的"操作规程"，主要体现在审判程序方面。它是《民事诉讼法》的核心部分。一般情况下，没有审判程序就谈不上执行程序。依据我国《民事诉讼法》的规定，民事诉讼中的审判程序有第一审程序和第二审程序之别。同时，辅以简易程序、特别程序和审判监督程序，以此构成我国民事诉讼的审判程序体系。在这一系统中，第一审普通程序，注重强化其作为基础程序的功能与实效性，具有较强的可操作性。概括而言，第一审普通程序具有如下主要特征：

（一）第一审普通程序的基础程序性

从第一审程序的角度来看，第一审简易程序是第一审普通程序的简化。普通程序是第一审程序的通则，简易程序是普通程序的特别规定。可见，第一审普通程序是第一审程序的灵魂。因为依照我国两审终审制度，第二审程序的存在与启动，必须以第一审程序为前提。在第一审程序运行终结的基础上，第二审程序才得以依法运行。作为第一审核心程序的普通程序必然成为第二审程序的基础。此外，在简易程序、特别程序和审判监督程序的具体适用过程中，当出现缺少相关程序性规定时，均要运用普通程序的相关规定加以解决。因此，第一审普通程序是全部民事审判程序的基础，它所独具的基础性特征，成为第一审程序区别于其他民事审判程序的首要标志。

（二）普通程序的完整性

普通程序详尽地对起诉和受理、审理前的准备，开庭审理、诉讼中止和终结以及判决和裁定等五大部分作了规定。因此，第一审普通程序是审判程序中最完整的程序。这从它对当事人起诉与人民法院受理直至人民法院作出最后的判决和裁定所作的一系列全面、系统、完整、详尽的规定中便可体现。与第一审简易程序、第二审程序、特别程序及审判监督程序所做的一些较为笼统、抽象的概括性特殊规定形成鲜明的对比。

（三）普通程序具有广泛的适用性

第一审普通程序适用于各级人民法院审理除简单民事案件和特殊类型民事案件以外的全部第一审民事案件。其他程序有特别规定的适用其特别规定，没有特别规定可循的，适用普通程序。也就是说，各级人民法院审理第一审民事案件时，一般均应按照普通程序来审理，即使适用简易程序或特别程序审理案件，如果简易程序或特别程序没有规定的，同样要适用普通程序。而且，人民法院依照简易程序受理案件后，发现不应适用简易程序或者案情出现新的发展和变化，可以改用普通程序进行审理。人民法院依照第二审程序和审判监督程序分别审理上诉案件或再审案件时，没有另行规定可循的，同样适用普通程序中的有关规定。可见，第一审普通程序在我国民事审判程序系统中具有广泛的适用性。

二、普通程序的作用和意义

从普通程序的特征上可以看出，我国民事诉讼法对第一审普通程序所做的详尽规定，无论对法学理论，还是对人民法院的审判实践都有重要的作用和意义。一方面，普通程序规定的完整详尽利于民事诉讼立法体系的科学化、规范化、合理化。另一方面，普通程序成为人民法院正确审理民事案件、保证当事人充分行使诉讼权利，维护其合法权益的法律保障。因此，对普通程序的深入研究向来为法学理论和法学实践工作者所重视。

第二节 起诉与受理

一、起诉的概念和条件

（一）起诉的概念

起诉，是指公民、法人和其他组织认为自己的民事权益受到侵害或者与他人发生争议时，为维护自己的民事权益，按照法定方式，以自己的名义请求人民法院依法审理，给予法律保护的诉讼行为。

起诉，作为一种民事诉讼法律行为，是民事诉讼法赋予公民、法人和其他组织的一项重要的诉讼权利，也是当事人行使诉权的重要体现。当平等主体的民事权益受到侵害或者与他人发生争议时，均有权向人民法院提起诉讼，请求人民法院予以司法保护，任何人不得压制、限制和剥夺当事人行使司法救济的权利。在民事诉讼中提起诉讼的人称为原告，受理诉讼的人民法院称为受诉法院或原审法院。一般情况下，当事人向人民法院提出诉讼请求会导致民事诉讼程序的开始。根据我国《民事诉讼法》的规定，原告的起诉将会产生以下法律后果：①启动法院对原告起诉的审查，法院应在法定时限内决定是否受理；②引起纠纷的民事法律关系诉讼时效中断。

（二）起诉的条件

起诉的条件，是指当事人向人民法院起诉时必须具备的实质要件和形式要件。在我国，公民、法人或者其他组织依法享有起诉权。但是，这并不意味任何人对任何事情以任何理由起诉，均可以引起法院行使审判权的活动。能否引发诉讼程序，取决于起诉的条件。我国《民事诉讼法》第108条对此做了严格规定，起诉必须同时具备下列条件：

1. 原告是与本案有直接利害关系的公民、法人和其他组织。根据我国《民事诉讼法》的规定，凡是具有诉讼权利能力的公民、法人和其他组织，都有资格成为民事诉讼的原告。但是，他们要作为某一具体案件的原告，除了具有诉讼权利能力外，还必须与本案有直接的利害关系。所谓直接利害关系，是指原告请求人民法院予以保护的受到侵害或者与他人发生争议的民事权益，必须是其本人的合法权益或者依法受其保护的民事权益。这里的利害关系包括两种：①事实上的利害关系，也就是说，他是民事法律关系中的当事人，如合同纠纷中的当事人、侵权纠纷中的当事人等。②法律上的利害关系，法律上的利害关系的产生基于两个方面的原因：一方面是基于管理关系，另一方面基于身份关系。只有这样，才能做为本案的原告向人民法院提起诉讼。否则，无权以原告的身份起诉。

2. 有明确的被告。原告向人民法院提起诉讼，必须明确指出是谁侵害了他的合法权益或者与谁发生了民事权益的争议。原告起诉时，首先要明确指明被告的称谓，其次要标明其基本情况。被告为自然人的，原告应列明其姓名、性别、工作单位及住所等情况。被告为非自然人的，原告应列明其名称、住所、法定代表人或主要负责人的姓名、职务等情况。只有这样，人民法院才能及时向被告送达各种诉讼文书，在双方当事人参加诉讼的情况下，查清事实、分清是非，正确解决争议双方的矛盾。否则，人民法院的审判活动就无法进行。

3. 有具体的诉讼请求和事实、理由。所谓具体的诉讼请求，是指原告要求人民法院予以保护的民事权益的具体内容和范围。其实质是原告通过诉讼程序，向被告提出实体方面的请求。在不同的诉讼种类中，具体的诉讼请求也各不相同。原告起诉，有的要求人民法院对原被告双方是否存在某种法律关系进行确认，有的请求人民法院判令被告履行一定的义务或行为，有的则要求法院变更或消灭原被告双方现存的某种法律关系。值得注意的是，原告的诉讼请求所主张的权利可能是现行实体法所设置并保护的权利，也可能是现行实体法未规定并保护的权利。如，对青春赔偿费的权利请求。

所谓事实是指原告向人民法院提起的引起民事法律关系发生、变更、消灭的事，以及纠纷产生的原因、经过和结果。以上事实应当提供相应的证据材料，这里的证据材料与法院认定的胜诉证据有所不同。法院在进行审查时，只需进行形式审查即可，无需进行实质审查。所谓理由是指对事实性质认定的分析及其法律依据，这里的法律既包括实体法，也包括程序法。既包括法律，也包括法规、规章、地方性法规、司法解释、立法解释、行政解释等有效解释。

4. 属于人民法院受理民事诉讼的范围和受诉人民法院管辖。按照我国《民事诉讼法》的规定，并不是所有纠纷均由人民法院解决。属于人民法院主管的案件，当事人可以向人民法院提起诉讼，请求人民法院予以解决，属于国家其他部门解决的纠纷，当事人便无权向人民法院提起诉讼，即使向人民法院提出，人民法院也不予受理。而且，即使当事人提起的诉讼属于人民法院受诉范围，也涉及同一人民法院内部不同职能部门的分工及不同人民法院之间是否依法对该民事纠纷案件享有管辖权的问题。因此，在这一点上，原告向人民法院提起诉讼，必须受两方面的限制。首先，原告起诉的案件，必须属于人民法院主管范围；其次，原告必须向享有管辖权的人民法院提起诉讼。

需要指出的是，关于民事起诉应具备怎样的条件问题，我国诉讼法学界也有学者主张从实质要件与形式要件角度加以认识。认为《民事诉讼法》第 108 条是对民事起诉的实质要件的规定，而《民事诉讼法》第 107 条和第 109 条则是对民事起诉的形式要件的规定。[1] 还有学者认为民事起诉条件须为积极条件与消极条件的有机结合。《民事诉讼法》第 108 条所规定的四项起诉条件，为每一起诉必须同时具备的条件，缺一不可；而《民事诉讼法》第 111 条第 2、5 ~ 7 项所规定的四项起诉条件，则为每一起诉或特定起诉必须加以避免的情形，有其一则不行。因此认为，前者为起诉的积极条件，后者则为起诉的消极条件。[2] 这种将民事起诉条件划分为实质要件与形式要件、积极要件与消极要件的认识，可以丰富研究视角，有助于人们更深刻地把握民事起诉行为与法院的受理行为。但必须清楚认识到，事实上，原告向人民法院提起民事诉讼过程中，《民事诉讼法》第 108 条规定的四个条件，不存在特殊情形下的灵活变通问题，而所谓起诉的形式要件，即原告需提交起诉状、预交案件受理费，则存在特殊情形下的特殊对待问题，具有可变通性。所谓的消极要件，其实质为与民事起诉行为相关联的法定不予受理的列举式规定，从其规定的实际内容来看，既体现十分明确的对具体事项的针对性，也同样具有适用上的可变通性。因此，对民事起诉的法定条件问题加以认识，将其予以实质要件与形式要件相划分，或积极要件与消极要件相区别的做法，从其理论研究价值与实际效能及其科学性的角度来看，仍存在一些可供探讨之处。

二、起诉的方式

（一）起诉的方式

关于起诉的方式，我国《民事诉讼法》第 109 条规定："起诉应当向人民法院递交起诉状，并按照被告人数提出副本。书写起诉状确有困难的，可以口头起诉，由人民法院记入笔录，并告知对方当事人。"按照这一规定，原告向人民法院提起诉讼的方式有两种。一是书面起诉，二是口头起诉。在普通程序中，这两种方式，并不是并列的选择关系，而是以书面起诉为原则，以口头起诉为例外。民事诉讼法之所以在规定书面起诉方式的同时，又对口头起诉加以规定，主要是为了保护那些文化素质低下，书写有困难的当事人依法享有的各项诉讼权利，体现社会主义民主原则。

（二）起诉状的内容

在书面起诉当中，原告向人民法院提出诉讼请求的书面依据就是起诉状。按照《民事诉讼法》第 110 条的规定，起诉状应当记明下列事项：

1. 当事人的姓名、性别、年龄、民族、职业、工作单位和住所，法人或者其他组织的名称、住所和法定代表人或者主要负责人的姓名、职务。这是当事人

---

〔1〕 陈桂明主编：《民事诉讼法》，中国人民大学出版社 2000 年版，第 235 页。

〔2〕 江伟主编：《民事诉讼法》，高等教育出版社、北京大学出版社 2004 年版，第 269 页。

的基本情况，这部分内容反映双方当事人的身份情况，使原告、被告特定化。若原、被告有诉讼代理人的，应在原、被告基本情况之后分别写明诉讼代理人的基本情况。

2. 诉讼请求和所根据的事实与理由。诉讼请求，指当事人要求人民法院予以解决的具体事项。事实，即双方争议的具体问题。理由，即诉讼请求的法律依据。

3. 证据和证据来源，证人姓名和住所。

起诉状载明上述三项内容之后，还应当另起一行写明该诉讼所递交的人民法院的名称，具状人签名或盖章、具状的年、月、日。有附项的写明附项的具体内容。

三、对起诉的审查

原告向人民法院提起诉讼之后，人民法院对原告的起诉进行审查，做出是否受理的决定。审查起诉是民事审判工作的第一道工序，是受理案件的重要环节。根据民事诉讼法的规定和审判实践，审查起诉主要包括：①审查起诉是否符合法定条件；②审查起诉手续是否完备、起诉状内容是否明确。按照《民事诉讼法》第111条的规定，对下列起诉，人民法院不予受理，分别情形，予以处理：

1. 依照行政诉讼法的规定，属于行政诉讼受案范围的，告知原告提起行政诉讼。根据我国《行政诉讼法》第11条的规定，人民法院受理行政案件的范围包括两部分：①涉及公民、法人和其他组织人身权、财产权方面的行政案件可以提起行政诉讼；②法律规定由人民法院审理的涉及人身权、财产权以外的其他行政案件也可以提起诉讼。具体规定了8类。如果在审查起诉过程中遇到这8类案件，当事人向人民法院提起民事诉讼的，人民法院民事审判庭不予受理，但应告知原告可以向人民法院行政审判庭提起诉讼。

2. 依照法律规定，双方当事人对合同纠纷自愿达成书面仲裁协议向仲裁机构申请仲裁的、不得向人民法院起诉，告知原告向仲裁机构申请仲裁。通常情况下，合法有效的仲裁协议可以排除人民法院的司法管辖权，如《民事诉讼法》第257条第1款规定："涉外经济贸易、运输和海事中发生纠纷，当事人在合同中订有仲裁条款或者事后达成书面仲裁协议，提交中华人民共和国涉外仲裁机构或者其他仲裁机构仲裁的，当事人不得向人民法院起诉。"但某些特殊情形下，当事人双方签订的仲裁协议并不能排除人民法院对该纠纷的受理。

3. 依照法律规定，应当由其他机关处理的争议，告知原告向有关机关申请解决。从主管的角度看，人民法院与其他国家机关之间存在职权范围的分工。此类案件不属于人民法院主管的范围。如违反治安管理处罚条例案件，由公安机关进行处理、历次政治运动遗留的属于落实政策的房屋纠纷，由落实政策的主管部门处理等等。

4. 对不属于本院管辖的案件，告知原告向有管辖权的人民法院起诉；原告坚持起诉的，裁定不予受理；立案后才发现本院没有管辖权的，应当将案件移送有管辖权的人民法院。

5. 对判决、裁定已经发生法律效力的案件，当事人又起诉的，告知原告按照申诉处理，但人民法院准许撤诉的裁定除外。对于某一具体的民事诉讼案件，如果人民法院作出的判决、裁定已经发生法律效力，则表明双方当事人之间的争议已经得到解决，这种情况下，如果当事人又以同一标的、同一理由向人民法院提起诉讼，则违背了民事诉讼上的"一事不再理"原则。因此，对判决、裁定已经发生法律效力的案件，不允许当事人再次起诉。至于当事人认为生效的判决、裁定有错误，依据《民事诉讼法》第178条的规定，可以向原审人民法院或者上一级人民法院申请再审。但如果当事人超过法定申请再审的期限，认为判决、裁定有错误，可以向原审人民法院、上级人民法院、最高人民法院提出申诉。但人民法院准许撤诉的裁定，发生法律效力后当事人则不能申诉。因为当事人申请撤诉，视其为未起诉。这种行为，只是对他自己的诉讼权利的处分，并没有放弃他的民事实体权利，在诉讼时效内，他仍然可"再行提起诉讼"。因此，《民事诉讼法》第111条第5项作了"人民法院准许撤诉的裁定除外"的例外规定。

6. 依照法律规定，在一定期限内不得起诉的案件，在不得起诉的期限内起诉的，不予受理。这是我国民事诉讼法针对某些特殊案件所作的特殊限制性规定。例如，我国《婚姻法》第34条规定："女方在怀孕期间、分娩后1年内或中止妊娠后6个月内，男方不得提出离婚。"如果男方在女方怀孕期间或者分娩后不满1年期间内向人民法院提出离婚的诉讼请求，除人民法院认为确有受理男方的离婚请求的事由外，一般对男方的起诉不予受理。

7. 判决不准离婚和调解和好的离婚案件，判决、调解维持收养关系的案件，没有新情况、新理由，原告在6个月内又起诉的，不予受理。离婚案件和解除收养关系案件在民事诉讼中同样具有特殊性，都是维持或者确认某种身份关系的案件。法律做出这样期限上的限制规定，有它的现实意义和作用。但如果原告在不得起诉期限内，提出了与原来提出离婚或解除收养关系的不同理由或情况，或者在不得起诉期限内原、被告双方发生了新的比较重大的情况或出现重要理由，原告在不得起诉期限内提出诉讼请求，人民法院便应当受理。至于被告在不得起诉期限内向人民法院提出诉讼请求的，则不受本条款的限制，人民法院应当受理。

人民法院对原告起诉进行审查后，对经审查不符合法定受理条件，原告坚持起诉的，应当裁定不予受理。不予受理和驳回起诉的裁定书由负责审查起诉的审判人员制作，报庭长或者院长审批。裁定书由负责审查起诉的审判员、书记员署名，并加盖人民法院印章。[1] 原告对不予受理的裁定不服，可以在收到裁定书后的次日起，10 日内向上一级法院提出上诉。

四、受理

（一）受理的概念和意义

受理，是指人民法院对原告的起诉经过审查，认为其符合法定的起诉条件，同意接受并决定立案审理，从而引起诉讼程序开始的诉讼行为。

起诉的问题在诉的理论上有两种不同观点。其中一种观点是把起诉与受理并列而谈。认为只有将当事人的起诉行为同人民法院的受理行为相结合，才成为案件。这种观点是以"行为"作为其理论基础。认为起诉和受理是两种不同性质的行为，起诉是当事人的诉讼行为，受理是人民法院的诉讼行为。只有这两种行为相结合，才能标志着诉讼程序的开始。我们认为，受理是引发诉讼程序开始不可缺少的重要一环，是人民法院的一项重要诉讼行为，只有认真对待受理工作，才能保证民事诉讼程序的顺利进行，切实保护当事人的合法权益，充分发挥社会主义法制在经济建设和改革开放中的重要作用。

（二）受理起诉的期限及要求

对民事诉讼案件受理或不予受理的时间限制，是我国《民事诉讼法》第112条规定的，"人民法院收到起诉状或者口头起诉，经审查，认为符合起诉条件的，应当在 7 日内立案，并通知当事人；认为不符合起诉条件的应当在 7 日内裁定不予受理，原告对裁定不服的，可以提起上诉"。这里所说的"7 日"，从人民法院接到当事人递交的起诉状的次日起计算，令原告补正起诉状欠缺的，从补正后交到人民法院的次日起计算；由上级人民法院转交下级人民法院，或者基层人民法院转交人民法庭受理的案件，从受诉人民法院或人民法庭收到起诉状的次日起计算，发生管辖权转移或移送管辖的，从接受人民法院收到案件的次日起计算。

人民法院经审查认为起诉符合受理条件的，应根据案件的不同情况，由负责审查起诉的审判员决定立案或者报庭长审批。重大疑难的案件应报院长审批或者经审判委员会讨论决定。起诉经审查决定立案后，应当编立案号，填写立案登记表，计算案件受理费，向原告发出案件受理通知书，并书面通知原告预交案件受理费。决定立案后，立案机构应当在 2 日内将案件移送有关审判庭审理，并办理移交手续，注明移交日期。经审查决定受理或立案登记的日期为立案日期。[2]

---

〔1〕《关于人民法院立案工作的暂行规定》（1997 年 4 月 21 日）第 11、12 条。
〔2〕《关于人民法院立案工作的暂行规定》（1997 年 4 月 21 日）第 11～15 条。

（三）人民法院受理起诉的后果

人民法院受理原告的起诉后，产生如下法律后果：

1. 程序上的法律效力。

（1）受诉人民法院享有对该案件的审判权。也就是说，该人民法院将依法律规定对该案件进行审理和裁决。当事人不得就同一诉讼向其他人民法院再次提起诉讼。排除了受诉法院以外的任何人民法院对该案件的审判权的享有。

（2）确定了当事人的诉讼地位。人民法院受理原告的起诉后，双方当事人随之产生，原告、被告的诉讼地位确定。平等的享有诉讼权利、承担诉讼义务。

2. 实体上的法律效力。诉讼时效制度，各国一般都由民事实体法作出规定。人民法院受理原告的起诉后，从实体上产生诉讼时效中断的法律后果。对当事人的起诉，人民法院受理的，诉讼时效即告中断，将重新计算。超过诉讼时效期间，权利人将丧失胜诉权。

（四）几种特殊情况的处理

根据最高人民法院有关民事诉讼的司法解释和有关规定以及审判实践，下列几种情况，人民法院予以受理：

1. 裁定不予受理、驳回起诉的案件，原告再次起诉的，如果符合起诉条件，人民法院应予受理。

2. 原告应当预交案件受理费而未预交，人民法院按撤诉处理，当事人重新起诉并按规定预交了案件受理费的案件，人民法院应予受理。

3. 当事人撤诉或人民法院按撤诉处理后，当事人以同一诉讼请求再次起诉的，人民法院应予受理。

4. 当事人在书面合同中订有仲裁条款，或者在发生纠纷后达成书面仲裁协议，但仲裁条款、仲裁协议无效、失效或者内容不明确无法执行，一方向人民法院起诉，人民法院应当予以受理。

5. 当事人在仲裁条款或协议中选择的仲裁机构不存在，或者选择裁决的事项超越仲裁机构权限的，人民法院有权依法受理当事人一方的起诉。

6. 双方当事人虽然签订仲裁协议，但一方当事人向人民法院起诉时未声明有仲裁协议，法院受理后，对方当事人应诉答辩的，该人民法院享有管辖权。

7. 病员及其亲属对医疗事故技术鉴定委员会作出的医疗事故结论没有意见，仅要求医疗单位就医疗事故赔偿经济损失向人民法院提起诉讼的，应予受理。

8. 夫妻一方下落不明，另一方诉至人民法院，只要求离婚，不申请宣告下落不明人失踪或死亡的案件，人民法院应当受理，对下落不明人用公告送达诉讼文书。

9. 赡养费、扶养费、抚育费案件，裁判发生法律效力后，因新情况、新理由，一方当人再次起诉要求增加或减少费用的，人民法院应作为新案受理。

10. 当事人超过诉讼时效期间起诉的，人民法院应当受理。受理后查明无中止、中断、延长事由的，判决驳回其诉讼请求。

法院在受理后，如果发现不符合起诉的条件，应当裁定驳回原告起诉。如对驳回起诉不服，可以在收到裁定书后的次日起 10 日内向上一级人民法院提起上诉。

第三节　审理前的准备

一、审理前准备的概念和意义

民事诉讼审前准备程序是指原告诉至人民法院后正式开庭审理之前，由法院、当事人以及其他诉讼参与人参加的，为了使民事案件达到适合开庭审理的目的而设置的，让当事人在开庭审理之前确定争点和收集整理证据的诉讼程序。民事诉讼审前准备程序具有独立的价值和功能，是相对于庭审程序而言的，二者共同构成了民事诉讼的普通一审程序，它是普通程序中开庭审理前的一个法定的必经阶段，是民事诉讼活动顺利进行尤其是庭审顺利进行的必备前提。

合理的审前准备程序对于保障诉讼公正和诉讼效率具有显著作用，更有助于我国司法改革所追求的效率和公正目标的实现。在审前程序中以程序规范和强制措施保证当事人及其诉讼代理人之间能够充分地相互交换证据和诉讼主张，获取更多的证据，确定争点和审判对象，从而一方面避免诉讼上的突然袭击，另一方面体现了当事人的意思自治和法官中立；此外在审前准备程序中可以获得自认证据、事实和诉讼主张，从而在庭审中不再用辩论裁决，仅仅对当事人有争议的诉讼请求、证据和事实进行审理，进而有利于法庭集中和迅捷地审理，提高诉讼效率，减少或避免重复开庭和拖延诉讼。审前准备程序同时对于提高了解和把握案情的整个过程的效率性以及维护通过程序保障而获得的正当性之间可能发生的矛盾或冲突进行调整，使开庭审理不至于形式化。

二、审理前的几项准备工作

（一）向被告发送起诉状副本并限期要求被告提出答辩状及向原告送达答辩状副本

《民事诉讼法》第 113 条规定："人民法院应当在立案之日起 5 日内将起诉状副本发送被告，被告在收到之日起 15 日内提出答辩状。被告提出答辩状的，人民法院应当在收到之日起 5 日内将答辩状副本发送原告。被告不提出答辩状的，不影响人民法院审理。"在民事诉讼中，原告和被告享有平等的诉讼权利，原告向人民法院提起诉讼、人民法院经过认真审查决定受理后，将原告的起诉状副本发送被告，这是人民法院的诉讼行为，是法定的诉讼程序。立法之所以这样规定，目的是为了平等地保护原、被告双方的诉讼权利，既保证原告享有起诉权，又保证被告享有应诉权和答辩权，也是贯彻辩论原则的体现。被告收到人民法院发送的原告的起诉状副本之后，对原告提出的诉讼请求及其理由和根据以书面文字的形式提出回答和辩解，这就是答辩状。答辩是法律赋予被告的一项重要的诉讼权利，是被告通过审判程序维护其合法权益的一种手段，人民法院必须依法严格遵守。若原告以口头起诉的方式提起诉讼，人民法院应将口诉笔录抄送被告。至于被告是否按法定期限提出答辩状，对人民法院的审理则无影响。因为答辩是被告享有的一项诉讼权利，不是必须履行的义务，也不是决定人民法院是否对案件审理的因素。但如果被告在法定期限内提出了答辩状，人民法院必须在收到答辩状之日起 5 日内将副本发送原告。无论是向被告送达起诉状副本，还是向原告送达答辩状副本，按照《民诉意见》的规定，当事人在诉状中有谩骂和人身攻击之词，送达副本可能引起矛盾激化，不利于案件解决的，人民法院应当说服其实事求是地修改。坚持不修改的，可以送达起诉状副本。

民事诉讼中，关于被告是否必须在签收起诉状副本后的 15 日内向受诉人民法院提交答辩状问题，从民事诉讼相关立法层面看，出现了一个较大变化。依照我国《民事诉讼法》第 113 条的规定，被告收到起诉状副本后，是否向人民法院提出答辩状，并不对人民法院的审理工作产生影响。也就是说，民事诉讼法并未将被告是否在答辩期间内向人民法院提交答辩状视为被告必须履行的一项诉讼义务，以致民事诉讼司法实践中相当多的被告逾期递交答辩状，造成对原告事实上的"诉讼不公"，一定程度上也增加了人民法院的庭审负担，降低了庭审效率，从而违背了立法本意。为此，最高人民法院于 2001 年 12 月 21 日颁行了《民事诉讼证据规定》。就该规定来看，被告在法定的答辩期间内向人民法院递交答辩状已具有诉讼义务的性质[1]。对民事诉讼立法上的这一变化，有学者提出了否定性的主张，认为"此项义务的确立显然已超出了《民事诉讼法》的现有规定，且其实际履行亦缺乏有效的制度保障。因为，《民事诉讼证据规定》并没有为被告拒不按期提出答辩状的不作为提供任何否定性的评价机制，故从相当意义上说，此种义务的确立实际上处于形同虚设的尴尬状态，数年来的诉讼实践已充分证明了这一点。"[2] 这种观点有一定道理。它从一定程度上表明了我国民事诉讼

---

〔1〕《民事诉讼证据规定》第 32 条规定："被告应当在答辩期届满前提出书面答辩，阐明其对原告诉讼请求及所依据的事实和理由的意见。"

〔2〕江伟主编：《民事诉讼法》，高等教育出版社、北京大学出版社 2004 年版，第 271 页。

立法层面以及立法与司法环节尚存在某些不协调之处。但不可否认的是，最大限度的体现公平与正义始终是立法所追求的目标，如何真正实现立法与司法的和谐统一，还需要从多种渠道加以健全与完善。

（二）告知当事人有关事宜

1. 向当事人告知其享有的诉讼权利和承担的诉讼义务。《民事诉讼法》第114条规定："人民法院对决定受理的案件，应当在受理案件通知书和应诉通知书中向当事人告知有关的诉讼权利义务，或者口头告知。"这一规定，是现行民事诉讼法新增加的内容。试行民事诉讼法由于没有这一规定，审判实践中往往在人民法院开庭审理时告知当事人诉讼权利和义务。但这一做法，对于那些文化素质低、法律知识缺乏的当事人则起不到应有的作用。为适应审判实践的需要，更好地保障当事人充分行使其诉讼权利、承担诉讼义务，现行民事诉讼法新增加了这一条款。本条中的"有关的诉讼权利"，指在开庭审理前，当事人为准备诉讼所应当享有的诉讼权利，主要包括委托诉讼代理人的权利、提出回避申请的权利、收集提供证据的权利，使用本民族语言文字进行诉讼的权利、被告提出反诉的权利等。至于当事人享有的请求调解的权利、进行辩论的权利、提起上诉的权利，胜诉一方当事人有申请执行的权利、原告有提出撤诉、放弃和变更诉讼请求的权利、被告有承认或者反驳原告诉讼请求的权利等，可以在开庭审理时告知，也可以在立案时告知，这根据实际情况的需要加以灵活掌握。关于告知的方式，法律规定了两种形式，一是书面告知，一是口头告知。如果已经确定了开庭日期的，应当在通知书中一并告知当事人及其诉讼代理人开庭的时间、地点，以便其按时参加庭审活动。总之，向当事人告知其诉讼权利和义务，使得当事人从诉讼程序一开始，就能充分有效地行使法律赋予给他的权利，承担法律规定的义务，以利于审判活动的顺利进行和当事人合法权益的保障。

2. 告知当事人合议庭组成人员。《民事诉讼法》第115条规定："合议庭组成人员确定后，应当在3日内告知当事人。"依照第一审普通程序审理的案件，必须组成合议庭审理。无论是由审判员单独组成合议庭，还是由审判员和陪审员共同组成合议庭，合议庭组成人员确定后，应当在3日内告知当事人。可在受理案件通知书、应诉通知书中连同诉讼权利义务一并告知当事人。告知后，因情事变化，必须调整合议庭组成人员的，应当于调整后的3日内再行告知当事人。在开庭前3日内决定调整合议庭组成人员的，原定的开庭日期则应予以顺延。[1]及时将合议庭组成人员的姓名及有关情况告知当事人，主要为了使得当事人了解

---

[1] 《第一审经济纠纷案件适用普通程序开庭审理的若干规定》（1993年11月16日）第1条。

该案件的审判人员同本案的关系，以便于当事人及时决定是否提出回避申请。做到即使提出回避申请，也不至于影响审判程序的正常进行。

（三）审核诉讼材料，调查收集必要的证据

审核诉讼材料，是指审判人员对当事人双方提供的诉讼材料和证据进行审查和核实。审核诉讼材料，是审判人员掌握案件性质、熟悉案件情况、分析案件情况的最基本途径。通过对诉讼材料的认真审查核实，了解诉讼材料是否充分，当事人提供的证据是否真实、是否需要进一步调查收集必要的证据等。因此，审核诉讼材料是审理前准备工作中的一个重要内容，是进行其他准备工作的基础。可见，这项审理前的准备工作包括两个方面的内容：①认真审核诉讼材料。审核诉讼材料必须抓住重点，首先，要明确原、被告双方争执的焦点是什么。原告提起诉讼的具体诉讼请求，所依据的事实和理由，被告提出答辩依据的事实和理由，被告是否提出反诉，反诉是否符合法定条件，等等。其次，审核原、被告双方所提供的证据材料是否涉及专门性技术问题。是否需要专门鉴定，有无必要进行现场勘验，等等。②调查收集必要的证据。民事诉讼证据，是能够证明民事案件真实情况的客观事实，当事人提供的证据确实充分，人民法院足以据此认定民事案件事实、明确双方当事人责任归属的，无论当事人还是人民法院均无必要继续提供和收集新的证据。但在审判实践中存在当事人及其诉讼代理人因客观原因不能自行收集证据，而人民法院审理案件又必须需要该证据的情况。这便要求人民法院应当调查收集这些审理案件所必要的证据。我国现行的民事诉讼法与试行的民事诉讼法关于证据制度上的一个重大区别，便是现行民事诉讼法既强调当事人举证责任的重要性，又注意发挥人民法院的职能作用，调整了人民法院调查收集证据的范围，注重调动当事人和人民法院两方面的积极性。我国《民事诉讼法》第64条第2款规定："当事人及其诉讼代理人因客观原因不能自行收集的证据，或者人民法院认为审理案件需要的证据，人民法院应当调查收集。"前者指依举证责任，当事人应负责举证，但因客观原因不能自行收集，由人民法院调查收集。后者是指当事人双方均无举证义务，但人民法院审理案件需要该证据，人民法院也应当主动调查、收集。由此可见，审查核实诉讼材料是开庭审理前审判人员必须做的准备工作。而调查收集证据则是根据审核的需要决定是否进行，并不是在每个案件中审判人员都必须去调查收集证据。根据《民事诉讼法》的规定，开庭审理前准备阶段的调查，一般分为就地调查和委托调查两种：

1. 就地调查，也叫直接调查。是指受诉人民法院派出承办案件的审判人员亲自到当事人、证人住所地或者案件发生地，争议财产所在地向当事人、证人及有关单位或个人调查了解案件情况，收集证据的活动。

人民法院派承办案件人员就地调查时，应当向被调查人出示证件，应由两人以上共同进行，避免自问自记。这样，既可以防止徇私舞弊行为，又能取得被调查人的信任，收到预期效果。承办案件人员进行调查时，应当制作调查笔录，记明调查人，被调查人、记录人的姓名，调查的时间、地点、经过和结果等。记录人记录过程中，必须如实将被调查人的陈述记入笔录，不得省简。调查结束后，调查人应将笔录交给被调查人审阅，对不识字的被调查人，应将笔录内容向其如实宣读，并允许其更正或增减。被调查人审阅认为无误后，由调查人、被调查人、记录人签名或盖章。从有关单位摘抄或影印的材料，应写明摘抄或影印材料的名称、出处，并由有关单位盖章。

2. 委托调查。指受诉人民法院对不在其辖区内的一方当事人、证人或其他被调查人、具有物证性质的标的物，需要询问、查证，又不方便亲自派员调查时，委托外地人民法院代为调查的活动。可见，委托调查是有条件限制的。委托调查，必须提出明确的项目和要求。受委托人民法院可以主动补充调查。而且，受委托人民法院收到委托书后，应当在 30 日内完成调查。因故不能完成的，应当在上述期限内函告委托人民法院。对于案情比较复杂、证据材料较多的案件，可以组织当事人交换证据。

委托调查是法定的调查方法之一，也是人民法院内部通力合作的表现，受委托人民法院收到委托后，不能拒绝代替委托人民法院调查。就地调查与委托调查具有同等的效力，无论采取哪一种调查方式，都必须严格依照法定程序进行。

（四）追加当事人

追加当事人，是指必须共同进行诉讼的当事人没有参加诉讼，人民法院基于当事人的申请或依职权通知其参加诉讼的行为。

依照《民诉意见》第 57 条的规定，必须进行诉讼的当事人没有参加诉讼的，人民法院应当依照《民事诉讼法》第 119 条的规定，通知其参加；当事人也可以向人民法院申请追加。因此，追加当事人的方式有两种情况：一是依据当事人的申请而追加，二是人民法院依职权提出追加。对于当事人提出申请的，人民法院应当进行审查。经审查，认为申请理由不成立的，裁定驳回其申请；申请理由成立的，以书面的形式通知被追加的当事人参加诉讼。

追加当事人分为两种情况；一是追加共同原告，二是追加共同被告。必须共同进行诉讼的原告，没有参加诉讼，根据当事人的申请或人民法院依职权，通知其参加诉讼的，就是追加共同原告。必须共同进行诉讼的被告，没有参加诉讼，根据当事人的申请或人民法院依职权，通知其参加诉讼的，就是追加被告。除此之外，审判实践中，人民法院在阅卷和调查中，发现必须共同进行诉讼的第三人没有参加诉讼时，应当及时书面通知其参加诉讼，以便人民法院合并审理。

人民法院无论是追加共同原告，还是追加共同被告，追加后，应通知其他当事人。人民法院发出追加通知后，被追加的当事人参加诉讼，则诉讼程序继续进行。如果被追加的当事人不愿意参加诉讼，则视不同情形不同处理：

1. 追加的共同原告，该原告明确表示放弃享有的实体权利，则不必追加，诉讼程序继续进行。如果该原告既不放弃实体权利，又不参加诉讼，经传票传唤无正当理由拒不到庭的，人民法院可按照缺席判决来处理。

2. 追加的共同被告，人民法院通知其参加诉讼，如果该被告属必须到庭的被告，经两次传票传唤，无正当理由拒不到庭的，人民法院可对其采取拘传措施，强制其到庭。如果被追加的被告不是必须到庭的被告，经传票传唤拒不到庭的，可按缺庭判决来处理。

从审判实践来看，一般认为有法律明文规定负有抚养、赡养、抚育义务的被告，劳动报酬案件的被告，由于侵权行为引起的赔偿案件，被告不到庭就不容易查清案件事实，难以明辨是非的案件的被告，属于必须到庭的被告。无论追加的共同原告，或者追加的共同被告，通知其参加诉讼而不参加的，人民法院的判决或裁定对其均有法律约束力。

在开庭前的准备阶段，人民法院依法、充分地完成各项准备工作对保证开庭审理的顺利进行，及时、公正地审理案件至关重要。应该明确的是，在这一阶段，人民法院需要完成的各项准备工作必须依照广义上的民事诉讼法，即民事诉讼法法典以及相关司法解释的规定严格进行[1]。认真贯彻执行关于证据的提供、交换、核对，对专门性问题的鉴定、审计，传票的送达以及有关和解、撤诉、庭审前的径行调解等事项的规定，避免敷衍了事和走过场现象的发生，强化并发挥开庭审理前各项准备工作对案件审理的保障功能。

三、我国民事诉讼审前程序的缺陷

1. 审前准备目的一元性。我国审前程序的基本任务在于发现真实，实现实体的正义，忽视当事人的主动性，法官的权力基本上没有上限，易形成先入为主的认识，使庭审流于形式。而且没有明确规定时间上的起止界限，不会如程序那样"被——贴上封条，成为无可动摇真正的过去。"

2. 审前准备程序主体的单一性。我国民诉法是从法院的角度设计审前准备制度，审前活动的内容、范围和方式完全由法院指挥和控制，法院成为唯一的主体。当事人活动从属于法官的活动，当事人的程序主体性受到严重压抑。法官的

---

[1] 对开庭审理前的准备阶段具有重要约束作用的相关司法解释主要包括最高人民法院《关于适用〈中华人民共和国民事诉讼法〉若干问题的意见》（1992 年 7 月 14 日）、《第一审经济纠纷案件适用普通程序开庭审理的若干规定》（1993 年 11 月 16 日）、最高人民法院《关于民事诉讼证据的若干规定》（2001 年 12 月 31 日）。

职权行为妨碍了当事人有关诉讼权利的行使，最终无法发挥审前程序应有的重要作用。

3. 审前缺乏实质性的内容，如答辩缺乏针对性；争点难以形成框架，可能导致多次开庭，造成司法资源的极大的浪费等现象。

4. 我国法律没明确规定民事诉讼审前程序制度，审前准备不是一个独立完整的程序，没有程序上的法律效力。审前程序最起码要有两种效力：一种是失权效力，另一种是对庭审的拘束力，而我国规定的不详细，过于原则化，在操作上容易失控。

第四节　开庭审理

一、开庭审理的概念和意义

开庭审理，是指人民法院在当事人及其他诉讼参与人的参加下，依照法律规定的形式和程序，在法庭上对案件进行实体审理的诉讼活动。又称为法庭审理。

开庭审理，是对民事案件进行审理的中心环节，是普通程序的必经阶段。民事诉讼中的各项基本原则和制度都会在开庭审理过程中体现出来。这一阶段的主要任务是通过法庭审理，全面审查证据、查明案情、分清是非、确认双方当事人之间的权利义务、正确适用法律、进行调解或作出判决，制裁民事违法行为，保护当事人的合法权益，维护法律的威严。因此，开庭审理在整个民事诉讼活动中具有极其重要的意义：

1. 开庭审理是人民法院顺利完成审判任务的重要保障。人民法院在对民事案件进行开庭审理过程中，经过当事人、证人及其他诉讼参与人的陈述、作证及互相质证，可以全面地审查核实各种证据，辨明真伪，依法对案件做出公正的裁决。

2. 开庭审理能使审判人员依法办案，提高审判质量及办案效率。依法对案件开庭审理，将人民法院的审判工作置于广大群众的监督之下，可以增强审判人员的责任心，防止徇私舞弊、枉法断案，是促使审判人员高质量地完成审判工作的重要保证。

3. 开庭审理可以保障当事人充分行使诉讼权利。开庭审理的过程，既是人民法院依法行使审判权的过程，也是当事人充分行使法律赋予自己的各项诉讼权利的重要阶段。在法庭上，诉讼参加人依法享有的各项诉讼权利行使得是否充分，直接关系到其自身的权益。因此，面对人民法院的审判人员，出于维护自己的合法权益的目的，当事人便将法庭作为行使诉讼权利的重要场所。申请回避、进行辩论、提供证据、依法处分等各项权利便会充分展示于法庭审理过程中。所以说，开庭审理对当事人诉讼权利的行使有重要意义。

4. 开庭审理有利于进行法制宣传教育。开庭审理，尤其是公开审理，法庭成为了进行法制宣传教育的课堂，无论是诉讼参加人还是旁听群众，都能受到生动深刻的法制教育。对防止纠纷、减少诉讼，提高公民守法意识有重要作用。

二、开庭审理的方式

根据《民事诉讼法》第120条的规定，开庭审理可分为公开审理和不公开审理两种方式。

所谓公开审理，是指人民法院审理民事案件，除合议庭评议案件外，将审判的全过程向群众、向社会公开。允许群众旁听，允许新闻媒体向全社会报导。

所谓不公开审理，指依照法律规定不公开审理的案件及依当事人申请并经法院同意不公开审理的某些案件，开庭审理过程不向群众和社会公开。

按照法律规定，不公开审理的案件包括两类：①法定不公开审理的案件，指涉及国家秘密、涉及个人隐私的案件，②当事人申请由人民法院决定不公开审理的案件，指离婚案件、涉及商业秘密的案件。

人民法院公开审理和不公开审理的案件，依据《民事诉讼法》第134条的规定，宣告判决一律公开进行。

开庭审理除了《民事诉讼法》第120条规定的公开审理和不公开审理的两种方式之外，第121条同时又规定。"人民法院审理民事案件，根据需要进行巡回审理、就地办案。"所谓巡回审理，就地办案，是指人民法院审理民事案件应当根据需要，组成法庭，到当事人所在地或案件发生地实行巡回审理，就地或就近办案的一种审理形式。这是我国司法工作的一项优良传统，是我国民事诉讼法的重要特征之一，它体现了便利人民群众诉讼、便利人民法院审判工作的"两便原则"。所谓人民法院根据需要，主要考虑采取巡回审理、就地办案的方式，以有利于人民法院查明案情，分清是非、正确及时处理纠纷，避免诉讼参加人往返于住所地和人民法院之间造成的不必要浪费以及教育案件发生地广大群众为主导因素。派出的法庭可以是人民法院临时组成的法庭，也可以是基层人民法院常设的派出法庭。

三、开庭审理的程序

根据我国《民事诉讼法》的规定，开庭审理可分为开庭审理的准备、法庭调查、法庭辩论、评议和宣判等几个阶段。

（一）开庭审理的准备

开庭审理前的准备阶段，是法庭审理必须进行的法定程序，是开庭审理的最初阶段。这一阶段的主要目的是保证人民法院开庭审理的顺利进行。根据《民事诉讼法》第122、123条的规定，开庭审理前，应当准备以下工作：

1. 应当在开庭3日前通知当事人和其他诉讼参与人。人民法院确定开庭审理的日期后，无论案件是否公开审理，都应当按照法律规定，在开庭3日前通知当事人和其他诉讼参与人开庭审理的日期。为当事人和其他诉讼参与人留出出庭参加诉讼的准备时间。当事人或者其他诉讼参与人在外地的，应留有必要的在途时间，以利于当事人和其他诉讼参与人与人民法院的审判更好的配合。通知当事人，用传票的方式；通知其他诉讼参与人，用通知书的方式。人民法院必须严格依照法律规定来进行。

2. 公开审理的案件，应当发出公告。公告内容包括：当事人姓名、案由、开庭的时间、开庭的地点。发出公告的目的在于便利群众旁听、便于新闻采访和向社会报导，起到监督人民法院审判工作、教育社会广大公民的作用。

3. 书记员查明当事人及其他诉讼参与人是否到庭，宣布法庭纪律。查明当事人及其他诉讼参与人是否到庭及向当事人及旁听群众宣布法庭纪律，均由书记员进行。查问结果向审判长报告。这一工作，主要是解决当事人及其他诉讼参与人没有到庭而产生的问题。审判长应当按照《民事诉讼法》第129、130条的有关规定作出处理。

4. 开庭审理时，由审判长核对当事人，宣布案由、宣布审判人员、书记员名单，告知当事人有关的诉讼权利义务，询问当事人是否提出回避申请。开庭审理时，审判长核对当事人。该项准备工作可以防止出现冒名顶替当事人的情况。核对当事人主要包括查明原告、被告、诉讼代表人、第三人及其诉讼代理人的姓名、性别、年龄、职业、住所等基本情况。查明诉讼代理人是否持有授权委托书、委托权限如何。告知当事人的有关诉讼权利和义务以保证当事人充分行使其权利、承担其义务。如果当事人提出回避申请，人民法院依法审查作出准予或不准予的决定。没有提出回避申请的，法庭审理进入法庭调查阶段。

（二）法庭调查

法庭调查，是审判人员在法庭上调查案件的全部事实，审查判断有关证据真伪的诉讼活动。

法庭调查，是法庭审理的重要阶段，是开庭审理的中心环节。其任务是听取当事人陈述，审查核实各种证据，查明案件事实，以便正确适用法律。法庭调查中，当事人及其诉讼代理人进行陈述、答辩、举证、质证，法庭进行查明案件事实，重点是当事人争议的事实以及法庭认为应当查明的事实。根据《民事诉讼法》第64条的规定，当事人对自己的主张有责任提供证据，反驳对方的主张也应当提供证据或说明理由。《民事诉讼法》第124条对法庭调查的顺序做了具体规定：

1. 当事人陈述。当事人向人民法院所作的陈述，是人民法院掌握的第一手材料，是当事人在民事诉讼中对案件情况所作的叙述。审判实践中，当事人陈述的先后顺序一般按照原告陈述、被告陈述，第三人陈述的顺序来进行。

原告陈述的内容主要包括：向人民法院提出的具体的诉讼请求、根据的事实和理由、提供的证据种类及证据的来源。原告有诉讼代理人的，诉讼代理人也可以在原告陈述后作适当补充。被告陈述的内容主要包括：提出答辩的主张及事实和证据。提出反诉的，说明反诉的具体请求以及根据的事实和理由。诉讼代理人在被告陈述后可作补充陈述。

第三人陈述可分为两种情况；有独立请求权的第三人应说明其提出诉讼的具体请求，根据的事实和理由，提供的证据情况，对原、被告陈述的意见。无独立请求权的第三人应向人民法院说明参加诉讼的原因、与案件及有关当事人的关系等等。

当事人陈述完毕后，审判人员可以就争执的焦点或不明确的问题再次向当事人进行询问，引导当事人对案件事实和争议的问题进一步补充陈述或争论。

2. 当事人举证质证。首先当事人当庭举证时，法庭应当指示当事人当庭出示证据并进行说明。说明的内容包括证据的名称、种类、来源、内容以及证明对象等。由法庭调取的证据由法庭或者申请调取该证据的当事人出示并说明。

法庭应当引导举证当事人根据具体调查事项，有针对性地提供证据材料。具体包括：

（1）书证和物证，应出示原件、原物；不能出示原件原物的，可以出示复印件、复制品、照片或者抄录件等。

（2）视听资料，应出示原始载体并当庭播放；不能出示原始载体或者当庭播放有困难的，可以以其他方式播放或者提供抄录件等。

（3）证人、鉴定人、勘验人、检查人因故未出庭作证的，应当说明理由，并出示证人书面证言、鉴定结论、勘验笔录、检查笔录的原件。如证人、鉴定人、勘验人、检查人以及专家出庭作证的，另按出庭作证的程序举证、质证。

告知证人的权利义务，证人作证、宣读未到庭的证人证言。

开庭审理时，有证人出庭的，首先查明证人的姓名、年龄、职业、住所等情况，告知证人的权利义务，说明作伪证应负的法律责任。然后，由证人陈述所了解的案件情况。有多个证人的，要防止互相串通，应分别陈述。证人之间也可以互相质证，法庭视情况可以允许当事人向证人发问。对于确有困难不能出庭的证人所做的证言，审判人员应当庭宣读，允许当事人提出意见或异议。[1] 当事人在法庭上也可以提出新的证据，当事人要求重新进行调查，是否准许，由人民法院决定。

（4）宣读鉴定结论。鉴定结论是一种对案件中涉及的专门性问题所作的书面结论，具有专门技术的性质。这种对案件的专门问题所作的科学鉴定，必须当庭宣读。可以由审判人员来宣读，也可以由鉴定人来宣读。宣读前，人民法院审判人员应先告知鉴定人的权利和义务。若有意做出错误的鉴定结论，应负法律上的责任。鉴定结论宣读过程中，鉴定人应就鉴定的方法、过程及依据向法庭作出说明。当事人经法庭许可，可以向鉴定人发问。如果当事人要求重新进行鉴定的，由人民法院决定是否准许。

（5）宣读勘验笔录。人民法院指派的勘验人员对案件的诉讼标的物和有关证据，经过现场勘验、调查所作的记录，应在法庭上宣读。拍摄成照片或绘成图纸的，应向当事人展示，允许当事人就宣读或展示的笔录发表意见。经法庭允许，当事人可以向勘验人发问。如果当事人要求重新进行勘验的，由人民法院决定是否准许。这不仅是当事人享有的一项诉讼权利，也是法庭正确分析判断案情所不可缺少的一个方面。人民法院应当慎重决定准许或不准许。

举证按照原告、被告、第三人的顺序进行。

举证完毕，应当组织其他当事人进行质证。原告举证后，被告及第三人进行质证；被告举证后，原告及第三人进行质证；第三人举证后，原被告进行质证。当庭质证一般以"一举一质"或"类举类质"的方式进行。法庭应当引导当事人围绕证据的真实性、关联性、合法性，针对证据证明力有无以及证明力大小，进行辨认与辩驳。质证时，法庭应当引导质证当事人首先作出是否认可的意思表示。如不认可，应提出具体的理由，并组织当事人展开质辩。法庭不得把质辩作为法庭辩论的内容，制止当事人在质证中进行质辩。

3. 发问和答问。法庭根据案件审理的需要，可以给当事人相互发问的机会。当事人有问题需要向对方当事人发问的，经法庭许可，可以发问。经逐一征询各方当事人的意见，如果当事人申请发问的，请发问。法庭审查确认后，指示被问当事人答问。

法庭根据案件审理的需要，也可以向当事人发问。

当事人对发问有异议的，可以向法庭提出。异议是否成立，由合议庭评议

---

[1] 《民事诉讼证据规定》第56条规定，证人确有困难不能出庭是指具有下列情形之一的：①年迈体弱或者行动不便无法出庭的；②特殊岗位确实无法离开的；③路途特别遥远，交通不便难以出庭的；④因自然灾害等不可抗力的原因无法出庭的；⑤其他无法出庭的特殊情况。

确定。

4. 当庭认证。证据经当庭举证、质证后，合议庭当庭或者休庭进行评议，对证据进行审查核实并做出认证结论。能够当庭宣布认证结论的应当当庭宣布；不能当庭宣布的，在下次开庭时或者宣判时宣布。不能当庭认证的，应当向当事人作出说明。

认证结论的表述主要有以下两种方式：

(1) 确认证据足予采信的，认证结论为：经合议庭评议确认，……（证据名称）内容真实，形式合法，可以作为认定……（案件事实）的根据。

(2) 确认证据不予采信的，认证结论为：经合议庭评议确认，……（证据名称），因……（不予采信的理由），故不能作为本案认定事实的根据（不予采信）。

证据不予采信的理由包括：①证据缺乏真实性、或合法性、或关联性，以致没有证明效力，故不能作为本案认定事实的根据；②该证据虽然有证明效力，但与其他证据相冲突，经比较证明力大小而不予采信，故不能作为本案认定事实的根据。

完整的认证结论包括两部分内容：一是确认证据的有效性；二是有效证据可以证明的案件事实。如果法庭不能当庭做出完整的认证结论的，可以作出部分认证结论：确认证据的真实性、合法性、关联性及其证明效力，至于该证据可以作为认定案件哪一具体事实的根据，可另行评议确认；或者仅确认证据的真实性、或合法性、或关联性；至于该证据是否有证明效力，可另行评议确认。法庭当庭不能作出完整的认证结论的，应予以说明，避免当事人产生歧义。

5. 宣布法庭调查结束。经确认各方当事人没有新的证据提供和其他事实需要调查后，审判人员认为案情已经查清，即可结束法庭调查，进入法庭辩论阶段。

(三) 法庭辩论

法庭辩论，是指双方当事人在审判人员的主持下，就法庭调查阶段所调查的事实和证据对如何认定案件事实和适用法律，提出自己的主张，相互展开辩驳的诉讼活动。

法庭辩论的目的是在法庭调查的基础上，通过当事人发表辩论意见，提出法律依据，分清是非责任。双方当事人应当围绕本案双方当事人争议的焦点问题及法庭确认的事实和证据，提出支持自己诉讼主张或反驳对方诉讼主张的辩论意见。在辩论中，双方当事人享有平等的权利，人民法院必须为双方当事人提供均等的机会，不允许任何一方享有特权。在法庭辩论过程中，有权参加辩论的主体是原告、被告、第三人及其诉讼代理人。

法庭辩论分为对等辩论和互相辩论。

首先由当事人进行对等辩论。即指示原告、被告、第三人依次进行辩论发言。辩论按轮进行，一轮辩论结束，法庭可根据实际情况决定是否进行下一轮辩论；如进行下一轮辩论的，应强调发言的内容不宜重复。

相互辩论应在对等辩论结束后进行。在互相辩论中，当事人未经许可而进行自由、无序的辩论发言或者辩论发言的内容重复的，法庭应予以制止。

注意法庭辩论阶段，法庭调查阶段的回转。在辩论中发现有关案件事实需要进行调查，或者需要对有关证据进行审查的，应当宣布中止法庭辩论，恢复法庭调查。法庭调查结束后，宣布恢复法庭辩论。庭审活动恢复到中止时的阶段。

对于在法庭辩论过程中，出现一方当事人侮辱、谩骂、攻击另一方当事人的，审判长应及时制止，给予批评教育。对于以辩论为借口哄闹法庭，扰乱法庭秩序，审判人员制止无效的，视情节轻重，依据《民事诉讼法》第101条的规定，对其采取强制措施。

在确认各方当事人辩论意见陈述完毕后，法庭辩论结束。

（四）当事人最后陈述

法庭辩论结束后，法庭应当宣布由当事人陈述最后意见。指示原告、被告、第三人依次作最后陈述。合议庭成员应当认真、耐心听取当事人陈述，一般不宜打断当事人的发言。但其陈述过于冗长的，法庭应当予以引导；当事人陈述的内容简单重复多次的，或者陈述的内容与案件没有直接关联的，法庭以适当的方式予以制止。

（五）法庭调解

法庭要把握时机，根据案件审理的实际情况，在法庭调查和法庭辩论中适时组织调解。在法庭辩论之后，当事人或者法定代理人出庭参加诉讼，或者委托的代理人有特别授权的，法庭应当组织调解。如果当事人或者法定代理人未出庭参加诉讼，而且委托的代理人也没有特别授权的，法庭不能当庭组织调解。庭后有调解必要和可能的，应当于休庭后组织调解。双方当事人经调解达成协议的，法庭应当宣布调解结果，告知当事人调解协议经双方当事人签字后即具有法律效力。当事人不愿意调解，或经调解不能达成协议的，法庭应当宣布终止调解程序。

（六）评议宣判阶段

评议宣判阶段，是人民法院在完成了审理前的准备阶段、法庭调查阶段、法庭辩论阶段之后，进入的开庭审理的最后一个阶段。法庭辩论终结后，审判长宣布休庭，标志着评议宣判阶段的开始。这一阶段的主要任务是合议庭就案件审理的情况进行集体评议，以达到正确适用法律，确定案件事实、分清是非，讨论案件将得出何种结论，制作和宣告判决的目的。

1. 评议。评议由审判长领导，书记员记录，非合议庭成员不得参加。评议时，全体成员根据法庭调查和法庭辩论查证核实的证据和查明的案情，对如何认定事实、如何适用法律进行讨论，发表看法，提出处理意见。对物证的处理、诉讼费用如何负担问题也由合议庭讨论决定。合议庭评议案件，采取少数服从多数的原则，少数人的意见也应如实记入笔录。评议结束至判决宣告，合议庭成员不得向当事人和其他有关人员泄漏合议庭对案件的评议情况。评议记录由全体评议人员签名。评议记录连同案件卷宗存档备查。对于重大、疑难的案件，合议庭评议难于得出结论的，提交审判委员会讨论决定。审判委员会的决定，合议庭必须服从。

2. 宣判。《民事诉讼法》第 134 条第 1 款规定："人民法院对公开审理或者不公开审理的案件，一律公开宣告判决。"因为判决是人民法院对案件审理后作出的，公开宣判，既能体现法律的严肃性，又便于教育广大群众，使社会监督人民法院的审判工作。至于某些不公开审理的案件，公开宣告判决，不影响不公开审理所要保护的实质内容。

"当庭宣判的，应当在 10 日内发送判决书；定期宣判的，宣判后立即发给判决书。"这是对宣判的方式及发送判决书期限的规定。因为当庭宣判的，没有时间当即制作判决书，而定期宣判则不存在这一问题。

"宣告判决时，必须告知当事人上诉权利、上诉期限和上诉的法院。"上诉权是当事人依法享有的一项重要的诉讼权利。为了保障当事人及时行使上诉权，法律做了这一规定。

"宣告离婚判决，必须告知当事人在判决发生法律效力前不得另行结婚。"这一规定，对于防止法律知识欠缺的当事人在判决未生效期内再婚有重要意义。

人民法院对专利权属纠纷案件审理后，判决变更专利权属的，应当将判决书副本抄送中国专利局，以便变更著录项目。

四、法庭笔录

在开庭审理时，由人民法院书记员制作的，反映法庭审判活动全部真实情况的记录，就是法庭笔录。

法庭笔录是案件卷宗的主要组成部分，是审理案件过程中的一项重要的诉讼文书。生动的再现人民法院开庭审理的全部过程，并且随同案件的卷宗存档备查，对人民法院的审判工作具有重要的意义。首先，它是原审人民法院处理案件、制作判决书的依据；其次，它是上诉人民法院和再审人民法院审理上诉案件和再审案件必不可少的诉讼文书；最后，它是人民法院审判工作水平高低的体现，也是上级人民法院对它进行审判业务检查、指导的基础。

依据《民事诉讼法》第133条的规定，书记员将法庭审理的全部活动记入笔录后，审判人员和书记员必须在笔录上签名。以表明法庭笔录的真实性和严肃性。制成的法庭笔录应当当庭宣读，也可以告知当事人和其他诉讼参与人当庭或者在5日内阅读。当事人和其他诉讼参与人认为对自己陈述记录有遗漏或者差错的，有权申请补正。如果不予补正，应当将申请记录在案。另外，法庭笔录除了由审判员和书记员签名以外，参加诉讼的所有人员也应当签名或盖章。拒绝签名盖章的，记明情况附卷，以备查考。

五、审理期限

审理期限是指某一案件从人民法院立案受理到作出裁判的法定期间。适用普通程序审理的案件，人民法院应当在立案之日起6个月内审结；有特殊情况需要延长的，报请院长批准，批准延长的期限，最长不超过6个月；在上述期限内还未审结，需要延长的，由受诉法院报请上级法院批准，延长的期限，由上级法院决定。审理期限是从立案的次日起至裁判宣告、调解书送达之日止的期间。公告期间、鉴定期间、审理当事人提出的管辖权异议以及处理人民法院之间的管辖争议期间不计算在内。

第五节　撤诉和缺席判决

一、撤诉

（一）撤诉的概念

民事诉讼中的撤诉，是指原告在人民法院受理案件后宣告判决前，申请撤回起诉，不再要求人民法院对案件进行审理的行为。

撤诉是法律赋予当事人的一项重要的诉讼权利。依照民事诉讼的处分原则，当事人有权处分自己所享有的实体权利和诉讼权利。因此，原告向人民法院提起诉讼后，有权撤回起诉。当事人对这一权利的行使，人民法院应当尊重并予以保障。这对人民法院正确审理民事案件、保护当事人的诉讼权利有十分重要的意义。

（二）撤诉的种类

依据不同的标准，撤诉分为不同的类别：

1. 以撤诉是否是当事人主动提出为标准，撤诉分为申请撤诉和按撤诉处理。申请撤诉是人民法院受理当事人的起诉后，一审判决前，当事人主动向人民法院申请撤回起诉，不再要求人民法院对该案继续进行审理的诉讼行为。由于该行为由当事人主动提出，因此，依据《民事诉讼法》规定的处分原则，对行为的发出者而言，该撤诉行为属于积极的处分行为。按撤诉处理，是当事人未向法院主动提出撤诉申请，但出现了法律规定的特殊情形，人民法院依此主动撤销案件，终止审理的诉讼行为。由于该种行为常以当事人消极的不作为方式体现出来，人民法院推定其行为与申请撤诉行为产生同样的后果，从而视为当事人撤诉。因此，对当事人而言，这是一种默示撤诉行为，也是消极的处分行为。

2. 以诉讼程序为标准，撤诉分为撤回起诉和撤回上诉。撤回起诉发生在民事诉讼一审程序中，撤回上诉则发生在民事诉讼二审程序中。

3. 以诉的主体为标准，撤诉分为撤回原告起诉、撤回被告反诉和撤回第三人参加之诉。撤回起诉行为由原告当事人发出；撤回反诉行为由被告当事人发出；而撤回参加之诉行为则由诉讼中有独立请求权的第三人发出。

（三）申请撤诉的条件

申请撤诉虽然是当事人对自己的诉讼权利的一种处分，但这一行为仍然要受人民法院的监督和制约，受法律的干预。人民法院对于当事人的撤诉申请，必须依法进行审查，明确当事人的撤诉行为是否属于规避法律的适用、是否损害国家、集体或他人的合法权益以及是否为社会道德所不容。审查后，作出准予撤诉或不准予撤诉的裁定。

根据《民事诉讼法》第131条的规定，原告在人民法院宣判之前，有权申请撤诉，是否准许，由法院审查决定。因此，撤诉必须符合下列条件：

1. 申请撤诉的主体。有权提出撤诉申请的，只能是原告，有独立请求权的第三人，经过原告特别授权的诉讼代理人，无行为能力的原告的法定代理人以及第二审程序中的上诉人。

2. 申请撤诉的时间。申请撤诉的主体必须在人民法院受理案件后，宣告判决前提出。人民法院经过对案件的审理，公开宣告判决，表明当事人双方争议的法律关系已经得到确定。责任归属已下结论，矛盾得以解决。超过这一期限，提出撤诉已失去意义。因此，这个期限以外，申请撤诉的主体不能行使这一诉讼权利。

3. 申请撤诉的方式。申请撤诉的主体，可以口头或者书面的方式向人民法院提出撤诉申请。

4. 申请撤诉的目的。申请撤诉的主体向人民法院申请撤诉，目的必须正当，不得规避法律、损害国家、集体、他人的合法权益。

5. 申请撤诉的主体向人民法院申请撤诉，必须是其意思的真实表示，行为出于自愿，不得受外力胁迫。

（四）按撤诉处理的法律规定

按撤诉处理，是指人民法院依照法律规定，在某种法定情形下，不经原告提出撤诉，而自行对案件按撤诉来处理，裁定终结诉讼的行为。对于按撤诉处理，我国《民事诉讼法》第129条及最高人民法院的司法解释对此作了相应规定。

1. 原告经传票传唤，无正当理由拒不到庭的，可以按撤诉处理。

2. 原告到庭参加诉讼，未经法庭许可中途退庭的，可以按撤诉处理。

3. 原告为无民事行为能力人，其法定代理人经传票传唤，无正当理由拒不到庭的，可以比照《民事诉讼法》第129条的规定，按撤诉处理。

4. 原告应当预交而未预交案件受理费，人民法院通知其预交后仍不预交或者申请减、缓、免未获人民法院批准而仍不预交的，裁定按自动撤诉处理。

5. 有独立请求权的第三人经人民法院传票传唤，无正当理由拒不到庭的，可以对该第三人比照《民事诉讼法》第129条的规定，按撤诉处理。

6. 有独立请求权的第三人出庭参加诉公，未经法庭许可中途退庭的，可以对该第三人比照《民事诉讼法》第129条的规定，按撤诉处理。

（五）撤诉的法律后果

人民法院裁定准许当事人申请撤诉或人民法院按撤诉处理后，其直接的法律后果是：人民法院停止对该案进行审理，已经开始的诉讼程序立即终结，撤诉申请人不得再要求人民法院就原诉讼程序对案件继续进行审理。自人民法院作出准予撤诉的裁定之日起，诉讼时效重新开始计算。

二、缺席判决

（一）缺席判决的概念

缺席判决，是指人民法院开庭审理案件时，因一方当事人无正当理由拒不到庭或者未经法庭许可中途退庭的，人民法院仅就到庭的一方当事人进行询问、调查、核对证据、听取意见，审查未到庭一方当事人的起诉状或答辩状及有关证据后，依法作出的判决。

缺席判决是相对于对席判决而言的。我国《民事诉讼法》对缺席判决的规定，有利于保护当事人的诉讼权利，维护法律的权威性。但缺席判决的作出，并不意味着对未到庭的一方当事人给予惩罚和歧视，人民法院更不因此而作出不公正的判决。在一方当事人不到庭的情况下，同样是依据事实和法律对案件进行审理，经过合议庭集体评议作出判决。因此，缺席判决与对席判决一样，对双方当事人均产生法律效力。

（二）缺席判决的法定情形

依据《民事诉讼法》第129~131条和最高人民法院的司法解释，下列情况下，人民法院可以作出缺席判决。

1. 原告经传票传唤，无正当理由拒不到庭的，或者未经法庭许可中途退庭的，被告提出反诉，可以缺席判决。

2. 被告经传票传唤, 无正当理由拒不到庭的, 或者未经法庭许可中途退庭的, 可以缺席判决。

3. 宣判前, 原告申请撤诉, 人民法院裁定不准撤诉的, 原告经传票传唤, 无正当理由拒不到庭的, 可以缺席判决。

4. 被告为无民事行为能力人, 其法定代理人经传票传唤, 无正当理由拒不到庭的, 可以比照《民事诉讼法》第130条的规定, 缺席判决。

5. 无独立请求权的第三人经人民法院传票传唤, 无正当理由拒不到庭, 或者未经法庭许可中途退庭的, 可以缺席判决。

6. 被告下落不明, 但未被宣告失踪, 用其他方式无法送达, 在公告送达以后不出庭的, 可缺席判决。

第六节　延期审理、诉讼中止和终结

一、延期审理

（一）延期审理的概念

人民法院在开庭审理案件的过程中, 由于出现了法律规定的某些特殊情况, 使开庭审理暂时无法继续进行, 而必须推迟审理日期, 另定日期对案件进行审理的, 称为延期审理。

延期审理发生在开庭审理案件时, 因为开庭前的准备工作失误或者开庭审理时出现了某些预料不到的情况, 产生延期审理。延期审理, 既是庭审制度的组成部分, 又是诉讼上的一项具体制度, 是对案件的全面审理, 不受庭审阶段的限制。它与休庭以后的庭审不同, 休庭以后的庭审是在庭审进行中间暂时休止, 无需特定的理由, 它是休庭以前的审理的继续, 休止结束后, 接着原来的阶段审理, 不涉及前阶段的程序问题。所以, 前者是个制度问题, 后者是个工作程序问题。民事诉讼立法, 明确规定延期审理, 既有利于保护当事人的合法权益, 彻底查明案情, 分清是非, 又可以保证人民法院审判活动的正常进行。

（二）延期审理的法定情形

依照《民事诉讼法》第132条的规定, 发生下列情形之一的, 法院可以决定延期审理。

1. 必须到庭的当事人和其他诉讼参与人有正当理由没有到庭的。如果是必须到庭的当事人和其他诉讼参与人无正当理由, 可以缺席判决或采取其他方法, 无须延期审理。必须到庭的当事人一般包括追索赡养费、扶养费、抚育费、抚恤金、医疗费、劳动报酬以及解除婚姻关系等案件的当事人。必须到庭的其他诉讼参与人是指审理案件所必需的证人、翻译人员等。他们不到庭，人民法院无法查清案情，无法审查证据，尤其对于审理需要翻译人员协助的案件。因此，出现这种情况，人民法院有权决定延期审理。

2. 当事人临时提出回避申请的。提出回避申请，是当事人依法享有的权利。从提出的时间上看，可以在开庭审理前提出，还可以在开庭审理时提出，也可以在法庭辩论终结前提出。属第一种情况的，即便作出回避决定，也不影响人民法院对案件的审理。而后两种情况，人民法院会措手不及，必须暂停审理，对当事人的回避申请进行认真审查，作出决定。

3. 需要通知新的证人到庭，调取新的证据，重新鉴定、勘验、或者需要补充调查的。开庭审理过程中，当事人有权提出新的证据，有权要求重新进行调查、鉴定或者勘验。如果人民法院准许，开庭审理便无法继续进行，人民法院则可以作出延期审理的决定。

4. 其他应当延期的情形。开庭审理时，如果发生上述情况，人民法院可以决定延期审理，当事人也可以申请延期。如果上述情形消除后，法院应当恢复诉讼的进行，延期审理无法律明确规定的期限，但实践中不宜过长。

二、诉讼中止

(一) 诉讼中止的概念

诉讼中止，是指在诉讼进行中，由于出现法定情况，致使诉讼程序无法继续进行而暂时停止诉讼，待中止障碍消除后，再恢复诉讼程序的一种诉讼制度。

一般情况下，民事诉讼程序开始后，无特殊情况，应按照法定程序连续进行，直至结束对案件的审理，作出并宣告判决。但审判实践中，往往出现一些使诉讼程序不能或不宜继续进行的情形。也就是说，诉讼中止的情形并不是在每个民事案件中都会出现，适用诉讼中止也不是每个案件的必经程序。

(二) 诉讼中止的法定情形

依据《民事诉讼法》第136条的规定，有下列情形之一的，中止诉讼：

1. 一方当事人死亡，需要等待继承人表明是否参加诉讼的。按照法律的规定，当事人的诉讼权利能力始于出生、终于死亡。在诉讼中，原告或被告死亡，其诉讼权利能力自然终止。但如果案件是有关财产继承的，就需要等待继承人继承财产，承担诉讼。

2. 一方当事人丧失诉讼行为能力，尚未确定法定代理人的。民事诉讼进行中，本来有诉讼行为能力人丧失行为能力，无法参加诉讼，如果其法定代理人及时参加诉讼，则不涉及诉讼中止。但如果确定其法定代理人需要有一段时间，则应从一方当事人丧失诉讼行为能力时起至其法定代理人得到确定时止这段期间，暂停诉讼，即诉讼中止。

3. 作为一方当事人的法人或者其他组织终止，尚未确定权利义务承受人的。诉讼中，作为一方当事人的法人或其他组织因种种原因终止，便相当于自然人的死亡，其因此丧失当事人的资格。在没有确定权利义务承受人之前，同样应暂停诉讼，直到权利义务承受人得以确定，再继续进行诉讼程序。法人因破产、撤销而终止的，由其清算组织承担诉讼，法人因合并而消灭的，需等待合并后的新法人承担诉讼。

4. 一方当事人因不可抗拒的事由，不能参加诉讼的。不可抗拒的事由，一般指非人力所能预见、克服和避免的事件。如战争、意外疾病或事故、地震、洪水造成交通中断或通讯不能等等。当事人因此不能出庭参加诉讼的，诉讼应暂时中止，待不可抗拒事由消除后再继续诉讼程序。

5. 本案必须以另一案的审理结果为依据，而另一案尚未审结的。这就是说，本案与他案存在必然的联系，本案的解决必须以另一案件的处理结果为前提和条件，如果另一案件无审理结果，则本案无法进行审理和作出正确的判决。此时，必须中止诉讼，等待作为依据的另一案件审理终结后，再恢复诉讼程序的进行。此处所说的"另一案"，既可以是另一民事案件，也可以是另一刑事或者行政案件。

6. 其他应当中止诉讼的情形。这是一项弹性条款，由人民法院在审判实践中依据具体情况灵活运用。立法之所以如此，主要是为了适应实践发展的需要，做到即便出现上述五种中止诉讼的情形以外的应当中止诉讼的情况，也能够有法可依，避免出现漏洞。

（三）诉讼中止裁定的法律效力

诉讼进行中，出现应当中止诉讼的情形，人民法院应当以裁定的方式作出。裁定书由审判员、书记员签名并加盖人民法院印章。其效力表现为以下几个方面：

1. 中止诉讼的裁定一经作出，立即生效，当事人不得提出上诉，不得申请复议。

2. 裁定生效后，一切属于本案范围内的活动都应立即停止。

3. 中止诉讼的障碍消除后，可由当事人向人民法院申请，也可由人民法院依职权恢复诉讼程序。从恢复之日起，该裁定自行失效。中止诉讼前，当事人的诉讼行为仍然有效，而且对继承人也有约束力。

三、诉讼终结

（一）诉讼终结的概念

诉讼终结，是指在诉讼进行中，由于发生某种特殊情况，使诉讼程序继续进行已不可能或失去意义，从而最终结束诉讼程序的一种诉讼制度。

诉讼终结，是一种非正常的结束诉讼程序，同诉讼中止一样，均不是民事案件的必经程序。但二者有本质上的差别：诉讼中止是一种暂时停止诉讼程序进行的制度，待中止情形消除后，仍应恢复原来的诉讼程序。恢复的诉讼程序，在原来的程序基础上继续进行，直至人民法院结束对案件的审理，作出并宣告判决。而诉讼终结则不然，案件一旦出现法定的终结诉讼的情形，人民法院作出终结裁定后，诉讼程序最终结束，永不恢复。

（二）诉讼终结的法定情形

依据《民事诉讼法》第 137 条的规定，有下列情形之一的，终结诉讼：

1. 原告死亡，没有继承人，或者继承人放弃诉讼权利的。民事诉讼程序是由原告提起诉讼、人民法院决定受理而开始的。如果在诉讼进行中，提起诉讼的原告死亡，便涉及到诉讼程序是应当中止，还是终结的问题。若原告死亡，留有遗产的，诉讼又是涉及原告财产权利的，原告继承人明确表示不放弃继承权，愿意参加诉讼，诉讼则不能终止，只能中止，等待继承人参加诉讼。但如果原告死亡，没有继承人，该项财产争议消失，诉讼继续进行已无必要，诉讼必然要终结。若原告死亡，虽有继承人，但继承人明确表示放弃诉讼权利，也就是权利主体放弃与被告对财产的争议，诉讼同样要终结。

2. 被告死亡，没有遗产，也没有应当承担义务的人的。在诉讼进行中，被告死亡，既没有遗产，又没有应当承担义务的人，从一定角度上看，可以说，原告的起诉已变为没有被告，已失去了向人民法院提起诉讼的条件，这种情况下，诉讼必然要终结，而且，即使原告有胜诉的可能，其胜诉也已失去意义。所以，诉讼必须终结。

3. 离婚案件一方当事人死亡的。离婚案件，是一种涉及身份关系的案件，它不同于涉及财产权益之争的案件。财产权利可以继承，而身份关系则不能。在诉讼中，如果离婚案件一方当事人死亡的，其婚姻关系随当事人的死亡而自然终结，这种情况下，继续进行诉讼程序已变得毫无必要，也毫无意义。因此，法院没有必要为是否解除他们之间的婚姻关系而继续进行诉讼程序，必须终结诉讼。

4. 追索赡养费，扶养费、抚育费以及解除收养关系案件的一方当事人死亡的。这也是一种涉及身份关系的案件。案件的权利人和义务人都是特定的。这类特殊类型案件，随着一方当事人的死亡，赡养关系、扶养关系、抚育关系、收养关系随之自然解除，因此，这种情况下，继续进行诉讼同样变得无必要也无意义，只能终结诉讼程序。

（三）诉讼终结裁定的法律效力

诉讼终结同诉讼中止一样，必须由人民法院以裁定的方式作出。裁定书由审判人员和书记员签名并加盖人民法院院印。其效力主要有两个方面：

1. 诉讼终结裁定一经作出，立即生效，当事人不得提出上诉，也不得申请复议。

2. 裁定生效以后，诉讼程序即告终结，当事人不得再次以同一理由向人民法院提起诉讼。

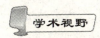

审前程序分析

一审程序在民事诉讼中占有很高的地位，无论是审前程序，还是开庭审理程序，以及贯穿于其中的各项制度，如证据制度、保障制度等，无一不是学界讨论的热点。因此，在本文较窄的篇幅内，很难一一剖析并展现给大家。只能是三千弱水，只取一瓢的方式，取其中一点，进行介绍。本文就民事诉讼的核心——审前程序进行分析。

一、我国民事诉讼审前程序的缺陷解析

随着审判方式和诉讼体制改革的深入，人们逐步意识到，我国的民事诉讼审前准备程序存在着诸多潜在的缺陷，已经不能适应司法实践的实际需要，因而亟须改革和完善。其缺陷主要表现在：

1. 缺少当事人的参与。从立法内容上不难看出，我国民事审前准备程序在立法模式上存在着职权本位的显著倾向和色彩，立法所规定的所谓准备程序，实质上就是法院单方面对案件的审判作出准备，当事人似乎无事可做。被告人可以答辩，也可以不答辩，无论如何均不影响法院对案件审判的准备。这样的审前准备实质上乃是法院对案件实施管理的行政程序，具有非程序化的外观。这是典型的职权主义立法视角，在这种立法视角下，当事人及其诉讼代理人被排除在审前准备程序的调整范围之外。事实上，当事人及其诉讼代理人也还是要进行准备活动的，只不过，他们的这些活动不受法律调整和保护而已。

2. 功能不足。审理前的准备，顾名思义就是为庭审作准备。这就意味着审理前的准备阶段并不具有事先排解纠纷的机能，即使法院在准备过程中认为化解纠纷的条件成熟，在此阶段，法院也缺少可以利用的制度和程序以在庭审前化解此一纠纷。如此，任何纠纷只要当事人坚持诉讼而不撤诉，诉讼程序的齿轮都必然驶向庭审阶段，这样就造成了案件的"进口量"与"出口量"始终保持基本的平衡，其结果，诉讼程序疏导纠纷、排解纠纷的功能受到制约，庭审的负荷无限度地递增，相应地，庭审的质量不可避免地受到了影响。

3. 缺乏内容上的针对性和效力上的制约性。法院在审前阶段进行准备，究

竟达到何种程度算准备"成熟"或"就绪"了呢？立法上没有明文规定，实践中也各行其是。有的充分利用该一灵活度极高的程序，一直准备到使庭审失去必要性的程度，以致无可避免地出现了"先定后审"的现象，庭审成为"走过场"；有的则浮光掠影，视立法所要求的准备程序为虚设，接到卷宗材料后便匆匆步入法庭，一跃而启动了原本应当奠基于准备内容之上的庭审程序，如此势必导致"反复庭审"或"多次庭审"、庭审效率低下的流弊。尤其是，立法对法院就特定案件究竟要准备哪些实质性内容未设具体规定，既不要求明确争议焦点，也不要求将双方当事人持有的、拟在庭审中提交的证据固定化，因而审前准备即使获得了实质性内容，也缺乏对后继的庭审程序的制约性与规划性。这种效力虚化的规范，自然得不到尊重，发挥不了实效。

二、改革目标

1. 其程序的独立性。我国目前的诉讼程序结构，是一种叠合式的程序结构，审前准备缺乏独立的功能，而仅仅是庭审程序的前奏或投影，因此也可以说它是虚化的，并不具有实在性。这种特征实际上便取消了它独立自存的属性，而成为庭审程序虚幻的附庸。因此，立法改革所面临的首当其冲的任务就是改这种依附性的审前程序为独立性的审前程序。这种审前程序以其功能的独立性为逻辑前提，同时也表现在它对庭审程序的制约性之上。

2. 当事人的参与性。英美的审前程序与大陆法国家的审理前的准备阶段相比较，其差异就在前者是当事人充分参与的程序，后者是法院主导实施的程序。因此，将我国的审理前的准备改为审前程序的关键性步骤就在于引入当事人对程序的充分参与性，这是由当事人主义诉讼原则所决定的。事实上，真正意义上的审前程序，只有在当事人主义诉讼模式下才具有存在的必要性和可能性。

3. 功能的复合性。审前程序较之于审理前的准备，其所存在的又一个差异乃在于：前者的功能是多元的或者说是复合的，后者的功能则具有单一性。在审前程序中，当事人不仅有充分的机会收集证据，而且通过证据的相互交换或出示，能够深入地感知案件事实的真相，并由此能够整理出案件争议的焦点所在。争议焦点的明晰化和证据的固定化，也促进了当事人对争议或纠纷的合意解决，诉讼程序对纷争的全程消化功能在这里得到了集中表现。

4. 效力上的制约性。审前程序所具有的前述特征，决定其必然具有效力上的制约性。这种制约性就其实质而言乃是对庭审程序的事先计划性和过程规划性，庭审程序不再任意地进行，而必须在审前程序的基础上往前运转。这就消除了程序的反复性和非约束性，强化了程序的安定性和可预测性，由此也提高了诉讼程序的有序性和效率性。

三、改革建议

(一) 明确建立争点整理制度和程序

有争议才会有诉讼，可以说，所有案件的审理均是针对当事人的争议进行的。无论在何种诉讼程序中，争议焦点的确定和明确是法院行使审判权解决案件的逻辑前提，争议的焦点不明确，法院就找不到案件纠纷的症结，就难以判断案件事实，并因此而难以适用法律解决纠纷，争点的明确处在民事诉讼程序的核心位置，这是各国民事诉讼的共性。但有时当事人的争议非常零乱，如不进行整理，集中审理时，审理方向易发生偏差，不但影响庭审效率，对争议的公正解决也十分不利。在集中审理模式下，要求案件的审理是集中于争点调查证据，争点的整理就显得尤为重要。因为，如未能厘清、掌握争点，即无从就争点集中调查证据，且集中辩论。

(二) 完善证据交换制度

当事人对自己的主张需要证据的支持，争议的对峙实际上就是证据的对峙，要明确当事人之间的真正争点所在，证据交换必不可少。一方面，通过证据出示—交换—再出示—再交换这样一个往复来回、不断深入的动态过程，使当事人在获得对方证据的同时，其对案件事实的认识也进入了一个更为深刻的层次，因为作为一方当事人，其对案件的认识，毕竟脱离不开自己主观的情绪，难免存在偏颇，经过证据交换之后，当事人可以根据相关证据的客观情况，调整自己的主张或是充实自己的证据，以过滤出真正的争议所在。另一方面，证据交换是通过法院这个中介来进行的，法院对于双方证据交换的过程和结果最为熟悉，通过当事人的证据交换，法院也同步跟踪了案件证据的逐步展示，了解了案件的真实情况，动态地把握了当事人之间的争点所在，有利于提高庭审的效率和质量。

在集中审理模式中，争点整理离不开证据的交换。从理论上讲，这是两个并行的实质问题，各有自身的运行机理，但在实践中，二者又是交互在一起的，首先在诉讼初期，当事人在诉答文书中主张了相反和对立的事实，从而形成初步的争点，在该初步争点的指导下，双方进行证据交换，经过证据交换，双方可能会意识到初步争点并非真正的争点，然后，修改诉答文书，重新确定诉辩方向，再交换证据，其结果可能是再次的修正诉辩方向，如此往复，不断深入，最终形成本案具有程序制约力的争点。可见，争点整理的过程实际上也是双方证据交锋的过程，争点从多至少直至固定的过程，也是案件事实渐明的过程。因此，证据交换与争点整理是辩证统一在一起的，如将它们人为割裂开来，便会抵销它们各自存在的意义。

(三) 完善举证时限制度

争点的形成是一个动态的过程，随着当事人证据的变化，争点有时也会随之改变。因此,争点最终能否明确并被固定下来,一个十分重要的条件就是时间因素,案件不可能无限期地进行下去,争点也不可能等待当事人穷尽所有的证据后再形成。即便是适用证据随时提出主义的国家,证据的提出也要有一个最终的截止日期,否则案件就无法正常审理。

在集中审理模式下,设立举证时限一方面是出于程序安定和诚信的需要,以保证已进行的程序的安定性,防止证据突袭,维护司法的公平公正。同时,也是为了集中审理的顺利进行。以美国的陪审团审判为例,如果允许当事人在陪审团审理时提出证据,那就必然要对争点进行调整,由于陪审团组成的特殊性,其成员大多并不具备足够法律知识,对重新整理争点的能力不足,因而就可能无法从当事人纷乱的争议中整理出争点,案件也就无法正常进行审理。但由于举证时限涉及证据失效问题,直接关系到当事人在实体法上的权利,因此,各国的诉讼程序对此的规定均十分慎重。德国 1976 年修改的《民事诉讼法典》虽然将证据随时提出主义改为证据适时提出主义,规定当事人应在准备性口头辩论阶段提出证据并通知对方当事人,否则失权,在主辩论期日及其后原则上不准提出新证据,但该法第 356 条规定,在法院依其自由心证,认为不致拖延诉讼时,提供证据的期间可以不经言词辩论定之。同时,还应看到,德国是将举证时限订立在庭审过程中的(准备性口头辩论阶段)。在《日本民事诉讼法典》中,也授予法官以自由裁量权,对迟延提出证据的理由是否正当、法院是否采纳、证据是否失权进行裁量,其更是将证人证言放在了最终的言词辩论阶段提出。作为大陆法系国家,案件是由职业法官组成的,其有能力对案件事实方面的问题作出决定,这也是其审判权中的不可分离的组成部分,因此,各国规定了较长的举证时限,大多截止于庭审阶段,以便维护实体上的公正,同时也便于法官对举证时限进行衡量和监督,增加其规定的灵活性,以弥补可能出现的不合理现象。

(四)建立审前会议制度

为保证能够连续地就当事人之间的争点集中开庭进行审理,在庭审前,法院应当明确在开庭时将调查哪些证据,调查按何种顺序进行,否则,如果法院在开庭前没有具体的计划,法官在开庭时想到哪就调查研究到哪,集中审理就无法实现。由于调查证据的多少、方法甚至是顺序都关系到对最终事实的认定,因此,审理计划的拟定,不能由法院独自进行,应当征求当事人的意见,必要时,法院应当和当事人一起制定。在各国的立法实践中,承担这种功能的一般是审前会议。在美国,审前会议是庭审之前的一个重要诉讼阶段,是在庭审前由法官召集当事人所举行的协商会议,能够鼓励当事人更好地进行诉讼计划和诉讼管理,早期的司法介入或控制将防止案件被拖延并将制止不经济的审前活动,能够帮助所有的程序参加人尽可能清楚地了解纠纷,关注其核心内容,迅速发掘需要了解的信息，促进协商处理或者将事项及时地整个地交给一审法院。

理论思考与实务应用

一、理论思考

（一）名词解释

起诉　受理　缺席判决　诉讼终止　延期审理　诉讼中止　反诉　撤诉

（二）简答题

1. 在民事诉讼中，当事人起诉的条件是什么？
2. 法律规定什么情形下应延期审理？

（三）论述题

1. 试论如何认识民事诉讼中的第一审普通程序？
2. 试述我国对不符合法定条件的起诉的处理。

二、实务应用

（一）案例分析示范

案例一

2007 年，罗某在 A 市某区集体企业明光电子元件厂附近买下一处房屋，准备装修后，经营饭店。为方便在工商管理部门办理相关手续，罗某与明光电子元件厂的领导达成协议，罗某经营的饭店挂靠在明光电子元件厂，罗某每年付给明光电子元件厂一笔"挂靠费"。饭店也因此登记注册为"A 市某区明光电子元件厂餐饮服务中心"。为了顺利对外开展营业，罗某找到自己开小型装修企业的好朋友王某帮忙进行装修。事后，罗某以餐饮服务中心的名义开出了 5 万元装修费的欠条。饭店正式营业后，罗某并未按约定付款，王某觉得朋友欠些钱，肯定是因一时经济紧张，等过一段时间手头宽裕了自然会还的。但是王某的妻子张某表示不满。半年以后，罗某仍然没有还款。这时，王某因企业资金周转困难，不得不向罗某索要装修费；但是，罗某矢口否认有此事。王某一怒之下向某区人民法院提起诉讼。在人民法院审理过程中，罗某提出王某的弟弟王某某经常来饭店吃饭，已经欠下 3000 元的账，故对王某提起反诉。审理过程中，罗某还申请对王某提供的装修费的欠条进行重新鉴定。鉴定结果显示，该欠条是伪造的。原来因为拖欠的时间过长，王某已经无法找到原来的欠条。于是，模仿罗某的笔迹自己写了一张。人民法院最终判决，驳回王某的诉讼请求。王某在法定期间没有提起上诉。根据上述案情，请回答以下问题：

问：（1）如果张某在王某不愿向朋友罗某追债的情况下，以自己的名义向人民法院起诉，要求罗某还款。对此，人民法院应当如何处理？

（2）王某向人民法院提起诉讼，应以谁为被告？为什么？

（3）罗某对王某提起反诉，人民法院应当如何处理？为什么？

（4）如果在一审中，王某申请财产保全，人民法院应如何处理？

（5）罗某申请对王某提供的装修的欠条进行重新鉴定，人民法院应当如何处理？

【评析】

（1）人民法院应裁定不予受理。

本案的诉讼标的是罗某与王某之间的给付装修费关系，而王某的妻子张某并不是该争议法律关系的当事人，根据《民事诉讼法》第108条的规定，张某不能以原告名义起诉。

（2）王某应当以罗某、明光电子元件厂为共同被告。因为个体工商户挂靠集体企业并以集体企业的名义从事生产经营活动的，个体工商户与其挂靠的集体企业为共同诉讼人，依据是《民诉意见》第43条的规定。所以罗某与其挂靠的集体企业明光电子元件厂为共同被告。

（3）人民法院应当告知罗某另行起诉。被告罗某提起的诉讼，诉讼标的是罗某与王某某之间的债权债务关系，与本诉的诉讼标的（罗某与王某之间的给付装修费关系）毫无牵连，因此，这两个诉是完全独立的诉，应该分别审理。

（4）人民法院可以责令王某提供担保的，王某如不提供，则驳回其申请。

根据《民事诉讼法》第92条的规定，人民法院对于可能因当事人一方的行为或者其他原因，使判决不能执行或者难以执行的案件，可以根据对方当事人的申请，作出财产保全的裁定；当事人没有提出申请的，人民法院在必要时也可以裁定采取财产保全措施。人民法院采取财产保全措施，可以责令申请人提供担保；申请人不提供担保的，驳回申请。人民法院接受申请后，对情况紧急的，必须在48小时内作出裁定；裁定采取财产保全措施的，应当立即开始执行。

（5）人民法院可以决定延期开庭审理。

根据《民事诉讼法》第132条的规定，有下列情形之一的，可以延期开庭审理：①必须到庭的当事人和其他诉讼参与人有正当理由没有到庭的；②当事人临时提出回避申请的；③需要通知新的证人到庭，调取新的证据，重新鉴定、勘验，或者需要补充调查的；④其他应当延期的情形。

案例二

刘某和王某达成书面的协议，约定刘某以一辆2000型桑塔纳换取王某面粉若干袋。刘某负责给该车安户和办理车牌车号，而且在使用中如果出现任何的非人为的故障，其责任由刘某承担。合同签订后，王某按照合同的约定将面粉交付了刘某。刘某在将该车交付王某办理相关的手续时发现该车系被盗车辆，该车被公安部门依法扣押。该汽车后来被李某认领。此时王某要求刘某返还其交付的面粉。但是，刘某说，该面粉已经被用于生产食品。于是王某要求刘某返还价款11万元。王某经过调查发现，该刘某已经丧失了清偿债务的能力，但是同时发现，刘某曾在一个月之前在朋友的儿子郑某的生日上送给郑某5万元人民币的生日礼物，而且半个月之前，刘某曾经将自己的一些价值6万元的物品以明显低于市场价格的价格卖给了陌生人何某。

问：（1）王某能否向认领汽车的李某主张的汽车的权利？为什么？

（2）王某向刘某提起了诉讼要求返还相应的价款后，王某能否再次向刘某提起撤销权诉讼？

（3）王某提起撤销权诉讼应当以谁为被告？

（4）郑某撤销权诉讼中处于什么样的地位？

（5）何某在撤销权诉讼中处于什么样的诉讼地位？

【评析】

（1）王某不能向认领汽车的李某主张所有权。首先，汽车的所有权的转移是需要履行相关的手续的，本案件中王某并没有完成相关的手续。其次，王某也不可能根据善意取得来主张权利，虽然王某支付了相应的价款，并且他也是善意的，但是由于本案的汽车是盗窃物，盗窃物不能适用善意取得。

（2）王某可以向刘某再次提起撤销权诉讼，因为刘某在此之前的一个月时将自己的财产赠送给了郑某，这使得刘某的财产减少，因而无法清偿王某的债权，损害了王某的合法权益，符合了撤销权产生的条件。同时，王某和刘某之间基于合同纠纷而产生的诉讼和撤销权诉讼是相对独立的。后者并不依赖于前者，同时前者也不排斥后者。

（3）根据现行法律的规定，王某提起撤销权诉讼，应当以刘某为被告。

（4）根据现行法律的规定，如果王某在撤销权诉讼中没有将郑某列为第三人，则法院可以追加郑某为第三人。

（5）何某的诉讼地位取决于其是否了解：刘某低价转移财产对王某的合法权利造成了损害。如果何某了解该情况，则王某可对刘某出售给何某财产的行为行使撤销权，此时何某与郑某的诉讼地位相同。如果何某不了解该情况，则何某取得财产的完全的所有权，王某不得对刘某向何某出售财产的行为行使撤销权。

案例三

2003年2月，甲区建设公司需水泥200吨，便与乙区贸易公司达成协议，约定由贸易公司组织供应，每吨200元。同年3月，贸易公司同丙区水泥厂进行洽谈, 向其购买水泥 200 吨, 约定货到付款。3 个月后, 水泥厂委托该区汽车队将 200 吨水泥运到贸易公司, 但贸易公司不久前被注销。这时丁区家具厂声称与水泥厂有债务关系, 而甲区建设公司认为水泥是贸易公司为其定购的, 于是汽车队将所运水泥分送家具厂和建设公司, 两个单位各自接受了水泥 100 吨。当水泥厂向他们索取货款时, 家具厂和建设公司各持理由拒绝给付。水泥厂无奈, 于同年 8 月向丁区人民法院提起诉讼。一审人民法院以家具厂和建设公司为共同被告, 汽车队为第三人, 组成合议庭审理本案。合议庭未经双方当事人同意便进行了两次调解, 但因双方争议较大, 而未能达成协议, 只好于 9 月 1 日开庭审理此案, 判决家具厂和建设公司及汽车队分别承担责任。判决后, 汽车队不服, 以货已到位, 不应由其承担责任为由提出上诉。二审法院组成合议庭对此案进行了全面审理, 发现一审在认定水泥价格上不符合国家标准, 于是开庭审理此案, 判决家具厂和建设公司付给水泥厂货款及承担诉讼费用。

问: (1) 如果汽车队发现贸易公司已被注销, 遂将水泥卖给建设公司, 则此案当事人如何列明?

(2) 如果建设公司在一审调解中提出, 水泥厂的经理与本案审判长是同学, 可能影响案件公正裁判, 故不应由丁区人民法院受理, 而应移送甲区法院审理, 此异议能否成立? 为什么?

(3) 如果水泥厂只起诉贸易公司不履行合同, 则此诉讼如何进行?

(4) 如果家具厂在一审调解中提出反诉, 要求原告偿还家具厂欠款及利息, 此反诉能否成立? 为什么?

(5) 如果汽车队不参与诉讼, 人民法院应如何处理?

(6) 请指出本案在程序上的错误之处。

【评析】

(1) 原告为水泥厂, 汽车队为被告, 建设公司为第三人。

(2) 异议不能成立。因为管辖权异议只能在答辩期间提出。但此阶段可申请回避。

(3) 先裁定中止诉讼, 如果贸易公司有权利义务承担人, 通知其参与诉讼; 若没有裁定终结诉讼。

(4) 反诉不能成立。因为该反诉与原诉不是基于同一法律关系或事实。

(5) 经审理, 如果不需要第三人承担责任, 可以不参加诉讼; 如需要承担责任, 经传票传唤, 无正当理由拒不到庭, 可以缺席判决。

(6) ①是否进行调解, 应由当事人自愿选择。本案在未经双方当事人同意的情况下, 合议庭自行调解是错误的, 应以判决结案。②二审人民法院就上述案件不应作全面审理, 应针对第三人上诉请求的有关事实、适用法律进行审查。

（二）案例分析实训

案例一

王左和王右系同村邻居。2008 年 7 月 10 日，王左向法院诉称：被告王右房后的数十棵苹果树是 1998 年村里买来树种并派工栽活的，应属于村里所有。但现在被王右所占，要求法院判决被告王右将苹果树退回村里并将多年获得的收益折款退返。法院经审查后，认为王左与本案无利害关系，于 2008 年 7 月 20 日作出不予受理的裁定。王左将情况告诉村委会。村委会决定委托王左为诉讼代理人代为起诉，并向法院提交了授权委托书。王左作为诉讼代理人以同样的事实、理由和请求重新起诉，法院受理此案。被告王右收到起诉状副本后，即到王左家谩骂，并同王左扭打起来。扭打中王右被王左推倒在地，右手腕骨折。其后，被告王右在答辩状中向法院反诉，诉称自己右手手腕骨折是王左所致，要求王左赔偿医疗费。法院决定将本诉、反诉合并审理。开庭审理中，王右经法院一次口头传唤、一次传票传唤，无正当理由拒绝到庭，法院遂对乙采取拘传措施。法院经过审理，依据事实和法律对该案作出了判决。

问：请指出本案在诉讼程序上存在的问题，并简述理由。

案例二

2000 年 11 月章辉向李永借了 2000 元钱。2003 年 5 月李永因章辉拒绝还钱而起诉到法院。法院审查了李永的起诉材料，认为已经过了诉讼时效，便裁定驳回李永的起诉。

问：法院的做法是否符合法定程序？为什么？

 主要参考文献

1. 田平安主编：《民事诉讼法》，清华大学出版社 2005 年版。

2. 江伟主编：《民事诉讼法》，高等教育出版社、北京大学出版社 2004 年版。

3. 江伟主编：《中国民事诉讼法专论》，中国政法大学出版社 1998 年版。

4. 江伟主编：《民事诉讼法学原理》，中国人民大学出版社 1999 年版。

5. 樊崇义、夏红编：《正当程序文献资料选编》，中国人民公安大学出版社 2004 年版。

6. 肖建国：《民事诉讼程序价值论》，中国人民公安大学出版社 2000 年版。

7. 汤维建、单国军：《香港民事诉讼法》，河南大学出版社 1997 年版。

8. 法苑精粹编辑委员会编：《中国诉讼法学精粹》（2005 年卷），高等教育出版社 2005 年版。

9. 张卫平：《转换的逻辑：民事诉讼体制转型分析》，法律出版社 2004 年版。

10. 王亚新：《社会变革中的民事诉讼》，中国法制出版社 2001 年版。

第 十 三 章

简易程序

【本章概要】简易程序与普通程序共同构成民事一审程序。认识简易程序，首先要明确简易程序的适用范围。其次要掌握简易程序与普通程序相比所体现出的自身程序上的特点。

【学习目标】了解简易程序的含义、特点和意义；明确简易程序的适用范围及简易程序与普通程序的关系；正确理解和适用简易程序的法律规定。

第一节　简易程序概述

一、简易程序的概念

简易程序相对普通程序而言，是普通程序的简化，是基层人民法院和它派出的法庭审理简单的民事案件所适用的程序。

简易程序的意义和作用是：

1. 简易程序充分体现了便于群众诉讼和便于人民法院办案的"两便原则"。

2. 简易程序是在人民司法工作经验的基础上，继承和总结了人民司法诉讼程序制度的优良传统和成功经验。

3. 在审判实践中，大量的简单的民事案件适用简易程序得到彻底、及时解决，节省了时间和费用，有利于群众的生产和生活。同时也有利于人民法院集中力量处理重大、复杂的民事案件。

简易程序是一种独立的简便易行的诉讼程序。与民事第一审普通程序相比，二者既有联系，又有区别。普通程序是简易程序的基础，简易程序是普通程序的简化。但二者又有所区别：二者都是各自独立的一审诉讼程序。但是普通程序适用的范围比较广泛，基层人民法院除简单的民事案件外，其他民事案件都必须适用普通程序审理。中级人民法院、高级人民法院和最高人民法院审理的第一审民事案件，都要适用普通程序。按照简易程序审理的案件只限于简单的民事案件，只有基层人民法院和它派出的法庭，在审理简单的民事案件时才适用简易程序。

二、简易程序的特征

1. 诉讼方式简便。依据《民事诉讼法》有关规定，适用第一审普通程序审理的案件，原则上应采取书写起诉状的方式，口头起诉仅仅是例外。适用简易程序审理的简单的民事案件，法律明确规定可以口头起诉，省去了原告人因准备诉状而花费的时间。

2. 受理程序简便。在普通程序中，受理案件必须向原、被告分别发送受理案件通知书和应诉通知书，还须在 5 日内向被告发送起诉状副本，被告在接到起诉状 15 日内可以提交答辩状，人民法院在收到答辩状之日起 5 日内还要向原告发送答辩状副本等。而在简易程序中，受理无须发出受理案件通知书，开庭审理也无须进行公告、通知。如果双方当事人可以同时到基层人民法院或者其派出的法庭，则可以同时起诉、应诉和答辩。案情特别简单的，时间和人力又允许的，还可以当即审理。

3. 传唤方式简便。在普通程序中，传唤当事人、证人必须用传票，并且必须在开庭 3 日前通知。而适用简易程序审理案件则可以用简便的方式，即人民法院认为适宜的任何方式进行传唤，比如打电话、捎口信、有线广播或口头约定等方式。当然，通知应以直接通知本人为原则，未直接通知本人的传唤不能视为合法的传唤。

4. 实行独任制审理。人民法院审理民事案件，其组织形式有合议制和独任制两种。合议制是最基本的、最普遍的审判组织形式，适用于第一审普通程序和第二审程序。适用简易程序审理的民事案件采用独任制，从开庭前的准备、开庭审理到依法裁判或调解，都是只有审判员一人担任，不必进行合议。审判员在独立审理时，必须配备书记员专门负责记录，不得自审自记。

5. 开庭审理程序简便。适用简易程序的案件，其开庭审理程序的简便主要表现在以下几方面：

（1）不受庭审前通知当事人的手续和时间的限制。在普通程序中，人民法院必须在开庭 3 日以前通知当事人及其他诉讼参与人，而且该期限不得延长。而在简易程序中，法庭审理可在受理后立即进行，无须办理传唤手续，即使另行指定开庭日期的，也不受 3 日前通知的限制，可以以任何适宜的方式通知、传唤当事人，通知和传唤均不办理专门的文书手续，只须记录即可。

（2）法庭调查不受《民事诉讼法》第 124 条规定的顺序的限制，即不必受普通程序中法庭调查的法定顺序的限制，而可以以查清案件事实为目的，依据案件的具体情况随意选择程序的先后。

（3）法庭辩论的顺序不受《民事诉讼法》第 127 条所规定顺序的限制，审判人员可根据案件审理需要，指令或允许某一方当事人或其代理人发言。但一般情况下，第一轮法庭辩论仍应按《民事诉讼法》第127条规定的顺序，即原告及其诉讼代理人发言、被告及其诉讼代理人发言、第三人及其诉讼代理人发言。

适用简易程序的法庭调查和法庭辩论两个步骤不必严格划分，可以结合进行，以达到查清事实、分清是非、正确解决纠纷的目的。

6. 审结期限较短。依《民事诉讼法》第146条的规定，人民法院适用简易程序审理的案件，审结期限为3个月，而且该期限不得延长。如果在3个月内不能审结，则应转入普通程序继续审理。而普通程序的审结期限为6个月，依《民事诉讼法》的有关规定，一审普通程序的审结期限经本院院长批准，可以延长6个月，经上级人民法院批准，还可以延长不特定的期限。

三、简易程序的适用范围

（一）可以适用简易程序的范围

简易程序的适用范围可以从几个方面理解：

1. 适用简易程序的人民法院。只能是基层人民法院和它的派出法庭，这里的派出法庭既包括固定设立的人民法庭，也包括为便于审理案件而临时性派出的法庭。

2. 适用简易程序的审级。只能适用于人民法院审理第一审民事案件。

3. 适用简易程序的案件。只能是事实清楚、权利义务关系明确、争议不大的简单民事案件。其中，事实清楚是指当事人双方对争议的事实陈述基本一致，并能提供可靠的证据，无须人民法院调查收集证据即可判明事实、分清是非；权利义务关系明确，是指谁是责任的承担者，谁是权利的享有者，关系明确；争议不大，是指当事人对案件的是非、责任以及诉讼标的争执无原则分歧。

4. 当事人的程序性选择及程序异议的处理。基层人民法院适用第一审普通程序审理的民事案件，当事人各方自愿选择适用简易程序，经人民法院审查同意的，可以适用简易程序进行审理。这是诉讼契约在简易程序中的体现。人民法院不得违反当事人自愿原则，将普通程序转化为简易程序。

根据《关于适用简易程序审理民事案件的若干规定》第3条的规定，当事人就适用简易程序提出异议，人民法院认为异议成立的，应当将案件转入普通程序审理。异议不成立的，告知双方当事人，并将上述内容计入笔录。

简易程序转化为普通程序的，审理期限从立案次日起开始计算。

（二）不能适用简易程序的情形

根据最高人民法院《关于适用简易程序审理民事案件的若干规定》第1条的规定，下列情形不得适用简易程序：

1. 起诉时被告下落不明的。这是因为，对于被告下落不明的案件，需要适用公告送达的方式，即需要公告送达起诉状副本与开庭传票，一次公告就需要

60 天，而我们整个简易程序的审限才 3 个月并且不得延长，因此，此种类案件不适合用简易程序。

2. 发回重审的。发回重审的案件往往在事实认定或者诉讼程序方面存在错误，为保证案件的审判质量，不适宜再适用简易程序审理。

3. 共同诉讼中一方或者双方当事人人数众多的。该类诉讼因涉及人数众多的一方或者双方当事人的民事权益，因此，不适宜适用程序较为简化的简易程序进行审理。

4. 法律规定应当适用特别程序、审判监督程序、督促程序、公示催告程序和企业法人破产还债程序的。应当适用审判监督程序的民事案件，其生效裁判均确有错误或者生效调解协议违反自愿原则或内容违法，此时，从保证当事人合法权益以及保证案件公正审判的角度，不得再适用简易程序进行审理。依法应当适用特别程序、督促程序、公示催告程序和企业法人破产还债程序的案件属于非诉讼案件，而适用简易程序只能审理诉讼案件，因此，不得适用简易程序。

5. 人民法院认为不宜适用简易程序进行审理的。

第二节 简易程序的具体规定

一、起诉与答辩

（一）起诉方式

原告本人不能书写起诉状，委托他人代写起诉状确有困难的，可以口头起诉。原告口头起诉的，人民法院应当将当事人的基本情况、联系方式、诉讼请求、事实及理由予以准确记录，将相关证据予以登记。

（二）送达中特殊情况的处理

人民法院按照原告提供的被告的送达地址或者其他联系方式无法通知被告应诉的，应当按以下情况分别处理：

1. 原告提供了被告准确的送达地址，但人民法院无法向被告直接送达或者留置送达应诉通知书的，应当将案件转入普通程序审理。

2. 原告不能提供被告准确的送达地址，人民法院经查证后仍不能确定被告送达地址的，可以被告不明确为由裁定驳回原告起诉。

（三）被告到庭后特殊情况的处理

被告到庭后拒绝提供自己的送达地址和联系方式的，人民法院应当告知其拒不提供送达地址的后果；经人民法院告知后被告仍然拒不提供的，按下列方式处理：

1. 被告是自然人的，以其户籍登记中的住所地或者经常居住地为送达地址。

2. 被告是法人或者其他组织的，应当以其工商登记或者其他依法登记、备案中的住所地为送达地址。

（四）特殊情况下送达方式的规定

因当事人自己提供的送达地址不准确、送达地址变更未及时告知人民法院，或者当事人拒不提供自己的送达地址而导致诉讼文书未能被当事人实际接收的，按下列方式处理：

1. 邮寄送达的，以邮件回执上注明的退回之日视为送达之日。

2. 直接送达的，送达人当场在送达回证上记明情况之日视为送达之日。

3. 受送达的自然人以及他的同住成年家属拒绝签收诉讼文书的，或者法人、其他组织负责收件的人拒绝签收诉讼文书的，送达人应当依据《民事诉讼法》第79条的规定邀请有关基层组织或者所在单位的代表到场见证，被邀请的人不愿到场见证的，送达人应当在送达回证上注明拒收事由、时间和地点以及被邀请人不愿到场见证的情形，将诉讼文书留在受送达人的住所或者从业场所，即视为送达。此处需注意，在简易程序中，适用留置送达时既可以将诉讼文书留在受送达人的住所，也可以将诉讼文书留在受送达人的从业场所。

二、审理前准备

（一）当事人在简易程序中的举证时限

1. 当庭举证。当事人双方同时到法庭请求解决简单的民事纠纷，但未协商举证期限，或者被告一方经简便方式传唤到庭的，当事人在开庭审理时要求当庭举证的，应予准许。

2. 协商或指定举证期限。当事人当庭举证有困难的，举证的期限由当事人协商决定，但最长不得超过15日；协商不成的，由人民法院决定。适用简易程序审理的案件，一般都是法律关系清楚，证据单一的案件。如简单的借贷纠纷案件，往往就是一份借款合同或一张借据，这些案件限定当事人在15日内举证时间是充足的。据此，当事人协商举证期限不超过15日，当事人若协商不成，人民法院指定的举证期限一般也不得超过15日，以与被告的15天答辩期同步。若当事人因客观原因不能在举证期限内举证，可依申请人民法院延长。

（二）先行调解

下列民事案件，人民法院在开庭审理时应当先行调解：①婚姻家庭纠纷和继承纠纷；②劳务合同纠纷；③交通事故和工伤事故引起的权利义务关系较为明确的损害赔偿纠纷；④宅基地和相邻关系纠纷；⑤合伙协议纠纷；⑥诉讼标的额较小的纠纷。

但是根据案件的性质和当事人的实际情况不能调解或者显然没有调解必要的

除外。

三、开庭审理

（一）按撤诉处理和缺席判决

以捎口信、电话、传真、电子邮件等形式发送的开庭通知，未经当事人确认或者没有其他证据足以证明当事人已经收到的，人民法院不得将其作为按撤诉处理和缺席判决的根据。

（二）审理与裁判

1. 开庭时审判人员可以根据当事人的诉讼请求和答辩意见归纳出争议焦点，经当事人确认后，由当事人围绕争议焦点举证、质证和辩论。当事人对案件事实无争议的，审判人员可以在听取当事人就适用法律方面的辩论意见后迳行判决、裁定。

2. 适用简易程序审理的民事案件，应当一次开庭审结，但人民法院认为确有必要再次开庭的除外。

3. 书记员应当将适用简易程序审理民事案件的全部活动记入笔录。对于下列事项应当详细记载：①审判人员关于当事人诉讼权利义务的告知、争议焦点的概括、证据的认定和裁判的宣告等重大事项；②当事人申请回避、自认、撤诉、和解等重大事项；③当事人当庭陈述的与其诉讼权利直接相关的其他事项。

四、宣判与送达

（一）宣判方式

适用简易程序审理的民事案件，除人民法院认为不宜当庭宣判的以外，应当当庭宣判。当庭宣判的案件，除当事人当庭要求邮寄送达的以外，人民法院应当告知当事人或者诉讼代理人领取裁判文书的期间和地点以及逾期不领取的法律后果。上述情况，应当记入笔录。人民法院已经告知当事人领取裁判文书的期间和地点的，当事人在指定期间内领取裁判文书之日即为送达之日；当事人在指定期间未领取的，指定领取裁判文书期间届满之日即为送达之日，当事人的上诉期从人民法院指定领取裁判文书期间届满之日的次日起开始计算。当事人因交通不便或者其他原因要求邮寄送达裁判文书的，人民法院可以按照当事人自己提供的送达地址邮寄送达。人民法院根据当事人自己提供的送达地址邮寄送达的，邮件回执上注明收到或者退回之日即为送达之日，当事人的上诉期从邮寄回执上注明收到或者退回之日的次日起开始计算。定期宣判的案件，定期宣判之日即为送达之日，当事人的上诉期自定期宣判的次日起开始计算。当事人在定期宣判的日期无正当理由未到庭的，不影响该裁判上诉期间的计算。当事人确有正当理由不能到庭，并在定期宣判前已经告知人民法院的，人民法院可以按照当事人自己提供的送达地址将裁判文书送达给未到庭的当事人。

（二）裁判文书的制作

适用简易程序审理的民事案件，有下列情形之一的，人民法院在制作裁判文书时对认定事实或者判决理由部分可以适当简化：

1. 当事人达成调解协议并需要制作民事调解书的。

2. 一方当事人在诉讼过程中明确表示承认对方当事人全部诉讼请求或者部分诉讼请求的。

3. 当事人对案件事实没有争议或者争议不大的。

4. 涉及个人隐私或者商业秘密的案件，当事人一方要求简化裁判文书中的相关内容，人民法院认为理由正当的。

5. 当事人双方一致同意简化裁判文书的。

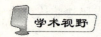 学术视野

简易程序若干问题分析

简易程序作为一种高效、快捷的民事纠纷解决机制以及医治诉讼效率低下现象的一剂"良方"，已成为西方各国逾越法系与国别的一种制度选择。自上个世纪后期以来，西方国家在大力加强民事简易程序立法的同时，也不断加大了对民事简易程序的学理研究，并取得了较为明显的成果。我国现行《民事诉讼法》关于简易程序的规定只有5个条文，而适用简易程序审理的民事案件的数量占民事案件总数的70%左右，这种由规范稀缺与案件数量成倍增长所引发的矛盾，促使全国各地基层人民法院在适用简易程序审理民事案件方面进行了大胆而富有成效的改革，并积累了许多丰富而成功的经验。与此相适应，诉讼法学界对民事简易程序也表现出了极大的热情，但相对于普通程序而言，我国法学界关于民事简易程序的研究还比较薄弱，甚至还存在着一些观念上的误区。

一、有关简易程序的适用范围

章武生教授认为，现行法律及司法解释对简易程序所规定的范围太窄，而各地司法改革实践中对简易程序的适用范围又过宽，有些诉讼标的金额逾600万元也适用简易程序，这远远超出了国外关于受理民事简易案件的最高限度。要完善我国现行的民事简易程序，应当在简易程序中再分出单独的小额诉讼程序。只有这样，我们才能不断构建和完善系统的民事诉讼制度。杨荣新（中国政法大学教授）认为，确定简易程序的适用范围不应是权宜之计，程序设计的前提是保证案件的质量，是否适用简易程序要以案件的繁简程度来定。陈桂明认为，简易程序是一种快速的程序，诉讼推进得快，对当事人在程序上的要求降低，它是程序价

值整合的结果。简易程序在显示其优点的同时也无法遮掩其与生俱来的缺点，这就是对当事人的权利保障不够，案件质量不如普通程序高。简易程序应适用于简单的案件，而现行司法解释对简易程序适用范围的规定不符合因果关系，因为案件未经审理，法院便不好做出其简单与否的判断。因此建议从三个角度对简易程序的适用范围进行划分：①以争议的标的金额为划分标准，具体可参照国外和港台地区的做法；②以案件的性质为划分标准，如借贷类、房屋租赁等类型案件经实践证明并不复杂，完全可以适用简易程序；③尊重当事人的约定，但法院要告知当事人选择简易程序的后果。

二、关于当事人的程序选择权

张卫平（清华大学法学院教授）认为，程序的简省必然要以牺牲当事人的程序权益为代价，扩大简易程序的适用范围又可能损害当事人的合法权益，因此，要实现二者的平衡，就应在当事人的程序选择权和处分权上来下工夫，如强化和解程序，鼓励当事人对缩短答辩期和不上诉达成协议。刘荣军（中山大学法学院教授）认为，程序选择权的前提在于对程序的细化，只有程序细化后当事人才有选择的余地。程序选择应与程序的自律性、约束性结合起来考虑，按照诉讼博弈理论，如果当事人的程序选择会导致不同的诉讼利益和风险，则应引导他们作出合理的选择。汤维建（中国人民大学法学院教授）认为简易程序的改革应以程序制度现代化为背景，案件的多元化必然导致程序的多元化。简易程序的改革不能简单地通过简化相关手续来实现，而是要考虑当事人的程序选择权，同时把民事诉讼的其他程序一并改革，建议按案件的不同特点把民事诉讼程序划分为五种不同的程序：①比现行普通程序更复杂的程序；②普通程序简易审；③现行法律规定的简易程序；④小额诉讼程序；⑤ADR机制。这五种程序共同构成民事诉讼程序体系，由法院、当事人、律师和其他诉讼参加人协同推进纠纷的解决。

三、关于简易程序和审判组织的关系

汤维建认为，现行民事诉讼法把独任审判与简易程序等同起来是欠妥的，审判组织和诉讼程序毕竟是两个不同的概念。因此，有必要借用仲裁法的精神来改造诉讼法，由当事人按照自己解决纠纷的意愿来选择审判组织。傅郁林认为，我国立法所确定的简易程序实际上是作为大陆法系国家通例的普通程序的简化形态。然而，将独任制与普通程序截然分开的做法，我国要算是特例独行。德国、意大利和日本基层法院普遍适用独任制，但只有其中的小额钱债诉讼才适用简易程序，其余案件适用独任制普通程序。德国在90年代改革之后，中级法院的部分案件也可适用独任制普通程序。我国立法将独任制与简易程序相互对应，普通程序不能适用独任制，增加了司法资源与程序保障之间的紧张关系：一方面，当司法实践无法调集足够的法官组成合议庭时，扩大简易程序的适用范围就成为惟一的出路；另一方面，程序保障的需求又在不断挑战着简易程序的适用范围，因为如果独任法官的权力不受其他法官的监督，又没有来自普通程序规范和当事人主义诉讼模式的严格限制，那么，大量案件的程序正当性就会处于一种空前的危境。

理论思考与实务应用

一、理论思考

（一）名词解释

简易程序　简单民事案件

（二）简答题

1. 简易程序的意义是什么？

2. 简述简易程序与普通程序的关系？

（三）论述题

试论适用简易程序，如何确保案件的质量？

二、实务应用

（一）案例分析示范

案例一

原告肖红与被告孙建是高中同学，1998年底相互确定恋爱关系，1999年11月登记结婚，并举行了结婚仪式。孙建于1999年12月底出走失踪，经寻找仍无下落。原告肖红于2001年2月，向所在地人民法院起诉，要求与被告离婚，并主张依法分割共同财产。人民法院认为该案比较简单，遂适用简易程序审理该案，由陪审员一人独任审判。2001年6月20日，人民法院判决原、被告离婚。

问：该案程序上有何不妥之处，正确的做法是什么？

【评析】

（1）根据《民事诉讼法》的规定，起诉时被告下落不明的案件，不得适用简易程序审理。而本案适用简易程序，是错误的。

（2）简易程序审理的案件，不能由陪审员一人独任审判，而是应由审判员一人独任审理。

（3）根据《民事诉讼法》的规定，人民法院适用简易程序审理案件，应当在3个月内审结，不得延长，而本案经过了3个月才审结，违反了法律规定。

（4）人民法院应适用普通程序审理此案。首先人民法院应将原告的起诉书副本公告送达被告。自公告发布之日起，经过60日，即视为送达。若被告在法定期间内出现，则依法进行判决；若不出现，则可缺席判决。

案例二

赵某失踪多年，其妻刘某生活艰难，同村男子宋某经常帮其干农活，双方产生感情，刘某欲与宋某结婚，遂向有管辖权的 A 人民法院诉请离婚，人民法院受理后组成合议庭审理此案。在审理过程中，失踪多年的赵某在外地发迹，回到家里，发现其妻另有新欢，也欲与之离婚，双方对财产、子女抚养问题均分歧不大，此时，A 人民法院由于人力不足，认为该案事实清楚，争议不大，遂将本案转为简易程序作出一审判决。后刘某经法律咨询，得知可分得赵某失踪期间所得的财产，遂以此为由提起上诉。

问：你认为此案一审有无程序错误？错在哪？

【评析】有，一审法院不应将案件由普通程序转为简易程序。因为根据《民诉意见》解释，已经按照普通程序审理的案件，在审理过程中，无论发生什么样的案情变化，都不得改为简易程序审理。

（二）案例分析实训

案例一

原告柳青向其所在地法院起诉其子柳雨，要求柳雨承担其赡养义务。人民法院受理案件后，认为此案法律关系简单，事实清楚，遂决定适用简易程序，由陪审员李军独任审理此案。李军审阅一下案卷，分别询问了当事人一些情况，就作出了判决，并在判决书上加盖了该人民法庭的公章。根据以上所述，请回答以下问题：

问：（1）该案在审理过程中有何不妥之处，正确的做法应该是什么？

（2）如果人民法院在审理过程中，发现此案并不是简单的诉讼案件，那么人民法庭应该怎么办？

案例二

苏冲球与罗小叶 1995 年 11 月相识并恋爱，1997 年 6 月登记结婚，同年 10 月 1 日双方举行了结婚仪式。婚后，苏冲球与罗小叶一起共同生活了 20 天，于 1997 年 11 月罗小叶以夫妻感情破裂为由向人民法院提起诉讼，要求判决与被告苏冲球离婚，并依法分割夫妻共同财产。法院立案受理后，因被告下落不明，决定用普通程序审理，用公告方式送达了起诉状副本。在公告期内，被告苏冲球出现，并到庭应诉。被告辩称，夫妻感情没有破裂，不同意离婚。被告出现后，法院认为，本案原、被告结婚时间短，婚后双方共同生活才 20 天，而且财产争议不大，于是，决定使用简易程序审理。经过开庭审理后，依法判决准予原、被告离婚。

　　问：（1）法院开始决定用普通程序审理是否正确？

　　　　（2）法院后来决定改用简易程序审理是否合理？

案例三

　　陈文梅从集市上以 1000 元的价格，买来一辆胶轮大车。三天后，又以 1500 元的价格卖给个体运输户张文生。一天，张文生在给化工厂送砖块的途中，被李庄村干部李玉柱截住。李玉柱问张文生："你的大车是谁的？"张文生说："是我买的。"张文生将砖运到化工厂，大车被李玉柱扣住，说："这车是我村 1 个月前丢失的大车。"因而，双方发生纠纷，李玉柱于是向人民法院提起诉讼，要求张文生归还大车。张文生说："这大车是 1 个月前，我以 1500 元的价格从陈文梅处买来的，你们可以查证。"

　　问：本案能否用简易程序审理？

 主要参考文献

1. 田平安主编：《民事诉讼法》，清华大学出版社 2005 年版。
2. 江伟主编：《民事诉讼法》，高等教育出版社、北京大学出版社 2004 年版。
3. 江伟主编：《中国民事诉讼法专论》，中国政法大学出版社 1998 年版。
4. 江伟主编：《民事诉讼法学原理》，中国人民大学出版社 1999 年版。
5. 樊崇义、夏红编：《正当程序文献资料选编》，中国人民公安大学出版社 2004 年版。
6. 肖建国：《民事诉讼程序价值论》，中国人民公安大学出版社 2000 年版。
7. 汤维建、单国军：《香港民事诉讼法》，河南大学出版社 1997 年版。
8. 法苑精粹编辑委员会编：《中国诉讼法学精粹》（2005 年卷），高等教育出版社 2005 年版。
9. 张卫平：《转换的逻辑：民事诉讼体制转型分析》，法律出版社 2004 年版。
10. 王亚新：《社会变革中的民事诉讼》，中国法制出版社 2001 年版。

第十四章

民事诉讼中的裁判

【本章概要】法院裁判分为判决、裁定和决定三种。它们各有自己的适用范围和适用条件，法律效力也有所区别。民事判决的既判力是指确定判决对当事人和法院的实质上的拘束力。既判力具有实体法和诉讼法双重性质，既判力的客观范围是以在确定判决中经裁判的诉讼标的为限，既判力的主观范围就是诉讼标的所涉及的主体的范围。

【学习目标】了解判决、裁定和决定的概念；掌握各自的适用范围及法律效力

第一节　民事判决

一、民事判决的概念

在我国，民事判决是指法院对于民事案件和非讼案件审理终结时对案件的实体问题所作出的终局性的判定。判决是司法裁判权行使的最典范形态，在形式上最完整，也最能体现司法的权威性。同时也最能体现对当事人的权利保护。

在我国，判决是人民法院代表国家对争议的民事实体问题所作出的判定，其他任何机关都无权审理并作出判决，也不得干涉法院的审判活动。判决是在人民法院对案件审理之后作出的终局性判定。判决的实质是确认权利或者法律事实，在表现形式上，以书面形式为载体，形成的书面法律文件被称为民事判决书。

二、民事判决的种类

判决可以根据不同的标准进行分类。对判决进行划分将有利于进一步认识、理解与运用判决。

（一）依判决的性质划分

根据判决所裁决的诉的不同种类或者不同的性质，可以分为给付判决、确认判决和形成判决。

给付判决，是指在认定原告请求权存在的基础上，法院判令义务人履行金钱、财物和一定行为义务的判决。给付判决还可再分为现在给付判决和将来给付判决。

确认判决，是指单纯确认当事人之间存在或不存在某种民事权利义务或者法

律事实的判决。确认存在的判决是积极的确认判决；确认不存在的判决是消极的确认判决。

形成判决，是指变动现有法律关系的判决。形成判决确定之后，不需要通过强制执行即可发生法律状态的效果。例如，解除或者撤销合同，解除婚姻关系、收养关系等等。

（二）以案件性质划分

以案件性质划分可分为诉讼判决和非讼判决。这是根据判决所处理的民事案件是否具有争议性作出的分类。诉讼判决处理的诉讼案件，即相对立的双方当事人之间就民事权益或者法定事实发生争议的案件。非讼判决处理的是非讼案件，非讼案件不存在对立的双方当事人，案件没有争议性，在非讼案件中，法院的任务是确认某种法律事实是否存在，例如宣告失踪、认定公民无行为能力、认定财产无主等。由于处理案件的性质不同，诉讼判决与非讼判决在许多地方都不相同，诉讼判决可以视情形上诉或者申请再审，但是，就非讼判决而言，均为不得上诉的判决。

（三）依当事人是否出庭划分

根据判决是否为双方当事人到庭的情况下所作出的，可分为对席判决和缺席判决。对席判决是在双方当事人都出庭参加诉讼后所作出的判决。此处所指当事人出庭参加诉讼，也包括当事人未能到庭，而是由其诉讼代理人出庭代为进行诉讼的情形。缺席判决是一方当事人没有出庭进行诉讼所作出的判决。一般而言，民事诉讼通常是在当事人双方对席的情形下进行的，但是，司法实践中的确存在当事人缺席庭审的情形。众所周知，民事诉讼系当事人之间的私人权益之争，当事人意思自治是民事诉讼法的基本原则之一，当事人缺席庭审乃是当事人意思自治、行使处分权的表现。基于此，民事诉讼法明确规定了在当事人一方缺席的情况下，人民法院亦可以作出判决。《民事诉讼法》第 129 条规定："原告经传票传唤，无正当理由拒不到庭，或者未经法庭许可中途退庭的，可以按撤诉处理；被告反诉的，可以缺席判决。"第 130 条规定："被告经传票传唤，无正当理由拒不到庭的，或者未经法庭许可中途退庭的，可以缺席判决。"第 131 条规定："人民法院裁定不准撤诉的，原告经传票传唤，无正当理由拒不到庭的，可以缺席判决。"

（四）以判决的内容划分

根据判决所解决的争议范围的不同，可分为全部判决和部分判决。全部判决是指当案件审理结束后，法院对该案的全部诉讼请求或者实体问题所作出的判决。部分判决是在诉讼过程中，对诉讼请求或者实体问题中可分的部分所作出的判决。部分判决通常发生在诉讼请求合并审理的案件中，如原告提出两个以上的诉讼请求，法院仅仅支持其中一个诉讼请求可作出部分判决。我国《民事诉讼法》第139条规定："人民法院审理案件，其中一部分事实已经清楚，可以就该部分先行判决。"至于是否作出部分判决，由法院裁量决定。在我国的民事诉讼实践中很少有作出部分判决的，大多数情况下，法院作出的是全部判决。

（五）依判决做出的时间划分

根据判决作出的不同时间，判决可以分为原判决和补充判决。原判决是指人民法院在案件审理终结时最初作出的判决。补充判决是指法院对于应当裁判的事项没有判决，而在一部分判决宣告或者送达之后予以补充的判决。需要辨明的是，判决的补充与判决的更正有所不同，判决的补充是应当判决的事项根本就没有判决，由于没有判决而作事后的补充。判决更正则是法院对已经存在的判决因为判决书存在误写、误算以及遗漏的情形而予以更正。

判决还有多种划分和分类方法，如根据判决是否已经生效，可分为生效判决和未生效判决；根据诉讼程序的不同，可分为一审判决、二审判决和再审判决；等等。

三、民事判决的成立与内容

（一）民事判决的成立

民事判决成立，涉及判决的评议，判决书的制作、内容、宣告、送达、补正，以及判决的有效性等问题。

判决的有效性主要是涉及判决有效或者无效的问题。判决作为法院的重要行为，应当具备基本要素条件，否则不能成立或者无效。判决的有效性既取决于判决在形式上合乎法律规定，而且在内容上亦不得与法律相冲突。在形式上，判决的成立应当首先经由法院合法宣判，制作成判决原本，并有接受判决的当事人的存在。在内容上，判决的有效性还取决于判决应当具备可判决事项，判决的事项具有可诉性，接受判决的当事人具有当事人能力等等。

（二）民事判决的内容

民事判决是对案件实体问题的终局性的判定，其基本内容包括：案件事实、判决理由和处理结果（判决主文）。需要注意的是，判决与判决书并非一回事，判决书是判决的书面记载，判决通过判决书来体现，但是，判决的事项并不局限于判决书所记载的内容。通过对判决书内容的介绍，可以了解判决的内容。

我国《民事诉讼法》第138条规定："判决书应当写明：①案由、诉讼请求、争议的事实和理由；②判决认定的事实、理由和适用的法律依据；③判决结果和诉讼费用的负担；④上诉期间和上诉的法院。判决书由审判人员、书记员署名，加盖人民法院印章。"

根据我国《民事诉讼法》第138条的规定和相关司法解释，民事判决书包括下列内容：

1. 当事人和诉讼代理人的基本情况。判决书中应当写明原告、被告和第三人的姓名、性别、年龄、民族、籍贯、工作单位、职业和住所等基本情况。有诉讼代理人的应当写明上述情况。当事人是法人或者其他组织时，除应当写明该法人或其他组织的基本情况外，还须写明法定代表人或者主要负责人的基本情况。

2. 案由、诉讼请求、争议的事实和理由。案由是根据案件的性质，是对案件所作的高度概括。根据最高人民法院 2011 年 3 月修改后的《民事案件案由规定》，民事案件的案由分四级：第一级案由 10 部分，第二级案由 43 类，第三级案由 424 种，第四级案由 367 个。修改后的《民事案件案由规定》是按照我国法律所保护的民事权利类型来编排体系，同时结合现行立法及审判实践，在 2008 年《民事案件案由规定》基础上，将案由的编排体系重新划分为人格权纠纷，婚姻家庭、继承纠纷，物权纠纷，合同、无因管理、不当得利纠纷，知识产权与竞争纠纷，劳动争议、人事争议，海事海商纠纷，与公司、证券、保险、票据等有关的民事纠纷，侵权责任纠纷，适用特殊程序案件案由，共十大部分。成为当前各级法院确定案由的重要根据。但是，无论当事人的诉讼是否符合案由规定的要求，法院都不能剥夺当事人诉权的行使。

诉讼请求，包括原告的诉讼请求、被告的反诉请求和有独立请求权第三人提出的诉讼请求。诉讼请求是法院予以裁判的基础，法院通常基于当事人诉讼请求的范围作出裁判，除非法律另有规定，法院不得就当事人未请求的实体事项或者超出当事人诉讼请求作出裁判。

争议的事实，就是当事人之间发生争议的案件事实，包括原告在诉状或诉讼上主张的事实，即支持诉讼请求的案件事实；被告在答辩状中或者诉讼上反驳原告的事实主张或诉讼请求而提出的案件事实。所谓理由即主要是指支持原告、被告的诉讼主张的根据，包括证据以及有关证据和证明的法律规定。

3. 判决认定的事实、理由和法律根据。判决是基于对案件事实的正确认定的前提之上，判决认定的事实与理由则是经过法庭辩论和法庭审查所确认的事实和理由。判决的法律根据包括法院判决所依据的实体法律规范和程序法律规范等。根据法治国家的一般原理，法院不得拒绝裁判。尤其是在西方国家，法院作为社会正义的最后一道防线，不得将诉讼拒之门外。即便是在法律规定出现漏洞之场合，表面上看虽然属于"无法可依"，但法院仍然须根据法治原则或者基于宪法之精神，作出正义之判决。

4. 判决结果和诉讼费用的负担。判决结果即判决的主文部分。判决结果是法院经过审理后根据所认定的事实理由和法律规范，对当事人诉讼请求或者上诉请求作出的正式判定。判决结果既可能是全部或者部分确认当事人的诉讼请求，又可能是全部或者部分否定（驳回）当事人的诉讼请求。案件处理之后，法院还根据案件判决结果，按照诉讼费用负担原则，在当事人之间确定诉讼费用的具体负担。

5. 上诉期间、上诉途径和上诉法院。对于依法可以上诉的判决，在判决书中应当写明当事人上诉期间、上诉途径和上诉的法院。除了最高人民法院作出的一审判决和适用特别程序审理作出的判决外，地方各级人民法院作出的一审判决均是可以上诉的判决，因此，在制作这些判决时，应当写明上诉的有效期间和相应的上诉法院，以便于当事人行使上诉权。

判决书末尾应由审判员和书记员署名，注明判决日期，并加盖法院印章。

四、民事判决的效力

民事判决的法律效力可分为民事判决宣告后的法律效力和民事判决生效后的法律效力。

（一）准许上诉的民事判决，在宣告后至上诉期届满前，具有的法律效力：

1. 民事判决向当事人宣布后，至上诉期届满之前，作出该判决的人民法院不得改变或者撤销判决。

2. 在上诉期内，当事人可以向上一级人民法院提起上诉。在上诉期内提起的上诉，人民法院必须立案受理。

（二）民事判决生效后，具有下列法律效力：

1. 强制执行性。民事判决生效后，对于有给付内容的，当事人必须依照判决书履行，否则，人民法院有权予以强制执行。

2. 不可争议性。在民事判决生效后，人民法院或者其他部门在作一些同该判决有联系的决定时，必须以该判决为准。任何有悖于生效判决的决定，都是无效的。当然，如果生效的民事判决有错误，人民法院可依据审判监督程序加以改变或者撤销，在改变或者撤销之前，生效民事判决始终具有不可争议性。

3. 当事人不得以同一事实和理由，对同一诉讼标的再行起诉。但是，不准离婚的判决和维持收养关系的判决除外。

4. 任何公民、法人和其他组织都必须承认判决，遵守判决，协助人民法院执行判决，否则，人民法院可对其适用强制措施。

五、判决的既判力

（一）既判力的涵义

既判力是现代诉讼上的一项重要原则，认识与掌握既判力理论对于维护法律权威，维护社会稳定，保护当事人权益皆有重要意义。

生效判决具有确定力。在判决理论上，判决的确定力分为形式上的确定力和实质上的确定力。形式的确定力，即为判决的不可撤销性，是判决对当事人的效力，即除非通过特别途径，如再审程序，当事人不得以上诉方法请求撤销或者变更判决。

判决的实质上的确定力为既判力，是指法院作出的终局判决一旦生效，当事人与法院皆受到判决内容的拘束，当事人不得在以后的诉讼中主张与该判决相反的内容，法院也不得在以后诉讼中作出与该判决冲突的判断。既判力的拘束力是对于后诉而言的，当法院的判决确定之后，无论该判决是否正确，当事人均受该判决的拘束，不得就该判决的内容再进行争执；同时，享有国家审判权的法院必须尊重自己的判断；若有当事人再把法院判决确定的同一事项作为问题在诉讼中提出，法院亦应以原判断为基础考虑当事人之间的关系。

法院判决处于不能够利用上诉取消或变更的状态，叫做判决的确定。判决在确定之时即产生既判力。确定判决是大陆法系和英美法系中的概念，在我国通常称为生效判决，判决确定的时间即我国所谓的判决生效的时间。

既判力要求当事人和后诉法院对确定判决内容必须予以遵守。从当事人的角度来说，对于既判的案件不得再为争执（即提出相异的诉讼主张），在制度上则体现为禁止当事人再行起诉（包括反诉），如再行起诉则应予驳回。这就是既判力的"禁止反覆"的作用，为既判力的消极效果（或作用）。从法院的角度来说，既判力的积极效果（或作用）要求法院在处理后诉时应受确定判决的拘束，即法院应以确定判决中对诉讼标的之判断为基础来处理后诉，不得作出相异的判决。这是既判力的"禁止矛盾"的作用。对于既判力的消极效果（或作用），则强调一事不再理的理念和意义，而对于既判力的积极效果（或作用），则强调判决具有拘束后诉判决的积极作用。

既判力是现代诉讼上的一项重要原则。它诞生于古罗马时期，罗马法上最早有"一案不二讼"规则，即判决即为事实审理之终点，判决作出之后，即意味着诉权已经行使完毕，就不得再行使第二次。公元 2 世纪，罗马法学家在"一案不二讼"的基础上发展成"一事不再理"规则，该规则又称为"既决案件"规则。此项规则的主要内容是，当事人，无论是原告还是被告，他们对已经正式判决的案件，均不得申请再审。[1]"一事不再理"规则认为判决具有既决效力，从而成为既判力理论生长的基础。

"一事不再理"规则后为近现代诉讼学说所继承与发展，在诉讼法学者们的努力下，"一事不再理"规则得到进一步的发展与完善并被赋予了丰富的内涵。判决的既决效力在立法上也逐步得以确认。《法国新民事诉讼法典》第 1351 条规

---

〔1〕 周枏：《罗马法原论》，商务印书馆 1994 年版，第 902 页。

定："判决具有真情推定的效力。"判决既已作出，则被推定为真实可信，不得随意推翻；惟有在证据确凿、充分并经过法定之正当程序，判决方得以被推翻。《德国民事诉讼法典》第 322 条规定："①判决中，只有对于诉或反诉而提起的请求所为的裁判，有确定力。②被告主张反对债权的抵销，而裁判反对债权不存在时，在主张抵销的数额内，判决有确定力。"第 327 条规定："①在遗嘱执行人与第三人之间、关于属于遗嘱执行人管理的权利所为的判决，不论对继承人有利或不利，均对继承人发生效力。②在遗嘱执行人与第三人之间、关于遗产提出的请求的判决，如果遗嘱执行人有权进行诉讼时，不论对继承人有利或无利，均对继承人发生效力。"[1]《日本民事诉讼法》第 201 条规定："①确定判决对当事人、口头辩论终结后的承受人或为了当事人及其承受人的利益而占有请求标的物的人，有其效力；②对于为了他人的利益而担当原告或被告的确定判决，对于该他人也有效力。"[2]

我国《民事诉讼法》第 141 条规定："最高人民法院的判决、裁定，以及依法不准上诉或者超过上诉期没有上诉的判决、裁定，是发生法律效力的判决、裁定。"第 158 条规定："第二审人民法院的判决、裁定，是终审的判决、裁定。"在上述两个法律条文中，虽然没有出现"既判力"一词，但无疑是我国民事裁判既判力的法律依据。既判力是确定力的构成之一，但是，同样，在我国立法语言表述上，都没有关于确定力的说法。众所周知，在大陆法系国家民事诉讼理论上，确定力是判决的重要效力之一，并经由立法程序上升为法律语言。而我国立法上则采用所谓"发生法律效力"或者"终审的判决"之表述，殊途同归，我国立法上的"发生法律效力"或者"终审的判决"都是指判决已经确定，发生法律效力或者终审判决即为确定之判决，当事人与法院皆受此判决所拘束。

（二）既判力的范围

既判力的范围主要包括既判力的时间范围、客观范围和主观范围。

1. 既判力的时间范围。一般认为，判决确定发生既判力，此后当事人不可再就该事项起诉；法院亦不得作出与此相矛盾之判断。然而，民事诉讼法律关系具有可变性，确定判决却是一个定点的静止性判断，如何确定判决发挥作用的时间界限成为一项既判力理论的重要任务。

那么，既判力的时间维度应当定于何处呢，或者说何时可以为既判力的时间界限呢？大陆法系国家无论在理论上或者制度上均将事实审言词辩论终结时作为

---

[1] 沈达明编著：《比较民事诉讼法初论》（上册），中信出版社 1991 年版，第 156～159 页；《德国民事诉讼法典》，法律出版社 1984 年版，第 97、99 页。

[2] ［日］兼子一、竹下守夫：《民事诉讼法》，白绿铉译，法律出版社 1995 年版，第 296 页。

其判决既判力的标准时。将标准时定位于事实审言词辩论终结之时，其根据在于法庭裁判仅仅以事实审言词辩论终结以前的事实作为裁判的事实依据，以此确定有争议的权利义务关系。

确定既判力的时间范围，其意义主要在于，在时间界限上明确确定判决在何时所确定的实体权利义务对后诉有拘束力，由于法院的判断是针对既判力标准时权利义务关系的判断，因此，只有发生在标准时以前的事实才具有排斥作用，而在标准时之后出现的事实便不具有排斥作用，不发生既判力效果。诉讼法上将发生于标准时之后的事实称之为"新事由"。"新事由"可以成为当事人在后诉所主张成为启动诉讼的依据。

2. 既判力的客观范围。既判力的客观范围，即确定判决中哪些判断事项具有既判力。判决书内容主要包括案件事实、判决理由和判决主文等，而判决既判力的客观范围原则上仅以判决主文为限。所谓判决主文，是指判决中对诉讼标的之判断的部分，即判决结论部分。因此，既判力的客观范围就是本诉的诉讼标的。

判决主文内容就是法院关于权利或者法律关系存在与否的裁决，既判力客观范围仅仅限于已经裁判的法律关系，未经裁判的法律关系就不发生判决的既判力。判决对已经裁判的权利或者法律关系有既判力，必须是指原告在言词辩论程序中所主张的权利或者法律关系。根据辩论主义原则，法官裁判的范围仅仅限于当事人所主张的范围之内。原则上，既判力不及于判决的理由是确定既判力客观范围的基本要求。判决理由是法官居于不偏不倚的立场，对双方的争执作出的公正判断，这些判断没有既判力的效果。

3. 既判力的主观范围。既判力的主观范围，是指既判力作用的主体范围，即哪些"人"受到既判力的拘束。作出确定判决的法院应当包含于既判力主观范围之内。除法院以外，既判力的主体范围原则上只限于当事人之间，即既判力的相对性。这是因为民事诉讼是解决当事人之间的民事争议，判决的对象是当事人之间的实体争议，所以既判力理应作用于当事人之间。

既判力的主观范围原则上仅及于当事人，包括原告、被告、上诉人、被上诉人、共同诉讼人以及诉讼第三人等。但在某些特定条件下，案外第三人可能与本案诉讼产生密不可分的关系，而且这种关系对于法的安全性和权利的稳定性明显不利，这就需要法律在适当的情形扩大既判力适用的主观范围。具体来说，既判力扩大的主观范围可及于以下主体：

（1）最后辩论终结后当事人的承继人。这里的承继人，是指在本案诉讼最后辩论终结后，承继当事人实体权利义务的人。承继人可分为：一般承继人和特定承继人。前者是指作为当事人的自然人死亡、法人和其他组织消灭或合并后，承担当事人实体权利义务的人。后者是指在最后辩论终结后因特定的法律行为（如债权债务移转等）承担当事人实体权利义务的人。

（2）法律规定的对他人实体权利义务或者财产拥有管理权或处分权的人。比如，财产管理人、遗产管理人、遗嘱执行人、破产管理人、享有代位权和撤销权的债权人等，这些人虽非争讼的实体权利义务人，但法律规定他们拥有对争讼的实体权利义务或者对财产拥有管理权或处分权。这种情况存在于，诉争的实体权利义务人作为诉讼当事人（实体诉讼当事人）而对其实体权利义务或者财产作出了判决，该判决的既判力及于上述人员，这些人员不得以形式诉讼当事人的身份，就已经判决的他人的实体权利义务或者财产再次提起诉讼。

（3）诉讼担当时的实体权利义务的归属人。在诉讼担当情况中，非争讼的实体权利关系主体（比如财产管理人、遗产管理人、遗嘱执行人、破产管理人、享有代位权和撤销权的债权人、股东代位诉讼的股东等），代替争讼的实体权利关系主体，以形式诉讼当事人身份进行诉讼而得到的判决，由于实体权利义务仍归属于争讼的实体权利关系主体，所以，该判决的既判力及于争讼的实体权利关系主体。当然，该判决的既判力也及于遗产管理人等形式的诉讼当事人。

第二节　民事裁定

一、民事裁定的概念

民事裁定是指人民法院对民事诉讼和执行程序中程序问题以及个别实体问题作出的权威性判定。程序问题是指不涉及实体法律权益的问题，例如诉讼中止和诉讼终结的裁定等等。民事裁定主要用于解决程序问题。民事诉讼过程中，经常会出现一些需要裁定及时处理程序上的问题，从而保障民事诉讼程序能够正常进行。在个别情形下，裁定也可能被用来解决实体问题，如财产保全、先予执行等等，需要注意的是，此类裁定的作出虽然涉及实体问题但却并非对实体问题的最终处理。

民事裁定的形式有两种：口头形式和书面形式。其中后者最为常用，如有口头裁定的，则应当记入笔录。在审判实践中，民事裁定的书面形式，称为民事裁定书。民事裁定书由当事人及诉讼参与人基本情况、事实、理由和结论等组成。其中，"事实"是指程序进行过程中发生的需要裁定的客观情况；"理由"是指法律所规定的可以裁定理由；"结论"是指法院根据事实和理由作出的是否同意的判断。同判决书一样，民事裁定书末尾应当由审判员、书记员署名，加盖法院印章。凡法律规定允许当事人上诉的裁定还须注明上诉期间和上诉法院。

二、民事裁定的适用范围

民事裁定的适用范围，是指法院在何种情形下可以适用民事裁定。根据我国《民事诉讼法》第 140 条的规定，下列情况可以适用民事裁定：

1. 不予受理。指人民法院根据《民事诉讼法》第 108 条及其他规定，对当事人不符合起诉条件的起诉和属于不予受理的起诉，所作出的裁定。这种裁定由人民法院在收到当事人起诉状后 7 天内作出。

2. 对管辖权有异议的。人民法院受理民事案件后，如果被告对管辖权提出异议，受诉法院应进行审查。审查后，认为异议不成立的，应作出裁定，驳回其异议。异议成立的，则应将案件移送给有管辖权的人民法院。

3. 驳回起诉。指人民法院依据程序法的规定，对已经立案受理的案件在审理过程中，发现原告的起诉不符合法律规定的起诉条件，因而对原告的起诉予以拒绝的司法行为。这种裁定的意义在于否定当事人在诉讼程序意义上的诉权。还有，在诉讼过程中，如果发生新的法律事实致使原告起诉的根据丧失，原告未撤诉的，人民法院也应裁定驳回起诉。

4. 财产保全和先予执行。财产保全和先予执行属于民事诉讼中的应急措施，它不属于实体问题而属于程序方面的问题，目的是为了保证诉讼活动的顺利进行，所以应以裁定形式作出。

5. 准许或者不准许撤诉。原告起诉后，在人民法院作出判决之前要求撤回起诉，这是当事人的一种诉讼权利，一般来说，经人民法院审查后，只要合法，都应该允许。允许不允许决定着诉讼程序的终结或继续进行，所以人民法院应作出裁定。

6. 中止或者终结诉讼。指在民事诉讼中，如果出现了法律规定的中止或者终结诉讼的情形，人民法院就应作出中止或者终结诉讼程序的裁定。在中止诉讼的原因消除后，人民法院还应作出恢复诉讼程序的裁定。

7. 补正判决书中的笔误。指由于审判人员的疏忽致使判决书中出现错字、误算、用词不当、文字表达不符合判决的原意等差错，只要不是实体问题，人民法院都应作出裁定，补正其失误。如果判决的错误已涉及到当事人的实体权利义务，则不能用裁定，而应当用补充判决弥补。

8. 中止或者终结执行。指在民事执行程序中如果出现中止或终结执行的特殊情况，人民法院应依法作出中止或终结执行的裁定，当中止执行的情形消灭后，再作出恢复执行的裁定。

9. 不予执行仲裁裁决。生效的仲裁裁决是人民法院执行的根据之一，但有些仲裁裁决经人民法院执行机构审查后，认为有不合法之处，决定不予执行时，则应作出不予执行裁决的裁定。

10. 不予执行公证机关赋予强制执行效力的债权文书。指人民法院认为公证机关赋予强制执行效力的债权文书有错误，决定不予执行时作出的裁定。

11. 其他需要裁定解决的事项。民事诉讼中除上述各项民事诉讼法明文规定要作出裁定予以解决的事项外，其他关于程序性质的问题还很多，如关于延期审理，改变审判程序，二审法院发回一审法院重审，二审人民法院对不服一审人民法院裁定提起上诉案件的处理，驳回强制执行申请，驳回案外人对执行标的提出的异议等问题，法律无法一一列举，属于弹性条款，以供人民法院在审判实践中灵活适用。

三、民事裁定的效力

民事裁定的效力是指它在何时对何事何人产生法律上的效力。

关于裁定的时间范围，根据《民事诉讼法》的规定，最高人民法院和第二审人民法院作出的民事裁定一经送达即发生法律效力；地方各级人民法院制作的第一审民事裁定，除不予受理、管辖权异议、驳回起诉等裁定可以上诉之外，其他的裁定一经送达即发生效力，当事人不服的，不能上诉；地方各级人民法院制作的有上诉期的民事裁定，在上诉期间内，当事人不上诉的，在上诉期间届满后生效。

至于裁定的主观范围，即裁定对什么人有拘束力。裁定的事项的不同，受拘束的人的范围不完全一致。一般而言，裁定对法院和当事人及其他诉讼参加人有拘束力，对诉讼外的第三人没有拘束力。先予执行裁定的主体范围相同于判决既判力的主体范围。财产保全裁定对于占有保全财产的第三人也有拘束力。

民事裁定生效之后，当事人必须执行裁定。如果作出裁定所依据的客观情况发生变化或者消失的，法院可以自行变更原裁定，当事人等也可请求法院变更或者撤销原裁定。

四、裁定与判决的区别

（一）适用的事项不同

裁定解决的是诉讼过程中的程序问题，目的是使法院有效地指挥诉讼，清除诉讼中的障碍，推进诉讼的进程。根据我国《民事诉讼法》第140条的规定，裁定适用于下列范围：不予受理；对管辖权有异议的；驳回起诉；财产保全和先予执行；准许或不准许撤诉；中止或者终结诉讼；补正判决书中的笔误；中止或者终结执行；不予执行仲裁裁决；不予执行公证机关赋予强制执行效力的债权文书；其他需要裁定解决的事项。判决解决的是当事人双方争执的权利义务问题，即实体法律关系，目的是解决民事权益纠纷，使当事人之间的争议得以解决。一般情况下，一个案件通常只有一份判决，而一个案件有可能有几份裁定。

（二）作出的依据不同

裁定根据的事实是程序性事实，依据的法律是民事诉讼法，可以在诉讼过程中的任何阶段作出。判决根据的事实是法院认定的民事法律关系发生、变更和消灭的事实，依据的法律是民法、婚姻法、继承法、经济法等实体法，判决一般只能在案件审理的最后阶段作出。最高人民法院《关于适用〈中华人民共和国婚姻法〉若干问题的解释（一）》第9条规定："人民法院审理宣告婚姻无效案件，对婚姻效力的审理不适用调解，应当依法作出判决；有关婚姻效力的判决一经作出，即发生法律效力。涉及财产分割和子女抚养的，可以调解。调解达成协议的，另行制作调解书。对财产分割和子女抚养问题的判决不服的，当事人可以上诉。"在这个司法解释实施之前，所有的民事案件只有一个判决书，且均系案件审理最后阶段作出的，故无效婚姻的判决是一个特例，其可以在诉讼过程中作出。

（三）形式、上诉范围、上诉期限和法律效力不同

裁定可以采取口头形式或者书面形式；而判决必须采取书面形式。不予受理、对管辖权有异议和驳回起诉的裁定，根据《民事诉讼法》的规定，准许当事人在裁定送达后10日内上诉，其他裁定一经作出，立即生效；而判决允许上诉的范围比较广泛，凡是适用两审终审的民事案件，地方各级法院作出的第一审判决，在判决送达后15日内准许上诉，当然法律或司法解释有特别规定的除外，如一审法院所作无效婚姻的判决就是一个特例。裁定的效力及于程序，随程序性事实的改变，裁定可以相应改变，如对中止执行的裁定，在中止执行的原因消除后，应作出恢复执行程序的新裁定；而判决的效力及于实体，非经法定再审程序不得改变。

第三节　民事决定

一、民事决定的涵义

民事决定，是指人民法院对诉讼中某些特殊事项依法作出的判定。所谓特殊事项，是指既非案件实体问题又非纯诉讼程序事项，但是，此类事项的处理关系到诉讼程序的正常进行，因此，法院根据情形作出相关的决定。

民事决定有口头和书面两种形式，适用时由法院视情况而定。民事决定书，一般应当写明法院名称、决定书种类和案号，决定所依据的事实、理由和决定内容，最后应注明是否准予申请复议。民事决定书应加盖法院印章。

民事决定所解决的事项不涉及案件的实体问题。因此，民事决定与民事判决

存在根本差异。所有的民事决定都是不能上诉的，而且，民事决定的对象主要与处理诉讼障碍和消除诉讼阻却事项有关，这些特点决定了民事决定与民事裁定又有所不同。

二、民事决定的适用范围

民事决定在实践中应用比较灵活，适用的范围也比较广泛。根据我国《民事诉讼法》的规定，民事决定主要适用于下列事项：

根据《民事诉讼法》规定，民事决定主要适用于下列事项：

（一）解决是否回避问题

申请回避是当事人的一项诉讼权利，但是否构成回避则须对照法定条件。人民法院认为符合法定条件者应决定其回避，否则应决定不予回避。

（二）采取强制措施，排除妨害民事诉讼行为

妨害民事诉讼的行为是一种不法行为，不果断加以排除，诉讼难以顺利进行。但妨害民事诉讼行为有其特定构成要件，对不同的行为又可采取不同的强制手段，这就要求人民法院在决定行为构成和实施手段时必须果断迅速。对重大措施如罚款、拘留应当用决定书。

（三）解决当事人提出的顺延诉讼期限的申请问题

当事人因不可抗拒的事由或者其他正当理由耽误期限的，可以在障碍消除后的 10 日内，申请顺延期限，是否准许，应当由人民法院审查决定。

（四）解决当事人申请缓、减、免交诉讼费用问题

实践中，有的当事人交纳诉讼费用可能有一定困难，为此，民事诉讼法规定了救济原则，即在一定条件下，当事人可向法院申请缓交、减交或免交诉讼费用，《人民法院诉讼收费办法》第 27、29 条有具体的规定，是否同意当事人缓、减、免交诉讼费用的申请由人民法院审查决定。

（五）解决重大疑难问题

人民法院审判委员会为解决重大疑难问题所作出的决定，司法确认人民调解协议的决定等。

三、民事决定的效力

民事决定是对特定事项作出的职务判定，一经作出，立即发生法律效力。根据我国《民事诉讼法》的规定，有些决定可以申请复议一次，但复议期间不停止案件的审理，不停止决定的执行。如驳回申请回避的决定，对妨害民事诉讼行为人采取罚款、拘留的决定，都可以申请复议一次，但复议期间并不影响其效力，无论复议的结果如何，人民法院都应继续审理案件，执行决定的内容。

四、民事诉讼中判决、裁定和决定的区别

（一）裁定与判决的区别

1. 适用的事项不同。裁定解决的是诉讼过程中的程序性问题；判决解决的是当事人双方争执的权利义务问题，即实体法律关系。

2. 作出的依据不同。裁定依据的法律是民事诉讼法，可以在诉讼过程中的任何阶段作出；但是判决根据的法律是实体法，例如民法、婚姻法、继承法、经济法等，判决只能在案件审理的最后阶段作出。

3. 裁定可以采用书面形式或者口头形式，但是判决必须采用书面形式。裁定中只有不予受理、对管辖权有异议和驳回起诉的裁定，可以上诉，其他的裁定一经作出，即发生法律效力；但是判决全部都可以上诉。

4. 裁定上诉的期限是裁定作出后 10 日内；判决是在作出后的 15 日内。

（二）决定与判决的区别

1. 决定用于某些特定事项；而判决用于处理案件的实体问题。

2. 判决在案件审理的最后阶段作出，而决定在案件审理过程中的任何阶段都可以作出。

3. 判决必须采用书面形式，但是决定可以采用书面形式，也可以采用口头形式。

（三）决定与裁定的区别

1. 决定用于处理某些特定事项；裁定用于处理程序性的问题。

2. 决定的主要作用在于排除诉讼中的障碍；裁定的主要作用在于指挥诉讼活动，推进诉讼的进程。

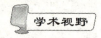 学术视野

既判力的遮断效与争点效的关系

1. 既判力的基准时，是口头辩论的终结时。也就是说，既判力是确定的诉讼标的及权利关系的存否之时间点，具体指事实审（第一审、存在控诉审的话为控诉审）的口头辩论终结之时。

2. 既判力的时界限，与既判力的基准时之间的关系为表里关系。也就是说，既判力是确定基准时之诉讼标的及权利关系存否的效力。而既判力是无法确定基准时前的诉讼标的及权利关系存否的。不过，就基准时前的诉讼标的的状态发生争议的，可以通过诚实信用原则或争点效加以遮断。既判力，无法确定基准时后的诉讼标的及权利关系的存否。也就是说，基准时后的诉讼标的的状态发生争议

无法遮断。

3. 既判力的遮断效（失权效、排除效），是指在后诉中，不能基于前诉之基准时前存在的事由，对前诉之诉讼标的及权利关系的存否提出异议。作为基准时之诉讼标的及权利关系存否确定的效果，就基准时前已经存在的事由，不问当事人知道或不知道，也不问过失的有无，一律依据既判力加以排斥。因此，当事人在后诉中，不能通过主张基准时前的事由，就前诉之诉讼标的及权利关系的存否的判断提出异议。该消极作用为既判力遮断效。

4. 争点效，是指当事人就主要争点发生了争议，法院对此进行了审理，并作出了裁判的，由此，该争点所产生的效力。肯定争点效的，该同一争点为在另外、独立之后诉请求的审理之先决问题时，不允许当事人实施违背前诉之判决的主张，以及禁止法院作出与之相矛盾的裁判。

理论思考与实务应用

一、理论思考

（一）名词解释

民事判决　民事裁定　民事决定　既判力

（二）简答题

1. 民事判决的作用体现在几个方面？

2. 民事裁定是否只是用来处理程序性问题？

3. 民事决定是否都可以变更或撤销？

4. 民事裁定哪些是允许上诉的？

（三）论述题

民事诉讼裁判文书，核心内容是什么？

二、实务应用

（一）案件分析示范

案例一

2003 年 6 月 4 日，一名叫安青的女子报警称：自己的丈夫张三民正在云南开远市某酒店举办婚礼，和开远市人民法院的工作人员史某结婚。自己与丈夫张三民于 2003 年 1 月 17 日领了结婚证，生育一子。今年年初，张三民起诉要求与自己离婚，昆明市五华区人民法院经审理，于今年 4 月 19 日一审法院判决解除张某和安青的婚姻关系。今年 5 月 24 日，安青向昆明市中级人民法院递交了上诉状，请求法院改判原被告不准离婚，并重新确定夫妻共同财产。没想到，张三民竟然又与史某结婚，自己去讲理还被打伤，要求追究双方相关人员的责任，并赔偿医药费。

问：（1）张三民在安青上诉之后能否与他人结婚？

（2）安青应该如何维护自己的合法权益？

【评析】根据《民事诉讼法》第141条规定："最高人民法院的判决、裁定，以及依法不准上诉或者超过上诉期没有上诉的判决、裁定，是发生法律效力的判决、裁定。"第147条规定："当事人不服地方人民法院第一审判决的，有权在判决书送达之日起15日内向上一级人民法院提起上诉。当事人不服地方人民法院第一审裁定的，有权在裁定书送达之日起10日内向上一级人民法院提起上诉。"也就是说，一审判决在上诉期间和提起上诉之后，将不发生法律效力。本案中安青与张三民的离婚诉讼，于2003年4月19日一审法院判决解除张某和安青的婚姻关系。2003年5月24日，安青向昆明市中级人民法院递交了上诉状，安青的上诉是在法定的上诉期间提出，属于有效上诉，一审法院的判决将不生效，因此，实际上张三民和安青的婚姻关系并没有解除，他们之间仍然是合法夫妻。《民事诉讼法》第134条第4款规定："宣告离婚判决，必须告知当事人在判决发生法律效力前不得另行结婚。"对此张三民和结婚对象法院工作的史某是明知的，他们此时结婚，违反了《婚姻法》关于一夫一妻的规定，从而触犯了《刑法》第258条的规定，即"有配偶又与他人结婚或明知他人有配偶而与之结婚的行为，构成重婚罪"。因此，

（1）张三民在安青上诉之后，二审判决之前，不能和他人结婚。否则就构成了重婚罪。

（2）安青在得知张三民的重婚行为后，可以向公安机关控告，要求追究张三民和史某的刑事责任，然后，在离婚诉讼中，要求张三民承担重婚的损害赔偿责任。

案例二

某基层人民法院受理了陈某诉顾某偿还债务一案，经审理认定顾某应偿还陈某2676.6元人民币，但在判决书中将该数写为267.66元人民币。现判决书已送达陈某与顾某。

问：该人民法院应如何纠正这一失误？

【评析】该人民法院应通过民事裁定纠正该错误。根据我国《民事诉讼法》第140条第7项之规定：补正判决书中的笔误适用裁定。判决书出现误写、误算或者其他明显错误，从而引发与法院裁判意思不一致的情形时，应当对判决书进行补正时使用裁定。

案例三

甲和乙是邻居。某日，双方因两家连接处堆放的杂物发生纠纷，并大吵大闹，相互动手打架，造成甲某头部受伤，花去医疗费一千多元。1999 年 8 月，甲起诉到法院。法院受理此案后，对双方当事人进行调解，并就损害赔偿问题达成调解协议，调解书也送达了双方当事人。随后甲觉得有点吃亏，遂向法院提出上诉。

问：甲的做法正确吗？

【评析】甲的做法不正确。因为调解书一经送达就已发生法律效力，如果反悔，只能通过其他途径请求解决，而不能提起上诉。

(二) 案件分析实训

案例一

2009 年 3 月 16 日，成都盈华成投资管理公司（下称"盈华成"）提议的"湖南正清制药集团股份有限公司（下称"正清制药"）2009 年第一次临时股东大会"（下称"临时股东会"）召开。

统计显示，出席临时股东会的股东（共计 9 495 100 股），占正清制药总股 18.153%。临时股东会表决中，100% 通过改选新届董事、监事及成立上市部等提案。

当日，怀化市中级人民法院的一纸"民事决定书"到达，法官舒卫平现场宣读了"民事决定书"，指出根据正清制药提供的股东名册，怀化市国有资产监督管理委员会转让给盈华成的股份尚未记载于公司股东名册，盈华成持有的正清制药股份尚不确定。舒卫平宣读表示，怀化市中级人民法院依据《公司法》第 97、102 条规定，决定：2009 年 3 月 16 日的正清制药临时股东会议暂缓召开。

同日，盈华成还正式收到吴飞驰实际控制的正清制药、大地药业、怀化山地经营有限公司向怀化市中级人民法院起诉的起诉状及传票。2009 年 2 月 24 日，怀化市中级人民法院受理上述原告与被告盈华成、怀化市国有资产管理监督管理委员会及第三人湖南省股权登记托管有限责任公司股权转让纠纷一案。

正清制药则通过郑重声明指出，盈华成于 2008 年受让正清制药的 437.36 万股国有股份（占本公司总股本的 8.36%）与相关法律、法规的规定相悖。因此，盈华成的实际持股数（仅占正清集团总股本的 5.63%）不符合《公司法》第 102 条的规定，盈华成公司不具备召开并主持股东大会的资格。

盈华成总经理李游华表示，相关民事决定书直至 16 日临时股东会召开期间才公开宣读，"不能影响临时股东会的召开，而法院的上述举动显示出有意地阻止该次临时股东会召开之意。"

李游华还表示，不能因为法院受理诉讼就决定盈华成合法拥有的民事权利无效，"需经法院正式庭审，才能对盈华成的股权合法性的权益作出判决，那时再判决临时股东会是否有效。"

问：（1）怀化市中级人民法院的"民事决定书"是否可以对公司股东持有股份的情况作出判断性结论？

（2）怀化市中级人民法院"民事决定书"是否可以对公司股东会议的召开进行直接的干预并作出暂缓召开的决定？

案例二

中胜国电投资集团有限公司（以下简称"中胜公司"）的投资人投资成立北京欣东海渔村餐饮有限公司，2004年3月承包给北京博思方略企业管理顾问有限公司（以下简称"博思公司"），博思公司承包后，将该公司改名为北京博思湾渔港餐饮有效公司（以下简称"博思湾公司"），经营一年半，负有数笔债务，退出承包。对于其债务承担问题，双方发生争议，诉至北京市第二中级人民法院，审理中双方达成调解协议，确定债务由博思湾公司承担，中胜公司不承担债务。为此，该中级法院于2005年12月8日印发（2005）二中民初字第13829号民事调解书，确认上述调解协议。中胜公司自己经营后，又将博思湾公司改名为盛峰餐饮有限公司（以下简称盛峰公司），于2006年8月将该房屋和盛峰公司租赁给山东海王府大酒店有限公司（以下简称"海王府公司"）经营，海王府公司租赁后，约定"乙方承包前，所产生的一切债权债务与乙方无关，由甲方负责解决"，遂将酒店改名为北京海尚明珠国际餐饮有限公司（以下简称"海尚公司"）。博思公司所欠债务的债权人一直向博思公司主张清偿，但一直没有履行，遂请求该区法院执行庭追加中胜公司作为被执行人。2006年以来，该法院不断要求中胜公司承担清偿债务责任，否则就对酒楼依法查封，并于2008年5月15日作出执行民事裁定，将"由甲方负责解决"直接认定为"由甲方承担"，追加中胜公司为被执行人，对申请执行人承担一百六十余万元的给付义务。该执行裁定书内容如下：

北京市某区人民法院执行裁定书

（2005）×执字第882号、（2005）×执字第1417号、（2005）×执字第1872号、（2005）×执字第2004号、（2005）×执字第2062号、（2007）×执字第840号、（2007）×执字第841号、（2007）×执字第1537号

申请执行人：晏润平、北京莫高华亿国际贸易有限公司、刘志明、秦人百年（北京）广告有限公司、张本平、刘厚贤、北京市金黄河商

贸有限责任公司。

被执行人：北京博思湾渔港餐饮有限公司。

被执行人：北京市盛峰餐饮有限公司。

被执行人：北京海尚明珠国际餐饮有限公司。

本院在执行刘厚贤等8条申请执行人与北京博思湾渔港餐饮有限公司返还欠款案时，因被执行人北京博思湾渔港餐饮有限公司名称变更为北京市盛峰餐饮有限公司，现北京市盛峰餐饮有限公司又更名为北京海尚明珠国际餐饮有限公司承担博思湾渔港餐饮有限公司、北京盛峰餐饮有限公司应给付上述申请执行人1 602 870.09元及利息的义务。

在执行过程中查明：被执行人北京海尚明珠国际餐饮有限公司于2006年8月1日与中胜国电投资集团有限公司签订房屋租赁合同，于2007年8月1日与中胜国电投资集团有限公司签订补充协议，在补充协议第1条第4款中双方约定：乙方（北京海尚明珠国际餐饮有限公司）承包前，所产生的一切债权债务与乙方无关，由甲方（中胜国电投资集团有限公司）负责解决，一方支付甲方的房屋租赁费为税后费用。北京海尚明珠国际餐饮有限公司所负债务系北京海尚明珠国际餐饮有限公司租赁房屋前所产生。

本院认为，被执行人北京海尚明珠国际餐饮有限公司与中胜国电投资集团有限公司所签订协议明确了北京海尚明珠国际餐饮有限公司在租赁房屋前的债务由中胜国电投资集团有限公司承担，依据双方所签订的协议，中胜国电投资集团有限公司对此应承担给付责任，对上述申请执行人的债务负有给付义务。依据《民事诉讼法》第140条第1款第11项、《北京市高级人民法院关于民事执行案件中建立复议制度的若干规定（试行）》第1条第1款第1项之规定，裁定如下：

（1）追加中胜国电投资集团有限公司为本案被执行人。

（2）中胜国电投资集团有限公司与北京海尚明珠国际餐饮有限公司共同承担北京博思湾渔港餐饮有限公司、北京市盛峰餐饮有限公司上述的债务共计人民币1 602 870.09元及利息。

问：（1）上述裁定书将"由甲方负责解决"直接认定为"由甲方承担"，公然篡改当事人约定的实体内容，是否合法？

（2）民事法律关系的实体内容未经诉讼和实体审理直接执行裁定是否违反民事诉讼的基本规则？

（3）民事裁定是否可以否决已经发生法律效力的民事调解的既判力？

（4）你还能从上述裁定书中找出存在的其他问题吗？

案例三

人民法院受理公民甲与乙之间的债权债务纠纷，并依原告甲的申请，对被告乙的财产进行财产保全。

问：请问应采取什么形式的法律文书？

 主要参考文献

1. 谭兵主编：《民事诉讼法学》，法律出版社 2004 年版。

2. 江伟主编：《民事诉讼法》，中国人民大学出版社 2000 年版。

3. 常怡主编：《民事诉讼法学》，中国政法大学出版社 2008 年版。

4. 田平安主编：《民事诉讼法》，中国人民大学出版社 2003 年版。

5. 卓朝君、王素分主编：《新编法律文书学》，中国人民公安出版社 2002 年版。

6. 潘庆云主编：《法律文书学教程》，复旦大学出版社 2005 年版。

7. 陈卫东、刘计划编著：《法律文书写作》，中国人民大学出版社 2009 年版。

8. 杨荣馨主编：《民事诉讼原理》，法律出版社 2003 年版。

第十五章

第二审程序

【本章概要】 我国实行两审终审制。第二审程序又成为终审程序、上诉审程序。它是以当事人的上诉权为基础而建立起来的审判程序，是我国民事诉讼程序的重要组成部分。本章介绍了上诉审制度的目的，第二审程序与第一审程序的关系，上诉与起诉的区别，提起上诉的条件，上诉案件的审理范围和裁判方式。开庭审理与径行判决，上诉案件的审理范围，依法改判与发回重审等。

【学习目标】 了解第二审程序的含义、性质和意义；明确第二审程序发生的基础及与第一审程序的关系；掌握提起上诉的条件和程序；正确适用受理和审判民事上诉案件的具体规定。

第一节 第二审程序概述

一、第二审程序的概念

第二审程序，是指当事人不服地方各级人民法院的第一审未生效的判决、裁定，在法定期限内向上一级人民法院提起上诉，上一级法院对上诉案件进行审理时所适用的程序。因人民法院适用第二审程序审理的是上诉案件，又因我国人民法院审理案件实行两审终审制，二审法院对上诉案件审理后所作出的裁判就是终审的裁判，故第二审程序又称上诉审程序或终审程序。

上述概念表明，第二审程序之所以发生，一是基于当事人的上诉权，二是基于上级人民法院的审判监督权。二者共同构成了第二审程序的发生基础，缺少哪一方面，第二审程序都不能发生。但第二审程序的启动，首先在于当事人行使上诉的权利。

所谓上诉，是指当事人对第一审未生效的裁判，在法定期限内声明不服，要求上一级人民法院通过审理撤销或者变更一审裁判的诉讼行为。它和起诉一样，都是当事人行使诉权，要求人民法院进行审判，以保护自己的民事权益。起诉权与上诉权虽然均为当事人享有的诉讼权利。但是，上诉和起诉有着根本区别。其具体表现为：

1. 行为所针对的对象不同。起诉所针对的是与对方当事人发生争议的民事法律关系，上诉所针对的是第一审法院的裁判。

2. 行为的直接目的不同。起诉的直接目的是当事人要求法院通过审判方式解决所发生的争议，保护自己的合法民事权益；上诉的直接目的，是当事人要求上一级人民法院撤销或者变更原裁判，重新作出有利于自己的裁判以维护自己的合法权益。

3. 能否选择受诉法院不同。原告可在几个有管辖权的法院中选择一个法院起诉，上诉不能选择法院，只能向第一审法院的上一级人民法院提出。

4. 引起的法律后果不同。符合法定条件的起诉，能引起第一审程序的发生；符合法定条件的上诉，能引起第二审程序的发生。

5. 法律要求的提出期限不同。起诉必须在法定的诉讼时效期限内提出，否则，权利人的胜诉权消灭，诉讼请求将被依法驳回；而上诉应在法定的上诉期限内提出，超过上诉期限的上诉，除超越期限有正当理由的以外，人民法院不再受理。

6. 主体范围不同。起诉的主体，是声称其权利受到侵害或与他人发生争执的民事法律关系的当事人，而上诉的主体，是对一审裁判不服的诉讼当事人。

对第二审程序的性质，诉讼法学界存在一定的争议。有学者持"复审制说"，即认为二审程序是与一审程序毫无关系的重新审理案件的程序；有学者持"事后审说"，即认为二审程序仅以一审的诉讼资料为据，仅就案件进行法律审；有学者持"续审制说"，即认为二审程序是一审程序的继续和发展。综合各种观点，结合民事诉讼审判的实际，第三种主张相对而言更为合理。因为二者不仅都是人民法院审理案件的程序，而且是审理同一案件的相继过程，都是对同一法律关系、同一案件事实的审判。第一审程序是第二审程序的前提和基础，没有第一审程序也就没有第二审程序，第二审程序是第一审程序的继续和发展，没有第二审程序对上诉案件的继续审理，第一审正确的裁判得不到肯定和维持，错误的裁判得不到监督和纠正。

二、第二审程序与第一审程序的关系

第二审程序与第一审程序都是当事人依法行使诉权而发生的诉讼程序，二者存在密切的联系。一定意义上说，第一审程序是第二审程序的基础，第二审程序是对第一审程序的继续与发展。但二者也有许多区别，主要表现在：

1. 是否为审理案件的基本的和必须的程序不同。《民事诉讼法》第157条规定："第二审人民法院审理上诉案件，除依照本章规定外，适用第一审普通程序。"可见，第一审程序是审理案件的基本程序，而第二审程序不是审理案件的基本程序。同时，第一审程序是审理案件的必经程序，而第二审程序，如若没有当事人对第一审裁判声明不服提出上诉，便不可能发生，因而它不是审理案件的必经程序。

2. 包括的范围不同。第一审程序既包括诉讼程序，如第一审普通程序、简易程序，也包括非讼程序，如特别程序、督促程序、公示催告程序、企业法人破产还债程序等，而二审程序则只包括诉讼程序。

3. 适用的法院不同。适用第一审程序审理案件的法院是含基层人民法院在内的各级人民法院；适用第二审程序审理案件的法院是原一审法院的上一级人民法院。基层人民法院不能适用第二审程序审理案件。

4. 发生的基础不同。一审程序和二审程序具有不同的产生基础和条件。一审程序基于当事人行使起诉权和人民法院行使对案件的管辖权而发生；二审程序基于当事人行使上诉权和人民法院行使审判上的监督权而产生。

5. 审理的对象不同。一审审理的对象是案件的事实以及当事人提出的理由，如当事人之间的民事法律关系是否存在，当事人的合法权益是否受到侵害和是否发生争议等；第二审人民法院审理的对象是第一审人民法院未发生法律效力的判决、裁定。

6. 对审判组织的要求不同。第一审诉讼程序审理案件，根据案件情况，有的可适用独任制，有的可适用合议制，而且，适用合议制的，允许有陪审员参加；第二审程序审理案件，不允许适用独任制，只能采取合议制，并且不允许陪审员参加合议庭。

7. 采用的审理方式不同。适用第一审程序审理案件必须开庭审理，适用第二审程序审理的某些上诉案件，可以径行裁判。

8. 发生的法律后果不同。第一审诉讼程序是初审程序，经第一审诉讼程序审结案件后，所作出的裁判是未生效的裁判，当事人可以上诉；第二审诉讼程序是终审程序，经第二审程序审结案件后，所作出的裁判是生效的裁判，当事人不得上诉。此外，两个程序在受案要求，如是否要求当事人必须递交诉状，以及审结案件的期限等方面也存在差异。

三、第二审程序的意义

我国民事诉讼中的第二审程序，对于维护当事人的合法权益，加强上级人民法院对下级人民法院审判工作的监督，保证案件的审判质量，均有重要意义。

1. 第二审程序可以实现当事人的上诉权，维护当事人的合法权益。上诉权是法律赋予当事人的一项重要诉讼权利。有了第二审程序，当事人就可以通过行使上诉权，使案件获得第二次审理的机会。在第二审程序中，当事人可以进一步陈述理由，提供新的事实或证据，要求上级法院审查第一审判决或裁定的正确性与合法性，从而有利于维护其合法权益。

2. 通过第二审程序，维持正确的裁判，纠正错误的裁判，维护法律的尊严。

第二审人民法院通过对案件的审理，如若认定第一审人民法院所作的判决、裁定正确无误，则驳回上诉，维持原判；如发现下级人民法院对案件的判决、裁定在认定事实上或适用法律上有错误，或违背法定程序，可能影响案件公正审理，则发回重审，或依法改判，使错误判决、裁定得以纠正，从而起到维护法律尊严的作用。

3. 通过二审程序，有利于实现上一级人民法院对下一级人民法院审判案件上的监督，上级人民法院可以更好地指导下级人民法院的工作。

第二节　上诉的提起、受理和撤回

一、上诉的提起

《民事诉讼法》第 147 条规定，当事人不服地方人民法院的第一审判决、裁定的，有权向上一级人民法院提起上诉。当事人对于法律赋予自己的上诉权是否行使，有权自行决定，任何人不得干涉。当事人决定行使上诉权的，任何人不得随意限制。但是，当事人行使上诉权，提起上诉，必须具备实质上的和形式上的要件，上诉的主体、客体、期限、形式、方法等都必须合格，即必须符合法律的规定。

（一）上诉人合格

上诉人合格，是指提起上诉的人必须具有法定的上诉人资格。法律规定，在第一审程序中，享有实体权利、承担实体义务的当事人，具有上诉人资格。包括第一审程序中的原告、被告、共同诉讼人、有独立请求权的第三人、人民法院在第一审判决中确认其承担义务的无独立请求权的第三人。他们在民事诉讼中居于诉讼主体的地位，当然具有上诉人资格，有权提起上诉。

一审程序中的一方当事人提起上诉，其对方当事人、有独立请求权的第三人或法院确认其承担义务的无独立请求权的第三人，为被上诉人。被上诉人也均为在第一审程序中承担实体权利义务的人。

双方当事人和第三人都提出上诉的，均为上诉人。

必要共同诉讼中，一人或部分当事人提出上诉的，按下列情况处理：

1. 该上诉是对与对方当事人之间权利义务分担有意见，不涉及其他共同诉讼人利益的，对方当事人为被上诉人，未上诉的同一方当事人依原审诉讼地位列明。

2. 该上诉仅对共同诉讼人之间权利义务分担有意见，不涉及对方当事人利益的，未上诉的同一方当事人为被上诉人，对方当事人依原审诉讼地位列明。

3. 该上诉对双方当事人之间以及共同诉讼人之间权利义务承担有意见的，未提出上诉的其他当事人均为被上诉人。

普通的共同诉讼，提起上诉的人为上诉人，被提起上诉的人为被上诉人。未提起上诉或未被提起上诉的其他普通共同诉讼人，不被追加为上诉人，也不被追加为被上诉人。

无民事行为能力人、限制民事行为能力人的法定代理人，可以代理当事人提起上诉，但上诉人仍为被代理的当事人。经过当事人特别授权的委托诉讼代理人，向人民法院提交特别授权委托书的，可以代理被代理人行使上诉权，但上诉人仍是被代理人。

法人或者其他组织的上诉权，应由其法定代表人或其主要负责人行使。

诉讼代表人依法享有上诉权。

（二）上诉客体合格

上诉客体，是指当事人依法行使上诉权，请求上一级人民法院予以纠正的判决、裁定。法律允许对之提出上诉的判决、裁定是合格的上诉客体。根据《民事诉讼法》规定，可以对之提出上诉，作为合格上诉客体的判决、裁定有：

1. 地方各级人民法院按普通程序、简易程序审理民事案件后，所作的判决。

2. 第二审人民法院发回原审人民法院重新审理的案件所作的判决。

3. 第一审人民法院按照审判监督程序提起再审所作的判决。

4. 地方各级人民法院所作的不予受理的裁定、驳回起诉的裁定和对管辖权有异议的裁定。

基层人民法院按照特别程序审理的案件实行一审终审，所作的裁判不得提起上诉；中级、高级、最高人民法院的二审裁判，当事人不得提起上诉；最高人民法院所作的第一审裁判是终审裁判，不得提起上诉；对调解协议不能上诉；除不予受理、驳回起诉、管辖权异议这三种裁定以外的其他民事裁定，不得提出上诉。

（三）上诉期限合格

《民事诉讼法》第147条规定，对判决提起上诉的期限为15日，对裁定提起上诉的期限为10日。上诉期限从当事人接到第一审人民法院判决书、裁定书的第2日起计算。在法定的上诉期限内，当事人没提起上诉，第一审判决、裁定就发生法律效力，当事人均不得再对其提起上诉。

关于上诉的期限，在共同诉讼中，因必要共同诉讼和普通共同诉讼的不同而存在不同的要求。必要的共同诉讼，应以共同诉讼人中最后收到判决书、裁定书的时间为准计算上诉期限；普通的共同诉讼，应以共同诉讼人各自收到判决、裁定的时间计算上诉期限。

当事人在上诉期间内，如果因为不可抗拒的事由或者其他正当理由耽误了上诉期间的，在阻碍消除后 10 日内，可以申请顺延期间，是否准许由人民法院决定。

（四）上诉形式合格

上诉形式合格，是要求上诉必须提交上诉状。一审宣判时或判决书、裁定书送达时，当事人口头表示上诉的，人民法院应告知其必须在法定上诉期间内提出上诉状。未在法定上诉期间内递交上诉状的，视为未提出上诉。

根据《民事诉讼法》第 148 条的规定，上诉状的内容应当包括当事人的姓名，法人的名称及其法定代表人的姓名或者其他组织的名称及其主要负责人的姓名；原审人民法院名称、案件的编号和案由；上诉的请求和理由。

（五）上诉途径合格

根据《民事诉讼法》第 149 条的规定，上诉状应当通过原审人民法院提出，并按照对方当事人或者代表人的人数提出副本。法律也允许当事人直接向第二审人民法院上诉。当事人直接向第二审人民法院上诉的，第二审人民法院应当在 5 日内将上诉状移交原审人民法院。

当事人通过原审人民法院提出上诉，这是上诉的原则方法和基本途径。这有利于上诉人及时补正被原审人民法院审查发现了的上诉状中的欠缺，有利于第二审人民法院对上诉案件的及时审理，从而使当事人的合法权益得到及时保护。当事人直接向第二审人民法院提出上诉，这只是上诉的一种例外的方法。

提起上诉符合上述法定的所有条件时，第二审法院受理，否则不予受理。

二、上诉的受理

上诉的受理，指第二审人民法院对上诉案件的受理，即指第二审人民法院对当事人不服一审裁判的上诉案件，依法审查，在认为符合法定条件时，决定立案审理的诉讼活动。

第二审人民法院受理上诉案件的程序是：

1. 原审人民法院收到上诉人向其递交的或由上级人民法院移交的上诉状后，应对上诉状进行审查，发现有欠缺的，要求当事人在限期内补正，发现超过上诉期限，又无正当理由的，直接决定不予受理。

2. 原审人民法院对收到的无需补正，又不超过上诉期限的上诉状，应当在 5 日内将上诉状副本送达对方当事人，对方当事人在收到之日起 15 日内提出答辩状。人民法院应当在收到答辩状之日起 5 日内将副本送达上诉人。对方当事人不提出答辩状的，不影响人民法院审理。

3. 原审人民法院收到上诉状、答辩状，应当在 5 日内连同全部案卷和证据，报送第二审人民法院。

4. 第二审人民法院收到原审人民法院报送的材料后，经审查，认为符合法律规定的上诉条件，予以立案，并通知上诉人在指定的期限内交缴诉讼费用。至此，第二审人民法院受理上诉案件的程序结束，将开始审理前的准备工作。

应当明确的是，上诉案件的立案受理权属于第二审人民法院。尽管民事诉讼法规定，当事人提起上诉原则上应当通过原审人民法院提出，同时还规定，要由原审人民法院向对方当事人送达上诉状副本、接受对方当事人提出的答辩状，但这些工作，在性质上应属于第二审人民法院受理工作的一部分，只是基于原审人民法院去做比较方便，法律才作出如此规定。对此，可以理解为这是原审人民法院对第二审人民法院在工作上的一种协助，而绝不能因此就认为原审人民法院享有上诉案件的受理权。

三、上诉的撤回

上诉的撤回，是指第二审人民法院受理上诉案件后至上诉案件的判决宣告之前，上诉人放弃诉讼请求的一种诉讼行为。它是当事人行使处分权的一种表现。《民事诉讼法》第156条规定："第二审人民法院判决宣告前，上诉人申请撤回上诉的，是否准许，由第二审人民法院裁定。"据此，撤回上诉虽然是当事人行使处分权的表现，但必须符合一定的条件。

1. 撤回上诉的时间，必须在第二审人民法院宣判之前。在第二审人民法院对上诉案件作出裁判或调解协议送达之后，因裁判和调解协议已发生法律效力，当事人便无权申请撤诉。

2. 撤回上诉应由上诉人或经上诉人特别授权的诉讼代理人向人民法院提出申请。提出申请的方式，一般是递交撤回上诉申请书，也可以口头向人民法院提出申请，由人民法院记入笔录。

3. 撤回上诉必须经第二审人民法院审查后作出裁定批准。在我国，当事人行使处分权不是绝对的，必须受人民法院的干预。人民法院有责任对当事人申请撤回上诉的行为进行审查，并作出准予撤回上诉或者不准撤诉的裁定。在一般情况下，只要当事人申请撤回上诉符合形式要件，当事人对权利的处分不违背国家法律、政策，不损害国家、集体、他人的合法权益，二审法院审查后，应裁定准许撤回上诉。但是，经审查，如果发现下列情形之一的，第二审人民法院应作出不允许撤回上诉的裁定：

（1）原审人民法院的判决或裁定确有错误的。

（2）双方当事人串通损害国家和集体利益、社会公共利益及他人合法权益的。

（3）第一审人民法院严重违反审判程序，可能影响案件正确裁判的。

（4）在第二审程序中另一方当事人也提起上诉，又不主张撤回的。

因和解而申请撤回上诉，经审查符合撤诉条件的，人民法院应予准许。

第二审人民法院准予撤回上诉的裁定，必须采取书面形式，即制作裁定书。

上诉人撤回上诉，一经人民法院准许即产生两个法律后果：一是第一审人民法院的判决或者裁定立即发生法律效力；二是当事人丧失了对本案的上诉权。

第二审人民法院裁定不准撤诉的，第二审程序继续进行。

第三节　对上诉案件的审判

一、对上诉案件的审理

根据我国《民事诉讼法》第157条的规定，第二审人民法院审理上诉案件，多采用第一审普通程序，如审理前的准备，开庭审理、法庭调查等。但又有其自身的程序特点：

（一）合议庭的组成

第二审人民法院审理上诉案件，采用合议制，不能适用独任制。按照《民事诉讼法》第41条第1款的规定，人民法院审理第二审民事案件，由审判员组成合议庭，陪审员不得参加合议庭审理案件。

（二）审理的范围

《民事诉讼法》第151条规定："第二审人民法院应对上诉请求的有关事实和适用法律进行审查。"这说明，二审人民法院不必审查上诉人的上诉请求未涉及的案件事实和法律适用，审查应以上诉请求为限。但是，如果在上诉请求范围以外发现原判确有错误的，也应予以纠正[1]。

（三）审理方式

根据《民事诉讼法》第152条第1款的规定，第二审人民法院审理上诉案件有两种方式：一是开庭审理，二是径行判决、裁定。开庭审理，是指人民法院按法定程序，传唤当事人，证人以及其他诉讼参与人到庭，进行法庭调查、法庭辩论，然后经合议庭评议作出裁判，直至最后宣判的诉讼过程。开庭审理是第二审人民法院审理案件的原则方式。但由于我国地域辽阔，有不少地方交通不便，加之第二审人民法院管辖范围过大等原因，民事诉讼法又允许第二审人民法院对某

---

[1]《民诉意见》第180条规定："第二审人民法院依照民事诉讼法第151条的规定，对上诉人请求的有关事实和适用法律进行审查时，如果发现在上诉请求以外原判确有错误的，也应予以纠正。"最高人民法院《关于民事经济审判方式改革问题的若干规定》第35条规定："第二审案件的审理应当围绕当事人上诉请求的范围进行，当事人没有提出请求的，不予审查。但判决违反法律禁止性规定、侵害社会公共利益或者他人利益的除外。"

些上诉案件，可以采取不开庭的"径行判决、裁定"的审理方式。

我国《民事诉讼法》规定的第二审程序中的"径行判决、裁定"，与国外一些国家法律规定的"书面审理"有严格区别。"书面审理"是指不开庭，不调查，不询问当事人和证人，只是通过审查第一审的案卷材料及上诉材料就作出裁判的审理方式。而我国民事二审程序中的"径行判决、裁定"是对二审法院开庭审理这一原则方式的补充，只有在少数例外情况下才可以不开庭审理而径行判决、裁定。因此，它只能在特定的条件下进行，以此来简化二审开庭审理的程序。但径行判决、裁定虽然没有开庭的程序，其他开庭审理应为的活动，也需照例进行。《民事诉讼法》对采取这种方式的具体要求是：①审判人员必须阅卷；②要经过必要的调查；③必须询问当事人；④经核对，本案事实清楚；⑤经合议庭讨论，认为不需开庭审理，因而作出了迳行判决、裁定的决定。

径行判决、裁定这种审理方式，只是第二审的例外。采用这种方式审理的上诉案件只限于以下几种：①一审就不予受理、驳回起诉和管辖异议作出裁定的案件；②当事人提出的上诉请求明显不能成立的案件；③原审裁判认为事实清楚，但适用法律错误的案件；④原判决违反法定程序，可能影响案件正确判决，需要发回重审的案件。

（四）上诉案件的审理地点

按照我国《民事诉讼法》第152条第2款的规定，第二审人民法院审理上诉案件，可以在本院进行，也可以到案件发生地或者原审人民法院所在地进行。审判实践中，第二审人民法院对于径行判决、裁定的案件，一般选择在本院审理。对于开庭审理的案件，一般依据案件的实际情况选择到案件发生地或原审法院或本院进行。

（五）上诉案件审理中的调解

《民事诉讼法》第155条规定："第二审人民法院审理上诉案件，可以进行调解。调解达成协议，应当制作调解书，由审判人员，书记员署名，加盖人民法院印章。调解书送达后，原审人民法院的判决视为撤销"。这一规定，不仅确立了我国民事二审程序中的调解制度，也体现了我国民事诉讼法的特点。其他一些国家民事诉讼法，在二审程序的规定上，排除调解结案的方式，只规定当事人可以和解，而没有调解的规定。我国民事诉讼法规定第二审程序中可以调解结案，有利于民事纠纷的彻底解决，是民事诉讼法中合法自愿调解原则在第二审程序中的具体体现。

第二审程序中的调解与第一审程序中的调解在原则、方法、程序上基本相同，但也有区别：

1. 在第一审程序中，调解达成协议的，原则上要制作调解书，送达双方当

事人。但也有一些案件可以不制作调解书，只将双方当事人达成的协议内容记入
笔录备案。而在第二审程序中，凡是调解达成协议的，一律要制作调解书送达双
方当事人。

2. 在第一审程序中，调解不成，无论是否追加新的当事人，均应直接进行
裁判，而二审程序中，如果追加新的当事人，调解不成，应发回原审法院重审，
不应直接进行二审裁判。[1]

3. 在第二审程序中，原审原告增加独立的诉讼请求或原审被告提出反诉的，
第二审人民法院可以根据当事人自愿的原则就新增加的诉讼请求或反诉进行调
解，调解不成的，告知当事人另行起诉。而第一审程序中，发生原告增加独立的
诉讼请求或被告提出反诉的情况时，调解不成的，应及时进行判决。

第二审调解书的结构、内容与写法基本同于一审调解书。但值得注意的是，
在第二审程序中，调解书中不需要写明"撤销原判"的字样。因为《民事诉讼
法》第 155 条的规定中已经明确，调解书送达后，原审人民法院的判决即视为撤
销。因此，没有必要再予以附加。同时，若写明"撤销原判"，不仅会使人误认
为原判有错误，而且，以当事人自愿达成的协议来撤销人民法院行使审判权所作
出的判决，这在一定程度上有悖于法律的尊严。

除此之外，第二审程序针对审理案件出现的特殊情况，司法解释还作出了特
定性的具体规定。[2]

（六）上诉案件的审限

我国《民事诉讼法》第 159 条规定："人民法院审理对判决的上诉案件，应
当在第二审立案之日起 3 个月内审结。有特殊情况需要延长的，由本院院长批
准。人民法院审理对裁定的上诉案件，应当在第二审立案之日起 30 日内作出终
审裁定。"

二、对上诉案件的裁判

第二审人民法院审理上诉案件后，应根据对上诉案件的审理结果，分别情
况，加以处理。

---

[1]《民诉意见》第 183 条规定："必须参加诉讼的当事人在一审中未参加诉讼，第二审人民法院可以根
据当事人自愿的原则予以调解，调解不成的，发回重审。发回重审的裁定书不列应当追加的当事
人。"

[2]《民诉意见》第 182 条规定："对当事人在一审中已经提出的诉讼请求，原审人民法院未作审理、判
决的，第二审人民法院可以根据当事人自愿的原则进行调解；调解不成的，发回重审。"第 185 条规
定："一审判决不准离婚的案件，上诉后，第二审人民法院认为应当判决离婚的，可以根据当事人
自愿的原则，与子女抚养、财产问题一并调解，调解不成的，发回重审。"

（一）对不服一审判决的上诉案件的处理

根据我国《民事诉讼法》第 153 条、最高人民法院《民诉意见》第 182～185 条的规定，第二审人民法院对不服一审判决的上诉案件经过审理，应分别情况，作如下处理：

1. 驳回上诉，维持原判。第二审人民法院对上诉案件进行审理后，如认为原审判决认定事实清楚，适用法律正确，应当判决驳回上诉，维持原判。之所以驳回上诉，维持原判要用判决而不用裁定，是因为驳回上诉，维持原判，是上级人民法院对下级人民法院判决的正确性与合法性的一种肯定，也即是上级人民法院对下级人民法院判决确认的当事人之间的权利义务关系的一种认可，这属于对案件实体问题的确认，与第一审程序中解决程序问题的驳回起诉是截然不同的，不能将二者混为一谈。

2. 依法改判。依法改判有两种情况：

（1）经过第二审人民法院审理后，认为原判决认定事实清楚，证据充分，但适用法律有错误，可以依法改判。这里所说的"法律"，指的是实体法。这里所说的"改判"，既包括对原审法院适用法律全部错误的改判，又包括对原审法院适用法律部分错误的改判。

（2）经过第二审人民法院审理后，认为原判决认定事实错误，或者原判决认定事实不清，证据不足，可在查清事实后依法改判。

3. 撤销原判、发回重审。第二审人民法院裁定发回重审的情况有：

（1）原判决认定事实错误，或认定事实不清，证据不足，第二审人民法院可以裁定撤销原判决，发回原审人民法院重审。依照 2002 年 7 月 31 日公布的最高人民法院《关于人民法院对民事案件发回重审和指令再审有关问题的规定》，第二审人民法院根据《民事诉讼法》第 153 条第 1 款第 3 项的规定将案件发回原审人民法院重审的，对同一案件，只能发回重审一次。第一审人民法院重审后，第二审人民法院认为原判决认定事实仍有错误，或者原判决认定事实不清、证据不足的，应当查清事实后依法改判。需要注意的是，第二审人民法院根据一方当事人提出的新证据对案件改判或者发回重审的，应当在判决书或者裁定书中写明对新证据的确认，不应当认为是第一审裁判错误，并且对于发回重审的，对方当事人有权要求其补偿误工费、差旅费等费用。[1]

（2）原判决违反法定程序，可能影响案件正确判决的，裁定撤销原判决，发回原审人民法院重审。违反法定程序的情形有：应该回避的人员未回避；未经

---

[1]　最高人民法院《关于民事经济审判方式改革问题的若干规定》（1998 年 6 月 19 日）第 38、39 条。

开庭审理而作出判决的；适用普通程序审理的案件，当事人未经传票传唤而缺席判决的；其他不属于当事人的原因而未让当事人行使诉讼权利。

（3）当事人在一审中已经提出的诉讼请求，原审人民法院未作审理、判决的，第二审人民法院可以根据当事人自愿的原则进行调解，调解不成的，发回重审。

（4）必须参加诉讼的当事人在一审中未参加诉讼，第二审人民法院可以根据当事人自愿原则予以调解，调解不成的，发回重审。

（5）一审判决不准离婚的案件，上诉后，第二审人民法院认为应当判决离婚的，可以根据当事人自愿的原则，与子女抚养、财产问题一并调解，调解不成的，发回重审。

根据我国《民事诉讼法》第41条第2款的规定，发回重审的案件，原审人民法院应当按照第一审程序另行组成合议庭，不得适用简易程序，也不能采用独任制的组织形式，同时，原合议庭组成人员或者独任审判员，不得参加另组成的合议庭。发回重审的案件，仍为第一审案件，经人民法院重审后所作的判决仍为第一审判决，当事人如果对该判决不服，仍可依法提起上诉。

4. 撤销原判，驳回起诉。人民法院依照第二审程序审理的案件，认为依法不应由人民法院受理的，可以由第二审人民法院直接裁定撤销原判，驳回起诉。

5. 告知当事人另行起诉。在第二审程序中，原审原告增加独立的诉讼请求或原审被告提出反诉的，第二审法院可以根据当事人自愿的原则就新增加的诉讼请求或反诉进行调解，调解不成的，告知当事人另行起诉。

（二）对不服一审裁定的上诉案件的处理

《民事诉讼法》第154条规定："第二审人民法院对不服第一审人民法院裁定的上诉案件的处理，一律使用裁定。"据此，第二审人民法院对不服一审法院裁定的上诉案件审理后，无论是维持原裁定，还是撤销原裁定，都不能使用判决，而只能使用裁定。

根据《民事诉讼法》第140条的规定，不予受理的裁定、对管辖权有异议的裁定，驳回起诉的裁定都是可以提起上诉的裁定。第二审人民法院对当事人不服上述裁定的上诉案件审理后，如认为一审裁定正确，应裁定驳回上诉，维持原裁定；如认为一审裁定有错误，应裁定撤销原裁定。但值得注意的是：第二审人民法院查明第一审人民法院作出的不予受理裁定有错误的，应在撤销原裁定的同时，指令第一审人民法院立案受理；查明第一审人民法院作出的驳回起诉裁定有错误的，应在撤销原裁定的同时，指令第一审人民法院进行审理；查明第一审人民法院作出的对管辖权有异议的裁定有错误的，应在撤销原裁定的同时，重新作出正确的裁定。

三、第二审人民法院的宣判和裁判效力

根据《民诉意见》第 192 条的规定，第二审人民法院宣告判决可以自行宣判，也可以委托原审人民法院或者当事人所在地人民法院代行宣判。

《民事诉讼法》第 158 条规定："第二审人民法院的判决、裁定是终审的判决、裁定"。终审判决、裁定的法律效力具体表现为：

1. 不得对裁判再行上诉。我国目前实行两审终审制，第二审法院的裁判就是对当事人权利义务的最终判定。判决、裁定一经宣告或送达，即发生法律效力，当事人不得再行上诉。

2. 当事人不得以同一标的、事实和理由再行起诉。因为二审裁判为终审裁判，双方当事人的诉讼标的已经得到了解决，所以任何一方当事人不得以同一标的、事实和理由再行起诉。

3. 具有强制执行力。二审终审判决具有给付内容的，如果义务人无正当理由拒不履行、权利人有权申请人民法院强制执行。

第二审人民法院制作的调解书，送达双方当事人签收之后即产生法律效力。其法律效力与第二审人民法院判决、裁定的法律效力相同。

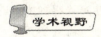

我国现行民事上诉制度若干缺陷之分析

我国现行的两审终审制，建立于 20 世纪 50 年代初期的经济基础之上，经过 50 年的实践，已经不能适应当今社会对司法公正目标的追求，不能有效地解决民事争议，不能充分地保护当事人的合法权益。最高人民法院的调研报告指出，从法院的系统设置、审判管理、职能分工等多方面看，两审终审制不利于充分发挥四级法院的整体功能，不利于实现四级法院各自不同的价值目标。其主要缺陷如下：①上诉条件过于宽泛导致诉讼资源的不必要浪费；②终审法院级别过低，难以保证司法的统一性；③两审终审使上诉审的纠错功能明显降低；④民事诉讼管辖原则导致地方保护主义干扰严重；⑤缺少专门的法律审查程序；⑥以审判监督制度弥补二审的不足，导致"终审不终"。近年来，进入再审的民事案件越来越多，再审程序被无限扩大。这一现象与终审法院的审级过低有着密切的关系。在两审终审的条件下，大量案件的终审法院是中级法院；而中级法院作为一个承上启下的中间审级的法院，它的社会认同度和信任度以及法官的现状等，还不足以受到社会的普遍尊重。这就导致不少当事人对于中级法院的终审裁判难以接受而寻求再审、上访的途径，最终造成再审案件的急剧扩张。

我国民事上诉制度建立在两审终审制的基础之上，由于制度设计上的固有缺陷，加之实际运作中各种"中国特色"的做法，使得这一制度存在诸多问题，背离了当初的立法宗旨。兹分述如下：

一、"两审终审"制约上诉功能

就我国民事诉讼的实践而言，作为支撑两审终审制的立法理由，不仅未能得到有效的实现，而且这种审级制度与我国特殊的司法体制相融合，产生了严重损害程序公正价值的消极后果，并且这种损害远不是提高诉讼效率所能够弥补的。其主要表现如下：

1. 依据我国民诉法关于级别管辖的规定，通常情况下基层法院管辖第一审民事案件，因而绝大多数民事案件的终审法院为中级法院。终审法院的级别较低，致使某些不公正的第一审裁判难以得到有效的纠正。从现实情况看，相对于高级法院和最高法院而言，中级法院法官的理论水平、业务能力偏低，地区的限制使得其所能接纳的信息量有限，对法律的理解和认识也因此受到一定的限制。在实践中，对同一类案件，各地法院作出不同终审判决的情形并不鲜见，由此造成了司法统一的极大障碍。

2. 在我国行政化的司法体制之下，上下级法院之间存在着经常性的业务联络，因此，通过上下级法院之间的相互制约以保障司法公正，往往难以得到有效的实现。上下级法院之间的这种行政依附倾向，对"两审终审制"构成了严重威胁。与这种依附关系的存在相联系，我国法院系统内部长期实行案件请示制度。下级法院在案件审理过程中遇到疑难的实体或程序问题时，习惯于以书面或口头的形式向上级法院请示，上级法院再就请示的问题乃至案件具体处理决定作出答复。这种情况一旦发生，一审法院的裁判就必然体现了上级法院的意见。应当承认，在立法相对滞后，各级法院法官素质参差不齐的情况下，"请示报告"在一定程度上有利于法律的统一适用，提高下级法院的办案质量。然而，从程序公正的角度出发，它并不符合独立审判原则内生的审级独立的要求，并且导致当事人的上诉权被变相剥夺，两审终审成为实质上的一审终审。

3. 由于实行两审终审，案件的审理局限在比较狭小的范围内，容易受到各种地方势力的干预，审判独立难以保障，这也是我国司法实践中地方保护主义形成与难以克服的重要原因之一。

二、"无限上诉"诱导程序投机

近年来我国的民事上诉案件数量一直高居不下。据最高人民法院统计，1997～1999年间，民事上诉案件的年增长率分别为 14.34%、13.36%、18.85%，大大高于同期民事一审案件的年增长率（后者分别为 5.93%、2.97%、4.27%）[1]由此可见，"积案"的现象不但存在于第一审，也同样存在于上诉审。究其根源，"无限上诉"的弊端是不可忽视的因素之一。

在我国民事诉讼中，尽管学理上认为当事人提起上诉要满足实质与形式两个方面的要件，然而就我国民事诉讼法的条文上看，并不存在像《德国民事诉讼法典》那样明确的限制上诉的许可标准。这实际上意味着上诉权是一项普惠的、当然的权利：任何案件，不论诉讼标的额的大小，不论案件是否复杂，也不论当事人是出于何种目的，都可以因一方当事人递交上诉状而引起二审程序，由上级法院对该案件进行第二次审理。这种规定至少产生两个方面的弊端，一方面，导致那些诉讼标的小、案件极其简单的案件难以通过一审得到有效的审结。这从根本上违反了争议解决方式应当与所解决争议的性质相适应，亦即手段与目的相当的程序设计原理，有悖于根据案件类型需求的不同，分别选择其所适宜的程序保障内容，承认多样化的程序保障方式的立法潮流。另一方面，与德国遭遇的情形类似，在我国民事审判实践中，当事人出于投机或通过拖延时间损害对方当事人权利的不正当目的而滥用上诉权的现象时有发生。特别是在上诉审理范围上的"全面审查"，更为这种程序投机的泛滥提供了温床。程序设计的不完善或者非理性引起的程序投机最终导致程序的外在异化，即程序结果非正义或者非效率。这是因为，在上诉过程中，信息的不对称使得寻求个案正义的当事人与策略性地利用程序的固有缺陷的机会主义当事人相比，往往处于极为不利的地位。程序设计潜在提供的"无限上诉"的可能，使需要和寻求个案正义的当事人不得不牺牲时间上的利益，即使他们最终能够获得公正的判决，以时间的代价换来的也只能是一种"迟到的正义"。

三、"全面审查"违反不告不理

基于当事人处分权主义，上级法院不应依职权主动变更上诉请求以外的第一审判决内容。"不告不理"（No trial without complaint）作为民事诉讼的基本原则之一，强调民事程序中当事人意思的主导性。这一原则不但适用于初审，也同样适用于上诉审。据此，在上诉审的审理范围上，上级法院不得违背以下两项原则：①上诉人于上诉状内表明上诉之声明，上级法院即应依其上诉声明之范围为调查裁判，不得对上诉人为更不利之判决，此为不利益变更禁止之原则；②当事人对原判决未为声明不服之部分，上级法院亦不得对上诉人为更有利之判决，此为利益变更禁止之原则。原判决纵在程序上或实体上有重大瑕疵，仍应受上诉声

〔1〕 肖扬："人民法院开展集中教育整顿的情况汇报"，载《人民法院报》1999 年 2 月 1 日。

明之约束，亦无一部上诉效力及于全部之情形，此为不利益变更禁止或利益变更禁止之当然原则。

四、"终审不终"损害司法权威

司法的终局性是司法的固有特征之一。民事诉讼在各种纠纷解决方式中之所以具有不可替代而又举足轻重的地位，最重要的原因之一正在于其判决的最终性和权威性。判决的终局性促进了司法制度的可预测性和一致性。由于不发生判决不断受到攻击和重新审查的情况，因此，司法制度的完整性得以保全。民事判决既判力的正当性基础就在于司法的终局性。法院对争议案件作出生效裁判后，案件就终结性地解决了。经过司法裁判所认定的案件事实和法律关系，"都被一一贴上封条，成为无可动摇的真正的过去。"[1] 终局性的司法裁判不但约束当事人，还约束法院和其他国家机关。这是"司法最终解决"原则的应有之义。针对上述弊端及其成因，应当对我国民事上诉制度进行全面的变革。改革的基本思路是：①针对立法和实践中的问题，从审判权与上诉权实现合理制约出发，完善现行的第二审程序，使之更符合公正与效率的要求；②借鉴多数国家的立法例，实行有限的三审终审制；③在实行有限三审制的同时，修改现行审判监督程序的规定，建立再审之诉，规定明确的再审事由，对再审程序的启动予以严格限制。

 理论思考与实务应用

一、理论思考

（一）名词解释

上诉　二审程序　上诉期

（二）简答题

1. 提起上诉应具备哪些条件？

2. 终审判决的效力表现在什么方面？

3. 第二审程序有哪些方面的意义？

4. 简述二审程序与一审程序的联系和区别。

（三）论述题

试论上诉审裁判。

---

[1] ［日］棚濑孝雄：《纠纷的解决与审判制度》，王亚新译，中国政法大学出版社1994年版，第112页。

二、实务应用

（一）案例分析示范

案例一

李刚父亲死亡，留有遗产房屋4间，李刚从外地回故乡准备将父亲遗留房屋卖掉，其堂弟李江表示不满，认为李刚长期在外，自己曾对死去的伯父尽过赡养义务，也应享有此房的继承权。李刚诉诸法院，一审法院经过审理认为：李江确实对死者尽过赡养义务，但李刚是法定继承人，所以房产判李刚。李江不服，提出上诉。二审法院认为：一审法院在认定案件的事实方面是清楚的，但对李江是否享有继承权在适用法律上是错误的，于是传唤双方当事人到庭进行调解，未达成协议后，裁定撤销原判决，发回重审。

问：二审法院有何不妥之处？

【评析】

（1）二审法院不能裁定撤销原判，发回重审。根据《民事诉讼法》规定，二审法院对上诉案件，经过审理认为原判决认定事实清楚，但适用法律有错误的，应当依法改判。本案属于一审判决在事实认定方面是清楚的，只是适用法律错误，所以，二审法院应依法改判。

（2）本案不属于调解不成，即发回重审的情况。因为二审过程中既未追加新的当事人，又未增加诉讼请示。二审案件都可进行调解，但调解不成，并不一定要发回重审。

案例二

汪某死后留有房屋一幢，其友刘某称此房屋是他与汪某共有，要求分得他所有的一半产权，汪某的儿子不同意，刘某遂诉至人民法院。人民法院认为房产证上只写有汪某一人的名字，便判决驳回刘某的请求。刘某不服，上诉到中级人民法院，中级人民法院，依法维持原判。后来刘某多次申诉，说他与汪某于1990年共同出资修建此房，因其长期在外，所以办房产证时就只写汪某一人名字，现在汪某已死，人民法院把房屋判给汪某的儿子是不对的，与事实不符，要求人民法院改判。中级人民法院原负责审理此案的合议庭审查刘某的申诉后认为其反映的情况属实，便将此案提交审判委员会讨论。审判委员会决定再审并裁定中止原判决的执行。中级人民法院另行组成合议庭后，对该案进行了重新审理，认为原一审人民法院对争议房屋是否是汪某与刘某共有的事实尚未查清，故裁定撤销原判，发回重审。

问：请指出本案在程序上的错误之处并说明理由。

【评析】本案在程序上有两点错误：

（1）原来经过第二审的判决，按照第二审程序审理，不能发回原审人民法院重审。因此，二审人民法院裁定撤销原判，发回原审人民法院重审的做法是错误的。①第二审要对第一审认定的事实进行审查，如果案件经过了第二审，仍然事实不清，那就不仅仅是第一审判决的错误，而且也是第二审的错误，二审人民法院对此错误的形成应负首要责任并亲自进行纠正；②根据法律规定在第二审中裁定撤销原判，发回重审，其撤销的是一审尚未发生法律效力的判决，而不是二审的生效判决。因此，本案中裁定撤销二审已经发生法律效力的判决缺乏应有的法律依据。

（2）本案中由原负责审理此案的审判人员将案件提交审判委员会，这也是错误的。根据《民事诉讼法》第177条的规定，对再审案件，应当由院长提交审判委员会讨论。

案例三

孙某因借款合同纠纷向A市B区人民法院起诉，要求人民法院判决被告李某返还借款10 000元。第一审人民法院判决后，孙某在上诉期内不服，提出上诉。A市中级人民法院依法审理此案，经双方同意，人民法院进行调解，达成协议。

问：（1）如果在调解书送达时，孙某拒绝签收，并向省高级人民法院提出申请再审，省高级人民法院应当如何处理？

（2）如果孙某签收二审的调解书后，发现调解书不符合自己的真实意愿，向省高级人民法院申请再审，省高级人民法院进行审查时，发现调解书确有错误，可否裁定撤销该调解书，为什么？

（3）如果一审判决后，孙某没有上诉，而是在上诉期满后申请再审并被A市中级人民法院受理的。则应按何种程序处理？

【评析】

（1）省高级人民法院不能接受孙某的再审请求，而应告知孙某此案由A市中级人民法院继续审理，由A市中级人民法院依法做出判决。因为根据《民事诉讼法》第89条第3款的规定，调解书经双方签收后，即具有法律效力。而在二审中双方当事人达成调解协议后，孙某并没有签收，因此此份调解书不具有法律效力。当事人孙某不能根据未生效的调解书向省高级人民法院提出申请再审。

（2）人民法院不能直接裁定撤销生效的调解书，而应是裁定中止调解书的执行，决定自己提审或者指令下级人民法院再审。因为根据我国《民事诉讼法》的规定，这种情况下只有经过再审，确定原法律文书中确有错误，才可以在新的法律文书中裁定撤销原生效法律文书。

（3）A 市中级人民法院可以指令 B 区人民法院再审，也可以提审。指令 B 区人民法院再审的，按照第一审程序审理，所作的判决、裁定可以上诉。提审的按第二审程序审理，所作的判决、裁定为发生法律效力的判决、裁定，不能上诉。

（二）案例分析实训

案例一

《文艺论坛》记者于是在该杂志发表一篇评论性文章，针对甲市新近举办的一台大型文艺晚会谈到："有的歌手的基本功夫不到家，有的矫揉造作，华而不实，令观众大失所望。"该杂志在甲市所辖的 A、B、C、D4 个区发行。出席晚会的歌手王明、李娜读了这篇文章后，认为有损所有参加晚会的演员的名誉，两人共同向甲市 A 区人民法院提起诉讼，要求《文艺论坛》杂志社和记者于是赔礼道歉，赔偿损失。A 区人民法院受理案件后得知杂志社位于 B 区，故将本案移送至 B 区人民法院。B 区人民法院列王明、李娜为原告，列杂志社和于是为被告，对本案进行审理。诉讼过程中杂志社和于是提出，王明、李娜起诉前曾在各区张贴所谓的"辟谣声明"，指责、谩骂《文艺论坛》和于是所发文章不实，已构成名誉侵权，故反诉王明、李娜两人赔礼道歉，赔偿损失。B 区人民法院受理该反诉，并与本诉合并审理，认定本诉请求不成立，反诉请求成立，判决王明、李娜向杂志社和于是赔礼道歉，赔偿损失若干。王明对反诉部分的判决没有异议，但认为自己的本诉请求同样成立，遂就该本诉部分提起上诉。李娜没有提起上诉。

问：（1）分析本案中人民法院在诉讼过程上的错误。

（2）假设一审程序中李娜撤诉，是否影响王明进行诉讼？为什么？

（3）假设本案被告人在一审程序中未提出反诉，而在二审程序中提出反诉，二审人民法院在诉讼程序上应如何处理？为什么？

（4）二审人民法院对一审判决审查的范围如何？本案二审人民法院对一审本诉部分的判决如认为不当，能否纠正？

（5）李娜未提起上诉，对她而言能否不等二审判决结果而单独执行一审判决？为什么？

案例二

2005 年 10 月 8 日，甲县玉龙乡新庄村何家大院住户何江龙与何小兵因琐事发生争吵，并发生抓扯。在双方抓扯过程中，邻居孙正义的岳父出面劝解，遭到何江龙的辱骂，孙正义见状，顺手拿起一根大棒向何江龙打去，击中其后背。事后，何江龙以何小兵打伤自己为由，向甲县法院提起诉讼，请求判令被告何小兵赔偿其医疗费及误工费等 1000 元。甲县法院受理后，开庭进行了审理，在庭审中，孙正义出庭作证，认为是他自己不慎把原告何江龙打伤，不是被告何小兵动手打的。但何江龙仍坚持要求法院判决其赔偿损失。合议庭认为原告所受伤害并非本案被告所为，而是孙正义打伤，不应支持原告的诉讼请求。于是，作出一审判决：驳回原告何江龙的诉讼请求。何江龙不服一审判决，认为没有公正保护其合法权益，法院认定事实不清，向中级法院提出上诉。中级法院受理上诉后，依法组成合议庭，对一审材料审查后，并作出二审裁定：撤销一审法院的判决；驳回原告何江龙的起诉。

问：(1) 第一审和第二审法院裁判哪个正确？

(2) 第二审法院未开庭直接裁定撤销一审判决是否合法？

案例三

吴祖得以性格不合，经常发生纠纷，夫妻感情破裂为由提起诉讼，要求判决与被告王春芳离婚。A 市郊区法院经审理查明：王春芳与吴祖得于 1997 年 8 月 28 日登记结婚，双方结婚一年后，生有一女孩。小女孩出生 2 个月后，吴祖得即以感情破裂为由向法院起诉离婚。被告王春芳在答辩状中表示不同意离婚，开始开庭审理，见吴祖得离婚决心非常坚决，于是向法庭表示同意离婚，但要多分家庭财产。A 市郊区法院认为，王春芳及其女儿生活较困难，在分割财产应当给与照顾。现原、被告都同意离婚。于是，郊区法院判决：准予原告吴祖得与被告王春芳离婚，小孩随王春芳生活；财产归王春芳所有；吴祖得承担 3000 元债务，并且每个月给付小孩抚养费 50 元。吴祖得不服一审判决，以共同财产分割不公正、不合法为由提起上诉。对本案的处理有三种意见：第一种意见认为，一审判决离婚是错误的，女方在分娩不满 1 年内，男方不得提出离婚，法院依法不应支持男方提出的离婚请求，应当判决撤销原判，驳回原告吴祖得的离婚请求；第二种意见认为，二审法院只能对上诉人提出的上诉请求的有关事实和法律进行审查，受上诉请求范围的限制。上诉人吴祖得仅就财产分割提出上诉，只能就夫妻财产的分割问题进行裁判；第三种意见认为，根据我国《婚姻法》第 34 条的规定，女方分娩不到 1 年，男方根本不具有离婚诉讼的诉权，故应裁定撤销原判，驳回吴祖得的起诉。

问：你同意哪种意见？

主要参考文献

1. 田平安主编：《民事诉讼法》，清华大学出版社 2005 年版。

2. 江伟主编：《民事诉讼法》，高等教育出版社、北京大学出版社 2004 年版。

3. 江伟主编：《中国民事诉讼法专论》，中国政法大学出版社 1998 年版。

4. 江伟主编：《民事诉讼法学原理》，中国人民大学出版社 1999 年版。

5. 樊崇义、夏红编：《正当程序文献资料选编》，中国人民公安大学出版社 2004 年版。

6. 肖建国：《民事诉讼程序价值论》，中国人民公安大学出版社 2000 年版。

7. 汤维建、单国军：《香港民事诉讼法》，河南大学出版社 1992 年版。

8. 法苑精粹编辑委员会编：《中国诉讼法学精粹》（2005 年卷），高等教育出版社 2005 年版。

9. 张卫平：《转换的逻辑：民事诉讼体制转型分析》，法律出版社 2004 年版。

10. 王亚新：《社会变革中的民事诉讼》，中国法制出版社 2001 年版。

第十六章

审判监督程序

【本章概要】审判监督程序，是人民法院对已经发生法律效力的裁判，依照法律规定由法定主体提起，对案件进行再审的程序。审判监督程序的设立，对于保障司法公正，保证案件裁判的质量，保护当事人的合法权利，完善民事诉讼程序体系都具有重要的意义。本章内容主要有审判监督程序的概念、特点以及法院行使监督权对案件的再审，检察院抗诉案件的再审和当事人申请再审的具体程序。

【学习目标】正确理解审判监督程序的性质、特点、意义及与第二审程序的区别；了解我国再审制度的三条渠道及相互关系；熟悉当事人申请再审和人民检察院提出抗诉的法律规定；掌握提起和审理再审案件的程序及再审裁判的法律效力。

第一节　审判监督程序概述

一、审判监督程序的概念

审判监督程序，又称再审程序，是指人民法院对已经发生法律效力的判决、裁定或调解协议，发现确有错误，依法对案件再次进行审理所适用的程序。

审判监督程序是一种特殊的程序，不是民事案件普遍经过的程序。一般情况下，已经发生法律效力的判决或者裁定，是正确的，不得任意变更或撤销，以维护其权威性和稳定性。但是，在审判实践中，由于存在种种特殊情况，生效后的民事判决、裁定或调解协议可能存在事实上或法律上的错误。根据实事求是，有错必纠的原则，必须予以纠正。于是，民事诉讼法规定了一种补救措施，这便是审判监督程序。

关于审判监督程序的概念，有学者认为审判监督程序和再审程序并不是同一个概念。认为"审判监督程序和再审程序虽然紧密相关，但是二者之间有着明确界限，彼此不能混同。审判监督程序是开启再审程序必备的前置程序，它的全部作用集中体现为引起再审程序的发生与进行，但其本身并不能够直接使确有错误的生效裁判得以纠正；再审程序则是审判监督程序的后续程序，它的开启必须以审判监督程序的进行为前提，但它具有使确有错误的生效裁判得到纠正的独特功能。由此可见，审判监督程序和再审程序并不是同一程序的不同叫法。"[1] 这一观点有待商榷。审判监督程序也称为再审程序已是我国诉讼法学界的一种普遍认识，处于通说的地位。当然，学术的进步尚需研究者们的不断挑战与疑问。我们不能在学术研究上人云亦云。但认为"审判监督程序和再审程序并不是同一程序的不同叫法"则有些过于武断。首先，我国民事诉讼立法已明确昭示了审判监督程序和再审程序内涵和外延上的同一性。众所周知，再审是人民法院的一种审判行为。我国《民事诉讼法》涉及的"再审"一词出现在第十六章"审判监督程序"之中。因此，这种行为的制约程序理当是审判监督程序。通观我国民事诉讼法法典的规定，并无"再审程序"字样的表述，但从其确指的对象范围上看，再审程序应该是规范、制约再审行为的程序。可见，二者确指的对象范围同一，那么，二者的外延便同一。而从审判监督程序与再审程序所反映的程序的本质属性上看，二者是同一的，那么，二者的内涵就是同一的。既然二者的内涵和外延是同一的，二者的概念就是同一的。其次，从程序的作用和顺序角度看，审判监督程序的全部作用并非"集中表现为引起再审程序的发生与进行"，而是为纠正人民法院已经生效，但又确有错误的判决、裁定和调解协议。其根本作用在于对审判机关审判错误的修正，进而使当事人的合法权益不受侵犯。它本身虽然"不能够直接使确有错误的生效裁判得到纠正"，但在民事诉讼中，它是使错误的生效裁判得以再审的唯一的程序保障。这与第一审程序在一审中、第二审程序在二审中以及再审程序在再审中所发挥的程序保障功能是一致的。因此，审判监督程序和再审程序的功能是相同的。而且，审判监督程序与再审程序并非是"前提程序和后续程序"的关系。审判监督程序的开启，同时也就是再审程序的开启，二者同时运作，不能也无法进行先后顺序的划分。如果做这样的划分则是不合理，不科学的，也不符合我国民事诉讼法的立法本意。最后，从我国《民事诉讼法》第186条的规定看，立法规定了人民法院按照审判监督程序再审的案件的程序适用、裁判效力以及审判组织的形式。这是审判监督的程序，也是再审的程序。二者在程序的启动、运行、程序参与的主体、裁判的效力、审判组织的组成等方面所受的立法制约相同。综上可见，将审判监督程序和再审程序看作是同一程序的不同表述应该更为合理。审判监督程序又称为再审程序的说法，是有一定的理论与实践根据的。

---

[1] 江伟主编：《民事诉讼法学原理》，中国人民大学出版社1999年版，第668页。

二、审判监督程序的特点

审判监督程序是任何一个国家的民事诉讼程序体系均不能缺少的组成部分。就国外民事诉讼立法关于审判监督程序的规定来看，有的基于诉权由案件当事人引发，有的基于监督权由法定机关、组织和个人引发，而有的则既可以依靠审判机关自身的监督权而发动，也可以因案件新的事实的出现而由案件参加人发动。从民事诉讼的审判程序来看，我国的民事诉讼审判监督程序不同于第一审程序，也不同于第二审程序，与它们相比，它有如下几个特点：

1. 提起诉讼的主体。提起审判监督程序的主体，只能是各级人民法院院长和审判委员会、上级人民法院、最高人民法院、最高人民检察院和上级人民检察院。而一审程序，只能由当事人提起。二审程序，由原告、被告、有独立请求权的第三人、判决承担义务的无独立请求权的第三人提起。

2. 审理的对象。审判监督程序的审理对象是已经发生法律效力的，但确有错误的判决、裁定或调解协议。而一审程序审理的对象，是当事人之间发生纠纷的权利义务关系，需要解决的争议。第二审程序审理的对象，是各级人民法院尚未生效的判决或裁定。

3. 提起诉讼的原因。提起审判监督程序是因为发现已经生效的判决、裁定或调解协议确有错误，或依法符合当事人申请再审的条件，为了纠正错误而提起。提起一审程序是因为民事权益受到侵犯或者与他人发生争议。提起第二审程序是由于当事人不服一审判决或裁定。

4. 提起诉讼的时间。提起再审程序，对有权提出再审的人民法院和人民检察院，无法定时间限制。但当事人申请再审，通常情况下，应在判决、裁定发生法律效力后 2 年内提出。提起一审程序，受实体法规定的诉讼时效的限制，当事人没有正当理由超过诉讼时效期间起诉的，人民法院应予受理。受理后查明无中止、中断、延长事由的，判决驳回其诉讼请求。提起二审程序，受法定的上诉期限的严格限制。不服判决的上诉期限为 15 日，不服裁定的上诉期限为 10 日。从法律文书送达之日起计算。

5. 审理的法院。审理再审案件的法院可以是原审法院，也可以是原审法院的上级法院，即各级人民法院。审理第一审案件，只能由依法有管辖权的人民法院审理。审理第二审案件，由原审法院的上一级人民法院进行。

6. 适用的程序。审判监督没有独立的程序，但审判监督程序则是我国民事审判程序体系中的一种独立的审判程序，这是审判监督程序的一大特色。依照我国《民事诉讼法》的规定，根据审判的对象不同，确定是适用一审程序，还是二审程序。发生法律效力的判决、裁定是由一审法院作出的，按照第一审程序审理；是由第二审法院作出的，或者是上级法院按照审判监督程序提审的，按照第二审程序审理。

7. 程序的性质。审判监督程序不是每一个民事案件都必经的程序，不是民事诉讼的审级。而第一审程序和第二审程序，是民事诉讼的两个审级，属于正常的审判程序。

三、审判监督程序的意义

民事诉讼法在规定对民事诉讼案件实行两审终审制的同时，又规定了审判监督程序，将审判监督程序作为我国民事诉讼中的一项重要程序，无论对民事诉讼立法体系，还是对人民法院的审判实践，以及对当事人合法权益的保护，都有极其重要的意义：

1. 审判监督程序的设立，成为我国两审终审制度的必要补充，是民事诉讼法合理机制的重要组成部分，进一步完善了我国民事诉讼立法体系。

2. 审判实践中，人民法院对确有错误的生效的法律文书，通过审判监督程序予以及时纠正，可以树立人民法院在群众心目中的威信和地位，体现法律的公正、裁判的权威。有助于增强公民的守法意识，减少诉讼，维护社会秩序的稳定。

3. 审判监督程序，既可以增加发现错误的机会，又可以为人民法院的这种错误提供一种补救。这不仅可以保证人民法院审理案件的质量，又能够切实保护当事人的合法权益，贯彻以事实为根据，以法律为准绳的原则。

第二节　审判监督程序的提起

一、基于审判监督权提起的再审

人民法院发现已经发生法律效力的判决、裁定确有错误，基于审判监督权应当决定对案件再行审理。人民法院享有独立的审判监督权，在发现原生效裁判或调解协议有损害国家利益、社会公共利益等错误情形时，应当提起再审，不以当事人申请再审或人民检察院抗诉为前置条件。此外，人民法院提起再审时，不受时限限制，只要发现原审法律文书确有错误均可以提起再审。

根据民事诉讼法规定，对民事案件基于审判监督权提起再审的人或机关是：各级人民法院院长及审判委员会，上级人民法院，最高人民法院。提起再审的机关和公职人员不同，相应的，提起的具体程序也不尽相同。

（一）本院院长及审判委员会提起再审

人民法院对民事案件作出裁判，裁判一生效就具有约束力，不得随意撤销，变更。如果裁判确有错误，则只能通过再审程序进行纠正。在本院行使审判监督权的是本院院长和审判委员会，其对本院审判人员和合议庭的审判工作进行监督。因此，本院院长认为已发生法律效力的判决、裁定确有错误，或发生法律效力的调解书损害了国家利益、社会公共利益，需要再审的，应当提交审判委员会讨论决定，符合再审条件且案件正在执行过程中的，应当同时裁定中止原判决、裁定或调解书的执行。

根据司法解释，各级人民法院对本院审结的案件提起再审的，同一案件只能自行提起一次。

（二）最高人民法院和上级人民法院提起再审

根据我国民事诉讼法的规定，最高人民法院对地方各级人民法院已经发生法律效力的判决、裁定或调解书，上级人民法院对下级人民法院已经发生法律效力的判决、裁定或调解书，发现确有错误的，有权提审或者指令下级人民法院再审。

1. 提审。提审是指对下级法院已经审结但裁判确有错误的案件，上级法院认为不宜由下级法院再行审理，因而提归自己审判。提审制度建立的基础，一是审判权由人民法院统一行使的原则，二是上级法院对下级法院的审判活动有审判监督权。

提审主要发生以下几种情况：①对已经审结的案件，如果裁判确有错误，就应该进行再审。但在司法实践中，对于某些案件的裁判是否确有错误，各级法院认识并不一致。比如有的案件的裁判确有错误，但原来审结该案的法院却认识不到，或认为没有错误，此时，上级法院可以将案件提归自己审判。②由于上级法院和下级法院之间并非领导与被领导的关系，所以当上级法院指令下级法院再审而下级法院不再审时，上级法院就可以自己提审。③上级法院和最高人民法院认为自己对案件的审理为宜，就不需指令下级法院再审，而自己提审。

最高人民法院或上级法院决定提审案件时，应作出裁定，通知下级法院，中止原法律文书的执行，并调取案宗进行审理。

2. 指令再审。指令再审是指对下级法院已经审结但裁判确有错误的案件，上级法院应当再审，但根据案件的影响程度以及案件参与人的情况，从便利当事人行使诉讼权利和便利人民法院再审的角度出发，指定原审人民法院，或与原审人民法院同级的其他人民法院再审。在指令再审制度中，提起再审的法院与再审审理的法院发生分离，这再次说明我国的审判监督程序具有二阶段的特征。

最高人民法院或上级法院指令下级法院再审时，应作出指令再审的裁定，以作为提起再审程序的标志，并向下级法院说明情况，指出理由，下级法院接到上级法院的裁定后，应根据裁定内容进行再审，并将再审结果上报发出指令的上级法院。

二、人民检察院基于检察监督权抗诉再审

（一）民事抗诉的概念和意义

抗诉，是指人民检察院依法行使法律监督职权，对人民法院作出的发生法律效力的判决和裁定认为确有错误，提出重新审理要求的一种诉讼行为。

人民检察院对人民法院民事审判活动的检察监督，是以抗诉的方式表现的，这是我国审判监督制度的一个重要内容。法律赋予检察机关这种职权，允许它对人民法院已经发生法律效力的判决、裁定，发现确有错误，按照审判监督程序提出抗诉。一方面，它是各种监督形式中最有效的形式之一，具有极大的权威性。可以增强人民法院在审理民事案件中的负责精神，保证办案质量，切实保护当事人的合法权益。另一方面，对于维护国家法制、体现法律的公平、正义具有重要意义。

（二）抗诉事实和理由

修订后的《民事诉讼法》对检察院抗诉的事由进行了细化。根据修订后的《民事诉讼法》，有下列情形之一的，人民检察院可以提出抗诉：

1. 有新的证据，足以推翻原判决、裁定的。司法解释规定，新的证据是指：①原审庭审结束前已客观存在，在庭审结束后新发现的证据；②原审庭审结束前已经发现，但因客观原因无法取得或者在规定期限内不能提供的证据；③原审庭审结束后原作出鉴定结论、勘验笔录者重新鉴定、勘验，推翻原结论的证据；④当事人在原审中提供的主要证据，原审未予质证、认证，但足以推翻原判决、裁定的，也应当视为新的证据。

2. 原判决、裁定认定的基本事实缺乏证据证明的。所谓基本事实，即对原判决、裁定的结果有实质影响，用以确定当事人主体资格、案件性质、具体权利义务和民事责任等主要内容所依据的事实。

3. 原判决、裁定认定事实的主要证据是伪造的。

4. 原判决、裁定认定事实的主要证据未经质证的。

5. 对审理案件需要的证据，也即人民法院认定案件基本事实所必需的证据，当事人因客观原因不能自行收集，书面申请人民法院调查收集，人民法院未调查收集的。

6. 原判决、裁定适用法律确有错误的。

7. 违反法律规定，管辖错误，包括违反专属管辖、专门管辖规定以及其他严重违法行使管辖权的。

8. 审判组织的组成不合法或者依法应当回避的审判人员没有回避的。

9. 无诉讼行为能力人未经法定代理人代为诉讼或者应当参加诉讼的当事人，因不能归责于本人或者其诉讼代理人的事由，未参加诉讼的。

10. 违反法律规定，剥夺当事人辩论权利，如原审开庭过程中审判人员不允许当事人行使辩论权利，或者以不送达起诉状副本或上诉状副本等其他方式，致使当事人无法行使辩论权利的。

11. 未经传票传唤，缺席判决的。

12. 原判决、裁定遗漏或者超出诉讼请求的。

13. 据以作出原判决、裁定的法律文书被撤销或者变更的。

14. 其他违反法定程序，可能导致案件裁判结果错误的。

15. 审判人员在审理该案件时有贪污受贿、徇私舞弊、枉法裁判行为，且该行为已经相关刑事法律文书或纪律处分决定确认的。

（三）人民检察院抗诉再审的种类

依据《民事诉讼法》第 187 条的规定，人民检察院抗诉再审的提出有以下几种：

1. 最高人民检察院对各级人民法院的抗诉再审。最高人民检察院是国家的最高检察机关，享有最高的检察监督权。无论哪一级别的人民法院，只要出现法定的抗诉情形，最高人民检察院均应按照审判监督程序提出抗诉，引发再审程序。众所周知，国家的法律监督权对于任何机关均应适用，无论何种级别的机关，均不能游离于这种法律监督权之外行事。最高人民法院虽然是国家最高的审判机关，它的民事审判活动，同样要受到最高人民检察院的检察监督，只要出现法定抗诉情形，最高人民检察院同样可以对它提出抗诉。当然，这种抗诉不是自上而下的监督。但并不是说，同级人民检察院便可以对同级人民法院直接提出抗诉，实行监督。这是我国法律监督权中的一种特殊情况。而且，就审级角度上看，虽然我国法律规定，民事诉讼案件的审理实行两审终审制，但最高人民法院审理的案件，只要判决、裁定作出，立即发生法律效力，当事人不得提出上诉。因此，既然是生效的裁判，便在检察监督的范围之内。从这一点来看，只要存在法定抗诉情形，最高人民检察院就可以对最高人民法院的裁判依照审判监督程序提起抗诉，引发再审。

2. 上级人民检察院对下级人民法院的抗诉再审。这是检察机关对审判机关的民事审判活动实行检察监督的最常见方式。同样，此处所说的上级人民检察院和下级人民法院，必须是处于同一行政区划之内，有直接审级关系的，否则，不可以。

3. 地方各级人民检察院对同级人民法院的审判监督。地方各级人民检察院对同级人民法院已经发生法律效力的判决、裁定，发现有法定抗诉情形的，不得直接对同级人民法院提出抗诉，而应当提请上级人民检察院向同级人民法院，按照审判监督程序提出抗诉。

（四）检察机关抗诉的后果和方式

1. 抗诉的法律后果。《民事诉讼法》第188条规定："人民检察院提出抗诉的案件，接受抗诉的人民法院应当自收到抗诉书之日起30日内作出再审的裁定；有本法第179条第1款第1~5项规定情形之一的，可以交下一级人民法院再审。"

《民事诉讼法》对抗诉和再审的这一规定，体现了国家审判机关和国家法律监督机关在民事审判活动中相互制约的关系。提出抗诉，是人民检察院对民事审判活动实行法律监督的主要方式和手段。因此，凡是人民检察院提出抗诉的案件，人民法院都必须进行再审。一旦再审程序开始，人民法院立即作出中止原裁判执行的裁定。

2. 抗诉的方式。《民事诉讼法》第189条规定："人民检察院决定对人民法院的判决、裁定提出抗诉的，应当制作抗诉书。"可见，人民检察院对人民法院的判决、裁定提出抗诉，应当采取书面形式，向人民法院递交抗诉书。抗诉书是一种法律文书，应当写明抗诉理由和法律根据，载明抗诉案件的原审法院及案号，指明人民法院的裁判在认定事实、适用法律或审判人员在审理过程中行为上的错误，提出纠正意见。《民事诉讼法》第190条规定："人民检察院提出抗诉的案件，人民法院再审时，应当通知人民检察院派员出席法庭。"

三、基于当事人诉权提起的再审

（一）当事人申请再审的概念及特点

当事人申请再审，是指当事人对已经发生法律效力的判决、裁定或调解协议，认为有错误，向人民法院提出申请，请求再次审理，以便人民法院作出正确裁判或调解协议的一种诉讼行为。

当事人提出的再审，与当事人的起诉、上诉、申诉相比，有如下几个特点：

1. 行为的提起。当事人申请再审，必须符合《民事诉讼法》第179条规定的情形，人民法院才予以再审。民事起诉，必须符合《民事诉讼法》第108条规定的法定条件，人民法院才予以受理。提起上诉行为，《民事诉讼法》除对当事人的上诉期限予以硬性要求外，不加以特别限定。而当事人提出申诉，只要认为人民法院的裁判不符合自己的意愿即可发动申诉行为。

2. 行为的期限。当事人申请再审，通常情况下，应当在裁判或调解协议发生法律效力后2年内提出。依据期间的计算规则，应从送达的次日起计算。至于民事申诉的提出期限问题，我国法律未作期限上的限制。[1]

3. 行为的后果。当事人申请再审，符合法定条件，引发的是再审程序。当事人起诉或上诉，符合法定条件，引发的是一审或二审程序。对申诉，如果经复查发现申诉有理，由法院院长提交审判委员会讨论决定。

此外，《民事诉讼法》第178条规定"当事人对已经发生法律效力的判决、裁定，认为有错误的，可以向上一级人民法院申请再审，但不停止判决、裁定的执行。"

法律对当事人申请再审规定了一系列的条件，当事人申请再审符合这些条件的，才能启动再审审理。修订后的民事诉讼法，对这一问题进行了细致的规定。

（二）申请再审的条件

1. 申请再审的主体必须合法。根据民事诉讼法的规定，有权提出再审申请的是原审中的当事人，即原审中的原告、被告、有独立请求权的第三人和判决其承担义务的无独立请求权的第三人以及上诉人和被上诉人。此外，司法解释纳入了案外人申请再审的情形：案外人对原判决、裁定、调解书确定的执行标的物主张权利，且无法提起新的诉讼解决争议的，也可以申请再审。

2. 申请再审的对象必须是已经发生法律效力的判决、裁定和调解书。根据民事诉讼法的规定，当事人可以对已经发生法律效力的判决、裁定和调解书申请再审。可以申请再审的判决，包括地方各级人民法院作为一审法院作出的依法可以上诉，但当事人在法定期间内未提起上诉的判决，第二审人民法院作出的终审判决以及最高人民法院作出的一审判决。可以申请再审的裁定包括各级人民法院作出的不予受理和驳回起诉的裁定。可以申请再审的调解书包括一审法院和二审法院在当事人达成调解协议的基础上制作的调解书。

3. 申请再审必须在法定期限内提出。根据民事诉讼法的规定，当事人申请再审，应当在判决、裁定发生法律效力后2年内提出，该2年的期间不适用中止、中断和延长的规定。但修订后的民事诉讼法明确规定了两种例外情形，即便超过2年的时效规定，当事人依然有权自知道或者应当知道之日起3个月内提出再审申请。这两种情况是：①据以作出原判决、裁定的法律文书被撤销或者变更的；②审判人员在审理该案件时有贪污受贿，徇私舞弊，枉法裁判行为

---

〔1〕 按照审判机关的说法，在民事审判实践中，"现在申诉没完没了，叫做'四无限'，即申诉的时间没有限制、次数没有限制、申诉的法院级别没有限制、案件的种类没有限制。这'四无限'给法院带来很大压力。"参见最高人民法院民事诉讼法培训班编：《民事诉讼法讲座》，法律出版社1991年版，第52～53页。

的。此外，前述案外人申请再审的时限为：在判决、裁定、调解书发生法律效力后 2 年内，或者自知道或应当知道利益被损害之日起 3 个月内。

当事人对调解书申请再审的时间，民事诉讼法未直接作出规定。但从立法的总体精神看，对调解书申请再审的时间与对判决、裁定申请再审的时间应是一致的。

4. 申请再审必须符合法定的事实和理由。当事人对人民法院已经生效的裁判申请再审，必须具备应当再审的法定事实和理由。修订后的民事诉讼法对当事人申请再审的事由进行了细化，并且与人民检察院提起抗诉的事由进行了统一处理，使二者的事由完全一致。

5. 申请再审的法院是原审法院的上一级法院。当事人认为已经发生法律效力的判决、裁定和调解书有错误，可以向原审人民法院的上一级人民法院申请再审。

（三）申请再审的事由

1. 对生效裁定和判决申请再审的事由。根据修订后的民事诉讼法，当事人对生效裁判文书提出再审申请的事由类型包括事实认定错误、法律适用错误、当事人程序权利被剥夺、审判人员的不当行为等。其具体内容与人民检察院提出抗诉的事由完全相同。

当事人对已经发生法律效力的解除婚姻关系的判决，不得申请再审。当事人就离婚案件的财产分割问题申请再审的，如涉及判决中已分割的财产，人民法院应依照《民事诉讼法》第 179 条的规定进行审查，符合再审事由的，应立案审理；如涉及判决中未做处理的夫妻共同财产，应告知当事人另行起诉。

按照督促程序、公示催告程序审理的案件以及依照审判监督程序审理后维持原判的案件，当事人不得申请再审。

2. 对生效调解书申请再审的事由。根据民事诉讼法的规定，当事人对已经发生法律效力的调解书，提出证据证明调解违反自愿原则或者调解协议的内容违反法律的，可以申请再审，经人民法院审查属实的，应当裁定再审。

（四）申请再审和审查再审申请

修订后的民事诉讼法对于当事人申请再审和人民法院审查当事人再审申请的程序，作出了细致的规定：

1. 当事人申请再审。当事人申请再审的，应当提交再审申请书，已经发生法律效力的判决书、裁定书、调解书，身份证明及相关证据材料，并按对方当事人人数提供申请书副本。人民法院应当自收到再审申请书之日起 5 日内将再审申请书副本发送对方当事人。对方当事人应当自收到再审申请书副本之日起 15 日内提交书面意见；不提交书面意见的，不影响人民法院审查。人民法院可以要求申请人和对方当事人补充有关材料，询问有关事项。

2. 人民法院审查再审申请。对于当事人的再审申请，人民法院应当组成合议庭，围绕再审事由是否成立进行审查，并应在自收到再审申请书之日起 3 个月内审查完毕。如果有特殊情况无法在 3 个月内审查完毕，需要延长审查期的，须由本院院长批准。在审查过程中，人民法院可以根据案情需要决定是否询问当事人。当事人以有新的证据足以推翻原判决、裁定为由申请再审的，人民法院必须询问当事人。在审查再审申请过程中，对方当事人也申请再审的，人民法院应当将其列为申请再审人，对其提出的再审申请一并审查。

3. 人民法院审查后的处理方式。人民法院审查再审申请书等材料后，认为申请再审事由成立的，应当径行裁定再审。经审查认为申请再审事由不成立的，应当裁定驳回再审申请。驳回再审申请的裁定一经送达，即发生法律效力。

对于下列情形，人民法院可以裁定终结审查：①申请再审人死亡或者终止，无权利义务承受人或者权利义务承受人声明放弃再审申请的；②在给付之诉中，负有给付义务的被申请人死亡或者终止，无可供执行的财产，也没有应当承担义务的人的；③当事人达成执行和解协议且已履行完毕的，但当事人在和解协议中声明不放弃申请再审权利的除外；④当事人之间的争议可以另案解决的。

第三节 再审案件的审判

无论基于哪种方式启动，一旦人民法院作出了再审裁定，就意味着再审提起阶段结束，进入到再审审理阶段。

一、再审审理的管辖法院

再审审理的法院，一般是作出再审裁定的法院。在人民法院自行启动再审程序的案件中，即为决定再审的法院；在人民检察院抗诉启动再审程序的案件中，即为受理抗诉并决定再审的法院；在当事人申请再审的案件中，即为受理审查再审申请并决定再审的法院。

当决定再审的法院是原审人民法院的上级法院或是最高人民法院时，决定再审的法院可以根据案件的影响程度以及案件参与人的情况，从便利当事人行使诉讼权利和便利人民法院审理的角度出发，指定原审人民法院，或与原审人民法院同级的其他人民法院再审。下级法院再审审理完毕后，应将再审结果上报发出指令的上级法院。

但指令再审必须符合下列法律和司法解释的规定：

1. 在人民检察院抗诉的情形下，唯有抗诉的事实和理由属于《民事诉讼法》第179条第1款第1~5项时，即原审裁判系因为证据问题而导致事实认定出现不当或错误的，方可指令下一级人民法院进行再审审理。

2. 在当事人申请再审的情形中，唯有最高人民法院和高级人民法院有权指令再审，中级人民法院无权将案件指定给下级法院再审。

3. 在下列情形下，上级法院不得指令原审人民法院进行再审审理：①原审人民法院对该案无管辖权的；②审判人员在审理该案件时有贪污受贿，徇私舞弊，枉法裁判行为的；③原判决、裁定系经原审人民法院审判委员会讨论作出的；④其他不宜指令原审人民法院再审的。

二、再审审理的审判程序

人民法院审理再审案件，并无独立程序，须根据原审案件和再审审理法院的审级来确定审判程序的适用：

1. 如果再审审理法院是原审法院或与原审法院同级的人民法院，案件原本是第一审法院审结的，再审时仍按第一审程序进行审理，审理后作出的裁判属于未确定的裁判，当事人不服的，可以提起上诉。原来是第二审法院审结的，再审时仍按第二审程序进行审理，审理后作出的裁判为终审裁判，当事人不得再提起上诉。

2. 如果再审审理法院是上级人民法院或最高人民法院，则一律适用二审程序进行审理。

三、再审审理的特殊性

尽管再审审理并无专门的诉讼程序，需要借助一审程序或二审程序，但再审审理独特的诉讼特性，依然使其产生了与一、二审民事诉讼不同的程序特征：

1. 裁定中止原判决的执行无论是因为人民法院基于审判监督权启动再审，还是人民检察院通过抗诉或者当事人通过申请启动再审，只要人民法院决定再审，就应当作出裁定，中止原判决的执行，并及时通知双方当事人，以避免因为执行而给当事人带来不必要的损失。

2. 另行组成合议庭。人民法院审理再审案件，一律实行合议制。如果由原审人民法院再审的，应当另行组成合议庭。

3. 再审审理范围。人民法院应当在具体的再审请求范围内或在抗诉支持当事人请求的范围内审理再审案件。当事人超出原审范围增加、变更诉讼请求的，不属于再审审理范围。但涉及国家利益、社会公共利益，或者当事人在原审诉讼中已经依法要求增加、变更诉讼请求，原审未予审理且客观上不能形成其他诉讼的除外。

申请再审人或申请抗诉的当事人在再审中提出新的证据，并导致改判，如系因为申请人的过错导致其未能在原审程序中及时举证，被申请人等当事人可以在再审中请求申请人补偿其增加的诉讼费用，如差旅费、误工费等，人民法院对此主张应当支持。但被申请人无权在再审审理中，请求申请人赔偿其因此扩大的直接损失，而应当另行提起诉讼解决。

4. 再审审理时当事人的确定。民事再审案件的当事人应为原审案件的当事人。原审案件当事人死亡或者终止的，其权利义务承受人可以申请再审并参加再审诉讼。

因案外人申请人民法院裁定再审的，需要根据案外人的诉讼地位分别确定：①案外人应为必要的共同诉讼当事人，在按第一审程序再审时，应追加其为当事人，作出新的判决；在按第二审程序再审时，经调解不能达成协议的，应撤销原判，发回重审，重审时应追加案外人为当事人。②案外人不是必要的共同诉讼当事人的，再审时仅审理其对原判决提出异议部分的合法性，并应根据审理情况作出撤销原判决相关判项或者驳回再审请求的判决；撤销原判决相关判项的，应当告知案外人以及原审当事人可以提起新的诉讼解决相关争议。

5. 再审审理的方式。再审审理一般应当采取开庭审理方式，但按照第二审程序审理的，双方当事人已经其他方式充分表达意见，且书面同意不开庭审理的除外。

对于人民检察院提出抗诉的案件，人民法院应当通知人民检察院派员出席法庭，以监督人民法院对案件的处理。同时，由于案件是基于抗诉而进行再审的，因此，人民检察院也应当派员出席法庭，使检察监督权得以完整地实现。

6. 撤回抗诉、撤回再审申请和撤回起诉。在再审审理过程中，诉讼可能因为人民检察院撤回抗诉，当事人撤回再审申请或撤回起诉而告终结。

抗诉的撤回有两种情形：①人民检察院撤回抗诉的，人民法院应当准予。②在再审过程中，申请抗诉的当事人经传票传唤，无正当理由拒不到庭的，或者未经法庭许可中途退庭的，在不损害国家利益、社会公共利益或第三人利益的条件下，人民法院应当裁定终结再审程序。因抗诉撤回而终结再审程序时，应同时恢复对原判决的执行。

再审申请的撤回也有两种情形：①申请再审人在再审期间撤回再审申请的，是否准许由人民法院裁定。裁定准许的，应终结再审程序。②申请再审人经传票传唤，无正当理由拒不到庭的，或者未经法庭许可中途退庭的，可以裁定按自动撤回再审申请处理。

再审审理中撤回起诉是指，按照第一审程序审理再审案件时，一审原告申请撤回起诉的，是否准许由人民法院裁定。裁定准许的，应当同时裁定撤销原判决、裁定、调解书。

7. 再审审理的裁判文书。经过再审审理后，人民法院可以依法作出裁判文书。如果双方当事人在再审中达成调解协议，人民法院在确认其不违背自愿和合法原则后，应当制作调解书。

由于再审程序的目的就是纠正确有错误的生效法律文书，因此再审审理后的裁判文书应当对原生效法律文书的效力作出回应，确认是否撤销原生效判决。人民法院经再审审理认为，原判决、裁定认定事实清楚、适用法律正确的，应予以维持；原判决、裁定在认定事实、适用法律、阐述理由方面虽有瑕疵，但裁判结果正确的，人民法院应在再审判决、裁定中纠正上述瑕疵后予以维持。

由于调解书是根据当事人的调解协议制作而成，故调解书一经各方当事人签收生效后，原判决、裁定视为被撤销。

四、当前民事再审程序存在的问题及解决思路

（一）存在的问题

1. 程序设置的原则与司法裁判的既判力之间的冲突。"有错必纠、实事求是"原则是共产党的思想路线，如果无条件地照搬到民事诉讼程序中，就意味着无论什么时候发现生效裁判的错误都应当予以纠正。这样一来，纠纷的解决将永无尽头，只能严重的破坏程序的安定性，这也不符合裁判既判力的原则。人民法院审判案件，应当依照证据规则以及程序规定，审查案件事实，即案件发生时所形成的证据，依据这些证据之间的关联性推导裁判结果。因此，可能产生法律事实和客观事实的不一致，加上法律的原则性和法官对法律的理解和适用上的差别，由此造成了人民法院的裁判只能是相对正确。而当事人要求生效裁判应当是绝对的真实和合法，这是不可能办到的。因此，有些国家为了保持判决的法定"既判力"，避免再审带来的负效应，而不允许提起再审，如美国；有些国家如日本、德国虽然允许提起，但对此都规定了严格的适用条件。再审程序是对错误裁判的最终司法救济，它所付出的代价是生效裁判的稳定性和权威性。因此我们应当尽量减少这种代价的付出。

2. 公权力的扩张与当事人诉权、处分权的行使之间的冲突。我国现行的再审程序的提起基于三种情况：一是基于审判监督权，由法院提起；二是基于当事人诉权提起；三是基于检察监督权提起。权利之所以称其为权利，根本一点在于它的可处分性，不能自主处分的权利其实与义务无异。当事人有权决定起诉、撤诉或和解，只要当事人的这些处分行为符合诉讼要件，法院就不加干涉。当事人可以行使其程序性和实体性处分权，在一定范围内选择解决纠纷的

途径、方式，决定如何取舍自己的程序利益和实体利益，以避免因使用该解决纠纷的途径、方式的不同而导致不必要费用的增加和实体利益的减少。再审程序作为民事诉讼中的纠错程序，应当遵循民事诉讼的"私权自治"、"不告不理"的原则，基于审判监督权而启动的民事再审程序是对当事人的诉权和处分权的侵犯。由此我们知道，启动再审的公权力主体不是适格当事人，若用公权力启动再审，违背了民事诉讼不告不理原则，侵犯了当事人的处分权，破坏了社会关系的平衡格局。这种再审启动权的公权化还造成当事人的申诉常常被无限期搁置，申诉权往往被剥夺，使得当事人的救济权不能得到及时落实。

（二）解决民事再审程序存在问题的思路

1. 取消法院主动再审。取消法院主动发动再审的理由是：首先，法院主动再审不符合民事诉讼中的处分原则。原审法院裁判生效后，当事人未申请再审，说明双方当事人均认可了裁判的结果，是服判的。其次，法院主动再审也不符合诉审分离的原则。司法权是一种被动性的权力，为了保证被动性，法院对案件实行不告不理，法院的审判须受当事人诉权的制约，在当事人未提起诉讼的情况下，法院不得主动介入纠纷的处理，在法院审判终结后，除非当事人要求再审，法院也不得对其认为有错误的裁判已生效的案件再审。最后，法院主动再审不利于民事法律关系的稳定。法院裁判生效后，发生争议的民事关系因确定裁判的效力而重新趋于稳定，法院主动再审会重新燃起已平息了的纠纷。

2. 限制检察院发动再审程序的范围。对基于检察机关的抗诉而启动的再审程序，应当有一定的限制，要区分公权和私权。属于公权范围的，国家机关应当主动干预。属于私权范围的，只要他们对私权的处分不涉及国家利益、社会公共利益、他人利益，不违反社会善良风俗，国家公权就不应强行介入。否则，会打破当事人之间的平等对抗的格局，有可能从程序上产生不公平。

　　学术视野

审判监督程序是民事诉讼程序体系的重要组成部分，虽然审判监督程序不像民事第一审程序和第二审程序那样具有自己完全独立的程序，也不是人民法院审理民事案件的必经程序，但作为民事审判的纠错程序，审判监督程序成为当事人权利保护的重要救济手段，也成为民事司法公正的重要保障，它体现了社会主义法治所应遵循的以事实为根据，以法律为准绳，实事求是，有错必纠的根本精神。经过不断的修改完善，现行的审判监督程序更为重视当事人诉权在再审程序中的能动作用，积极发挥检察机关的监督抗诉职能，拓宽了案件再审的渠道，为纠正错误的生效裁判得以再审提供了坚实的程序保障。但同时也应该认识到，我国审判监督程序仍存在一些问题，"发动再审程序主体的多元性并没有产生预期的效果，再审程序中的问题依然突出。一方面，不少明显存在错误的裁判仍无法通过再审程序获得纠正；另一方面，有些案件却被不必要地拿来再审，耗费了当事人和国家大量的人力、物力和财力，裁判的稳定性和权威性也因此而受到严重破坏。"[1] 可见，我国民事审判监督程序仍有待进一步健全。应该坚持民事诉讼审判程序各自独立，但又整体互动、有机配合的认识。在不断加强作为审判监督程序基础的民事第一审程序和第二审程序建设的前提下，一定程度上借鉴他国成功经验，遵循民事诉讼发展规律的要求，完善发动再审的主体、条件和程序建设，从制度层面加以科学设计。同时，加强民事审判实践过程的监督制约机制，最大限度地协调尊重和保障当事人的实体权利和诉讼权利、合理认识和发挥审判机关自身的审判监督权、尊重和维护生效裁判的稳定与权威三者之间存在的内在冲突，以此构建我国科学、合理，既具有可操作性，又富有实效性的较为完备的审判监督程序的制度体系。

理论思考与实务应用

一、理论思考

（一）名词解释

审判监督程序　提审

（二）简答题

1. 如何认识民事诉讼中的审判监督程序？

2. 人民法院启动再审程序的条件和方式。

3. 人民检察院抗诉的法定情形和种类。

4. 当事人申请再审的条件有哪些？

5. 再审案件的审理应如何适用民事审判程序？

（三）论述题

1. 试述审判监督程序与第一、二审诉讼程序的区别。

2. 试论我国再审程序存在的问题及其完善。

---

[1]　江伟主编：《民事诉讼法》，高等教育出版社、北京大学出版社 2004 年版，第 369 页。

二、实务应用

(一) 案例分析示范

案例一

小华诉李山侵权纠纷一案，经某中级人民法院终审判决后，小华不服，申请再审。经某中级人民法院院长提请审判委员会讨论，认为此案终审判决确有错误，于是决定裁定撤销原一审、二审判决，发回原审法院重新审理。

问：某中级人民法院的做法是否正确？

【评析】某中级人民法院的做法是不正确的。

依照《民事诉讼法》的规定，人民法院按照审判监督程序再审案件，发生法律效力的裁判如果是二审审结的，再审应适用第二审程序，所作的判决、裁定是终审的判决、裁定。因此，某中级人民法院发现本院的生效裁判确有错误，决定再审时，不能裁定撤销一审、二审判决，发回原审法院重新审理，而应由原二审法院即某中级人民法院先裁定中止原判决的执行，然后按二审程序再审。

案例二

李宏与大明两人曾于 2003 年合伙开一百货商场，后因业务发展需要，两人将原来租赁的门面买了下来。2009 年底，李宏与大明欲解散商场，不再经营。两人对门面的所有权发生纠纷。经中级人民法院终审判决后，维持一审判决的处理：认定门面应为大明所有，但大明应补偿李宏 50 万元人民币。李宏仍不服，多次向高级人民法院申诉。高级人民法院对申诉进行了审查，认定原审判决认定事实不清，门面应为李宏与大明二人共有，即裁定撤销一、二审判决，发回原第一审人民法院再审。

问：高级人民法院对此案的处理是否正确？为什么？

【评析】高级人民法院对此案的处理有以下不正确之处：①不能以当事人的申诉作为引发审判监督程序的理由，当事人的申诉只能是人民法院发现裁判确有错误的途径。所以，本案要进入审判监督程序，只能由当事人申请再审，或人民法院依职权决定。②高院决定再审后，不能裁定撤销原一、二审判决。根据民事诉讼法的规定，在再审或提审之前，只能裁定中止原判决执行。③高院指令原第一审人民法院进行再审的做法也是错误的。按照审判监督程序再审的案件，原来是一审的，按照第一审程序；原来是二审的，按照第二审程序审判。本案是经过两审终审的案件，指令原第一审人民法院再审，显然违背了《民事诉讼法》规定的审级制度。

案例三

2009 年 1 月至 4 月底，某县交通局下属运输公司为某街道办事处下属营销处承运煤炭，产生运杂费 51 319.15 元，已支付 23 286.75 元，尚欠 28 032.40 元。交通局曾多次向营销处催要但遭拒付，后来找其主管单位街道办事处，但该街道办事处采取不合作的态度，使拖欠运杂费的问题一直未能解决。于是交通局向某县人民法院提起诉讼，请求法院判令街道办事处支付运杂费。受诉法院根据上述事实，判决被告清偿原告运杂费 28 032.40 元，诉讼费 596 元由被告承担。街道办事处不服该县人民法院的判决，向二审法院提起上诉。该法院依法组成合议庭审理了本案。经审理，人民法院认为：原判决认定事实清楚，适用法律正确，判决驳回上诉，维持原判决。被告仍不服，向高级人民法院申请再审。高级人民法院经过复查认为：原一审、二审判决确有错误，于是裁定撤销原判决，将案件发回原一审人民法院重审。原一审人民法院决定仍由原合议庭组成人员审理本案。

问：（1）本案中，再审人民法院能否指定原一审人民法院再审？

（2）高级人民法院决定再审时能否同时撤销原判决？

（3）再审程序中，原一审人民法院的合议庭组成是否合法？

（4）如果一审判决后，街道办事处没有上诉，而是等到上诉期满以后申请再审，在此种情况下，中级人民法院受理后应当依何种程序处理？

【评析】

（1）本案中，再审人民法院不能指定原一审人民法院再审。参见《民诉意见》第 202 条的规定。本案中当事人对一审判决不服提起了上诉，二审判决是最终的生效判决，这一判决是由中级人民法院做出的，因此，高级人民法院应当指令中级人民法院再审或者自己提审，依照二审的程序审理，所作出的判决、裁定是发生效力的判决、裁定。

（2）本案中生效的判决不是高级人民法院作出的，而且高级人民法院在作出裁定之时未对案件进行审理，其无法确定原判决的正确与否，因此，此时裁定撤销原判是不合理也不合法的。依据《民诉意见》第 200 条的规定，正确的做法是高级人民法院在指定二审人民法院再审的同时裁定中止原判决的执行。

（3）再审中，原一审人民法院的合议庭组成不合法。参见我国《民事诉讼法》第 41 条的规定。

（4）中级人民法院可以指令原审人民法院再审也可以提审。中级人民法院可以指定原一审人民法院再审也可以自己提审。指定原一审人民法院再审的，按照一审程序审理。提审的依照二审的程序审理，所作出的判决、裁定是发生效力的判决、裁定，不能上诉。

(二) 案例分析实训

案例一

鲁天（男）与谢威（女）于 1999 年结婚，婚后二人感情不和，常为琐事争吵。谢威多次与鲁天协商离婚，均因财产处理问题无法达成一致而未成。2009 年 3 月，谢威向法院提起诉讼，要求解除与鲁天的婚姻关系。

问：如果法院在审理后认为原告与被告的感情确已破裂因而判决离婚并就财产分割问题一并做出处理，判决生效后谢威认为法院判决不公正，她可以就哪些方面问题申请再审？

案例二

鲁天（男）与谢威（女）于 1999 年结婚，婚后二人感情不和，常为琐事争吵。谢威多次与鲁天协商离婚，均因财产处理问题无法达成一致而未成。2009 年 3 月，谢威向法院提起诉讼，要求解除与鲁天的婚姻关系。如果法院的离婚判决生效后一年，谢威听说鲁天在 2004 年曾因设计了一个办公软件而被公司奖励了 15 万元，鲁天用这 15 万元为自己购买了一套商品房，原判决中没有涉及该房子的处理。

问：谢威向原审法院申请再审，法院应如何处理？

案例三

甲市（地级市）百货商场与个体户钱某因承包合同发生纠纷。百货商场起诉至甲市乙区人民法院，要求判令钱某支付拖欠的承包款并支付合同约定的违约金。一审法院判决驳回原告的诉讼请求，百货商场诉至甲市中级人民法院，二审法院维持了原判。后甲市检察分院在调查中了解到本案的审理判决情况，认为一审、二审法院的判决证据不足。

问：甲市检察分院应当如何提起抗诉？

主要参考文献

1. 田平安主编：《民事诉讼法》，清华大学出版社 2005 年版。

2. 江伟主编：《民事诉讼法》，高等教育出版社、北京大学出版社 2004 年版。

3. 江伟主编：《中国民事诉讼法专论》，中国政法大学出版社 1998 年版。

4. 江伟主编：《民事诉讼法学原理》，中国人民大学出版社 1999 年版。

5. 樊崇义、夏红编：《正当程序文献资料选编》，中国人民公安大学出版社 2004 年版。

6. 肖建国：《民事诉讼程序价值论》，中国人民公安大学出版社 2000 年版。

7. 汤维建、单国军：《香港民事诉讼法》，河南大学出版社 1997 年版。

8. 法苑精粹编辑委员会编：《中国诉讼法学精粹》（2005 年卷），高等教育出版社 2005 年版。

9. 张卫平：《转换的逻辑：民事诉讼体制转型分析》，法律出版社 2004 年版。

10. 王亚新：《社会变革中的民事诉讼》，中国法制出版社 2001 年版。

第四编　非讼程序论

第十七章

特别程序

【本章概要】人民法院适用特别程序审理的案件包括两类：一类是选民资格案。选民资格案具有诉讼的性质，但与一般的诉讼案件不同，它不涉及当事人之间的民事权益之争，只涉及某公民是否具有选民资格。另一类是非讼案件，没有民事权益争议，不具备双方当事人。这类案件包括宣告公民失踪、宣告公民死亡案，认定公民无民事行为能力、限制民事行为能力案，认定财产无主案。

【学习目标】掌握特别程序的含义、特点和适用范围；明确特别程序与普通程序、简易程序之间的关系；熟悉我国民事诉讼法关于选民资格案件、宣告公民失踪和宣告公民死亡案件、认定公民无行为能力或限制行为能力案件、指定或撤销监护人和变更监护关系案件以及认定财产无主案件的审理程序的具体规定。

第一节　特别程序概述

一、特别程序的概念

特别程序，是指与通常诉讼程序相对应的、人民法院审理某些非民事权益争议案件所适用的特殊审判程序。

与通常诉讼程序相比较，特别程序具有以下特点：

（一）由几类不同类型案件的审理程序构成

特别程序不是一类案件的审理程序，而是几类不同案件的审理程序的总称。适用于特别程序审理的案件，每一类各自独立地适用一种特别程序，各种特别程序之间没有联系，也不能混合适用。而作为通常诉讼程序的普通程序、简易程序可以适用于一定范围内的各种民事案件。

（二）只确认某种法律事实或者某种权利的实际状况

依特别程序对案件进行审理，并不解决民事权利义务关系争议，而只是确认某种法律事实存在与否，确认某种权利的实际状况。按普通程序、简易程序等通常诉讼程序审理案件，则是依法解决民事权益争议，确认民事权利义务关系，制裁民事违法行为。

（三）没有利害关系相冲突的双方当事人

特别程序的发动，除了选民资格案件由起诉人起诉外，其他案件均由申请人提出申请而开始。申请人或者起诉人不一定与本案有直接的利害关系，而且没有对方当事人，因此依特别程序审理的案件没有利害关系相冲突的原告与被告。通常诉讼程序只能依原告起诉而启动，而且原告起诉必须有明确的被告。

（四）审判组织特别

特别程序的审判组织除选民资格案件或者重大、疑难的非讼案件由审判员组成合议庭审理外，均由审判员一人独任审理，选民资格案件的合议庭也不适用陪审制，只能由审判员组成。通常诉讼程序只有简易程序才实行独任审理，普通程序必须由审判员或者由审判员与人民陪审员组成合议庭进行审理。

（五）实行一审终审

依特别程序审理的案件，实行一审终审，判决书一经送达就发生法律效力，申请人或者起诉人不得对之提出上诉。依通常诉讼程序审理的案件，除最高人民法院作为第一审人民法院的以外，均实行两审终审，当事人不服第一审裁判的，有权依法提起上诉。

（六）审结期限较短

依特别程序审理的案件，审结期限一般较短，且没有统一规定。根据民事诉讼法的规定，选民资格案件必须在选举日前审结；非讼案件必须在立案之日起30日内或者公告期满30日内审结，特殊情况需要延长的，由本院院长批准；宣告婚姻无效案件的审限，司法解释没有作出明确规定。依第一审普通程序审理的案件，应当在立案之日起6个月内审结，有特殊情况需要延长的，由本院院长批准，可以延长6个月，还需要延长的，报请上级法院批准。依简易程序审理的案件，应当在立案之日起3个月内审结，不得延长，在审理过程中发现案情复杂而转为普通程序审理的，审理期限从立案的次日起计算，适用第一审普通程序的有关审限的规定。

（七）不适用审判监督程序对案件进行再审

依特别程序审理的案件，均不适用审判监督程序对案件进行再审。对选民资格案件来说，即使发现生效判决存在错误，也因选举期已过而没有必要再审；对非讼案件来说，发现生效判决在认定事实或者适用法律上确有错误，或者出现了新情况、新事实，人民法院可以根据有关人员的申请，查证属实之后依特别程序的规定作出新判决，撤销原判决，也没有必要再审；对宣告婚姻无效的案件来说，生效裁判有错误的，只要男女双方愿意结婚，可以重新进行登记，而没有必要对原案件进行再审。而依通常诉讼程序审理的案件，裁判生效后，不经审判监督程序，任何机关和个人均无权撤销生效裁判。

（八）免交案件受理费

依特别程序审理案件，申请人或者起诉人免交案件受理费，只需交纳实际支出的费用。而依通常诉讼程序审理的案件，无论是非财产案件，还是财产案件，当事人都应当依法交纳案件受理费，原告预交案件受理费确有困难的，只有申请减、缓、免交并获批准的，才能减、缓、免交。

二、特别程序的适用范围

特别程序是相对于通常诉讼程序而言的、适用于审理某些非民事权益争议案件的审判程序。根据我国《民事诉讼法》第 15 章及有关司法解释的规定，特别程序适用于审理以下四种类型的案件：

1. 宣告公民失踪和宣告公民死亡案件。公民下落不明满一定期间后，与公民存在法律上或者事实上的利害关系的人，根据法律的规定，申请人民法院宣告该公民失踪或者死亡的案件，称为宣告失踪或者宣告死亡案件。

2. 认定公民无民事行为能力和限制民事行为能力案件。此类案件是指，公民的近亲属或者利害关系人根据法律的规定，申请认定该公民为无民事行为能力人或者限制民事行为能力人的案件。

3. 认定财产无主案件。公民、法人或者其他组织根据法律的规定，申请人民法院认定某一具体财产为无主财产的案件，称为认定财产无主案件。

4. 选民资格案件。选民资格案件是指，公民不服选举委员会针对选民资格申诉所作的处理决定，向人民法院起诉的案件。

上述四种非民事权益争议案件，从性质上看可以分为两种类型：非讼案件和特殊类型的诉讼案件。非讼案件包括宣告失踪或者宣告死亡案件、认定公民无民事行为能力或者限制民事行为能力案件、认定财产无主案件；特殊类型的诉讼案件包括选民资格案件。选民资格案件涉及的是公民的政治权利而不是民事权益，其最终结果是确定公民是否享有选举权和被选举权。

第二节　选民资格案件的适用程序

一、选民资格案件的概念

所谓选民资格，是指选举委员会按选区对选民进行登记，凡年满18周岁的中华人民共和国公民，不分民族、种族、性别、职业、家庭出身、宗教信仰、教育程度、财产状况和居住期限，都有选举权和被选举权，是本选区的选民。经过登记的选民，选举委员会应当根据审查登记的情况，制作选民名单并在选举前30天公布，发给选民证，承认其选民资格。选民资格案件，是指公民对选举委员会公布的选民资格名单有不同意见，向选举委员会申诉后，对选举委员会就其申诉所作的决定仍然不服，而向人民法院提起诉讼的案件。

二、选民资格案件审理程序的特点

选民资格案件的审理程序除与特别程序中其他案件的审理程序存在共同之处外，还具有以下特点：①选民资格案件的审理程序是一种特殊类型的诉讼程序；②选民资格案件的审理程序以公民对选民名单的申诉为前置程序；③选民资格案件的审理程序仅解决选民资格问题；④选民资格案件的起诉与裁判均有时间限制。

三、审理选民资格案件的审理程序

选民资格案件作为一种特殊类型的案件，其审理程序分为起诉与受理、审理、裁判等几个阶段，但是在每个阶段，又具有与其他类型的非讼程序、诉讼程序不同的特征。以下对选民资格案件审理程序的特殊规定进行说明。

（一）选民资格案件的管辖

根据民事诉讼法的规定，选民资格案件由选区所在地基层人民法院管辖。首先，从级别管辖来看，所有的选民资格案件均由基层人民法院管辖，中级以上的人民法院不得管辖此类案件。其次，从地域管辖来看，选民资格案件由选区所在地人民法院管辖。选区所在地与选民的空间距离最近，便于起诉人、与选民名单有关的公民、选举委员会代表参加诉讼活动，也便于人民法院查清选民的资格并在此基础上作出正确的裁判。

（二）选民资格案件的起诉人

根据民事诉讼法的规定，不服选举委员会对选民资格的申诉所作的处理决定的公民，可以向人民法院提起诉讼。因此，选民资格案件的起诉人的范围非常广泛。首先，起诉人并不一定是选民名单涉及的公民本人。选民名单涉及的公民本人认为选举委员会公布的选民名单有错误的，可以向选举委员会申诉，对选举委员会所作的申诉处理决定不服的，当然可以向人民法院起诉。除了选民名单涉及的公民本人外，其他任何公民认为选民名单有错误的，也可以对选民名单进行申诉，对申诉处理决定不服的，可以向人民法院提起诉讼。其次，起诉人并不一定与本案有直接利害关系。选民名单有错误，并不影响其他公民的选举权和被选举权，但其他公民可以作为起诉人依法提起选民资格诉讼。可见，选民资格案件的起诉人并不像普通诉讼的原告一样，必须与本案有直接利害关系；也不像非讼程序的申请人一样，必须是利害关系人。总之，凡是认为选民名单有错误的公民，无论是否与选举资格直接相关，都可以作为起诉人提起选民资格诉讼。

（三）选民资格案件的诉讼参加人

根据民事诉讼法的规定，选民资格案件的诉讼参加人包括起诉人、选举委员会的代表以及有关公民。可见，从诉讼参加人在诉讼中的地位和称谓来看，选民资格案件明显不同于通常诉讼案件和非讼案件。首先，在选民资格案件中，提起诉讼的公民不称原告，而只称起诉人；其次，尽管起诉人是不服选举委员会对申诉所作的处理决定而起诉的，但选举委员会并不是选民资格案件的被告；最后，尽管其他公民作为起诉人的案件涉及有关公民的选举权和被选举权，但该有关公民也不是选民资格案件的被告。

（四）选民资格案件的审判组织

由于涉及公民重大的政治权利，因此，选民资格案件必须由审判员组成合议庭进行审理与裁判。首先，选民资格案件必须组成合议庭进行审理，不得由一名审判员独立审理；其次，选民资格案件的合议庭必须由审判员组成，不得吸收人民陪审员参加。

（五）选民资格案件的裁判

从裁判的形式看，选民资格案件应当适用判决而不得适用裁定。经过审理，人民法院对起诉人的起诉作出的裁断，是对其请求的实质内容作出的肯定或者否定，同时它关系到有关公民是否享有选举权和被选举权，因此，人民法院应当用判决对案件作出最终的裁断。

从裁判的内容看，选民资格案件的裁判既要对起诉人的起诉作出裁断，还要对选举委员会的申诉处理决定作出裁断。其中，经过审理，人民法院认为起诉人的起诉理由成立的，应当判决撤销选举委员会对申诉所作的处理决定；认为起诉人的起诉理由不成立的，应当判决驳回起诉人的起诉，肯定选举委员会对申诉所作的处理决定。

从裁判的效力看，人民法院对选民资格案件所作的判决一经送达就立即发生法律效力，当事人不得提起上诉。实行一审终审有利于案件的迅速审结，也是选举活动顺利进行的必然要求。

此外，由于人民法院对选民资格案件所作的判决涉及有关公民是否能够行使选举权和被选举权的问题，所以，民事诉讼法规定，人民法院的判决书，应当在选举日前送达选举委员会和起诉人，并通知有关公民。首先，判决书应当送达选举委员会和起诉人，并通知有关公民。对选举委员会和起诉人应当送达判决书，而对有关公民是通知而不是送达。其次，判决书必须在选举日前送达或者通知，一旦超过选举日，送达判决书或者通知有关公民就失去了意义。

第三节　宣告公民失踪和宣告公民死亡案件的适用程序

一、宣告公民失踪案件的审理程序

（一）宣告公民失踪案件的概念

公民离开其最后居住地不知去向、下落不明，经过法律规定的期限仍无音讯，人民法院经利害关系人申请，判决宣告该公民失踪，并为其指定财产代管人的案件，称为宣告失踪案件。人民法院审理宣告公民失踪案件的程序，称为宣告失踪程序。宣告失踪是对一种不确定的自然事实状态的法律确认，目的在于结束失踪人财产关系的不确定状态，保护失踪人的合法利益，兼及利害关系人的利益。

（二）宣告公民失踪的条件

根据《民法通则》和《民事诉讼法》的规定，宣告公民失踪必须同时具备以下几个条件：

1. 存在宣告公民失踪的法律事实。根据民法通则的规定，公民下落不明满2年的，利害关系人可以向人民法院申请宣告其为失踪人。

2. 有利害关系人提出申请。利害关系人，是指与下落不明的公民有人身关系或者民事权利义务关系的人，包括下落不明人的配偶、父母、子女、兄弟姐妹、祖父母、外祖父母、孙子女、外孙子女以及其他与之有民事权利义务关系的人。宣告失踪，必须有人提出申请，而且提出申请的人必须是利害关系人。无人申请，人民法院不得依职权宣告公民失踪；提出申请的人与失踪人没有利害关系，其申请就不能成立，人民法院不得宣告公民失踪。

3. 申请采取书面形式提出。申请书应当载明失踪的事实、时间和申请人的请求，并附公安机关或者其他有关机关关于该公民下落不明的书面证明。其中，公安机关或者其他有关机关关于该公民下落不明的书面证明，是申请宣告失踪的必不可少的附件。

4. 受申请的人民法院对案件有管辖权。根据最高人民法院《关于贯彻执行

〈中华人民共和国民法通则〉若干问题的意见（试行）》（以下简称《民通意见》）的规定，宣告失踪的案件，由被宣告失踪人住所地的基层人民法院管辖。住所地与居住地不一致的，由最后居住地的基层人民法院管辖。利害关系人只有向有管辖权的人民法院提出申请，才能启动宣告失踪程序；只有有管辖权的人民法院才能宣告公民失踪。

（三）宣告公民失踪案件的审理

基层人民法院审理宣告公民失踪案件，一般要经过以下几个阶段：

1. 申请与受理。宣告公民失踪，必须由利害关系人提出申请，申请的条件就是宣告公民失踪的条件。人民法院经审查，认为申请符合法定条件的，应当受理；认为申请不合法或者不具备宣告失踪条件的，应当以裁定驳回申请。

受理宣告失踪案件后，人民法院可以根据申请人的请求，清理下落不明人的财产，并指定审理期间的财产管理人。

2. 发出寻找下落不明人的公告。人民法院受理宣告失踪案件后，应当发出寻找下落不明人的公告，公告期间为 3 个月。利害关系人申请宣告公民失踪，只是其主观认为并经公安机关或其他有关机关初步证明该公民下落不明、不知去向、杳无音讯。该公民是否确实失踪，必须经过法定的调查和审理程序才能确定。通过人民法院发出公告寻找下落不明人，是确定该公民是否失踪的必不可少的程序。因此，发出寻找下落不明人公告，是人民法院审理宣告失踪案件必不可少的程序。

3. 作出判决。公告期满，公民仍然下落不明的，受理案件的人民法院应当确认申请宣告失踪的事实存在，并依法作出宣告该公民失踪的判决。在公告期间，被申请宣告失踪的公民出现或者已知其下落的，受理案件的人民法院则应当作出驳回申请的判决。

4. 指定失踪人的财产代管人。受理案件的人民法院在作出宣告公民失踪的判决的同时，应当依法为失踪人指定财产代管人。根据民法通则的规定，失踪人的财产由其配偶、父母、成年子女或者关系密切的其他亲属、朋友代管。对代管有争议的，没有以上规定的人或者以上规定的人无能力代管的，由人民法院指定的人代管。根据最高人民法院《民诉意见》的规定，失踪人的财产代管人经人民法院指定后，代管人申请变更代管的，人民法院应当比照民事诉讼法特别程序的有关规定进行审理。申请有理的，裁定撤销申请人的代管人身份，同时另行指定财产代管人；申请无理的，裁定驳回申请。失踪人的其他利害关系人申请变更代管的，人民法院应当告知其以原指定的代管人为被告起诉，并按普通程序进行审理。

（四）宣告公民失踪的法律后果

下落不明人被人民法院判决宣告失踪后，该下落不明人即成为失踪人。失踪人的财产，应当由其财产代管人代管。代管人的职责是管理和保护失踪人的财产。因此，宣告失踪后，代管人可以以失踪人的财产清偿失踪人所欠税款、债务和应付的其他费用。其中，"其他费用"包括赡养费、扶养费、抚育费和因代管财产所需的管理费等必要的费用。失踪人的财产代管人拒绝支付失踪人所欠的税款、债务和其他费用，债权人可以以代管人为被告向人民法院提起民事诉讼。

财产代管人有权要求失踪人的债务人清偿到期债务。失踪人的债务人拒绝偿还其对失踪人的债务的，财产代管人可以作为原告向人民法院提起诉讼，要求偿还债务；失踪人的财产受到侵害时，财产代管人可以作为原告向人民法院提起诉讼，请求停止侵害，造成损失的，还可以请求赔偿损失。除了法律规定外，财产代管人不得处分失踪人的财产，不得将失踪人的财产据为己有。

被宣告为失踪人后，公民的民事权利能力并不因宣告失踪而消灭，具有民事行为能力的公民在被宣告失踪期间实施的民事法律行为有效，与失踪人人身有关的民事法律关系，如婚姻关系、收养关系等，也不发生变化。

（五）被宣告失踪的公民重新出现的处理

人民法院判决宣告公民失踪，只是根据法律规定的条件认定该公民不知去向、杳无音讯的事实，该公民完全有可能重新回到原居住地或者与利害关系人取得联系，也就是有可能重新出现。根据法律规定，被宣告失踪的公民重新出现或者确知其下落的，本人或者利害关系人有权向原审人民法院提出申请，请求撤销宣告失踪的判决，以恢复其正常的权利义务状态。原审人民法院审查属实的，应当作出新判决，撤销原判决。宣告失踪的判决撤销后，财产代管人的职责终止，无权再代管财产，并应负责对原代管的财产进行清理，返还原财产及其收益。为管理和保护失踪人财产所支出的必要费用，财产代管人有权要求偿付。

二、宣告公民死亡案件的审理程序

（一）宣告公民死亡案件的概念

公民离开其最后居住地或者因意外事故下落不明已满法定期限，或者因意外事故下落不明经有关机关证明该公民不可能生存，人民法院根据利害关系人的申请，依法判决宣告该公民死亡的案件，称为宣告公民死亡案件。人民法院审理宣告公民死亡案件的程序，称为宣告死亡程序。宣告死亡旨在解决因失踪人生死不明而引起的民事关系的不确定问题，重在保护被宣告死亡人的利害关系人的利益。

（二）宣告公民死亡的条件

宣告公民死亡的法律后果与公民自然死亡基本相同，宣告公民死亡对被宣告死亡的公民及其利害关系人的权利义务都将产生重大影响，因此，人民法院宣告公民死亡必须严格依照法律规定的条件与程序进行。根据《民法通则》和《民事诉讼法》的规定，宣告公民死亡应当同时具备以下几个方面的条件：

1. 必须存在公民下落不明的事实。宣告公民死亡，必须首先存在公民下落不明、生死未卜的事实。确知公民的下落或者确知公民已经死亡的，均不能宣告死亡。根据《民事诉讼法》的规定，宣告公民死亡的法律事实包括三种情况：①正常情况下公民离开其居住地下落不明；②因意外事故下落不明；③因意外事故下落不明，经有关机关证明该公民不可能生存。只要具备以上三种情况之一且符合其他法定条件的，利害关系人就可申请宣告死亡。根据《民通意见》的规定，对于在台湾或者在国外，无法正常通讯联系的，不得以下落不明宣告死亡。

2. 公民下落不明必须达到法定期限。根据《民事诉讼法》的规定，作为宣告公民死亡条件的下落不明必须达到一定的期限。该期限分为三种情况：①在正常情况下，公民下落不明满 4 年。②因意外事故下落不明满 2 年。即公民因意外事故下落不明，从意外事故发生之次日起，已经连续 2 年没有音讯、生死未卜；因战争下落不明的，从战争结束之日起，已经连续 4 年杳无音讯、生死未卜。③因意外事故下落不明，经有关机关证明该公民不可能生存。也就是说，因意外事故下落不明，有关机关证明该公民不可能生存的，不受下落不明期间的限制。

3. 有利害关系人提出书面申请。宣告公民死亡，必须有利害关系人提出申请。没有利害关系人提出申请，人民法院不得依职权宣告公民死亡；申请人不是利害关系人的，人民法院不得宣告公民死亡。根据《民通意见》的规定，申请宣告死亡的利害关系人的顺序是：①配偶；②父母、子女；③兄弟姐妹、祖父母、外祖父母、孙子女、外孙子女；④其他有民事权利义务关系的人。同一顺序的利害关系人，有的申请宣告死亡，有的不同意宣告死亡的，人民法院应当宣告死亡。申请撤销死亡宣告不受上列顺序限制。

利害关系人的申请宣告死亡应当采取书面的形式，不得口头申请宣告死亡。申请书应当写明下落不明的事实、时间和请求，并附有公安机关或者其他有关机关关于该公民下落不明的书面证明。

宣告失踪不是宣告死亡的必经程序。公民下落不明，只要符合宣告死亡的条件，利害关系人可以不经申请宣告失踪而直接申请宣告死亡。由此也可以看出，宣告失踪程序与宣告死亡程序是两种相互独立而完整的程序制度。

4. 受申请的人民法院对案件有管辖权。宣告死亡，由下落不明人住所地的基层人民法院管辖。首先，从级别管辖来看，宣告死亡案件只能由基层人民法院管辖，中级以上的人民法院不得管辖宣告死亡案件。其次，从地域管辖来看，宣告死亡案件由下落不明人住所地的人民法院管辖。利害关系人只有向有管辖权的人民法院提出宣告死亡申请，该人民法院才能依法进行审查并作出宣告该公民死亡的判决。

（三）宣告公民死亡案件的审理

人民法院审理宣告公民死亡的案件，一般要经过以下几个阶段或者步骤：

1. 申请和受理。宣告公民死亡，必须由利害关系人向有管辖权的人民法院提出书面申请。对利害关系人的申请，人民法院应当进行审查，认为手续不完备且无法补正的，驳回申请；认为手续完备的，受理案件，进行审理。人民法院受理申请后，可以根据申请人的请求，清理下落不明人的财产，并指定审理期间的财产管理人。

2. 发出寻找下落不明人的公告。人民法院受理宣告死亡案件后，必须发出寻找下落不明人的公告。被申请宣告死亡的公民下落不明满4年或者因意外事故下落不明满2年的，公告期间为1年；被申请宣告死亡的公民因意外事故下落不明，经有关机关证明其不可能生存的，公告期间为3个月。公告期间是寻找下落不明人、等待其出现的期间，也是宣告公民死亡的必经期间，人民法院不得缩短或者延长。

人民法院判决宣告公民失踪后，利害关系人向人民法院申请宣告失踪人死亡，从失踪的次日起满4年的，人民法院应当受理，宣告失踪的判决即是该公民失踪的证明，审理中仍应当依据发出寻找失踪人的公告，公告期间为1年。

3. 判决。在寻找下落不明人的公告期间，被申请宣告死亡的公民出现，或者确知其下落的，人民法院应当作出驳回申请的判决，终结案件的审理。

公告期间届满，下落不明人仍未出现，宣告死亡的事实得到确认的，人民法院应当作出宣告该公民死亡的判决。判决书除应当送达申请人外，还应当在被宣告死亡的公民的住所地和人民法院所在地公告。判决一经宣告，即发生法律效力。判决宣告的日期，就是被宣告死亡的公民的死亡日期。

（四）宣告公民死亡的法律后果

公民被宣告死亡与其自然死亡的后果基本相同。具体来说，该公民的民事权利能力因宣告死亡而终止，其与配偶的婚姻关系自宣告死亡之日起消灭，继承因宣告死亡而开始。总之，宣告死亡结束了被宣告死亡人以自己的住所地或者经常居住地为活动中心所发生的民事法律关系，与被宣告死亡的公民的人身有关的民事权利义务关系随之终结。

但是，宣告死亡毕竟只是法律上的推定死亡，如果该公民在异地生存，其仍然享有民事权利能力，具有民事行为能力的公民在被宣告死亡期间实施的民事法律行为有效。《民通意见》规定，被宣告死亡和自然死亡的时间不一致的，被宣告死亡所引起的法律后果仍然有效，但自然死亡前实施的民事法律行为与被宣告死亡引起的法律后果相抵触的，则以其实施的民事法律行为为准。

（五）被宣告死亡的公民重新出现的处理

宣告死亡只是推定死亡，被宣告死亡的公民完全有可能重新出现或者确知其没有死亡。被宣告死亡的公民重新出现或者确知其没有死亡的，经本人或者利害关系人申请，人民法院应当作出新判决，撤销原判决。

人民法院作出新判决后，被撤销死亡宣告的公民的人身和财产关系依照下列方法处理：首先，其因宣告死亡而消灭的人身关系，有条件恢复的，可以恢复。被撤销死亡宣告的公民的配偶尚未再婚的，夫妻关系从撤销死亡宣告之日起自行恢复；其配偶已再婚，或者再婚后又离婚，或者再婚后配偶又死亡的，则不得认定夫妻关系自行恢复。在被宣告死亡期间，子女被他人收养，死亡宣告被撤销后，被撤销死亡宣告的公民仅以未经本人同意而主张收养关系无效的，一般不应当准许，但收养人和被收养人同意的除外。其次，被撤销死亡宣告的公民有权请求返还财产。其原物已被第三人合法取得的，第三人可以不予返还。但依继承法取得原物的公民或者组织，应当返还原物或者给予适当补偿。利害关系人隐瞒真实情况使他人被宣告死亡而取得财产的，除应当返还原物及孳息外，还应当对造成的损失予以赔偿。

第四节　认定公民无民事行为能力、限制民事行为能力案件的适用程序

一、认定公民无民事行为能力和限制民事行为能力案件的概念

认定公民无民事行为能力、限制民事行为能力案件，是指人民法院根据利害关系人的申请，对不能辨认或者不能完全辨认自己行为的精神病人、痴呆病人，按照法定程序，认定并宣告该公民为无民事行为能力人或者限制民事行为能力人的案件。人民法院审理认定公民无民事行为能力、限制民事行为能力案件的程序，称为认定公民无民事行为能力、限制民事行为能力程序。

认定公民无民事行为能力或者限制民事行为能力程序，是认定已经达到完全民事行为能力或者限制民事行为能力的年龄标准，但智力不健全、精神不正常的精神病人的实际民事行为能力状况的非讼程序。通过这种非讼程序，从法律上认定和宣告那些因患精神病或者其他病症丧失了全部或者部分民事行为能力的公民是否具有民事行为能力，并为其指定监护人，不仅有利于维护该公民的合法权益，而且有利于维护其利害关系人、民事活动对方当事人的合法权益。因此，认

定公民无民事行为能力或者限制民事行为能力程序对于确保民事流转安全以及维护正常的社会、经济秩序都具有十分重要的意义。

二、认定公民无民事行为能力和限制民事行为能力案件的审理

人民法院审理认定公民无民事行为能力或者限制民事行为能力案件，首先要考虑利害关系人的意愿，核心是对有关公民的精神健康状况进行审查和判断，最终作出该公民是否为无民事行为能力人或者限制民事行为能力人的认定与宣告。因此，此类案件的审理程序一般要经过申请与受理、鉴定与审查、判决等几个主要阶段。

（一）申请与受理

人民法院审理认定公民无民事行为能力或者限制民事行为能力案件，应当尊重利害关系人的意愿，只有利害关系人提出申请的，人民法院才能启动认定公民无民事行为能力或者限制民事行为能力程序。未经利害关系人申请，人民法院不能依职权作出认定。因此，利害关系人提出申请，是人民法院审理认定公民无民事行为能力或者限制民事行为能力案件的第一阶段。根据《民法通则》及《民事诉讼法》的规定，利害关系人的申请必须符合下列条件：①具有认定公民无民事行为能力、限制民事行为能力的法定事由；②利害关系人提出书面申请；③受申请人民法院对案件有管辖权。

在民事诉讼中，当事人的利害关系人提出该当事人患有精神病，要求宣告该当事人无民事行为能力或者限制民事行为能力的，应当由利害关系人向审理该案的人民法院提出申请，由受诉人民法院按照特别程序立案审理，原诉讼中止。

对于符合条件且手续完备的申请，人民法院应当受理，并按特别程序立案审理；对于不符合条件且不能补正的申请，应当裁定不予受理。

（二）进行鉴定

人民法院受理利害关系人的申请后，必要时应当对被请求认定无民事行为能力或者限制民事行为能力的公民进行司法精神病学鉴定或者医学诊断、鉴定，以取得科学依据。申请人已提供鉴定结论的，应当对鉴定结论进行审查，对鉴定结论有怀疑的，可以重新鉴定。对被申请认定为无民事行为能力人或者限制民事行为能力人进行鉴定，并不是审理此类案件的必经程序。根据《民通意见》第7条的规定，当事人是否患有精神病，人民法院应当根据司法精神病学鉴定或者参照医院的诊断、鉴定确认。在不具备诊断、鉴定条件的情况下，也可以参照群众公认的当事人的精神状态认定，但应当以利害关系人没有异议为限。可见，只有人民法院认为必要时才进行司法精神病学鉴定或者医学诊断、鉴定。

（三）进行审理

对于利害关系人提出的认定公民无民事行为能力或者限制民事行为能力的申

请，人民法院应当进行审查，并以此作为作出判决的基础。根据民事诉讼法的规定，人民法院审理认定公民无民事行为能力或者限制民事行为能力案件，应当由该公民的近亲属作代理人，但申请人除外。近亲属互相推诿的，由人民法院指定其中一人为代理人。在审理中，该公民健康状况许可的，还应当询问本人意见。为被申请认定为无民事行为能力或者限制民事行为能力的公民确定代理人，并由代理人实施诉讼行为，有利于人民法院查明事实，作出正确的判决，维护公民的合法权益。

（四）作出判决

人民法院经过审理，如果认为申请人的申请符合法律规定，申请成立的，应当作出判决，认定该公民无民事行为能力或者限制民事行为能力，并为其指定监护人；如果认为申请人的申请没有根据或者根据不足，应当作出判决，驳回申请人的申请。

认定公民是否为无民事行为能力人或者限制民事行为能力人，关键在于对该公民是否能够辨认自己的行为作出判断。根据《民通意见》的规定，精神病人（包括痴呆症人）如果没有判断能力和自我保护能力，不知其行为后果的，可以认定为不能辨认自己行为的人；对于比较复杂的事物或者比较重大的行为缺乏判断能力和自我保护能力，并且不能预见其行为后果的，可以认定为不能完全辨认自己行为的人。

公民被认定为无民事行为能力人或者限制民事行为能力人，应当由配偶、父母、成年子女或者其他近亲属担任监护人。没有近亲属的，经其所在单位或者住所地居民委员会、村民委员会同意，可以由愿意承担监护责任的关系密切的其他亲属、朋友担任监护人。没有上述监护人的，由精神病人的所在单位或者住所地的居民委员会、村民委员会或者民证部门担任监护人。对担任监护人有争议的，由精神病人的所在单位或者住所地的居民委员会、村民委员会在近亲属中指定。被指定的监护人不服指定，应当在接到指定通知的次日起30日内向人民法院起诉。经审理，认为指定并无不当的，裁定驳回起诉；指定不当的，判决撤销指定，同时另行指定监护人。判决书应当送达起诉人、原指定单位及判决指定的监护人。

公民无民事行为能力或者限制民事行为能力的时间从判决生效之日开始，判决生效以前公民所为的行为，其效力不受判决的影响。

三、认定公民无民事行为能力和限制民事行为能力判决的撤销

公民被认定为无民事行为能力人或者限制民事行为能力人以后，经过治疗病情痊愈，精神恢复正常，能够正确辨认自己的行为，清醒地处理自己的事务的，表明造成其为无民事行为能力人或者限制民事行为能力人的原因已经消除。此时，继续将其作为无民事行为能力人或者限制民事行为能力人看待，显然与事实不符且不恰当。因此，我国法律规定，被认定为无民事行为能力人或者限制民事行为能力人的公民恢复正常的理智、能够正确辨认自己的行为后，该公民本人或者其监护人，可以向人民法院提出撤销原判决的申请。人民法院根据该公民本人或者其监护人的申请，经查证属实，证实造成该公民无民事行为能力或者限制民事行为能力的原因已经消除的，应当作出新判决，撤销原判决，从法律上恢复该公民的民事行为能力，同时撤销对他的监护。判决一经宣告，立即发生法律效力。同样，原被认定为无民事行为能力的公民，经治疗已经部分恢复，可以部分辨认自己行为的，该公民的利害关系人可以申请认定其为限制民事行为能力人。人民法院经过审理，认为其申请有理由的，应当作出新判决，撤销原判决，认定该公民为限制民事行为能力人。

第五节　认定财产无主案件的适用程序

一、认定财产无主案件的概念

认定财产无主案件，是指人民法院根据公民、法人或者其他组织的申请，依照法定程序将某项归属不明或者失去所有权人的财产判决认定为无主财产，并将其收归国家或者集体所有的案件。人民法院审理认定财产无主案件的程序，称为认定财产无主程序。

二、申请认定财产无主的条件

根据民事诉讼法的规定，申请认定财产无主必须同时具备以下条件：

1. 申请认定的财产必须是有形财产。无形财产或者精神财富，不能成为此类案件的认定对象。

2. 财产确实失去了所有人或者所有人不明，权利归属长期无法确定。实践中常见的是以下几种类型的财产：①没有所有人或者所有人不明的财产；②所有人不明的埋藏物和隐藏物；③拾得的遗失物、漂流物、失散的饲养动物，经公安机关或者有关单位公告招领满一年无人认领的财产；④无人继承的财产。

3. 财产没有所有人或者所有人不明的持续状态已满法定期间。不满法定期间的，即使财产所有人已经消失或者一时不清，也不能认定为无主财产。

4. 必须有申请人提出书面申请。申请人既可以是公民，也可以是法人或者其他组织。申请书应当写明财产的种类、数量、目前占有状况或者存放位置、要求认定财产无主的根据等。

5. 必须向有管辖权的人民法院提出申请。认定财产无主的案件，由财产所在地基层人民法院管辖。由财产所在地基层人民法院管辖申请认定财产无主案件，便于人民法院查明核实财产的所有权归属情况，并发挥认领公告的作用，维护财产所有权人的合法权益。

三、认定财产无主案件的审理

（一）申请和受理

认定财产无主案件的审理程序，应当由公民、法人或者其他组织向财产所在地基层人民法院提出书面申请而启动。没有人提出申请，人民法院不得依职权启动认定财产无主程序。同时，申请人的范围非常广泛，任何公民、法人或者其他组织，只要认为财产无主或者财产所有权归属不明，就可以向人民法院提出申请。申请应当采取书面形式，申请书应当写明财产的种类、数量以及要求认定财产无主的根据。对于符合条件的申请，人民法院应当受理，并立案审理；对于不符合条件且不能补正的申请，人民法院应当裁定不予受理。

（二）公告

人民法院受理申请后，经审查核实，应当发出财产认领公告，寻找该财产的所有权人。申请人申请认定为无主财产的财产，尽管经过初步审查认定其所有权人不明，但是该财产是否确实没有所有权人或者已经失去所有权人，还必须在一定范围内进行公示才能确认。人民法院发出公告的目的就在于通过公示的方式寻找财产的所有权人，防止作出错误的认定，维护所有权人的合法权益。认领财产的公告期间为1年。该期间是等待财产所有权人认领财产的法定期间，人民法院不得延长或者缩短。

（三）判决

公告期满，无人认领财产的，人民法院应当作出判决，认定该财产为无主财产，并将其收归国家或者集体所有。判决书送达后立即发生法律效力，交付执行。财产由他人非法占有的，执行机构应当责令非法占有人交出财产，拒绝交出的，强制执行。公告期间，有人对财产提出请求的，人民法院应当裁定终结特别程序，告知申请人另行起诉，受诉人民法院应当适用普通程序进行审理。当然，对财产提出权利请求的人应当提供相应的证明材料。只有这些证明材料能够初步证明其主张有理由的，人民法院才能裁定终结认定财产无主程序。对于显然不能成立的财产请求，人民法院应当裁定予以驳回。

四、认定财产无主案件判决的撤销

人民法院作出的认定财产无主判决，实质上仍只是对财产无主的一种推定，可能与客观情况并不相符，财产的所有权人或者所有权人的继承人可能出现。因此，我国法律规定，认定财产无主的判决作出后，财产的原所有人或者继承人有权在诉讼时效期间内对财产提出权利主张，请求恢复所有权。人民法院查证属实后，应当作出新判决，撤销原判决。原判决撤销后，已被国家或者集体取得的财产，应当返还给原所有权人或者原所有权人的继承人。原财产尚存在的，应当返还原财产；原财产不存在的，可以返还同类财产，或者按照原财产的实际价值折价返还。财产的原所有权人或者原所有权人的继承人超过法定的诉讼时效期间提出权利主张的，人民法院不予支持。

关于争讼事件与非讼事件划分标准的学说

争讼事件与非讼事件作为诉讼纠纷的最为基本分类，虽然涵盖了法院行使审判权解决民事纠纷的全部诉讼类型，但是理论上基于不同的识别标准和理论视角，在有关两种事件的确定上又存在不尽相同的学说和思想，其中主要的有关学说和思想如下：

1. 目的说（Die Zwecktheorien）。目的说，是指以司法上有关解决民事纠纷所需要达到的目的，或者实际审判效果为标准来区分争讼事件与非讼事件的学说。这种学说具体又细分为"私法秩序形成说"和"预防说"两种理论。"私法秩序形成说"认为，从诉讼目的上讲，争讼事件是为了维持私法程序和确认私法权利的事件。从审判结果上看，按照争讼程序解决的案件，结果上不是创设了新的私法关系，而是确证了私法上已经存在的私法关系，即"诉讼事件系以私法秩序之维持及确证为目的，依诉讼程序审理之结果发生私权之确定"。而在诉讼目的上，非讼事件则是以私法秩序的形成为目的。从审判结果上看，按照非讼程序解决的案件，结果上是对私权存在之明示，以避免私权所在不明。简言之，非讼事件是以创设新的民事权利、义务关系和新的法律状态、事实为目的的事件，即"非讼事件则以私法秩序之形成（设定、变更、终了）为目的，非讼程序系为明示私权之所在，避免发生私权所在不明之情形。"

后者认为，争讼事件是为了解决已经产生的民事纠纷，从而通过司法程序化处理，使已经被破坏的私法秩序得以恢复，以及当事人的私法权益得到保护，从而保证社会民商事交往中正常的私法秩序；而非讼事件，是为了预防在民商事交往和活动中，将来可能产生的民事纷争，而不是对已经产生民事纠纷的解决。即"诉讼事件系以被破坏之私法秩序的回复为目的，而非讼事件则以预防将来可能发生之侵害为目的。"

2. 对象说（Die Objekttheorien）。对象说，又称为客体说。该种学说认为，争讼事件是以"纷争"，即已经产生的民事权益争议为对象。为了确定或实现这些已经产生争议的民事权益的事件。非讼事件则是以无争执的权利，即无纷争的生活关系的保全为对象的事件。这两种事件就其本质区别而言，前者以已经产生的民事争议为对象，后者不存在通常意义上的民事纷争，即没有通常诉讼中对立的双方当事人，以及针对某类特定民事权利、义务关系而存在的针锋相对的争执，利害关系人只是要求对于尚无纷争的现实生活关系和法律上权利的保全。

3. 手段说（Die Mitteltheorien）。手段说，又称为方法说。该种学说认为，从解决民事纠纷的手段或方法的角度上讲，争讼事件的解决需要制定具有既判力的判决以对私权加以确定。不仅如此，如果该类判决具有给付的内容，还需要强制执行。非讼事件则与私权的确定无关，而且法院为此作出的判决，也无须强制执行。即"诉讼事件系以私权之具有既判力的确定及强制的实行为方法，而非讼事件则无关于私权之确定，其裁判非被强制的遂行。"

4. 实定法说（Die Positivischen Theorien）。实定法说，又称为法规说。该种学说以法律规定为标准，按照法律的不同规定来确定和区分争讼事件与非讼事件。换言之，立法上规定依争讼程序处理者为争讼事件；立法上规定依非讼程序处理者为非讼事件。即区分是争讼事件还是非讼事件，以及两者区别的关键和标准是立法上的规定。

5. 民事行政说（Die Zivilen Verwaltung）。民事行政说认为，从解决纠纷行为性质的角度上看，司法上对于争讼事件的裁判过程，实际上仅仅是法院适用抽象的法规去解决实际纠纷的过程，因而这一过程性质上属于民事司法。而司法上对于非讼事件的裁判解决，则需要法院对于私人生活的积极介入，而这种以代表国家的法院对私人生活关系积极介入为特征的纠纷解决方式和过程，性质上属于民事行政。

上述各种学说和思想，虽然从不同的视角，以及根据不同的标准对于争讼事件与非讼事件做有不尽相同的划分，但是有一点却是共同的，即都不约而同地把诉讼分为了争讼事件与非诉讼事件两种最为基本的类型。这两种基本的类型虽然同属于民事案件，且构成法院行使审判权以解决民事纷争的全部范围。但是由于两者的类型、性质不同，即法院行使审判权解决民事纠纷的前提条件和所保护及救济的民事权益对象，以及裁判所要达到的目的不同，所以从解决纠纷应当适时、适当、具有针对性的原则上讲，依据相关的程式、方法和规则也应当有所不同。

理论思考与实务应用

一、理论思考

（一）名词解释

特别程序　非诉程序　选民资格案件　认定财产无主案件　宣告失踪案件

（二）简答题

1. 适用特别程序审理的案件有哪些？

2. 简述选民资格案件的审理程序的特点。

（三）论述题

试述特别程序的特点。

二、实务应用

（一）案例分析示范

案例一

苏某原系某单位职工。2000 年 6 月苏某失踪。2002 年 12 月，苏某所在单位以苏某失踪两年多毫无下落，生死不明为由要求宣告苏某失踪。人民法院于 2003 年 6 月判决宣告苏某失踪。2005 年 7 月，苏某的妻子张某以苏某失踪长达 5 年之久毫无下落，夫妻关系名存实亡为由，向法院起诉要求离婚。人民法院认为苏某失踪多年，不能出庭应诉，但已符合宣告死亡的条件，遂将本案依特别程序进行审理，发布公告，寻找失踪人苏某。公告期间 3 个月届满后苏某仍无下落。人民法院遂于 2005 年 11 月 20 日作出判决：①宣告苏某死亡，本判决宣告之日即为其死亡之日；②苏某和张某的婚姻关系自判决之日起解除。2006 年春节，失踪多年的苏某回到家中。

问：（1）苏某所在单位是否有权利申请宣告苏某失踪？

（2）人民法院可否主动适用宣告死亡程序？其所适用的宣告死亡程序有无错误？

（3）在宣告死亡判决中，能否对婚姻关系问题作出判决？

（4）苏某回到家中后可以以何种手段寻求救济？

【评析】

（1）苏某所在的单位有权利申请宣告苏某失踪。我国《民事诉讼法》第 166 条规定，申请宣告失踪的主体是利害关系人。利害关系人是指在法律上与失踪人有民事权利、义务关系的人，且这些利害关系人在宣告失踪案件中其权利的行使不受顺序的限制。因此任何利害关系人均可以提起这种申请。本案中苏某所在的单位与苏某之间存在民事权利、义务关系，属于利害关系人的范围，因此苏某所在的单位申请宣告苏某失踪的做法是正确的。

（2）人民法院不能主动适用宣告死亡程序，而且其所适用的宣告死亡程序在公告期限上存在错误。我国《民事诉讼法》第 167 条规定，适用宣告死亡程序应符合以下条件，公民下落不明的事实状态满法定期限，且须由利害关系人向人民法院提出申请。公民下落不明的事实状态影响其利害关系人的权益，因而应由利害关系人主动提出申请，人民法院不得依职权主动适用该程序。在本案中，张某向人民法院提起的是离婚诉讼，而非宣告苏某死亡，虽然苏某失踪已满法定期限，但因无申请人申请，人民法院不能主动适用宣告死亡程序。我国《民事诉讼法》第168条规定，宣告死亡程序的公告期限为1年。本案中人民法院只公告了3个月，就作出宣告死亡判决的做法显然是错误的。

（3）在宣告死亡判决中，不能对婚姻关系问题作出判决。原因有以下两方面：一方面，根据我国《民事诉讼法》的规定，有诉讼权利能力的人才能成为民事诉讼的当事人。苏某已经被宣告死亡，其诉讼权利能力也随之终结，不能成为诉讼当事人，人民法院也就不能对与其有关的实体问题作出判决。另一方面，根据《民法通则》的规定，宣告死亡的效力与自然死亡相同，被宣告死亡人自判决宣告之日起其民事权利能力终结。本案中，如苏某经利害关系人申请，人民法院作出宣告其死亡的判决，其民事权利能力也随之终结，婚姻关系也自行消灭，人民法院也就没有必要再以判决的方式解除其与张某的婚姻关系。

（4）苏某回到家中后可以自己或由其他利害关系人申请人民法院作出新判决，撤销原判决。理由：我国《民事诉讼法》第169条的规定，"被宣告失踪、宣告死亡的公民重新出现，经本人或者利害关系人申请，人民法院应当作出新判决，撤销原判决"。

案例二

李某在一次下班途中偶遇车祸，造成严重脑损伤，认知能力严重丧失。2000年5月8日李某所在的某单位市场部请求法院认定李某为无民事行为能力人。法院审查了市场部提供的关于李某受伤情况的鉴定结论，认定该鉴定结论真实、有效，据此判决认定李某为无民事行为能力人。后经过5年多的精心治疗，李某的病情有明显好转，认知能力有一定的恢复。2005年8月10日，李某的父亲向人民法院提出申请，请求撤销2000年认定李某无民事行为能力的判决，并认定李某为限制民事行为能力人。法院受理案件后，通知李某的父亲参加案件的审理，经过审理并经医疗鉴定机构的鉴定，认定李某病情较轻，据此撤销了原判决，并作出新判决，认定李某为限制民事行为能力人。

问：（1）李某所在的某单位市场部可否请求法院认定李某为无民事行为能力人？

（2）法院审理认定李某为限制民事行为能力人的过程中有无违法情形？

【评析】

（1）李某所在的某单位市场部可以向法院申请认定李某为无民事行为能力人。理由：认定公民无民事行为能力、限制民事行为能力案件，是指人民法院根据利害关系人的申请，对不能正确辨认自己行为或不能完全辨认自己行为的精神病人，按照法定程序，认定并宣告该公民无民事行为能力或限制民事行为能力的案件。根据《民事诉讼法》第170条的规定，认定公民无民事行为能力、限制民事行为能力的案件，应当由公民的近亲属或者其利害关系人提出申请。其中的利害关系人主要是指公民的所在单位。所以，本案中，李某所在的某单位市场部可以向法院申请认定李某为无民事行为能力人。

（2）法院审理认定李某为限制民事行为能力的案件中有违法情形，即仅通知李某的父亲参加诉讼。理由：我国《民事诉讼法》第172条第1款规定，人民法院审理认定公民无民事行为能力、限制民事行为能力案件，应当由公民的近亲属担任代理人，但申请人除外。法律这样规定是为了防止申请人与代理人为同一人时产生利益冲突。在本案中，李某的父亲是本案的申请人，依法应当由李某的其他近亲属担任李某的代理人（如果其他近亲属之间相互推诿，由人民法院从中指定一人为代理人）。但法院只通知李某的父亲参加案件的审理，没有通知李某的其他近亲属以李某代理人的身份参加，明显不符合上述法律规定。如果李某的健康状况许可，法院还应通知李某本人到庭，征询其意见，以便作出正确的判决。

案例三

王玖与陈红均为17岁。一日，王玖得知陈红获得区选举权，其遂向区选举委员会申诉陈红不具备选举资格。区选举委员会驳回王玖的申诉。王玖即向区选举委员会所在地的基层人民法院提出要求除去陈红选民资格的诉讼。

问：（1）王玖是否有权提起该诉讼？为什么？

（2）法院审理该案时，哪些人必须到庭？

【评析】

（1）王玖有权提起该诉讼，即王玖具有相应的诉讼权利能力。因为该案属于选民资格案件。根据《民事诉讼法》第164条规定，公民不服选举委员会对选民资格的申诉所作的处理决定，可以在选举日的5日以前向选区所在地基层人民法院起诉。本案中，王玖不服区选举委员会关于陈红选举权的申诉处理，故其有权提起诉讼（本案在于提醒读者注意，提起选民资格程序的起诉人不仅限于与特定选民资格有直接利害关系的公民）。

（2）必须到庭的人包括：①起诉人王玖的法定代理人（因为王玖未满18岁，依法应由其监护人作为其法定代理人参加诉讼）；②选举委员会的代表；③陈红的法定代理人（因为陈红作为与审理的选民资格案件相关的公民，也必须参加诉讼。但鉴于陈红亦不满18岁，是无诉讼行为能力人，故由其法定代理人代为参加）。

（二）案例分析实训

案例一

李小红，女，28 岁，患有精神病。由于其丈夫陈志强不尽监护职责，李小红曾多次出门追打附近小孩。一天她用棍子将邻居家的孩子王兵（8 岁）打伤，花去医药费用等 500 元。王兵的父亲王大发以王兵法定代理人的身份向人民法院提起诉讼，其诉讼请求为赔偿王兵的医药费 500 元；撤销陈志强对李小红的监护资格。法院立案后，按照特殊程序审理了此案，最后作出判决：陈志强赔偿王兵的医药费用 500 元；撤销陈志强对李小红的监护资格，并重新指定李小红的父亲李江青为其监护人。

问：（1）你认为本案的处理有何违法之处？

（2）本案在程序上有无不当？

案例二

某房屋建筑公司在建造一幢商品房挖地基时，发现一个坛子，内装有金条 90 根，金镯子 8 只，金戒指 12 只。其中一只金镯子上刻有张大铭的名字。施工队队长向当地居民委员会报告后，居民委员会向该市中级人民法院提出认定财产无主的申请。中级人民法院受理后，认为此案有疑难，曾向开挖现场周围居民调查，但毫无线索。事隔半年之后，仍无人认领。于是人民法院适用普通程序，由审判员 1 人，陪审员 2 人组成合议庭审理，判决此坛金器为无主财产，收归国家所有，上交国库，一审终审。

问：上述审理有何不妥之处？

案例三

周三木因与其妻子史红芸吵闹以后，于 1995 年 2 月 5 日离家出走，一直未同家人联系，其家人也曾多次打听、寻找其下落，但没有任何结果。1999 年 2 月 26 日，史红芸向法院提出申请，要求宣告周三木死亡。同时，周三木的母亲李明英和周三木的弟弟周四木则申请到法院，要求宣告周三木失踪。法院受理申请以后，经过调查了解，周三木的确于 1995 年 2 月 5 日离家出走，至今杳无音讯，认为符合宣告死亡条件，于 1999 年的 5 月 6 日，作出判决，宣告周三木死亡。

问：本案应宣告失踪，还是宣告死亡？

主要参考文献

1. 田平安主编:《民事诉讼法》,清华大学出版社 2005 年版。
2. 江伟主编:《民事诉讼法》,高等教育出版社、北京大学出版社 2004 年版。
3. 江伟主编:《中国民事诉讼法专论》,中国政法大学出版社 1998 年版。
4. 江伟主编:《民事诉讼法学原理》,中国人民大学出版社 1999 年版。
5. 樊崇义、夏红编:《正当程序文献资料选编》,中国人民公安大学出版社 2004 年版。
6. 肖建国:《民事诉讼程序价值论》,中国人民公安大学出版社 2000 年版。
7. 汤维建:《香港民事诉讼法》,河南大学出版社 1997 年版。
8. 法苑精粹编辑委员会编:《中国诉讼法学精粹》(2005 年卷),高等教育出版社 2005 年版。
9. 张卫平:《转换的逻辑:民事诉讼体制转型分析》,法律出版社 2004 年版。
10. 王亚新:《社会变革中的民事诉讼》,中国法制出版社 2001 年版。

第 十 八 章

督促程序

【本章概要】督促程序是人民法院根据债权人的申请，以支付令的方式，催促债务人在法定期间内向债权人履行给付金钱和有价证券义务，如果债务人在法定期间内未履行义务又不提出书面异议，债权人可以根据支付令向人民法院申请强制执行的程序。这是一种代用程序，从债务人可以起诉转入通常程序来讲，它又是审判程序的先行程序。它可以节约诉讼成本，减少当事人的诉讼支出。

【学习目标】掌握督促程序的含义、适用范围和特点；明确我国民事诉讼法关于支付令的申请、发出和对支付令的异议所作的具体规定；理论联系实际，正确解决督促还债案件。

第一节 督促程序概述

一、督促程序的概念和意义

督促程序，是指人民法院根据债权人的申请，以支付令的方式，催促债务人在法定期间内向债权人履行给付金钱和有价证券义务，如果债务人在法定期间内未履行义务又不提出书面异议，债权人可以根据支付令向人民法院申请强制执行的程序。

督促程序是一种简易、快速催促债务人清偿债务的程序，司法实践中存在一些债权债务关系明确的给付金钱和有价证券的案件，双方当事人对他们之间的债权债务关系并没有争议，而是债务人不自动履行义务，或者没有能力清偿债务。这些案件如果完全按照通常的诉讼程序来解决的话，会增加诉讼成本，有悖诉讼经济和诉讼效率的原则。人民法院对这类案件适用督促程序进行处理，通过书面审查即可催促债务人履行给付义务，如果债务人在法定期间内不履行债务又没有提出书面异议，债权人可以向人民法院申请强制执行，从而使债务纠纷方便快捷地得到解决。因此，督促程序对方便当事人诉讼和方便法院办案，提高诉讼效率，节约当事人实现债权的成本，及时保护当事人的合法权益，具有重要的意义。

二、督促程序的特点

督促程序与其他民事审判程序相比较，具有以下特点：

（一）督促程序的非讼性

督促程序与解决民事争议案件的一般审判程序不同，它以当事人之间不存在实体上的债权债务纠纷为前提，当事人不直接进行对抗。债权人是申请人而不是原告，其权利请求仅限于向人民法院申请以支付令的方式催促债务人履行到期债务。督促程序因债权人的申请而开始，没有对立双方当事人参加诉讼。因此，督促程序并不解决当事人之间的民事权益争议，具有非讼的特点。

（二）督促程序适用范围的特定性

督促程序仅适用于请求给付金钱和有价证券的案件，并附有一定条件限制，如债权人没有对待给付义务、支付令能送达债务人等。它不像处理民事争议案件的审判程序对民事案件具有普遍的适用性。所谓金钱，是指作为流通手段和支付手段的货币，通常是指人民币，在特定的情况下也包括外国货币。所谓有价证券，是指汇票、本票、支票、股票、债券、国库券以及可以转让的存款单。

（三）督促程序的可选择性

债权人请求债务人给付金钱、有价证券，符合条件的，可以适用督促程序。但是，法律并没有强制规定这类案件必须适用督促程序，当事人可以选择诉讼程序或督促程序来解决，只是选择诉讼程序时间更长，不利于问题的快捷简便解决。如果当事人选择了诉讼程序的，就不能再选择督促程序。选择诉讼程序的，适用第一审普通程序或者简易程序进行审理。可见，督促程序不是解决这类案件的必经程序或唯一程序，法律赋予了当事人的程序选择权。

（四）督促程序审理的简捷性

人民法院适用督促程序审理案件，仅对债权人提出的申请和债权债务关系的事实和证据进行书面审查，不传唤债务人，也无须开庭审理。对符合条件的，人民法院直接发出支付令；不符合条件的，人民法院驳回债权人的申请，并且不能提出上诉。审判组织采用独任制的形式。因此，与诉讼程序相比，督促程序具有简便、快捷的特点。

（五）支付令生效的附条件性

人民法院向债务人发出的支付令只有符合一定的条件才能生效。这些条件包括两个方面：①期限上的要求，即债务人自收到支付令之日起 15 日届满支付令才能生效；②行为上的要求，即债务人在上述期限届满前不清偿债务，也不提出书面异议的，支付令才能生效。只有同时具备这两个条件，支付令才发生强制执行的法律效力。

第二节　支付令的申请和受理

一、支付令的申请

（一）申请支付令的条件

根据《民事诉讼法》第 191 条和最高人民法院《民诉意见》第 215 条的规定，债权人申请支付令必须符合下列条件：

1. 债权人请求给付的标的物仅限于金钱或者汇票、本票、支票以及股票、债券、国库券和可转让的存款单等有价证券。以其他财产或行为为内容的债权，即使超过债务履行期，债务人没有履行，债权人可以向有管辖权的法院提起诉讼，请求法院判令债务人履行，而不能申请支付令。

2. 请求给付的标的物已经到期且数额确定。

3. 债权人与债务人之间没有其他债务纠纷，也称债权人没有对待给付义务，债务关系是单向的。如果债权人与债务人存在互有给付的义务，则不能适用督促程序。

4. 支付令能够送达债务人。支付令能够送达债务人是指法院能够依照法定方式送达，且债务人能够直接收到。只有在直接送达存在困难的时候，才可以采取委托送达和邮寄送达的方式。在债务人拒绝接收时，法院也可以留置送达。

（二）申请支付令的方式

债权人申请支付令，应当提交申请书，并附有债权文书。债权人不得采用口头方式申请支付令。根据《民事诉讼法》第 191 条的规定，支付令申请书应当写明下列事项：

1. 债权人和债务人的姓名、性别、年龄、民族、职业、工作单位和住所或经常居住地，法人或其他组织的名称、住所地和法定代表人或主要负责人的姓名、职务，有诉讼代理人的，也一并写明。

2. 债务人应当给付的金钱、有价证券的种类、数量和请求给付所依据的事实、证据。包括引起债权发生的事实以及证明债权存在并已到期的事实和相关证据，并写明债权人与债务人之间没有其他债务纠纷。

3. 请求人民法院发出支付令。申请人要明确表达请求法院发出支付令，而不是提起诉讼的意思表示。

二、案件管辖

1. 级别管辖。根据《民事诉讼法》第 191 条的规定，适用督促程序处理的案件，由基层人民法院管辖。这是世界上绝大多数国家的做法。与通常诉讼案件的级别管辖不同的是，基层人民法院受理债权人依法申请支付令的案件，不受争议金额的限制。

2. 地域管辖。民事诉讼法只规定了债权人申请支付令案件的级别管辖，没有规定地域管辖。根据最高人民法院《民诉意见》和《关于适用督促程序若干问题的规定》的规定，申请支付令案件的地域管辖是：债权人申请支付令，由债务人住所地的基层人民法院管辖。债务人住所地与经常居住地不一致的，由经常居住地人民法院管辖。共同债务人住所地、经常居住地不在同一基层人民法院辖区，各有关基层人民法院都有管辖权的，债权人可以向其中任何一个基层人民法院申请支付令；债权人向两个以上有管辖权的基层人民法院申请支付令的，由最先立案的基层人民法院管辖。

三、对支付令申请的审查和处理

（一）对申请形式上的审查

这种审查应从接到申请人申请书之日起即开始，并在 5 日内审查结束，通知债权人是否受理其申请。审查内容包括：①申请人是否具备申请资格和申请能力；②申请是否符合法定条件和方式；③申请手续是否完备；④申请是否应由本法院管辖。经过审查，如果认为申请符合上述要求，应按《民事诉讼法》第 192 条的规定，在 5 日内通知债权人予以受理。

（二）对申请内容上的审查

人民法院受理了支付令申请后，应对申请进行内容上的审查。这种审查应在法院决定受理申请之日开始，并在 15 日内作出是否发出支付令的决定。审查内容包括：①进一步查实申请人提供的事实和证据；②债权债务关系是否明确；③债权债务关系是否合法。这种审查只采用书面方式，不需开庭审查。经过审查，人民法院如果认为债权债务关系明确、合法，应当在受理申请之日起 15 日内直接向债务人发出支付令；否则，应裁定驳回债权人的申请，该裁定不得上诉。

第三节　支付令的制作、发出和效力

一、人民法院对支付令的制作和发出

经审查，认为债权债务关系明确、合法的，人民法院应当自受理之日起 15 日内，直接向债务人发出支付令。

1. 支付令的制作。支付令是人民法院根据债权人的申请，向债务人发出的督促其限期清偿债务的法律文书。支付令应当记明以下事项：债权人、债务人姓

名或名称、住所等基本情况；债务人应当给付的金钱、有价证券的种类和数量以及事实和理由；债务人清偿债务或者提出异议的期限；债务人在法定期间不提出异议的法律后果；诉讼费用的负担。支付令由审判员、书记员署名，加盖人民法院印章。

2. 支付令的发出。经审查，认为债权债务关系明确、合法的，人民法院应当自受理之日起 15 日内，以法定的送达方式向债务人发出支付令。

二、支付令的效力

支付令一经送达债务人，便产生如下法律效力：

1. 限期债务人清偿债务。债务人应当自收到支付令之日起清偿债务，或者向人民法院提出书面异议。这里的"清偿"既包括债务人实际履行了义务，也包括债务人与债权人达成了和解协议。

2. 具有强制执行力。债务人自收到支付令之日起 15 日内，既不提出异议又不清偿债务的，支付令发生强制执行效力，债权人可以向人民法院申请强制执行。申请执行支付令的期限为 2 年。债务人收到支付令后，不在法定期间提出书面异议，而是向其他人民法院起诉的，不影响支付令的效力。

第四节　支付令的异议和督促程序的终结

一、债务人异议

债务人异议，是指债务人向签发支付令的人民法院申明不同意支付令确定的给付义务的法律行为。它是债务人维护自己合法权益的救济手段。支付令的发出是法院以债权人一方提出的主张和理由为根据，未经债务人答辩，而债务人异议则是为了维护债务人利益，给债务人的程序性权利。

（一）债务人异议成立的条件

根据《民事诉讼法》第 193 条及司法解释的规定，债务人提出的支付令异议要成立，必须符合以下条件：

1. 异议必须由债务人提出。其他人提出的不构成支付令异议。

2. 异议必须在法定期限内提出。债权人对支付令的异议必须在收到支付令之日起 15 日内提出。超过法定期限提出异议的，异议不成立，人民法院可以裁定驳回异议。

3. 异议必须以书面方式提出。债务人以口头方式提出异议的无效。

4. 异议必须针对债权人的请求，即债务关系本身提出。

（二）无效异议的法定情形

人民法院对债务人在法定期间内提出的书面异议，无须审查异议是否有理由，即不必进行实体审查，而应当直接裁定终结督促程序。但从程序上讲，应对异议进行形式上的审查，债务人提出的异议，遇有下列情况，按无效处理：

1. 债务人对债务本身无异议，只是提出缺乏清偿能力的，不影响支付令效力。

2. 债务人异议必须具备法定书面形式，在书面异议书中写明拒付的事实和理由，口头异议无效。

3. 债务人收到支付令后，不在法定期间内提出书面异议，而向其他人民法院起诉的，也不影响支付令效力。

4. 债权人有多项独立的诉讼请求，债务人仅就其中某一项请求提出异议的，其异议对其他支付请求无效。

5. 债务人为多人的，其中一人提出异议，如果债务人是必要共同诉讼人，其异议经其他债务人承认，对其他债务人发生效力；如果债务人是普通共同诉讼人，债务人一人的异议对其他债务人不发生效力。人民法院认定异议无效，应以适当方式尽快告知债务人。及时告知债务人，可以督促其自行清偿债务，完成支付令指定义务。

（三）债务人异议成立的法律后果

根据《民事诉讼法》第194条规定，债务人对支付令提出的异议一旦成立，即产生如下两个方面的法律后果：①人民法院应当裁定终结督促程序；②支付令自行失效，债权人可以起诉。

债务人对支付令提出异议后，就已经产生了支付令失效和督促程序终结的法律后果，不能再撤回异议。

二、督促程序的终结

督促程序的终结是指由于发生特定的原因，或者由于督促程序各个阶段的任务已经完成，从而结束督促程序。

终结督促程序的情形有：

1. 人民法院受理债权人提出的支付令申请后，经审查，申请不成立的，应当裁定予以驳回，终结督促程序。

2. 人民法院在发出支付令前，债权人撤回申请的，人民法院应当裁定终结督促程序。

3. 债务人在法定期间对支付令提出书面异议，支付令自行失效，人民法院应当终结督促程序。

4. 债务人在收到人民法院发出的支付令后，在法定的期间履行了债务，督促程序自然终结。

5. 人民法院受理支付令申请后，债权人就同一债权关系又提起诉讼，或者人民法院发出支付令之日起 30 日内无法送达债务人的，应当裁定终结督促程序。

6. 人民法院院长对本院已发生法律效力的支付令，发现确有错误，认为需要撤销的，应当提交审判委员会讨论决定后，裁定撤销支付令，驳回债权人的申请，终结督促程序。对人民法院驳回支付令申请的裁定和终结督促程序的裁定，一经送达即发生法律效力，不能提出上诉或者申请复议。

由上可见，债务人在法定期间对支付令提出书面异议，只是导致督促程序终结的原因之一，而不是唯一原因。

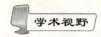 学术视野

非讼程序构建的机理

非讼程序制度的构建，从程序法理的角度上看其最为基本的理论就是"诉讼法理与非讼法理二元分离适用论"，而"诉讼法理与非讼法理二元分离适用论"作为民事诉讼程序设置理论中最为基本的理论，也是现代民事诉讼程序设置中占主导地位的理论学说。从历史发展的角度上看，这一理论中的基本思想早在古代罗马法中就已经产生和存在。罗马法作为"商品社会的第一个世界性法律"，不仅对实体法律的发展起到过不可估量的重要作用，而且也是程序法律制度中某些理论思想以及程序制度的重要渊源。在古代罗马的诉讼实践中，由于社会商品经济的发达和商事交往的频繁，出现了大量的民商事纠纷。而在解决这些纠纷的诉讼过程中，执法者不仅逐渐认识到了以双方的对抗式争讼为特征的诉讼事件和仅有一方当事人、以确认某种法律关系和事实为特征的非讼事件在类型、性质上的差异，而且认识到从解决纠纷的角度设置不同程序的需要。随着社会的发展，尔后人们对于民事诉讼中这两类事件认识的深化，以及理论上的抽象与概括，逐渐形成了现代意义上的这一理论学说。

所谓"二元分离适用论"，是指针对争讼事件与非讼事件各自所具有的不同特征，依据不同的程序法理分别设置不同适用程序的理论。这一理论是民事诉讼程序设置中最为核心的理论。作为对于程序设置的一种理性认识，不仅与其对于诉讼案件不同类型的认识紧密相关，而且也是以科学的程序设置理念为指导的理论思想。

在这种理论看来，争讼案件实质上是以私权争议为基本内容，形式上以双方当事人直接对抗为特征的诉讼；而非讼案件实质上或多或少涉及一些社会公益性利益，或者涉及国家的某些强制性规范，且形式上往往不以双方当事人的直接对

抗为特征。因而从民事审判的角度上看，在这两种不同类型的案件中，法院民事审判权力行使的前提条件，以及所需要解决的民事纠纷的特征、类型和所要达到的目的，乃至于审判活动的价值取向都不尽相同。为此，从程序适用的科学性、适当性和针对性的角度上考虑，以及为了最大限度地实现诉讼类型对于解决纠纷形式和机制上的客观要求，即程序制度的设置应当富有针对性；应当有利于当事人最大限度地实现各自的程序利益和实体利益；应当在结构、方法、程式等设置上实现程序资源与司法资源配置上的最优化，其解决纠纷的程序制度就应当根据诉讼案件基本类型上的不同，分别独立地设置各不相同的诉讼程序，即"二元分离设置程序"。

理论思考与实务应用

一、理论思考

（一）名词解释

督促程序　债务人异议　支付令

（二）简答题

1. 债权人依督促程序申请支付令的条件有哪些？

2. 在督促程序中，债务人对支付令提出异议须具备什么条件？

3. 督促程序在什么情形下终结？

（三）论述题

试述督促程序的特点。

二、实务应用

（一）案例分析示范

案例一

2007年1月，某汽车公司委托东城商行王某为该公司购买90号汽油，同时交王转账支票1张12万元。交货时，因汽油质量不合格，汽车公司拒收。之后，汽车公司与王某达成书面还款协议，规定王某在同年8月15日还6万元，8月30日还6万元。到期王某未按约定还款。汽车公司于2008年5月26日申请东城人民法院发出支付令。人民法院经审查后，于6月11日发出支付令，限令王某在收到支付令15日内向汽车公司支付汽油款12万元。王某收到支付令后，在法定期限内既未提出异议，也未还款。

问：本案是否符合督促程序的条件？应如何处理？

【评析】

本案符合督促程序的条件。督促程序中，应符合诉讼标的必须为给付金钱、有价证券的请求权，债权人与债务人没有其他债务纠纷和支付令能够送达给债务人三个条件。本案有还款协议，具备条件。《民事诉讼法》规定，债务人在前款规定的期间不提出异议又不履行支付令的，债权人可以向人民法院申请执行。因此，本案中汽车公司可以直接向法院申请强制执行支付令。

案例二

某开发公司向某银行贷款 500 万元，到期后，开发公司没有主动还贷。银行多次向该公司发出催收贷款的公函，开发公司均无回音。2006 年 11 月 1 日，银行向其所在地中级人民法院申请签发支付令。支付令送达后，11 月 8 日，开发公司向法院提出书面异议：我公司暂时无法还贷，等以后有能力时再偿还。

问：（1）该中级人民法院是否具有管辖权？为什么？

（2）仅凭该开发公司的这种理由是否会导致支付令失效？

【评析】

（1）中级人民法院没有管辖权。最高人民法院《民诉意见》第 27 条规定：债权人申请支付令，适用《民事诉讼法》第 22 条规定，由债务人住所地的基层人民法院管辖，即"原告就被告"的一般地域管辖原则。因此中级人民法院不能受理督促程序案件。

（2）根据最高人民法院《民诉意见》第 221 条的规定，债务人对债务本身没有异议，只是提出缺乏清偿能力的，不影响支付令的效力。因此开发公司的抗辩理由不能导致支付令失效。

案例三

位于甲区的机械公司向甲区银行贷款 300 万元，由位于乙区的投资公司提供担保。贷款期限届满后，因机械公司未能偿还贷款，甲区银行以乙区的投资公司为被申请人向乙区人民法院申请支付令。乙区人民法院受理申请后，经过审查认为符合发出支付令的条件，制作并向乙区投资公司送达了支付令。接到支付令后15 日内，乙区投资公司以甲区银行为被告向甲区人民法院起诉，认为自己的担保期已过，不应当再承担还款责任。

问：该起诉能否构成债务人异议？为什么？

【评析】

乙区投资公司以甲区银行为被告向甲区人民法院提起的诉讼不能构成债务人异议。因为乙区人民法院适用作为非讼程序的督促程序向债务人乙区投资公司送达支付令后，如果乙区投资公司在 15 日内未对该支付令提出异议，则该支付令产生强制执行的法律效力。尽管乙区投资公司以甲区银行为被告向甲区人民法院提起诉讼，但该诉讼不影响乙区人民法院支付令的效力。

债务人在法定期间提出书面异议的，人民法院无须审查异议是否有理由，应当直接裁定终结督促程序，支付令自行失效。债权人如欲实现债权，只能另行起诉。

（二）案例分析实训

案例一

2007 年 8 月，文杰为申请出国向皮皮借款人民币 3 万元，约定还款期限为一年。半年过去了，文杰因多次被拒签，就打消了出国的想法，于 2008 年春节后离开北京到深圳某公司工作。与此同时，皮皮决定比原计划提早一年去美国读书，想要文杰提前还钱。文杰为出国的事已经两年没有工作，无钱可还。2008 年 3 月，皮皮向法院申请支付令。

问：（1）皮皮应向哪个法院提出申请？

（2）收到皮皮的申请，法院应如何处理？

案例二

龙珠与英杰都是北京某电子公司的职员，曾经共同租住于某小区公寓，月租金为人民币 5000 元。他们约定前半年房租由龙珠付，后半年房租由英杰付。可就在他们租住半年后，房东决定收回房子，不再向外出租，于是龙珠搬回家居住，而英杰住回公司宿舍。分手时，对于前半年的租金，英杰写了一张 15 000 元的欠条给龙珠。3 个月后，英杰跳槽至上海某电子公司，离开北京前没有还欠龙珠的钱。英杰离开北京半年后，2006 年 9 月 12 日，龙珠向英杰户籍所在地北京某区人民法院申请支付令。9 月 19 日，人民法院通知龙珠受理其申请，并于 10 月 11 日发出支付令。得知公司派英杰到美国培训，且要到 12 月初才会回到上海，10 月 20 日，法院裁定终结督促程序。

问：该案程序上的错误是什么？

案例三

2008 年 9 月，某建筑总公司委托马某为该公司购买一批钢材，同时交给马某一张 50 万元的转账支票。在交货时，因钢材质量不合格，某建筑总公司拒收此货。之后，某建筑总公司与马某达成还款书面协议，约定马某于同年 10 月底以前还款 25 万元，年底以前还款 25 万元。到期马某未按约定还款。某建筑总公司于 2009 年 5 月 5 日申请某人民法院发出支付令。人民法院审查后，于同年 6 月 21 日签发支付令，限令马某在收到支付令 15 日内向该公司支付钢材款 50 万元。

马某收到支付令后，在法定期限内未提出异议，也不还款。

问：本案是否符合督促程序的条件？应如何依法处理此案？

 主要参考文献

1. 田平安主编：《民事诉讼法》，清华大学出版社 2005 年版。
2. 江伟主编：《民事诉讼法》，高等教育出版社、北京大学出版社 2004 年版。
3. 江伟主编：《中国民事诉讼法专论》，中国政法大学出版社 1998 年版。
4. 江伟主编：《民事诉讼法学原理》，中国人民大学出版社 1999 年版。
5. 樊崇义、夏红编：《正当程序文献资料选编》，中国人民公安大学出版社 2004 年版。
6. 肖建国：《民事诉讼程序价值论》，中国人民公安大学出版社 2000 年版。
7. 汤维建：《香港民事诉讼法》，河南大学出版社 1997 年版。
8. 法苑精粹编辑委员会编：《中国诉讼法学精粹》（2005 年卷），高等教育出版社 2005 年版。
9. 张卫平：《转换的逻辑：民事诉讼体制转型分析》，法律出版社 2004 年版。
10. 王亚新：《社会变革中的民事诉讼》，中国法制出版社 2001 年版。

第 十 九 章

公示催告程序

　　【本章概要】 本章主要介绍公示催告程序的概念，公示催告程序的适用范围、特点，申请公示催告的条件，公示催告申请的受理；公示催告案件的受理包括：停止支付通知、申报权利、除权判决、对利害关系人权利的救济。
　　【学习目标】 掌握公示催告程序的含义、适用范围和特点；熟悉我国民事诉讼法关于公示催告申请的提起和受理、公示催告案件的审理所作的具体规定；理论联系实际，正确审理公示催告案件。

第一节　公示催告程序概述

一、公示催告程序的概念

　　公示催告程序，是指人民法院根据申请人的申请，以公示的方法，告知并催促不明确的利害关系人在一定期限内申报权利，到期无人申报权利的，则根据申请人的申请依法作出除权判决的程序。公示催告程序是随着社会的发展，为满足社会经济生活的需要而逐渐发展起来的。公示催告程序是用来解决可以背书转让的票据或者其他事项，在出现被盗、遗失、灭失情形时，对权利人予以相应救济的程序，其核心在于通过公示催告，催促不特定的利害关系人申报权利，如果无人申报或者申报被驳回，则根据申请人的申请作出无效判决。这一程序主要具有以下几个方面的功能：维护失票人的合法权益；对利害关系人的合法权益进行救济；确保票据流通的安全。

二、公示催告程序的特征

　　与通常诉讼程序相比较而言，公示催告程序具有以下几个显著特征：

　　（一）程序的非讼性

　　从性质来看，公示催告程序属于非讼程序。适用这一程序并不能解决当事人之间因民事权利义务关系发生的纠纷，而只能确认申请人申请公示催告并在一定期限内无人申报权利这一事实。在公示催告程序中，申请人根本无法知道有无利害关系人，更不知道利害关系人是谁，因此，公示催告案件也就没有明确的被告或者被申请人。一旦明确了利害关系人，公示催告程序就因失去了存在的基础而必须终结，申请人可以向人民法院提起民事诉讼，通过诉讼程序解决纠纷。

（二）适用范围的特定性

根据我国《民事诉讼法》第 195 条第 1 款的规定，从案件范围来看，公示催告程序仅适用于可以背书转让的票据被盗、遗失或者灭失的案件以及法律规定可以申请公示催告的其他事项。不能背书转让的票据被盗、遗失或者灭失的案件以及不属于法律规定可以申请公示催告的事项，都不能适用公示催告程序。

（三）程序制度的独特性

公示催告程序在具体的审理制度上具有明显不同于诉讼程序及其他非讼程序的独特性。主要体现为：公示催告程序由公示催告和除权判决两个阶段构成。程序的两个阶段均由申请人申请启动。公示催告程序的两个阶段可以由两个不同的审判组织进行审理。公示催告程序主要采取书面审查和公告的方式进行审理。

三、公示催告程序的一般适用范围

公示催告程序的适用范围，解决的是公示催告程序的适用对象，即明确哪些事项可通过公示催告程序来处理。我国《民事诉讼法》第 195 条对公示催告程序的适用范围作出了规定。我国公示催告程序的适用范围包括票据和其他事项两个方面。

（一）可以背书转让的票据被盗、遗失、灭失的案件

票据是一种载明具体金额，用作流通和支付手段的有价证券。在我国，票据包括汇票、支票和本票三种。汇票是出票人签发的，委托付款人在一定期间内向持票人或收款人支付票面金额的票据。汇票又可分为银行汇票和商业汇票，即期汇票和远期汇票。汇票一律记名。本票的出票人即为付款人，本票和支票都需要委托他人代为付款。本票一般为银行本票，且一律记名，支票是由出票人签发的，委托银行见票时向票据持有人或收款人支付票面金额现金的一种有价证券。支票分为转帐支票和现金支票两种。可申请公示催告的票据仅限可背书转让的汇票、本票和支票，对于不可背书转让的票据不可申请公示催告。

（二）依法可以申请公示催告的其他事项

1. 记名股票丧失时的公示催告。《公司法》第 144 条规定："记名股票被盗、遗失或者灭失，股东可以依照《中华人民共和国民事诉讼法》规定的公示催告程序，请求人民法院宣告该股票失效。人民法院宣告该股票失效后，股东

可以向公司申请补发股票。"依据这一条款的规定，只有丧失记名股票时，才可以申请公示催告，而对于无记名股票，即使发生被盗、遗失或者灭失情况，也不能依公示催告程序申请公示催告。

2. 提单等提货凭证丧失时的公示催告。提单是指用以证明海上货物运输合同和货物已经由承运人接收或者装船，以及承运人保证据以交付货物的单证。它是一种代表一定物权的有价证券，其合法持有人对提单上记载的货物享有所有权，凭单可以要求承运人交付货物；承运人亦负有向提单持有人交付的义务。提单持有人如果因提单被盗、遗失或灭失等原因而失去对提单的占有时，其提货权就难以实现。鉴于此，《海事诉讼特别程序法》第 100 条规定："提单等提货凭证持有人，因提货凭证失控或者灭失，可以向货物所在地海事法院申请公示催告。"依据这一规定，在公示催告期间如果无人申报权利，海事法院即可依法作出判决，从而使申请人对提单等提货凭证所享有的权利得以恢复。

第二节 公示催告申请的提起与受理

一、公示催告的申请

公示催告程序作为一种权利救济的制度与程序，只有权利人提出申请才能启动。人民法院不得依职权主动启动公示催告程序。

（一）申请公示催告的主体

根据《民事诉讼法》的规定，公示催告程序的申请主体即申请人必须是按照规定可以背书转让的票据持有人或法律规定可以申请公示催告的其他事项的拥有人。就票据而言，只有可以背书转让的票据被盗、遗失或者灭失时，失票人才能通过公示催告的程序实现票据与权利的分离，获得权利的救济；对于不可以背书转让的票据，失票人只能通过诉讼的方式寻求权利的救济。同时，根据最高人民法院《民诉意见》第 226 条的规定，票据持有人是指票据的最后持有人，即在票据流转过程中最后占有票据的人，也就是票据记载的最后被背书人。

（二）申请公示催告的事项

申请人申请公示催告的事项，必须属于公示催告程序的适用范围。我国公示催告程序仅适用于可以背书转让的汇票、本票和支票以及法律规定可以公示催告的其他事项。

（三）申请公示催告的原因

申请人申请公示催告所依据的一定事由，就是申请的原因。根据民事诉讼法的规定，就票据公示催告来说，申请人申请公示催告的事由只能是票据被盗、遗失或者灭失。因为只有票据被盗、遗失或者灭失时，才会发生利害关系人不明确的状况，才有必要通过公示催告程序实现票据与权利的分离，恢复失票人的权利。不是基于以上三种原因之一，便不会发生利害关系人不明确的状况，案件即不符合公示催告程序的适用条件，申请人也就不可以申请公示催告。

（四）案件管辖

对于当事人的公示催告申请，民事诉讼法规定由票据支付地的基层人民法院管辖。从级别管辖来看，公示催告案件一般由基层人民法院管辖，中级以上的人民法院不得管辖此类案件；从地域管辖来看，公示催告案件由票据支付地的人民法院管辖。所谓票据支付地，就是票据载明的付款地，如承兑或付款银行的所在地、收款人开户银行所在地等；票据未载明付款地的，以票据付款人的住所地或主要营业地为票据支付地。由票据支付地的基层人民法院管辖，能够确保受理案件的法院与付款人保持最近的空间距离，便于当事人提出申请，也便于受理案件的人民法院及时通知付款人停止支付，防止票据被冒领而发生损失。

对于依据《海事诉讼特别程序法》第 100 条规定申请公示催告的案件，由货物所在地海事法院管辖。

（五）申请公示催告的方式

根据《民事诉讼法》第 195 条第 2 款规定，申请公示催告应当采取书面方式，即申请人应当向人民法院递交申请书。申请书应当载明下列内容：申请人的基本情况，票据的种类、票面金额、发票人、持票人、背书人等票据主要内容，申请的事实和理由，受申请的法院。

申请人依据《海事诉讼特别程序法》第 100 条的规定向海事法院申请公示催告的，应当递交申请书。申请书应当载明：提单等提货凭证的种类、编号、货物品名、数量、承运人、托运人、收货人、承运船舶名称、航次以及背书情况和申请的理由、事实等。有副本的应当附有单证的副本。

二、对公示催告申请的审查与受理

人民法院对申请人提出的公示催告申请，应当立即进行审查并决定是否受理。审查的内容主要包括：申请人是否具备主体资格，申请的对象是否属于公示催告程序的适用范围，申请的事由是否符合法律规定，受理申请的人民法院是否有管辖权，申请的形式是否合法完备等。总之，在决定是否受理的阶段，人民法院主要是程序性审查，而不是实质性审查。

经审查，认为申请人的公示催告申请符合法定的条件和程序，即符合受理条件的，应当立即受理，并同时通知付款人停止支付；认为不符合受理条件的，应当在 7 日内裁定驳回申请。

三、发出停止支付通知和权利申报公告

人民法院决定受理公示催告申请后，应同时通知付款人停止支付。付款人收到停止支付通知后，应当停止支付。付款人拒不执行停止支付通知，致使票据被承兑的，付款人应承担由此带来的后果。但是，在收到停止支付通知之前，付款人不得以任何理由拒绝向票据持有人支付，付款人也不承担由此带来的后果。

人民法院受理申请人的公示催告申请后，应当在 3 日内发出公告，催促利害关系人申报权利，这就是公示催告公告。

公示催告公告应当包括以下内容：①公示催告申请人的姓名或名称；②票据的种类、票面金额、发票人、持票人、背书人等；③申报权利的期间；④在公示催告期间内转让票据权利、利害关系人不申报权利的法律后果。

公示催告公告应当张贴于人民法院公告栏内，并在有关报纸或其他宣传媒介上刊登；人民法院所在地有证券交易所的，还应当张贴于该证券交易所。

公示催告的期间，由人民法院根据具体情况决定，但最短不得少于 60 日。公示催告的期间，其实就是等待利害关系人申报权利的期间。为了保证利害关系人有足够的时间知晓公示催告的内容，便于利害关系人申报权利，充分保护其合法权益，我国《民事诉讼法》规定了较长的公示催告期间。

人民法院发出的公示催告公告产生以下效力：

1. 限制票据流通。《民事诉讼法》规定，在公示催告期间，转让票据权利的行为无效。这具有财产保全的作用，表现了程序法独特的功能，与票据法的法理并不违背。

2. 推定排除其他利害关系人。经过公示催告公告规定的申报权利的期间，仍无人申报权利的，就可以推定本案所涉及的票据没有其他利害关系人存在，票据权利为申请人享有。

海事法院决定受理公示催告申请的，应当同时通知承运人、承运人的代理人或者货物保管人停止交付货物，并于 3 日内发出公告，敦促利害关系人申报权利。公示催告的期间由海事法院根据情况决定，但不得少于 30 日。承运人、承运人的代理人或者货物保管人收到海事法院停止交付货物的通知后，应当停止交付，至公示催告程序终结。公示催告期间，转让提单的行为无效；有关货物的存储保管费用及风险由申请人承担。公示催告期间，国家重点建设项目待

安装、施工、生产的货物，救灾物资，或者货物本身属性不宜长期保管以及季节性货物，在申请人提供充分可靠担保的情况下，海事法院可以依据申请人的申请作出由申请人提取货物的裁定。

四、申报权利

申报权利，是指受公示催告的利害关系人，在公示催告期间内向人民法院主张票据权利的行为。申报权利是利害关系人防止自己的权利受人民法院宣告票据无效损害的重要方式，是否有人申报权利也是人民法院查明票据有无利害关系人、是否应当作出宣告票据无效的除权判决的重要标准。

（一）申报权利的条件

要主张公示催告的票据的权利，必须同时具备四个条件：①公示催告的申请人应当是可以背书转让的票据的最后持有人。②公示催告程序只能适用于可以背书转让的票据以及法律规定允许公示催告的其他事项。③向有管辖权的法院提出申请，该有权管辖的法院是指票据支付地的基层人民法院。④利害关系人处于不明状态。如果利害关系人已明确，就不需要申请公示催告，可按一般的票据纠纷向人民法院提起诉讼。

（二）申报权利的地点与期间

根据民事诉讼法的规定，利害关系人应当向发出公示催告公告的人民法院申报权利，利害关系人向其他人民法院申报权利的，不能发生申报的法律后果。申报权利的期间，就是利害关系人申报权利的时间限制。根据民事诉讼法的规定，利害关系人应当在公示催告期间内申报权利。但最高人民法院《民诉意见》第230条的规定，利害关系人在公示催告期间内向人民法院申报权利的，人民法院应当裁定终结公示催告程序。利害关系人在公示催告期间届满后，判决作出之前申报权利的，同样应当裁定终结公示催告程序。由此可见，利害关系人在公示催告期间以及公示催告期间届满后、除权判决作出前申报权利都是可以的。

（三）申报权利的形式与内容

利害关系人向人民法院申报权利，应当采取书面形式，即应当向人民法院提交票据权利申报书。申报书应当写明申报权利请求、理由和事实等事项，并应当向人民法院出示票据正本或者法律规定的证据。利害关系人申报权利，人民法院应当通知其向法院出示票据，并通知公示催告申请人在指定的期间察看该票据。公示催告申请人申请公示催告的票据与利害关系人出示的票据不一致的，人民法院应当裁定驳回利害关系人的申报。

（四）申报权利的法律后果

利害关系人申报权利产生的法律后果分为两种情况：①驳回申报。即利害关系人出示的票据与公示催告申请人申请公示催告的票据不一致的，表明申报人的申报与公示催告的票据无关而不能成立，人民法院应当裁定驳回利害关系人的申报。②终结公示催告程序。即利害关系人出示的票据就是公示催告申请人申请公示催告的票据，人民法院应当裁定公示催告程序终结，并通知申请人和付款人。此时，票据的对方当事人已经明确，案件不再符合公示催告程序的适用条件，因此，公示催告程序应当终结。人民法院裁定终结公示催告程序后，申请人或申报人可以向人民法院起诉，由人民法院按票据纠纷依通常诉讼程序进行审理。

依海事特别程序申请公示催告的，公示催告期间，利害关系人可以向海事法院申报权利。海事法院收到利害关系人的申报后，应当裁定终结公示催告程序，并通知申请人和承运人、承运人的代理人或者货物保管人。申请人、申报人可以就有关纠纷向海事法院提起诉讼。

第三节 除权判决

一、除权判决的概念

除权判决是指人民法院作出的宣告票据无效的判决。除权判决有两方面的含义：①宣告票据无效进而排除申请人以外的其他人对该票据享有权利，故称之为"除权"；②通过在指定期间内无人申报权利的事实，推定票据权利归申请人所有。

二、除权判决的申请

根据最高人民法院《民诉意见》第232条规定，在申报权利的期间没有人申报，或者申报被驳回的，公示催告申请人应当自申报权利期间届满的次日起1个月内申请人民法院作出判决。逾期不申请判决的，终结公示催告程序。公示催告与除权判决是相互衔接但又相互独立的两个阶段，从公示催告阶段不能自动过渡到除权判决阶段。因此，公示催告期间届满后，申请人必须在法定期间内重新提出申请，人民法院才能作出除权判决。申请人未在法定期间内申请除权判决的，人民法院应当终结公示催告程序，此后申请人无权再申请除权判决，人民法院也不会依职权主动作出除权判决。

申请除权判决，应当符合以下条件：

1. 申请人必须在法定期间内提出申请，即必须在申报权利期间届满的次日起1个月内提出申请。

2. 在公示催告期间无人申报权利，或者申报被依法驳回。在公示催告期间，有人申报权利且申报成立的，人民法院应当裁定终结公示催告程序，也就不能申请作出除权判决。

3. 申请人必须向原受理公示催告申请的人民法院提出。除权判决与公示催告的管辖法院是完全一致的，因此，申请人必须向原受理案件的人民法院提出申请。对于符合上述条件的申请，人民法院应当受理，并组成合议庭进行审理。

三、除权判决的作出与公告

申请人在法定期间内向人民法院提出除权判决申请的，人民法院应当组成合议庭对申请进行审查与评议。审查的主要内容就是申请人的申请是否符合法定的条件，是否具备作出宣告票据无效的判决的条件。

合议庭经审查和评议，确信除申请人外没有其他利害关系人的，应当作出判决，宣告票据无效。除权判决应当公告，并通知支付人。除权判决一旦作出并公告，票据权利即与票据本身相分离。同时，公告除权判决是使票据权利与票据本身相分离的法定形式，也是这种分离产生公信力的基础，因此，公告除权判决是公示催告程序必不可少的内容。

四、除权判决的效力

人民法院根据申请人的申请作出的除权判决产生的法律后果，就是除权判决的效力。根据《民事诉讼法》的规定，除权判决具有以下法律效力：

（一）票据失去效力

除权判决的主要内容就是宣告原票据无效，因此，除权判决作出后，被申请公示催告的票据就失去效力，票据付款人可以拒绝向持票人支付。

（二）失票人恢复权利

除权判决作出后，丧失票据的权利人（即公示催告申请人）虽不持有票据，但其恢复了票据权利。因此，即使失票人不占有该票据，也可凭除权判决向票据付款人请求支付，票据付款人不得拒绝支付。也就是说，除权判决作出后，票据付款人与不持有票据的失票人之间产生了债权债务关系，除权判决是失票人恢复票据权利的最终程序。但是，应当注意的是，除权判决并不直接确认申请人享有票据权利，而是通过宣告票据无效的方式间接承认申请人享有票据权利。因此，在内容上，除权判决只是宣告票据无效，而不能确认申请人享有票据权利。这也正是公示催告程序中的裁判称为"除权判决"而不是"确认判决"的原因。

（三）公示催告程序终结

人民法院作出并公告除权判决后，公示催告程序终结。此后，利害关系人主张票据权利的，只能向人民法院起诉，而不能以申报权利的方式主张权利，也不能请求通过审判监督程序或再审的方式寻求救济。

海事特别程序中，公示催告期间无人申报的，海事法院应当根据申请人的申请作出判决，宣告提单或者有关提货凭证无效。判决内容应当公告，并通知承运人、承运人的代理人或者货物保管人。自判决公告之日起，申请人有权请求承运人、承运人的代理人或者货物保管人交付货物。

五、对利害关系人权利的救济

由于除权判决只是根据在公示催告期间无人申报权利这一事实，对票据权利人作出的一种推定，即推定票据的权利人就是公示催告的申请人。这种推定可能与事实并不相符，该票据的真正持有人可能并不是公示催告的申请人，其真正持有人可能由于某种客观的原因未能在公示催告期间内申报权利。为了对利害关系人的权利进行救济，民事诉讼法规定，没有申报权利的利害关系人不服人民法院宣告票据无效的除权判决，在法定期间内，可以向作出除权判决的人民法院另行起诉。

根据《民事诉讼法》第 200 条的规定，利害关系人另行起诉必须同时具备下列条件：①利害关系人在判决前没有向人民法院申报权利。如果利害关系人在除权判决前已经向人民法院申报权利，只是其申报被依法驳回的，该利害关系人就不得另行起诉。②利害关系人没有申报权利有正当理由。利害关系人没有在法定期间内申报权利，必须具有正当的理由，并由利害关系人为此承担举证责任。利害关系人故意或者因过失未能在公示催告期间申报权利的，不得另行起诉。③利害关系人必须在知道或者应当知道判决公告之日起 1 年内另行起诉。超过该期间的，不得另行起诉。④利害关系人必须向作出除权判决的人民法院提起诉讼。⑤利害关系人只能以公示催告申请人为被告另行起诉。利害关系人另行起诉，其实质是请求人民法院行使审判权，就其与公示催告申请人之间因票据产生的纠纷进行裁判，因此，利害关系人另行起诉的对方只能是公示催告申请人。

人民法院受理利害关系人的另行起诉后，经审理认为利害关系人的起诉理由成立的，应当判决撤销除权判决，并确认票据的权利人；认为利害关系人的另行起诉理由不成立的，应当判决驳回起诉。

另外，在海事特别程序中也规定，利害关系人因正当理由不能在公示催告期间向海事法院申报的，自知道或者应当知道判决公告之日起一年内，可以向作出判决的海事法院起诉。

争讼法理与非讼法理适用上的差异

二元分离设置诉讼程序，作为程序设置的一种理论思想，不仅是指在诉讼程序制度的设置中应当根据诉讼案件基本类型上的差异，有针对性地分别独立设置诉讼程序制度，即诉讼案件的基本类型不同，适用的诉讼程序在方式、程式、顺序、步骤和规则上就应当有所不同，而且这种理论中更重要的思想还在于，它认为在不同程序制度的构建和设置中，应当依据和贯穿不同的程序理念，并依据不同的程序法理进行。即诉讼程序制度的设置应当依据争讼法理，非讼程序制度的设置应当依据非讼法理。而所谓的争讼法理与非讼法理从程序制度设置的角度上看，在当事人权利的行使、诉讼主要事实的提出、审理方式、证据的收集等方面存在以下差异：

1. 当事人诉讼权利的行使上，争讼程序采用处分权主义，而非讼程序采用职权干预主义。争讼程序原则上以处分权主义为其制度构建和设置的法理根据，非讼程序则以职权干预主义为其制度构建和设置的法理根据。而之所以如此，其基本原因在于，争讼程序所适用的是特定当事人之间发生的、仅限于私权纠纷的案件，而这种不涉及他人、社会和国家权益的纠纷，在市场经济条件下，基于私权自治、契约自由等基本规则，国家不应给予过多的干涉，因而原则上应采纳处分权主义。而非讼程序所适用的是不仅事关特定当事人也涉及当事人以外的不特定人的利益，或事关社会公益不限于私权纠纷的案件。这类案件由于纠纷所涉性质及其所涉利益已超出纯粹的私权争议和特定人员的范围，涉及不特定的人员和社会公益，为此，从诉讼法理的角度上看，国家必须依职权进行适当的干预，限制当事人在诉讼过程中部分权利的任意行使，以保护他人的利益和维护社会公益。

2. 审理的主要事实及其证据资料的提出上，争讼程序采用辩论主义而非讼程序采用职权探知主义。在案件审理的主要事实及其证据资料的提出上，争讼程序之所以采用辩论主义，从学理的角度上看其基本理由有三点：①就诉讼纠纷性质的角度而言，争讼程序所涉及的民事纠纷，本质上是当事人之间的私权纠纷，由于不涉及社会公益或他人利益，因而不仅在实体解决上应符合私权自治原则，而且在诉讼程序上亦应尊重当事人有关裁判内容的意思表示和要求，而裁判内容要符合当事人的意思表示或要求，对于审理所涉主要事实及其作为裁判依据的各种证据资料，就应当交由当事人自行决定。即诉讼审理所需的主要事实及其证据资料，均应由当事人自行主张、收集和提交。②从发现真实，以及解决纠纷方式、手段的角度上看，作为私权纠纷双方的当事人不仅是最清楚有关案件事实的人，而且是最能体会利害关系和衡量利益得失的人。因此，将主张、收集和提出证据资料的责任科予当事人，当事人基于利害关系和利益得失上的考虑，逻辑上必然竭尽全力主张、收集和提出有利于自己的证据资料，从而客观上为法院的审理和案件事实的查明提供充分的证据资料，由此，不仅节约司法资源、经费和人力，且易于发现真实。同时，民事诉讼作为维护当事人个人私权利益的司法救济形式，客观上也要求私权利益的拥有者为了维护自己的利益，尽其能力向法院提供能够证明其主张的事实和证据。如果当事人无法收集到足以证明自己主张的证据，因而败诉的，依理当事人也是应当自行承担后果的。③从诉讼公正的角度上看，将审理的主要事实及其证据资料的调查、收集全部或主要委由法院进行，在事实关系复杂，涉及面广，且民事诉讼案件不断上升的现实条件下，事实上不可行。同时，法院主动调查、收集证据易于先入为主形成认识偏见，从而导致诉讼审理上的不公正。因而，基于这三方面的理由，诉讼程序在审理的主要事实及其证据资料的提出上，应当采用辩论主义。

而对于审理的主要事实及其证据资料的提出，非讼程序之所以采用职权探知主义，其基本理由在于，不仅非讼事件所涉法律关系或利益关系大多涉及社会公益，而且其判决的效力可能广泛地及于第三人，为此诉讼中不能任由当事人作虚假之陈述或不实之主张，以及有意掩盖事实损害他人或社会公益。因而在非讼程序中法院为发现真实，有依职权自行调查探知事实真相的必要。简言之，鉴于非讼程序所涉案件性质上的特征，为发现真实维护社会公益，法院在案件审理的主要事实及其证据资料的提出上，有必要采用职权探知主义。

3. 审判形式上，争讼程序原则上采用公开主义，而非讼程序原则上采用不公开主义。民事审理方式上的公开主义，从诉讼审判制度历史发展的角度上看，不仅是对历史上封建司法专横所采用秘密审判制度的一种否定，是审判制度文明和进步的明显标志，而且在现代民事司法审判中还具有十分重要的意义。这种意义主要表现在两个方面：首先，公开审判，即允许一般社会公众旁听审理，对当事人、证人等诉讼活动参与人的诉讼行为具有约束作用，能够促使当事人据实陈述案情，以及证人如实提供证言，便于法院查清事实真相。其次，公开审判，即将法院的民事审判行为置于社会公众的监督下，不仅有利于法院审判行为的公开化、透明化，增强司法审判的透明度，促使法庭依法审判，防止不公开审判可能出现的"黑箱操作"，从而保证裁判上的公正；而且，也易于使法庭的民事审判活动为一般公众所了解，其裁判结果为社会和当事人所理解、信任以及赞同和支持。基于这两个方面的原因，争讼程序在庭审方式上均采用公开主义。

非讼程序在审判形式上虽然原则上不采用公开主义，并不等于说就绝对不采用公开审判形式，也绝对不允许社会公众旁听。这里所谓的非讼程序在审判形式上原则上不采用公开主义，实际上是就两种程序在基本诉讼法理适用上的区别而言。而就世界各国有关程序制度的立法例来看，其实不少的国家在非讼程序审判形式的适用中也授予法官较大的自由裁量权，即除特定事件外，是否公开审判，由法院或法官自由裁量之。

4. 审理方式上，争讼程序一般采用言词审理主义，而非讼程序采言词及书面审理主义。非讼程序由于其适用的非讼案件在构成条件上与争讼案件不同，即绝大多数非讼案件不仅从始至终只有一方当事人，而且案件的成立也并不以对应一方当事人的存在为必要条件。因此，审理非讼案件的法官多数情况下没有必要、也不可能听取双方当事人的言词陈述和有关案件事实问题的辩论，以明辨真伪形成有关事实问题的内心确信。只能凭借利害关系人的申请，及其提供的书面材料进行审查和裁决。而在这种以一方利害关系人的单方诉讼行为为特征的案件审理过程中，完全采用言词审理主义显然是不恰当的。因为这类案件往往仅有一方当事人的言词，为此要使法官的审查和裁决有依据，当事人所实施的一定范围内的诉讼行为，就应当采用书面方式进行。同时，书面方式的运作，也在一定程度和范围上有助于诉讼进行的方便、简化以及经济和快捷。正因为此类原因，对于非讼程序世界各国均采言词主义及书面审理主义。

5. 审判过程与裁判者的关系上，争讼程序采直接审理主义，而非讼程序不以直接审理主义为必要条件。直接审理主义由于要求法官亲自直接参与庭审，以及裁判者与审理者保持同一，反对没有亲自听审的法官参与裁判和诉讼进行中任意更换主审法官。因而不仅能够促使裁判者与审理者保持一致，以避免其他因素对于判决的不当影响，而且，作为裁判者的法官亲自听取当事人的陈述、辩论，以及证人证言，并直接观察当事人及其证人的言词、语气和态度、表情，以及物证实况，也有益于法官对证据的证明力的判断以及事实真伪的确定。同时，直接审理主义与言词审理主义以及自由心证主义密切相关，即凡是采用言词审理主义和自由心证主义者无不采用直接审理主义。换言之，没有直接审理主义或不采用直接审理主义，就无法采用言词审理主义，也无法进行自由心证。只有在诉讼程序中采用直接审理主义，当事人才有可能采用言词方式进行诉讼，法官在对当事人双方辩论亲自感知的条件下，也才有利于形成内心确信从而正确地裁判。为此，世界各国的争讼程序在有关审判者与裁判者的关系上均采用直接审理主义。

所谓间接审理主义，是指作为裁判者的法官，在未直接亲自参与听审的条件下，可以其他法官审理所得认识结果作为裁判之主义。在这种审理主义中，由于裁判的依据不是来源于裁判者自己对案件证据及其事实的亲自感知和了解，因而往往被视为不具有可靠性。为此，基于裁判依据应当直接、亲历、真实和可靠上的考虑，世界各国在争讼程序中均不采用这种审理主义。但是非讼程序与争讼程序不同，这种不同不仅在于非讼程序审理的案件往往仅有一方申请人，而且不存在双方当事人都参与的法庭调查及其庭审辩论。为此世界各国在非讼程序中并不以适用言词审理主义为必要条件，而是兼采言词主义和书面审理主义两种方式。而这种在一定程序和范围内以书面审理主义为其诉讼裁判规则的非讼程序中，就裁判者与案件审理者的关系而言，也就没有必须保持一致的必要。同时，考虑到审理的经济和程序进行的简速、快捷，以及书面审理主义在固定当事人的诉讼行为，便于表现当事人的诉讼主张以及法官审查等方面的优势，世界各国在有关非讼程序的设置上，均不以直接审理主义为必要条件，即绝非必须实行直接审理主义不可，而是规定在一定范围和条件下可以采用间接审理主义。

6. 程序进行的主导上，争讼程序采当事人进行主义，而非讼程序采职权进行主义。由于非讼程序所涉及的案件大多涉及社会公益或他人利益，并不仅仅局限于当事人之间的私权纠纷。因而在解决纠纷所适用程序的原理上，不仅不应完全受制于私权自治的观念，而且从保护社会公益和他人利益的角度，在这类诉讼案件的审理中，法院还有必要采取职权干预的方式，积极、主动地推进程序的进行。为此，传统程序理论认为在非讼程序的适用和立法设置中应当采用职权进行主义。

7. 诉讼的证明上，争讼程序采用严格的法定证明，而非讼程序采用较为宽泛的自由证明。传统程序理论认为争讼程序与非讼程序应当分别采用不同的证明方式，以及不同的证明标准。其基本理由在于传统程序理论认为这两种程序具有不尽相同的程序目标和价值追求。就争讼程序而言，其程序设置的目的在于严格规范诉讼中各个当事人及法官的行为，以及程序进行的步骤、方式、程式，以求得审慎、公平和正确地裁判。而非讼程序设置的目的，虽然较大程度上也是规范诉讼进行的步骤、方式和程式，但是其价值追求上却是以快捷、简易和迅速、经济为目标。由于两者所追求的价值不同，因而为适应其程序目标和价值追求，在有关诉讼的证明上，各自就应有针对性的采用不同的证明方式和标准。

8. 审理基本形态上，争讼程序采用对审制，而非讼程序采用单审制。争讼程序作为以存在原被告的诉讼事件为适用对象的诉讼程序，为了保证裁判的公正和法官对于案件事实真相的查明，在这种以相互对抗为特征的诉讼程序中，其审理基本形态上应当充分考虑到原被告双方在诉讼立场上相互对立的特点，从审判机制上保证原被告双方在诉讼地位、权利和义务上的平等，从而使得对立的诉讼双方都拥有平等或对等的陈述事实、提供证据以及攻击和防御的机会和方法，即诉讼法理上所谓的"武器对等"。同时，在争讼程序中，法官也只有借助双方当事人有关案件事实的攻击和防御才可能较好地发现真实，从而居中作出正确裁判。也正因为此类原因，世界各国在有关审理基本形态的规定上，对于争讼程序多采用对审制的审理形态。

而非讼程序作为以非讼事件为适用对象的程序，不仅诉讼程序的启动不以权益争执为前提，相当多的非讼事件也不必须具有对立的双方当事人，只要有一方当事人的申请即可启动程序，而且法院对非讼案件的审理，也无法听取双方当事人的辩论，只能依据一方当事人的陈述和提供的证据进行裁判、决断。非讼程序适用的非讼事件客观上决定了非讼案件的审理，事实上无法也不可能采用对审制，即在审理基本形态上，只能采用以一方当事人的陈述和举证为特征的单审制。

9. 审级制度上，争讼程序采用多级终审制，而非讼程序采用一审终审制。诉讼过程中，争讼程序不仅在程序上追求审理过程中当事人双方的"武器对等"，即双方拥有平等的陈述主张、提供证据的权利，以及相等的攻击与防御方法，而且更重视实体裁判上的公正与正确。而要保证这一目标的实现，就必须在审级制度上设置必要的救济程序。换言之，只有在审级制度上设置较为周全的审级保障制度，才可以使错误的判决得以纠正，也才可能使当事人的权利得到救济。为此，在审级制度上，世界各国对于争讼程序均采用多级终审制。这里的多级就世界各国有关民事诉讼程序立法规定来看，有的是两审终审制，有的是三审终审制。不论这些规定在审级上有何不同，有一点却是共同的，即都对争讼程序规定了具有诉讼救济性质的上诉审制度，因而审级制度都具有多级终审制的特点。

而非讼程序无论是启动、审理或裁判大都是在仅有一方当事人，即不存在相互对立当事人直接对抗的条件下进行的，因而不仅一般不存在法院作出判决后，一方当事人提出异议并需要救济的情况，而且，也没有在审级制度上设置救济程序的必要。为此，就世界各国有关民事非讼程序的立法来看，非讼程序多采一审终审制。

10. 裁判的形式和效力上，争讼程序多采用判决的方式，而非讼程序则多采用裁定的方式。争讼程序作为以解决实体争议为特征的诉讼程序，不仅因为解决实体问题上的需要，也基于判决的方式具有更为严格的要求和确定力，因而世界各国的民事诉讼程序立法中，对于争讼程序多规定采用判决的方式解决民事争议。而非讼程序由于解决问题的实质内容与诉讼程序不同，不仅往往涉及公益，即超出了私权范围，而且基于对社会公益和他人权益的保护，法院对于案件的裁判除了依据案件事实追求处理上的公正、正确外，还不得不从社会公益和他人权益保护的角度考量裁判、决断结论的妥当性和合社会性。因而不仅其裁判决断的羁束力应当在一定程度上受到限制或相对于诉讼程序的裁判方式有所减弱，而且其有关非讼事件的结论性决定，在方式和效力上与诉讼程序也应当有所不同。基于此类原因，世界多数国家对于非讼程序的裁判形式和效力，大都规定采用裁定的方式。

理论思考与实务应用

一、理论思考

（一）名词解释

公示催告程序　除权判决　申报权利

（二）简答题

1. 当事人申请公示催告的条件有哪些？

2. 公示催告程序中，申请人申请法院作出除权判决，需要具备哪些条件？

（三）论述题

试述公示催告程序与一般诉讼程序的区别。

二、实务应用

（一）案例分析示范

案例一

汇利商贸公司因遗失一张号码为L200456、金额为50万元的银行汇票，向票据支付地的甲区人民法院申请公示催告，甲区人民法院受理案件后，依法发出了停止支付通知和权利申报公告，在公示催告期间届满后第10天，持有与该号码同一的50万元银行汇票的建材公司向甲区人民法院申报权利。

问：此时，甲区人民法院应如何处理？

【评析】此时甲区人民法院应裁定终结公示催告程序。

案例二

2003年4月，李某从上海申银证券公司购得上海真空电子股票60股，每股票面价值100元人民币，号码从9115至9174。2005年10月1日，李某一家外出度假，家中失窃，上述股票全部被盗。李某回家后发现家中被盗，立即向公安机关报案，同时向证券交易所挂失。后此案一直未破。2005年10月11日，李某向当地基层人民法院申请公示催告。人民法院接到申请后，经审查符合法定申请条件，于次日决定受理，由审判员陈某一人负责审理，并向李某发出受理通知书。受理后的第三天，法院向证券交易所登记部查验，确认名下确有上述号码的"真空电子"A股股票，随即通知其停止交易该股票。2005年10月16日法院发出公告，催促利害关系人在60日内申报权利。该公告同时刊登在2005年10月17日的《上海证券报》上。公示催告期间，无人申报权利。催告期届满后，审判员陈某于2006年1月15日作出除权判决，认定申请人被盗股票失效，自判决公告之日起，申请人有权向股票发行人上海真空股份有限公司申请补发。

问：本案中在程序上存在哪些错误？

【评析】本案在审理过程中，存在以下几点程序错误：

（1）人民法院于受理公示催告申请后，第三天才通知证券交易所停止交易该股票是不正确的，应当在受理的同时发出停止支付通知。

（2）人民法院于10月12日受理公示催告申请后，于10月16日才发出公示催告的公告是不正确的，应当在受理的3日内发出该公告。

（3）公示催告期间届满，因没有人申报权利，法院直接作出判决宣告股票无效是错误的，应当根据申请人的申请作出无效判决，如果申请人未在公示催告期间届满后1个月内提出该申请的，人民法院应当裁定终结公示催告程序。

（4）审判员陈某一人作出宣告票据无效的判决是不正确的。根据《民诉意见》第234条的规定，判决宣告票据无效的，应当组成合议庭审理。

案例三

林武取得一张北京大同有限公司开出的可背书转让汇票，该票据承兑行是上海虹口区工商银行。林武到青岛出差时不慎将该汇票丢失，立即向法院申请公示催告。法院经审查后发出催告，公告期为70天。到第80天，仍无人申报权利，该法院于是判决除去原票据上的权利，终结公示催告程序。

问：（1）林武应当向哪个人民法院申请公示催告？为了维护权利，公告期满林武应该怎样做？

（2）本案中法院有什么不妥之处？

【评析】

（1）林武应当向上海虹口区人民法院申请公示催告；为了切实维护权利，林武应在催告期间届满后1个月内向上海虹口区人民法院申请除权判决。

（2）在本案中，没有林武的申请，法院自行作出除权判决的做法是错误的。因为除权判决程序的启动，基于当事人申请，法院无权自行作出除权判决。

（二）案例分析实训

案例一

中国人民银行广东省分行 91 粤人银管字第 141 号文批准，广东省南海县涤纶厂于 1991 年 8 月发行短期融资债券。该债券发行期为 9 个月，年利率为 8.4%，中途不退还本金，期满一次兑本付息。该债券可以转让和抵押，但不记名、不挂失、不作货币流通。1991 年 8 月 9 日和 8 月 23 日，佛山市干部疗养院先后两次在广东发展银行南海县西樵营业部购买了南海涤纶厂发行的短期融资债券人民币 60 万元：1 万元面额的有 20 张，1000 元面额有 400 张。佛山市干部疗养院将上述短期融资债券全部存放于财务室的保险柜里。1991 年 9 月 28 日晚，上述 60 万元短期融资债券全部被盗。佛山市干部疗养院即向南海县西樵镇公安派出所报案，并向广东发展银行南海西樵营业部报告了此事。1991 年 12 月 8 日，佛山市干部疗养院向南海县人民法院申请公示催告。

问：法院能否受理该公示催告申请？

案例二

1998 年 6 月 5 日，康复医疗器械厂采购员王兴明携带一张空白转账支票外出购物。在乘车时不慎被盗，该单位即向人民法院申请公示催告。法院受理后，依法进行了公告。同月 19 日，有人持该厂支票在五星百货商场购得彩电和录像机各 4 台，价值 3 万余元。因法院已通知银行停止支付上述丢失支票，故五星百货商场持支票到银行办理转账结算，遭银行拒绝。于是，五星百货商场便同康复医疗器械厂进行交涉。康复医疗器械厂认为，该支票被盗后，已向人民法院申请公示催告，而五星百货商场在法院公告停止支付期间仍将商品出售给他人，以该支票转账付款，应属无效行为，其后果应自行承担。五星百货商场以未看到法院公告为由，坚持要求康复医疗器械厂承担赔偿责任，并以利害关系人的身份，持该支票向法院申报权利，要求终结公示催告程序。

问：法院应否终结公示催告程序？

案例三

2000 年 5 月，H 市某苗圃向 N 市某园艺公司订购一批花木。为此，苗圃签发了一张票面金额为 10 万元的现金支票，交付给 N 市某园艺公司，票据上载明票据支付地为 N 市园艺公司所在地。园艺公司的工作人员在区银行提款的过程中，不慎遗失了支票。

问：（1）谁有权向人民法院提出申请公示催告？

（2）哪个人民法院对此案有权管辖？

（3）人民法院决定受理申请的同时应当做哪些工作？

（4）公告催告利害关系人申报权利的期间多长？

 主要参考文献

1. 田平安主编:《民事诉讼法》,清华大学出版社 2005 年版。

2. 江伟主编:《民事诉讼法》,高等教育出版社、北京大学出版社 2004 年版。

3. 江伟主编:《中国民事诉讼法专论》,中国政法大学出版社 1998 年版。

4. 江伟主编:《民事诉讼法学原理》,中国人民大学出版社 1999 年版。

5. 樊崇义、夏红编:《正当程序文献资料选编》,中国人民公安大学出版社 2004 年版。

6. 肖建国:《民事诉讼程序价值论》,中国人民公安大学出版社 2000 年版。

7. 汤维建:《香港民事诉讼法》,河南大学出版社 1997 年版。

8. 法苑精粹编辑委员会编:《中国诉讼法学精粹》（2005 年卷）,高等教育出版社 2005 年版。

9. 张卫平:《转换的逻辑:民事诉讼体制转型分析》,法律出版社 2004 年版。

10. 王亚新:《社会变革中的民事诉讼》,中国法制出版社 2001 年版。

第五编　执行程序论

第 二 十 章

民事执行通论

【本章概要】执行程序的一般规定包括：执行机构、执行根据、执行管辖、执行异议、委托执行、执行和解、执行担保、执行承担、执行回转；执行启动的方式和执行措施，执行中止与执行终结。其中应重点掌握执行案件的管辖、执行异议、参与分配、特定财产的执行等。

【学习目标】了解执行的含义、特点、原则以及执行程序与审判程序的关系；正确理解执行标的；掌握执行程序发生的条件、执行根据、执行对象和执行工作应当遵守的原则；了解执行竞合的内涵和执行救济的方式。

第一节　执行程序概述

一、民事执行的概念

（一）民事执行的概念

民事执行，也称民事强制执行或者强制执行，是指人民法院的执行组织依照法定程序，对已发生法律效力的法律文书确定的给付内容，以国家强制力为后盾，依法采取的，迫使义务人履行义务的法律活动。民事执行中，有权根据生效法律文书向人民法院申请执行的人，称为申请执行人；对方当事人，称为被执行人。由于申请人在实体权利义务关系中是债权人，而被申请人则是实体权利义务关系中的债务人，所以，执行当事人双方也分别被称为债权人和债务人。

民事执行包括以下条件：①民事执行以生效的法律文书为依据；②民事执行根据必须具备给付内容；③民事执行必须以义务人无正当理由拒不履行为前提。

（二）民事执行程序与民事审判程序的关系

1. 二者的联系表现在：①在基本原则和制度方面，二者有某些相同之处；②民事审判和民事执行的目的都是为了保护当事人的合法权益；③审判程序与执行程序相互交叉。

2. 民事执行与民事审判存在以下区别：①二者在诉讼程序中的地位不同；②二者适用范围不同；③二者的任务不同；④行使民事执行权与民事审判权的职能部门不同；⑤民事执行的特殊性质决定了它的价值追求有别于民事审判：在公平与效率之间，更多地倾向于效率。

二、民事执行的分类

依据不同的标准，可以将民事执行作以下分类：

（一）终局执行与保全执行

依据执行的效果划分，分为终局执行与保全执行。终局执行也称满足执行，是指使债权人的债权获得实现或者满足的执行。保全执行是指维持债务人财产现状，以保证将来的终局执行的执行，比如对债务人财产的查封、扣押、冻结等限制债务人处分其财产的行为。民事执行原则上指终局执行，保全执行为其例外。

（二）金钱执行与非金钱执行

根据执行根据所载债权的性质来划分，可分为金钱执行与非金钱执行。金钱执行是指实现执行根据上所记载的金钱债权的执行。非金钱执行是指非为实现金钱债权请求权而进行的执行，包括交付物的请求权的执行和完成行为的执行。金钱执行与非金钱执行，因实现的权利性质有所不同，它们的执行方法也有所不同。

（三）直接执行、间接执行与替代执行

以民事执行方法为标准划分，可分为直接执行、间接执行与替代执行。直接执行是指执行机构直接以强制力实现债权人的权利的执行。间接执行是指执行机构不直接以强制力实现债权人的权利，而是课以义务人一定的不利后果，迫使义务人履行债务的执行，如拘留债务人或者拘传债务人的法定代表人。替代执行是指执行机构命第三人代义务人履行义务，而由义务人负担费用的执行。

（四）对人执行与对物执行

以执行标的为标准进行分类，可分为对人执行与对物执行。对人执行是以义务人或者应当为义务人清偿债务者的身体、名誉或者自由等为执行对象，从心理上迫使其履行义务。对物执行是以义务人的财产权为执行标的。对物的执行中有执行标的物，而对人执行中却无执行标的物。

（五）一般执行与个别执行

以执行义务人财产范围为标准划分，可分为一般执行与个别执行。一般执行是指义务人的财产不足以清偿总债权时，全体债权人就债务人的全部财产所进行的执行。个别执行是指债权人为满足或者保全其个别债权，而对义务人财产所为的执行。个别执行的实施，无须债务人不能清偿所有债权。我国现行民事诉讼法所规定的民事执行即为个别执行。

三、民事执行的基本原则

民事执行的基本原则是指在整个民事执行程序中起指导作用的行为准则。它既是立法原则，也是司法活动的原则。根据民事诉讼法基本原则及民事执行的特点，民事执行应当遵守以下原则：

（一）执行合法原则

执行合法原则，是指执行活动必须以生效的法律文书为依据，并且依照法定程序和方式进行。执行合法原则要求法院的执行活动既要符合实体法，又要符合程序法。

（二）执行当事人不平等原则

执行当事人不平等原则，是指执行程序中的债权人和债务人地位不平等，双方的权利义务有差别。在民事执行程序中，双方当事人之间的民事权利与义务已明确，因此不宜也无法使权利义务人平等。

（三）依法保护权利人合法权益与适当照顾被执行人利益相结合原则

人民法院在保护权利人合法权益的同时也应当适当照顾债务人的实际需要，如，生产与生活的必需。

（四）执行及时原则

执行及时原则体现了民事执行程序的基本价值要求。民事执行是一种司法强制行为，追求效率应是民事执行的最高追求。因此，民事执行程序要尽量缩短周期，在执行实践中要尽可能迅速及时地满足债权人的利益。

（五）执行穷尽原则

所谓"执行穷尽"，是指人民法院根据债权人的请求，在法律授权的范围内，穷尽各种执行方法、措施、手段和途径，对被执行人的财产进行了必要的调查、审计，依法采取了查封、扣押、冻结、拍卖、变卖等执行行为，在履行了上述程序后仍不能满足债权人权利的，法院才能裁定终结执行程序。

四、民事执行法

民事执行法是规定执行机关的组织，及其运用强制力实施执行行为的程序规范的总和。包括执行法院的组织、权限，执行当事人的能力、资格，执行行为的程序、要件等内容。

我国现行做法是将执行程序作为民事诉讼程序的一部分，在《民事诉讼法》中单列一编规定民事执行程序。1991 年的《民事诉讼法》在第三编中规定执行程序，关于执行的条款达 30 条。2007 年 10 月 28 日全国人大常委会《关于修改〈中华人民共和国民事诉讼法〉的决定》，对执行程序进行了修改，将执行程序的条款增加至 34 条。同时第九、十、二十六、二十七章也都涉及执行内容。另外最高人民法院先后发布《民诉意见》、《关于人民法院执行工作若干问题的规定（试行）》等司法解释，加强和完善了法院的执行依据。

第二节　执行主体和执行标的

一、执行主体

（一）执行主体的概念

执行主体，是指在执行程序中，依照执行法律规定，享有权利和承担义务，并能够引起执行程序发生、变更或者终结的组织或者个人。执行活动是在人民法院、执行当事人和协助执行人、见证人的参加下进行的，人民法院、执行当事人和其他执行参与人是执行主体。

（二）执行机构

1. 执行机构的设置。执行机构，是指依法负责执行法律文书的职能机构。根据《民事诉讼法》规定，各级人民法院根据需要，都可以设立执行机构——执行庭或者执行局。

2. 执行机关的组成人员及职责。执行机关行使民事执行权，是通过具体的人员进行的。执行机构通常由人民法院院长、执行庭（局）长、执行员、书记员和司法警察组成。

（1）院长。负责执行员实施的拘传、拘留、罚款、中止执行等程序行为的审查批准。实施搜查也必须由院长签发搜查令。对于重大事项的办理，应有 3 名以上执行员讨论，并报院长批准。

（2）执行庭（局）长。各级法院执行庭（局）长除办理执行案件外，还要主持重大执行事项的讨论，监督属下执行人员，处理有关行政事务。

（3）执行员。是执行机构的主要成员，其职责是办理法院执行案件，在执行工作中，依法实行回避。

（4）书记员。负责记录案件的执行情况及其他日常性工作，协助执行员办理执行事项。

（5）司法警察。接受执行员的指挥，负责维护执行工作中的秩序，并协助执行工作的进行。在采取重大执行措施时，必须有司法警察参加。必要时可请求公安、武警等机关予以协助。

3. 执行争议的协调。两个或者两个以上人民法院在执行相关案件中发生争议的，应当协商解决。协商不成的，逐级报请上级法院，直至报请共同的上级法院协调处理。执行争议经高级人民法院协商不成的，由有关的高级人民法院书面报请最高人民法院协调处理。上级法院协调下级法院之间的执行争议所作出的处理决定，有关法院必须执行。上级法院协调处理有关执行争议案件，认为必要时，可以决定将有关款项划到本院指定的账户。

4. 执行监督。上级人民法院依法监督下级人民法院的执行工作。最高人民法院依法监督地方各级人民法院和专门法院的执行工作。

监督权限：①指令纠正；②裁定纠正；③裁定不予执行；④责令限期执行；⑤提级或指定执行；⑥依审判监督程序处理；⑦通知暂缓执行；⑧追究责任。

（三）执行当事人

1. 执行当事人的含义。所谓执行当事人，就是执行程序中的权利人和义务人，是法院判决、裁定、仲裁裁决等具有给付性质的执行根据上所确定的债权人与债务人。

2. 执行承担。执行根据的效力，原则上只及于法律文书所确定的权利人和义务人。一般条件下，只有法律文书确定的权利人和义务人是执行当事人，人民法院也只对法律文书确定的义务人实施强制执行。执行程序中，案外人因实体法原因承受执行当事人地位，享有申请执行人的权利或者承担被执行人的义务，就是执行承担。执行承担包括执行程序中权利的继受和义务的承担两个方面。权利的继受比较简便，而义务的承担则比较复杂。为保障债权人在法律文书中的合法利益得到实现，《民事诉讼法》和最高人民法院《关于人民法院执行工作若干问题的规定（试行）》对被执行主体的变更和追加的情形作了具体的规定。被执行人发生执行承担的情形有：

（1）当事人死亡。债权人死亡，需等待继承人继承权利的，法院应当裁定中止执行。无须等待继承人继承权利的，可继续执行，以保护债权人合法权益。

债务人死亡的，执行程序依下列规定处理：

第一，对遗产进行执行或者终结执行。作为被执行人的公民死亡的，以其遗产偿还债务。如被执行人无遗产，除继承人自愿偿还外，不负无限清偿责任，法院应当裁定终结执行。

第二，变更继承人为被执行人。作为被执行人的公民死亡，其遗产继承人没有放弃继承的，法院可以变更被执行人，由该继承人在遗产继承的范围内偿还债务。

（2）作为法人、组织的被执行主体的变更或者追加的情形。

第一，组织终止。法人、其他组织终止的，由其权利义务承受人履行义务。

如果权利义务的承受人没有确定，法院应当裁定中止执行。若无权利义务承受人的，应按破产或清算程序处理。

第二，组织分立、合并。执行程序中，被执行人分立、合并的，其权利义务由变更后的法人、组织承受；被撤销的，如有权利义务承受人，可以裁定该权利义务承受人为被执行人。作为被执行人的法人和其他组织合并、被兼并的，法院应当裁定变更该合并、兼并后的法人、其他组织为被执行人。被执行法人分立的，分立后的企业按照比例对债务承担责任。

第三，组织名称变更。法院可裁定变更后的法人或者组织为被执行人。

第四，法人分支机构不能清偿债务。法院在法人分支机构不能清偿债务时，可以裁定企业法人为被执行人。

第五，独资企业。被执行人是独资企业，无能力履行义务的，法院可裁定执行该企业业主的其他财产。对于一人有限责任公司的股东，如不能证明公司财产独立于自己的财产，应当对公司债务承担连带责任。但是该责任的承担，应通过审判程序确定下来，不直接进入执行程序。

第六，合伙组织。被执行人是合伙组织或者合伙型联营企业，不能履行法律文书所确定的债务时，法院可追加合伙人或者联营企业法人为被执行人。

第七，开办单位。被执行人无财产清偿债务，如开办单位在其开办时投入注册资金不实或抽逃注册资金，可裁定追加或者变更其开办单位为被执行人。作为被执行人的法人歇业或者被撤销，上级主管部门或者开办单位无偿接受被执行人财产的，法院可裁定主管机关或开办单位在接受财产的范围内承担责任。

（四）执行参与人

执行参与人是指人民法院和执行当事人以外的参与执行工作的组织和个人。包括协助执行人、执行见证人、被申请执行人的家属以及代理人和翻译人员等。

在执行程序中，按照人民法院的协助执行通知书配合执行机构进行执行工作的单位和个人，称为协助执行人。如金融机构及其管理部门，房地产管理部门，海关、税务、公安、工商部门，用人单位等都有依法协助的义务。

在执行程序中，人民法院采取某些执行措施时，到场亲自对执行活动进行观察和监督，证实执行情况的人，称为执行见证人。可以成为执行见证人的人员主要有：①被执行人或者他的成年家属；②被执行人为公民时，其工作单位或者财产所在地基层组织指派参加执行的人员；③被执行人为法人或其他组织时，其法定代表人或者主要负责人。

二、执行标的

（一）执行标的的概念

法院强制执行行为所指向的对象，为执行标的，又称执行客体。执行标的有以下两个重要的特点：①执行标的具有非抗辩性；②执行标的具有法定性。

民事执行依执行标的的不同，分为财产执行和人身执行。财产执行是以债务人所有的物或者有财产价值的权利为执行标的。人身执行是以人的身体或者债务人的自由权为执行标的。法院执行原则上只针对财产执行，只有在特殊情况下才以义务人的身体、劳动、自由为执行标的。

（二）财产执行的执行标的

财产执行的执行标的有两类：一类是财产（包括有体物和无形财产权），一类是可以替代的行为。根据法律文书的内容，法院需要完成的执行活动可能是要求债务人给付金钱、物品、有价证券等财产，也可能是要求债务人履行一定的行为或者不为一定的行为。下面就分别讨论作为执行标的的财产和可以替代的行为。

1. 有体物。被执行人的财物，应当是其享有所有权或者有权处分的物。对物的执行通常指有金钱价值的一切物与权利，一般分为有体物与无体物。有体物依其可否移动又可以分为动产和不动产。作为执行的不动产包括：土地使用权、房屋、林木等。作为执行的动产包括：船舶、航空器、机动车辆、有价证券等。

2. 无形财产权。无形财产权是指被执行人所享有的包括存款、债权、工资收入、用益物权、知识产权、股权及其他权利在内的财产权。作为到期债券也可以成为执行的标的。作为执行标的的无形财产权，必须是债务人独立的财产权利、具有财产价值和可转让性。作为执行标的的无形财产包括：存款、农村土地承包经营权、建设土地使用权、宅基地使用权、其他自然资源使用权、专利权、商标权、著作权、股权、有价证券等。

3. 不得作为执行标的的财产。被执行人的财产，原则上均可以强制执行。但实体法和程序法基于保障社会安全或者债务人的生存、维护社会公益或者第三人利益、促进社会文化发展等考虑，对于被执行人的特定财产，执行法院不得采取执行措施，此即为豁免执行的财产。

（1）关于有体物的执行豁免范围。下列有体财产不得成为执行标的：①被执行人及其所抚养的人所必需的衣食住行必备的物品；②被执行人及其所扶养的家属所必备的生活所需。当地有最低生活标准的，必需的生活费以该标准确定；③被执行人及其所抚养的人完成义务教育所必需的物品；④未公开的发明与未发表的著作；⑤被执行人及其所扶养的家属用于身体缺陷所必需的辅助工具、医疗器械；⑥被执行人所得的勋章及其他荣誉表彰的物品，以及为维护公序良俗而不得执行的财产；⑦根据《中华人民共和国缔结条约程序法》，以中华人民共和国、中国政府或者中国政府部门名义同外国、国际组织缔结的条约、协定和其他具有条约、协定性质的文件中规定免予查封、扣押、冻结的财产；⑧法律或者司法解释规定的其他不得查封、扣押、冻结的财产。如银行机构的办公场所、医院的医疗设施、禁止流通物、禁止转让物等。

（2）关于无形财产权的执行豁免范围。法律或者司法解释规定对某些财产权利不得执行或者只有具备一定条件才能执行的情形主要有：①信用证开证保证金；②证券经营机构清算账户资金；③证券、期货交易保证金；④银行承兑汇票保证金；⑤旅行社质量保证金；⑥粮棉油收购专项资金；⑦商业银行根据国家政策向特定企业发放的具有特定用途的贷款；⑧社会保险基金和社会基本保障资金；⑨国防科研试制费；⑩金融机构存款准备金；⑪军费（但军队工厂、农场、马场、军人服务部、省军区以上单位实现企业经营的招待所和企业的上级财务主管部门等单位开设的军队"特种企业存款"除外）；⑫征用土地补偿费、安置补偿费；⑬单位和职工缴纳的住房公积金；⑭由地方财政部门管理、主要用于社会公益的各项附加收入即财政预算外资金；⑮《民法通则》规定的专属于债务人所有的权利，如健康权、姓名权、肖像权、名誉权等都不得成为执行标的。

（三）行为执行的标的

完成行为的执行中，执行标的是被执行人的作为或者不作为。

我国《民事诉讼法》第228条规定，对判决、裁定和其他法律文书指定的行为，被执行人未按执行通知履行的，人民法院可以强制执行或者委托有关单位或者其他人完成，费用由被执行人承担。

（四）人身执行的执行标的

在现代法制国家，仅允许在例外情况下以人的自由为执行标的。我国法律为促使债务人履行债务（尤其是不可以替代的行为），允许以人的自由权为执行标的，采取拘传、拘留、限制出境、罚款等间接执行措施。比如，当事人不履行法律文书确定的行为，如果该项行为义务只能由被执行人完成，人民法院可以依照《民事诉讼法》的规定，以拒不履行判决、裁定为由，对义务人（包括单位主要负责人和直接责任人员）予以罚款、拘留，构成犯罪的，追究刑事责任。

第三节　执行根据和执行管辖

一、执行根据

（一）执行根据的概念和特征

执行根据是执行机关据以执行的法律文书，是由有关机构依法出具的、载明权利人享有一定权利，权利人可以据以请求执行的法律文书。

执行根据具有以下法律特征：①它是一种法律文书。②它是已经生效的法律文书。③它是具有给付内容的、法律规定属于法院强制执行的法律文书。不具有给付内容，或者虽有给付内容但法律规定不属于法院强制执行的法律文书，不能成为执行根据。④它是依法向法院申请执行或者由法院移送执行的法律文书。

（二）执行根据的种类

根据法律文书制作者的不同，执行根据可以分为三种类型：①人民法院制作的法律文书，包括民事判决、裁定、调解书、支付令和法院许可执行的裁定或者命令以及刑事判决、裁定中的财产部分等；②法律规定由人民法院执行的其他法律文书，包括仲裁裁决书和公证债权文书。③人民法院制作的承认并执行外国法院判决、裁定或者外国仲裁机构裁决的裁定书。

二、执行管辖

执行管辖是指将执行案件、执行事务和执行中的命令及裁判事务决定由何法院执行的权限划分。包括级别管辖和地域管辖。

（一）级别管辖

依据《民事诉讼法》第 201 条和最高人民法院司法解释的规定，由基层人民法院管辖的执行案件有：①基层人民法院作为一审作出的生效法律文书；②二审法院制作的生效法律文书；③国内仲裁中的财产保全执行和证据保全执行由被申请人住所地或者被申请保全的财产所在地和申请保全的证据所在地的基层人民法院执行；④公证机关作出的依法赋予强制执行效力的债权文书，依诉讼案件的级别管辖由基层人民法院管辖的，应确定由基层法院执行；⑤上级人民法院依法指定基层法院管辖的案件；⑥其他案件。包括外地法院委托执行的案件和其他案件。

中级人民法院管辖的执行案件有：①中级人民法院作为一审作出的生效法律文书；②高级人民法院制作的二审生效法律文书；③国内仲裁机构制作的发生法律效力的仲裁裁决，依级别管辖规定，确定由中级人民法院管辖的；④公证机关作出的依法被赋予强制执行效力的债权文书，依诉讼案件的级别管辖由中级人民法院管辖的；⑤中国仲裁机构作出的涉外仲裁裁决；⑥经当事人申请，我国法院承认其效力的外国法院判决、国外仲裁裁决；⑦外地法院委托执行的案件；⑧上级法院指定执行的案件；⑨专利管理机关依法作出的处理决定和处罚决定，由被执行人住所地或者财产所在地的省、自治区、直辖市有权受理专利纠纷案件的中级人民法院执行；⑩国务院各部门、省、自治区、直辖市人民政府和海关依照法律、法规作出的处理决定和处罚决定，由被执行人住所地或者财产所在地的中级人民法院执行。

高级法院管辖的执行案件有：①高级人民法院为一审作出的生效法律文书的执行；②最高人民法院制作的二审生效法律文书；③最高人民法院指定执行的案件。

（二）地域管辖

所谓执行程序中的地域管辖，是指被执行案件应当由执行标的物所在地或者被执行人应当履行的行为地法院管辖；如果应当执行的标的物所在地或者被执行人应当履行的行为地不明确的，则由被执行人住所地法院管辖。《民事诉讼法》第201条规定，发生法律效力的民事判决、裁定，以及刑事判决、裁定中的财产部分，由第一审人民法院或者与第一审人民法院同级的被执行的财产所在地人民法院执行。法律规定由人民法院执行的其他法律文书，由被执行人住所地或者被执行的财产所在地人民法院执行。

两个以上人民法院都有管辖权的，当事人可以向其中一个人民法院申请执行；当事人向两个以上人民法院申请执行的，由最先接受申请的人民法院管辖。对两个以上人民法院都有管辖权的执行案件，人民法院在立案前发现其他有管辖权的人民法院已经立案的，不得重复立案。立案后发现其他有管辖权的人民法院已经立案的，应当撤销案件；已经采取执行措施的，应当将控制的财产交先立案的执行法院处理。

两个人民法院之间因执行管辖权发生争议的，由双方协商解决；协商不成的，报请双方共同的上级人民法院指定管辖。基层人民法院和中级人民法院管辖的执行案件，因特殊情况需要由上级人民法院执行的，可以报请上级人民法院执行。

第四节　执行和解与执行担保

一、执行和解

（一）执行和解的概念

执行和解是指在执行过程中，申请执行人与被执行人自愿协商，达成协议，并经人民法院审查批准后，结束执行程序的行为。执行和解是当事人行使处分权的行为，只要双方当事人意思表示真实，内容不损害国家、集体和他人利益，不违反法律规定，法院应当允许。执行和解是当事人行使自己民事权利和诉讼权利的行为，在执行和解中，执行员不能进行调解。

（二）执行和解的内容和效力

1. 执行和解的内容。根据民事诉讼法的规定，在执行中，双方当事人自行和解达成协议的，人民法院的执行员应当将协议内容记入笔录，由双方当事人签名或者盖章。和解协议包括：①变更履行的主体；②标的物及其数额的变更；③履行期限的延长；④履行方式的改变。

2. 执行和解的效力。执行和解协议一经法院批准，就对双方当事人产生拘束力。但是，和解协议是民事协议，并不具备法定的强制执行力，也不能改变原生效法律文书的执行力。因此，如果一方当事人不履行和解协议，对方当事人只能申请法院恢复原执行依据的执行，但和解协议已履行部分应当扣除。执行和解协议已履行完毕的，人民法院应当裁定终结执行，不予恢复执行。

二、执行担保

（一）执行担保的概念及条件

执行担保是指在执行程序中，经执行权利人的同意，执行义务人或者第三人，为实现法律文书所确定的权利而向人民法院提供保证，人民法院可以决定暂缓执行的制度。执行担保制度在大陆法系的德国、日本及我国的台湾地区的法律中都有所规定。

执行担保应当具备以下条件：①由被执行人向执行法院提出书面申请。申请包括提供担保的申请和暂缓执行的申请。②担保的方式可以是提供财产担保，也可以是第三人保证。义务人提供财保的，应将财产移交法院或者到有关机关办理登记手续。第三人提供保证的，应提交书面的保证书，担保人应具有代为履行或者代为赔偿的能力。③执行担保须征得执行权利人的同意。④须经法院许可。

（二）执行担保的法律效力

1. 执行担保并不必然引起暂缓执行的法律后果，是否暂缓执行由法院决定。

2. 法院决定暂缓执行产生以下法律效力：①已开始的执行行为全部停止，同时不再采取新的执行措施和新的执行行为；②已实施的执行行为依然有效，不因暂缓执行而失效；③暂缓执行期间，义务人或者担保人对担保的财产有转移、隐匿、变卖、毁损等行为的，法院可以恢复强制执行；④暂缓执行期间，义务人履行义务的，则执行完毕，执行程序结束。

3. 义务人逾期仍不履行的法律后果：逾期仍不履行的，法院有权执行义务人的担保财产或者担保人的财产。

第五节 委托执行与协助执行

一、委托执行

（一）委托执行的概念与条件

委托执行是执行法院因特殊情况，依法将本院执行的案件委托有关人民法院代为执行的一种活动。依照民事诉讼法规定，债务人或者被执行的财产在外地的，负责执行的法院可以自己直接到当地执行，也可以委托当地人民法院代为执行。委托执行是人民法院间的一种重要的司法互助制度。

委托执行的条件包含以下五个方面：①被执行人或者被执行的财产全部或者部分在外地。②受托法院是被执行人或者被执行财产所在地法院。③委托法院应在立案后一个月内办妥委托执行手续，超过此期限，须经受托法院同意。④委托执行原则上是在同级法院之间进行，不得随意提高或者降低受托法院级别，但受托法院同意的除外。被执行人是军队企业的，可委托当地的军事法院执行；执行标的物是船舶的，可委托海事法院执行。⑤委托法院须向受托法院出具书面委托函，并附执行依据的副本、立案审批表复印件及有关情况说明。

（二）不得委托执行的案件范围

1. 禁止委托的事由。委托法院明知被执行人有下列情形之一的，应及时依法裁定中止执行或者终结执行，不得委托当地法院执行：①被执行人无确切住所或者长期下落不明，又无财产可供执行的；②有关法院已经受理以被执行人为债务人的破产案件或已经宣告破产的。

2. 不得委托执行的情形。有下列情形之一的，不可委托执行：①被执行人在不同辖区内有财产，且任何一个地方的财产不足以单独清偿债务；②分布在不同法院辖区的多个被执行人对清偿债务的承担有一定关联；③需要裁定变更或者追加本辖区以外的被执行人的；④案件审理中对外地的财产进行保全，异地执行更为方便的；⑤因其他特殊情况不便委托执行，经高级人民法院批准的。

（三）委托执行的程序

在委托执行中，受托法院在接到委托函后，委托执行开始并应当遵守下列程序：

1. 受托人民法院在接到委托函后，无权对委托执行的生效的法律文书进行实体审查。执行中发现据以执行的法律文书有错误的，受托人民法院应当及时向委托人民法院反映。

2. 受托法院应当严格按生效法律文书的规定和委托法院的要求执行。对债务人履行债务的时间、期限和方式需要变更的，应当征得申请执行人的同意，并将变更情况及时告知委托法院。

3. 受托法院遇有需要中止或者终结执行的情形，应当及时函告委托法院，由委托法院裁定，在此期间，可以暂缓执行。受托法院不得自行裁定中止或者终结执行。

4. 委托执行中，案外人对执行标的提出异议，受托法院应当函告委托法院，由委托法院通知驳回或者作出中止执行的裁定。在此期间，暂缓执行。

5. 受托法院在收到函件后，必须在15日内开始执行。执行完毕以后，应当将执行结果及时函复委托法院；在30日内如果还未执行完毕，也应当将执行情况函告委托法院。

6. 受托法院自收到函件之日起15日内不执行的，委托法院可以请求受托法院的上级人民法院指令受托法院执行。受托法院的上一级人民法院在接到委托法院的指令执行请求后，应当在5日内书面指令受托法院执行，并将这一情况及时告知委托法院。受托法院在接到上一级人民法院的书面指令后，应当立即执行，将执行情况报告上一级人民法院，并告知委托法院。

二、协助执行

（一）协助执行的概念

协助执行有广义和狭义之分。狭义的协助执行是指人民法院内部的一种司法协助；广义的协助执行，除了人民法院之间的协助执行外，还包括有关单位的协助执行和公民个人的协助执行。因此，协助执行的概念可以归纳为：受理执行案件的人民法院通知有关单位、个人或者请求有关人民法院协助执行生效法律文书所确定的内容的一种法律制度。

（二）人民法院之间的协助执行

1. 人民法院协助执行的特征。协助执行主要有三个特征：①被执行人或者被执行财产在辖区外；②受理执行申请的法院直接到辖区外执行；③当地法院辅助执行。协助执行中，执行法院以自己的名义采取执行措施，实施执行行为，当地法院只是起配合、支持、帮助等辅助作用。

2. 人民法院协助执行的程序要求。执行法院异地直接执行案件时，应当主动请求当地法院协助执行，同时应当出具协助执行公函、介绍信，出示执行公务证，并可以主动介绍案情和准备采取的执行方案，同时阐明要求协助的内容。

对执行法院的协助执行请求，当地法院应当积极配合，积极办理，不得借故推脱，不得消极应付，不得设置障碍，更不得与当地被执行人串通，对抗外地法院执行。遇有执行人员受围攻等紧急情况，当地法院应当积极协调解围，在报告当地党委、政法委的同时，妥善处理。

（三）人民法院以外的其他单位和个人的协助执行

1. 协助行为的类型。实施民事执行还需要有关单位或者个人的协助，主要有下列情形：

（1）登记机关按照协助执行通知书所实施的行为。主要包括：协助查询、协助查封或者预查封登记、协助办理轮候查封登记、协助办理财产权证照转移过户登记。

（2）金融机构和其他有储蓄业务的单位依法协助法院执行的行为。法院有权向金融机构查询被执行人的存款情况，有权冻结、划拨被执行人的存款，但不应超出被执行人应当履行义务的范围。

（3）用人单位的协助执行。被执行人未按规定履行义务，法院有权扣押、提取被执行人应当履行义务部分的收入。法院作出裁定，并发出协助通知书，被执行人所在单位有义务协助人民法院执行。

（4）标的物持有人的协助。有关单位持有法律文书指定交付的财物或者票证的，应当根据法院的协助执行通知书转交，并由被交付人签收。

（5）接受投资企业的协助执行。对于股权、股息或者红利的执行，有关企业协助执行。对被执行人在企业中的投资权益或者股权，执行法院可以采取冻结措施。

（6）有关机关的协助。包括行政主管机关的协助、仲裁机构、公证机构调阅卷宗的协助执行，一级公安机关派员见证和防止暴力抗拒执行等协助。

2. 有关单位和个人协助执行的程序。执行法院要求有关单位和个人协助执行时，应当发出协助执行通知书，协助执行通知书中应当载明所需要协助的具体事项。

3. 对拒不协助执行的处理。根据民事诉讼法规定：有义务协助调查、执行的单位有下列行为之一的，人民法院除责令其履行协助义务外，并可以予以罚款和拘留：①有关单位拒绝或者妨碍人民法院调查取证的；②银行、信用合作社和其他有储蓄业务的单位接到人民法院协助执行通知书后，拒不协助查询、冻结或者划拨存款的；③有关单位接到人民法院协助执行通知书后，拒不协助扣留被执行人的收入、办理有关财产权证照转移手续、转交有关票证、证照或者其他财产的；④其他拒绝协助执行的。

此外，最高人民法院《关于人民法院执行工作若干问题的规定（试行）》还对违反法院协助执行通知，协助被执行人转移财产或者擅自向被执行人支付或者清偿等行为规定了其所应当承担的民事赔偿责任或者国家赔偿责任。违反义务行为包括：金融机构擅自解冻致冻结款项被转移，在法院责令追回的限期内未追回的；有关单位擅自支付，在法院限期追回的期限内未追回的；有关企业擅自支付股息或者红利，或者擅自办理已冻结股权的转移手续，造成财产无法追回的。

第六节 妨害执行的强制措施

一、妨害执行的强制措施的概念

所谓妨害执行的强制措施，是指人民法院对于妨害民事执行活动的行为人采取的制裁措施，为妨害民事诉讼强制措施的一种，目的在于维护执行程序的顺利进行。因此，妨害执行的行为人所实施的行为，即使没有发生阻止执行的实际效果，也应当承担责任。

二、妨害执行行为的种类

妨害执行行为主要有如下几大类：

1. 拒不到场行为。对必须到人民法院接受询问的被执行人或者被执行人的法定代表人或者负责人，经两次传票传唤，无正当理由拒不到场的，人民法院可以对其进行拘传。

2. 一般妨害执行行为。被执行人或者其他人有下列拒不履行生效法律文书或者妨害执行行为之一的，人民法院可以依照《民事诉讼法》第 102 条的规定处理：①隐藏、转移、变卖、毁损向人民法院提供执行担保的财产的；②案外人与被执行人恶意串通转移被执行人财产的；③故意撕毁人民法院执行公告、封条的；④伪造、隐藏、毁灭有关被执行人履行能力的重要证据，妨碍人民法院查明被执行人财产状况的；⑤指使、贿买、胁迫他人对被执行人的财产状况和履行义务的能力问题作伪证的；⑥妨碍人民法院依法搜查的；⑦以暴力、威胁或者其他方法妨碍或者抗拒执行的；⑧哄闹、冲击执行现场的；⑨对人民法院执行人员或者协助执行人员进行侮辱、诽谤、诬陷、围攻、威胁、殴打或者打击报复的；⑩毁损、抢夺执行案件材料、执行公务车辆、其他执行器械、执行人员服装和执行公务证件的。

3. 非法索债行为。采取对妨害民事诉讼的强制措施必须由人民法院决定。任何单位和个人采取非法拘禁他人或者非法私自扣押他人财产追索债务的，应当依法追究刑事责任，或者予以拘留、罚款。其目的在于防止非法拘禁或者非法私自扣押他人财产、追讨债务，扰乱社会秩序。人民法院对非法拘禁他人或者非法私自扣押他人财产追索债务的单位和个人予以拘留、罚款的，适用《民事诉讼法》第 104 条和第 105 条的规定。

4. 不协助执行的行为。有义务协助调查、执行的单位有《民事诉讼法》第103条规定的行为之一的，人民法院除责令其履行协助义务外，可以予以罚款或拘留。

三、妨害执行的强制措施的种类及其适用

对于妨害执行行为，现行法上有以下四种制裁方法：

（一）拘传

拘传是指在执行程序中，强制被执行人到庭接受调查的一种强制措施。拘传应当具备以下条件：①被拘传人是必须到庭的被执行人或者被执行单位的法定代表人或负责人；②经两次传票传唤，却拒不到庭；③被拘传人无正当理由拒不到庭。

适用拘传应当注意以下问题：①禁止异地拘传，在本辖区以外采取拘传措施时，应当将被拘传人拘传到当地法院，当地法院应予以协助；②拘传时间不得超过24小时，调查询问后不得限制被拘传人的自由。

（二）拘留和罚款

罚款与拘留是两种较重的制裁措施，二者在适用条件、程序及救济措施上与妨害民事诉讼的拘留与罚款相同。在此，不再赘述。

（三）限制出境

1. 限制出境的概念。限制出境，是指在民事诉讼程序中，为保证民事案件的顺利审理和将来有效裁判的执行，人民法院应当事人的申请，对有未了结民事案件的当事人，依法裁定限制该当事人在一定的期限内不得出境的一种保全措施。

2. 限制出境的法律依据。我国《公民出境入境管理法》和《外国人入境出境管理法》规定，已入境的外国人或华侨、港澳同胞，以及需要出境的中国公民，可凭有效护照或其他有效出入境证件出境，不需再办理签证，但两法也规定了上述人员不得出境的条件。《公民出境入境管理法》第8条第2项规定，在人民法院通知有未了结民事案件不能出境的情况下，有关公安、边防机关不批准该当事人出境。《外国人入境出境管理法》第23条第2项也有相同规定。这是现行法中人民法院采取限制出境措施的法律根据。

3. 限制出境的条件。①须由权利人提出书面申请，法院不得依职权进行；②必须有被执行人未履行的已生效法律文书的存在。

4. 限制出境的方法。①向义务人发出口头或者书面通知；②可以在令其提供相应的担保后准予离境；③扣留义务人的护照或者其他有效证件；④在边境检查站阻止出境。

（四）其他执行威慑机制

1. 执行威慑机制的概念。民事执行威慑机制，是指国家通过立法，利用社会各方面资源，形成党委领导、人大监督、政府参与、政协支持、各界配合、法院主办的综合解决"执行难"的工作格局。

2. 民事执行威慑机制有以下内涵：

（1）民事执行威慑是一种法律机制。它既不是法律规范，也不是社会规范，它是围绕着解决法院"执行难"而人为构建的一种法律机制；是以国家立法和司法机关为主导、以其他相关部门广泛参与和密切配合为基础的法律机制；是一种长效法律机制。其目的是通过加大执行力度、增加被执行人责任、提高被执行人强制执行的成本等途径，促使未进入强制执行程序的生效法律文书确定的债务人自动履行义务，其最终目的是为了彻底解决法院"执行难"问题。

（2）民事执行威慑机制的运行主要涉及三方面主体，一是执行机关本身，二是执行当事人，三是协助执行人。根据民事强制执行权的性质，执行实施机构通过实施民事执行威慑机制穷尽执行措施，其权力的运行在整体上体现的是职权主义。与此同时，执行威慑机制积极调动执行当事人和协助执行人参与运作，又体现了当事人主义的特征。这种兼具主动性和被动性双重特性的权力运作，应定位为准职权主义。

（3）民事执行威慑机制分为法院内部威慑机制和外部威慑机制两部分。内部威慑机制是由法院系统的内部机制构成，包括阳光执行机制、强制执行机制、信息网络机制等。外部威慑机制是由法律监督机关，社会各个机关、团体、企业事业单位及广大人民群众参与而形成的执行威慑机制，包括各有关单位的大力协助、舆论监督等措施。

3. 我国民事执行联动威慑机制存在的主要问题。

（1）对执行当事人合法权益的侵害时有发生。司法实践中有的法院以各种站不住脚的"借口"或"理由"侵害当事人权益，有的甚至公开损害债权人的权益。

（2）协助执行人对执行人的配合不够协调。法院在执行威慑机制运行过程中，需要外单位协助执行的事项较多，现有的诉讼法、最高人民法院《关于人民法院执行工作若干问题的规定（试行）》均有一些规定，但不全面，有的规定操作起来很困难。

（3）对执行中的弱势群体救助机制不够健全。在执行案件中，法院发现不少案件的申请人是特困群体，而被执行人也是特困群体，没有履行债务的能力，使申请人的合法利益无法实现。在执行威慑机制启动初期，法院依职权启动执行程序，并没有给相对处于弱势的被执行人一个抗辩的权利。同时在整个执行威慑机制运行过程中，对被执行人就其执行中的权利侵害，没有规定具体的解决途径。

四、妨害执行的刑事责任

（一）妨害执行构成犯罪的条件

对于妨害民事执行的行为，行为人承担刑事责任还是对其处以拘留或者罚款，是由行为人侵害执行秩序、损害司法权威和司法尊严的轻重程度而定。《民事诉讼法》第102、106条及《刑法》第313条都有所规定。

（二）追究刑事责任的程序

《刑法》中与妨害民事执行行为有关的罪名主要是第277条规定的妨害公务罪，第313条规定的拒不执行判决、裁定罪，第314条规定的非法处置查封、扣押、冻结的财产罪。按照《刑事诉讼法》的规定，这些犯罪行为都属于公诉案件，由检察机关向法院提起公诉，法院进行审判。

第七节　执行竞合与执行救济

一、执行竞合

（一）执行竞合的概念

竞合是指两个或者两个以上的事物在一方面或者几个方面重合且又相互排斥的一种状态。执行竞合是指两个或者两个以上权利人，同时或者先后以不同的执行名义对同一义务人的特定财产，申请法院强制执行，而各权利人之间的请求相互排斥，很难同时获得完全满足的一种竞争状态。义务人的特定财产，既然仅能满足债权人中一人或数人的强制执行，其他债权人的强制执行必然遭受排斥。在此情形下，何种债权人的强制执行有排斥其他债权人的效力。

（二）民事执行之间的竞合

1. 民事执行竞合的适用条件：①须有两个或者两个以上的权利人存在；②执行对象须为同一义务人的同一特定标的物；③数个权利人所持的执行根据必须是各自独立的法律文书；④各个不同执行根据的执行发生在同一特定时期；⑤多份生效法律文书的执行内容须为金钱给付或者交付财物的执行；⑥被执行人的财产不足以清偿全部债务。

2. 民事执行竞合的类型及处理。依我国部分学者的见解，民事执行竞合的形态有三种，即终局执行之间的竞合，财产保全与终局执行的竞合，财产保全之间的竞合。

（1）终局执行之间竞合的处理。终局执行之间的竞合，原则上有法定优先权的优先。如无法定优先权的，则可分两种情况处理：第一种情况，债务人能够清偿所有债务的。如果是金钱债权给付与特定物交付执行竞合时，应当以交付特定物优先。第二种情况，债务人不能够清偿所有债务的。这时需要区分债务人主体，分为是公民或其他组织和企业法人两种主体。如果是公民或其他组织的，则按比例分配；如果是企业法人的，则可以通过破产程序得到解决。

（2）财产保全与终局执行的竞合。终局执行在先、保全执行在后的竞合情况，终局执行优先。但如果反过来，保全执行在先，终局执行在后，先行的保全执行有阻止后来的终局执行的效力，但必须排除债权人可以申请进行破产分配的法定情形。

（3）财产保全之间的竞合。存在两种情况：①不同保全措施之间的竞合。各执行标的物均无担保的，采取保全措施在先的优先受偿。②同种保全措施之间的竞合。采取后保全无效的处理方法。

二、执行救济

（一）执行救济的概念

执行救济是指在执行程序中，当事人或者利害关系人，对法院因执行行为违法或者不当侵害其利益时，依照法律规定提出异议或者进行诉讼的法律制度。我国的民事诉讼法将执行救济分为三类：程序上的救济、实体上的救济以及程序实体的双重救济。其中，程序上的救济指的是执行异议；实体上的救济指的是执行异议之诉；双重救济指的是执行回转。

就执行救济手段来说，因各国的基本诉讼制度理论和执行机构的设置不同，各国的立法体例和救济方式也各不相同。从立法角度来看，英国、美国等英美法系国家法律中涉及执行救济内容的规定较少，更未区分程序上的救济方法与实体上的救济方法。比如美国，由于其执行实施权由联邦或州的执行官负责，因此，执行中有关异议的解决由法官来裁判。大陆法系的德国、日本和我国台湾地区法律中有关执行救济的规定则较为系统和集中，都明确区分了程序上的救济和实体上的救济两种不同的方法。

（二）执行异议

1. 执行异议的概念。执行异议是指当事人或者利害关系人认为执行程序、执行措施违反法律规定，请求法院予以救济的制度。

执行异议应当包括以下内容：①执行异议的主体包括当事人和利害关系人。这里的当事人指的是执行程序中的权利人与义务人；利害关系人指的是当事人以外，其法律上的权益受到侵害的人。②执行法院存在违法或者不当之处。

2. 执行异议的主体。提出执行异议的主体包括当事人或者利害关系人，异议的主体认为执行行为侵犯其合法权益时，可向执行法院提出书面异议。当事人和利害关系人都可以对法院的执行行为提出质疑，从而要求法院变更或者停止执行行为。对于案外人来讲，还可以针对执行标的提出执行异议，从而要求法院停止或者变更执行。

3. 执行异议的事由。当事人或者利害关系人在下列情况下可向法院提出执行异议：

（1）对执行命令不服。是指对执行法院关于执行发出的各种命令不服。例如：责令被执行人报告其财产状况、责令提供担保等。

（2）对执行的措施不服。包括三种：①执行法院对被执行人的财产采取的查封、扣押、冻结等；②应当实施一定的执行行为而没有实施，债权人有权申请执行法院为一定的行为；③执行法院实施强制措施的方法有违法或者不当之处，当事人或者利害关系人不服可以提出异议。

（3）执行行为违反法定程序。执行法院在执行过程中的执行行为没有依程序进行。

（4）其他侵害利益的情形。除上述事由外，其他任何违反执行法律规定，侵害当事人或者利害关系人利益的情形，均可以提出异议。

4. 执行异议的程序。

（1）异议的提出。异议由当事人或者利害关系人以书面方式向执行法院提出。

（2）提出执行异议的时间。在执行程序开始后，程序终结前提出。

（3）管辖法院。对于执行异议，实行专属管辖，由执行法院行使管辖权。在委托执行时，则由受托法院行使管辖权。

（4）执行异议的审查与处理。对于法院执行行为的异议，执行法院应当自收到书面异议之日起 15 日内进行审查，理由成立的，裁定予以改正或撤销；理由不成立的，裁定驳回。

（5）对裁定的救济。当事人、利害关系人对裁定不服，可以在裁定送达之日起 10 日内向上一级法院申请复议。

（三）申请变更执行法院

执行实践中，存在着执行不力而非执行不能的现象。针对这个问题，民事诉讼法在修改时创造性地将"监督型的提级执行"转化为"权力型的更换执行法院"。《民事诉讼法》第 203 条规定："人民法院自收到申请执行书之日起超过 6 个月未执行的，申请执行人可以向上一级人民法院申请执行。上一级人民法院经审查，可以责令原人民法院在一定期限内执行，也可以决定由本院执行或者指令其他人民法院执行。"这为权利人变更执行法院提供了立法依据。

1. 申请条件。

（1）人民法院自收到申请执行书之日起超过 6 个月未执行的，申请执行人可以向上一级人民法院申请执行。据此，申请执行人申请变更执行法院的条件为，案件超过 6 个月未执行。对申请条件的理解，应注意以下几点：①6 个月期间的起算点。《民事诉讼法》第 203 条规定的 6 个月期间是从人民法院收到申请执行书之日起算，而非从执行案件立案之日起算。②6 个月期间中应扣除的时间。应扣除的时间主要包括：执行中的公告期间、评估鉴定期间、审理当事人提出的管辖权异议的期间、处理人民法院之间执行争议的期间、处理案外人异议的期间，以及暂缓执行、中止执行期间等。

（2）执行法院无正当理由。正当理由是指因法定阻却事由的出现，导致执行法院暂时不宜或难以采取执行措施。被执行人或第三人提供执行担保，当事人之间达成执行和解等都会导致案件暂缓或中止执行。上述情况即是阻却执行的法定事由，属正当理由范畴。案件超过 6 个月未执行，执行法院有正当理由的，申请执行人不能申请变更执行法院。

（3）被执行人有履行能力。如果被执行人客观上无财产可供执行，变更执行法院只能增加当事人和人民法院的负担，对案件执行无任何意义。也就是说，并不是所有案件超过 6 个月未执行，即允许申请执行人向上一级人民法院申请执行。只有那些有条件执行而被无正当理由拖延执行的案件，申请执行人才能向上一级人民法院申请执行。

2. 审查处理。督促执行和变更执行法院不涉及实体争议，属程序性事项，应由上一级人民法院执行机构具体负责处理。经审查，上一级人民法院对申请执行人的申请可以作出三种不同的处理：①督促执行，责令原人民法院在一定期限内执行；②提级执行，决定由本院执行；③指定执行，指令其他人民法院执行。上一级人民法院应根据案件的具体情况选择合适的处理方式。

（1）督促执行。上一级人民法院经审查发现原人民法院的执行案件在规定的期限内未能执行结案的，应当作出裁定、决定、通知而不制作的，或应当依法实施具体执行行为而不实施的，可以督促原人民法院限期执行，及时作出有关裁定等法律文书或采取相应措施。上一级人民法院责令原人民法院执行的，应当向其发出督促执行令，并将有关情况书面通知申请执行人。

（2）提级执行。上一级人民法院应作出决定由本院执行的裁定并送达当事人和有关人民法院。原人民法院接到由上一级人民法院执行的裁定后，应将执行案卷全部移送至上一级人民法院，并告知当事人。

（3）指定执行。上一级人民法院应作出指令其他人民法院执行的裁定并送达当事人和有关人民法院。原人民法院收到裁定后，应将执行案卷全部移送至上一级人民法院，并告知当事人。然后，由上一级人民法院再将执行案卷移交被指定执行的下级人民法院。上一级人民法院作出指定执行裁定后，原人民法院不再享有该案件的执行管辖权，不得对该案件继续执行，由依指定执行取得案件管辖权的人民法院予以立案执行。原人民法院在指定执行前采取的执行措施仍然有效。

3. 执行权利人申请更换执行法院的事由：

（1）债权人申请执行时被执行人有可供执行的财产，执行法院自收到申请执行书之日起超过 6 个月对该财产未执行完结的。

（2）执行过程中发现被执行人可供执行的财产，执行法院自发现财产之日起超过 6 个月对该财产未执行完结的。

（3）对法律文书确定的行为义务的执行，执行法院自收到申请执行书之日起超过 6 个月未依法采取相应执行措施的。

（4）其他有条件执行超过 6 个月未执行的。

（四）执行中的诉讼救济

1. 债务人异议之诉。债务人执行异议之诉是指债务人对于执行的法律依据所载明的请求权，有消灭或者妨碍权利人请求的事由，请求法院判决排除执行依据的执行力，停止执行依据的强制执行。

我国《公证法》第 40 条明确规定：当事人、公证事项的利害关系人对公证书的内容有争议的，可以就该争议向人民法院提起民事诉讼。

最高人民法院《关于适用〈中华人民共和国民事诉讼法〉执行程序若干问题的解释》第 21 条规定：申请执行人依照民事诉讼法第 204 条规定提起诉讼，请求对执行标的许可执行的，应当以案外人为被告；被执行人反对申请执行人请求的，应当以案外人和被执行人为共同被告。

申请执行人依照《民事诉讼法》第 204 条规定提起诉讼的，执行法院应当依照诉讼程序审理。经审理，理由不成立的，判决驳回其诉讼请求；理由成立的，根据申请执行人的诉讼请求作出相应的裁判。

2. 案外人异议之诉。案外人异议之诉是指案外人向法院提出的书面执行异议被法院驳回后，仍然认为执行标的物与原裁判无关，在法定期限内向法院提起的排除该标的物强制执行的形成之诉。

《民事诉讼法》第 204 条规定：执行过程中，案外人对执行标的提出书面异议的，人民法院应当自收到书面异议之日起 15 日内审查，理由成立的，裁定中止对该标的的执行；理由不成立的，裁定驳回。案外人、当事人对裁定不服，认为原判决、裁定错误的，依照审判监督程序办理；与原判决、裁定无关的，可以自裁定送达之日起 15 日内向人民法院提起诉讼。

案外人异议之诉的构成要件：

（1）主体。案外人异议之诉中的原告是案外的第三人，案外人依照《民事诉讼法》第 204 条规定提起诉讼，对执行标的主张实体权利，并请求对执行标的停止执行的，应当以申请执行人为被告；被执行人反对案外人对执行标的所主张的实体权利的，应当以申请执行人和被执行人为共同被告。

（2）理由。原告提起诉讼的理由是对执行标的物享有所有权或者其他阻止标的物转让、交付的权利。原告足以排除强制执行的权利包括：所有权、用益物权、担保权、占有、孳息收支权、债权及依法保全的标的物。

（3）前置条件及期限。案外人提起异议之诉的前提是案外人提出的执行异议被驳回，并且是在异议驳回的裁定送达后 15 日内提起。

案外人依照《民事诉讼法》第 204 条规定提起诉讼的，由执行法院管辖。执行法院应当依照诉讼程序审理。经审理，理由不成立的，判决驳回其诉讼请求；理由成立的，根据案外人的诉讼请求作出相应的裁判。诉讼期间，不停止执行。

（五）执行回转

1. 执行回转的概念。

执行回转是指在执行中或者执行完毕后，因原执行根据被依法撤销，执行机构根据新的法律文书采取措施将被执行的财产返还给被执行人，恢复到未执行前状态的救济制度。执行回转是审判监督程序的必要配套措施。

在司法实践中，发生执行回转的情形大致有如下几种：

（1）人民法院制作的判决、裁定已经执行完毕，但该判决、裁定被本院或者上级法院经审判监督程序进行再审后依法撤销。权利人可以以发生法律效力的再审判决、裁定为依据，申请执行回转。

（2）人民法院制作的先予执行的裁定，在执行完毕后，被本院的生效判决或者上级法院的终审判决所撤销，因先予执行而取得财物的一方当事人应当将执行所得返还给对方当事人。

（3）其他机关制作的由人民法院强制执行的法律文书，在执行完毕后，又被制作机关或者上级机关依法撤销的，也应当由人民法院采取执行回转措施，责令一方当事人将原执行所得财产返还给对方当事人。

2. 执行回转的条件。《民事诉讼法》第 210 条和最高人民法院《关于人民法院执行工作若干问题的规定（试行）》第 109 条规定，执行回转须具备下列条件：①执行根据被依法撤销或者变更；②法院执行回转也要有执行根据；③原法律文书已经为人民法院执行完毕；④执行回转只适用于原申请人取得财产的情况。

3. 执行回转的程序。执行回转程序的启动可以根据当事人的申请，也可以是法院依职权进行。根据执行回转裁定，原申请执行人应当返还已取得的财产及其利息。拒不返还的，强制执行。执行回转应当重新立案，适用执行程序的有关规定。执行回转时，已执行的标的物系特定物的，应当退还原物。不能退还原物的，可以折价抵偿。

第八节　执行程序通则

一、执行开始

根据我国《民事诉讼法》规定，执行程序的开始有两种形式，即申请执行和移送执行。债权人是否申请执行，应当由当事人处分决定，所以执行程序一般只有申请人提出申请以后才开始，这就是申请执行；在特别情况下不依当事人的申请，而是法院依职权开始，这就是移送执行。

（一）申请执行

1. 当事人申请执行的条件。当事人申请执行应当符合以下条件：①要有以给付为内容的执行根据。②债务人逾期不履行或者拒绝履行法律文书确定的义务。③在法定的执行时效内提出。申请执行的期间为 2 年，申请执行时效的中止、中断，适用法律有关诉讼时效中止、中断的规定。④向有管辖权的法院提出。

2. 当事人申请执行应当提交的文件和证件。当事人申请执行，应当向人民法院提交下列文件和证件：①申请执行书。写明申请执行的理由、事项、执行标的以及申请执行人所了解的被申请人的财产状况。②生效法律文书副本。③申请执行人的身份证明。④继承人或者权利承受人申请执行的，应当提交继承或者承受权利的证明文件。⑤其他应当提交的文件或者证件。

申请执行仲裁机构的仲裁裁决，应当向人民法院提交有仲裁条款的合同书或者仲裁协议书。申请执行国外仲裁机构的仲裁裁决的，应当提交经我国驻外使领馆认证或者我国公证机关公证的仲裁裁决书中文本。

申请人民法院强制执行的费用，法院执行后缴纳，不由申请执行人预交费用。

当事人委托代理人申请执行，应当向人民法院提交经委托人签字或者盖章的授权委托书，写明委托事项和权限。委托代理人代为放弃、变更诉讼请求、代为执行和解，或者代为收取执行款项的，应当有委托人的特别委托授权。

（二）移送执行

人民法院在作出裁判后，因为情况特殊而认为有必要时，不待当事人的申请，直接交执行机关执行的叫移送执行。

人民法院可以依职权移送执行的案件，有三类：①发生法律效力的具有给付赡养费、扶养费、抚育费内容的法律文书；②民事制裁决定书；③刑事附带民事判决、裁定、调解书。

二、执行案件的受理与调查

（一）执行案件的受理

人民法院受理执行案件应当符合下列条件：①申请或者移送执行的法律文书已经生效；②申请执行人是生效法律文书确定的权利人或者其继承人、权利承受人；③申请执行人在法定期限内提出申请；④申请执行的法律文书有给付内容，且执行标的和被执行人明确；⑤义务人在生效法律文书确定的期限内未履行义务；⑥属于受申请执行的人民法院管辖。

法院应当在七日内决定是否立案，不符合上述条件的，裁定驳回。

（二）被执行人财产的查明

执行效果很大程度取决于被执行人的履行能力，造成人民法院"执行难"的因素有很多，其中很重要的一点就是，有些被执行人的财产状况难以查清、被执行人的履行能力难以认定，导致在司法实践中无法采取有效的执行措施。对于当事人的财产状况的查明，可以从以下三方面入手：

1. 由申请执行人提供线索。强制执行主要是对被执行人财产的执行，申请人的合法权益能否实现以及在多大程度上能够实现，不是取决于人民法院执行人员的主观良好愿望，而是取决于被执行人的财产状况，因此查找被执行人的财产是一个案件执行成功与否的关键。在司法实践中，举证被执行人财产状况的义务应当成为申请执行人的一项重要职责，即申请执行人应当向人民法院提供其了解的被执行人的财产状况及线索。

2. 被执行人对自己财产的申报。最高人民法院《关于人民法院执行工作若干问题的规定（试行）》第28条规定，"被执行人必须如实向人民法院报告其财产状况"，即执行程序开始后，被执行人不能自觉按照法律文书确定的内容履行义务时，人民法院应要求被执行人对自己的财产状况进行申报，被执行人有义务和责任如实向法院申报自己现有的财产状况。人民法院对被执行人的申报应要求他们做到具体明确，并指出应申报的财产范围。如对法人机构，应明确要求其提供单位的资产负债表、现金流量表、固定资产清单等能直接反映企业财务状况的材料。法院针对其申报材料，确认其可供执行的财产范围，从而认定其履行能力。

人民法院在执行过程中可以采取直接传唤被执行人或其法定代表人或负责人到法院接受询问的方法，来搞清被执行人的财产状况。对被执行人的询问应力求让其说清楚，执行人员要掌握询问艺术，善于倾听、善于发现其漏洞，以便真正查清被执行人的财产归属。接受传唤的被执行人不能回避法院了解其财产状况，否则可以视为拒不履行法院的判决、裁定，情节严重的，还可以追究其刑事责任。

3. 人民法院依职权对被执行人的财产进行调查。最高人民法院《关于人民法院执行工作若干问题的规定（试行）》第28条第2款明确了人民法院在执行案件中的调查权，人民法院在执行中，应当在权力范围内对被执行人本人的财产情况向被执行人本人、有关机关、社会团体、企事业单位、其他公民进行广泛调查，查明被执行人的财产状况。有关单位应配合、协助人民法院的执行工作，对拒不协助的，可以妨害民事诉讼的行为对其采取强制措施，如罚款等。

三、暂缓执行

暂缓执行是指人民法院在执行程序中依申请或者依职权决定在一定期限内暂时停止执行措施。暂缓执行一般适用于在执行中发现据以执行的生效法律文书确有错误而正在按审判监督程序处理中，或者正在进行的执行程序、执行行为违反法律规定等情形。

1. 暂缓执行适用的情形。在执行程序中，主要有三种情形适用暂缓执行：

（1）被执行人提供担保。根据《民事诉讼法》第208条规定：在执行中，被执行人向人民法院提供担保，并经申请执行人同意的，人民法院可以决定暂缓执行及暂缓执行的期限。

（2）委托执行中委托法院决定暂缓执行。受委托人民法院遇有需要中止或者终结执行的情形，应当及时函告委托人民法院，由委托人民法院作出裁定，在此期间，可以暂缓执行。委托执行中，案外人对执行标的提出异议的，受委托人民法院应当函告委托人民法院，由委托人民法院通知驳回或者作出中止执行的裁定，在此期间，暂缓执行。

（3）上级法院决定暂缓执行。上级法院决定暂缓执行的情形包括以下几种：①上级法院发现下级法院在执行中作出的裁定、决定、通知或具体执行行为不当或有错误的，应当及时指令下级法院纠正，并可以通知有关法院暂缓执行；②上级法院在监督、指导、协调下级法院执行案件中，发现据以执行的生效法律文书确有错误的，应当书面通知下级法院暂缓执行，并按照审判监督程序处理；③上级法院在申诉案件复查期间，决定对生效法律文书暂缓执行的，有关审判庭应当将暂缓执行的通知抄送执行机构。

2. 暂缓执行的效力。暂缓执行实施后，产生相应的法律效果，主要有下列三个方面：

（1）暂停执行程序。暂缓执行后，执行机构不得采取新的执行措施，不得再为新的执行行为。

（2）维持原有的执行效果。暂缓执行前的执行行为仍然有效，不因暂缓执行而失效。已采取的执行措施非经执行机构裁定解除，当事人不得自行解除。

（3）有条件地恢复执行。暂缓执行期间内或者暂缓执行期限届满时，当事人履行了法律文书确定的义务的，则执行程序完结。如逾期仍不履行义务的，除非延长暂缓执行期限，否则执行机构可以径行恢复执行，继续原来的执行程序。

3. 暂缓执行的期限。根据最高人民法院《民诉意见》第268条的规定，暂缓执行的期限应当与执行担保的期限一致，最长不得超过1年。最高人民法院《关于人民法院执行工作若干问题的规定（试行）》第135条则规定，暂缓执行的期限一般不得超过3个月，有特殊情况需要延长的，应当报经院长批准，但对延长次数未予以明确。《关于正确适用暂缓执行措施若干问题的规定》则对暂缓执行期间问题作了进一步明确的规定，不得超过3个月，因特殊事由需要延长的，可以适当延长，但延长的期限不得超过3个月，即最长暂缓执行期间为6个月。若超过6个月，执行法院可以恢复执行。

四、执行中止

人民法院依法执行案件，由于出现某种特殊情况需要暂时停止执行程序，待特殊情况消失后，恢复执行程序，继续进行执行的，叫做执行中止。执行中止分为整个执行程序的中止和个别执行行为的中止两种情况。前者是指由于发生中止执行的原因，整个执行程序都不能继续进行，后者是仅对执行标的物的一部分中止执行。

依照《民事诉讼法》规定，有下列情形之一的，人民法院应当裁定中止执行：

1. 申请执行人表示可以延期执行。

2. 案外人对执行标的提出确有理由的异议。

3. 作为一方当事人的公民死亡，需要等待继承人继承权利或者承担义务。

4. 作为一方当事人的法人或者其他组织终止，尚未确定权利义务承受人。

5. 按照审判监督程序决定再审。人民法院按照审判监督程序提审或者再审的案件，法院应当根据上级法院或者本院作出的中止执行裁定书中止执行。

6. 人民法院认为应当中止执行的其他情况。根据最高人民法院《关于人民法院执行工作若干问题的规定（试行）》，人民法院认为应当中止执行的其他情况有：①人民法院已受理以被执行人为债务人的破产申请的；②被执行人确无财产可供执行的；③执行的标的物是其他法院或者仲裁机构正在审理的案件争议标的物，需要等待该案件审理完毕确定权属的；④一方当事人申请执行仲裁裁决，另一方当事人申请撤销仲裁裁决的；⑤仲裁裁决的被申请执行人依据《民事诉讼法》第213条第2款的规定向人民法院提出不予执行请求，并提供适当担保的。

中止执行裁定书应当写明中止的理由和法律依据。中止执行的情形消失后，执行法院可以根据当事人的申请或者依职权恢复执行。恢复执行应当书面通知当事人。

五、执行终结

执行终结是指在执行程序中，因发生法律规定的事由，执行程序没有必要或者不可能继续，因而依法结束执行程序。

依照我国《民事诉讼法》的规定，有下列情形之一的，人民法院裁定终结执行：①申请人撤销申请的；②据以执行的法律文书被撤销的；③作为被执行人的公民死亡，无遗产可供继承，又无义务承担人的；④追索赡养费、扶养费、抚育费案件的权利人死亡的；⑤作为被执行人的公民因生活困难无力清偿借款，无收入来源，又丧失劳动能力的；⑥人民法院认为应当终结执行的其他情形。如在执行中，被执行人被人民法院裁定宣告破产或者作为被执行人的企业法人终止，又确无连带义务人，执行法院应当裁定终结执行。终结执行的裁定书，应当写明终结执行的原因和法律依据。

中止执行或者终结执行裁定书都要由执行员、书记员署名，加盖人民法院印章。裁定书送达当事人后立即生效。由二审人民法院终审的判决、裁定和调解书，需要中止、终结执行的，应当由执行员将中止、终结执行的书面报告和意见，报经二审法院或者上级法院执行组织签署意见并备案后，制作裁定书。受托人民法院对委托执行的案件，发现应当中止、终结执行的，应当出具书面报告，函请委托人民法院裁定。

六、不予执行

（一）不予执行的概念和案件范围

不予执行，是指人民法院在对仲裁裁决、公证债权文书的申请执行书或者承认和执行外国法院的判决、裁定的申请书予以审查或者执行过程中，因出现法定的原因，裁定停止执行并结束执行程序的行为。

依照《民事诉讼法》的规定，只有对仲裁裁决、公证债权文书的执行以及外国法院的判决、裁定的承认和执行，才存在不予执行的问题。

（二）不予执行裁定的适用

1. 不予执行仲裁裁决。根据我国《民事诉讼法》第 213 条规定，被申请人提出证据证明仲裁裁决有下列情况之一的，经人民法院组成合议庭审查核实，裁定不予执行：①当事人在合同中没有订立仲裁条款或者事后没有达成书面仲裁协议；②仲裁的事项不属于仲裁协议的范围或者仲裁机构无权仲裁的；③仲裁庭的组成或者仲裁的程序违反法定程序的；④认定事实的主要证据不足的；⑤适用法律确有错误的；⑥仲裁员在仲裁该案时有贪污受贿、徇私舞弊，枉法裁决行为的。

如果人民法院认为执行该裁决违背社会公共利益，则不需要被申请人提出申请，依职权即可裁定不予执行。不予执行仲裁裁决的裁定书应当送达双方当事人和仲裁机构。仲裁裁决被人民法院裁定不予执行的，当事人可以根据双方达成的书面仲裁协议重新申请仲裁，也可以向人民法院起诉。

2. 不予执行公证债权文书。我国《民事诉讼法》第 214 条规定，公证债权文书确有错误的，人民法院裁定不予执行，并将裁定书送达双方当事人和公证机关。

3. 不予执行外国法院的判决、裁定。当事人向人民法院申请承认和执行外国法院的判决、裁定，如果该判决、裁定违反了我国法律的基本原则或者国家主权安全、社会公共利益的，不予承认和执行。

（三）不予执行的法律效果

不予执行裁定生效后，该执行程序即告结束。原执行根据丧失了执行力，不仅不能依其进行新的执行行为，已为的执行行为也应当予以撤销。

七、执行结案

根据最高人民法院《关于人民法院执行工作若干问题的规定（试行）》，人民法院裁定不予执行、裁定执行终结、执行当事人之间达成执行和解协议并已履行完毕、生效法律文书确定的内容全部执行完毕为执行结案的四种方式。

人民法院执行生效法律文书，一般应当在立案之日起 6 个月内执行结案，但是中止执行的期间应当扣除。确有特殊情况需要延长的，由本院院长批准。

第九节 参与分配

一、参与分配的概念

参与分配，是指在执行程序中，因债务人的财产不足以清偿各债权人的全部债权，申请执行人以外的其他债权人凭有效的执行根据也申请加入已开始的执行程序，各债权人从执行标的物的变价中获得公平清偿的制度。

《民诉意见》第297～299条，最高人民法院《关于人民法院执行工作若干问题的规定（试行）》第90～96条，是我国参与分配制度的主要法律依据。最高人民法院《关于人民法院执行工作若干问题的规定（试行）》的制定在《民诉意见》之后，若两者有冲突，根据新法优于旧法的原则，应选择适用最高人民法院《关于人民法院执行工作若干问题的规定（试行）》。

最高人民法院《关于人民法院执行工作若干问题的规定（试行）》第90条是对我国民事执行参与分配制度的定义："被执行人为公民或其他组织，其全部或主要财产已被一个人民法院因执行确定金钱给付的生效法律文书而查封、扣押或冻结，无其他财产可供执行或其他财产不足清偿全部债务的，在被执行人的财产被执行完毕前，对该被执行人已经取得金钱债权执行依据的其他债权人可以申请对该被执行人的财产参与分配。"

二、参与分配的适用条件

1. 被执行人为同一人。同一个被执行人是参与分配制度适用的最基本的前提，如果被执行人不是同一人，那么各个案件为各自独立的案件，根本不会发生参与分配制度适用的可能。

2. 存在多个执行申请人。如果只有一个执行申请人，则不论被执行人财产能否清偿全部债权，都不会产生比例分配或顺位分配的问题。

3. 被执行人财产不足以清偿全部债权。参与分配制度之所以有存在的必要，目的就是为了解决被执行人财产不足的问题，如果被执行人的财产不存在执行不能的问题，那么立法者根本没有必要另外设置参与分配制度。

4. 其他被执行人须已经取得债权执行依据。法院没有职责审查被执行人的债权人存在的状况，因此各申请人应主动向人民法院提交自己已经取得的执行法律文书，否则法院对其申请不予审查。

5. 须在被执行财产分配完毕前提出。申请人提出参与分配的目的就是为了取得财产，如果被执行人的财产已经合法地分配完毕，即便执行程序没有结束，此时再提出参与分配的申请也已经没有任何意义。因此，参与分配申请必须在被执行人财产分配完毕前提出。

在此还要特别指出，参与分配一定要与同一份判决中存在的多个执行申请人的案件分开。前者指的是"多份判决"，后者指的是"一份"判决，两者不可混淆。

三、参与分配的程序

（一）参与分配的申请

根据最高人民法院的规定，申请参与分配，申请人应当提交申请书，申请书应当写明参与分配和被执行人不能清偿所有债权的事实和理由，并附有执行根据。

（二）主持分配的法院

对参与被执行人财产的具体分配，应当由首先查封、扣押或者冻结的法院主持进行。首先查封、扣押、冻结的法院所采取的执行措施如系为执行财产保全裁定，具体分配应当在该院案件审理终结后进行。

（三）参与分配的顺序

执行法院应当根据参与分配的债权数额以及被执行人可供执行的财产范围制作分配表，准备实施分配。对于被执行人的财产，分配的顺序应当参照我国《民事诉讼法》关于企业法人破产财产的清偿顺序、最高人民法院《关于人民法院执行工作若干问题的规定（试行）》和税收征管法的规定进行。参与分配案件中可供执行的财产，在对享有优先权、担保权的债权人依照法律规定的顺序优先受偿后，按照各个案件债权额的比例进行分配受偿顺序为：①从被执行财产中优先拨付执行费用；②优先权人优先受偿；③被执行人所欠税款；④被执行人所欠职工工资和劳动保险费用；⑤申请执行人和其他参与分配的债权人的债权。不足清偿同一顺序的清偿要求的，按比例分配。普通债权人按比例分配。

（四）债权人可以申请继续执行的情形

被执行人的财产被分配给各债权人后，被执行人对其剩余债务应当继续清偿。债权人发现被执行人有其他财产的，人民法院可以根据债权人的申请继续依法执行。

（五）企业法人应当参照办理的情形

被执行人为企业法人，其财产不足以清偿全部债务的，可以告知当事人依法申请被执行人破产；但是，对于未经清理或者清算而撤销、注销或者歇业，其财产不足以清偿全部债务的，应当参照《关于人民法院执行工作若干问题的规定（试行）》第90～95条的规定，对各债权人的债权按比例清偿。

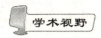学术视野

执行权的性质

执行权的性质问题与执行改革的现实需要有很大关系。执行改革尤其是执行体制、执行机制和执行机构的改革，迫切需要从理论上寻找依据，即迫切需要理论上的指导和支持。在这种背景下，理论和实务界不约而同地找到了"执

行权"这一理论武器，从分析执行权的性质出发，为执行改革进行理论上的说明和论证。从目前来看，关于执行权的性质主要形成了三种观点：第一种观点认为执行权是审判权的组成部分，性质上属于司法权；第二种观点认为执行是审判程序结束后所进行的一种特殊的行政活动，执行行为具有确定性、主动性、命令性等行政特征，因此，执行权属于行政权；第三种观点认为执行权在国家分权属性上具有司法权和行政权的双重属性，司法权和行政权的有机结合构成了完整意义上的执行权，因此，执行权是一种司法行政复合权。此外，还有学者认为执行权是一种国家的强制权。目前，这些不同的观点还处于不断的争论当中。应该说，形成这些观点本身就是理论研究的一大进步。但是，应该认识到，过去的研究中也存在一些问题。比如，有的对于司法权、行政权、裁判权等基本概念缺乏准确的把握，从而导致对执行权性质的认识出现偏差；有的过分纠缠于理论本身，脱离活生生的实践分析执行权的性质；有的完全从当前的立法和执行实务来认识执行权的性质；还有人先把执行权定位为行政权，然后得出执行机构应该设置在司法行政部门的结论，显然过于简单化。鉴于执行权性质这一问题在执行改革中所扮演的重要角色，我们今后有必要对这一问题展开更为深入系统的研究，以便从理论上打通"关节"，为执行改革提供强大的理论指导和支持。

理论思考与实务应用

一、理论思考

（一）名词解释

民事执行　执行根据　执行和解　执行异议　执行中止

（二）简答题

1. 人民法院裁定不予执行仲裁裁决的法定情形。

2. 执行的原则。

（三）论述题

1. 论我国民事审判程序与民事执行程序之间的关系。

2. 试论执行异议制度。

3. 试分析执行和解的性质和效力。

二、实务应用

（一）案例分析示范

案例一

A 公司和 B 公司于 2009 年 10 月签订一份钢材买卖合同，合同标的额 5000

万元，买方 B 公司在受领 A 公司交付的标的物后，经营严重亏损，致使该公司无法按照约定的时间交付货款。双方当事人就合同价款发生争议。后 A 公司起诉到法院，胜诉。因 B 公司逾期未履行法院生效判决书，A 公司申请了强制执行。经查 B 公司在某城市有房产一处，价值 500 万元；在甲银行有存款 700 万元；对某一经过核准登记并领取营业执照但不具有法人资格的乡镇企业享有债权 200 万元，由于该乡镇企业拒绝履行债务，B 公司已经对其提起诉讼，并获得胜诉判决，但是还未申请强制执行。同时，由于其他民事关系，B 公司对该乡镇企业的某处房产享有抵押物权，数额为 50 万元。但是该乡镇企业同第三人发生经济纠纷诉讼，乡镇企业所有的上述房产已经被采取财产保全措施，在该诉讼中，乡镇企业败诉，现正在被人民法院采取强制执行措施。该乡镇企业的财产已经不足以清偿其全部债权。此外，B 公司还对 C 公司享有到期债权 100 万元。

问：（1）A 公司申请强制执行，法院在对 B 公司在某城市拥有的房产进行强制执行时，案外第三人提出执行异议，声称其对该房产拥有所有权并向执行人员出示了有关的房产所有权证明。此时人民法院应当如何处理？

（2）A 公司申请强制执行，法院在对 B 公司在甲银行存款进行冻结时，发现该存款已经被另一法院冻结。根据债权人平等原则，该法院又对该存款进行了冻结。上述做法是否正确？

（3）由于乡镇企业已经资不抵债，B 公司对乡镇企业的胜诉判决以及其对该乡镇企业所享有的抵押物权应当通过何种执行方法获得保护？

（4）A 公司申请强制执行，人民法院在对 B 公司财产进行强制执行后仍然未能使 A 公司的债权获得全部清偿。此时，A 公司能否直接依据对 B 公司的胜诉判决直接向法院申请执行 B 公司对 C 公司的债权？如果可以，请简述具体的执行程序？如果不可以，A 公司可以采取哪些救济措施？

【评析】

（1）执行人员应当依法对第三人提出的执行异议进行审查；在审查期间，可以查封该房产。经过审查，理由不成立的，驳回；理由成立的，由执行人员报请人民法院院长批准，停止对该标的物的执行，已经采取的执行措施应当立即解除或者撤销。如果执行异议一时很难查清楚，第三人又提供相应担保的，可以暂时不采取执行措施，已经采取执行措施的，可以解除或者撤销。如果申请执行人提供确实有效的担保，可以继续执行。

（2）上述做法不正确，因为根据最高人民法院《民诉意见》第 282 条的规定，不得重复查封或者冻结。

（3）由于该乡镇企业在民事诉讼法上属于其他组织的行列，资不抵债，已经有债权人对该乡镇企业申请强制执行，因此，B 公司可以申请参与分配：由 B 公司和另一债权人共同依照法律的规定对该乡镇企业的财产进行分配，而不是申请该乡镇企业破产。对于抵押物权的标的物虽然被其他诉讼中采取财产保全，B 公司可以主张优先受偿权。

（4）A 公司可以直接向法院申请执行对 C 公司的债权，即执行债务人对第三人享有的到期债权。

案例二

范某与高某系好友。一日，范某向高某提出借款 1.5 万元用于购买背投彩电，双方在借条中约定范某应当于 2 个月内向高某偿还全部借款。但是，在高某将钱借给范某 3 个月以后，范某始终没有还款。高某多次催要未果，遂向人民法院起诉，要求范某还款。法院查明案情后判令范某限期还款。其后，范某一直拒绝还钱，并声称自己没有财产可以用来偿还欠款。法院随后查明，范某向高某所借款项并未用来购买背投彩电，而是用于挥霍，现范某确无财产可供执行。后经知情人余某提供信息，范某对詹某享有 2 万元的到期债权。

问：（1）法院可否要求詹某履行到期债务？

（2）履行到期债务的通知应当包含哪些内容？

（3）如果詹某接到人民法院的履行到期债务的通知后，对其内容存在异议，应怎样提出该异议？

（4）对于詹某的异议，人民法院应当如何处理？

【评析】

（1）根据最高人民法院《关于人民法院执行工作若干问题的规定（试行）》第 61 条的规定，被执行人不能清偿债务，但对本案以外的第三人享有到期债权的，人民法院可以依申请执行人或者被执行人的申请，向第三人发出履行到期债务的通知。因此，本案中执行法院可以向詹某发出履行通知，但前提是必须有高某或者范某本人的申请。

（2）执行法院向詹某发出的履行通知应当包含下列内容：詹某应当直接向高某履行其对范某所负的债务，而不得向范某清偿；詹某应当于收到履行通知后 15 日内向范某履行债务；如果詹某对于履行到期债务有异议，亦应当在收到履行通知后的 15 日内提出。

（3）詹某就履行通知向人民法院提出异议时，一般应当以书面形式提出。以书面形式提出的，执行人员应当将异议情况记入笔录，并由第三人签字或盖章。

（4）根据最高人民法院《关于人民法院执行工作若干问题的规定（试

行)》第 63 条的规定，如果在代位申请执行的过程中，詹某在履行通知指定的 15 日期限内向人民法院提出异议，人民法院应当作出如下处理：首先，人民法院不得再行对詹某的财产进行强制执行；其次，人民法院不得对詹某提出的异议进行审查。

案例三

2008 年 5 月 6 日，某市甲区法院对银河公司诉大明公司返还别克轿车一案作出一审判决。大明公司对判决不服，向该市中级人民法院提出上诉。该市中级人民法院审理后维持原判决，责令大明公司在判决后 10 日内返还银河公司轿车，并赔偿其经济损失 2 万元，承担本案诉讼费用。其后大明公司仅缴纳了诉讼费用，拒不返还别克轿车，亦未赔偿银河公司 2 万元经济损失。

2008 年 10 月 12 日，银河公司向人民法院申请强制执行，人民法院指派执行人员李某负责该案的执行。李某召集双方进行调解，并且说服双方达成和解协议：一个月内由大明公司返还别克轿车并赔偿银河公司经济损失 1.5 万元。李某遂以人民法院名义裁定中止执行。

至 2008 年 12 月 3 日，大明公司仅支付银河公司经济损失 1.5 万元，但别克轿车始终未予返还。银河公司遂于 2008 年 12 月 22 日再次向人民法院申请强制执行，人民法院因此恢复执行，并作出执行双方和解协议的裁定，责令大明公司于 2009 年 2 月 5 日前返还银河公司的别克轿车，并赔偿经济损失 2 万元。

问：（1）银河公司应当向哪个法院申请强制执行？

（2）李某应否主持调解？

（3）双方的执行和解协议已经部分履行，如果恢复执行应当如何处理？

（4）人民法院作出的执行双方的和解协议的裁定是否正确？

【评析】

（1）生效民事判决属于《民事诉讼法》第 201 条规定的应当由一审法院执行的执行依据，因此，银河公司应当向作为一审法院的某市甲区法院申请强制执行。

（2）在执行过程中，执行人员不应主持双方当事人的调解。因为当事人之间的实体权利争议已经被生效判决确定，执行机关非依审判监督程序，不得任意变更。

（3）根据《民诉意见》第 266 条的规定，一方当事人不履行或者不完全履行在执行中双方自愿达成的和解协议，对方当事人申请执行原生效法律文书的，人民法院应当恢复执行，但和解协议已履行的部分应当扣除。因此，此时只能责令大明公司支付未履行的 5000 元，即生效判决中确定的 2 万元减去已经支付的 1.5 万元。

（4）这是不正确的。因为根据《民事诉讼法》第 207 条的规定，在执行中，双方自行和解达成协议的，执行员应当将协议内容记入笔录，由双方当事人签名或者盖章。一方当事人不履行和解协议的，人民法院可以根据对方当事人的申请，恢复对原生效法律文书的执行。故此时甲区法院应当恢复生效民事判决的执行。

（二）案例分析实训

案例一

甲公司与乙公司因合同纠纷发生诉讼，法院判决生效后，甲公司拒绝履行该判决，认为判决不公，法官有受贿行为，偏袒乙公司。甲公司向上级人民法院递交了再审申请后，乙公司在申请执行期限内向某县人民法院申请强制执行，法院经审查，予以立案后，法院执行工作人员直接到甲公司生产车间将生产成品全部扣押。法院将扣押物作价给了乙公司，但仍有部分债务没有履行完毕。正在这时，该法院获知自己的上一级法院某地区中级人民法院已经收到上级法院指令再审的通知，于是向乙公司发出了执行回转的裁定。

问：法院执行中的错误有哪些？

案例二

2008 年 1 月 15 日，E 市中级人民法院对马天星诉吴桂明欠款纠纷一案作出二审判决，责令吴桂明在判决生效之日起 10 日内退还马天星欠款 1500 元并承担此案的诉讼费。10 日之后，吴桂明向法院交了诉讼费，而未向马天星返还欠款。2008 年 3 月，马天星向对案件作出一审判决的 E 市 K 区人民法院申请强制执行，该区人民法院接受申请，指派执行员谢大柱负责执行。谢大柱召集双方就如何还款进行调解，因双方要求的差距过大，调解失败。2008 年 4 月，马天星与吴桂明告知谢大柱，他们已就本案的还款问题自愿达成了和解协议：吴桂明只向马天星还欠款 1300 元，还款期限为 2008 年 6 月底之前还800 元，2008 年 7 月底之前还款 500 元。谢大柱因此以 E 市 K 区人民法院的名义裁定中止执行。2008 年 6 月，吴桂明依和解协议还了马天星 800 元，但到2008 年 7 月 30 日，吴桂明对马天星说无法偿还尚欠的剩余款项 500 元，让马天星再宽限他两个月。马天星不同意，并于 2008 年 8 月到 E 市 K 区人民法院申请恢复对原生效判决书的执行，E 市 K 区人民法院因此恢复执行并作出执行裁定，责令吴桂明根据双方的和解协议，在法院执行裁定送达之日起 7 日内还马天星欠款 500 元。吴挂明依此还马天星 500 元钱。至此，本案终结。2008 年 9 月 12 日，吴桂明之子吴小明到法院找谢大柱吵闹，说谢大柱执行本案是"狗拿耗子多管闲事"。谢大柱对其进行了批评，吴小明仍不罢休，继续辱骂谢大柱。谢大柱将此情况报告院长，并提请院长批准，以吴小明妨害民事诉讼秩序为由，决定对其进行拘留。

　　问：（1）在执行程序中，谢大柱可否主持调解，为什么？

　　　　（2）马天星与吴桂明自愿达成的和解协议是否有效，为什么？

　　　　（3）吴桂明未完全履行和解协议，马天星是否有权申请恢复执行？E 市 K 区人民法院受理马天星的申请，并裁定执行和解协议是否正确，为什么？

　　　　（4）E 市 K 区人民法院是否能以妨害民事诉讼秩序为由对吴小明采取强制措施，为什么？

案例三

　　甲公司与乙公司因侵权发生纠纷，向法院提起诉讼。一审人民法院判决甲公司赔偿乙公司损失 50 万元。甲公司不服，提起上诉。二审法院判决驳回上诉，维持原判。双方当事人于 2008 年 8 月 10 日签收二审判决。后因甲公司拒不履行法院判决，乙公司于 2009 年 4 月 8 日向二审人民法院申请强制执行。二审法院受理了申请，电话通知银行冻结甲公司存款 15 万元。并在甲公司仓库只有一退休老人值班的情况下，扣押了甲公司仓库的货物，价值约 10 万元。还扣押了甲公司价值 20 万元的小汽车 1 辆、价值 10 万元的大货车 2 辆。法院扣押甲公司的小汽车后，将其作为办公用车使用。在征得院长同意后，将自行扣押的其他物品估价 20 万元，卖给了丙公司，并约定先交付对方使用，待半年后再付款。

　　问：本案的执行过程中存在哪些问题？

主要参考文献

1. 田平安主编:《民事诉讼法》,清华大学出版社 2005 年版。

2. 江伟主编:《民事诉讼法》,高等教育出版社、北京大学出版社 2004 年版。

3. 江伟主编:《中国民事诉讼法专论》,中国政法大学出版社 1998 年版。

4. 江伟主编:《民事诉讼法学原理》,中国人民大学出版社 1999 年版。

5. 樊崇义、夏红编:《正当程序文献资料选编》,中国人民公安大学出版社 2004 年版。

6. 肖建国:《民事诉讼程序价值论》,中国人民公安大学出版社 2000 年版。

7. 汤维建:《香港民事诉讼法》,河南大学出版社 1997 年版。

8. 法苑精粹编辑委员会编:《中国诉讼法学精粹》(2005 年卷),高等教育出版社 2005 年版。

9. 张卫平:《转换的逻辑:民事诉讼体制转型分析》,法律出版社 2004 年版。

10. 王亚新:《社会变革中的民事诉讼》,中国法制出版社 2001 年版。

第 二十一 章

民事执行措施

【本章概要】本章是关于各类执行措施的介绍，其中包括：执行措施的概念与分类，金钱债权的执行，非金钱债权的执行等。

【学习目标】明确执行措施的含义；掌握金钱债权执行和非金钱债权执行措施的具体运用。

第一节 金钱债权的执行

一、金钱债权执行的概念和意义

（一）金钱债权执行的概念

金钱债权，又称金钱给付请求权，指以给付一定数额金钱为内容的请求权。金钱的表现形式是货币，而人民币是我国境内的法定支付工具，故金钱债权一般是指要求支付人民币的债权，在法律有规定的情况下可以是外币。

（二）金钱债权执行的意义

金钱债权的执行是整个执行工作中案件数量最多、适用频率最高、执行任务最为繁重、意义最为重大的一部分。除了当事人之间金钱给付义务外，关于诉讼费用的执行，罚金、罚款的执行等也适用关于金钱债权的执行程序。非金钱债权的执行在一定情况下也可以转化为关于金钱债权的执行。如对可以替代行为的执行中，法院责令他人代为履行并由债务人支付费用，对于不可以替代行为的执行，法院命债务人赔偿损失，对代为履行费用和赔偿损失费用的执行都转化为对金钱债权的执行。

给付金钱的执行一般经历三个阶段：①以查封、扣押、冻结为主的控制性执行活动；②以拍卖、变卖和以物抵债为主的变价性执行活动；③以参与分配为主的债权受偿。

二、对动产、不动产的执行

（一）对动产、不动产执行的含义

动产、不动产的执行，是指执行机构为了满足债权人的金钱债权，而对债务人所有的动产或者不动产采取的民事执行措施。对不动产的执行措施与对动产的执行措施除执行标的物不同外，其最终目的相同，都是为了满足债权人的金钱债权。所以，对不动产的执行根据不动产的性质有特别规定外，其基本程序和对动产的执行措施相同，即由查封和换价程序组成。

（二）查封和扣押

1. 查封、扣押的概念、特点。查封是指人民法院将作为执行对象的财产加贴封条就地或者异地予以封存，禁止被执行人转移处分的一种执行措施。扣押是指人民法院将作为执行对象的财产运送有关的场所，从而使被执行人不能占有、使用和处分的执行措施。二者具有以下三个特点：①查封、扣押都是临时性、控制性的执行措施，都是为今后拍卖和变卖做准备的；②查封、扣押的实质在于限制被执行人对执行标的物的处分权；③查封、扣押解除了被执行人对执行标的物的占有。

2. 查封、扣押的一般原则。查封、扣押一般应当遵循以下原则：

（1）遵循程序法定原则。执行程序也就是程序过程，只有程序公正才是真正的公正。既然是国家强制力，那么，当我们在使用这些强制性措施时，就必须严格遵循程序原则，否则，就有可能侵犯当事人合法权益，甚至出现错误执行的情况。为了保证查封、扣押、冻结财产的公正性，查封、扣押、冻结财产必须遵循以下程序：

首先，制作并送达裁定书。人民法院查封、扣押、冻结被执行人的动产、不动产及其他财产权，应当作出裁定，并送达被执行人和申请执行人。采取查封、扣押、冻结措施需要有关单位或者个人协助的，人民法院应当制作协助执行通知书，连同裁定书副本一并送达协助执行人。查封、扣押、冻结裁定书和协助执行通知书，送达时发生法律效力。这是查封、扣押、冻结的必经程序，当然，裁定必须经本院院长批准。在裁定送达上，除了被执行人外，还要送达给申请执行人。

其次，通知有关人员到场。这也是执行过程中，必须掌握的原则之一。特别是在查封、扣押、冻结财产时，要注意被执行人是公民的，应当通知被执行人或者他的成年家属到场，有条件的也应该要求被执行人的工作单位或者财产所在地的基层组织派人到场。被执行人是法人或者其他组织的，应当通知其法定代表人或者主要负责人到场。

再次，实施控制性措施。由于被执行人财产的存在形态，物理属性以及国家对财产的管理手段等方面的差异，决定了对这些财产的查封要按一定的程序和方法进行。对动产查封、扣押时，由执行人员将查封、扣押物转移到执行法院直接控制，而在交付指定人控制的情况下，应当在动产上加贴封条或者采取其他方法予以公示。对不动产和有登记的特定动产查封时，应当通知有关管理机关办理查封登记。同时，可以责令被执行人将有关财产权证照交人民法院保管。

最后，造具财产清单并制作笔录。造具财产清单并制作笔录是查封、扣押财产措施的必须和很重要的程序。查封、扣押、冻结被执行人的财产时，执行人员应当制作笔录，载明下列内容：①执行措施开始及完成的时间；②财产的所在地、种类、数量；③财产的保管人；④其他应当注意的事项。同时，执行人员及保管人应当在笔录上签名，有《民事诉讼法》第221条规定的人员到场的，到场人员也应当在笔录上签名。

（2）保护当事人合法权益原则。保护当事人合法权益原则，是指人民法院在强制执行工作中，既要通过强制义务人履行义务来保障法律文书所确定的权利人合法权益得以实现，又要对被执行人或第三人的利益给予应有的保障。

首先，保护申请执行人权益原则。作为执行依据的法律文书生效后到申请执行前，债权人可以向有执行管辖权的人民法院申请保全债务人的财产。人民法院可以参照《民事诉讼法》第92条的规定作出保全裁定，保全裁定应当立即执行。为了避免诉讼前、诉讼中的保全措施与执行程序脱节，司法解释明确了"诉讼前、诉讼中及仲裁中采取财产保全措施的，进入执行程序后，自动转为执行中的查封、扣押、冻结措施"。对被执行人与其他人共有财产，人民法院可以查封、扣押、冻结，但要及时通知共有人。对第三人为被执行人的利益占有的被执行人的财产，人民法院可以查封、扣押和冻结，第三人可以继续占有和使用该财产，但不得将其交付给被执行人。

其次，维护被执行人的合法权益原则。民事诉讼法和相关司法解释对保护被执行人的权益在诸多条文中加以体现。有以下八种不得查封、扣押、冻结的财产：①被执行人及其所扶养家属生活所必需的衣服、家具、炊具、餐具及其他家庭生活必需的物品。②被执行人及其所扶养家属所必需的生活费用。当地有最低生活保障标准的，必需的生活费用依照该标准确定。③被执行人及其所扶养家属完成义务教育所必需的物品。④未公开的发明或者未发表的著作。⑤被执行人及其所扶养的家属用于身体缺陷所必需的辅助工具、医疗物品。⑥被执行人所得的勋章及其他荣誉表彰的物品。⑦根据《缔结条约程序法》，以中华人民共和国、中华人民共和国政府或者中华人民共和国政府部门名义同外国、国际组织缔结的条约、协定和其他具有条约、协定性质的文件中规定免于查封、扣押、冻结的财产。⑧法律或者司法解释规定的其他不得查封、扣押、冻结的财产。最高人民法院《关于人民法院民事执行中查封、扣押、冻结财产的规定》第6条规定："对被执行人及其所扶养家属生活所必需的居住房屋，人民法院可以查封，但不得拍卖、变卖或者抵债"。

最后，保护第三人合法权益原则。在查封、扣押、冻结财产的实际过程中，涉及第三人利益的情况主要有以下几种：①被执行人的财产由第三人占有；②执行标的物是被执行人和第三人的共有财产；③被执行人将其财产出卖给第三人，第三人已经支付部分价款并实际占有该财产，但被执行人依合同约定保留所有权或者依然登记在被执行人名下的；④被执行人购买第三人的财产，已经支付部分价款并实际占有该财产，但第三人依合同约定保留所有权的或者依然登记在第三人名下的。

对于第一种情况，如果第三人是根据与被执行人之间的合同等关系而占有被执行人的财产的，虽然可以查封、扣押、冻结，但不能影响第三人对该财产的占有和使用。对第三人为被执行人的利益而占有的被执行人的财产，可以查封、扣押、冻结，并不受第三人占有限制。

对于第二种情况，第三人占有的属于其与被执行人共有的财产，人民法院可以查封、扣押、冻结该财产。

对于第三种情况中的约定保留所有权，虽然可以查封、扣押、冻结，但考虑到第三人利益问题，可以给第三人一个选择权，他可以选择继续履行合同，将尚未支付的剩余价款交付人民法院，从而取得该财产的所有权。如果他不做此选择，将不能阻止人民法院的执行。对于财产依然登记在被执行人名下的情况，如果第三人已经支付全部价款并实际占有，虽然没办理过户登记手续，但第三人对此没有过错的，如由于登记部门的原因或者其他非第三人所能控制的原因，应当认定其已经取得该财产的所有权，应当裁定解除对该财产的查封、扣押、冻结，以公平保护第三人合法权益。

对于第四种情况中的约定保留所有权，如果申请执行人已向第三人支付剩余价款或者第三人书面同意剩余价款从该财产变价款中优先支付的，人民法院可以查封、扣押、冻结。第三人依法解除合同的，人民法院应当允许，已经采取的执行措施应当解除，但人民法院可以依据申请执行人的申请，执行被执行人因支付价款而形成的对该第三人的债权。这样，既保护了第三人的利益，同时又保护了申请执行人的利益不受损害。

（3）价值相当原则。法院查封、扣押被执行人财产，应以其价额足以清偿法律文书确定的债权额及执行费用为限，不得明显超过。但对于不可分物的查封、扣押，不受价值相当原则的限制。

（4）禁止重复查封、扣押原则。禁止重复查封、扣押原则是指执行法院依法对被执行人的财产查封、扣押后，任何单位包括其他法院不得对该执行标的物再行查封、扣押，否则后来的查封、扣押行为无效。

3. 查封、扣押的方法。

（1）作出书面裁定。法院对债务人的财产进行查封、扣押时，应当作出书面的裁定，并将裁定送达双方当事人。

（2）发出协助执行通知书。采取查封、扣押措施需要有关单位协助执行的，法院应当向有关单位发出协助执行通知书，连同裁定书副本一并送达。

（3）加贴封条或者张贴公告，办理查封登记。查封、扣押动产的，法院既可以直接控制该财产，也可以将动产交付其他人控制，将财产交他人控制时，应当在该动产上加贴封条或者其他的措施。查封不动产的，法院应当加贴封条或者张贴公告。查封、扣押和冻结已登记的不动产、特定动产及其他财产权，应通知有关机关办理登记手续。

（4）提取保存有关财产权证照。对有产权证照的动产或者不动产，可以责令被执行人将有关财产权证照交法院保管。

（5）预查封、扣押尚未进行产权登记的建筑物、机动车辆。预查封是指对尚未在登记机构进行物权登记但又履行了一定的批准或者备案等预登记手续、被执行人享有未公示或者物权期待权的房地产所采取的控制性措施。

4. 查封、扣押时的在场人员。为避免执行程序存在争议，在查封、扣押时，应当通知相关人员在场。

（1）通知被执行人到场。人民法院查封、扣押财产时，被执行人是公民的，应当通知被执行人或者他的成年家属到场；被执行人是法人或者其他组织的，应当通知其法定代表人或者主要负责人到场。拒不到场的，不影响执行。

（2）通知有关单位或者基层组织参加。被执行人是公民的，其工作单位或者财产所在地的基层组织应当派人参加。

三、对其他财产的执行

执行机构为满足债权人的权利，也可以对债务人的其他财产进行执行。这里的其他财产包括：债务人的债权、有价证券、投资收益、知识产权等。

（一）对存款的执行

对被执行人存款的执行可以采取查询、冻结、划拨等方式。金融机构在接到法院的协助执行通知后，必须立即办理，不得以任何借口拒绝、推脱或者妨碍执行。但是，被执行人为金融机构的，对其交存在人民银行的存款准备金和备付金不得冻结和扣划，但对其在本机构、其他金融机构的存款，及其在人民银行的其他存款可以冻结、划拨，并可对被执行人的其他财产采取执行措施，但不得查封其营业场所。

（二）对被执行人收入的执行

被执行人未依法履行义务的，法院有权扣留、提取被执行人应当履行的义务部分收入，但应当保留被执行人及其抚养家属的生活必需费用。对被执行人收入，可以采取扣留、提取的执行方法。

（三）对股息、红利、股权等的执行

对被执行人在其他股份有限公司中持有的股份凭证（股票），人民法院可以扣押，并强制被执行人按照公司法的有关规定转让，也可以直接采取拍卖、变卖的方式进行处分，或直接将股票抵偿给债权人，用于清偿被执行人的债务。

对被执行人在有限责任公司、其他法人企业中的投资权益或股权，人民法院可以采取冻结措施。冻结投资权益或股权的，应当通知有关企业不得办理被冻结的投资权益或股权的转移手续，不得向被执行人支付股息或红利。被冻结的投资权益或股权，被执行人不得自行转让。

被执行人在其独资开办的法人企业中拥有的投资权益被冻结后，人民法院可以直接裁定予以转让，以转让所得清偿其对申请执行人的债务。

对被执行人在有限责任公司中被冻结的投资权益或股权，人民法院可以依据《公司法》第35、36条的规定，征得全体股东过半数同意后，予以拍卖、变卖或以其他方式转让。不同意转让的股东，应当购买该转让的投资权益或股权，不购买的，视为同意转让，不影响执行。人民法院也可允许并监督被执行人自行转让其投资权益或股权，将转让所得收益用于清偿对申请执行人的债务。

对被执行人在中外合资、合作经营企业中的投资权益或股权，在征得合资或合作他方的同意和对外经济贸易主管机关的批准后，可以对冻结的投资权益或股权予以转让。

如果被执行人除在中外合资、合作企业中的股权以外别无其他财产可供执行，其他股东又不同意转让的，可以直接强制转让被执行人的股权，但应当保护合资他方的优先购买权。

有关企业收到人民法院发出的协助冻结通知后，擅自向被执行人支付股息或红利，或擅自为被执行人办理已冻结股权的转移手续，造成已转移的财产无法追回的，应当在所支付的股息或红利或转移的股权价值范围内向申请执行人承担责任。

（四）对债务人到期债权的执行

对到期债权的执行又称代位执行，是指被执行人不能清偿债务，但对本案以外的第三人享有到期债权的，人民法院可以依申请执行人或被执行人的申请，对该第三人的财产进行强制执行。代位执行程序由最高人民法院《民诉意见》第300条明确确立，该条规定："被执行人不能清偿债务，但对第三人享有到期债权的，人民法院可依申请执行人的申请，通知该第三人向申请执行人履行债务。该第三人对债务没有异议但又在通知指定的期限内不履行的，人民法院可以强制执行。"

1. 代位执行的条件。

（1）必须是被执行人不能清偿债务。不能清偿债务是指申请执行人对被执行人的执行申请已进入人民法院的强制执行程序，并且被执行人无可供执行之财产。这里既包括因当事人死亡、暂时无偿还能力或无全部偿还能力等客观原因导致的无力清偿，也包括因当事人隐匿财产、逃债等主观原因导致的清偿不能。这两种情况的发生都可以引起代位执行。

（2）必须是被执行人对第三人享有到期债权，且该债权是合法的，非专属于被执行人自身所有的。

（3）必须由申请执行人或者被执行人提出申请。是否启动代位执行程序应当由当事人来决定，法院不得依职权主动执行。但法院在对被执行人执行期间发现有可以代位执行的对象，可以向申请执行人提供建议，并对代位执行的申请进行指导。

（4）必须是第三人对债务没有异议的。第三人认为该债权债务关系并不存在，或者被执行人有对待给付义务等情形的，有权在法律规定的期间内提出异议，人民法院接到异议后并不进行审查，同时也不得对第三人的财产强制执行。因此，只有当第三人对债务没有异议又不按要求履行债务时，执行机构才可以对其适用代位执行。同时在执行过程中，依法不得对第三人的到期债权进行执行。

2. 履行通知的内容和效力。被执行人不能清偿债务，但对本案以外的第三人享有到期债权的，人民法院可以依申请执行人或被执行人的申请，向第三人发出履行到期债务的通知（以下简称"履行通知"）。履行通知必须直接送达第三人。

履行通知应当包含下列内容：①第三人直接向申请执行人履行其对被执行人所负的债务，不得向被执行人清偿；②第三人应当在收到履行通知后的 15 日内向申请执行人履行债务；③第三人对履行到期债务有异议的，应当在收到履行通知后的 15 日内向执行法院提出；④第三人违背上述义务的法律后果。

履行通知的效力。第三人在履行通知指定的期限内没有提出异议，而又不履行的，执行法院有权裁定对其强制执行。裁定应同时送达第三人和被执行人。第三人收到人民法院要求其履行到期债务的通知后，擅自向被执行人履行，造成已向被执行人履行的财产不能追回的，除在已履行的财产范围内与被执行人承担连带清偿责任外，可以追究其妨害执行的责任。

3. 第三人异议。代位执行中第三人异议是案外第三人针对人民法院对其发出的履行通知而提出的，旨在维护其财产权利不受他人执行案件牵连的主张和抗辩。其目的在于阻止人民法院进一步对其采取强制执行措施，从而使申请人的代位执行申请归于无效。一般情况下第三人异议主要有以下几个方面：①债权债务关系没有发生；②债权尚未到期；③被执行人与第三人之间有对待给付；④债权债务关系已因一定的法律事实而消灭；⑤该债权债务关系有数额等方面的争议。第三人无论就以上哪一种事由对履行通知提出抗辩，都能有效对抗执行当事人的代位执行申请。

4. 对第三人异议的处理。

（1）提出异议的方式。提出异议的方式，一般应当以书面形式提出；口头提出的，执行人员应记入笔录，并由第三人签字或者盖章。

（2）异议的内容。第三人异议的内容应是债权不存在或者未到期等情形。第三人提出自己无履行能力或其与申请执行人无直接法律关系，不属于相关司法解释所指的异议。

（3）有效异议产生的法律后果。第三人在履行通知指定的期间内提出异议的，人民法院不得对第三人强制执行，对提出的异议不进行审查。第三人对债务部分承认、部分有异议的，可以对其承认的部分强制执行。

5. 第三人未提出异议的法律后果。

（1）裁定强制执行。第三人在履行通知指定的期限内没有提出异议，而又不履行的，执行法院有权裁定对其强制执行。此裁定同时送达第三人和被执行人。

（2）禁止再代位执行。在对第三人作出强制执行裁定后，第三人确无财产可供执行的，不得就第三人对他人享有的到期债权强制执行。

（3）发给履行证明。第三人按照人民法院履行通知向申请执行人履行了债务或已被强制执行后，人民法院应当出具有关证明。

（五）对知识产权的执行

知识产权包括著作权、专利权、商标权等权利，知识产权中的财产权也可以作为执行标的。被执行人不履行义务时，法院有权对其知识产权进行执行。

四、查封、扣押、冻结的效力

（一）查封、扣押、冻结对财产的效力

查封、扣押、冻结对财产的效力包括以下几个方面：

1. 查封、扣押的效力及于查封、扣押物的从物和天然孳息。

2. 不动产查封采取"地随房"和"房随地"两原则。查封地上建筑物的效力及于该地上建筑物使用范围内的土地使用权，查封土地使用权的效力及于地上建筑物，但土地使用权与地上建筑物的所有权分属被执行人与他人的除外。地上建筑物和土地使用权的登记机关不是同一机关的，应当分别办理查封登记。

3. 查封、扣押、冻结的财产灭失或者毁损的，查封、扣押、冻结的效力及于该财物的替代物、赔偿款。

（二）查封、扣押、冻结的时间效力

1. 一般规定。人民法院冻结被执行人的银行存款及其他资金的期限不得超过 6 个月，查封、扣押动产的期限不得超过 1 年，查封不动产、冻结其他财产权的期限不得超过 2 年。法律、司法解释另有规定的除外。申请执行人申请延长期限的，人民法院应当在查封、扣押、冻结期限届满前办理续行查封、扣押、冻结手续，续行期限不得超过前款规定期限的 1/2。

2. 特别规定。根据最高人民法院《关于冻结、拍卖上市公司国有股和社会法人股若干问题的规定》第 6 条规定：冻结股权的期限不超过 1 年。如申请人需要延长期限的，人民法院应当根据申请，在冻结期限届满前办理续冻手续，每次续冻期限不超过 6 个月。逾期不办理续冻手续的，视为自动撤销冻结。

法院对土地使用权、房屋的查封期限不得超过 2 年。期限届满可以续封 1 次，续封时应当重新制作查封裁定和协助执行通知书，续封期限不得超过 1 年。有特殊情况需要再续封的，应当经当地高级人民法院批准，每次续封不得超过 1 年。

（三）轮候查封、扣押、冻结的效力

《关于人民法院民事执行中查封、扣押、冻结财产的规定》第 28 条规定：对已被人民法院查封、扣押、冻结的财产，其他人民法院可以进行轮候查封、扣押、冻结。查封、扣押、冻结解除的，登记在先的轮候查封、扣押、冻结即自动生效。它是借鉴了国外法律，如德国、日本等国关于"再查封制度"的规定（针对不动产），以及美国、英国、奥地利等国关于"优先分配制度"的规定。

第二节　给付金钱执行中的拍卖、变卖、以物抵债

一、强制拍卖

（一）强制拍卖的概念

强制拍卖是指人民法院依法以公开竞价的形式，将特定物品或者财产权转让给最高应价者的拍卖方式。

（二）强制拍卖的特点

1. 实施的强制性。所谓实施的强制性，是指强制拍卖系国家执法机关依法进行的一种强制性措施。这是强制拍卖的基本特点。在强制拍卖中，被查封、扣押财产的产权人，已经丧失对其所有财产的处分权。因此，强制拍卖是一种具有国家强制力的拍卖活动。

2. 委托的专有性。所谓委托的专有性，是指这种拍卖活动系国家执法机关依法委托的拍卖行为。强制拍卖固然是一种具有国家强制力的拍卖活动，因而委托方只能是国家执法机关，其他任何机关、团体、单位和个人，均不得委托强制拍卖。同时，国家执法机关委托实施强制拍卖，必须是依据已经发生法律效力的文书。因为执法机关做出的裁判、处罚决定，如果尚未生效，案件的处理仍然处于不确定状态，因而不能对已查封扣押的物品进行拍卖。

3. 拍卖的法定性。所谓拍卖的法定性，是指这种拍卖活动系依据法律特别规定而产生的一种特殊的拍卖活动。根据我国法律规定，人民法院对查封、扣押的被执行人财产进行变价时，应当委托拍卖机构进行。这些规定的目的在于确保拍卖活动的公正性，维护被执行人的合法权益，促进国家执法机关的廉政建设。

4. 适用法律的多重性。所谓适用法律的多重性，是指在这种拍卖活动进行中，将涉及到适用多种的法律、法规、规章等。由于强制拍卖是国家执法机关委托进行的拍卖活动，委托的主体多种多样，如人民法院，人民检察院，公安、工商、海关、税务、国土、环保、卫生等机关，拍卖的依据来源于刑事、民事、行政诉讼中的裁判、决定和各类行政处罚决定，因此，强制拍卖必然涉及许多不同的法律、法规及规章。在强制拍卖中，除了适用《拍卖法》以外，还要适用民事、海关税收征管、工商行政管理等法律、法规。

（三）强制拍卖的原则

1. 拍卖优先原则。所谓拍卖优先原则，是指执行法院在对查封、扣押、冻结的财产进行变价处分时，除法律、司法解释另有规定外，原则上采用拍卖这种方式。因为拍卖具有公开性、公平竞争性、国际性等特点，各种竞买人通过举牌竞价的方式公开拍卖，不仅有利于卖出高价，实现拍卖物价格的最大化，从而最大限度地保护债务人的合法权益，实现申请执行人的债权，而且有利于杜绝暗箱操作，防范执行人员滥用执行处分权侵害被执行人利益。

2. 及时拍卖原则。按照执行不间断原则，法院在查封、扣押、冻结财产后，应当迅速及时采取拍卖措施，此即所谓的及时拍卖原则。执行法院在查封、扣押、冻结财产后应尽快确定拍卖期日，间隔时间不能过长，务求查封期日与拍卖期日之间保持合理的、适当的时间距离，不能像以往那样过长。查封、扣押财产后，执行员没有必要责令被执行人在指定期间履行法律文书确定的义务，因为在拍卖日之前或者拍卖开始之前的任何时间，被执行人都可以履行债务。

3. 委托拍卖原则。法院委托拍卖与自行拍卖是法院行使强制执行权对被执行人财产进行变价的两种方式，《民事诉讼法》第223条首次正式确立了法院的司法拍卖权。最高人民法院《关于人民法院执行工作若干问题的规定（试行）》第46条要求，"人民法院对查封、扣押的被执行人财产进行变价时，应当委托拍卖机构进行拍卖"。最高人民法院《关于人民法院民事执行中拍卖、变卖财产的规定》第 3 条指出，"人民法院拍卖被执行人财产，应当委托具有相应资质的拍卖机构进行，并对拍卖机构的拍卖进行监督"，再次强调了委托拍卖原则。应当说，委托拍卖已经成为目前法院强制拍卖的主导方式。

4. 拍卖前先评估原则。对拟拍卖的财产，法院应当委托具有相应资质的评估机构进行价格评估。对于财产价值较低或者价格依照通常方法容易确定的，以及当事人双方及其他执行债权人申请不进行评估的，可以不进行评估。评估的目的一是帮助执行法院准确地确定拍卖物的价值，避免出现估价畸高畸低的情形。二是便于法院依据评估价合理地确定拍卖物的保留价。因为按照最高人民法院《关于人民法院民事执行中拍卖、变卖财产的规定》第 8 条的规定，拍卖应当由人民法院参照评估价确定保留价；法院确定的保留价，第一次拍卖时，不得低于评估价或者市价的 80%；如果出现流拍，再行拍卖时，可以酌情降低保留价，但每次降低的数额不得超过前次保留价的 20%。

5. 拍卖穷尽原则。强制拍卖有利于实现债权人和债务人利益的最大化，但在拍卖出现流拍并且拍卖已明显无望的情况下，如果不对法院拍卖的次数加以限制，就会严重影响债权人权利的实现，也会损害债务人的利益，使法院执行的效果大大降低。拍卖穷尽原则有助于执行法院从已明显无变价可能的执行程序中解脱出来，因此可以认为是对执行法官和执行人员的一种制度上的保护措施。

（四）强制拍卖的程序

1. 委托评估。根据先行评估原则，在委托拍卖之前，人民法院首先应当对拟拍卖的财产进行评估。拟拍卖财产的评估主要涉及到四个方面的问题：评估财产的范围、评估机构的确定、对委托评估工作的监督以及当事人不服评估结果时的救济途径。出于执行效率的考虑，为减少不必要的费用支出，减轻执行当事人的负担，对那些价值较低或者价格依照通常方法容易确定的财产，可以不进行评估。2009 年 11 月最高人民法院《关于人民法院委托评估、拍卖和变卖工作的若干规定》中，明确规定评估机构的选择一律采用由人民法院在委托评估机构名册内以公开随机的方式选定。人民法院选择评估机构，应当通知审判、执行人员到场，视情况可邀请社会有关人员到场监督。此外，还应当提前通知各方当事人到场，当事人不到场的，人民法院可将选择机构的情况，以书面形式送达当事人。评估机构选定后，人民法院应当向选定的机构出具委托书，委托书中应当载明本次委托的要求和工作完成的期限等事项。评估机构接受人民法院的委托后，在规定期限内无正当理由不能完成委托事项的，人民法院应当解除委托，重新选择机构，并对其暂停备选资格或从委托评估机构名册内除名。评估机构在工作中需要对现场进行勘验的，人民法院应当提前通知审判、执行人员和当事人到场。当事人不到场的，不影响勘验的进行，但应当有见证人见证。评估机构勘验现场，应当制作现场勘验笔录。勘验现场人员、当事人或见证人应当在勘验笔录上签字或盖章确认。当事人或者其他利害关系人如果认为评估报告有问题，对评估结果不服的，可以向法院提出异议。在有证据证明评估机构、评估人员不具备相应的评估资质或者评估程序严重违法的情况下，还可以申请重新评估。为确保当事人和其他利害关系人能够及时了解评估结果，人民法院应当在收到评估报告后5日内将其发送当事人及其他利害关系人。

2. 委托拍卖。这是民事执行程序中非常重要的一个环节，人民法院选择拍卖机构，应当在人民法院委托拍卖机构名册内采取公开随机的方式选定。人民法院选择拍卖机构，应当通知审判、执行人员到场，视情况可邀请社会有关人员到场监督，还应当提前通知各方当事人到场，当事人不到场的，人民法院可将选择机构的情况，以书面形式送达当事人。拍卖机构选定后，人民法院应当向选定的机构出具委托书，委托书中应当载明本次委托的要求和工作完成的期限等事项。

3. 保留底价。保留价是确认拍卖成交的最低价格，拍卖前确定一个合理的保留价，可以有效地避免被执行人的利益遭受损害。《关于人民法院委托评估、拍卖和变卖工作的若干规定》中对保留价做出了规定，凡拍卖财产经过评估的，要求第一次拍卖时一律按评估价作为保留价，未作评估的，保留价参照市价确定。这样的规定，减少了保留价制定中滋生腐败的可能性。保留价确定后，依据本次拍卖保留价计算，拍卖所得价款在清偿优先债权和强制执行费用后无剩余可能的，应当在实施拍卖前将有关情况通知申请执行人。申请执行人于收到通知后5日内申请继续拍卖的，人民法院应当准许，但应当重新确定保留价；重新确定的保留价应当大于该优先债权及强制执行费用的总额。

4. 发布拍卖公告和展示标的物。拍卖应当先期公告。在司法强制拍卖中，拍卖动产的，应当在拍卖日7日前公告，拍卖不动产或者其他财产权的，应当在拍卖日15日前公告。拍卖公告的范围及媒体由当事人双方协商确定；协商不成的，由人民法院确定。拍卖财产具有专业属性的，应当同时在专业性报纸上进行公告。当事人申请在其他新闻媒体上公告或者要求扩大公告范围的，人民法院应当准许，但该部分的公告费用由其自行承担。根据《拍卖法》的规定，在拍卖前展示拍卖标的物是拍卖人的法定义务，而且拍卖标的物的展示时间不得少于2日。展示拍卖标的物主要是给意向竞买人提供一个了解拍卖标的状况的机会和途径。在委托拍卖机构拍卖时，执行人员应当对拍卖财产的权属状况、占有使用情况等进行必要的调查，制作拍卖财产现状的调查笔录或者收集其他相关资料。在标的物展示期间或拍卖前，人民法院或者拍卖机构应当如实、全面地向意向竞买人、竞买人说明拍卖标的的现状。

5. 办理竞买人登记手续。意向竞买人必须按照要求办理竞买登记手续才能取得竞买人资格。在拍卖不动产、其他财产权或者价值较高的动产时，要求竞买人在拍卖前应当向人民法院交纳保证金。竞买人预交保证金的规定也有例外：一是拍卖价值较低的动产，竞买人可不预交保证金。二是拍卖任何财产，申请执行人参加竞买均可不预交保证金。保证金的数额由人民法院根据案件的实际情况确定，以能真正起到保证作用为原则，但最少不得低于评估价或者市价的 5%。应当预交保证金而未交纳的，不得参加竞买。拍卖成交后，买受人预交的保证金充抵价款。

6. 组织和实施拍卖会。人民法院应当在拍卖日 5 日前以书面或者其他能够确认收悉的适当方式，通知当事人和已知的担保物权人、优先购买权人或者其他优先权人于拍卖日到场。举行拍卖会时，人民法院可以派员到场监拍，并将拍卖情况记入笔录。

7. 价款交付与财产移交。对拍卖成交的，人民法院应依法进行审查，如果发现拍卖机构与竞买人或者竞买人之间恶意串通，并给他人造成损害的，应当依法裁定拍卖无效；若审查未发现上述无效情形，则应裁定确认拍卖成交。拍卖成交后，买受人应当在拍卖公告确定的期限或者法院指定的期限内交付价款；逾期未交付的，人民法院可以裁定重新拍卖。在裁定拍卖成交后，人民法院应当在拍卖价款全额交付后 10 日内，将拍卖成交裁定送达买受人，并应当在拍卖成交裁定送达后 15 日内，将拍卖财产移交给买受人。不动产的所有权自拍卖成交或者抵债裁定送达时起转移给买受人或承受人，有登记的特定动产的所有权以及其他财产权，自拍卖成交或者抵债裁定送达时起转移给买受人或承受人。对于未作登记的动产，所有权自该动产交付时起转移给买受人或者承受人。

二、强制变卖

（一）强制变卖的概念

强制变卖是指不经过竞价，而由执行法院直接将执行标的物以适当的、合理的价格出卖。

人民法院对查封、扣押、冻结的财产，当事人双方及有关权利人同意变卖的，可以变卖。金银及其制品、当地市场有公开交易价格的动产、易腐烂变质的物品、季节性商品、保管困难或者保管费用过高的物品，执行法院可以决定变卖。

（二）强制变卖的程序

1. 确定变卖的主体。是由有关单位变卖，还是由法院自行组织变卖，由法院视情况而定。对于便于变卖、法院有精力组织变卖的，为了节省费用，可由法院自行组织变卖。对于难于变卖、牵扯法院精力较大的，可以委托有关单位变卖。

2. 履行告知义务。变卖查封、扣押的财产，必须充分保障当事人、担保物权人、优先购买权人或者其他优先权人的知情权和参与权。法院决定对被执行财产进行变卖时，必须在实施之前书面通知上述人员参加变卖。上述人员无法通知或者经通知不到场的，不影响变卖的进行。优先购买权人经通知不到场，视为放弃优先购买权。

3. 确定价格。变卖时，当事人之间对价格有约定的，按照其约定价格变卖；无约定价格但有市价的，变卖价格不得低于市价；无市价但价值较大、价格不易确定的，应当委托依法设立并具有相应资质的评估机构进行价格评估。

4. 发布公告，展示标的物。在变卖前发布公开变卖的公告，将变卖的原因、时间、地点、购买人登记手续和变卖物的种类、数量、品质及其存在的担保物权、优先购买权等公之于众，并展示标的物。

5. 实施变卖。对于一般财产的变卖，由变卖主持人与购买人在评估价格的基础上协商变卖价格。有两个及以上购买人的，一律公开竞卖。以评估价格为起始竞买价格，由竞买人互相竞价。以评估价格变卖不成的，可以在评估价格以下，递减变卖，最终确定最高应价者为买受人，但最高应价不得低于最低限价，否则，不得成交。变卖时，应当允许当事人、担保物权人、优先购买权人及其他优先权人在场并参加竞价，在同等价格条件下，优先购买权人享有优先购买权。

6. 交付款物。根据最高人民法院《关于人民法院执行工作若干问题的规定（试行）》第49条的规定，变卖被执行人的财产成交后，必须即时钱物两清。应当即时向买受人交付财产，并收取价款。是不动产或特定动产的，由法院负责将财产占有人清除，并办理变更登记手续。因变卖财产所发生的实际费用，从所得价款中优先扣除。所得价款超出执行标的数额和执行费用的部分，应当退还被执行人。设有优先权、担保物权的财产，买受人以优先权、担保物权继续存在的价格买受的，优先权、担保物权仍然存在；优先权、担保物权的债权额在变卖款中得到优先补偿的，优先权、担保物权消灭。

上述过程或内容应当有书面记载或者记入执行笔录。

第三节　交付物与完成行为的执行

一、物的交付请求权的执行

物的交付是指将指定交付的物由被执行人的直接占有，转移为债权人的直接占有或者支配，亦即要求被执行人为一定行为。物之交付请求权可以是根据所有权产生的，如租赁合同届期；也可以是根据债权债务关系产生的，如加工承揽合同，判决债务人向债权人交付工作成果。应当交付之物，无论是否有经济价值，只要符合生效法律文书的指定，就可以成为执行标的物。与行为请求权的执行不同，物的交付请求权的执行以实现物的占有转移为目的，以物的交付本身为执行内容，并以交付之物为执行标的物。而对行为请求权的执行，只是被执行人单纯的行为，没有执行标的物。因此，对物的交付请求权的执行，是实现行为请求权的特殊执行形式。

根据执行根据中指定交付物的不同，对交付财产请求权的执行可以分为交付动产的执行和交付不动产的执行。《民事诉讼法》第225条关于交付指定交付的物或者票证的规定属于交付动产的执行，第226条关于强制迁出房屋或者强制退出土地的规定属于交付不动产的执行。现分别对这两种执行方法加以说明。

（一）交付动产的执行

1. 被执行人占有执行标的物时。《民事诉讼法》第225条第1款规定，法律文书指定交付的财物或者票证，由执行员传唤双方当事人当面交付，或者由执行员转交，并由被交付人签收。对交付财物或者票证的执行，属于交付动产的执行。具体的执行方法如下：

（1）直接交付当事人。如果标的物为被执行人占有，可以由执行员传唤当事人于指定时间及处所，由被执行人当面将执行标的物交付于债权人。当面交付时，应当由法院制作执行笔录，双方当事人签字。当面交付的地点可以是在法院，也可以是在当事人一方所在地或者标的物所在地。

（2）转交当事人。即由被执行人将执行标的物交付执行员，再由执行员转交债权人或者其委托的代理人，转交时应当由债权人或者其指定的代收人签收，出具收条，并将收条附卷。

生效法律文书确定被执行人交付特定标的物的，应当交付原物。原物被隐匿或者非法转移的，人民法院有权责令其交出。原物确已变质、损坏或者灭失的，应当裁定折价赔偿或者按标的物的价值强制执行被执行人的其他财产。

2. 由第三人占有执行标的物时。

(1) 有关单位持有时。《民事诉讼法》第 225 条第 2 款规定："有关单位持有该项财物或者票证的，应当根据人民法院的协助执行通知书转交，并由被交付人签收。"

(2) 有关公民持有时。《民事诉讼法》第 225 条第 3 款规定："有关公民持有该项财物或者票证的，人民法院通知其交出。拒不交出的，强制执行。"但持有人持有的标的物已合法取得所有权的，则不得依本规定执行。

(3) 有关单位或者公民占有执行标的物产生的相应赔偿责任。"有关单位或公民持有法律文书指定交付的财物或票证，在接到人民法院协助执行通知书或通知书后，协同被执行人转移财物或票证的，人民法院有权责令其限期追回；逾期未追回的，应当裁定其承担赔偿责任"（最高人民法院《关于人民法院执行工作若干问题的规定（试行）》第 58 条）。同时，除债务人应当交付的物为可替代物外，"有关单位和个人持有法律文书指定交付的财物或票证，因其过失被毁损或灭失的，人民法院可责令持有人赔偿；拒不赔偿的，人民法院可按被执行的财物或者票证的价值强制执行"。由此，对物的交付请求权的执行转化为对金钱债权的执行。

（二）交付不动产的执行

交付不动产的执行，是指执行法院强制解除债务人对不动产的占有并将该不动产交付债权人的执行措施。我国《民事诉讼法》第 226 条关于强制迁出房屋或者退出土地的执行就是关于交付不动产的执行。

所谓"强制迁出房屋或者退出土地"，是指执行机构强制被执行人取走在特定房屋内或者土地上的财物，并将该房屋或者土地交付权利人的执行程序。强制被执行人迁出房屋或者退出土地属于交付不动产的执行。这一执行不但要将执行标的物占有转移给债权人，而且还要将房屋内的或者土地上的不属于执行标的之动产除去，让被申请执行人或者居住的人迁出或者退出土地。这类执行方法是将房屋或者土地的支配权转移给债权人。

1. 限期履行。《民事诉讼法》第 226 条第 1 款规定："强制迁出房屋或者强制退出土地，由院长签发公告，责令被执行人在指定期间履行。被执行人逾期不履行的，由执行员强制执行。"限期履行是给债务人一次自动履行的机会。

2. 通知当事人及有关单位派人到场。人民法院"强制执行时，被执行人是公民的，应当通知被执行人或者他的成年家属到场；被执行人是法人或者其他组织的，应当通知其法定代表人或者主要负责人到场"（《民事诉讼法》第 226 条第 2 款）。目的在于让被执行人取走执行标的物上的财物，或者由执行人员取走并交其接收。但执行机构已通知而拒不到场的，不影响执行。"被执行人是公民的，其工作单位或者房屋、土地所在地的基层组织应当派人参加"（《民事诉讼法》第226条第2款），以便了解执行进程，并协助执行。

3. 解除被执行人的占有。强制被执行人交付不动产，应当解除其占有。至于强制迁出的房屋内搬出的财物，如被执行人或者其成年家属未到场或者在场而拒绝接收，"由人民法院派人运至指定处所，交给被执行人。被执行人是公民的，也可以交给他的成年家属。因拒绝接收而造成的损失，由被执行人承担。"

4. 交付申请人占有。解除被执行人对于房屋或者土地的占有后，执行人员应当将该房屋或者土地立即交付申请人占有，并结束执行程序。

5. 作成执行笔录。执行完毕后，"执行员应当将强制执行情况记入笔录，由在场人签名或者盖章"。

被执行人再占有不动产的处理。实践中还有被执行人在交付不动产后，又再次非法占有该不动产的情况发生。各国强制执行法上一般规定，对这种重复侵权的行为，债权人可以申请继续执行。我国民事诉讼法对此没有专门的规定。但是，债权人可以根据最高人民法院《民诉意见》第303条获得保护，该条规定，"在人民法院执行完毕后，被执行人或者其他人对已执行的标的有妨害行为的，人民法院应当采取措施，排除妨害，并可以依照民事诉讼法第102条的规定处理。因妨害行为给申请执行人或者其他人造成损失的，受害人可以另行起诉"。

二、对行为请求权的执行

（一）对行为请求权执行的概念

对行为请求权的执行，是指根据生效法律文书一方当事人有义务履行一定的行为而拒不履行的，债权人请求人民法院强制该当事人履行一定的作为义务。我国《民事诉讼法》第227条规定，"在执行中，需要办理有关财产权证照转移手续的，人民法院可以向有关单位发出协助执行通知书，有关单位必须办理"。第228条规定了作为、不作为请求权的执行。故"被执行人拒不履行生效法律文书中指定的行为的，人民法院可以强制其履行"。行为请求权没有执行标的物，不能采用直接强制的方法，而在被执行人拒绝履行行为义务时，只能通过法定的方法迫使被执行人履行义务。它分为可替代行为的执行和不可替代行为的执行两种形式。

（二）对可替代行为的执行

可替代行为，是在法律文书指定履行的行为属于可替代行为。在被执行人不履行法律文书指定的可以替代行为时，执行法院可以委托有关单位或者他人代为完成，代为履行的费用则由被执行人负担。被执行人拒绝负担费用时，按照关于金钱债权的执行程序对被执行人的财产强制执行。

（三）对不可替代行为的不作为义务的执行

不可替代行为，是只能由被执行人完成的行为。不可以替代的行为与被执行人的身份有关，属于必须由被执行人本人实施的行为，如赔礼道歉、名演员表演或者名作家撰稿以及父母离婚后一方探望子女等，由第三人代为履行在法律上或者事实上是不可能的。

1. 处以罚款或者拘留。对不可替代行为的执行方法，一般是说服被执行人主动履行，但是经教育被执行人仍拒不履行的，人民法院应当按照妨害执行行为的有关规定处理，如拘留和罚款等强制手段，对被执行人采取此手段后，并不因此免除被执行人的义务。最高人民法院《民诉意见》第283条规定："依照民事诉讼法第228条规定，当事人不履行法律文书确定的行为义务，如果该项行为义务只能由被执行人完成的，人民法院可以依照民事诉讼法第102条第1款第6项的规定处理。"最高人民法院《关于人民法院执行工作若干问题的规定（试行）》第60条第3款也规定："对于只能由被执行人完成的行为，经教育，被执行人仍拒不履行的，人民法院应当按照妨害执行行为的有关规定处理。"

2. 支付迟延履行金。《民诉意见》第295条还规定，被执行人未按判决、裁定和其他法律文书指定的期间履行非金钱给付义务的，应当支付迟延履行金。支付迟延履行金以不给申请执行人造成损失为条件。已造成损失的，双倍补偿申请执行人已受到的损失；没有造成损失的，迟延履行金可以由人民法院根据具体案件决定。因此，被执行人拒绝履行不可替代行为义务时，执行法院可以决定由被执行人支付迟延履行金给债权人。它不同于罚款，因为它不是上交国库，也不同于损害赔偿金，因为它不以造成损失为前提，也不因此免除被执行人的行为义务。

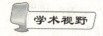
学术视野

执行当事人的范围与既判力理论

在民事强制执行法理论上，这种以执行依据以外的民事主体作为执行当事人、执行当事人的范围如何确定以及执行当事人的变更和追加问题，是执行实务中的一个重要问题，也是一个疑难问题。但是，我们当前对这一问题的研究还停留在实践经验总结这一阶段，缺乏系统的理论论证，更没有建立起一个完整的理论框架。因此，今后有必要在这一问题上下大功夫进行研究。

一般来说，执行当事人与执行依据上指明的当事人是一致的。但是，法律文书生效后，原债权债务主体发生变化的情况在执行实践中很常见。为避免就同一法律关系重复诉讼，减轻当事人的讼累，就有必要将执行当事人的范围扩大到执行依据所指明的当事人以外的民事主体。但是，执行当事人的范围究竟扩大到什么程度才合适呢？这种情况，被称为执行依据执行力主观范围的扩张。执行力的主观范围与民事诉讼法学理论上所谓的既判力的主观范围并不是完全一致的，比如在以公证债权文书作为执行依据时，其仅仅具有执行力而没有既判力，当然也谈不上既判力主观范围扩张的问题。正是因为执行力的主观范围与既判力的主观范围并不是完全一致的，因此，在民事强制执行法上有必要对执行力的主观范围问题进行专题研究，并作出专门的规定。但是，同时也应该认识到，执行依据执行力主观范围的扩张与既判力主观范围的扩张在理论上又是一脉相承的，在大多数情况下，可以用判决既判力主观范围扩张的理论来解释执行力主观范围扩张的问题。所以，我们今后在研究执行当事人的范围及其变更和追加这一问题时，应该在做好实践经验总结的同时，向前迈进一步，善于从既判力、执行力的主观范围这一基本理论入手，从理论高度进行更为系统的论证，以便借助理论所特有的逻辑性和严密性，对当前的一些不合理的规定进行清理和完善，并使执行当事人的变更和追加这一重要制度获得更为充分的理论支持。

理论思考与实务应用

一、理论思考

（一）名词解释

执行措施　查封　变价

（二）简答题

1. 对民事执行措施可以进行怎样的分类？
2. 查封、扣押应当遵循哪些原则？具有怎样的法律效力？
3. 简述搜查的法定程序。

（三）论述题

论述执行被执行人到期债权的条件。

二、实务应用

（一）案例分析示范

案例一

大发毛纺厂与红云宾馆于 2003 年签订了长期供货合同，大发毛纺厂成为红云宾馆客房浴巾、毛巾等用品的主要供货商。自 2003 年 8 月开始，大发毛纺厂开始长期以次充好，将不符合供货合同标准的产品供应给红云宾馆，后者因此遭受较大经济损失。为此，红云宾馆从 2003 年 11 月以后，多次与大发毛纺厂进行交涉，要求其退还 25 万元的预付货款，并赔偿各项经济损失 38 万元。对此，大发毛纺厂一直未予理睬。红云宾馆于 2004 年 4 月向 A 区人民法院起诉，请求法院判决大发毛纺厂退还货款并赔偿 45 万元经济损失。后 A 区人民法院判决大发毛纺厂退还货款以及赔偿经济损失 40 万元。履行期限过后，大发毛纺厂拒不履行上述义务，红云宾馆向法院申请强制执行。法院了解到，大发毛纺厂已于 1999 年与新西兰一家企业共同成立了一家合资企业，为独立法人，大发毛纺厂以其 80% 的厂房、设备出资，现已无可供执行的财产。

问：法院在此种情形下应当如何处理？

【评析】A 区法院可以直接对大发毛纺厂在合资企业中的投资权益采取执行措施，冻结其投资权益或股权，责令合资企业不得向大发毛纺厂支付股息或红利。

实践中经常出现法人将其部分甚至绝大部分财产投入另一个独立法人的情况。该案例中就涉及法人将其绝大部分财产投入另一个独立的法人企业而无力偿还自身作为独立法人所负债务的执行问题。根据最高人民法院《关于人民法院执行工作若干问题的规定（试行）》第 53 条的规定，对被执行人在有限责任公司、其他法人企业中的投资权益或股权，人民法院可以采取冻结措施。冻结投资权益或股权的，应当通知有关企业不得办理被冻结投资权益或股权的转移手续，不得向被执行人支付股息或红利。被冻结的投资权益或股权，被执行人不得自行转让。

案例二

某日，法院执行员张某和书记员执行一民事判决，正在某机械厂大门东侧查封该厂一批钢材时，该厂法律顾问路过此地，即提出为什么没有厂方的人在场而擅自查封。张某解释说："我们是在执行生效判决，查封财产一般不必通知被执行人到场。当然被执行人要求到场且不致妨害人民法院执行公务的，可以允许其到场。"

问：张某的解释是否正确？为什么？

【评析】张某的解释不正确。根据我国《民事诉讼法》的规定，人民法院查封财产时，被执行人是公民的，应当通知被执行人或者其成年家属到场；被执行人是法人或者其他组织的，应当通知其法定代表人或主要负责人到场；拒不到场的不影响执行。本案中，该厂的法律顾问的质问有理，法院在查封钢材时应当通知机械厂的法定代表人到场。

案例三

王甲与李乙签订了房屋租赁合同,王甲将自己所有的祖传遗留房屋租给李乙居住,合同期满后,王甲欲出卖房屋,但李乙无故拒不搬出,王甲向法院起诉。一审法院作出判决:确认了王甲对房屋的所有权,并限期令李乙搬出。一审判决生效后,李乙仍未搬出,于是,法院根据王甲申请,准备以强制搬迁措施强制执行。在执行过程中,王甲一位姐姐自台湾归来,主张对此祖传遗留房屋也有所有权。

问:法院此时应如何处理?

【评析】王甲的姐姐提出的请求,属于执行异议。因为,在执行程序中,她具备了案外人的资格,并且她对执行标的主张部分所有权。

人民法院应当对此异议进行审查,理由不成立的予以驳回;理由成立的,由法院批准裁定中止执行。假如发现判决确有错误的,应按审判监督程序对本案进行再审。

(二) 案例分析实训

案例一

雪莲纺织公司与天宏公司签订了一份毛料购销合同,约定天宏公司在提货后应当立即支付货款75万元。但是雪莲纺织公司在履行交付毛料的义务之后,天宏公司却以资金周转紧张为由,一再拖延货款的支付。雪莲公司只得以天宏公司为被告向合同履行地包头市A区法院提起诉讼,法院审理后判决天宏公司支付75万元货款及利息。其后天宏公司未提出上诉。已知雪莲公司的住所地在呼和浩特市B区,主要营业地在包头市A区;天宏公司住所地在包头市C区,主要营业地在包头市D区。

问:(1) 本案中,若天宏公司在判决规定的履行期限届满之后仍未履行法院判决确定的义务,雪莲公司已经获知天宏公司在包头市E区有一处价值80万元的房产,则雪莲公司可以向何地的法院申请执行?

(2) 雪莲公司在向法院申请强制执行之后,执行法院依法查封了天宏公司在包头市E区的房产。问天宏公司此时有何种方式获得救济?

(3) 如果法院执行过程中,有关单位拒不办理产权转移手续,法院决定对其处以罚款,问罚款的数额应为多少?

案例二

被告王某与原告李某因债务纠纷,于2005年2月在法院调解下,双方自愿达成协议:从2005年2月到2006年1月,王某分月支付李某本息共10万元。调解协议发生效力以后，王某拒不履行。为此，李某于 2005 年 3 月向甲法院申请强制执行。法院查封了王某所开的商店，随后，王某与李某又达成执行和解协议：王某一次性偿还 8 万元，其余债权李某自动放弃。后王某只履行了 5 万，余款不再履行，于是李某向甲法院申请执行原调解协议，法院遂变卖了王某的商店，偿还给李某 5 万。

问：法院对本案的处理正确吗？为什么

案例三

某电视台因在一期纪实报道栏目中侵犯公民姚某的名誉权而被法院判令赔礼道歉、恢复名誉，但该电视台在宣判后既未在法定期限内上诉，也没有主动履行判决的内容。

问：法院可以采取怎样的执行措施？

 主要参考文献

1. 田平安主编：《民事诉讼法》，清华大学出版社 2005 年版。

2. 江伟主编：《民事诉讼法》，高等教育出版社、北京大学出版社 2004 年版。

3. 江伟主编：《中国民事诉讼法专论》，中国政法大学出版社 1998 年版。

4. 江伟主编：《民事诉讼法学原理》，中国人民大学出版社 1999 年版。

5. 樊崇义、夏红编：《正当程序文献资料选编》，中国人民公安大学出版社 2004 年版。

6. 肖建国：《民事诉讼程序价值论》，中国人民公安大学出版社 2000 年版。

7. 汤维建、单国军：《香港民事诉讼法》，河南大学出版社 1997 年版。

8. 法苑精粹编辑委员会编：《中国诉讼法学精粹》（2005 年卷），高等教育出版社 2005 年版。

9. 张卫平：《转换的逻辑：民事诉讼体制转型分析》，法律出版社 2004 年版。

10. 王亚新：《社会变革中的民事诉讼》，中国法制出版社 2001 年版。

第六编　涉外程序论

第 二 十 二 章

涉外民事诉讼

【本章概要】涉外民事诉讼程序是指人民法院审理具有涉外因素的民事案件适用的程序。本章主要包括：涉外民事诉讼程序的一般原则，管辖的种类，期间、送达，涉外民事诉讼的财产保全，一般司法协助，对外国法院裁判的承认与执行，对外国仲裁裁决的承认与执行。

【学习目标】了解涉外民事诉讼程序的含义和涉外民事案件的范围；明确涉外民事诉讼程序特别规定与民事诉讼法一般规定的关系；掌握涉外民事诉讼的一般原则以及民事诉讼法关于涉外民事诉讼程序的具体规定。

第一节　涉外民事诉讼程序概述

一、涉外民事诉讼程序的概念

一般认为，涉外民事诉讼，是指具有涉外因素的民事诉讼。涉外民事诉讼程序，是指人民法院受理、审判及执行具有涉外因素的民事案件所适用的程序。所谓涉外因素具有以下三种情况之一：

1. 诉讼主体涉外。即诉讼一方或者双方当事人是外国人、无国籍人或者外国企业和组织；人民法院在审理国内民商事案件过程中，因追加当事人或者第三人而使得案件具有涉外因素的，也属于涉外民商事案件。

2. 作为诉讼标的的法律事实涉外。即当事人之间的民事法律关系发生、变更、消灭的事实发生在国外。如双方当事人争议的合同签订地在国外。

3. 诉讼标的物涉外。即当事人之间争议的标的物在国外。如涉诉的财产、资金在国外。

具备上述三个因素之一的民事诉讼就属于涉外民事诉讼。

二、涉外民事诉讼的特征

涉外民事诉讼因其诉讼主体、诉讼标的以及标的物具有涉外因素，所以使其与国内民事诉讼相比较，具有不同的特征。其特征主要表现在以下四个方面：

1. 涉外民事诉讼与国家主权有密切联系。在涉外民事诉讼中，不仅仅涉及到当事人与法院之间的法律关系，也涉及到国家与国家之间的主权关系。因此，在案件的处理上，既要维护我国的司法主权，又要尊重他国的司法主权。

2. 涉外民事诉讼期间较长。在涉外民事诉讼中，有的当事人在中华人民共和国领域内没有住所，有的证据存在于国外。因此，送达诉讼文书、调查取证、传唤证人、起诉、答辩、上诉等诉讼行为，需要较长的时间，否则难以完成诉讼。这些客观因素决定了涉外民事诉讼期间适用特殊规范。

3. 审理涉外民事案件时，存在适用法律的选择问题。审理国内民事案件只能适用我国的法律。但审理涉外民事案件则存在适用法律的选择问题。选择表现在两个方面：一是选择适用程序法，二是选择适用实体法。如果我国参加或缔结的国际条约中有有关程序的特殊规定时，则须首先选择适用该项国际条约，称为"信守国际条约原则"。当然，我国声明保留的条款除外。

4. 人民法院进行涉外民事诉讼，有时需要外国法院的司法协助。例如，合同关系，适用当事人协议选择的法律或与合同有最密切联系的国家的法律；调查取证有时要委托外国法院协助完成；判决生效后，有时请求外国法院执行。

三、涉外民事诉讼程序的立法体例

根据我国《民事诉讼法》第四编的规定，涉外民事诉讼程序主要包括以下内容：一般原则，管辖，送达、期间，财产保全，送达取证、判决和仲裁的相互承认和执行等司法协助活动。

涉外民事案件不同于一般民事案件。人民法院审理涉外民事案件时，涉外民事诉讼程序有特别规定的，适用特别规定；没有特别规定的，适用民事诉讼法的一般规定。涉外民事诉讼程序的特别规定，同民事诉讼其他程序的一般规定，都是以民事诉讼法的基本原则为指导，贯彻基本原则的精神。

四、涉外民事诉讼的一般原则

涉外民事诉讼的一般原则，既是人民法院审理涉外民事案件的基本准则，也是涉外民事案件当事人以及诉讼参加人必须遵循的基本准则。

（一）适用我国民事诉讼法原则

审理涉外民事案件在适用程序方面，按照国际上公认的属地主义原则，应当适用法院所在地国家的程序法。我国《民事诉讼法》第 235 条规定："在中华人民共和国领域内进行涉外民事诉讼，适用本编规定。本编没有规定的，适用本法其他有关规定。"因此，我国法院审理涉外民事案件，必须适用我国《民事诉讼法》。这一原则在涉外民事诉讼中包括以下三项基本要求：

1. 外国人、无国籍人、外国企业和组织在我国起诉、应诉，适用我国民事诉讼法。

2. 凡属我国人民法院管辖的案件，人民法院均享有司法管辖权。凡属民事诉讼法规定的专属管辖权的案件，外国法院无管辖权。

3. 任何外国法院的裁判和外国仲裁机构的裁决，必须经我国人民法院审查并承认后，才能在我国发生法律效力。对当事人申请或者外国法院请求我国人民法院承认和执行的外国法院判决或者仲裁裁决，我国人民法院应当依照我国法律，或者根据我国缔结或者参加的国际条约的规定进行审查，裁定予以承认后，才具有法律效力，需要执行的，可依照我国《民事诉讼法》的规定予以执行。

（二）信守国际条约原则

信守国际条约原则是指在涉外民事诉讼中，应当遵守我国参加或缔结的国际条约。我国《民事诉讼法》第236条规定："中华人民共和国缔结或者参加的国际条约同本法有不同规定的，适用该国际条约的规定，但中华人民共和国声明保留的条款除外。"

信守国际条约主要有两个方面：①对于我国参加或缔结的国际公约、双边条约，我国应当遵守其规定，承担相应的义务。如果在其中有关于处理涉外民事案件规定的，应当适用。②我国参加或者缔结的国际公约或条约中的有关规定和我国的规定有所不同的，适用该公约或条约的规定。这也是主权国家对国际公约的普遍态度，在国内法和国际公约、条约发生冲突时，优先适用国际条约。

对于国际公约而言，主权国家并不是完全的承认和接受。对于我国而言，只有是我国参加或缔结的国际公约或条约在我国领域内才有效，如果不是我国参加、缔结的或明确宣布参加的，对我国不具有约束力。另外，对于我国所参加或缔结的国际公约中，可以对某些条款声明保留。对我国已经声明保留的条款，在我国领域内不具有效力。

（三）司法豁免原则

司法豁免权是外交特权的一种，是指一个国家根据本国法律或者参加、缔结的国际条约，对在本国的外国代表和组织赋予的免受司法管辖或者司法审判的权利。司法豁免权是从国家主权中引申出来的权利。"平等者之间无裁判权"是公认的国际规则，外交代表作为国家或国际组织的象征，赋予其司法豁免权，不仅表示对派遣国或国际组织的尊重，也确保其有效地执行职务。

1. 民事豁免的法律规定。民事豁免的法律规定包括两个方面：首先是国内法，我国《民事诉讼法》第 237 条规定："对享有外交特权与豁免的外国人、外国组织或者国际组织提起的民事诉讼，应当依照中华人民共和国有关法律和中华人民共和国缔结或者参加的国际条约的规定办理。"这里所说的有关法律规定，是指 1986 年我国制定的《中华人民共和国外交特权与豁免条例》和 1990 年制定的《中华人民共和国领事特权与豁免条例》等规定。其次是我国缔结或者参加的国际条约，包括我国参加的 1946 年的《联合国特权与豁免公约》、1948 年的《联合国各专门机构特权与豁免公约》，1961 年的《维也纳外交公约》以及 1963 年的《维也纳领事关系公约》等。

2. 享有司法豁免权的主体。享有司法豁免权的主体包括：外交代表及与其共同生活的配偶和未成年子女；使馆的行政技术人员；领事官员和领馆的行政技术人员；来我国访问的外国国家元首、政府首脑、外交部长及其他具有同等身份的人以及其他依照我国法律和参加的国际公约、条约享有司法豁免权的外国人、外国组织或国际组织。

3. 民事豁免权的内容。司法豁免原则包括刑事司法豁免和民事司法豁免。刑事司法豁免权是完全的司法豁免权，外交代表即使触犯驻在国刑法，也不受驻在国的刑事司法管辖。民事司法豁免权包括管辖豁免、民事诉讼程序豁免和执行豁免。管辖豁免是指不能对享有司法豁免权的人提起民事诉讼，即使提起，法院也不应受理。诉讼程序豁免是指享有司法豁免权的人即使是同意法院受理案件，法院在诉讼过程中，不能对其采取强制措施。执行豁免是指享有司法豁免权的人即使参加诉讼并败诉，法院也不能对其强制执行。这三种豁免是相互独立的，放弃哪一种豁免权必须明确表示。与刑事豁免相比较，民事司法豁免权是不完全的，有限制的。民事司法豁免权的有限性表现在：享有司法豁免权的人因其所属主管机关宣布放弃司法豁免的；或者享有司法豁免权的人因私人事务涉及诉讼的；或者享有司法豁免权的人向驻在国起诉引起反诉的，均不享有司法豁免权。

具体而言，对外国驻我国的外交代表和与外交代表共同生活的配偶及其未成年子女提起的民事诉讼，我国人民法院不能受理。但下列情形除外：①享有司法豁免权的外国人，其所属主管机关明确宣布放弃司法豁免权的，驻在国法院有权受理对其提起的民事诉讼；②外交代表以私人名义涉及在中国的不动产的诉讼；③外交代表以私人身份作为遗嘱执行人、遗产管理人、继承人或者受遗赠人所引起的诉讼；④外交代表在中国境内从事公务范围以外的活动或者商业活动引起的诉讼；⑤因车辆、船舶或者航空器在中国境内造成的事故而引起的诉讼；⑥外交代表本人主动提起诉讼，因而引起对方当事人反诉的。

（四）委托中国律师代理诉讼原则

我国《民事诉讼法》第 239 条规定："外国人、无国籍人、外国企业和组织在我国人民法院起诉、应诉，需要委托律师代理诉讼的，必须委托中华人民共和国的律师。"在涉外民事诉讼中，外籍当事人需委托代理人进行诉讼的，可以委托本国人为诉讼代理人，也可以委托本国律师以非律师身份担任诉讼代理人。外国驻华使、领馆官员，受本国公民的委托，可以以个人名义担任诉讼代理人，但在诉讼中不享有外交特权与豁免权。

涉外民事诉讼中，在作为当事人的外国国民不在我国领域内的情况下，外国驻华使、领馆可以授权其本馆官员，以外交代表身份为其本国国民在我国聘请中国律师或者中国公民代理民事诉讼。

外国当事人委托中国律师或者其他人代理诉讼的，必须根据我国法律规定，办理有关授权委托手续。《民事诉讼法》第 240 条规定："在中华人民共和国领域内没有住所的外国人、无国籍人、外国企业和组织委托中华人民共和国律师或者其他人代理诉讼，从中华人民共和国领域外寄交或者托交的授权委托书，应当经所在国公证机关证明，并经中华人民共和国驻该国使领馆认证，或者履行中华人民共和国与该所在国订立的有关条约中规定的证明手续后，才具有效力。"

（五）使用我国通用的语言、文字原则

审理涉外民事案件使用本国通用的语言、文字，是国家主权原则的具体体现，也是世界各国通用的准则。我国《民事诉讼法》第 238 条规定："人民法院审理涉外民事案件，应当使用中华人民共和国通用的语言、文字。当事人要求提供翻译的，可以提供，费用由当事人承担。"

人民法院审理涉外民事案件，使用我国通用的语言、文字，是维护国家主权和尊严，体现人民法院行使司法权的严肃性的重要内容。根据该原则，外国当事人提交诉状时，必须附具中文译本。外国当事人在诉讼中必须使用中国通用的语言、文字。外国当事人要求提供翻译的，可以提供，费用由当事人负担。此外，同等与对等原则也是涉外民事诉讼的一项原则，由于民事诉讼法把它作为一项基本原则，已在前面论述，在此就不再赘述。

五、审理涉外民事案件的法律适用

由于各国民事立法的差异，对同一涉外民事案件适用不同国家的法律，往往导致不同的结果，此即国际私法上的法律冲突问题。法院审理涉外民事案件时，需要运用冲突规范来确定各类涉外民事关系应适用的法律，从而达到解决法律冲突的目的。2010 年 10 月 28 日第十一届全国人民代表大会常务委员会第十七次会议通过，2011 年 4 月 1 日正式实施的《中华人民共和国涉外民事关系法律适用法》就此作了相应的规定。具体而言：

（一）民事主体的法律适用

自然人的民事权利能力、自然人的民事行为能力，适用经常居所地法律。自然人从事民事活动，依照经常居所地法律为无民事行为能力，依照行为地法律为有民事行为能力的，适用行为地法律，但涉及婚姻家庭、继承的除外。宣告失踪或者宣告死亡，适用自然人经常居所地法律。

法人及其分支机构的民事权利能力、民事行为能力、组织机构、股东权利义务等事项，适用登记地法律。法人的主营业地与登记地不一致的，可以适用主营业地法律。法人的经常居所地，为其主营业地。

有关人格权的内容，适用权利人经常居所地法律。代理适用代理行为地法律，但被代理人与代理人的民事关系，适用代理关系发生地法律。当事人可以协议选择委托代理适用的法律。

在信托活动中，当事人可以协议选择信托适用的法律。当事人没有选择的，适用信托财产所在地法律或者信托关系发生地法律。当事人可以协议选择仲裁协议适用的法律。当事人没有选择的，适用仲裁机构所在地法律或者仲裁地法律。

在适用国籍国法律时，自然人具有两个以上国籍的，适用有经常居所的国籍国法律；在所有国籍国均无经常居所的，适用与其有最密切联系的国籍国法律。自然人无国籍或者国籍不明的，适用其经常居所地法律。依照本法适用经常居所地法律，自然人经常居所地不明的，适用其现在居所地法律。

（二）婚姻家庭

结婚条件方面，适用当事人共同经常居所地法律；没有共同经常居所地的，适用共同国籍国法律；没有共同国籍，在一方当事人经常居所地或者国籍国缔结婚姻的，适用婚姻缔结地法律。

结婚手续方面，符合婚姻缔结地法律、一方当事人经常居所地法律或者国籍国法律的，均为有效。

夫妻人身关系方面，适用共同经常居所地法律；没有共同经常居所地的，适用共同国籍国法律。

夫妻财产关系方面，当事人可以协议选择适用一方当事人经常居所地法律、国籍国法律或者主要财产所在地法律。当事人没有选择的，适用共同经常居所地法律；没有共同经常居所地的，适用共同国籍国法律。

父母子女人身、财产关系方面，适用共同经常居所地法律；没有共同经常居所地的，适用一方当事人经常居所地法律或者国籍国法律中有利于保护弱者权益的法律。

协议离婚方面，当事人可以协议选择适用一方当事人经常居所地法律或者国籍国法律。当事人没有选择的，适用共同经常居所地法律；没有共同经常居所地的，适用共同国籍国法律；没有共同国籍的，适用办理离婚手续机构所在地法律。

诉讼离婚方面，适用法院地法律。

收养的条件和手续方面，适用收养人和被收养人经常居所地法律。收养的效力，适用收养时收养人经常居所地法律。收养关系的解除，适用收养时被收养人经常居所地法律或者法院地法律。

扶养方面，适用一方当事人经常居所地法律、国籍国法律或者主要财产所在地法律中有利于保护被扶养人权益的法律。

监护方面，适用一方当事人经常居所地法律或者国籍国法律中有利于保护被监护人权益的法律。

（三）关于继承的法律适用

法定继承，适用被继承人死亡时经常居所地法律，但不动产法定继承，适用不动产所在地法律。

遗嘱方式，符合遗嘱人立遗嘱时或者死亡时经常居所地法律、国籍国法律或者遗嘱行为地法律的，遗嘱均为成立。遗嘱效力，适用遗嘱人立遗嘱时或者死亡时经常居所地法律或者国籍国法律。

遗产管理等事项，适用遗产所在地法律。无人继承遗产的归属，适用被继承人死亡时遗产所在地法律。

（四）关于物权的法律适用

不动产物权，适用不动产所在地法律。当事人可以协议选择动产物权适用的法律。当事人没有选择的，适用法律事实发生时动产所在地法律。当事人可以协议选择运输中动产物权发生变更适用的法律。当事人没有选择的，适用运输目的地法律。

有价证券，适用有价证券权利实现地法律或者其他与该有价证券有最密切联系的法律。权利质权，适用质权设立地法律。

（五）关于债权的法律适用

当事人可以协议选择合同适用的法律。当事人没有选择的，适用履行义务最能体现该合同特征的一方当事人经常居所地法律或者其他与该合同有最密切联系的法律。消费者合同，适用消费者经常居所地法律；消费者选择适用商品、服务提供地法律或者经营者在消费者经常居所地没有从事相关经营活动的，适用商品、服务提供地法律。劳动合同，适用劳动者工作地法律；难以确定劳动者工作地的，适用用人单位主营业地法律。劳务派遣，可以适用劳务派出地法律。

侵权责任，适用侵权行为地法律，但当事人有共同经常居所地的，适用共同经常居所地法律。侵权行为发生后，当事人协议选择适用法律的，按照其协议。产品责任，适用被侵权人经常居所地法律；被侵权人选择适用侵权人主营业地法律、损害发生地法律的，或者侵权人在被侵权人经常居所地没有从事相关经营活动的，适用侵权人主营业地法律或者损害发生地法律。

通过网络或者采用其他方式侵害姓名权、肖像权、名誉权、隐私权等人格权的，适用被侵权人经常居所地法律。

不当得利、无因管理，适用当事人协议选择适用的法律。当事人没有选择的，适用当事人共同经常居所地法律；没有共同经常居所地的，适用不当得利、无因管理发生地法律。

（六）关于知识产权的法律适用

知识产权的归属和内容，适用被请求保护地法律。当事人可以协议选择知识产权转让和许可使用适用的法律。当事人没有选择的，适用本法对合同的有关规定。知识产权的侵权责任，适用被请求保护地法律，当事人也可以在侵权行为发生后协议选择适用法院地法律。

第二节　涉外民事诉讼管辖

一、涉外民事诉讼管辖的概念和意义

涉外民事诉讼管辖权，是指一国法院处理涉外民商事案件的权限或者资格，是一种国际民事管辖权。与国内民事管辖权不同，涉外民事管辖权中的有些依据如国籍，是国内民事管辖权所没有的，同时，涉外管辖权意味着一国法院可能适用外国法。涉外民事诉讼的管辖问题，是人民法院受理涉外民事案件、行使审判权的前提。它往往与维护国家主权相关。由于对同一涉外民事案件由不同的国家法院管辖和审理，所适用的法律不同，判决结果也有很大的出入。当事人为了获得有利于自己的判决，往往都愿意选择对自己有利的国家的法院管辖，各国往往也希望扩大自己的管辖权。不过，近年来，由于经济全球化的趋势越来越强，贸易保护主义被打破，国际经济关系出现了互惠合作、平和礼让、解决纠纷趋于和平、非对抗性以及低成本等态势，表现在国际法律上，就是近年来海牙国际私法会议在组织拟订有关管辖权的公约时，已出现了限制"长臂管辖"的趋势，甚至将可扣押财产之地、合同签订地等连接点也在考虑限制的范围内。由于我国与国际经济交往越来越频繁，已经融入国际社会，所以，也应当在不损害国家主权和本国当事人利益的前提下，对管辖问题作出灵活的处理。一方面，我国人民法院应当积极行使对涉外民事案件的管辖权；另一方面，也要加强国际间管辖权冲突的协调，既达到有利于维护国家主权的目的，又要与外国司法机关平等协商减少管辖冲突，达到维护当事人正当利益、促进国际贸易和交流的目的。

我国十分重视对涉外民商事案件的管辖和审理工作，最高人民法院专门确立

了对涉外民商事案件集中在部分中级人民法院管辖，以实现公正、有效地审理涉外民事案件。

二、确定涉外民事诉讼管辖的原则

确定涉外民事诉讼管辖的原则要考虑到维护国家主权、以减少冲突为目的的管辖权国际协调、便利管辖法院审理和当事人意思自治等因素。

（一）属地原则

属地原则主张以案件的事实和当事人双方与有关国家地域联系作为确定法院涉外司法管辖权的标准，强调一国法院基于领土主权的原则，对其所属国领域内的一切人和物以及法律事件和行为具有管辖权限。诉讼中的案件事实和双方当事人与法院国的地域上的联系包括：当事人的住所、诉讼标的所在地、被告财产所在地等作为对法院管辖权具有决定意义的连接点。美国、德国、奥地利和北欧国家都是以此作为确定涉外民事管辖权的基本原则。我国《民事诉讼法》也确认了属地管辖原则。根据《民事诉讼法》第241条规定，因合同纠纷或者其他财产权益纠纷，对在中华人民共和国领域内没有住所的被告提起的诉讼，如果合同在中华人民共和国领域内签订或者履行，或者诉讼标的物在中华人民共和国领域内，或者被告在中华人民共和国领域内有可供扣押的财产，或者被告在中华人民共和国领域内设有代表机构，可以由合同签订地、合同履行地、诉讼标的物所在地、可供扣押财产所在地、侵权行为地或者代表机构住所地人民法院管辖。

（二）属人原则

属人原则主张以当事人双方与有关国家的法律联系作为确定法院涉外司法管辖权的标准，强调一国法院对本国国民有管辖权限。属人原则侧重于以当事人的国籍作为确定管辖权的标准。在法国和意大利等拉丁法系国家，当事人国籍则对法院管辖权有决定作用。如法国法规定，在涉及合同债务的案件中，如果原告和被告是法国国民，由法国法院管辖；但是如果当事人双方都是外国人，则一般都排除法国法院的管辖权。不过，意大利法规定，外国人相互之间的诉讼，原则上并不排除意大利法院的管辖权。

（三）专属管辖原则

专属管辖原则主张一国法院对与其本国利益有密切联系的特定涉外民事案件具有管辖权，排除其他国家对该涉外案件的管辖权。我国《民事诉讼法》第244条规定，因在中华人民共和国履行中外合资经营企业合同、中外合作经营企业合同、中外合作勘探开发自然资源合同发生纠纷提起的诉讼，由中华人民共和国人民法院管辖。涉外民事案件行使专属管辖权，是维护国家主权原则的突出表现。

（四）协议管辖原则

协议管辖原则是指允许当事人合意选择确定内国或者国外的管辖法院，是当事人意思自治原则在涉外民事诉讼中的具体体现。协议管辖原则是目前国际民事诉讼中普遍采用的一项原则。我国《民事诉讼法》第 242 条也确认了协议管辖原则。

三、我国涉外民事诉讼管辖的法定类型

根据《民事诉讼法》规定，涉外民事诉讼管辖有一般地域管辖、特殊地域管辖、协议管辖和专属管辖。

（一）一般地域管辖

与一般民事案件一样，涉外民事诉讼中的一般地域管辖，是指以被告所在地为原则确定纠纷的管辖法院，适用我国《民事诉讼法》总则的有关规定。我国《民事诉讼法》对涉外民事诉讼中的普通管辖没有设立专门规定，但根据《民事诉讼法》第 235 条的规定，涉外民事诉讼程序中没有规定的，适用民事诉讼法的其他有关规定。据此，只要被告人在我国境内有住所，我国人民法院均有管辖权。这是属地管辖原则的体现。

（二）特殊地域管辖

我国《民事诉讼法》关于涉外民事诉讼中的特殊地域管辖，主要涉及涉外合同纠纷和其他财产权益纠纷的管辖。因合同纠纷或者其他涉外财产权益纠纷，对在我国领域内没有住所的被告提起的诉讼，根据《民事诉讼法》第 241 条规定，应按下列几种情况确定管辖法院：因合同纠纷或者其他财产权益纠纷，对在中华人民共和国领域内没有住所的被告提起的诉讼，如果合同在中华人民共和国领域内签订或者履行，或者诉讼标的物在中华人民共和国领域内，或者被告在中华人民共和国领域内有可供扣押的财产，或者被告在中华人民共和国领域内设有代表机构，可以由合同签订地、合同履行地、诉讼标的物所在地、可供扣押财产所在地、侵权行为地或者代表机构住所地人民法院管辖。

（三）协议管辖

协议管辖，是指某些涉外民事案件由双方当事人协商约定由某个国家的某个法院对案件行使管辖权。协议管辖包括明示协议管辖和默示协议管辖。协议管辖是国际经济贸易中普遍运用的一种管辖制度。这一制度充分尊重双方当事人的意愿，当事人可以选择任何一方所在国法院管辖，也可以选择与诉讼有特定联系的第三国法院管辖。

1. 明示协议管辖。我国《民事诉讼法》第 242 条规定："涉外合同或者涉外财产权益纠纷的当事人，可以用书面协议选择与争议有实际联系的地点的法院管辖。选择中华人民共和国法院管辖的，不得违反本法关于级别管辖和专属管辖的规定。"这就是明示协议管辖的规定。根据该规定，书面协议是协议管辖的前提条件，双方当事人既可以约定中国法院管辖，也可以约定外国法院管辖。涉外协议管辖应当具备以下成立条件：

（1）涉外协议管辖的案件仅限于涉外合同或者涉外财产权益纠纷的案件。涉及身份关系的纠纷，一般要根据国籍等因素确定管辖法院，不能协议管辖。

（2）涉外协议管辖的协议，必须采取书面形式。

（3）协议选择的管辖法院，必须是与争议案件有实际联系地点的法院。例如，涉外合同纠纷案件中，合同签订地、合同履行地、标的物所在地、原告住所地和被告住所地法院，均属于与案件有实际联系地点的法院。

（4）当事人只能协议约定案件的第一审管辖法院，而不能协议约定第二审管辖法院。

（5）涉外协议选择管辖法院，不得违反我国《民事诉讼法》关于级别管辖和专属管辖的规定。

司法实践中，当事人协议选择的法院不符合我国法律关于级别规定的管辖，人民法院不应认定该协议无效，而应当按照我国法律关于级别管辖的规定办理。有关案件已经由有关人民法院受理的，受理案件的法院应当按照级别管辖的规定移送有管辖权的人民法院审理。

2. 默示协议管辖。默示协议管辖，也叫应诉管辖，是指双方当事人在纠纷发生前或者发生后，没有达成书面的管辖协议，一方当事人在某国法院起诉，另一方当事人对该国法院行使管辖权不提出异议，无条件应诉答辩或者提出反诉的，视为承认受诉人民法院为有管辖权的法院。我国《民事诉讼法》第243条对此进行了规定。与明示协议管辖一样，受诉人民法院不得与我国《民事诉讼法》关于级别管辖和专属管辖确定的法院管辖相冲突。

司法实践中，对于发生在我国境外的商事纠纷，除涉及不动产物权的纠纷外，当事人书面协议选择到我国法院进行诉讼的，我国法院就取得对该案的管辖权。如果当事人间没有书面协议，只要一方当事人起诉到人民法院，对方当事人应诉并就实体问题答辩的，亦视为当事人承认人民法院的管辖权。根据最高人民法院《民诉意见》第148条规定："当事人一方向人民法院起诉时未声明有仲裁协议，人民法院受理后，对方当事人又应诉答辩的，视为该人民法院有管辖权。"我国《仲裁法》第26条也规定："当事人达成仲裁协议，一方向人民法院起诉未声明有仲裁协议，人民法院受理后，另一方在首次开庭前提交仲裁协议的，人民法院应当驳回起诉，但仲裁协议无效的除外；另一方在首次开庭前未对人民法院受理该案提出异议的，视为放弃仲裁协议，人民法院应当继续审理。"可见，当事人自愿放弃仲裁条款，也可以构成应诉管辖，该规则同样应适用于涉外民事诉讼中。

3. 涉外协议管辖与国内协议管辖的区别。

（1）涉外案件可协议管辖的范围比较广。涉外协议管辖既可以对合同纠纷约定管辖法院，也可以对财产权益纠纷约定管辖法院；而国内协议管辖只能就合同纠纷约定管辖法院。

（2）涉外协议管辖选择法院的面比国内协议管辖选择法院的面宽。涉外协议管辖可以协议选择我国人民法院管辖，也可以选择外国法院管辖；而国内协议管辖只能协议选择国内法院管辖。

（3）涉外协议管辖的种类比国内协议管辖的种类多。涉外协议管辖有明示和默示两种，而国内协议管辖只有明示协议管辖一种。

（四）专属管辖

专属管辖，是指与法院地的公共政策密切相关的案件，只能由法院地国法院行使司法管辖权。如物权诉讼以及一些非讼程序如遗嘱检验程序遗产案件、破产案件和不动产的强制处分案件。根据我国《民事诉讼法》第244条规定，属于我国人民法院专属管辖的涉外民事案件有：①在我国履行的中外合资经营企业合同纠纷；②在我国履行的中外合作经营企业合同纠纷；③在我国履行的中外合作勘探开发自然资源合同纠纷。

（五）集中管辖

根据2002年3月1日起实施的最高人民法院《关于涉外民商事案件诉讼管辖若干问题的规定》，对涉外民商事案件的受理进行了一定的调整，将以往分散在基层、中级人民法院的案件集中由少数受理案件多，审判能力强的法院管辖。这是因为我国加入WTO后，司法机关越来越多地介入国际贸易问题，审理涉及WTO规则的贸易纠纷案件，中国法院在适用WTO规则时将遇到许多技术性的困难，并且将面临WTO规则司法救济的严峻挑战。在现阶段，一些基层人民法院，尤其是边远地区的基层人民法院显然缺乏应对能力。为此，适当集中涉外民商事案件的管辖权确有必要。

此规定适用于下列五类案件：①涉外合同与侵权纠纷案件；②信用证纠纷案件；③申请撤销、承认与强制执行国际仲裁裁决的案件；④审查有关涉外民商事仲裁条款效力的案件；⑤申请承认和强制执行外国法院民商事判决、裁定的案件。以上案件由以下法院管辖：①国务院批准设立的经济技术开发区人民法院；②省会、自治区首府、直辖市所在地的中级人民法院；③经济特区、计划单列市中级人民法院；④最高人民法院指定的其他中级人民法院；⑤高级人民法院。

第三节　涉外民事诉讼程序的期间、送达和财产保全

一、涉外民事诉讼中送达的特殊规定

涉外民事诉讼中的送达，是指人民法院在涉外民事诉讼中，依照法定方式，将诉讼文书送交当事人或者其他诉讼参与人的行为。涉外民事诉讼的送达，包括涉外民事诉讼文书的域内送达和域外送达。当事人在我国领域内有住所地或者经常居住地的，按国内民事诉讼送达方式送达。当事人在我国领域内无住所地或者经常居住地的，应根据我国《民事诉讼法》的规定，分为不同情况，采用如下送达方式：

（一）根据受送达人所在国与我国缔结或者共同参加的国际条约规定的方式送达

《海牙公约》是多边国际条约，1992 年 1 月 1 日起对我国生效。根据该公约，全国人民代表大会常务委员会确定我国司法部为中央机关和有权接收外国通过领事途径转递的文书的机关。有关的送达程序是：我国法院如果请求公约成员国向该国公民或第三国公民或者无国籍人送达民商事司法文书，由有关中级人民法院将请求书和所送达的司法文书，送有关高级人民法院转最高人民法院，由最高人民法院送司法部，转送给该国指定的中央机关；必要时，也可由最高人民法院送我国驻该国使领馆转送给该国指定的中央机关。这一途径，用简化方式表示为：有关中级人民法院——高级人民法院——最高人民法院——司法部——成员国指定的中央机关；或者，有关中级人民法院——高级人民法院——最高人民法院——我国驻有关成员国使领馆——成员国指定的中央机关。

（二）委托我国驻外使、领馆代为送达

对具有中华人民共和国国籍但在我国境内没有住所的受送达人，可以由我国司法机关直接委托我国驻受送达人所在国使、领馆代为送达。根据《海牙公约》，我国法院如果要向公约成员国内的中国公民送达民商事司法文书，可以委托我国驻该国使领馆代为送达，委托书和所送达司法文书应当由有关中级人民法院或者专门人民法院送有关高级人民法院转最高人民法院，由最高人民法院径送或者经司法部转送我国驻该国使领馆，送达给当事人。送达证明按原途径退回有关法院。我国参加的《维也纳领事关系公约》也规定，受诉国法院可以委托其驻外使领馆向其本国当事人送达诉讼文书。采用该送达方式须符合下列两个条件：①受送达人是我国公民；②受送达人在我国没有住所。

（三）通过外交途径送达

如果受送达人所在国与我国没有签订司法协助条约或者协定，也不是海牙送达公约的成员国，人民法院可以通过外交途径送达有关诉讼文书。即可以经我国省、自治区、直辖市的高级人民法院，将应当送达当事人或者其他诉讼参与人的诉讼文书，送交我国外交机关，由我国外交部领事司送交当事人所在国驻我国的外交机构，再由其转交给该国的外交机关，然后按照该国法律规定的方式送达。用简化的方式表示为：有关中级人民法院——高级人民法院——司法部——外交部——被请求国外交部——被请求国司法部——被请求国法院。最高人民法院、外交部、司法部联合发出的《关于我国法院和外国法院通过外交途径相互委托送达法律文书若干问题的通知》，对我国人民法院通过外交途径向国外当事人送达诉讼文书的程序作出了具体要求。外交途径环节较多，需要的时间长，有的多达一两年时间，在当前商业交往特别频繁和快捷的情况下，外交途径送达不能适应国际民事诉讼的需要。中央机关途径正是在这种情况和形势下产生的。不过，外交途径仍然是其他途径的重要补充。目前，我国和其他有双边司法协助关系的国家以及和我国共同加入《海牙公约》的国家之间均采用中央机关的途径；但没有国际条约关系的，正式的送达仍需要通过外交途径进行。

（四）向受送达人的诉讼代理人送达

向受送达人委托的代理人送达诉讼文书是国际上通行的一种办法。受送达人委托有诉讼代理人，并在授权委托书中明确表示由其代理人代收诉讼文书的，人民法院可以向其代理人送达。

（五）向受送达人在我国领域内设立的代表机构或者有权接受送达的分支机构、业务代办人送达

这种送达方式主要是针对受送达人是外国企业或者组织的情形下采取的。外国企业或者组织在我国境内无住所时，可以通过受送达人在我国领域内设立的代表机构或者有权接受送达的分支机构、业务代办人或者办事处送达。境外当事人在我国境内设立的分公司、全资子公司可以视为境外当事人在我国设立的代表机构，人民法院可以向其送达诉讼文书。但对于有商务代理关系的代理机构，则需要经过境外当事人明确授权才可以进行送达。如果未经授权，则不能由有商务代理关系的代理机构送达。至于留置送达，必须对有权接受诉讼文书的有关机构方可适用。这种送达方式简便易行，是国际上通行的一种送达方式。

（六）邮寄送达

涉外民事诉讼中采用邮寄送达方式，须以受送达人所在国法律允许为前提。根据我国《民事诉讼法》第245条的规定，邮寄送达自邮寄之日起满6个月，送达回证没有退回但根据各种情况足以认定已经送达的，期间届满之日视为送达。

（七）公告送达

我国《民事诉讼法》第245条明确规定通过公约、外交途径、诉讼代理人、代表机构或者邮寄等途径不能送达的，应当进行公告送达。但是，对于通过其他途径送达长期没有回音的，有关法院根据案件的有关情况能够合理地推断已经不能送达的，应当即行公告送达。公告送达时，应当通过国内外公开发行的报纸或者其他新闻媒体进行。自公告之日起满6个月的，即视为送达。根据最高人民法院《民诉意见》第307条规定，对不在我国领域内居住的被告，经公告方式送达起诉状或者传唤，公告期满不应诉，人民法院缺席判决后，仍应将裁判文书公告送达。自公告送达裁判文书满6个月的次日起，经过30日的上诉期当事人没有上诉的，一审判决即发生法律效力。应当注意，海牙送达公约并不排除缔约国采用其他有效途径送达诉讼文书。我国《民事诉讼法》规定的几种送达方式，除公告送达外，其他几种方式不分先后次序，只要不与公约相冲突，人民法院可以使用我国《民事诉讼法》规定的其他途径送达。只有公约与我国法律相冲突的，才优先适用公约的规定。

二、域外调查取证和涉外民事诉讼证据的特殊规定

（一）域外调查取证的特殊规定

我国涉外民事诉讼域外调查取证主要通过三种途径进行：①依照我国缔结或者所参加的国际条约所规定的途径进行；②没有条约关系的通过外交途径进行；③对居住在国外的我国公民进行调查取证，可以通过使领馆进行。人民法院在请求外国法院进行调查取证时，应该查对我国与被请求国之间有无司法协助协议，是否共同参加共同的国际公约，以及各自保留的内容和要求。

1. 国际公约中有关域外取证的程序。我国1997年加入《关于从国外调取民事或商事证据的公约》（下称《取证公约》），该公约规定，每一缔约国的司法机关可以根据该国的法律规定，通过提出请求书的方式，请求另一缔约国主管机关调取有关民商事司法程序所需要的证据。请求仍然需要通过每一缔约国指定一个中央机关负责接收来自另一缔约国司法机关的请求书，并将其转交给执行请求的主管机关。全国人民代表大会常务委员会指定司法部为负责接收来自另一缔约国司法机关的请求书，并将其转交给执行请求的主管机关的中央机关。请求书应直接送交执行国中央机关，无需通过该国任何其他机关转交。请求书应载明：①请求执行的机关，以及如果请求机关知道，被请求执行的机关。②诉讼当事人的姓名和地址，以及如有的话，他们的代理人的姓名和地址。③需要证据的诉讼的性质，及有关的一切必要资料。④需要调取的证据或需履行的其他司法行为。必要时，请求书还应特别载明：⑤需询问的人的姓名和地址。⑥需向被询问人提出的问题或对需询问的事项的说明。⑦需检查的文书或其他财产，包括不动产或动

产。⑧证据需经宣誓或者确认的任何要求，以及应使用的任何特殊格式。⑨依公约第9条需采用的任何特殊方式或者程序。如果中央机关认为请求书不符合本公约的规定，应立即通知向其送交请求书的请求国机关，指明对该请求书的异议。

执行请求书的司法机关应当适用其本国法规定的方式和程序。但是，该机关应采纳请求机关提出的采用特殊方式或者程序的请求，除非其与执行国国内法相抵触，或者因其国内惯例和程序，或者存在实际困难而不可能执行。在执行请求时，被请求机关可以采取适当的强制措施。在请求书的执行过程中，有拒绝作证的特权或者义务的有关人员，可以拒绝提供证据：①根据执行国法律；②根据请求国法律，并且该项特权或者义务已在请求书中列明，或者应被请求机关的要求，已经请求机关另行确认。

2. 驻外使、领馆的域外调查取证。我国对上述公约的第二章"外交官员、领事代表和特派员取证"，几乎全部作了保留，但是第15条却独属例外。根据该条规定，在民事或者商事案件中，我国的外交官员或者领事代表在另一缔约国境内其执行职务的区域内，可以向具有中华人民共和国国籍的当事人在不采取强制措施的情况下调取证据，以协助我国法院正在进行的诉讼。同样，我国也允许缔约国的外交官员或者领事代表实施上述取证行为。《民事诉讼法》第261条第2款规定："外国驻中华人民共和国使领馆可以向该国公民送达文书和调查取证，但不得违反中华人民共和国的法律，并不得采取强制措施。"除《取证公约》规定的涉外调查取证和使、领馆对本国公民的调查取证外，我国不允许外国机关或者个人在我国境内直接送达文书和调查取证，但是经过我国主管机关批准的除外。

（二）涉外民事诉讼证据的特殊规定

1. 起诉时要证明案件为涉外案件。由于涉外案件实行集中管辖，当事人在提起涉外诉讼时就应当提交有关证据。原告是境外当事人的，应当提供自己的基本情况及主体存在的证明；被告是境外当事人的，人民法院应在受理原告起诉后依法送达。送达后，如果对被告的主体资格产生疑问，应当要求被告提供其主体存在、变化的证明。被告没有在法定期限内应诉答辩或者送达不能的，人民法院应当依法缺席审判。

2. 在域外形成的证据要经过公证。最高人民法院《民事诉讼证据规定》第11条第1款规定："当事人向人民法院提供的证据系在中华人民共和国领域外形成的，该证据应当经所在国公证机关予以证明，并经中华人民共和国驻该国使领馆予以认证，或者履行中华人民共和国与该所在国订立的有关条约中规定的证明手续。"但是对于用于国际流通的商业票据、我国驻外使领馆取得的证据材料以及当事人没有异议的证据材料，则无需办理公证认证或者其他证明手续。

人民法院在审理涉外商事案件中，对于当事人提供的境外证据，即使已经履行了公证认证或者其他证明手续，也应当在庭审中质证，以确定有关证据材料的证明力。

不过，在下列情况下，境外当事人提供的证据材料无需办理公证认证或者其他证明手续：①在我国境内有住所的境外当事人提交的授权委托书、法定代表人（代表人）身份证明；②外国自然人作为原告亲自到庭起诉而提交的个人身份证明；③境外当事人在办案人员面前签署的授权委托书；④通过双边司法协助协定或者外交途径取得的证据材料；⑤通过我国驻外使领馆取得的证据材料。

3. 证据必须附中文译本。当事人为诉讼目的而提供的所有外文资料，均需要附中文译本。对于当事人未附中文译本的外文资料，人民法院可以不作为证据使用。

4. 举证责任的分配应当适用法院地法。我国司法实践认为，诉讼中的举证责任属于程序问题。涉外商事纠纷案件的当事人虽然在合同中约定了准据法，但举证责任及其后果均应当适用法院地法，而不应当适用当事人约定的合同准据法。

5. 外国法院判决认定的事实不能直接作为我国法院认定事实的依据。对于外国法院作出的民商事判决，除有关判决已为人民法院承认或者当事人认可外，人民法院不能直接采用外国法院判决所认定的事实。

三、涉外民事诉讼中期间的特殊规定

在涉外民事诉讼中，当事人在我国领域内没有住所的，期间就应当相应延长。为了便于涉外民事诉讼当事人充分地行使诉讼权利，我国《民事诉讼法》对涉外民事诉讼期间作出了特别规定。

（一）被告提出答辩的期间

我国《民事诉讼法》第 246 条规定："被告在中华人民共和国领域内没有住所的，人民法院应当将起诉状副本送达被告，并通知被告在收到起诉状副本后30 日内提出答辩状。被告申请延期的，是否准许，由人民法院决定。"涉外民事案件一方当事人在国内有住所，而另一方当事人在国内没有住所，对国内当事人适用诉讼期间的一般规定，对国外当事人则适用涉外期间的特别规定。

（二）当事人上诉和答辩的期间

我国《民事诉讼法》第 247 条规定："在中华人民共和国领域内没有住所的当事人，不服第一审人民法院的判决和裁定的，有权在判决书、裁定书送达之日起 30 日内提起上诉。被上诉人在收到上诉状副本后，应当在 30 日内提出答辩状。当事人不能在法定期间提起上诉或者提出答辩状，申请延期的，是否准许，由人民法院决定。"最高人民法院《民诉意见》第 311 条规定，当事人双方分别居住在我国领域内和领域外，对第一审人民法院判决、裁定的上诉期有不同的要求：居住在我国领域内的分别为 15 日和 10 日；居住在我国领域外的为 30 日。双方的上诉期均已届满没有上诉的，第一审人民法院的判决、裁定即发生法律效力。

（三）审理期限

与国内民事诉讼相比，涉外民事诉讼在调查取证、送达诉讼文书等方面都具有一定难度和复杂性，当事人进行诉讼的期间和法院审理期间也较长。《民事诉讼法》第 248 条规定："人民法院审理涉外民事案件期间，不受本法第 135 条、第 159 条的限制。"即第一审案件应当在 6 个月内审结、第二审的案件应当在 3 个月内审结、对裁定的上诉案件应当在 30 日内审结的限制，都不适用于涉外民事案件。

四、涉外民事诉讼中财产保全的特殊规定

（一）涉外民事诉讼中财产保全的特点

与国内财产保全相比，涉外民事诉讼中财产保全有如下特点：

1. 只能由当事人申请采取保全措施，人民法院不依职权进行；而国内财产保全，当事人可以申请保全措施，人民法院也可以依职权采取保全措施。

2. 涉外民事诉讼中，人民法院裁定采取诉前财产保全措施后，申请人应当在 30 日内向人民法院提起诉讼；而国内民事诉讼中，人民法院裁定采取诉前财产保全措施后，申请人应当在 15 日内向人民法院提起诉讼。

3. 在涉外民事诉讼中，人民法院决定保全的财产，认为需要监督的，应当通知有关单位负责监督，监督费用由被申请人负担；而国内民事诉讼中，没有规定采取保全措施后的监督。

（二）涉外民事诉讼中财产保全的措施

涉外民事诉讼中财产保全措施，主要是发布扣押令，扣押被申请人的财产，也不排除采取查封、冻结等措施。被保全的财产，主要是指船舶、航空器、车辆等。对在我国境内的财产实行财产保全，涉及在中国的合资企业时，一般只能对其在合资企业中分得的利润进行冻结，以免影响合资企业的正常运作。但是，如果外籍当事人在诉讼期间，转让其在合资企业股权时，法院可以应他方当事人的申请冻结其股权。

（三）涉外民事诉讼中财产保全的解除

涉外民事诉讼中财产保全是一种临时性的强制措施，在采取保全措施的法定原因消失后，人民法院无需再对被申请人的财产进行保全，应当及时解除保全措施。人民法院在下列情形下，应当解除财产保全：①利害关系人起诉前向人民法院申请财产保全后，30 日内不起诉的；②被申请人提供担保的；③受诉法院在审理中认为实施财产保全的原因已消失，或者审理后申请人败诉的。

（四）对被申请人的救济

我国《民事诉讼法》第 252 条规定："申请有错误的，申请人应当赔偿被申请人因财产保全所遭受的损失。"申请人申请财产保全，是为了维护自己的正当权益。如果申请人申请错误，致使财产保全措施给被申请人造成了实际损失，损害了被申请人的合法权益，申请人应当赔偿被申请人因财产保全所遭受的损失。申请人赔偿的范围仅限于财产保全所遭受的损失。

 学术视野

涉外民事诉讼管辖权冲突的解决

在涉外民事诉讼管辖领域，同样存在管辖权冲突问题。目前，国际社会一般都采取认可"双重起诉"的做法。如我国最高人民法院《关于适用〈中华人民共和国民事诉讼法〉若干问题的意见》规定："中华人民共和国人民法院和外国法院都有管辖权的案件，一方当事人向外国法院起诉，而另一方当事人向中华人民共和国人民法院起诉的，人民法院可予受理。"这一司法解释，是目前解决我国法院与外国法院之间管辖冲突的基本规定。按照这一司法解释，可以以我国的司法管辖权排斥外国有管辖权法院的司法管辖，因为该条解释同时规定"判决后，外国法院申请或者当事人请求人民法院承认和执行外国法院对本案作出的判决、裁定的，不予准许"。在涉外民事诉讼法学上称这种现象为"一事再理"或"一事两诉"，这是涉外民事诉讼管辖权冲突的具体表现。我国作出这样的司法解释显然是出于对我国一方当事人权益的有利保护，世界上不少国家采取了类似的做法。但是，近些年，已有不少国家已经规定了"最先受理法院"的原则。如果世界各国都以本国的司法管辖权排斥他国的司法管辖权，涉外民事诉讼的争议将陷入僵局，永远无法得到解决。伴随着国际间交往的日益增多，通过国际统一管辖公约或者国家间双边、多边条约解决管辖权冲突确是一个最佳途径。虽然排斥外国司法管辖权，有利于本国当事人或者本国利益，但这只是一个短期的效应，从长远角度看，必将有损于一个国家的法治形象和国际影响，当事人会大大减少选择该国司法管辖的协议，也会影响到该国的国际贸易，因为排斥做法令他国当事人在国际贸易中没有安全感。

因此，应当摈弃排斥做法，结合国际不少国家坚持的"最先受理"和《中华人民共和国民事诉讼法》规定"两个以上人民法院都有管辖权的诉讼……由最先立案的人民法院管辖"，确立我国解决涉外民事诉讼管辖权冲突的原则。即

"最先受理（立案）原则"：涉外民事纠纷的一方当事人向我国法院提起诉讼后，如果另一方当事人提供了经过我国驻该国使、领馆认证的有效证明，证明该国法院早于我国法院立案的，我国法院应当撤销立案，当事人坚持起诉的，裁定驳回。如果该国不实行先立案原则的，我国采取对等原则。

设定这样的原则，并非不能保护本国当事人的合法权益，也并非无法调控外国法院显失公允的裁判。一方面先立案原则是有条件适用的，只针对实行先立案原则的国家，对于未采取这样原则的国家的当事人，则不适用该原则；另一方面，我国法院可以通过拒绝司法协助、拒绝承认的途径予以处理。当然，这个原则的效力层次是在我国缔结或参加的国际条约之下的。即解决管辖权冲突的原则，依序排列是：国际条约、先立案原则。

理论思考与实务应用

一、理论思考

（一）名词解释

涉外民事诉讼程序　司法豁免　集中管辖　涉外财产保全

（二）简答题：

1. 怎样理解涉外民事诉讼中的涉外因素？
2. 简述涉外民事诉讼的特殊原则及内容。
3. 简述涉外民事诉讼管辖的确定原则。
4. 简述涉外民事诉讼中的协议管辖。
5. 简述关于我国涉外民事诉讼期间的特殊规定。

（三）论述题

1. 在涉外民事诉讼中应当如何处理国家及其财产的民事司法豁免问题？
2. 我国在该问题上的基本立场如何？
3. 可以从哪些方面进一步完善国家及其财产的民事司法豁免问题？

二、实务应用

（一）案例分析示范

案例一

王长江与张瑞是大学本科的同学，1995 年两人在上海登记结婚。婚后感情一般。1997 年王长江去加拿大留学，开始时，二人信件来往还较频繁。1999 年 1 月王长江加入加拿大国籍后，二人感情迅速降温。2000 年后，二人完全失去了联系，张瑞寄给王长江的信均因"查无此人"被退回。2001 年 1 月，张瑞向某人民法院起诉离婚。法院受理后，因王长江下落不明，以公告送达的方式送达起诉状副本，公告期为60日，要求王在公告期届满后15日内提出答辩状。王长江未提出答辩状，也没有委托诉讼代理人。2001年12月，该人民法院缺席判决二人离婚，并以公告的方式向王送达判决书，说明本送达公告期为60日，受送达人如对本判决不服，可在公告期届满后15日后向上一级人民法院起诉。

问：人民法院在审理该案中程序上有哪些错误或不当之处？

【评析】

本案是一起被告为外国人的涉外离婚案件，法院应当适用涉外民事诉讼程序中的相关规定，有特别规定的地方，应当予以适用。然而，本案的审理法院却在很多地方适用了国内一般民事诉讼的规定，导致程序适用上出现错误，主要有：①对被告王长江的公告送达起诉状副本的公告期错误，应当为6个月，而不是60日；②要求被告王长江提出答辩状的期间错误，应当为30日，而不是15日；③对被告王长江的公告送达判决书的公告期错误，应当为6个月，而不是60日；④上诉期的确定错误，应当为30日，而不是15日。

案例二

1996年7月，法国一家海运公司与我国某轮船公司在广州签订远洋货轮租用合同。合同约定，法国海运公司租用中国轮船公司远洋货轮两艘，租期2年，租金1200万美元。另外，双方当事人在该合同中还签订了如果发生纠纷，由中国国际经济贸易仲裁委员会裁决的仲裁条款。事后，法国海运公司以所租远洋货轮吨位与合同不符为由，一直没有按照合同约定向中国轮船公司支付租金，中国轮船公司多次索要未果。1999年10月，该中国轮船公司得知中国某进出口公司正准备向该法国海运公司支付一笔运费，于是立即向该进出口公司所在地的中级人民法院起诉，并申请财产保全，要求法院扣押该笔运费以抵偿自己租金。

问：（1）该中国轮船公司向人民法院起诉的做法是否正确？为什么？

（2）如果该中国轮船公司希望进行财产保全，相关主体应当如何行动？

（3）如经仲裁裁决法国海运公司应如数支付租金，若法国海运公司不履行该裁决，中国轮船公司应当如何做？

【评析】

（1）该中国轮船公司向人民法院起诉的做法不正确。在涉外民事诉讼中，如果当事人在合同中订有仲裁条款或者事后达成书面仲裁协议，任何一方当事人都不能再向人民法院起诉。本案当事人事先在合同中订有仲裁条款，因此，本案原告中国轮船公司应依合同的约定将该纠纷提交中国国际经济贸易仲裁委员会，申请仲裁。

（2）中国轮船公司先向中国国际经济贸易仲裁委员会申请仲裁后，再向其提出涉外财产保全的申请。中国国际经济贸易仲裁委员会收到当事人的申请后，应将当事人的申请提交财产所在地（即某进出口公司所在地）的中级人民法院裁定。人民法院经过审查，裁定采取保全措施的，应当责令中国轮船公司提供担保，然后再予以保全。

（3）应当直接向法国有管辖权的法院申请承认和执行。

案例三

美国公民甲，因与日中海产有限公司（法定代表人乙）存在借款纠纷，经日本国福冈地方法院某分院判决，由乙及其公司向债权人甲偿还该项借款，日本国东京地方人民法院某分院又下达扣押令和债权转让命令，追加乙在中国投资的中日合资企业烟台某海产食品有限公司为第三人，要求第三人将乙在该公司的投资款500万元扣押，并转让给甲。上述判决的扣押令、债权转让命令经日本国有关法院依据国际海牙送达公约委托我国司法部向烟台某海产食品有限公司送达后，该公司认为日本国有关法院的判决对中国法人不应产生法律效力，故拒绝履行。为此，甲向烟台市中级法院提出申请，要求承认并执行日本国有关法院的判决及扣押令、债权转让命令。

问：（1）对于甲的申请，烟台市中级人民法院应当怎样处理？为什么？

（2）根据我国民事诉讼法中有关涉外民事诉讼程序的规定，甲应当采取哪些诉讼手段，才能充分保障自己的合法权益？

【评析】

（1）烟台市中级人民法院应依法裁定驳回甲的请求。理由是：我国《民事诉讼法》第266条规定，我国人民法院承认和执行外国法院的判决、裁定，需具备下列条件：①当事人申请的外国法院作出的判决、裁定必须是发生法律效力的判决、裁定；②该国与我国有缔结或者参加的国际条约，或者存在互惠关系；③该判决、裁定不违反我国法律的基本原则或者国家主权、安全、社会公共利益。本案由于日本和我国没有缔结或者参加相互承认和执行人民法院判决、裁定的国际条约，也没有互惠关系，因此，不存在承认和执行其判决的条件和基础。所以，烟台市中级人民法院应当裁定驳回甲的请求。

（2）甲可以向烟台市中级人民法院起诉烟台某海产食品有限公司，由此来保障自己的合法权益。理由是：《民诉意见》第318条规定，当事人向中华人民共和国有管辖权的中级人民法院申请承认和执行外国人民法院作出的发生法律效力的判决、裁定的，如果该法院所在国与中华人民共和国没有缔结或者共同参加国际条约，也没有互惠关系的，当事人可以向人民法院起诉，由有管辖权的人民法院作出判决，予以执行。

（二）案例分析实训

案例一

边某与戈某于 1986 年结婚，婚后双方育有一女。1992 年 8 月边某赴日本留学，夫妻双方由于长期分居，感情逐渐淡漠。1997 年 3 月戈某携女儿前往日本工作，夫妻双方在共同生活一段时间之后，于 1998 年 1 月正式分居。同年 9 月，戈某向日本某地方法院起诉离婚。日本法院经过调解解除了双方的婚姻关系；戈某在日本的财产均归戈某所有；边某给付戈某 300 万日元的生活费用；女儿由戈某抚养，边某一次性支付抚养费 200 万日元。双方离婚后 1 个月，戈某辞去工作准备回国，并向日本法院要求提取全部 500 万日元的生活费、抚养费。日本法院则告知戈某，根据日本法律，法院的离婚调解协议只有得到中国法院的承认，上述费用才能支付给戈某。因此，戈某又向北京市第一中级人民法院申请承认日本地方法院的离婚调解协议。

问：北京市第一中级人民法院对该调解协议应当如何处理？能否承认？

案例二

耿某与孙某系福州市人。耿某计划于 2003 年 8 月去澳大利亚留学，因此于 2003 年 6 月与孙某签订买卖合同，约定出国前将其苹果笔记本电脑连同惠普彩色打印机一并转让给孙某，孙某则先支付一半价金 6000 元。后耿某提前出国，电脑与打印机不知去向，孙某多方努力也未能与耿某取得联系，故而欲就该买卖合同向人民法院起诉。

问：（1）人民法院在委托我国驻澳使领馆送达未果的情况下，可以采取哪些措施？

（2）人民法院最终于 2004 年 9 月 11 日作出判决，并于当日公告该判决。试问该判决的生效时间是哪天？

（3）就本案而言，如果耿某在国内尚留有一辆奇瑞 QQ 汽车，若孙某就其向法院申请财产保全，孙某应如何做？

案例三

美国迪斯尼公司诉北京新华书店总店北京发行所著作权侵权诉讼由北京市第一中级人民法院依照我国民事诉讼法审理。在诉讼过程中，法院要求原告提供的所有诉讼文书和材料都必须附有中文译本，原告要求聘请美国律师作为诉讼代理人的要求不被法院允许。庭审中，法院使用普通话和汉字。该案是首例适用《中美知识产权谅解备忘录》的涉外著作权纠纷的诉讼。

问：该案体现了涉外民事诉讼的哪些原则？

主要参考文献

1. 田平安主编：《民事诉讼法》，清华大学出版社 2005 年版。

2. 江伟主编：《民事诉讼法》，高等教育出版社、北京大学出版社 2004 年版。

3. 江伟主编：《中国民事诉讼法专论》，中国政法大学出版社 1998 年版。

4. 江伟主编：《民事诉讼法学原理》，中国人民大学出版社 1999 年版。

5. 樊崇义、夏红编：《正当程序文献资料选编》，中国人民公安大学出版社 2004 年版。

6. 肖建国：《民事诉讼程序价值论》，中国人民公安大学出版社 2000 年版。

7. 汤维建：《香港民事诉讼法》，河南大学出版社 1997 年版。

8. 法苑精粹编辑委员会编：《中国诉讼法学精粹》（2005 年卷），高等教育出版社 2005 年版。

9. 张卫平：《转换的逻辑：民事诉讼体制转型分析》，法律出版社 2004 年版。

10. 王亚新：《社会变革中的民事诉讼》，中国法制出版社 2001 年版。

第 二 十 三 章

涉外仲裁与司法协助

【本章概要】 涉外仲裁，是指根据当事人的约定，在涉外仲裁机构主持下，依法对当事人之间的争执居中决断的法律制度。司法协助，是指不同国家的法院之间，根据本国缔结或参加的国际条约，或者根据互惠原则，相互代为实施一定诉讼行为的制度。

【学习目标】 了解涉外仲裁的概念，涉外仲裁机构的设立，我国受理涉外仲裁案件的机构。掌握涉外仲裁程序，对涉外仲裁裁决的撤销和不予执行的理由、程序。了解司法协助的概念、种类、根据和原则，掌握一般司法协助和特殊司法协助的含义、途径和程序。

第一节 涉外仲裁

一、涉外仲裁概述

（一）涉外仲裁的概念

涉外仲裁是指当事人依据仲裁协议将涉外经济贸易、运输和海事中发生的纠纷提交仲裁机构进行审理并作出裁决的制度。

涉外仲裁与国内仲裁的根本区别在于它是解决涉外经济贸易、运输和海事中发生的纠纷的一种方式。这种纠纷的特点是具有涉外因素，因而这类纠纷案件属于涉外纠纷案件。我国《仲裁法》对何谓涉外仲裁未作明确规定，只是在该法第7章"涉外仲裁的特别规定"中明确了涉外经济贸易、运输和海事中发生的纠纷的仲裁，适用本章规定。但根据最高人民法院《民通意见》第178条的规定，凡民事关系的一方或者双方当事人是外国人、无国籍人、外国法人的；民事关系的标的物在外国领域内的；产生、变更或者消灭民事权利义务关系的法律事实发生在外国的，均为涉外民事关系。《民诉意见》第304条规定，当事人一方或双方是外国人、无国籍人、外国企业或组织，或者当事人之间民事法律关系的设立、变更、终止的法律事实发生在外国，或者诉讼标的物在外国的民事案件，均为涉外民事案件。因此，涉外仲裁是以仲裁的方式解决具有涉外因素的纠纷案件的一种方式。

在仲裁实践中，我国仲裁机构对涉及香港、澳门或台湾地区的法人或自然人之间，或者其同外国法人或自然人之间产生的契约性或非契约性的经济贸易等争议中的仲裁案件，比照涉外仲裁案件处理。

（二）涉外仲裁与涉外民事诉讼的关系

1. 涉外民事仲裁与涉外民事诉讼的区别。涉外民事仲裁和涉外民事诉讼，都是解决涉外民事纠纷的重要方式。它们共同担当着解决涉外民事纠纷、维护当事人的切身利益的任务。但是，在具体认识上，我们应该了解二者的区别，以便具体把握二者分担的不同的职能，避免将二者简单等同化。

（1）性质和权限不同。涉外仲裁是由涉外仲裁委员会这种民间性质的机构，根据《仲裁法》等法律，制定自己的仲裁规则，并据此受理当事人自愿提交它们解决的国际民商事和经贸纠纷；而涉外诉讼案件的审理由代表国家行使审判权的人民法院进行，它们受理的涉外案件，依据国家法律的规定审判并以国家法律作为判断的标准。

（2）管辖案件的范围不同。涉外仲裁机构管辖的案件主要限于在涉外经贸、海事运输等活动中发生的纠纷，双方当事人订立仲裁协议和仲裁条款选择涉外仲裁机构作为纠纷解决机构时，方可受理；而人民法院管辖的涉外案件范围要比涉外仲裁宽，而且，根据国家主权原则，只要案件与我国有连结点，当事人又起诉到我国人民法院的，人民法院有权受理和审判。

（3）审理程序不同。涉外仲裁实行一裁终局制，而涉外民事诉讼实行二审终审制；在审理人员的选择上，涉外仲裁当事人有选择仲裁员的权利，而涉外民事诉讼中的当事人无权选择法官来审理案件。

2. 涉外仲裁与涉外民事诉讼的联系。《民事诉讼法》对涉外仲裁与涉外民事诉讼的关系作出如下规定：

（1）关于案件受理。依照《民事诉讼法》第255条的规定，以当事人是否达成仲裁协议作为划分涉外仲裁机构和法院受理案件的根据。凡订立仲裁条款或协议的，当事人只能向涉外仲裁机构申请仲裁，不得向法院起诉；当事人在合同中未订立仲裁条款或事后未达成书面仲裁协议的，可以向法院起诉。最高人民法院有关司法解释规定，涉外经济合同的解除或者终止，不影响合同中仲裁条款的效力。当事人一方因订有仲裁条款的涉外经济合同被解除或者终止向人民法院起诉的，不予受理。中国国际经济贸易仲裁委员会和中国海事仲裁委员会，也有权就仲裁协议的有效性和仲裁案件的管辖权作出决定。

（2）关于财产保全。我国的涉外仲裁机构无权采取财产保全措施，如需采取财产保全措施，应由人民法院决定。按照《民事诉讼法》第256条规定，当事人申请采取财产保全的，中国的涉外仲裁机构应当将当事人的申请，提交被申请人住所地或者财产所在地的中级人民法院裁定。最高人民法院有关司法解释还规定，我国涉外仲裁机构将当事人的财产保全申请提交法院裁定的，法院可以进行审查，决定是否进行保全。裁定采取保全措施的，应当责令申请人提供担保，申请人不提供担保的，裁定驳回申请。

二、涉外仲裁机构

（一）涉外仲裁机构的设立

根据《仲裁法》第66条的规定，涉外仲裁委员会可以由中国国际商会组织设立。

涉外仲裁委员会由主任1人、副主任若干人和委员若干人组成。主任履行《仲裁法》赋予的职责，副主任受主任的委托可以履行主任的职责。主任、副主任和委员可以由中国国际商会聘任。涉外仲裁委员会设有秘书局，在仲裁委员会秘书长的领导下负责处理仲裁委员会的日常事务。涉外仲裁委员会设立仲裁员名册，仲裁员由涉外仲裁委员会从法律、经济贸易、科学技术等方面具有专门知识和实际经验的中外人士中聘任。

（二）我国受理涉外仲裁案件的仲裁机构

中国国际经济贸易仲裁委员会和海事仲裁委员会是我国的常设涉外仲裁机构，也是受理涉外仲裁案件的具有典型性、代表性的仲裁机构。目前，我国除了中国国际经济贸易仲裁委员会和海事仲裁委员会受理涉外仲裁案件，按照有关规定，依据《仲裁法》设立或重新组建的仲裁机构也有权受理涉外仲裁案件。

1. 中国国际经济贸易仲裁委员会。中国国际经济贸易仲裁委员会是1956年4月正式成立的，它是以仲裁的方式，独立、公正地解决契约性或非契约性的经济贸易等争议的常设仲裁机构。中国国际经济贸易仲裁委员会设在北京，在深圳设有仲裁委员会深圳分会，在上海设有仲裁委员会上海分会。仲裁委员会分会是仲裁委员会的组成部分。当事人在签订仲裁协议时，可以约定将其争议提交仲裁委员会在北京进行仲裁，或者约定将其争议提交仲裁委员会深圳分会在深圳进行仲裁，或者约定将其争议提交仲裁委员会上海分会在上海进行仲裁；如无此约定，则由申请人选择，由仲裁委员会在北京进行仲裁，或者由其深圳分会在深圳进行仲裁，或者由其上海分会在上海进行仲裁。作出选择时，以首先提出选择的为准；如有争议，应由仲裁委员会作出决定。

中国国际经济贸易仲裁委员会的受案范围：①国际的或涉外的争议案件；②涉及香港特别行政区、澳门特别行政区或台湾地区的争议案件；③国内争议案件。

2. 中国海事仲裁委员会。中国海事仲裁委员会成立于1959年1月，是以仲裁方式，独立、公正地解决产生于远洋、近洋、沿海和与海相通的可航水域的运输、生产和航行等有关过程中所发生的契约性或非契约性的海事争议的常设仲裁机构。海事仲裁委员会设在北京。其现行的仲裁规则是中国国际商会于 2000 年 11 月 22 日修订并通过，2001 年 1 月 1 日起施行的《中国海事仲裁委员会仲裁规则》。

中国海事仲裁委员会的受案范围：①船舶救助、共同海损所发生的争议；②船舶或其他海上移动式装置碰撞，或者船舶或其他海上移动式装置与海上、通海水域、港口建筑物和设施以及海底、水下设施触碰所发生的争议；③提单、运单、航次租船合同和其中一种为海上运输方式的多式联运合同或者其他运输单证涉及的国际远洋、国际近洋、沿海和与海相通的可航水域的货物运输业务所发生的争议，以及上述水域的旅客运输所发生的争议；④船舶或其他海上移动式装置或集装箱及其他装运器具的租用、租赁，或者船舶或其他海上移动式装置的经营、作业、代理、拖带、打捞和拆解业务所发生的争议；⑤船舶或其他海上移动式装置的所有权、优先权所发生的争议；⑥国际远洋、国际近洋、沿海和与海相通可航水域的船舶或其他海上移动式装置的保险、货物运输保险、旅客运输保险、海上开发资源保险及其再保险；⑦船舶或其他海上移动式装置以及集装箱或其他装运器具的买卖、建造和修理业务所发生的争议；⑧船舶或其他海上移动装置的抵押贷款所发生的争议；⑨货运代理合同、船舶物料供应合同、船员劳务合同、渔业生产及捕捞合同等所发生的争议；⑩海洋资源开发利用及海洋环境污染损害所发生的争议；⑪海事担保所发生的争议；⑫双方当事人协议仲裁的其他海事争议或与海事有关的争议。

3. 其他受理涉外仲裁案件的仲裁机构。长期以来，我国受理涉外仲裁案件的仲裁机构只有中国国际经济贸易仲裁委员会和海事仲裁委员会，中国国际经济贸易仲裁委员会和海事仲裁委员会也因此成为专门受理涉外纠纷案件的常设仲裁机构。但是自从我国《仲裁法》颁布实施以来，依照《仲裁法》的规定在直辖市、省、自治区人民政府所在地的市和其他设区的市又设立或重新组建了一批常设仲裁机构。对这些仲裁机构能否受理涉外仲裁案件，《仲裁法》并没有明确规定。1996 年 6 月 8 日，国务院办公厅发布了《关于贯彻实施〈中华人民共和国仲裁法〉需要明确的几个问题的通知》，该通知规定，新组建的仲裁委员会的主要职责是受理国内仲裁案件；涉外仲裁案件的当事人自愿选择新组建的仲裁委员会仲裁的，新组建的仲裁委员会可以受理。据此，依照《仲裁法》设立或重新组建的仲裁机构，如北京仲裁委员会、上海仲裁委员会等在涉外仲裁案件的当事人自愿选择其进行仲裁时，对该涉外仲裁案件具有管辖权。

三、涉外仲裁程序

涉外仲裁纠纷案件的当事人将其争议提交仲裁后，仲裁机构即应按照一定的程序进行审理，并作出终局裁决。我国的涉外仲裁程序制度是由《民事诉讼法》第 27 章关于涉外仲裁的规定、《仲裁法》第 7 章涉外仲裁的特别规定以及各受理涉外纠纷案件的仲裁委员会的仲裁规则的相关规定构成。

（一）仲裁申请、答辩、反请求程序

1. 申请人提出仲裁申请时应当提交由申请人及/或申请人授权的代理人签名及/或盖章的仲裁申请书，该仲裁申请书应写明申请人和被申请人的名称和住所，申请人所依据的仲裁协议、案情和争议要点，申请人的请求及所依据的事实和理由。申请人在提交仲裁申请书时，要附具申请人请求所依据的事实的证明文件并预缴仲裁费。仲裁委员会对仲裁申请书及其附件进行审查后，认为手续完备的，应向双方发送仲裁通知，仲裁程序自发出仲裁通知之日起开始。

2. 被申请人应按仲裁规则规定的时间。向仲裁委员会秘书局提交答辩书和有关证明文件。如有反请求，也应在规则规定的时间内以书面形式提交仲裁委员会，并写明具体的反请求及其所依据的事实和理由，附具有关的证明文件。被申请人未提交书面答辩及/或申请人对被申请人的反请求未提出书面答辩的，不影响仲裁程序的进行。

3. 对当事人提交的各种文书和证明材料，仲裁庭及/或仲裁委员会秘书局认为必要时，可以要求当事人提供相应的中文译本或其他语义的译本。

4. 当事人可以委托仲裁代理人办理有关的仲裁事项，中国公民和外国公民均可以接受委托，担任仲裁代理人。接受委托的仲裁代理人，应向仲裁委员会提交授权委托书。

5. 当事人申请财产保全，仲裁委员会应当将当事人的申请提交被申请人住所地或财产所在地的中级人民法院作出裁定。当事人申请证据保全的，仲裁委员会应当将当事人的申请提交证据所在地的中级人民法院作出裁定。

（二）仲裁庭的组成

1. 双方当事人应当各自在仲裁规则规定的时间内在仲裁委员会提供的仲裁员名册中选定或者委托仲裁委员会主任指定一名仲裁员，第三名仲裁员由双方当事人共同选定或者共同委托仲裁委员会主任指定。如果双方当事人在规定的时间内未能共同选定或者共同委托仲裁委员会主任指定第三名仲裁员，则该第三名仲裁员由仲裁委员会主任指定。

2. 双方当事人可以在仲裁委员会仲裁员名册中共同选定或者共同委托仲裁委员会主任指定一名仲裁员作为独任仲裁员成立仲裁庭，单独审理案件。如果双方当事人约定由独任仲裁员审理案件，但在仲裁规则规定的时间内未就独任仲裁员人选达成一致意见，则该名独任仲裁员由仲裁委员会主任指定。

3. 如果仲裁案件有两个或者两个以上申请人或被申请人时，申请人之间或被申请人之间应协商各自共同选定或者各自共同委托仲裁委员会主任指定一名仲裁员。若在仲裁规则规定的时间内未能选定或者委托指定，则该名仲裁员由仲裁委员会主任指定。

4. 被选定或者被指定的仲裁员，与案件有个人利害关系的，应自行向仲裁委员会披露并请求回避，当事人也可以申请仲裁员回避，但要举证说明提出回避请求所依据的具体事实和理由。仲裁员是否回避，由仲裁委员会主任决定。在仲裁委员会主任就仲裁员是否回避作出决定前，被请求回避的仲裁员应继续履行职责。

仲裁员因回避或其他原因不能履行职责时，应按原程序重新选定或指定替代的仲裁员。替代的仲裁员被选定或者指定后，由仲裁庭决定以前进行过的全部或部分审理是否重新进行。

（三）审理与裁决

1. 仲裁审理。涉外仲裁案件以不公开开庭审理为原则。如果双方当事人要求公开审理，由仲裁庭作出是否公开审理的决定。如果当事人申请或经其同意，仲裁庭认为不必开庭审理的，可以只依据书面文件进行审理并作出裁决。涉外仲裁以中文为正式语言。当事人另有约定的，从其约定。仲裁庭开庭时，如果当事人或其代理人、证人需要中文翻译，可以由仲裁委员会提供译员，也可以由当事人自行提供译员。当事人应对其申请、答辩和反请求所依据的事实提出证据。仲裁庭认为必要时可自行调查事实，收集证据。仲裁庭也可以就案件中的专门问题向中国或外国专家或鉴定人咨询或者指定进行鉴定。当事人提出的证据由仲裁庭审查，专家报告和鉴定报告由仲裁庭决定是否采纳。仲裁庭开庭审理时，一方当事人不出席，仲裁庭可以缺席审理并作出缺席裁决。开庭审理时，仲裁庭可以作庭审笔录或录音。仲裁庭认为必要时，可以作出庭审要点，并要求当事人或其代理人、证人或其他有关人员在庭审要点上签字或盖章。

2. 和解。仲裁案件，如果当事人在仲裁庭之外自行达成和解，可以请求仲裁庭根据其和解协议的内容作出裁决书结案，也可以申请撤销案件。在仲裁庭组成前申请撤销案件的，由仲裁委员会秘书长作出决定；在仲裁庭组成后申请撤销案件的，由仲裁庭作出决定。当事人就已经撤销的案件再提出仲裁申请时，由仲裁委员会主任作出受理或者不予受理的决定。如果当事人在仲裁委员会之外通过调解达成和解协议的，可以凭当事人达成的仲裁协议和和解协议，请求仲裁委员会指定一名独任仲裁员，按和解协议的内容作出仲裁裁决。

3. 调解。如果双方当事人有调解愿望，或一方当事人有调解愿望并经仲裁庭征得另一方当事人的同意，仲裁庭可以在仲裁程序进行过程中对其审理的案件进行调解。仲裁庭可以按照其认为适当的方式进行调解。仲裁庭在进行调解的过程中，任何一方当事人提出终止调解或仲裁庭认为已无调解成功的可能时，应停止调解。在仲裁庭进行调解的过程中，双方当事人在仲裁庭之外达成和解的，应视为是在仲裁庭调解下达成的和解。经仲裁庭调解达成和解的，双方当事人应签订书面和解协议；除非当事人另有约定，仲裁庭应当根据当事人书面和解协议的内容作出裁决书结案。如果调解不成功，任何一方当事人均不得在其后的仲裁程序、司法程序和其他任何程序中援引对方当事人或仲裁庭在调解过程中发表过的、提出过的、建议过的、承认过的以及愿接受过的或否定过的任何陈述、意见、观点或建议作为其请求、答辩的依据。

4. 裁决。对涉外仲裁案件，仲裁庭应当根据事实，依照法律和合同规定，参考国际惯例，并遵循公平合理原则，独立公正地作出仲裁裁决。

由三名仲裁员组成仲裁庭审理案件时，仲裁裁决依全体仲裁员或多数仲裁员的意见决定，少数仲裁员的意见可以作成记录附卷。仲裁庭不能形成多数意见时，仲裁裁决依首席仲裁员的意见作出。

仲裁庭在其作出的仲裁裁决中，应当写明仲裁请求、争议事实、裁决理由、裁决结果、仲裁费用的负担、裁决的日期和地点。当事人协议不愿写明争议事实和裁决理由的，以及按照双方当事人和解协议的内容作出裁决的，可以不写明争议事实和裁决理由。除非仲裁裁决依首席仲裁员意见或独任仲裁员意见作出，仲裁裁决应由多数仲裁员署名。持有不同意见的仲裁员可以在裁决书上署名，也可以不署名。裁决书应加盖仲裁委员会印章。仲裁裁决作出的日期即为其发生法律效力的日期。

仲裁庭认为有必要或者当事人提出经仲裁庭同意，仲裁庭可就案件的任何问题作出中间裁决或部分裁决。任何一方当事人不履行中间裁决，不影响仲裁程序的继续进行和仲裁庭作出最终裁决。

仲裁裁决是终局的，对双方当事人均有约束力。任何一方当事人不得向法院起诉，也不得向其他任何机构提出变更仲裁裁决的请求。

四、对涉外仲裁裁决的撤销和不予执行

（一）对涉外仲裁裁决撤销和不予执行的法定事由

《仲裁法》第70条规定，当事人提出证据证明涉外仲裁裁决有《民事诉讼法》第258条第1款规定的情形之一的，经人民法院组成合议庭审查核实，裁定撤销。第71条规定，被申请人提出证据证明涉外仲裁裁决有《民事诉讼法》第258条第1款规定的情形之一的，经人民法院组成合议庭审查核实，裁定不予执行。根据《仲裁法》的上述规定，人民法院裁定撤销仲裁裁决和裁定不予执行仲裁裁决的法定事由都是《民事诉讼法》第258条第1款的规定。其具体包括：①当事人在合同中没有订有仲裁条款或者事后没有达成书面仲裁协议的；②被申请人没有得到指定仲裁员或者进行仲裁程序的通知，或者由于其他不属于被申请人负责的原因未能陈述意见的；③仲裁庭的组成或者仲裁的程序与仲裁规则不符的；④裁决的事项不属于仲裁协议的范围或者仲裁机构无权仲裁的。另外，根据《仲裁法》第 65 条，本章没有规定的，适用本法其他有关规定的精神，人民法院认定涉外仲裁裁决违背社会公共利益的，也应裁定撤销。

（二）对涉外仲裁裁决撤销和不予执行的程序

1. 当事人申请。仲裁裁决作出后，仲裁当事人的任何一方都可以向仲裁委员会所在地的中级人民法院申请撤销仲裁裁决；在执行程序中，被申请人可以向人民法院申请不予执行仲裁裁决。

2. 提出证据予以证明。不论是当事人向法院申请撤销仲裁裁决，还是被申请人向法院申请不予执行仲裁裁决，必须提出证据证明涉外仲裁裁决具有《民事诉讼法》第 258 条第 1 款规定的情形之一。

3. 人民法院组成合议庭审查核实。对于当事人提出的撤销或不予执行仲裁裁决的申请，人民法院要依法组成合议庭进行审查核实，审查核实提出申请的当事人是否具有申请撤销仲裁裁决或者不予执行仲裁裁决的资格，审查核实当事人是否有证据以及该证据能否证明仲裁裁决具有被撤销或者不予执行的法定事由。

4. 人民法院作出裁定。人民法院经过审查核实，如果认为不具备撤销或者不予执行仲裁裁决的条件或法定事由，则应裁定驳回当事人的申请。如果认为仲裁裁决应当被撤销或者不予执行，则必须遵守最高人民法院关于"预先报告"的规定。

最高人民法院在 1995 年 8 月 28 日发布了《关于人民法院处理与涉外仲裁及外国仲裁有关事项的通知》，该通知规定，凡一方当事人向人民法院申请执行我国涉外仲裁机构裁决，如果人民法院认为我国涉外仲裁机构裁决具有《民事诉讼法》第 258 条第 1 款规定情形之一的，在裁定不予执行之前，必须报请本辖区所属高级人民法院进行审查；如果高级人民法院同意不予执行，应将其审查意见报最高人民法院。待最高人民法院答复后，方可裁定不予执行。

最高人民法院还在 1998 年 4 月 23 日发布了《关于人民法院撤销涉外仲裁裁决有关事项的通知》，该通知规定：①凡一方当事人按照《仲裁法》的规定向人民法院申请撤销我国涉外仲裁裁决，如果人民法院经审查认为涉外仲裁裁决具有《民事诉讼法》第 258 条第 1 款规定的情形之一的，在裁定撤销裁决或通知仲裁庭重新仲裁之前，须报请本辖区所属高级人民法院进行审查。如果高级人民法院同意撤销裁决或通知仲裁庭重新仲裁，应将其审查意见报最高人民法院。待最高人民法院答复后，方可裁定撤销裁决或通知仲裁庭重新仲裁。②受理申请撤销裁决的人民法院如认为应予撤销裁决或通知仲裁庭重新仲裁的，应在受理申请后

30 日内报其所属的高级人民法院，该高级人民法院如同意撤销裁决或通知仲裁庭重新仲裁的，应在 15 日内报最高人民法院，以严格执行《仲裁法》第 60 条的规定。

五、对涉外仲裁裁决的执行

对涉外仲裁机构作出的仲裁裁决，当事人应当自动履行。否则，人民法院经一方当事人的申请可以强制执行。对涉外仲裁裁决的执行有两种情形，即涉外仲裁裁决在中国的执行和涉外仲裁裁决在外国的执行。

（一）涉外仲裁裁决在中国的执行

按照我国《民事诉讼法》和《仲裁法》的有关规定，对中国的涉外仲裁机构作出的仲裁裁决，一方当事人不履行的，对方当事人可以向被申请人住所地或者财产所在地的中级人民法院申请执行。申请人向人民法院申请执行中国涉外仲裁机构的仲裁裁决，须提出书面申请，并附裁决书正本。如果申请人为外国一方当事人，其申请书须用中文本提出。一方当事人申请执行仲裁裁决，另一方当事人申请撤销仲裁裁决，人民法院应当裁定中止执行。按照最高人民法院《民诉意见》第 315 条的规定，在这种情况下，被执行人应该提供财产担保。人民法院裁定撤销仲裁裁决的，应当裁定终结执行。撤销仲裁裁决的申请被裁定驳回的，人民法院应当裁定恢复执行。仲裁裁决被人民法院裁定不予执行的，当事人可以根据双方达成的书面仲裁协议重新申请仲裁，也可以向人民法院起诉。

（二）中国涉外仲裁机构的仲裁裁决在外国的承认和执行

依照我国《民事诉讼法》第 264 条第 2 款和《仲裁法》第 72 条的规定，中国涉外仲裁机构作出的发生法律效力的仲裁裁决，当事人请求执行的，如果被执行人或者财产不在中国领域内，应当由当事人直接向有管辖权的外国法院申请承认和执行。由于中国已经加入《纽约公约》，当事人可以依照公约的规定或者依照中国缔结或参加的其他国际条约，直接向该外国法院申请承认和执行中国涉外仲裁机构作出的裁决。

第二节　司法协助

一、司法协助概说

（一）司法协助的概念

司法协助，是指一国法院或者其他机构，根据本国缔结或者参加的国际条约，或者按照互惠原则，彼此之间相互协助，为对方代为一定诉讼行为或者相互承认、执行判决和仲裁裁决的行为。司法协助是基于不同国家之间日益频繁的经济贸易往来的需要。在这些经贸往来中，纠纷和诉讼是不可避免的，这就需要在不同国家之间相互送达有关的法律文书。由于司法主权的有限原则，如果未经对方国家许可，是不能在他国领域内进行有关的司法活动的。因此，如果没有国家之间司法上的协作，纠纷是无法解决的，当事人利益无法得到保护，从而会阻碍经贸的进一步往来。

（二）司法协助的种类

司法协助分为两类：①一般司法协助，即代为送达文书、调查取证和提供法律资料等行为，前述涉外民事诉讼程序中的域外送达和取证就是一般司法协助；②特殊的司法协助，指两国法院相互承认并执行对方法院的裁判和涉外仲裁机构裁决。也有学者把司法协助分成广义的司法协助和狭义的司法协助。广义的司法协助指诉讼程序方面所有的合作事项，既包括代为送达文书和调查取证等，也包括对外国法院裁判和仲裁裁决的承认和执行。狭义的司法协助仅包括代为送达文书和调查取证等行为。本节专门对特殊的司法协助进行论述。

（三）司法协助的条件

我国《民事诉讼法》第260条第1款规定："根据中华人民共和国缔结或者参加的国际条约，或者按照互惠原则，人民法院和外国法院可以相互请求，代为送达文书、调查取证以及进行其他诉讼行为。"《民事诉讼法》第264条第1款规定："人民法院作出的发生法律效力的判决、裁定，如果被执行人或者其财产不在中华人民共和国领域内，当事人请求执行的，可以由当事人直接向有管辖权的外国法院申请承认和执行，也可以由人民法院依照中华人民共和国缔结或者参加的国际条约的规定，或者按照互惠原则，请求外国法院承认和执行。"因此，司法协助，都应当具备下列前提条件之一：

1. 国家间缔结或者参加了有关双边或者多边司法协助条约。我国已与几十个国家订立了包含民商事司法协助内容的双边条约，大都包括了相互承认和执行对方国家的法院判决的内容。我国1987年参加了《承认和执行外国仲裁裁决公约》（《纽约公约》），公约规定，每一个缔约国应该承认其他缔约国的仲裁裁决有约束力，并且依本国法律承认或者执行其他缔约国的仲裁裁决。

2. 两国间存在互惠关系。所谓互惠，是指两国间在互利互益基础上对某种特许或者特权的相互交换，给予对方方便的条件。如果国家与国家之间没有司法协助协议，但在事实上存在司法互惠关系，两国法院可以根据互惠原则，互为对方为一定的诉讼行为。我国与许多国家一样，将互惠关系作为承认和执行外国法院判决的根据和条件之一。

最高人民法院《民诉意见》第319条规定，对与我国没有司法协助协议又无互惠关系的国家的法院，未通过外交途径，直接请求我国法院司法协助的，我国法院应予退回，并说明理由。例如，美国田纳西州法院对一案件作出生效判决后，胜诉人（即美国进口商）曾经向东莞市中级人民法院提出承认和执行该判决的申请。请求书认为，"尽管两国没有相互承认和执行对方判决的协议，但两国间仍然有双方互利基础"，要求中国法院执行被告方即东莞土产进出口公司因出口产品责任给美国进口商人造成的损失，中国法院拒绝了这一申请，理由是：中美之间尚没有相互承认和执行对方法院判决的司法协助条约；在司法协助方面，两国之间也没有互惠关系。

虽然互惠关系一般是通过外交途径以国家或者政府名义书面承诺的，但国家之间事实上的互惠关系，就不需要明确的外交承诺，适用的程序灵活性大。在不影响国家主权或者公共政策的情况下，绝对要求以国际条约和互惠关系为承认和执行判决的前提，否则就一律拒绝承认和执行外国判决，将会对我国市场信用或者本国当事人的利益造成损害。近些年来，国际上有些国家也不再将互惠作为承认与执行外国法院判决的条件。如德国法规定，对与财产有关的案件，才要求存在互惠关系，而对于其他类型的外国法院判决（主要是涉及身份关系案件）的承认不要求互惠。匈牙利及瑞士的苏黎世州的法律规定，互惠只是执行判决的前提条件，而不是承认判决的条件。《意大利民事诉讼法典》第797条关于承认判决的条件中，也没考虑到互惠原则。

我国司法实践中，人民法院对承认一些涉外案件采取了灵活态度，特别是对涉及我国公民人身关系的判决和确认财产权属的判决，并不是一律不予承认和执行。如果承认或者执行一项外国法院的判决，并不构成对我国主权的侵犯；或者依照中国的法律程序，也会得出相同或者相近的判决结果，对与我国无司法协助也无互惠关系的对方国家法院的判决，可以予以承认。如果不予以承认，让当事人重新起诉离婚或者提起确认之诉，这对当事人和我国司法机关来说，都是不必要的和不经济的，因为这类案件只涉及承认外国判决而不涉及执行问题，当事人双方已接受了这个判决结果，只希望我国人民法院根据我国法律，赋予这种结果法律效力。最高人民法院1991年《关于中国公民申请承认外国法院离婚判决程序问题的规定》指出，对与我国没有订立司法协助协议的外国法院作出的离婚判决，中国籍当事人可以根据本规定向人民法院申请承认该外国法院的判决。这一规定承认，在无司法协助协议也无互惠关系条件下，原则上承认外国法院的离婚判决。但它同时规定：该当事人之间的离婚案件，我国法院正在审理或者已经作出判决或者第三国法院对该当事人之间作出的离婚案件的判决已为我国法院所承认的除外。

二、一般司法协助

根据我国《民事诉讼法》规定，一般司法协助主要指人民法院和外国法院可以相互请求、代为送达文书、调查取证及其他诉讼行为。我国人民法院与外国法院之间的司法协助有两种途径：①依照我国缔结或者参加的国际条约所规定的途径进行；②没有条约关系的通过外交途径进行。此外，外国驻中国使领馆可以向该国公民送达文书和调查取证，但不得违反中国的法律，并不得采取强制措施。外国法院委托我国法院协助的事项不得有损于中华人民共和国的主权、安全或社会公共利益。外国法院请求我国法院提供司法协助的，应当提交请求书以及所附文件，应当附有中文译本或者国际条约规定的其他文字文本。

三、特殊司法协助

特殊司法协助是指两国法院在一定条件下相互承认并执行对方法院制作的生效裁判和涉外仲裁机构制作的生效裁决的制度。特殊司法协助包括以下两个方面：

（一）对外国法院裁判的承认与执行

1. 承认和执行外国法院裁判的一般条件。民事判决的法律效力具有地域性，承认外国判决保证了一国司法裁判在国外的诉讼法效力和实体法效力。不过，承认还不能保证外国法院裁判的执行，根据国际司法实践，执行还需要另外的条件。在国际民事诉讼的实践中，承认和执行的外国法院裁判，应当符合以下条件：

（1）作出裁判的外国法院有管辖权。其管辖权一般是根据承认和执行地国家的国内法为标准来确定的。

（2）诉讼程序公正。内国法院在承认和执行外国裁判时，要对其作出判决的诉讼程序公正性进行审查，如败诉方应当得到合法传唤，从而出庭陈述了自己的主张；败诉方在没有诉讼行为能力时得到适当的代理等。如不满足这些要求，就可以拒绝承认和执行外国法院裁判。

（3）外国法院裁判是确定的裁判。对实体法和程序法问题都作出终局的裁判，并且要遵从既判力规则，即该裁判不能为外国法院随意撤销。

（4）外国法院裁判是合法的裁判。运用欺诈手段获得的外国法院裁判不能在内国得到承认和执行。

（5）外国法院裁判不能与其他有关的法院裁判相抵触。

（6）外国法院适用了适当的准据法。这里是以被请求国冲突规范所指定的准据法为依据来确定的。

（7）一般需要存在条约或者互惠关系。

（8）不能与内国法院所在地的公共政策相抵触。

2. 我国承认和执行外国法院裁判的制度。

(1) 裁定承认外国法院裁判和发出执行令。根据我国《民事诉讼法》第 266 条规定，承认外国裁判需要进行形式审查，在存在条约或者互惠关系的前提下，外国裁判不违反我国法律的基本原则和国家主权、安全和社会公共利益的，裁定承认其效力。需要执行的，发出执行令。

(2) 管辖法院和有关程序。承认和执行外国法院裁判的法院是被执行人住所地或者财产所在地的有关中级人民法院，并且根据最高人民法院《关于涉外民商事案件诉讼管辖若干问题的规定》，申请承认和强制执行外国法院民商事判决、裁定的案件应当是最高人民法院指定的、具有集中管辖涉外案件权限的有关中级人民法院。对于我国法院和外国法院都有管辖权的案件，一方当事人向外国法院起诉，而另一方当事人向中华人民共和国人民法院起诉的，人民法院可以受理。判决后，外国法院申请或者当事人请求人民法院承认和执行外国法院对本案作出的判决、裁定的，不予准许；但双方共同缔结或者签订缔结的国际条约另有规定的除外。同时，当事人在我国领域外使用人民法院的判决书、裁定书，要求我国人民法院证明其法律效力的，以及外国法院要求我国人民法院证明判决书、裁定书的法律效力的，我国作出判决、裁定的人民法院，可以以本法院的名义出具证明。

(二) 相互承认和执行外国仲裁裁决

1. 相互承认和执行外国仲裁裁决的一般条件。《纽约公约》已有一百五十多个国家加入，是一项最具有普遍性和代表性的公约，该公约 1987 年 4 月 22 日对我国生效。根据该公约，我国涉外仲裁机构以及各地组建的仲裁委员会作出的涉外仲裁裁决，被执行人或者其财产不在我国境内的，当事人可直接向另一缔约国领土内有管辖权的外国法院申请承认和执行请求。我国法院也有义务对另一缔约国领土内作出的仲裁裁决予以承认和执行。我国《民事诉讼法》第 267 条规定："国外仲裁机构的裁决，需要中华人民共和国人民法院承认和执行的，应当由当事人直接向被执行人住所地或者其财产所在地的中级人民法院申请，人民法院应当依照中华人民共和国缔结或者参加的国际条约，或者按照互惠原则办理。"根据最高人民法院《关于承认和执行外国仲裁裁决收费及审查期限问题的规定》，人民法院决定承认和执行外国仲裁裁决的，应当在受理申请之日起 2 个月内作出裁定；决定不予承认和执行的，在受理申请之日起 2 个月内上报最高人民法院。人民法院审查我国涉外仲裁裁决的期限，也应参照上述规定办理。

国外仲裁机构的仲裁裁决，需要由我国法院承认与执行的，分为不同情况：①其所在国是《纽约公约》的成员国，应当按照该公约的规定办理；②不是《纽约公约》的成员国，但同我国订有双边司法协助条约的，按条约规定办理；

③既不是《纽约公约》的成员国，又与我国没有司法协助条约关系，则按互惠原则处理。

《纽约公约》规定，当事人申请承认和执行外国仲裁裁决，应当提供以下材料：①经正式认证的裁决正本或者经正式证明的副本；②有效仲裁协议的正本或者经正式证明的副本；③如果仲裁裁决或者仲裁协议不是用被请求国的正式语言作成，当事人应提出用被请求国语言作出的译本。译本应该由官方的或者宣过誓的译员一名，或者外交或者领事人员证明。

2. 不予承认和执行外国仲裁裁决的理由。不予承认和执行外国仲裁裁决的理由，是指法院可据以拒绝执行外国仲裁裁决的根据和原因。一方面，法院出于自己的考虑可能拒绝承认和执行外国仲裁裁决；另一方面，法院考虑到反对承认和执行裁决的当事人所提出的理由，也可能拒绝执行裁决。拒绝承认和执行外国裁决的理由以及理由的成立与否，是当事人权利能否实现的关键。如果拒绝承认和执行的理由缺乏统一性，各国随意以各种理由拒绝承认和执行裁决，仲裁将失去其意义，所以《纽约公约》规定了拒绝承认和执行外国仲裁裁决的条件；各国通过订立双边协定、区域协定或者国际公约，协调相互之间承认和执行仲裁裁决的关系，在互惠对等的基础上，也可统一承认和执行裁决的条件。根据《纽约公约》，不予承认和执行外国仲裁裁决的理由有：

（1）被请求国在被执行人提出有关下列情况证明的时候，可以根据该当事人的要求，拒绝承认和执行该裁决：

第一，根据对仲裁协议的当事人应当适用的法律，当事人当时处于某种无行为能力的情况；或者根据双方当事人选定适用的法律，或者在没有这种选定的时候，根据作出裁决的国家的法律，其仲裁协议是无效的。

第二，作为裁决执行对象的当事人，没有被给予指定仲裁员或者进行仲裁程序的适当通知，或者由于其他情况而不能对案件提出意见。

第三，裁决涉及仲裁协议所没有提到的，或者不包括仲裁协议规定之内的争执；或者裁决内含有对仲裁协议范围以外事项的决定；但是，对于仲裁协议范围以内的事项的决定，如果可以和对于仲裁协议范围以外的事项的决定分开，那么，这一部分的决定仍然可以予以承认和执行。

第四，仲裁庭的组成或者仲裁程序同当事人间的协议不符，或者当事人间没有这种协议时，同进行仲裁的国家的法律不符。

第五，裁决对当事人还没有约束力，或者裁决已经由作出裁决的国家根据其法律撤销或者停止执行。

（2）被请求国如果查明有下列情况之一的，也可以拒绝承认和执行：

第一，争执的事项，依照被请求国的法律，不可以用仲裁方式解决。

第二，承认或者执行该项裁决将和被请求国的公共秩序相抵触。被拒绝承认和执行的案件，我国法院以作出不予执行的裁定结案。为确保履行公约的义务，维护仲裁的权威，最高人民法院《关于人民法院处理与涉外仲裁及外国仲裁事项有关问题的通知》（法发［1995］18 号）要求，拒绝承认和执行外国仲裁裁决必须实行"报告制度"。即向人民法院申请承认和执行外国仲裁机构的裁决，如果人民法院认为申请承认和执行的外国仲裁裁决不符合我国参加的国际公约的规定或者不符合互惠原则的，在裁定拒绝承认和执行之前，必须报请本辖区所属高级人民法院进行审查；如果高级人民法院同意拒绝承认和执行，应将其审查意见报最高人民法院。待最高人民法院答复后，方可裁定拒绝承认和执行。

与承认执行外国法院裁判和外国仲裁裁决相对应，根据《纽约公约》以及其他国际条约的规定，或者根据互惠原则，我国法院的判决和涉外仲裁裁决应当在国外得到承认和执行，有关程序应当根据条约规定和被请求国的诉讼法律规定办理。我国《民事诉讼法》第 264 条第 2 款规定："中华人民共和国涉外仲裁机构作出的发生法律效力的仲裁裁决，当事人请求执行的，如果被执行人或者其财产不在中华人民共和国领域内，应当由当事人直接向有管辖权的外国法院申请承认和执行。"

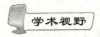　学术视野

国际商事仲裁的司法监督模式

从国际条约和各国的仲裁立法和实践情况来看，世界范围内对涉外商事仲裁的司法监督模式大致有以下几种：

1. 国内法院非因公共政策原因，不介入涉外仲裁实体问题的模式。这是主要国际商事仲裁条约和绝大多数国家国内仲裁立法采取的方法。在国际商事仲裁崛起的近二十年里，法院鼓励与支持仲裁，尽量减少对仲裁的监督和干预已成为一种国际潮流。比如，联合国 1958 年在纽约通过的《承认与执行外国仲裁裁决公约》和解决投资争议国际中心 1965 年在华盛顿订立的《关于解决各国和其他国家的国民之间的投资争端的公约》以及联合国国际贸易法委员会（UNCITRAL）1985 年 6 月制定的《示范法》，均对涉外仲裁的实体审查持否定态度。其理由是：如果承认国内法院有权对涉外仲裁裁决进行实体性司法审查，则无异于使仲裁程序从属于法院程序，从而有悖于仲裁裁决的终局性。大陆法系国家以及受大陆法系影响的国家，除法国的国内仲裁中允许就仲裁的实体问题向法院上诉以外，都采取了法院非因公共政策原因不干预仲裁实体的方法。原则上，

即使裁决明显错误，仲裁员的决定也不能被法院推翻。

2. 即使不因公共政策问题，国内法院也拥有对涉外仲裁的实体问题进行监督的权力的模式（以下简称"全面监督的模式"）。1950 年《英国仲裁法》以强行性规定赋予国内法院干预仲裁实体问题的权力，且干预的理由不限于公共政策。即要求仲裁员就特别案件向法院陈述，法院将就源于仲裁的法律问题作出决定，此即所谓的"特别案件陈述程序"。而且法院对仲裁法律争议的管辖权是不能排除的，当事人合同中排除案件陈述程序的条款被认为是违反了公共政策，因而不产生效力。该法还规定，法院有权依据裁决表面的事实与法律错误而撤销裁决。1950 年《英国仲裁法》虽早已被修改，但有些国家仍实施参照该《英国仲裁法》制定的法律。

3. 国内法院虽然可以监督涉外仲裁实体问题，但是这种权力可以通过当事人间的协议加以排除的模式（以下简称"可排除性监督的模式"）。由于 1950 年《英国仲裁法》被作为法院对仲裁过度干预的典型而受到世人的诟病，1979 年《英国仲裁法》中废除了 1950 年《英国仲裁法》中的特别案件陈述程序以及法院以裁决表面的事实和法律错误撤销裁决的权力，并且规定当事人之间可以通过"排除协议"（exclusion agreement）排除法院对仲裁实体问题的审查，只是这种排除不适用于海事、保险和货物买卖合同争议，因而是不彻底的。1996 年《英国仲裁法》进一步放松了法院对仲裁的监督与控制，但仍然允许当事人就法律问题向法院提出上诉。与 1979 年《英国仲裁法》相比，1996 年《英国仲裁法》除了进一步限制法院干预仲裁实体的权力以外，还取消了对排除协议适用上的限制，当事人对于任何类型的争议，均可通过排除协议放弃就法律问题向法院提出上诉的权利。

4. 法律上虽然没有明文规定，但法院可因当事人间的协议而取得监督权的模式（以下简称"可约定性监督的模式"）。《美国联邦仲裁法》未明确规定法院对仲裁实体问题干预的权力，但在美国法院的司法实践中出现了允许当事人协议扩大司法审查范围直至审查仲裁实体问题的判例。1995 年美国联邦第五巡回法院在盖特威科技股份有限公司诉 MCI 电信公司案（Gateway Technologies, Inc. vs. MCI Telecommunications Corp）中，首次对当事人协议扩大司法审查问题予以支持。该案当事人在仲裁协议中约定，对裁决中的法律错误可以上诉，法院以仲裁的契约性质以及保证私人仲裁协议可执行性的联邦政策等为由，认定这种扩大协议有效。

5. 区别对待国内和涉外仲裁，对于后者原则上只进行程序性监督。这种情况主要发生在我国。由于《民事诉讼法》和《仲裁法》有关条文表述上的不一致，国内学者对法院应否对涉外仲裁进行公共政策方面的审查，理解并不一致。

但依我们看来，就我国目前仲裁立法的实际情况而言，实际上并未对公共政策的定义及其范围作出明确规定，所以还不能认为我国法院已经可以（至少不是统一的）对涉外仲裁进行公共政策上的审查。

理论思考与实务应用

一、理论思考

（一）名词解释

涉外仲裁　司法协助

（二）简答题

1. 相互承认和执行外国仲裁裁决的条件。

2. 司法协助应当具备的前提条件。

（三）论述题

论述不予承认和执行外国法院裁判的情形。

二、实务应用

（一）案例分析示范

案例一

1995 年 10 月，中国某公司与外国某公司签约，在中国合资成立了一个企业。合同规定，外国公司应将其投入的股本于 1996 年 2 月 1 日前投入，并规定，中国公司应为外国公司在外国银行借款作为其投入的资本提供担保。签约后，外国公司曾邀请外国贷款银行派人来中国同中国公司商谈贷款担保之事，中国公司申请中国有关的金融机构出具了同意提供担保的意向书。但是，担保的具体条件等尚未谈妥。同时，投资总额需要追加，却又不能落实。因此，外国公司向外国银行借不到钱，无法于合同规定的日期之前投入资本。外国公司与中国公司发生争议，经双方协商未能解决，中国公司遂向中国国际经济贸易仲裁委员会申请仲裁。

问：（1）本案仲裁庭能进行调解吗？

（2）本案当事人能否达成和解协议？

【评析】

（1）本案是一起涉外仲裁案件。纠纷的起因是双方当事人在合资企业设立的过程中产生的争执，双方提交仲裁后，最终以双方当事人达成和解协议而结案。本案中的仲裁庭是否可以进行调解，调解是否必须经双方当事人同意？仲裁与调解本是两种不同的解决争议的方法。在涉外仲裁中，却将仲裁与调解有机地结合起来。仲裁与调解相结合是我国涉外仲裁制度的一个重要特点。将仲裁与调解相结合，可以大大缩短解决争议所需的时间，方便当事人，节省财力、人力，提高效率，符合当事人的共同利益。因为仲裁本身就是友好解决争议的一种方式，它又是双方当事人自愿将争议提交独立的第三者作出裁判的行为，仲裁管辖是基于双方当事人意思自治的协议管辖，而不是司法强制管辖，而调解也同样是一种友好解决争议的方式。它们的气氛都是友好的。另外，仲裁与调解都是在第三者的主持下进行的。仲裁员也像调解员一样充分尊重争议双方的意愿，并且调解失败时对仲裁裁决的结果不发生任何影响，所以仲裁员在仲裁程序中也可充当调解员，仲裁程序也可以进行调解。因此，在本案中，仲裁庭是可以对双方当事人设立合资企业的纠纷进行调解的。

（2）我国《仲裁法》第49条规定："达成和解协议的，可以请求仲裁庭根据和解协议制作裁决书，也可以撤回仲裁申请。"而在涉外仲裁中，当事人签订书面和解协议后的后果与国内仲裁有所不同。《中国国际经济贸易仲裁委员会仲裁规则》第40条规定："经仲裁庭调解达成和解的，双方当事人应签订书面和解协议；除非当事人另有约定，仲裁庭应当根据当事人书面和解协议的内容作出裁决书结案。"

在本案中，双方当事人达成了和解协议。如果双方约定只达成和解协议即可，则不需制作裁决书。如果双方当事人对此未曾作出明确约定，仲裁庭应当根据双方和解协议的内容制作裁决书，裁决书一旦作出，即发生法律效力，具有结束仲裁调解程序的效力；同时也成为法院强制执行的根据。因此，本案中双方当事人最好也要求仲裁庭根据和解协议制作裁决书，以保证双方当事人的权益得到真正保护，和解协议得到履行。

案例二

某轮船根据租船合同规定，驶离香港抵达中国某港，准备装载1万公吨袋装水泥运往朝鲜。由于租方没有备妥货物，该轮无货可装，导致船租双方最后解除了租船合同，船方向租方索赔该轮从香港至某港的航行时间损失、油耗，以及该轮在装货港等待期间的时间损失。租方提出，本案争议是由第三人某港外轮代理公司没有提供货物引起的，最终解决本案争议须有某港外轮代理公司参加本案争议的仲裁。租方提供了其与某港外轮代理公司达成的备忘录，该备忘录称："双方一致同意由中国海事仲裁委员会解决这一问题，并同意一起参加仲裁。"船方提出，租方与船方有合同关系，由于租方的行为直接造成的违约使船方遭受损失，应由租方直接对船方负责赔偿，然后再由租方向第三人追偿，租方不应以第三人对其负有责任为由拒绝直接、单独地对船方承担赔偿责任。船方原则上不同意第三人参加本案争议的仲裁。

　　问：本案中某港外轮代理公司能否作为第三人参加仲裁？

　　【评析】本案是一起由于租船合同的履行而产生的涉外仲裁纠纷。本案焦点是某港外轮代理公司能否作为第三人参加仲裁审理的问题。我们认为，在仲裁活动中，应当允许第三人参加仲裁活动。当事人的意思自治是仲裁程序的根本特点，参加仲裁活动必须有仲裁协议的存在似乎已成为仲裁法理论上的通说。仲裁程序实行当事人意思自治的根本目的还在于保证迅速、公正地解决争议。既然如此，第三人参加仲裁更易于达到这一目的，从根本上说，允许第三人参加仲裁与当事人意思自治原则是一致的。本案中租方未能实际履行合同，应当承担违约责任。租方认为其未能履行合同是由于某港外轮代理公司未能提供货物所致，因此租方提出某港外轮代理公司应作为仲裁第三人参加仲裁。仲裁庭是否应当接受本案中租方的请求呢？本案中，仲裁纠纷的另一方当事人船方不同意某港外轮代理公司作为第三人参加仲裁。如果仲裁庭将某港外轮代理公司列为第三人参加仲裁，则有违于仲裁一方当事人的原意，违背了意思自治原则。此外，租方只有和某港外轮代理公司签订书面仲裁协议后，由租方向仲裁庭申请并经仲裁庭同意后，某港外轮代理公司才能作为第三人参加仲裁。因为仲裁的前提条件是双方当事人之间签有仲裁协议，而且仲裁是当事人自愿选择的解决纠纷方式，任何一方不得强迫另一方当事人参加仲裁。因此，租方认为某港外轮代理公司应当承担责任，就应当与该某港外轮代理公司签订书面仲裁协议后，向仲裁庭提出书面申请，要求将某港外轮代理公司作为第三人。仲裁庭在接到申请后，应当进行审查，并征得另一方当事人的同意，才可以将某港外轮代理公司作为第三人，将两个案件合并审理。这样既便于纠纷的解决，提高仲裁效率，也使仲裁裁决更具有确定性。本案中由于船方不同意第三人参加仲裁，而且租方也未提出第三人参加仲裁的申请。因此本案中某港外轮代理公司不能作为第三人参加仲裁。

案例三

　　新加坡甲公司与中国乙公司在履行一份涉外合同的过程中发生纠纷。双方经协商未能解决。甲公司按照合同中规定的仲裁条款向中国国际经济贸易仲裁委员会申请仲裁，要求乙公司支付货款，并同时向乙公司住所地的中级人民法院提出财产保全的申请。乙公司则提出反请求，称：甲公司产品质量不合格，要求甲公司支付违约金并赔偿其损失。双方约定由1名独任仲裁员审理此案，但在规定时间内未能就合适人选达成一致意见，仲裁委员会主席便从仲裁员名单中指定了一名仲裁员处理此案，最终以不公开的方式将此案审结。

　　问：（1）甲公司应如何申请财产保全？

　　（2）乙公司应如何进行反请求？

（3）乙公司不服裁决，可否向人民法院起诉？说明理由。

（4）乙公司可否以没有得到指定的仲裁员，不服仲裁裁决而欲起诉为由，请求不执行仲裁裁决？说明理由。

（5）甲公司要求采取执行措施应怎样做？

【评析】

（1）甲公司应当向仲裁委员会递交财产保全申请书，由仲裁委员会将当事人的申请提交被申请人住所地或者财产所在地的中级人民法院。《民事诉讼法》第256条规定："当事人申请采取财产保全的，中华人民共和国的涉外仲裁机构应当将当事人的申请，提交被申请人住所地或者财产所在地的中级人民法院裁定。"

（2）①乙公司最迟在收到仲裁通知之日起45天内以书面形式提交仲裁委员会；②乙公司应在其书面反请求书中写明具体的反请求内容、反请求原因以及所依据的事实、证据并附具有关的证明文件；③预缴仲裁费。

根据《中国国际经济贸易仲裁委员会仲裁规则》第13条的规定，被申请人可以承认或者反驳仲裁请求，有权提出反请求。被申请人如有反请求，最迟应在收到仲裁通知之日起45天内以书面形式提交仲裁委员会。仲裁庭认为有正当理由的，可以适当延长此期限。被申请人提出反请求时，应在反请求文书中写明具体的反请求及所依据的事实和理由，并附具有关的证明文件。被申请人提出反请求时，应当按照仲裁委员会的仲裁费用表的规定预缴仲裁费。申请人对被申请人的反请求未提出书面答辩的，也不影响仲裁程序的进行。

（3）不可以。仲裁实行一裁终局制度。裁决作出后，当事人就同一纠纷向人民法院起诉的，人民法院不予受理。前述规则第43条规定："裁决是终局的，对双方当事人均有约束力。任何一方均不得向法院起诉，也不得向其他任何机构提出变更仲裁裁决的请求。"

（4）不可以。任何一方无权要求单独指定独任仲裁员；不属于法律规定的裁定不予执行仲裁裁决的范围。前述规则第22、23条规定，双方当事人可以在仲裁委员会仲裁员名册中共同选定或共同委托仲裁委员会主任指定1名仲裁员作独任仲裁员，成立仲裁庭，单独审理案件。如果双方当事人约定由1名独任仲裁员审理案件，但在被申请人收到仲裁通知之日起15天内未能就独任仲裁员的人选达成一致意见，则由仲裁委员会主任指定。《民事诉讼法》第258条规定："对中华人民共和国涉外仲裁机构作出的裁决，被申请人提出证据证明仲裁裁决有下列情形之一的，经人民法院组成合议庭审查核实，裁定不予执行：①当事人在合同中没有订有仲裁条款或者事后没有达成书面仲裁协议的；②被申请人没有得到指定仲裁员或者进行仲裁程序的通知，或者由于其他不属于被申请人负责的原因未能陈述意见的；③仲裁庭的组成或者仲裁的程序与仲裁规则不符的；④裁决的事项不属于仲裁协议的范围或者仲裁机构无权仲裁的。人民法院认定执行该裁决违背社会公共利益的，裁定不予执行。"

（5）向乙公司住所地或被执行的财产所在地的中级人民法院申请执行。根据《民事诉讼法》第257条规定，对中国的涉外仲裁机构的裁决，一方当事人不履行的，对方当事人可以申请被申请人住所地或财产所在地的中级人民法院执行。申请人向人民法院申请执行中国涉外仲裁机构的裁决，须提出书面申请，并附裁决书正本。如申请人为外国一方当事人，其申请书须用中文本提出。

（二）案例分析实训

案例一

2009年1月8日，中国甲公司与越南乙公司订立了《鱿钓船建造合同》，由中国甲公司按照约定的规范、规则和规定为越南乙公司建造一艘鱿钓船，合同价格为人民币373万元。双方约定如果发生纠纷，案件交由中国海事仲裁委员会上海分会仲裁。中国甲公司按时完成了鱿钓船的建造并于2009年6月30日完成了鱿钓船的交接。但是越南乙公司没有将相关款项结清，因追讨未果，甲公司于2009年12月25日向中国海事仲裁委员会上海分会提起了仲裁。

问：（1）本案的仲裁协议是否有效？

（2）如果仲裁机构受理仲裁申请，是否能够使用我国《仲裁法》的规定？

（3）本案中的仲裁组织如何产生？

案例二

2008年10月29日，中国A公司与法国W公司签订一份租船确认书，双方约定法国W公司委托中国A公司海运3辆鹅颈式平板拖车，从中国上海港至阿尔及利亚阿尔及尔港。合同约定，纠纷的解决方式是由中国海事仲裁委员会上海分会仲裁。合同通过传真签订后，中国A公司与大连B公司也通过传真订立了航次租船合同确认书，为货物出运安排船舶。但是法国W公司却在2008年11月4日单方面告知中国A公司取消合同，并实际未向中国A公司及其大连B公司交付货物，而通过其他途径将货出运，从而导致中国A公司对大连B公司违约。大连B公司向中国海事仲裁委员会上海分会提出了仲裁申请，该案仲裁庭作出裁决：中国A公司赔偿因违约造成大连B公司的经济损失并承担仲裁费。中国A公司按照该裁决已向大连B公司支付了赔偿款项。中国A公司则请求本案仲裁庭依据涉案租船确认书第6条第2款："如因法国W公司原因导致货物全部或部分取消出运，法国 W 公司应赔偿中国 A 公司取消货物所导致的实际损失"的约定裁决，法国 W 公司向中国 A 公司支付实际损失及利息；补偿中国 A 公司因办理案件所支出的律师费；本案仲裁费由法国 W 公司承担。

　　问：（1）中国海事仲裁委员会上海分会是否有管辖权？

　　　　（2）中国 A 公司的请求能否得到支持？

 主要参考文献

1. 田平安主编：《民事诉讼法》，清华大学出版社 2005 年版。

2. 江伟主编：《民事诉讼法》，高等教育出版社、北京大学出版社 2004 年版。

3. 江伟主编：《中国民事诉讼法专论》，中国政法大学出版社 1998 年版。

4. 江伟主编：《民事诉讼法学原理》，中国人民大学出版社 1999 年版。

5. 樊崇义、夏红编：《正当程序文献资料选编》，中国人民公安大学出版社 2004 年版。

6. 肖建国：《民事诉讼程序价值论》，中国人民公安大学出版社 2000 年版。

7. 汤维建：《香港民事诉讼法》，河南大学出版社 1997 年版。

8. 法苑精粹编辑委员会编：《中国诉讼法学精粹》（2005 年卷），高等教育出版社 2005 年版。

9. 张卫平：《转换的逻辑：民事诉讼体制转型分析》，法律出版社 2004 年版。

10. 王亚新：《社会变革中的民事诉讼》，中国法制出版社 2001 年版。

图书在版编目（CIP）数据

民事诉讼法学——理论·实务·案例 / 潘牧天主编. —北京: 中国政法大学出版社，2011.8

ISBN 978-7-5620-4009-5

Ⅰ.民… Ⅱ.潘… Ⅲ.民事诉讼法-法的理论-中国-高等学校-教材　　Ⅳ.D925.101

中国版本图书馆CIP数据核字(2011)第167114号

出版发行	中国政法大学出版社
经　　销	全国各地新华书店
承　　印	固安华明印刷厂

720mm×960mm　　16开本　　38.75印张　　735千字

2011年11月第1版　　2011年11月第1次印刷

ISBN 978-7-5620-4009-5/D·3969

定　价: 69.00元

社　　址	北京市海淀区西土城路25号
电　　话	(010)58908435(编辑部)　58908325(发行部)　58908334(邮购部)
通信地址	北京100088信箱8034分箱　邮政编码 100088
电子信箱	fada.jc@sohu.com(编辑部)
网　　址	http://www.cuplpress.com　(网络实名: 中国政法大学出版社)